URBAN ECONOMICS Ninth Edition
제9판

오설리반의 도시경제학

Arthur O'Sullivan 저

이번송 · 홍성효 · 김석영 공역

박영사

Urban Economics, 9th Edition

1 2 3 4 5 6 7 8 9 10 PYP 20 22

Original: Urban Economics, 9th Edition © 2019
　　　　　By Arthur O'Sullivan
　　　　　ISBN 978-0-078-02178-7

This authorized Korean translation edition is jointly published by McGraw-Hill Education Korea, Ltd., and Parkyoung Publishing Co. This edition is authorized for sale in the Republic of Korea.

This book is exclusively distributed by Parkyoung Publishing Co.

When ordering this title, please use ISBN 979-11-303-1381-8

Printed in Korea

제 9 판
오설리반의 도시경제학

인쇄일 | 2022년 2월 15일
발행일 | 2022년 2월 28일

저　자 | Arthur O'Sullivan
공역자 | 이번송 · 홍성효 · 김석영

발행인 | 안종만 · 안상준
발행처 | (주) 박영사
　　　　서울특별시 금천구 가산디지털2로 53, 210호(가산동, 한라시그마밸리)
　　　　등록 1959. 3. 11. 제300-1959-1호(倫)
전　화 | 02)733-6771
팩　스 | 02)736-4818
이 메 일 | pys@pybook.co.kr
홈페이지 | www.pybook.co.kr

정 가　　34,000원　　　　ISBN　979-11-303-1381-8 (93320)

▌저자 소개

 아써 오설리반(Arthur O'Sullivan) 박사는 미국 오레곤주의 포틀랜드시에 소재하는 루이스 앤드 클락대학(Lewis and Clark College)의 경제학 교수이다. 저자는 오레곤대학(University of Oregon)에서 경제학 학사학위를 받은 후 2년 동안 필리핀에서 도시계획가들과 함께 평화봉사단(Peace Corps) 활동을 하였다. 그는 1981년에 프린스턴대학에서 경제학 박사학위를 취득하였고, 대비스의 캘리포니아주립대학과 오레곤주립대학에서 강의를 하였으며, 두 대학 모두에서 우수강의상을 수상하였다. 그는 현재 루이스 앤드 클락대학에서 로버트 팸플린 주니어(Robert B. Pamplin Junior) 경제학 석좌교수이며, 이 학교에서 미시경제학과 도시경제학을 가르치고 있다. 그는 경제학 입문교과서인 『경제학: 원론과 도구들』(Economics: Principles and Tools)의 공저자인데, 이 교과서는 현재 제8판이 출간되었다.

 오설리반 교수의 주요 연구 분야는 도시토지이용, 환경보호, 그리고 공공정책이다. 그의 논문들은 Journal of Urban Economics, Regional Science and Urban Economics, Journal of Environmental Economics and Management, National Tax Journal, Journal of Public Economics, Journal of Law and Economics 등을 포함하는 많은 경제학학술지에 게재되었다.

이번송 교수는 서울대학교 법과대학을 졸업하고, 미국 서던메쏘디스트대학(Southern Methodist University)에서 경제학 박사학위를 받았다. 박사학위 취득 후 미국Research Triangle Institute에서 6년간 환경, 에너지 및 인구문제에 대한 연구를 수행하였다. 이후 Louisiana State University에서 부교수를 역임하고, 오마하에 있는 네브라스카주립대학에서 14년간 경제학 교수를 역임하였는데, 1987년에서 1993년까지 6년간 피터키윗디스팅귀시드 석좌교수를 맡았다. 1994년 초부터 1996년 말까지 서울시정개발연구원에서 연구위원으로 재직하였으며, 1996년에는 이 연구원의 원장직을 맡았다. 1996년에서 2004년까지 서울시립대학교 경제학부 교수로 재직하였다. 2004년부터 2011년 7월까지 미국 루이지아나주에 있는 Northwestern State University에서 경제학 교수로 재직하였고 2011년 8월부터 미국 Fort Smith에 있는 아칸사주립대학에서 경제학 교수로 재직하고 있다.

이 교수의 강의와 연구분야는 도시경제학, 교통경제학, 그리고 국제경제학이다. 1999년부터 2002년까지 3년간 BK21핵심연구과제의 팀장으로서 우리나라 도시의 경제성장요인에 대해 연구하였다. 이 교수의 연구논문은 Review of Economics and Statistics, The Journal of Real Estate Economics and Finance, Urban Studies, Journal of Development Economics, Demography, International Migration Review, The Indian Journal of Economics, Applied Economics, Journal of Asian Economics, Asian Population Studies 등과 다수의 국내학술지에 게재되었다. 이 교수는 『도시교통정책의 경제론』, 『오설리반의 도시경제학 7판(번역서)』, 『교통경제학: 이론, 응용 그리고 정책』, 『Bun Song Lee's Essays on Urban Economic Growth and Productivity』를 저술하였다.

홍성효 교수는 서울시립대학교에서 경제학 학사학위와 석사학위를, University of Nebraska at Omaha에서 경제학 석사학위를, 그리고 Syracuse University에서 경제학 박사학위를 취득하였으며, 현재 공주대학교 경제통상학부에서 부교수로 재직하고 있다.

주요 연구관심분야는 집적의 경제, 인구이동, 주택과 교통, 지역격차 등으로, 논문은 Urban Studies, Regional Science and Urban Economics, Economics Letters, Papers in Regional Science, Singapore Economic Review, 「국토계획」, 「지역연구」, 「한국인구학」, 「부동산학연구」, 「공간과사회」, 「농촌사회」, 「서울도시연구」, 「도시행정학보」, 「한국지역개발학회지」, 「아시아여성연구」, 「여성연구」, 「교육재정경제연구」, 「국제경제연구」 등에 게재되었고, 『오설리반의 도시경제학 7판(번역서)』과 『교통경제학: 이론, 응용 그리고 정책』을 공역하였다.

김석영 박사는 서울시립대 경제학부를 졸업하고, 동 대학원에서 석사학위와 박사학위를 취득하였다. 2002년부터 현재까지 한국개발연구원 공공투자관리센터에서 전문위원으로 재직하고 있으며, '예비타당성조사' 및 '타당성 재조사' 등의 재정투자사업 및 공공기관 투자사업에 대한 평가업무 및 공공투자관련 제도개선에 대한 연구를 하고 있다.

연구분야는 인구, 기업입지, 지역균형발전 등으로 논문은 Journal of Asian Economics, 국토계획 등의 학술지에 게재되었다. 조사 보고서로는 「여의도 공군부지 개발 공공기관 예타」, 「보라매(KF-X) 개발사업 사전 타당성 분석 연구」, 「세종시 대안의 적정성 검증 및 최적대안제시를 위한 특별과제(경제적 효과 분석)」 등이 있으며, 『오설리반의 도시경제학 7판(번역서)』를 공역하였다.

▌저자 서문

본서는 도시경제학, 즉 지리학과 경제학의 교차점에 놓여 있는 학문분야의 교과 (course)를 위해 설계되었다. 경제학은 선택에 관한 학문으로, 가구, 기업, 정부, 그리고 여타 기관의 최적화 결정을 탐구한다. 도시경제학은 이러한 선택들을 지리학적인 문맥에서 고려한다.

- 가구는 효용－극대화 거주지를 선택한다.
- 기업은 이윤－극대화 생산부지를 선택한다.

본서에 걸쳐 보게 되듯이, 최적화 행위에 관한 모형에 입지적 고려를 포함하는 것은 도시의 본질과 빈곤, 혼잡, 격리, 그리고 범죄와 같은 도시문제의 원인들에 대해 중요한 통찰을 제공한다. 지리학적 관점은 또한 이러한 도시문제들을 해결하기 위한 대안적인 정책들의 장점을 평가하는 데 있어 도움을 준다.

본서는 다섯 부분으로 구성되었다. 제1편은 도시경제학의 분야를 소개하고 본서에 걸쳐 반복적으로 이용되는 미시경제학의 여섯 가지 핵심적인 개념들을 검토한다. 제2편은 기업과 사람들로 하여금 다양한 규모와 범위의 도시들에 군집하도록 하는 다양한 시장의 힘들에 대해 탐구한다. 제3편은 도시의 공간구조를 살펴보고, 도시들 안에서 행위의 공간적 분포를 결정하는 경제적 힘과 공공정책의 힘에 대해 탐구한다. 제4편은 도시교통체계의 두 구성요소인, 자동차와 도로, 그리고 대중교통에 대해 탐구한다. 제5편은 지방정부에 대해 살펴보고, 연방정부체계에서 지방정부의 존재에 대한 이유를 탐구하며, 두 개의 특별한 공공재－교육과 공공안전－에 대해 보다 자세히 살펴본다.

본문은 도시경제학과 도시문제들에 관한 학부과정 교과들에서의 이용을 위해 설계되었다. 이는 또한 도시계획, 공공정책, 그리고 공공행정에 관한 대학원과정 교과들을 위해서도 이용될 수 있을 것이다. 본서에서 이용된 모든 경제적 개념들은 전형적인 중급미시경제학 교과들에 포함된다. 미시경제학 관련 수강이 입문과정에 한정되거나 미시경제학 개념들에 대한 복습이 도움이 되는 독자들을 위해, 제24장("미시경제학에 대한 모형들")은 중급과정에서 나타나는 핵심적인 개념들에 대한 복습을 제공한다.

제9판에서의 변화

본문은 도시경제학 분야에 대한 명료하고 간결한 설명을 제공하기 위해 완전히 개정되었다. 본서에서 주제들의 전반적인 배열은 변화하지 않았으나, 개별 장들에서의 변화는 상당히 많으며 너무 많아 열거할 수 없다. 이러한 변화들을 이해하는 가장 좋은 방법은 차례를 살펴보는 것이다.

웹사이트

본서에 대한 웹사이트(www.mhhe.com/osullivan9e)는 본서에서 이용된 천연색 버전의 지도들, 파워포인트 자료, 그리고 강의노트를 포함하고 있다.

▌역자 서문

도시경제학은 우리 국민의 매우 중요한 문제 전반에 대해 다루고 있다. 수도권 경제집중, 부동산 가격폭등, 교통혼잡, 부동산 투기, 빈부격차, 환경오염 및 지방자치 간 재정격차 등의 문제를 TV와 신문에서 매일 접하고 있으며, 동시에 모든 국민들은 매일매일 이 문제들과 개별적으로도 직면하게 된다. 도시경제학은 이와 같은 현실성이 매우 높은 문제들을 다룰 뿐만 아니라 학문적으로도 매우 흥미 있는 분야이다. 도시경제학에서는 현실문제들의 분석에 있어 중급미시경제학에서 배우는 경제이론들을 정교하게 응용하여 분석에 적용하고 있다.

대표역자는 1996년부터 2004년까지 8년간 서울시립대학교에 재직하면서 매 학기 도시경제학과 교통경제학 과목을 강의하는 동안 이와 같이 현실성 있고 학문적으로도 흥미 있는 도시경제학이 다른 대학들의 경제학 교과목에 포함되어 있지 않은 이유가 적합한 교과서가 부족하기 때문이 아닌가 하는 생각이 들게 되었다. 또한 서울시립대학교에서도 도시경제학 강의에 대한 적절한 교과서가 있으면 더 많은 학생들이, 특히 경제학전공 외의 도시계획, 도시행정, 행정학, 교통공학 전공의 학생들이 도시경제학 과목을 더 많이 수강할 수 있을 것이라고 생각하였다.

기존의 우리나라 도시경제학 교과서는 『오설리반의 도시경제학』 교과서에 비해 다루고 있는 분야와 이슈가 너무 적어 학생들에게 흥미진진한 이론을 심도 있게 가르치기에는 문제가 있다고 생각하였다. 대표역자는 번역서를 사용하는 경우 우리나라의 현실문제를 충분히 다루지 못하는 결점이 있으나 국내 교과서에서 현실문제를 다루기 위해 교과서의 거의 절반을 할애하는 것은 안타까운 일이라고 생각하였다. 심오한 이론을 확고하게 배우면서, 동시에 현실문제는 강의실에서의 토론과 리포트의 작성을 의무화함으로써 충분히 배울 수 있다고 생각하였다.

대표역자는 서울시립대학교에서 번역서 출간에 앞서 『오설리반의 도시경제학』 원서를 몇 년간 교재로 사용한 적이 있으나 첫째, 수강생이 현저하게 줄었으며, 둘째, 학생들로부터 경제학 자체도 힘든데 영어까지 해석해 가며 공부하려니 효율적이지 못하다는 불평을 계속 듣게 되었다. 아직은 우리나라 학생들이 영문 원서를 완벽하게 이해하는 데 있어 많은 어려움을 갖고 있는 것 같다. 대부분의 과목들이 원서를 사용하여 이들 학생들의 영문독해력이 빨리 향상되면 원서를 사용해도 문제가 없겠으나, 대부분의 과목이 원서를 쓰지 않아 영문독해력의 향상이 없는 상태에서 한두 과목만 원서를 사용하면 많은 학생들이 그 과목이 중요한 줄 알면서도 영어에 대한 어려움으로 인해 그 과목의 수강을 기피하는 현상이 발생할 수 있다. 경제학원론과 같이 한 학기에 많은 강좌가 동시에 개설되는 과목의 경우에는 한 교수가 원서를 사용하면 영어를 기피하지 않으며, 영어를 익히려는 의지가 강한 학생들이 그 강좌를 택할 것이므로 문제는 덜 심각할 것이다. 그러나 도시경제학과 같이 거의 모든 대학에서 1년에 한 강좌를 개설하는 과목에서 원서를 사용하면 많은 학생들이 도시경제학의 중요성을 알고 흥미를 느끼면서도 영어 때문에 수강을 기피하여 그 과목을 택할 기회를 영영 갖지 못하게 될 수도 있다.

대표역자는 도시경제학의 한국 교과서를 저술하는 문제를 생각해 보았으나, 다음의 이유로 이를 포기하고 번역작업에 정진하기로 하였다.

첫째, 『오설리반의 도시경제학』은 매우 잘 쓰여진 교과서이다. 미국의 대학 중 도시경제학의 학부강좌가 개설된 곳이라면 거의 모두 이 교과서를 사용할 정도로 미국 도시경제학 교과서 시장을 독점하고 있다. 본인의 능력으로는 도저히 이 교과서에 버금가는 교과서를 쓸 자신이 없었다.

둘째, 자신의 저서는 아니더라도 역자가 정성을 들여 완전히 이해하고 학생들이 교과서의 모든 부분을 명료하게 이해할 수 있게 훌륭한 번역본을 출간한다면, 독자도 별로 없는 자신의 교과서를 쓰느라고 시간을 낭비하는 것보다 한국의 도시경제학계에 더 큰 공헌을 할 수 있을 것이라고 생각하였다.

『오설리반의 도시경제학』 교과서를 번역하는 데 있어 원문을 가능하면 그대로 독자에게 전달하고자 하는 것을 기본원칙으로 하였다. 가급적이면 의역은 피하고 원문을 살리며 번역하기 위해 많은 시간을 쏟았다. 적절한 표현을 도저히 발견할 수 없으면 의역의 길을 택하기보다는 영어단어를 괄호 안에 포함하여 독자의 이해를 돕고자 하였다. 역자는 매끄러운 한국표현으로 의역하는 것보다 어색하더라도 원문의 표현을 살리려고 노력하였다.

대표역자는 1994년에 귀국하기 전까지 미국연구소에서 6년간 근무하고 미국대학에서 15년간 교수로서 재직한 후, 귀국 후 서울시정개발연구원 원장을 역임하고, 서울시립대 교수를 역임한 후, 2004년부터 현재까지 다시 미국대학에서 교수로서 강의를 하고 있다. 오랜 미국 생활과 강의에도 불구하고 대표역자 역시 번역하는 동안 정확히 이해하지 못한 대목이 자주 있었다. 미국식 표현으로 이해가 잘 되지 않는 것은 미국인들에게 많은 경우 직접 문의하여 의미를 찾아 내려고 노력하였다.

이 교과서의 2015년에 번역출판한 8판과 9판은 2011년에 번역출판한 7판에 비해 교육에 관한 새로운 장이 추가되었다. 이 장은 교육성취의 결정요인을 밝히기 위한 교육생산함수를 정의하고, 결정요인들 가운데 하나인 교사의 중요성을 설명한다. 또한, 지역 간 교육지출의 불평등과 이의 완화를 위한 관련 공공정책에 대해 설명한다.

9판의 번역작업에는 7판과 8판에서와 마찬가지로 대표역자가 가장 자랑스럽게 생각하는 두 제자, 공주대학교의 홍성효 교수와 한국개발연구원의 김석영 박사가 함께 참여하였다. 이 두 공저자는 이들이 서울시립대의 대학원생일 때 대표역자의 이 교과서 5판의 번역에 지대한 공헌을 하였다. 7판과 8판을 포함하여 9판의 작업에 이들의 참여로 본 번역서의 질이 크게 향상한 것은 물론이지만 대표역자의 입장에서는 자랑스러운 두 제자와 공동저서를 하게 된 것이 끝없이 흐뭇한 일이다.

5판 번역본으로 공부한 학생들 여러 명으로부터 연습문제의 해답집을 제공해 달라는 부탁의 e-mail을 받았다. 7판의 출간에 있어서 연습문제의 해답을 일부 교과서에 게재하거나 해답집을 별도로 출간하는 문제에 대해 원저자와 상의한 결과 원저자는 많은 교수들이 연습문제들을 시험문제로 사용하기 때문에 어떠한 형태로든지 연습문제의 해답을 학생에게 제공하는 것을 반대하였다. 따라서 7판과 8판에서와 마찬가지로 9판에서도 "역자의 연습문제 설명"이라고 하며 연습문제를 푸는 데 도움이 되도록 매 연습문제에 대해 설명을 제공하려고 노력하였다. 이 설명들이 학생들에게 많은 도움이 되었으면 좋겠다.

제5판의 번역본의 초판이 2004년에 출판되었는데 그 이후 본 번역본을 교재로 사용해 주신 교수님들과 본 교과서를 연구의 참고서로 애용해 주신 전국 연구원들의 박사님들에게 특별히 감사드린다. 5판의 번역상의 미숙한 점들에 대해 e-mail을 통해서 자세한 지적을 해주신 영남대학교 도시공학과의 윤대식 교수님과 서울 과학기술대학교 행정학과의 이혁주 교수님께 심심한 사의를 표한다. 본 번역본을 매 학기 교과서로 사용하시며 많은 격려와 조언을 해 주셨던 전 서울시립대 경제학과 교수이신 최석준 박사님께 감사를 드린다. 좀 더 발전된 번역본을 만들기 위해 많이 노력하였으나 이 세 분 교수님의 지적사항을 제대로 반영하였는지에 대한 걱정이 앞선다.

8판을 포함하여 9판 번역본의 출판을 총괄해 주신 박영사 김선민 이사님께 감사드리며, 실무를 담당하신 김민조 선생님께 감사드린다.

마지막으로 미국식 표현이 이해되지 않을 때마다 무수하게 자문역할을 해준 대표역자의 딸 영선(Karen)과 아들 영진(Craig)에게 감사드린다. 미국에서 태어나 현재 미국에서 근무하고 있는 딸과 아들의 도움이 없었으면 본서 출간에 있어 어려움이 많았을 것이다. 별로 빛도 나지 않는 교과서 번역작업을 한답시고 시간을 내주지 못한 남편을 불평 없이 이해해 준 대표역자의 아내 정수경에게 감사를 드린다.

자신의 교과서를 쓰는 것보다 더 오랜 기간에 걸쳐 더 많은 사람들의 도움을 받으며 무척 많은 시간과 정성을 들여 2004년에 5판의 번역본을 출판하였고, 7판의 번역에 있어서는 3인이 힘을 합쳐서 2년의 시간을 투자하였으며, 8판의 번역에도 많은 시간을 투자하였고 이제 다시 9판을 출판하게 되었는데, 특히 9판에서 원저자가 새로운 교과서를 집필하듯이 대폭 내용을 개편하였기 때문에 3인의 역자들도 번역원고를 완전히 새로 작성해야만 했다. 결과가 독자들에게 만족스러울지 매우 기다려진다.

대표역자가 제5판의 번역본의 초판을 2004년에 출판하였으니 이 교과서를 번역출판하기 시작한 지도 18년이 지났다. 그동안 대표역자는 미국 대학에서 계속 가르치고 있으며 홍성효 교수는 본 교과서의 번역작업에서 점차적으로 주도적인 역할을 맡게 되었고, 9판의 출판에서도 주도적 역할을 맡아 준 것에 대해 감사를 드리며 무척 흐뭇하다.

앞으로 교수님들, 도시관계전문가들, 공무원들, 그리고 학생들 모두 이 교과서를 사용하면서 사소한 것이라도 수정할 것을 발견하시면 홍성효 교수(shong11@kongju.ac.kr)에게 연락해 주시길 바라며, 앞으로 인쇄되는 새판에서 즉각 반영하여 수정할 것을 약속드린다.

2022년 2월

미국 아칸소주립대학에서, 대표역자 이번송

차례

PART

01

서론과 주요 개념들

오설리반의 도시경제학
O'Sullivan's Urban Economics

처음 두 장은 나중 장들을 위한 기초를 닦는다. 제1장은 도시경제학의 분야를 개관하고 이 책의 구성에 대해 설명한다. 이 장은 또한 도시지역(urban area), 대도시지역(metropolitan area), 그리고 주된 도시(principal city)를 포함하여 미국의 인구조사국에 의해 개발된 다양한 지리적 정의들에 대해 논한다. 제2장은 도시경제학의 여섯 가지 핵심 개념들에 대해 검토하며, 이들 중 다섯 가지는 중급 미시경제학 과정을 이수한 학생들에게는 친숙할 것이다. 이러한 개념들은 이 책 전체에 걸쳐 다시 나타날 것이다.

도시는 항상 암흑으로 빛과 열을 발사하는 문명의 벽난로이었다.
- 데오도르 파커(Theodore Parker)

나는 아침에 지구상의 한 도시에서 깨어나기보다는 인적이 없는 벽지에서 깨어나기를 원한다.

- 스티브 맥퀸(Steve McQueen)

이 책은 도시와 도시문제에 대한 경제학을 탐구한다. 파커와 맥퀸으로부터의 인용문들은 도시에 대해 우리의 상반된 감정을 반영한다. 긍정적인 측면에서, 도시는 혁신, 생산, 그리고 교역을 수월하게 하여 우리의 생활수준을 향상시킨다. 부정적인 측면에서, 도시는 혼잡하고, 시끄럽고, 더러울 수 있다. 이 책의 첫 번째 부분에서 볼 수 있듯이, 명백한 비용이 다른 기업과 사람들 가까이에서 생산하고 소비하는 미묘한 편익에 의해 그 이상으로 상쇄되기 때문에 기업과 사람은 도시에 위치한다. 이 책의 나중 부분에서 볼 수 있듯이, 혼잡, 오염, 그리고 범죄와 같은 도시문제들을 다루는 정책들은 도시의 활력을 증가시켜, 도시들로 하여금 성장하게 할 것이다.

도시경제학은 지리학과 경제학의 교차 지점으로 정의된다. 지리학은 어떻게 다양한 행위들이 공간적으로 배열되는가를 학습하는 반면에 경제학은 자원이 한정되어 있을 때 사람들이 하는 선택에 대해 탐구한다. 도시경제학은 경제학과 지리학을 혼합하여, 효용-극대화 가구와 이윤-극대화 기업의 입지선정에 대해 탐구한다. 도시경제학은 또한 혼잡, 오염, 그리고 범죄와 같은 도시문제들의 원인과 결과에 대해 탐구하고 지방자치당국과 학군을 포함하여 지방정부의 정책의 효율성과 분배적 효과에 대해 탐구한다.

01 도시경제학과 도시들

도시경제학은 네 개의 관련된 분야로 구분될 수 있으며, 이 책에 대한 구조적 분석틀을 제공한다.

1. 도시생성에 있어서의 시장의 힘

기업과 가구의 도시 간 입지결정은 상이한 규모와 경제적 구조의 도시들을 생성한다. 도시들이 왜 존재하는가, 어디서 생성되는가, 그리고 도시들이 왜 규모와 범주에서 다른가에 대한 이슈들을 탐구한다.

2. 도시 내 토지 이용

기업과 가구의 도시 내 입지결정은 도시의 토지-이용 유형을 야기한다. 근대 도시들에서 고용은 대도시 전체에 걸쳐 분포하여, 100년 전의 고도로 집중된 도시들과 현격한 대조를 이룬다. 집중된 도시에서 분산된 도시로의 변화를 초래한 경제적 힘을 탐구한다. 또한 인종, 소득, 그리고 학력에 따른 거주지 차별(segregation)의 이슈를 탐구하기 위해 이웃선택모형을 이용한다. 주택선택은 주택이 이동하지 않기 때문에 입지선택과 연계된다. 주택이 왜 다른 재화들과 상이한지 그리고 주택정책이 어떻게 작동하는지에 대해 논의할 것이다.

3. 도시교통

도시 혼잡문제에 대한 일부 가능한 해결책에 대해 탐구하고 도시교통체계에서 대중교통의 역할을 고찰한다. 하나의 이슈는 버스체계가 바트(BART, 샌프란시스코)나 메트로(Metro, 워싱턴)와 같은 경철도체계 혹은 중철도체계보다 효율적인가 하는 것이다.

4. 지방정부, 교육, 그리고 범죄

대부분의 거대한 미국 대도시들은 지방자치시, 학군, 그리고 특별 지구를 포함하여 수십 개의 지방정부를 가지고 있다. 지방정부의 이러한 분권화된 체계는 복잡한 정책 상호작용뿐만 아니라 가구와 기업의 흥미로운 입지선택을 야기한다. 공립 K-12 교육(유치원에서부터 고등학교)의 공급은 지방정부의 책임이다. 지방정부들은 또한 범죄의 통제에 대한 책임이 있다.

어느 도시경제학자는 도시지역을 상대적으로 작은 지역 내 많은 수의 사람들을 포함하는 지리적 지역으로 정의한다. 다시 말해, 도시지역은 인근 지역의 인구밀도에 비해 상대적으로 높은 밀도를 갖는다. 이러한 정의는 작은 소도시부터 거대한 대도시까지 매우 상이한 규모의 도시지역들을 수용한다. 이 도시의 정의는 인구밀도에 기초하고 있다. 그 이유는 도시경제의 핵심적인 특성이 상이한 경제적 행위들 간 빈번한 접촉인데 기업과 가구가 상대적으로 작은 지역에 집중하는 경우에만 이와 같은 빈번한 접촉이 가능하기 때문이다.

미국 인구조사국(U.S. Census Bureau)은 도시경제학과 연관된 다양한 지리적 정의를 개발하였다. 도시경제학에서 많은 실증분석 연구들이 인구통계(census) 자료에 기초하기 때문에, 이러한 정의들에 대한 명확한 이해가 중요하다. 이 장의 제2절은 상세한 인구통계 정의들을 제공한다. 네 개의 핵심적인 인구통계 정의가 존재한다.

1. 도시지역(urban area)

2,500명의 최소 인구와 평방 마일당 500명의 최소 밀도를 갖는 인구가 밀집하여 살고 있는 지리학적 지역.

2. 대도시지역(metropolitan area)

실질적인 인구 핵을 가진 하나의 핵심지역과 이와 경제적 의미에서 통합되어 있는 인접한 지역공동체들. 대도시지역으로 지정되기 위한 최소 인구는 50,000명이다. 2010년에, 미국에 366개의 대도시통계지역이 존재하였다.

3. 소도시지역(micropolitan area)

10,000명에서 50,000명이 집중된 보다 작은 형태(smaller version)의 대도시지역. 2010년에, 미국에 576개의 소도시통계지역이 존재하였다.

4. 주된 도시(principal city)

각각의 대도시나 소도시통계지역에서 가장 큰 지방자치시. 지방자치시(municipality)는 하나의 지방자치법인이 그 지역 전체에 걸쳐 지방권력을 행사하며 하수처리, 범죄방지, 그리고 소방과 같은 지방정부서비스를 제공하는 지역으로 정의된다.

이 책은 경제적 행위의 공간적 집중을 언급하기 위해 세 개의 용어: 도시지역, 대도시지역, 그리고 도시(city)를 사용한다. 호환성 있게 사용될 이 세 가지 용어는 정치적 도시가 아닌 경제적 도시(긴밀하게 연관된 일련의 활동을 포함하고 있는 지역으로 상대적으로 높은 인구밀도를 가진 지역)를 의미한다. 정치적 도시를 언급할 때, 지방자치시라는 용어를 사용한다.

그림 1-1은 다양한 규모의 도시에서 미국 인구의 비중을 보여준다. 전반적으로, 인구의 약 94%가 도시지역에 거주하고, 84%는 366개의 대도시지역에, 그리고 10%는 576개의 소도시지역에 거주한다. 인구의 대략 1/4이 적어도 5백만의 거주자를 갖는 대도시지역으로 정의되는 가장 큰 대도시지역들에 살고, 30%는 중간 대도시지역들에 거주하고 30%는 작은 대도시지역들에 거주한다. 두 개의 가장 큰 대도시지역인 뉴욕과 로스앤젤레스가 합해서 미국 인구의 10% 이상을 가지고 있다.

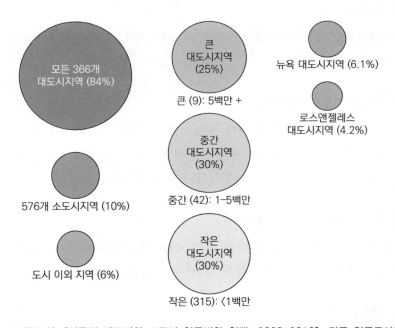

출처: 윌슨, 스티븐 외, "미국의 대도시와 소도시 인구변화 형태: 2000-2010", 미국 인구조사국, 2012

▲ 그림 1-1 중심-기반 통계지역(CBSA) 지위와 규모 범주에 의한 미국 인구의 비중

그림 1-2는 1790년부터 2010년까지 미국 내 도시지역에서 거주하고 있는 사람들의 비율을 보여준다. 이 기간 중에, 도시지역에 사는 사람들의 비율은 5%에서 81%로 증가하였고, 이러한 현저한 변화가 세계의 다른 지역에서도 발생하였다. 대

공황과 연관된 시기인 1930년대에 도시화는 거의 정체되었다. 그로부터 수십 년 후인 1970년대에도 도시화는 정체되었다. 이 10년의 기간은 1973－1975년의 깊은 경기침체를 포함하고 있다. 이 책의 첫 부분에서 볼 수 있듯이, (1) 생산에 있어 기술발전이 농업, 제조업, 그리고 서비스업에서 노동생산성을 증가시키고; (2) 교통에서의 기술발전이 접근성을 증가시켰기 때문에 농촌사회에서 도시사회로의 변화가 일어났다.

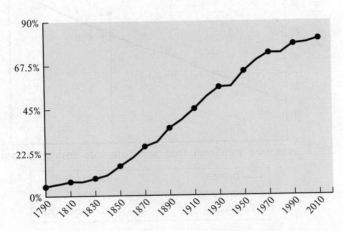

출처: 미국 인구조사, 미국 요약: 2010년 인구와 주택수, 2010년 인구주택총조사, 2012

▲ 그림 1-2 도시지역 미국 인구의 비중, 1790-2010

그림 1－3은 세계의 6대 주요 지역에 대한 도시화의 시계열 추세를 보여준다. 역사적 자료는 1950년으로 거슬러 가며 예측은 2050년에 이른다. 수직축은 총 인구에서 도시지역의 비율을 보여준다. 이 비율들은 현재 아프리카(40%)와 아시아(47.5%)에서 절반보다 작지만, 아프리카에서 2035년까지 아시아에서 2018년까지 변화할 것으로 예상된다. 그 외 지역들에서, 도시의 비율은 오세아니아에서의 70.8%에서 북아메리카에서의 81.5%까지 분포한다.

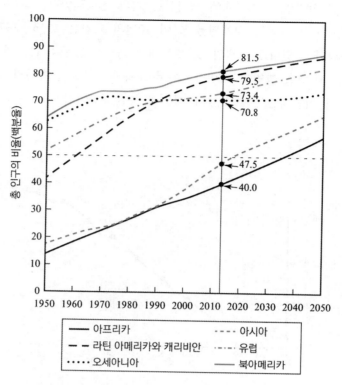

출처: 유엔, 세계도시화전망, 2014, 뉴욕: 유엔, 2016

▲ 그림 1-3 인구비율로 표시된 도시인구, 1950-2050

02 인구조사에 사용된 정의들

　미국 인구조사국은 도시경제학과 관련한 다양한 지리적 정의들을 개발해 오고 있다. 도시경제학에서 많은 실증분석 연구들이 인구통계 자료에 기초하기 때문에, 이러한 정의들에 대한 명확한 이해가 중요하다. 이 서론은 상세한 인구조사에 대한 정의들을 제공한다.

도시인구

　인구조사국에 의해 개발된 지리적 정의들은 인구조사 자료에서 가장 작은 지리적 단위인 인구조사구역(census block)에 기초한다. 인구조사구역은 모든 측면(sides)들이 육안으로 볼 수 있는 특색들(거리, 개울, 혹은 통로(track)) 혹은 볼 수 없는 특색들(부동산 경계, 혹은 행정구역 경계)에 의해 경계가 지어진 지역으로 정의된다. 전형적인 인구조사구역은 수십에서 수백명의 거주민을 가지고 있다. 구역집단(block group)은 인접한 인구조사구역들의 집단이다. 인구조사표준지역(census track)은 인구조사구역들(blocks)의 인접해 있는 세트(set)이다. 인구조사표준지역에 대한 목표인구범위는 4,000명의 거주민이다. 2010년에 72,531개 이상의 인구조사표준지역들이 있었는데 이들의 평균 인구는 4,256명이었다. 인구조사표준지역들의 대략 90%가 1,500명에서 7,500명의 거주민들을 가지고 있었다.

　인구조사국은 두 유형의 도시지역을 정의하기 위해 인구조사표준지역을 이용한다. 도시인구는 도시화된 지역(urbanized area)과 도시군집(urban clusters) 내에 사는 모든 사람들로 정의된다.

1. 도시화된 지역

　도시화된 지역은 최소 인구밀도에 대한 요건을 충족하며 밀집하게 정착된 핵심(core) 인구조사표준지역들(census tracks)과 핵심을 둘러싸고 있는 인구조사표준지역들(tracks)로 구성된다. 대부분의 경우, 밀도에 대한 요건은 핵심구역집단(block groups)에 대해서 평방 마일당 1,000명이고 주변구역(blocks)에 대해서 평방 마일 당 500명이다. 핵심과 주변구역들을 통틀어, 밀집하게 정착된 인구조사표준지역들(tracks)은 적어도 50,000명의 인구를 포함해야 한다. 2010년에, 미국에는 486개의 도시화된 지역들이 존재하였다.

2. 도시군집

　도시군집은 도시화된 지역의 축소판이다. 하나의 도시군집을 구성하는 인구조사표준지역들(tracks)의 총 인구가 2,500명에서 50,000명 사이에 해당한다. 2010년에, 미국에는 3,087개의 도시군집들이 존재하였다. 도시인구의 인구조사국 정의에 기초하여, 미국 인구의 81%가 2010년에 도시지역에 거주하였다.

중심-기반 통계지역(Core-Based Statistical Area)으로 알려진 대도시지역

인구조사국은 대도시지역(metropolitan areas)에 대한 정의들을 변경하는 데 있어서 긴 역사를 가지고 있다. 일반적 견해는 대도시지역이 하나의 큰 인구 핵을 가진 핵심지역과 그 핵심 지역과 경제적인 측면에서 통합되어 있는 인접한 지역공동체들을 포함한다는 것이다. 지난 수십 년에 걸쳐, 대도시지역에 대한 표시들은 1949년의 표준 대도시지역(standard metropolitan area, SMA)에서 1959년의 표준 대도시통계지역(standard metropolitan statistical area, SMSA), 1983년의 대도시통계지역(metropolitan statistical area, MSA), 1990년의 대도시지역(metropolitan area, MA)으로 변하였으며, 이는 대도시통계지역(metropolitan statistical areas, MSAs), 통합된 대도시통계지역(consolidated metropolitan statistical areas, CMSAs - 가장 큰 대도시지역들), 그리고 주요 대도시통계지역(primary metropolitan statistical areas, PMSAs - CMSAs의 구성부분들)으로 집합적으로 일컬어졌다.

대도시지역으로 고려되었던 지역들에 대해 2000년에 시행된 새로운 표시는 핵심에 기초한 통계지역(core based statistical area, CBSA)이다. 개별 CBSA는 적어도 10,000명의 인구를 갖는 적어도 하나의 도시지역(도시화된 지역 혹은 도시군집)을 포함해야 하며 대도시지역 혹은 소도시지역으로 지명된다.

1. 대도시지역(Metropolitan Area)

대도시통계지역은 적어도 50,000명의 인구를 갖는 적어도 하나의 도시화된 지역을 포함한다.

2. 소도시지역(Micropolitan Area)

소도시통계지역은 적어도 10,000명에서 50,000명의 인구를 갖는 적어도 하나의 도시군집을 포함한다. 2010년에, 미국에 366개의 대도시통계지역과 576개의 소도시통계지역이 있었다.

대도시지역과 소도시지역에 대한 기초적 구성요소는 군들(counties)이다. 특정 CBSA(핵심에 기초한 통계지역)에 대해, 중심의 군들(central counties)은 적어도 5,000명 혹은 인구의 50%가 적어도 10,000명의 인구를 가진 도시지역 내에서 거주하는 곳들이다. 추가의 변두리 군들은 만일 그것들이 중심의 군들로 혹은 중심의 군들로부터 통근하는 비율이 최소 분계점을 충족한다면 CBSA에 포함된다. 구체적으로,

변두리 군의 노동자들 가운데 적어도 25%는 중심의 군들 중 하나에서 일을 하거나, 혹은 변두리 군의 일자리들 가운데 적어도 25%는 중심의 군들 중 하나의 주민들에 의해 채워져야 한다.

CBSA 전체는 국가전체 인구의 94%를 포함하는데, 대도시지역에서 84%를 포함하고 보다 작은 소도시지역에서 10%를 포함한다. CBSA가 차지하는 인구의 비율(94%)은 도시지역의 인구비율(81%)을 초과하는데, 그 이유는 CBSA가 도시지역이 아닌 군의 지역들(가장 작은 지리적 단위인, 인구조사구역(census block)으로 정의된)도 포함하며 전체 군들을 포괄하기 때문이다.

주된 도시(Principal Cities)

개별 대도시통계지역과 소도시통계지역에서 가장 큰 지방자치시(municipality)는 주된 도시로 지정된다. 추가적인 도시들도 만일 그것들이 인구 규모(적어도 250,000명)와 고용(적어도 100,000명의 노동자)에 대한 최소한의 요구조건을 충족한다면 "주된 도시"로서의 자격을 얻는다. 개별 대도시 혹은 소도시통계지역의 명칭은 이의 주된 도시들의 세 개까지의 이름과 이 대도시 혹은 소도시통계지역이 뻗쳐 나가 있는 개별 주(state)의 이름들로 구성된다. 예를 들어, 미네아폴리스 대도시지역에 대한 명칭은 미네아폴리스-세인트 폴-블루밍턴, MN-WI(미네소타-위스콘신)인데, 이는 열거되기에 충분한 자격이 있는 큰 두 개의 다른 지방자치시들을 포함하며 이들 3개 도시들이 포함되는 주들의 이름들이 포함되고 있다는 것을 나타낸다. 대부분의 대도시지역들에 있어, 그 표시는 단지 하나의 주된 도시만을 포함한다. 대략 열두 개의 큰 대도시지역들은 대도시 분구(division)로 불리우는 보다 작은 수의 군들의 집단들로 분할된다.

U.S. Government. "Standards for Defining Metropolitan and Micropolitan Statistical Areas." *Federal Register* 65, no. 249 (December 17, 2000).

02 ⟩ 도시경제학의 주요 개념들

텐트 안에서 두 야영객은 바스락거리는 곰의 소리에 깨어났다. 야영객 A는 조용히 그의 운동화를 신고 스트레칭을 시작한다.
야영객 B: 너 뭐하니? 너는 굶주린 곰보다 빨리 뛸 수 없어.
야영객 A: 곰보다 빨리 뛸 필요는 없어. 단지 너보다 빨리 뛰면 돼.
(곰은 한 사람만 공격할 것임)

이장은 도시경제학을 위한 기초를 제공하는 미시경제학으로부터의 여섯 가지 주요 개념들에 대해 논한다.

1. 기회비용
2. 한계의 원리
3. 내쉬균형
4. 비교정학
5. 파레토 효율성
6. 자기−강화적 변화들

여섯 번째 개념이 도시경제학과 경제학의 일부 다른 분야들에 특정되는 반면에, 처음 다섯 개념들은 경제학의 많은 다른 분야에서도 이용된다.

01 기회비용

경제적 비용은 기회비용(opportunity cost)이다. 무언가의 기회비용은 이것을 얻기 위해 희생해야 하는 것이다. 보다 정확히, 자원 이용의 기회비용은 해당 자원의 차선의 이용에서의 가치에 해당한다. 예를 들어, 이 장을 읽는 것의 기회비용은 돈을 버는 것, 스포츠를 하는 것, 혹은 다른 과목을 공부하는 것과 같이 당신의 시간의 차선의 이용에서의 가치에 해당한다. 보다 폭넓게, 전쟁을 시작하는 기회비용은 군인과 탱크와 같은 자원들의 차선의 이용에서의 가치에 해당한다. 만일 군인들이 과학선생님이 될 수 있다면, 개별 군인의 기회비용은 과학선생님의 가치에 해당한다. 만일 탱크를 만들기 위해 사용된 자원들이 12,000개의 자전거를 만드는 데 사용될 수 있다면(6백만달러 탱크 대 500달러 자전거), 개별 탱크의 기회비용은 12,000개의 자전거 가치에 해당한다. 경제적 분석의 역할 가운데 하나는 기회비용을 강조하고 이를 통해 의사결정과정을 개선하는 것이다.

기회비용의 개념을 설명하기 위해, 도시에서 높은 사무실 건물—고층 건물—을 짓는 데 1년이 걸리는 기업을 고려하라. 기업의 경제적 비용은, 생산요소의 기회비용으로 계산된, 생산과정에서 사용되는 모든 생산요소의 비용에 해당한다. 경제적 비용은 여러 유형으로 구분될 수 있다. 명시적 비용(explicit cost)은 생산요소에 대한 명시적 금전적 지불을 포함한다. 예를 들어, 기업이 500명의 건설노동자들을 고용하고 개별 노동자에게 60,000달러를 지불하여 노동비용으로 총 3천만달러를 지불한다고 가정하라. 유사하게 기업이 콘크리트, 철강, 그리고 유리와 같은 건설자재를 위해 1억달러를 지불한다고 가정하라. 노동과 자재에 지출된 130백만달러가 다른 곳에 지출될 수 없기 때문에 이는 기회비용에 해당한다.

기업의 암묵적 비용(implicit cost)은 명시적 금전적 지불을 수반하지 않는 생산요소의 기회비용이다. 두 가지 보통의 암묵적 비용이 있다.

1. 기업가 시간의 기회비용

건설회사와 같이 사업을 운영하는 것에 대한 기회비용은 기업가 시간의 차선의 이용에서 포기된 소득에 해당한다. 기업이 고층 건물 프로젝트를 관리하기 위해 다섯 명의 파트너로 구성된 팀을 이용하고, 개별 파트너는 다른 기업의 피고용인으로서 200,000달러를 벌 수 있다고 가정하라. 이 경우, 고층 건물 프로젝트를 운영하는 기회비용은 1백만달러에 해당한다.

2. 기업가 자금의 기회비용

만일 기업가가 기업을 세우고 운영하기 위해 그 혹은 그녀 자신의 돈을 사용한다면, 기회비용은 은행계좌에서 벌 수 있는 이자에 해당한다. 예를 들어, 건설회사가 오늘 2억달러에 판매될 수 있는 기계와 설비를 가지고 있다고 가정하라. 만일 연간 이자율이 10%라면, 2억달러의 기회비용은 1년의 프로젝트 기간에 벌 수 있는 포기된 이자인 2천만달러에 해당한다.

고층 건물 예에서, 암묵적 비용은 기업가 시간에 대한 1백만달러와 기업가 자금에 대한 2천만달러의 합인 21백만달러에 해당한다.

도시환경에서, 직장으로의 통근, 쇼핑, 그리고 여가를 위한 통행시간은 가구와 기업의 입지결정에서 중요한 역할을 수행한다. 통행시간의 기회비용은 차선의 이용, 예를 들면, 근로, 교육, 혹은 여가에서의 시간에 대한 가치이다. 기업들은 보다 높은 임금의 형태로 근로자들에게 통근비용을 보상하고, 따라서 기업의 노동력에 대해 상대적으로 접근이 용이한 지역에서 생산의 비용이 보다 낮다. 도시경제의 소비자 측면에서, 가구들은 통근비용이 상대적으로 낮은 곳에서의 주택에 대해 보다 많이 지불하고자 한다. 통행시간의 기회비용은 임금, 생산비용, 그리고 주택가격에 영향을 미치며, 따라서 도시 내 행위의 공간적 분포에 영향을 미친다.

경제적 비용은 기회비용이고, 기회비용은 도시경제학에서 다른 문맥으로 나타난다. 주택의 기회비용은 차선의 이용, 예를 들면, 공장 혹은 교육시설에서의 자본의 가치에 해당한다. 공터의 기회비용은 생산 혹은 주택에 이용되는 토지의 가치에 해당한다. 도시의 경철도 교통체계의 기회비용은 보다 큰 버스 차량 대수의 공급에 해당할 것이다. 범죄환경에서, 감옥에 있는 시간의 기회비용은 합법적인 직업에서의 포기된 생산이고, 수감시설의 기회비용은 대안적인 사용에서의 자본(건물과 기계)의 가치에 해당한다.

02 한계의 원리

경제적 추론은 종종 한계(marginal) 혹은 점진적(incremental) 변화에 초점을 맞춘다. 한 행위의 한계편익은 이 행위의 한 단위 증가에서 비롯된 추가적인 편익에 해당한다. 한 행위의 한계비용은 이 행위의 한 단위 증가에서 비롯된 추가적인 비용에 해당한다. 한계의 원리(marginal principle)는 행위의 적절한 수준을 선택함에 있어 단순한 의사결정 규칙을 제공한다.

한계의 원리: 한계편익이 한계비용과 일치하는 수준의 행위를 선택하라

만일 어떤 행위의 한계편익이 한계비용을 초과한다면, 한계의 규칙은 해당 행위

를 더 하라고 말한다. 의사결정자는 현계편익이 한계비용과 일치할 때까지 그 행위의 수준을 증가시켜야 한다.

새로운 건축물의 높이에 대한 기업의 결정에 한계의 원리를 적용할 수 있다. 이윤-극대화 층수는 고층으로 짓는 한계편익과 한계비용에 의해 결정된다.

1. 한계편익

높이의 한계편익은 추가적인 층으로부터 걷히는 임대료와 동일하다. 그림 2-1에서, 보다 높은 건물이 수직이동(계단과 승강기)에 보다 많은 공간을 이용하여 보다 적은 임대가능 공간을 남기기 때문에 한계편익곡선은 음(-)의 기울기를 갖는다. 층수가 증가함에 따라, 총 임대수입은 증가하지만 감소하는 비율로 증가한다. 따라서, 한계편익곡선은 음(-)의 기울기를 갖는다.

2. 한계비용

높이의 한계비용은 추가적으로 1층을 지음으로 인한 추가적인 건축비용과 동일하다. 그림 2-1에서, 보다 높은 건물이 보다 집중된 중량을 지지하기 위해 보다 많은 보강을 요구한다. 층수가 증가함에 따라, 건축비용은 증가하는 비율로 증가한다. 따라서 한계비용곡선은 양(+)의 기울기를 갖는다.

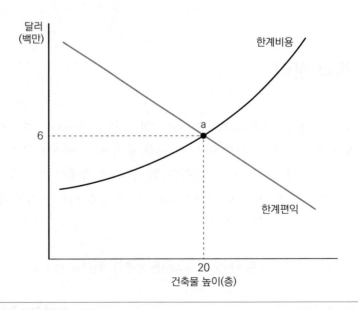

▲ 그림 2-1 한계의 원리

기업은 6백만달러의 한계비용에서 20층을 갖는 점 a에서 이윤을 극대화한다. 21층을 추가하는 비용이 이 추가적인 층으로부터의 임대료 수입을 초과하기 때문에 이 기업은 20층에서 멈춘다.

가구, 기업, 그리고 다른 기관들의 의사결정을 탐구하기 위해 이 책의 전체에 걸쳐 한계의 원리를 이용할 것이다. 가구는 거주지 선정과 지역 선거에서 어떻게 투표할 것인가에 대해 한계의 원리를 이용한다. 기업은 얼마나 많은 생산물을 생산할 것인가, 얼마나 많은 노동자를 고용할 것인가, 그리고 생산시설을 어디에 위치할 것인가를 결정하기 위해 한계의 원리를 이용한다. 지방정부는 얼마나 많은 교사를 고용할 것인가 그리고 공공안전에 얼마나 많은 자원을 이용할 것인가를 결정하기 위해 한계의 원리를 이용한다. 도시 교통체계에서, 운전자들은 얼마나 빨리 달릴 것인가를 결정하기 위해 한계의 원리를 이용하고, 교통당국은 얼마나 많은 버스를 운영하고 얼마의 요금을 부과할 것인가를 결정하기 위해 한계의 원리를 이용한다.

03 내쉬균형

만일 변화에 대한 압력이 없다면, 경제적 환경은 균형에 도달한다. 미시경제학에서 핵심적인 균형 개념은 1994년 노벨경제학상 수상자이고 영화 뷰티플 마인드의 주인공인 존 내쉬의 이름을 딴, 내쉬균형(Nash equilibrium)이다.

> 내쉬균형: 일방적인 이탈에 대한 유인이 존재하지 않는다

만일 다른 참여자들에 의한 선택이 주어진 상태에서 어느 의사결정자도 그 혹은 그녀의 행동을 바꾸고자 하는 유인이 없다면, 내쉬균형을 얻는다. 보다 일상적인 용어로, 만일 후회가 존재하지 않는다면 (다른 참여자들의 선택이 주어진 상태에서, 어느 한 의사결정자도 그 혹은 그녀가 다른 선택을 했더라면이라고 바라지 않는다면) 내쉬균형을 얻는다.

공급과 수요모형에서의 내쉬균형

그림 2-2는 신규 주택에 대한 시장에서의 시장균형을 보여준다. 300,000달러의

균형가격에서, 기업들에 의해 공급되는 수량은 연간 200채의 신규 주택에서 소비자들이 수요하는 수량과 일치한다. 공급과 수요모형의 핵심 가정은 소비자와 생산자 모두 가격수용자(price takers)라는 것이다. 시장에서 개별 의사결정자는 가격을 주어진 것으로 받아들인다. 환언하면, 어느 한 참여자도 선호하는 방향으로 시장가격을 이동시킬 수 없다. 기업은 생산을 보다 적게 함으로써 가격을 증가시킬 수 없고, 소비자는 보다 덜 소비함으로써 가격을 감소시킬 수 없다고 가정한다. 개별 참여자가 주어진 시장가격에서 그 혹은 그녀가 할 수 있는 최선을 수행하고 있기 때문에 시장균형은 내쉬균형이다.

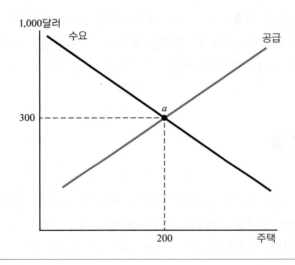

▲ 그림 2-2 시장균형

1. 개별 기업

시장공급곡선은 상이한 가격들에 대한 개별 기업들의 이윤–극대화 반응들을 보여준다. 시장균형에서, 개별 기업은 주어진 시장가격에서 자신이 할 수 있는 최선을 수행하고 있다. 따라서, 어느 한 기업도 자신이 생산하는 수량을 일방적으로 변화할 유인을 갖지 않는다.

2. 개별 소비자

시장수요곡선은 상이한 가격들에 대한 개별 소비자들의 효용–극대화 반응들을 보여준다. 시장균형에서, 개별 소비자는 주어진 시장가격에서 그 혹은 그녀가 할 수 있는 최선을 수행하고 있다. 따라서, 어느 한 소비자도 그 혹은 그녀가 구매하는 수량을 일방적으로 변화할 유인을 갖지 않는다.

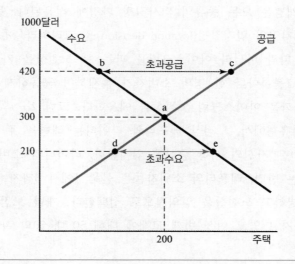

▲ 그림 2-3 불균형

그림 2-3은 시장불균형의 두 가지 경우를 보여준다. 두 경우에서 일방적 이탈에 대한 유인이 존재하며, 따라서 이 시장은 내쉬균형에 도달하지 않았다.

1. 초과공급

균형가격을 상회하는 가격에서, 제품의 초과공급이 존재할 것이다. 420,000달러의 가격에서, 초과공급은 수요곡선상의 점 b와 공급곡선상의 점 c 간 차이에 의해 보여진다. 이 경우, 신규 주택을 420,000달러에 팔고자 하는 기업들이 존재할 것이나 상대적으로 높은 가격을 지불할 소비자들을 찾지 못한다. 이 기업들은 소비자들을 유인하기 위해 가격을 일방적으로 깎을 유인을 갖는다.

2. 초과수요

균형가격을 하회하는 가격에서, 제품에 대한 초과수요가 존재할 것이다. 210,000달러의 가격에서, 초과수요는 공급곡선상의 점 d와 수요곡선상의 점 e 간 차이에 의해 보여진다. 이 경우, 상대적으로 낮은 가격에서 신규 주택을 구입하고자 하는 소비자들이 존재하나 210,000달러의 가격에서 신규 주택을 건설할 기업을 찾지 못한다. 이 소비자들은 보다 높은 가격을 일방적으로 제안하여 신규 주택을 위해 다른 소비자들보다 높은 가격을 지불할 유인을 갖는다.

입지에서의 내쉬균형

내쉬균형의 개념은 모든 종류의 의사결정 환경에 적용된다. 동질적인 제품을 판매하는 두 경쟁기업의 입지결정(location decision)을 고려하라. 예를 들어, 11블록 길이의 해변가를 따라 바닐라 아이스크림을 파는 두 노점상을 가정하라. 소비자들은 해변가를 따라 1블록마다 한 명의 소비자가 존재하여 균등하게 분포한다. 개별 소비자는 가장 가까운 아이스크림 노점상을 애용한다. 그림 2−4의 상위 그림에서 보여진 초기 입지유형에서, 노점상 레프티와 라이티는 해변을 두 동일한 시장구역으로 나누고, 각각은 자신의 시장 중심에 입지한다. 라이티의 소비자들은 블록 7에서 11까지 위치하는 반면, 레프티의 소비자들은 블록 1에서 5까지 위치한다. 블록 6의 소비자는 무차별하고 노점상을 임의적으로 선택한다. 개별 노점상은 확실하게 5명의 고객들을 가지고 있고 여섯 번째 고객에 대해 50 대 50의 확률을 갖는다.

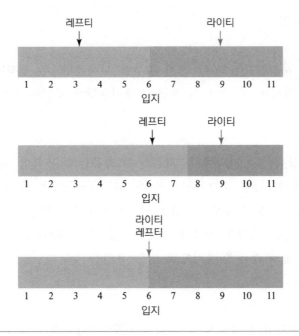

▲ 그림 2-4 해변에서의 내쉬균형

비록 초기 입지유형이 논리적으로 보일지라도, 개별 노점상이 일방적으로 이탈할 유인을 갖기 때문에 이것은 내쉬균형이 아니다. 그림 2−4에서 두 번째 그림과 세 번째 그림은 (상위 그림에서의) 초기 위치들로부터 내쉬균형으로의 변화를 보여준다.

- 중간 그림

레프티는 중위입지(median location)로 이동한다. 레프티가 블록 6으로 이동한다고 가정하라. 이는 소비자들을 동일한 두 집단으로 나누는 지역으로 정의된 중위입지에 해당한다. 왼쪽에 5명의 소비자가 있고, 오른쪽에 5명의 소비자가 있다. 레프티의 일방적 이탈은 그녀의 고객수를 7로 증가시킨다. 대조적으로, 라이티는 현재 단지 4명의 고객만을 갖는다.

- 하위 그림

라이티는 중위입지로 이동한다. 중간 그림에서의 형태로부터 라이티의 일방적 이탈은 그로 하여금 시장을 동일하게 나누는 것으로의 복원을 가능케 한다.

두 노점상이 중위입지에 도달했을 때, 일방적 이탈에 대한 유인이 존재하지 않는다. 중위입지로부터 이탈하는 노점상은 다수의 소비자들로부터 멀어지고 소수의 소비자들에게 가까워져, 보다 적은 소비자를 갖는 결과를 낳는다. 내쉬균형에서, 두 노점상은 중위입지에 위치하고 각각은 절반의 고객들을 얻는다.

내쉬균형과 가격의 공간적 변화

도시환경에서, 가격들은 입지선정을 포함하는 내쉬균형에서 중요한 역할을 한다. 당신과 버드(Bud)가 한 채는 아름다운 해변가에 있고 다른 한 채는 시끄러운 고속도로 옆에 있는 두 임대주택에 대해 경쟁한다고 가정하라. 만일 두 주택이 동일한 가격(동일한 월 임대료)을 갖는다면, 당신은 해변가 주택을 선호할 것이고 버드 역시 그러할 것이다. 동전을 던져 이기는 사람에게 해변가 주택을 주는 것은 고속도로 옆 주택에 사는 불행한 사람이 보다 바람직한 주택으로 이사할 유인을 가질 것이기 때문에 내쉬균형을 낳지 않을 것이다.

입지에서 내쉬균형은 해변가 주택에 대해 보다 높은 가격을 요구한다. 이사할 유인을 제거하기 위해, 해변가 주택의 가격은 보다 나은 환경에 대해 완전히 보상하기에 충분하도록 높아야 한다. 문제는 해변가에 살기 위해 얼마를 희생할 용의가 있는가 하는 것이다. 만일 당신의 답변이 300달러이고 버드가 동의한다면, 해변가 주택의 균형가격은 고속도로 옆에 있는 주택의 가격보다 300달러 높을 것이다. 일반적으로, 가격들은 상이한 환경에서 동일한 효용수준을 낳기 위해 조정되며, 사람들로 하여금 바람직한 입지와 바람직하지 않은 입지 모두에서 살 수 있도록 한다. 도시에서 주택가격들은 일자리와 다른 경제적 기회들에 대한 보다 나은 접근성을 상쇄할 만큼 상대적으로 높다. 주택가격들은 어느 가구도 입지를 변경함으로써 일방적으로 이탈할 유인을 갖지 않도록 조정된다.

동일한 종류의 경제적 힘이 노동시장에서 작용한다. 노동자들은 바람직한 입지에서의 일자리를 위해 경쟁하며, 이는 보다 바람직한 입지에서 보다 낮은 임금을 야기한다. 당신이 두 일자리, 하나는 덜스빌(Dullsville)에 있는 일자리이고 다른 하나는 보다 활기찬 사회적 환경을 가지고 있는 도시 쿨스빌(Coolsville)에 있는 일자리에 대해 리키(Ricki)와 경쟁하고 있다고 가정하라. 만약 월임금에서 500달러의 차이가 사회적 환경에서의 차이를 완전히 보상한다면, 균형임금은 쿨스빌에서 500달러만큼 낮을 것이다. 쿨스빌로의 이사가 500달러만큼 임금 감소를 의미하기 때문에 두 노동자들은 두 도시 간 무차별할 것이다. 노동시장에서, 임금은 사람들로 하여금 바람직한 환경과 바람직하지 않은 환경 모두에서 일을 할 수 있도록 조정된다. 한 도시 내 근무지들에 대해, 노동자들은 상대적으로 높은 통근비용을 갖는 장소에서 일을 할 수 있도록 하는 추가적인 임금(premium)을 요구한다. 임금은 어느 노동자도 근무지를 변경함으로써 일방적으로 이탈하고자 하는 유인을 갖지 않도록 조정된다.

동일한 논리가 도시토지시장에 적용된다. 토지의 가격은 기업들 간 입지에서 내쉬균형을 달성하도록 조정된다. 제조업체들에 있어, 항만과 고속도로에 대한 빠른 접근은 운송비용을 절약하고, 공업용 토지의 가격은 고속도로와 항만 인근에서 가장 높다. 사무기업(office firms)들은 정보의 교환에 관한 업무를 하며, 중심 입지가 다른 기업과 기관들로부터의 정보에 대한 빠른 접근을 제공하기 때문에 중심 입지에 대해 보다 많이 지불할 용의가 있다. 토지가격들은 어느 사무기업도 입지를 변경함으로써 일방적으로 이탈하고자 하는 유인을 갖지 않도록 조정된다.

04 비교정학

경제적 상황에서의 변화에 대한 의사결정자들과 시장의 반응을 예측하기 위해 비교정학(comparative statics)을 이용할 수 있다. 두 유형의 비교정학 연습 간 구분할 수 있다.

1. 선택변수에 대한 비교정학

비교정학은 모수 값의 변화가 선택변수의 값에 미치는 효과를 탐구한다. 선택환경에서, 의사결정자에게 모수는 그 값이 주어진 변수로 정의된다. 예를 들어, 강철가격(건축업자에 대한 모수)의 증가는 이윤을 극대화하는 건물의 높이(선택변수)를 감소시킨다.

2. 균형변수에 대한 비교정학

비교정학은 모수 값의 변화가 균형변수의 값에 미치는 효과를 탐구한다. 시장환경에서, 모수는 그 값이 분석대상이 되는 시장 밖에서 결정되는 변수로 정의된다. 예를 들어, 농약가격(시장에 대한 모수)의 증가는 사과의 균형가격(균형변수)을 증가시킨다.

선택변수들에 대한 비교정학

선택변수들에 대한 비교정학에서 출발한다. 그림 2-5는 강철가격의 변화가 건물높이에 미치는 효과를 보여준다.

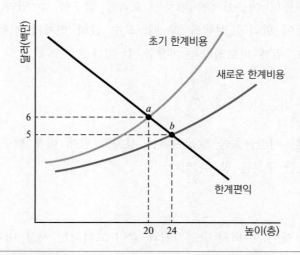

▲ 그림 2-5 비교정학: 선택변수

1. 초기 철강가격

그림 2-1에서 보았듯이, 한계의 원리는 한계비용곡선이 한계편익곡선을 만나는 점 a에서 충족한다. 이윤극대화 높이는 20층이다.

2. 보다 낮은 철강가격

강철가격의 감소는 건물의 한계비용을 감소시켜, 한계비용곡선을 아래로 이동시킨다. 한계의 원리는 점 b에서 충족하며, 따라서 이윤극대화 높이는 24층으로 증가한다. 한계비용의 감소는 21층에서 24층에 대해 한계편익이 한계비용보다 크거나 동일함을 의미한다.

이러한 비교정학 연습은 강철가격(모수)과 건물높이(선택변수) 간 음(−)의 관계를 보여준다.

도시경제는 선택변수들에 대한 비교정학을 수행할 많은 기회를 제공한다. 기업의 입지선택에서, 운송비용 변화의 이윤극대화 입지에 대한 효과를 탐구할 수 있다. 통근자의 통행수단선택에서, 보다 빈번하게 운행하는 대중교통서비스의 대중교통승차율에 대한 효과를 탐구할 수 있다. 가구의 입지선택에서, 저소득 가구 수의 변화가 고소득 가구들의 이웃선택에 미치는 효과를 탐구할 수 있다. 일반적으로, 사람들 혹은 기관들이 합리적 선택을 할 때, 모수 값의 변화가 선택에 어떻게 영향을 미치는가를 보기 위해 비교정학을 이용할 수 있다.

시장균형에 대한 비교정학

경제학은 또한 시장균형을 발생시키는 경제적 힘에 대해 탐구한다. 시장에서 두 유형의 변수들 간 구분을 할 수 있다.

1. 균형변수

수치가, 예를 들어, 주택의 균형가격과 같이 고려되는 시장 내에서 결정된다.

2. 모수

수치가 고려되는 시장 밖에서 결정된다. 주택시장에 있어, 모수들은 목재와 다른 재료들의 가격, 그리고 목수와 다른 건설노동자들의 임금을 포함한다. 이러한 변수들의 수치들은 지역주택시장 밖에서 결정된다.

균형변수 수치에 대해 모수 수치의 변화가 미치는 효과를 예측하기 위해 비교정학을 이용할 수 있다. 예를 들어, 목수 임금(모수) 증가가 신규주택 시장의 균형가격(균형변수)에 미치는 효과를 예측할 수 있다. 정학이라는 용어는 균형에 대한 유의어이고, 비교정학은 한 조(set)의 모수 수치들에 의해 발생된 균형을 두 번째 조(set)의 모수 수치들에 의해 발생된 균형과 비교한다.

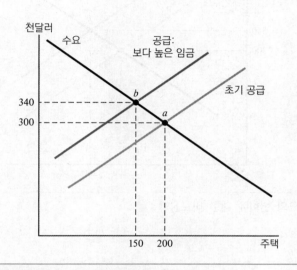

▲ 그림 2-6 공급에서의 변화에 대한 비교정학

 그림 2-6은 목수 임금의 상승이 주택의 균형가격을 증가시키고 주택의 균형 수량을 감소시키는 것을 보여준다.

1. 초기 균형: 점 a

 임금이 상대적으로 낮고, 300,000달러의 균형주택가격을 창출한다.

2. 새로운 균형: 점 b

 목수 임금의 증가는 주택을 생산하는 비용을 증가시켜, 공급곡선을 위로 이동시킨다. 주택의 균형가격은 340,000달러로 증가하고 균형수량은 200에서 150으로 감소한다.

 이러한 비교정학 연습은 목수 임금(모수)과 주택의 가격(균형변수) 간 정(+)의 관계가 존재함을 보여준다.

다음은 시장균형에 대해 수요측 모수 수치의 변화가 미치는 효과를 고려하라. 그림 2-7은 도시의 인구 증가의 효과를 보여준다.

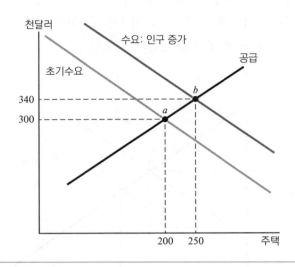

▲ 그림 2-7 수요의 변화에 대한 비교정학

1. 초기 균형: 점 a

균형가격은 300,000달러이고 균형수량은 주택 200채이다.

2. 새로운 균형: 점 b

도시의 인구 증가는 신규주택에 대한 수요를 증가시켜, 수요곡선을 우측으로 이동시킨다. 균형가격은 340,000달러로 증가하고 균형수량은 250채로 증가한다.

이러한 비교정학 연습은 도시 인구(모수)와 주택의 가격(균형변수) 간 정(+)의 관계가 존재함을 보여준다.

도시경제는 시장균형들에 대해 비교정학을 수행할 많은 기회를 제공한다. 도시노동시장에서, 노동수요 변화의 균형임금과 균형고용에 대한 효과를 예측할 수 있다. 도시토지시장에서, 공공정책 변화의 토지가격과 토지이용유형에 대한 효과를 예측할 수 있다. 도시교통부문에서, 혼잡세의 균형 운전자수와 대중교통 승차자 수에 대한 효과를 예측할 수 있다. 어떤 시장균형에 대해서도, 모수 수치 변화의 시장균형에 대한 효과를 예측하기 위해 비교정학을 이용할 수 있다.

05 파레토 효율성

　경제적 효율성의 개념은 이태리 경제학자인 빌프레도 파레토의 이름을 딴 파레토 효율성(Pareto efficiency)의 개념으로 구체화된다. 파레토 효율성의 개념은 간단한 사고실험(thought experiment)에 기초한다. 자원의 초기 배분에서 출발해, 보다 더 나아질 수 있는가? 만일 파레토 개선이 존재한다면, 보다 더 나아질 수 있다.

> 파레토 개선(Pareto improvement): 어느 한 사람에 대해서도 이전에 비해 악화시킴이 없이 적어도 한 사람을 개선시키는 자원의 재분배

　배분이 파레토 효율적인가를 결정하기 위해, 파레토 개선에 대해 검토한다.

> 만일 파레토 개선이 존재하면 배분은 파레토 비효율적이다.
> 만일 파레토 개선이 존재하지 않으면 배분은 파레토 효율적이다.

교환경제에서의 파레토 효율성

　그림 2-8에서, 섬경제는 두 사람, 에이브(Abe)와 비(Bea) 사이에 나눌 12개의 코코넛을 가지고 있다. 코코넛의 어떠한 재분배도 다른 사람의 비용으로 한 사람을 부유하게 만들기 때문에 두 사람 간 이 코코넛들의 모든 배분은 파레토 효율적이다. 점 b에서 출발하면, 에이브에게 그의 첫 번째 코코넛을 줘 그를 보다 부유하게 만들 수 있는데 이는 단지 비로부터 코코넛 하나를 빼앗아 그녀를 보다 가난하게 함으로써 가능하다. 유사하게, 점 c에서 출발하면, 에이브는 코코넛 3개에서 4개로 이동할 수 있으나 이는 단지 비가 코코넛 9개에서 8개로 이동하는 경우에만 가능하다. 어떠한 변화도 누군가에게 해를 끼치기 때문에 각각의 배분은 파레토 효율적이다.

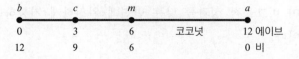

▲ 그림 2-8 섬경제에서의 파레토 효율성

이러한 단순한 예시는 경제적 효율성과 형평성(equity) 혹은 공정성(fairness) 간 구분을 강조한다. 코코넛의 50 대 50 분할은 형평성 혹은 공정성의 이유에서 매력적일 것이나, 균등배분은 많은 효율적 배분들 가운데 하나이다. 현실 경제에서, 소비자들 간 자원과 재화의 많은 효율적 배분들이 존재하고, 합리적인 사람들은 어느 효율적인 배분이 가장 공평한가에 대해서는 동의하지 않을 수 있다.

만일 두 번째 재화(바나나)를 섬경제에 추가한다면, 파레토 개선이 존재할 수 있다. 비가 모든 12개의 코코넛을 가지고 시작하는 반면 에이브는 모든 12개의 바나나를 가지고 시작한다고 가정하라. 만일 대부분의 소비자들처럼 에이브와 비가 소비에서의 다양성(diversity)을 선호한다면, 파레토 개선이 존재한다. 만일 그들이 일부 코코넛과 바나나를 교환한다면, 각각은 보다 균형 잡힌 재화묶음을 가질 수 있기 때문에 둘 모두 보다 나아질 수 있다. 예를 들면, 에이브가 코코넛 하나를 얻기 위해 바나나 3개를 지불할 용의가 있고, 비는 바나나 1개를 얻기 위해 코코넛 하나를 포기할 용의가 있다고 가정하라. 만일 그들이 (바나나 3개를) 지불할 용의와 (바나나 1개를) 수락할 용의 간 차이를 절반씩 절충해서 합의를 본다면, 그들은 2개의 바나나와 1개의 코코넛을 교환할 것이다.

1. 에이브는 하나의 코코넛을 위해 3개의 바나나를 지불할 그의 용의와 비교해 2개의 바나나만을 지불하기 때문에 더 나아진다.
2. 비는 하나의 코코넛에 대해 1개의 바나나를 수락할 그녀의 용의와 비교해 2개의 바나나를 얻기 때문에 더 나아진다.

에이브와 비가 상호 이로운 모든 교역이 이루어질 때까지 코코넛과 바나나를 교환할 것으로 예상된다. 이때에 그들은 파레토 효율적인 배분에 도달한다.

이러한 예는 시장과 효율성 간 연계를 설명한다. 시장에서의 자발적 교역은 파레토 개선을 낳고, 교역은 모든 상호 이로운 교역들이 실행될 때까지 계속될 것이다. 그 시점에서, 새로운 배분은 파레토 효율적이다. 요컨대, 시장은 일반적으로 파레토 효율성을 촉진한다. 미시경제학의 반복되는 주제는 시장의 부재 혹은 불완전하게 작동하는 시장이 비효율적 성과를 낳는 반면에 완전하게 기능하는 시장은 효율성을 촉진한다는 것이다.

시장균형과 파레토 효율성

미시경제학에서 설명되었듯이, 네 조건이 충족될 때 시장균형은 파레토 효율적이다.

1. 가격-수용 기업

기업들은 가격을 조절하지 않고 대신에 시장가격을 주어진 것으로 받아들인다. 이는 독점, 과점, 그리고 한 개별 기업이 시장가격에 영향을 미칠 수 있을 정도로 충분히 큰 여타의 시장을 배제한다.

2. 외부비용 부재

생산의 모든 비용은 기업에 의해 부담된다. 이는 공기오염 혹은 수질오염과 같은 외부비용을 발생시키는 생산을 배제한다. 이는 또한 추가적인 차량이 교통을 지체시키고 다른 차량들에게 비용을 부과하기 때문에 혼잡한 고속도로에서의 통행을 배제한다.

3. 소비와 생산에 있어 외부편익 부재

소비의 모든 편익은 특정 제품을 구입하는 소비자에게 간다. 이는 불꽃놀이 대회, 공원, 그리고 아동교육과 같은 공공재(public goods)를 배제한다. 더불어, 제품 생산으로부터의 모든 편익은 개별 생산자에게 간다. 이는, 이 책의 나중 부분에서 인근 생산자들에 의해 경험하게 되는 경제적 편익(생산성의 증가 혹은 비용의 감소)으로 정의되는, 집적의 경제(agglomeration economies)를 배제한다.

4. 소비자와 생산자를 위한 완전한 정보

소비자들은 제품의 특성에 대해 완전한 정보를 얻는다. 이는 소비자가 재화의 특성에 대해 불완전한 정보를 갖는 중고차와 여타의 재화를 배제한다. 생산자들은 소비자들에게 재화와 서비스를 공급하는 비용에 대해 완전한 정보를 얻는다. 이는 생산자가 소비자들에게 서비스를 제공하는 비용에 대해 불완전한 정보를 가지는 경우에 해당하는 보험과 여타의 서비스를 배제한다.

도시경제에서 파레토 비효율성

도시경제에서, 두 번째 효율성 조건 - 외부비용 부재 - 은 때때로 위반되어, 파레토 비효율적 배분을 낳는다. 특정 결과의 비효율성 사례를 만들기 위해, 단순히 파레토 개선을 확인한다.

1. 공기 오염

1톤의 이산화황가스가 건강관리비용을 500달러만큼 증가시키고, 기업은 톤당 단지 100달러의 비용으로 오염을 줄일 수 있다고 가정하라. 파레토 개선을 위해, 오염희생자들이 오염을 1톤만큼 줄이기 위해 오염 유발 기업에 300달러를 지불한다고 가정하라. 이 경우, 개별 당사자는 200달러만큼 이득이 될 것이다. 희생자들은 건강관리비용에서 500달러를 감소시키기 위해 300달러를 지불하고, 오염 유발 기업은 100달러의 비용을 부담하고 300달러를 얻는다. 파레토 개선을 보았으며, 따라서 초기의 배분은 비효율적이다.

2. 혼잡

추가적인 운전자는 고속도로에서 교통을 지연시키고, 100명의 개별 운전자들에게 0.07달러의 추가적인 기회비용을 부담시킨다고 가정하라. 이 추가적인 운전자에게 통행의 가치가 2달러라고 가정하라. 파레토 개선으로, 100명의 개별 희생자들이 운전자로 하여금 이 도로를 이용하지 않도록 0.03달러를 지불한다고 가정하라. 이 도로에서의 운전을 포기하는 운전자는 1달러(= 3달러−2달러)의 순이득을 얻고, 도로를 계속 이용하는 개별 운전자들은 0.04달러(= 0.07달러−0.03달러)의 순이득을 얻는다. 파레토 개선을 보았으며, 따라서 초기의 배분은 비효율적이다.

물론, 이러한 거래들은 단순한 사고실험(thought experiments)에 해당한다. 실질적인 문제로서, 오염과 혼잡을 그들의 효율적인 수준으로 줄이기 위해서는 다수의 정책들이 투입될 수 있을 것이다.

세 번째 효율성 조건−외부편익의 부재−의 위반은 소비자와 기업이 도시에 군집(clustering)할 유인을 제공한다. 불꽃놀이와 아동교육 같은 지방공공재의 소비에 있어 외부편익은 소비자들로 하여금 공공재를 공유하기 위해 군집하도록 한다. 이 책의 나중 부분에서 볼 수 있듯이, 생산에서 외부편익이 존재한다. 기업들은 서로 인접하게 입지함으로써 편익을 얻는다. 생산에서의 이러한 외부편익들은 기업들로 하여금 도시에 군집하도록 한다. 소비와 생산에서의 외부편익에 대해, 군집은 외부편익에 부응하는 파레토 개선이다.

06 자기-강화적 변화들

미시경제학에서 전형적인 시장분석은 시장 조건들에서 자기－제한적 변화(self－limiting changes)하에 있는 시장들을 다룬다. 예를 들어, 제품에 대한 수요의 증가는 처음에 이 제품에 대한 초과수요를 야기한다. 이로 인한 가격의 증가는 공급되는 양을 증가시키고 수요되는 양을 감소시킴으로써 초과수요를 제거한다. 한 방향의 변화(초과수요)가 반대 방향의 변화를 야기하기 때문에 이는 자기－제한적 변화이다. 가격은 초과수요가 없어질 때까지 계속 증가한다. 유사하게, 공급의 증가는 초과공급을 야기하고, 초과공급이 제거될 때까지 가격은 계속 감소한다.

도시경제에서, 일부 시장들은 자기－강화적 변화(self－reinforcing changes)하에 있다. 자기－강화적 변화는 반대 방향보다는 동일한 방향으로 추가적인 변화를 유도한다. 이 과정은 극단적인 결과, 예를 들면, 도시 내 경제적 행위들의 거대한 집중을 유도할 수 있다. 입지선택에서 자기－강화적 변화의 효과를 설명하기 위해, 초기에 균등분포인 행위에서 출발한다. 그런 후에 입지유형에서 작은 변화의 효과를 탐구한다. 만일 이 변화가 자기－강화적이라면, 균등분포는 경제적 행위의 군집에 의해 대체된다.

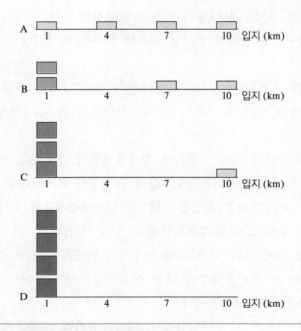

▲ 그림 2-9 자기-강화적 변화: 자동차딜러의 거리

자기-강화적 변화의 효과를 설명하기 위해, 자동차 판매상들의 입지를 고려하라. 네 판매상들이 초기에 도시 전체에 균일하게 분포하고 동일한 이윤을 얻는다고 가정하라. 그림 2-9에서, 작은 이윤 직사각형들을 갖는 패널 A에서 출발한다. 만일 한 판매상이 다른 판매상 옆으로 입지를 이동한다면, 다음엔 어떤 일이 발생하는가?

• 패널 B

자동차 소비자들은 구매하기 전에 브랜드를 비교한다. 두-기업 군집은 비교구매를 가능하게 할 것이고, 따라서 입지 1에 있는 자동차 구매자의 수는 두 배 이상이 될 것이다. 군집 내 기업들에 대해 보다 큰 이윤 직사각형으로 나타내어진 것처럼 기업당 이윤은 증가한다.

• 패널 C

군집 내에서의 보다 큰 이윤은 세 번째 기업을 유인하여, 구매자의 수가 비례적 증가를 훨씬 초과하는 급진적인 증가를 하여 증대된 비교구매의 결과를 가져온다. 군집 이윤이 증가하여, 군집 내의 한 기업과 입지 10에서 고립된 기업 간 이윤 격차를 증가시킨다.

• 패널 D

네 번째 기업은 군집 내 다른 기업들과 합류하여, 구매자의 수에서 비례적 증가를 초과하는 급진적인 증가와 기업당 이윤의 증가를 야기한다.

"자동차딜러의 거리"에서, 서로 경쟁하는 기업들은 서로 간에 가깝게 입지한다. 자기-강화적 변화(기업들의 소재지 이전)는 극단적인 결과로 경쟁하는 기업들의 군집을 유도한다.

자기-강화적 변화는 또한 사람들의 입지결정에서 발생한다. 예술가와 창조적 노동자들은 초기에 한 지역의 12개 도시들에 균등하게 퍼져있다고 가정하라. 만일 우연히 한 도시가 예술가들의 유입을 경험한다면, 예술가들이 보다 많은 아이디어와 제작기법들에 노출되고, 스튜디오, 인쇄소, 공구 공급업체, 그리고 다른 시설들을 공유할 수 있게 됨에 따라 이 도시의 창조적인 환경은 개선될 수 있을 것이다. 예술가들의 군집은 이 지역으로부터 다른 예술가들을 유인하여, 하나의 도시에서 예술적 생산의 집중을 야기할 것이다.

이 책의 나중 부분에서 볼 수 있듯이, 자기-강화적 효과들은 많은 도시 현상들의 중심에 있다. 이 책의 첫 부분에서 볼 수 있듯이, 생산에서의 자기-강화적 효과들은 도시 내 고용의 거대한 군집을 발생시킨다. 더불어, 소비에서의 자기-강화적 효과들은 거대한 도시들에서 소비자 행위의 거대한 군집을 발생시킨다. 주거환경에서, 자기-강화적 효과들은 소득, 교육, 그리고 인종에 대해 실질적인 분리를 발생시킨다.

개념에 대한 복습

01 기업가 시간의 월간 비용을 계산하기 위해, 월 [_____]에 대한 수치가 필요하다. 기업가가 사업에 투자하는 100,000달러의 연간 비용을 계산하기 위해, [_____]에 대한 수치가 필요하다.

02 경제적 의사결정에 대한 근본적인 규칙은 [_____]=[_____]인 수준의 행위를 선택하는 것이다.

03 만일 [_____] > [_____]이라면, 의사결정자는 그 행위를 더 해야 한다.

04 한 항공사가 하루에 두 번 비행하고 이의 평균비용이 비행당 5,000달러이다. 세 번째 비행을 추가하는 것은 평균비용을 비행당 4,000달러로 감소시킬 것이다. 만일 한계편익(추가적인 수입)이 적어도 [_____]달러라면, 이 세 번째 비행을 추가하는 것은 합리적이다. (한계비용은 추가적인 한 단위 생산으로 인한 전체 비용의 증가임에 유의하라. 역자 주)

05 내쉬균형에서, [_____] 이탈에 대한 유인이 존재하지 않는다.

06 수요와 공급모형에서, 가격이 균형가격보다 [_____] 경우 초과수요가 발생하고, [_____]은(는) [_____] 가격을 제시함으로써 일방적으로 이탈할 유인을 갖는다.

07 수요와 공급모형에서, 가격이 균형가격보다 [_____] 경우 초과공급이 발생하고, [_____]은(는) [_____] 가격을 제시함으로써 일방적으로 이탈할 유인을 갖는다.

08 거주지선택에서의 내쉬균형에서, 소음과 같은 환경적 특성의 차이는 [_____]에서의 차이를 야기한다.

09 경제학자들은 [_____]의 수치 변화가 [_____] 변수 혹은 [_____] 변수의 수치에 미치는 효과를 예측하기 위해 비교정학을 이용한다.

10 시장균형모형에서, 공급측면 모수의 수치 변화는 균형가격과 균형거래량을 [_____] 방향으로 변화시킨다.

11 시장균형모형에서, 수요측면 모수의 수치 변화는 균형가격과 균형거래량을 [_____] 방향으로 변화시킨다.

12 24개 사과와 2명이 있는 경제를 고려하라. 각 개인이 12개의 사과를 가지고 있는 배분은 파레토 [_____]이다. 한 사람이 24개 사과 모두를 가지고 있는 배분은 파레토 [_____]이다.

13   1톤의 수질오염이 어업 회사의 수확을 200달러만큼 감소시키고, 제지 회사는 톤당 100달러의 비용으로 오염을 줄일 수 있다고 가정하라. 효율성 이득을 동일하게 공유하는 파레토 개선을 위해, [_____] 회사는 오염을 줄이도록 [_____]에게 [_____]달러를 지불한다.

14   도시경제에서, 자기-강화적 변화는 [_____] 방향으로 변화를 야기하고, 때때로 [_____] 결과를 유도한다.

개념들을 응용하는 연습문제

01 탐험의 비용

부코울로 부족(BukoUlo tribe)의 6명은 코코넛을 수확하는 데 있어 생산성의 차이가 있다: 노동자 1은 하루에 코코넛 하나를 수확하고, 노동자 2는 하루에 2개, …, 노동자 6은 하루에 6개를 수확한다. 이 부족은 섬을 탐사하기 위한 하루 탐험에서 정찰대로 일할 2명을 뽑을 것이다.

a. 만일 이 부족이 정찰대로 일할 2명을 임의로 선발한다면, 탐험의 경제적 비용은 [_____]개의 코코넛까지 높아질 수 있다.

b. 만일 이 부족이 노동시장으로 전환한다면, 시장청산 정찰대 임금은 [_____]이고 탐험의 경제적 비용은 [_____]개의 코코넛이다.

(노동시장에서 각각의 노동자가 요구하는 임금은 자신의 생산성과 동일할 것임. 역자 주)

02 과수원을 공원으로

프리버그시의 한 시민은 최근에 시에 10헥타르의 과수원을 기부하였다. 이 시는 1,000시간의 자원봉사 시간과 36,000달러의 현재 시장가치가 있는 기계를 이용하여, 과수원을 공원으로 전환하기로 결정하였다. 이 프로젝트는 한 달 내에 완료될 것이다. 당신의 직무는 새로운 공원의 비용을 추정하는 것이다.

a. 공원의 비용을 계산하기 위해 필요한 추가적인 정보를 열거하라.

b. 경제적 변수들에 대한 개연성 있는 수치들을 제공하고 공원의 비용을 계산하라.

03 건물높이

한 건물로부터의 총 수입은 $R(h)=5400 \cdot \ln(h)$이며, 여기서 $\ln$은 자연로그이고 h는 층으로 표시된 건물높이에 해당한다. 총 건설비용은 $C(h)=1000+3h^2$이다. 약간의 미적분학을 이용하면, 한계편익은 $mb(h)=5400/h$이고 한계비용은 $mc(h)=6h$이다. 한계의 원리를 충족하기 위해, h^*=[_____]층이다. 이를 설명하라.

04 운전속도

오토(Otto)에게 있어, 운전속도의 한계편익은 시속-마일당 MB=2유틸에서 일정하다. 속도가 증가함에 따라, 사고와 연관된 예상되는 비용은 체증적으로 증가한다. 속도의 한계비용은 $MC(s)=0.05 \cdot s$이며, 여기서 s는 시간당 마일이다. 한계의 원칙은 s^*=[_____] 시속-마일의 속도에서 충족된다. 이를 설명하라.

05 중위투표자

개별 시민은 후보자의 공약으로 표시된 예산이 해당 시민의 선호하는 예산에 가장 근접한 후보에게 투표하는 학교 이사회 선거를 고려하라. 투표자 선호의 분포는, 1

달러에서 11달러까지 1달러 간격으로 10명의 투표자들이 존재하여, 균일하다. 그들의 이름에 충실하여, 페니(Penny)는 처음에 작은 예산(3달러)을 제안하고 벅(Buck)은 큰 예산(9달러)을 제안한다.

a. 제안의 초기 조합(3달러와 9달러)은 내쉬균형인가? 페니가 3달러보다 큰 제안으로의 일방적 이탈의 가능성을 가지고 설명하라.

b. 페니와 벅에 의해 제안된 예산들 관점에서 내쉬균형을 기술하라.

06 굶주린 곰보다 빨리 달린다?

텐트 안에서 두 야영객은 바스락거리는 곰의 소리에 깨어났다. 야영객 A는 조용히 그의 운동화를 신고 스트레칭을 시작한다.

야영객 B: 너 뭐하니? 너는 굶주린 곰보다 빨리 뛸 수 없어.

야영객 A: 곰보다 빨리 뛸 필요는 없어. 단지 너보다 빨리 뛰면 돼.

운동화를 신은 사람이 운동화를 신지 않은 사람보다 빨리 달린다고 가정하라. 운동화를 신은 야영객의 수로 내쉬균형을 기술하라.

07 조용한 주택 대 시끄러운 주택

하나는 조용한 길(소음수준=40 데시벨)을 따라 위치하고 다른 하나는 시끄러운 고속도로(소음수준=60 데시벨)를 따라 위치한다는 것을 제외하고 동일한 두 주택을 고려하라.

a. 조용한 주택에 대한 하루 임대료는 시끄러운 주택의 하루 임대료와 같다고 가정하라. 이것은 내쉬균형인가? 일방적 이탈을 가지고 설명하라.

b. 주택의 하루 임대료에 대한 지불용의가 R=600/d이며, 여기서 d는 데시벨로 표시된 소음수준이다. 내쉬균형 가격을 계산하고 이를 설명하라.

08 에어백과 속도

운전속도에 대한 앞에서의 연습문제를 상기하라. 오토는 사고가 발생하는 경우에 운전자를 보호하는 의무적인 에어백을 갖춘 신차를 구입한다고 가정하라. 결과적으로, 속도의 한계비용은 1/5만큼 감소하여 MC(s)=0.04 · s가 된다. 이전처럼, 속도의 한계편익은 MB=2에서 일정하다. 에어백 설치 이전과 이후의 운전속도에 대한 수치들을 포함하여, 오토의 운전속도에 대한 에어백의 효과를 설명하라.

09 마리화나 시장에서의 변화

당신의 주(state)에서 작년 한해, 마리화나의 수량은 증가한 반면에 마리화나의 가격은 감소하였다. 이러한 사실은 시장의 어느 측면에서의 변화와 부합하는가? 설명하라.

개념들을 응용하는 연습문제

10 오염배출권

개별 발전소가 초기에 1톤의 오염을 발생시키는 주(state)를 고려하라. 발전소 L은 톤당 20달러의 비용으로 오염을 줄일 수 있는 반면에, 발전소 H는 톤당 50달러의 비용으로 오염을 줄일 수 있다. 균등-감축 정책하에서, 이 주는 개별 발전소로 하여금 1톤만큼 오염을 줄일 것을 요구한다. 동일한 2톤의 오염감축을 발생시키고 개별 기업으로 하여금 동일한 금액만큼 보다 나아지게 만드는 파레토 개선에 대해 기술하라. 어느 기업이 다른 기업으로 하여금 무엇을 하도록 얼마를 지불하는가?

11 쌍둥이가 곰보다 빨리 달린다?

연습문제, "굶주린 곰보다 빨리 달려라"를 상기하라. 두 야영객, 대쉬(Dash)와 슬로그(Slog)는 일란성 쌍둥이며, 따라서 그들은 동일한 신발크기를 갖는다. 만일 (i) 두 쌍둥이 모두 신발을 신거나, (ii) 두 쌍둥이 모두 신발을 신지 않는다면, 대쉬는 보다 빠른 주자(runner)에 해당한다. 신발을 신은 사람은 신발을 신지 않은 사람보다 빨리 달린다. 곰은 한 명의 야영객과 이 야영객이 신고 있던 신발을 먹을 것이다.
a. 신발을 신는 야영객의 수로 내쉬균형을 기술하라.
b. 신발을 신는 야영객의 수로 파레토 효율적인 결과를 기술하라.
c. 내쉬균형에서 파레토 효율적 결과로의 전환에서 발생하는 효율성 이득은 . . .

12 광고를 위한 군집

어느 지역에서 개별 법인은 이 법인과 같은 도시에 있는 광고회사로부터 1년에 하나의 광고선전을 구매한다. 광고회사의 총 비용은 $C(q)=120+20q$이며, 여기서 q는 연간 광고선전의 수이다. 초기에, 이 지역의 네 도시(A, B, C, D) 각각에 하나의 법인이 존재한다.
a. 도시 C의 법인이 도시 A로 이전한다고 가정하라. 이는 자기-강화적 변화인가 아니면 자기-제한적 변화인가? 설명을 위해 내쉬균형의 개념을 이용하라.
b. 기업들의 입지로 내쉬균형을 기술하라.

13 피자전문식당 대 음식을 파는 카트(Food Carts)

피자전문식당과 음식을 파는 카트의 입지유형을 고려하라. 어느 형태의 사업체들이 군집하는 경향이 있는가, 그리고 어느 형태가 분산되는 경향이 있는가? 차이를 설명하라.

도시들의 생성에 있어서 시장의 힘

오설리반의 도시경제학
O'Sullivan's Urban Economics

이 책의 제2편은 기업과 사람들로 하여금 다양한 크기와 범위의 도시들에서 군집하게 하는 다양한 시장의 힘에 대해 탐구한다. 제3장에서 설명되듯이, 집중된 생산의 편익이 고밀도 지역에서의 거주와 관련된 비용을 압도하기 때문에 도시들은 존재한다. 특히, 교역도시(trading cities)는 비교우위가 교역을 야기하기 때문에 나타나고, 교환에 있어서의 규모의 경제는 교역전문 기업들로 하여금 군집하도록 한다. 공장도시(factory cities)는 생산에 있어서의 규모의 경제로 인해 나타난다. 제4장은 거대한 도시를 생성시키는 경제적 힘에 대해 고찰한다. 한 기업의 존재는 다른 기업들의 생산비용을 줄이고, 이러한 외부경제는 기업들로 하여금 거대한 도시에 군집하도록 한다. 제5장에서 설명되듯이, 도시생성의 위치는 기업과 사람들을 상이한 방향으로 끄는 많은 힘들이 존재하는 다면적인 줄다리기(tug of war)의 결과이다. 제6장은 초점을 생산에서 소비로 전환하고, 다양한 규모와 범위의 도시들의 생성에 있어 소비자선택의 역할을 설명한다. 제7장은 지역적 관점을 취하며, 지역경제에서 도시들 간 상호작용에 대해 탐구한다. 제8장은 도시노동시장 모형을 개발하고, 균형임금과 총 고용에 대한 다양한 공공정책의 효과에 대해 고찰한다. 제9장은 예리코(Jericho), 차탈호육(Catalhoyuk), 그리고 우럭(Uruk)을 포함하는 초대도시들에 관해 우리가 아는 바를 논하기 위한 고고학적 증거들을 파헤친다.

03 교역도시와 공장도시

"그 누구도 한 개(dog)가 다른 개와 뼈를 가지고 공정하고 의도적인 교환을 행하는 것을 보지 못했다."

– 아담 스미스(Adam Smith)

이 장은 도시에 대한 경제적 근거에 관한 여러 장들 가운데 첫 번째 장에 해당한다. 생산에 있어서의 비교우위와 교환에 있어서의 규모의 경제를 경험하는 경제에서, 교역도시(trading town)는 교역회사 인근에서 생성될 것이다. 생산에 있어 규모의 경제를 갖는 경제에서, 공장도시(factory town)는 공장 인근에서 생성될 것이다.

우리는 가내생산모형에서 시작하며, 이는 모든 생산이 가게나 공장이 아닌 뒤뜰에서 발생함을 예측한다. 개별 가구는 자신들이 소비하는 재화를 뒤뜰에서 생산하기 때문에 근로자들이 도시에 집중할 이유가 존재하지 않는다. 가내생산모형의 가정들을 완화할 때, 보다 현실적인 모형들이 도시생성을 예측한다.

01 가내생산모형

두 재화, 우유와 구두를 생산하고 소비하는 지역을 고려하라. 사람들은 이 두 소비재를 생산하기 위해 소(우유와 가죽)로부터 원재료를 사용한다. 다음의 가정들은 도시의 가능성을 배제한다.

1. 동일한 생산성

모든 토지는 두 재화를 생산함에 있어 동일하게 생산적이고, 모든 노동자들은 동일하게 생산적이다.

2. 교환에 있어 규모에 대한 보수불변

얼마나 많은 양이 교환되는가와 상관없이, 교환의 단위비용(운송비용을 포함하여 하나의 거래를 실행하는 데 따른 비용)은 일정하다.

3. 생산에 있어 규모에 대한 보수불변

노동자가 얼마나 많은 구두를 생산하는가와 상관없이, 시간당 생산되는 구두의 양은 일정하다. 우유생산에 대해서도 동일하게 성립한다.

이러한 가정들은 교환의 가능성을 배제하고 개별 가구가 자급자족할 것을 보장한다. 만일 한 사람이 우유생산에 특화하고 구두와 우유 일부를 교환한다면, 거래비용은 생산 대신에 교환에 쓰여진 시간의 기회비용에 해당한다. 만일 모든 노동자들이 동일하게 생산적이라면(가정 1), 생산특화와 교환으로부터의 편익이 존재하지 않고 따라서 어떠한 교역도 발생하지 않을 것이다. 만일 생산이 규모에 대한 보수불변이라면(가정 3), 개인은 공장 노동자만큼 효율적이기 때문에 공장에서의 구두생산으로부터 편익이 존재하지 않는다. 요컨대, 생산특화와 교환으로부터 생산성 편익이 존재하지 않기 때문에, 모든 가구는 소비하는 모든 것을 생산하는 자급자족을 할 것이다.

교환의 부재는 인구의 균일한 분포를 보장한다. 만일 인구가 일부 지점에 집중된다면, 토지에 대한 경쟁이 이의 가격을 높일 것이다. 도시에서 사람들은 아무런 보상 편익이 없이 토지에 대해 보다 높은 가격을 지불할 것이며, 이는 그들에게 도시를 떠날 유인을 제공할 것이다. 내쉬(Nash)균형에서, 토지의 가격은 모든 위치에서 동일하고, 인구밀도 또한 균일하다.

02 비교우위와 교역도시

가내생산모형은 도시가 생성되지 않을 가정들을 제공한다. 이러한 가정들을 하나씩 제거하고, 모형변경의 논리적 함의를 관찰할 것이다. 모든 노동자들에 대한 동일한 생산성 가정을 제거하는 것부터 시작한다.

비교우위와 교역

두 섬, 스티치와 스퀴즈로 이뤄진 지역을 고려하라. 토양의 상태, 기후, 혹은 노동자 숙련도에서의 차이의 결과로, 스티치 노동자들은 우유와 구두 생산에 있어 보다 생산적이라고 가정하라. 표 3-1의 첫 두 행은 시간당 산출량을 보여준다. 스티치 노동자들은 우유에서 두 배만큼 생산적이며 구두에서 12배만큼 생산적이다. 구두생산에 있어, 스퀴즈에서 구두의 기회비용은 1갤런의 우유이고, 이는 스티치에서의 1/6갤런과 비교된다. 스티치 노동자가 하나의 구두를 생산하는 데 필요한 시간에, 그 혹은 그녀는 1/6갤런의 우유를 생산할 수 있었다. 스티치는 구두생산에 있어 보다 낮은 기회비용을 갖기 때문에, 스티치는 구두생산에서 비교우위를 갖는다. 우유에 대해, 스퀴즈에서의 기회비용은 하나의 구두이며, 이는 스티치에서의 여섯 개의 구두와 비교된다. 따라서, 스퀴즈는 우유생산에서 비교우위를 갖는다.

▍표 3-1 생산과 기회비용

	스티치(Stitch)	스퀴즈(Squeeze)
시간당 구두 산출량	12	1
시간당 우유 산출량(갤런)	2	1
기회비용: 구두	1/6갤런의 우유	1갤런의 우유
기회비용: 우유	6켤레의 구두	1켤레의 구두

그림 3-1은 생산특화와 교환으로부터의 이득을 보여준다. 두 섬은 처음에 개별 가구가 소비하는 모든 우유와 구두를 생산하는 자급자족임을 가정하라.

• 생산

스티치의 가구는 한 시간을 우유생산에서 구두생산으로 전환하는 반면에 스퀴즈의 가구는 두 시간을 구두생산에서 우유생산으로 전환한다. 스티치에 대해 생산에서의 변화는 12켤레 구두의 증가와 2갤런의 우유의 감소이고 스퀴즈에 대해 2켤레의 구두의 감소와 2갤런의 우유의 증가에 해당한다. 비교우위를 이용하기 위한 이러한 전환은 구두의 총 생산량을 10켤레(스티치에서 12켤레 증가와 스퀴즈에서 2켤레 감소)만큼 증가시키는 반면에 우유의 총 생산량은 변화하지 않는다.

• 교환

교환비율이 1갤런의 우유당 3켤레의 구두라고 가정하자. 스티치 가구는 6켤레의 구두를 2갤런의 우유와 교환하여, 구두 6켤레의 이득을 얻는다. 스퀴즈 가구는 2갤런의 우유를 6켤레의 구두와 교환하여 구두 4켤레의 이득을 얻는다.

• 순이득
개별 가구는 (특화와 교환이전에 비해) 동일한 양의 우유와 보다 많은 구두를 갖는다.

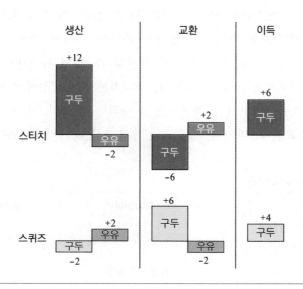

▲ 그림 3-1 생산특화로부터의 이득

이제까지 우리는, 재화의 교환을 위해 요구되는 시간의 기회비용으로 정의되는, 거래비용(transaction cost)을 간과하였다. 스티치에 대해, 시간당 기회비용은 12켤레의 구두이고, 따라서 거래가 1/2시간(6켤레의 구두)보다 적은 시간을 요구하는 한 이득이다. 스퀴즈에 대해, 기회비용은 시간당 1켤레의 구두이고, 따라서 거래가 4시간보다 적게 소요되는 한 이득이다. 예를 들면, 만일 교환시간이 1/4시간이면, 순이득은 스티치에게 3(6−3)켤레의 구두이고 스퀴즈에게 3.75(4−0.25)켤레의 구두이다. 일반적으로, 만일 비교우위를 야기하는 생산성의 차이가 거래비용에 비해 크다면 교역은 발생할 것이다.

교환에서의 규모의 경제, 교역회사, 그리고 교역도시

생산특화와 교역의 존재가 교역회사의 생성을 반드시 초래하지는 않을 것이다.

가내생산모형의 두 번째 가정: 생산과 교환에 있어 규모에 대한 보수불변을 상기하라. 이 가정하에서, 개별 가구는 교역회사만큼 효율적으로 구두와 우유를 교환할 수 있고, 따라서 거래를 실행하기 위해 기업에 돈을 지불할 이유가 존재하지 않는다. 그러므로, 개별 스티치 가구는 구두와 우유를 직접 교환하기 위해 스퀴즈 가구와 연계할 수 있다. 직접교환의 세계에서, 작은 섬 경제 내 사람들은 두 섬의 중간 지점까지 그들의 작은 배를 노저어가서 구두와 우유를 교환한다.

만일 교환과 관련된 규모의 경제가 존재한다면, 교역회사가 출현할 것이다. 규모의 경제는 두 경제적 현상에 기인할 수 있다.

1. 불가분의 생산요소

교역회사가 산출물을 집하 및 배송하기 위한 큰 마차와 두 섬 간 산출물을 운송하기 위한 배와 같은 불가분의 생산요소(indivisible inputs)를 이용한다.

2. 노동특화

많은 노동자들을 고용하는 교역회사는 개별 노동자에게 특화된 작업을 할당할 수 있다. 특화는 지속(개별 노동자는 하나의 작업에서 또 다른 작업으로 전환하는 데 보다 적은 시간을 쓴다)과 반복(개별 노동자는 특정 작업을 달성하는 가장 효율적인 방법을 터득한다)을 통해 생산성을 증가시킨다. 예를 들면, 일부 노동자들은 마차를 운전하는 데 특화할 수 있는 반면에 다른 노동자들은 배를 운항하는 데 특화할 수 있다.

불가분의 생산요소와 노동특화로부터의 규모의 경제는 거래비용을 낮추며, 이는 교역을 실행하는 데 있어 교역회사가 개인보다 효율적일 것임을 의미한다.

가구들은 교역을 실행하기 위해 교역회사에 돈을 기꺼이 지불할 것이다. 교역회사가 거래당 단지 0.10켤레의 구두만을 비용으로 청구한다고 가정하라. 이 경우, 스티치 가구에 대한 거래당 순이득(net gain)은 구두 3켤레(6−3)에서 5.90켤레(6−0.10)로 증가한다. 유사하게, 스퀴즈 가구에 대한 거래당 순이득은 구두 3.75켤레(4−0.25)에서 3.90켤레(4−0.10)로 증가한다.

직접교역에서 교역회사를 이용하는 것으로의 전환은 두 섬의 가구들로 하여금 보다 부유하게 한다. 개별 가구는 교역의 실행에 보다 적은 시간을 쓰고 구두 혹은 우유의 생산에 보다 많은 시간을 쓴다. 다시 말해, 교역회사는 추가적인 생산특화를 가능하도록 한다. 이러한 특화는 세 유형의 노동자들, 스티치에서의 구두 생산자, 스퀴즈에서의 우유 생산자, 그리고 두 지점에서의 교역자를 발생시킨다.

교역회사의 출현은 상대적으로 큰 인구밀도를 갖는 지역인 교역도시(trading towns)의 생성을 야기할 것이다. 교환에서의 규모의 경제를 완전히 이용하기 위해, 교역회사는 큰 용량의 산출물을 효율적으로 집하 및 배송할 수 있는 장소에 입지할 것이다. 섬모형에서, 교역도시는 개별 섬에 항만시설을 설치할 것이다. 이 회사는 네 유형의 노동자들을 고용할 것이다: 마부는 스퀴즈의 농부들로부터 우유를 그리고 스티치의 구두제조업자들로부터 구두를 집하할 것이다; 부두 노동자들은 카트와 선박 간 재화를 옮겨 실을 것이다; 항해사들은 두 섬 간 해협을 가로질러 재화를 운송할 것이다; 그리고 회계사들은 대금을 입금하고 지불할 것이다.

도시는 상대적으로 높은 인구밀도를 갖는 지역으로 정의되었음을 상기하라. 섬모형에서, 교역회사에 의해 고용된 노동자들은 통근시간을 절약하기 위해 항구 근처의 토지에 대해 경쟁할 것이고, 토지에 대한 이러한 경쟁은 이의 가격을 높일 것이다. 토지가격의 상승은 노동자들로 하여금 상대적으로 작은 주거용 부지를 선택함으로써 토지에 대해 절약하도록 할 것이다. 다시 말해, 교역회사 가까이에 거주하는 노동자들은 보다 적은 토지를 점유하고 따라서 보다 높은 밀도에 거주할 것이다. 이러한 결과는 상대적으로 높은 인구밀도의 지역 — 교역도시 혹은 작은 도시에 해당한다.

도시역사에서의 교역도시들

교역도시(trading cities)에 대한 우리의 단순한 모형은 비교우위가 운송과 교환에 있어서의 규모의 경제와 결합될 때 교역도시들이 생성됨을 제시한다. 이러한 관찰은 1800년대 산업혁명 이전의 도시역사에 관해 몇 가지 중요한 통찰을 제공한다. 이러한 교역도시들에 사는 대부분의 노동자들은 재화를 생산하지 않고, 대신에 이 도시 이외의 지역에서 생산된 재화를 수집하고 배분하였다. 중심부 이외의 변두리 지역으로부터 농작물을 수집하고 다양한 지역으로부터 수공품을 수집하였다.

교역도시들은 긴 역사를 가지고 있다. 기원전 3천년경, 페니키아 사람들은 지중해 해안 전체에 걸쳐 교역자로 활동하기 위해 빠른 상선을 이용하여 비교우위에 따라 염료, 천연재료, 식품, 섬유, 그리고 보석의 교역을 시작하였다. 그들은 지금의 레바논에 속한 지중해 연안을 따라 교역도시들을 설립하였다. 기원전 약 500년에, 아테네는 지역 간 교역이 활발한 장소였는데, 지방에서 생산되는 식품과 천연재료를 얻기 위해 가내수공품과 올리브 제품들을 교환하였다. 11세기와 12세 동안에, 이태리 도시정부들(city-states)은 북아프리카와 동방과의 교역을 위해 비잔틴과 이

슬람 통치자들과의 합의서를 만들어 내었다. 유럽인들은 목재, 철, 곡물, 와인, 그리고 울(wool) 옷감을 약재, 염료, 아마포, 목화, 가죽, 그리고 귀금속과 교환하였다. 이러한 교역은 베니스, 제노바, 그리고 피사의 성장을 가능케 했던 주요한 원동력이었다.

비교우위는 미국의 도시역사에서도 중요한 역할을 하였다. 엘리 휘트니의 조면기(cotton gin, 1794)는, 남부전역에서 재배될 수 있는 녹색씨앗 목화에서 달라 붙어 있는 씨앗을 떼어내는 방법을 제공하였다. 목화의 총 산출량은 15년의 기간 동안에 50배만큼 증가하였는데, 이들 산출량의 대부분은 동부해안 항구들로부터 멀리 떨어진 내륙지방에서 생산되었다. 미국의 목화는 뉴잉글랜드와 유럽의 섬유기업들에게 선적되기 위해 강을 따라 뉴올리언즈로 운송되었다. 목화교역의 증가는 미시시피강 어귀에 있는 뉴올리언즈의 급속한 성장과, 알라바마의 모빌이나 미시시피의 나체스와 같은 강의 상류 상업도시들의 성장을 초래하였다.

도시 미국(urban America)의 역사는 교역도시의 생성에서 운송비용의 역할을 설명한다. 1700년대에는 대부분의 도시들이 주로 해양교역을 위한 교역도시로서의 역할을 수행하였다. 동쪽 해안으로는, 도시들이 서쪽에 있는 주변지역들로부터 농업제품들을 거둬들여 이것들을 해외로 선적하였다. 교역의 양은 내륙을 통행할 수 있는 비포장 도로들의 상황에 의해 제한되었다. 운송은 언제나 느리고, 비가 오거나 눈이 녹는 시기에는 미끄러웠다. 다수의 혁신들이 운송비용을 감소시켜 교역을 증가시켰다.

1. 유료고속도로(turnpikes)

1792년에 돌과 자갈로 지어진, 펜실베니아 턴파이크는 시간당 2마일로 운행속도를 증가시켜, 필라델피아시의 시장구역(market area)과 교역량을 증가시켰다.

2. 운하

뉴욕주는 1825년에 360－마일의 에리 운하를 완성하였다. 이 운하는 뉴욕시의 자연적 항구를 북쪽과 서쪽의 방대한 농업지역과 연결하고, 톤－마일당 약 20센트에서 1.5센트로 운송비용을 절감시켰다. 챔플래인호수를 허드슨강에 연결하는 추가적인 운하는 뉴욕시의 시장구역을 북부 뉴잉글랜드까지 확장하였다. 방대한 운송네트워크는 뉴욕시를 경유하는 교역의 양을 증가시켜, 뉴욕시의 규모를 증가시켰다. 1850년에, 이 도시는 미국혁명 말기 인구규모의 약 20배인 오십만의 인구를 가지고 있었다. 뉴욕시 남쪽에 있는 경쟁도시들(볼티모어와 필라델피아)을 포함하는 다른 도시들은 내륙지역들과 항구들을 연결하는 운하를 건설함으로써 대응하였고, 1845년에는 미국에 3,300마일 이상의 인공수로(artificial waterways)가 존재하였다.

3. 증기선

1807년 증기선의 도입 이전까지, 교통은 엄격히 강물의 흐름을 따랐다. 화물이 종착지에서 하역된 후에, 목재로 된 배들은 판자로 사용하기 위해 분해되었다. 증기선은 양방향 통행을 허용하고 하천운송의 비용을 감소시켜, 교역의 양과 강가 도시들의 규모를 증가시켰다.

4. 철도

증기발전기는 나중에 기관차에 동력을 제공하는 데 이용되었고, 철도운송은 화물운송의 주요 수단으로서 강을 이용한 해상운송을 대체하였다. 1850년과 1890년 사이, 강을 이용한 운송 대비 철도운송의 비율이 0.1에서 2.0까지 증가하였으며, 철도운송의 양은 240배만큼 증가하였다. 강에서 철도로의 전환은 강을 따라 형성되는 상업도시들의 쇠퇴와 방대한 철도네트워크를 따라 형성되는 도시들의 번성을 야기하였다.

03 규모의 경제와 공장도시

가내생산모형의 세 번째 가정은 생산이 규모에 대한 보수불변하에 있다는 것이다. 우유생산에 있어 이 가정을 유지할 것이나, 구두는 규모에 대해 증가하는 보수로 생산됨을 가정한다. 구두생산자들은 불가분의 생산요소와 특화된 노동을 사용하고, 그 결과 공장노동자는 가내 노동자보다 많은 구두를 생산한다. 우리의 예제를 계속 이용하기 위해, 공장노동자가 시간당 10켤레의 구두를 생산한다고 가정하면, 이는 개별 구두가 단지 6분의 노동과 자본을 필요로 함을 의미한다. 대조적으로, 가내 노동자들은 시간당 한 켤레의 구두 혹은 1갤런의 우유를 생산한다.

공장에서 생산된 구두의 가격

공장에서 생산된 구두의 시장가격은 얼마인가? 구두시장은 경쟁적이라고 가정한다. 따라서 가격은 구두를 생산하는 평균비용을 충당하는 정도이어야 한다. 생산의 평균비용은 평균자본비용과 평균노동비용의 합이다.

평균노동비용은 구두 1켤레당 노동의 비용으로 정의된다. 평균노동비용은 임금, w를 노동 1단위당 생산된 구두의 수, q로 나눈 값이다:

평균노동비용 = w/q

시장임금은 노동자들이 구두공장에서 일하는 것과 낙농가에서 일하는 것 사이에 무차별하도록 한다. 낙농가는 시간당 1갤런의 우유를 벌며, 공장인근에 사는 비용이 낙농장에서 사는 비용과 같다면 공장임금은 시간당 1갤런의 우유가 될 것이다. 그러나 공장인근 토지에 대한 공장노동자들 간 경쟁은 토지의 가격을 상승시킬 것이다. 입지에서의 내쉬균형을 위해, 공장노동자들은 도시에 거주하는 보다 높은 비용을 상쇄하기 위해 보다 높은 임금을 받아야 한다. 더불어, 그들은 도시 내 통근비용에 대해서도 보상을 받아야 한다. 수치적 예제를 계속 이용하기 위해, 거주와 통근의 보다 높은 비용이 시간당 0.80갤런의 우유에 해당하는 보상을 요구한다고 가정하라. 이 경우, 노동자들에 대한 내쉬균형은 노동 1시간당 1.80갤런의 우유에 해당하는 공장임금을 필요로 한다. 개별 노동자는 시간당 10켤레의 구두를 생산하며, 따라서 평균노동비용은 0.18갤런의 우유에 해당한다:

평균노동비용 = w/q = 1.80/10 = 0.18갤런

다음은 자본비용을 고려하라. 구두회사는 지역 밖의 자본소유자들로부터 기계와 설비를 임대한다고 가정하라. 공장에서 이용되는 자본에 대한 임대료는 시간당 1.2갤런의 우유에 해당한다고 가정하라. 이 기업은 시간당 10켤레의 구두를 생산하기 때문에 구두 1켤레당 자본비용은 0.12갤런의 우유에 해당한다:

평균자본비용 = 1.2/10 = 0.12갤런

그림 3-2는 생산의 평균비용에 대한 계산을 요약한다. 평균비용은 평균노동비용과 평균자본비용의 합이다:

평균비용 = 0.18 + 0.12 = 0.30갤런

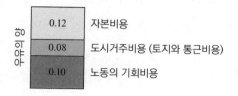

▲ 그림 3-2 평균생산비용

경쟁시장에서, 기업은 평균생산비용과 일치하는 가격을 부과할 것이다.

공장가격 = 평균비용 = 0.18 + 0.12 = 0.30갤런

구두 1켤레당 0.30갤런의 우유에 해당하는 공장가격에서, 이 공장은 구두를 생산하는 데 필요한 노동과 자본의 비용을 지불할 수 있는 정도까지만 번다.

공장의 시장구역

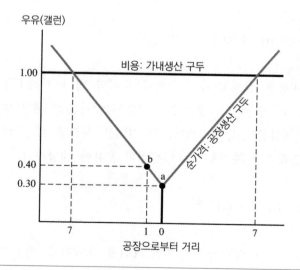

▲ 그림 3-3 순가격과 공장의 시장구역

어느 지역에 하나의 구두공장이 있다고 가정하라. 이 공장은 가내생산 구두와 경쟁하고 공장에서 생산된 구두의 순가격이 가내생산 구두의 비용보다 적은 가구에게 구두를 판매할 것이다. 가내생산 구두의 비용은 가정에서 구두를 만드는 데 필요한 시간의 기회비용이며, 이는 구두 대신에 생산될 수 있는 우유 1갤런이다. 그림 3-3에서, 수평선은 가내생산 구두의 비용을 보여준다.

공장에서 생산된 구두의 순가격(net price)은 공장가격과 가구가 구두를 사기 위해 수행하는 공장까지의 통행의 기회비용의 합이다. 이러한 순가격은 다음과 같다:

$$p(x) = p' + t \cdot x$$

여기서, $p(x)$는 순가격이고, p'은 (평균생산비용과 동일한) 공장가격이며, t는 통행의 왕복통행 마일당 기회비용이고, x는 가구에서 공장까지 거리이다. 왕복통행 마일은 어느 지점까지의 1마일 통행과 돌아오는 1마일, 즉 2마일의 총 거리를 포함한다. 전형적인 사람은 왕복통행 1마일당 1/10시간이 소요된다고 가정하라. 그림 3-3에서, 점 a에 의해 보여진, 공장가격은 0.30갤런의 우유에 해당한다. 순가격곡선은 마일당 0.10의 기울기를 갖는다. 예를 들어, 점 b에 의해 보여진 바와 같이, $x = 1$마일 거리에 대해 순가격은 0.40에 해당한다:

$$p(1) = 0.30 + 0.10 = 0.40$$

순가격은 7마일의 거리에서 1.00으로 증가한다:

$$p(7) = 0.30 + 0.10 \cdot 7 = 1.0$$

공장의 시장구역(market area)은 구두의 가내생산보다 낮은 가격을 매기는 구역이다. 그림 3-3에서, 공장생산 구두의 순가격은 공장으로부터 7마일까지 가내생산 구두의 비용보다 적다. 다시 말해, 공장의 시장구역의 반경은 7마일이다. 이 구역 내에서, 공장에서 일하지 않는 노동자들은 우유생산에 특화할 것이고 그들이 생산한 우유의 일부를 공장생산 구두를 구매하기 위해 사용할 것이다. 대조적으로, 공장노동자들은 우유와 교환하기 위해 구두를 생산할 것이다. 공장으로부터 7마일보다 멀리 사는 가구들은, 그들 자신의 우유와 구두를 만들어, 자급자족할 것이다.

공장도시

공장도시(factory town)는 구두공장 인근에 생성될 것이다. 노동자들은 공장 근처에 거주함을 통해 통행비용을 절약할 것이고, 토지에 대한 경쟁은 이의 가격을 상승시킬 것이다. 토지에 대한 보다 높은 가격은 노동자들로 하여금 토지를 절약하게 하여, 보다 높은 인구밀도를 유도할 것이다. 이 결과는 상대적으로 높은 인구밀도의 지역인, 공장 소도시 혹은 도시이다. 공장임금과 공장가격에 보다 높은 토지가격을 이미 반영하였음을 주지하라. 노동자들은 그들의 시간에 대한 기회비용(1갤런)과 도시 내 거주의 보다 높은 비용(0.80갤런)을 충당하기 위해 우유 1.8갤런의 시간당 임금을 받는다.

공장도시에 대한 단순 모형은 규모의 경제가 공장구두를 가내구두보다 싸게 하기 때문에 공장도시가 생성됨을 제시한다. 19세기의 산업혁명(Industrial Revolution)은 제조업과 교통에서의 혁신을 만들어 내어, 생산을 가정과 작은 가게에서 산업도시의 큰 공장으로 이동시켰다. 이전의 교역도시와는 대조적으로, 공장도시의 노동자들은 다른 곳에서 생산된 제품들을 단순히 배분하기보다는 제품들을 생산하였다.

산업혁명의 주요한 혁신 가운데 하나는, 1800년경에 생겨난, 제조업에 있어서 상호 교환가능한 부품에 대한 엘리 휘트니의 체계이다. 전통적인 기능공 접근법하에서, 특정 제품의 요소부품들은 개별적으로 그리고 정교하지 않게 만들어졌다. 부품을 만들고 이것들을 조립하는 데 숙련된 기능공들이 필요하였다. 휘트니의 체계 하에서, 생산자는 동일한 부품을 만들어 내기 위해 정교한 기계도구를 이용하며 개별 부품들을 거대한 수량으로 일괄 생산하였다. 동일한 부품들은 상호교환이 가능하였으며, 따라서 비숙련 노동자들은 이 부품들을 조립하는 일에 대해 신속하게 훈련될 수 있었다. 수작업 생산을 표준화된 생산으로 대체하는 것은 거대한 규모의 경제를 발생시켜, 공장과 공장도시의 생성을 야기하였다.

도시생성에 있어 규모의 경제의 역할에 대한 설명으로서, 19세기 중반에 개발된 재봉틀을 고려하자. 동 세기의 초기에, 미국에서 사람들이 입은 의류의 대략 4/5는 가구구성원들을 위해 가내에서 손수 만들어졌고, 나머지는 재단사에 의해 손수 만들어졌다. (1846년에 특허를 얻은) 재봉틀은 공장들로 하여금 가내생산자들보다 낮은 가격을 매길 수 있게 하였고, 1890년에는 미국 의류의 9/10은 공장에서 만들어졌다. 새로운 도시들은 의류공장 주위에서 생성되었다. (1858년에 있었던) 구두제조를 위한 재봉틀에서의 혁신은 구두의 밑창을 구두의 윗부분에 꿰매는 과정을 기계화하여, 구두생산에서 거대한 규모의 경제를 야기하였는데, 이는 큰 구두공장들을 창출하였고 구두공장 주위에 도시들이 발전하였다.

　도시 간 운송에서의 혁신들은 산업화와 도시화에 기여하였다. 이 장의 앞부분에서 보았듯이, 1700년대의 비포장 도로들은 유료고속도로에 의해 대체되었고, 운하의 건설은 내륙수상운송의 보다 밀접한 네트워크를 가능케 하였다. 증기선의 개발은 주요 강들에서의 양방향 통행을 가능케 하였고, 철도체계는 운송체계의 속도와 운송가능 지역의 범위를 증가시켰다. 이러한 모든 혁신들은 공장제품의 상대적 가격을 하락시켜, 공장도시의 성장에 기여하였다.

　그림 3-4는 산업혁명의 교통과 생산에서의 혁신이 공장의 시장구역에 미친 효과를 보여준다.

• 초기 조건들

　공장가격 p'은 상대적으로 작은 규모의 경제로 인해 상대적으로 높고, 순가격곡선은 상대적으로 높은 운송비용으로 인해 상대적으로 가파르다. (점 b와 c에 의해 정의된) 시장구역은 상대적으로 작다.

　생산에서의 혁신은 공장가격을 p'에서 p''으로 하락시키고, 점 e와 f로 표시된 것과 같이, 시장구역을 증가시킨다.

　운송에서의 혁신은 순가격곡선을 편평하게 한다. 시장구역은 점 g와 h에 의해 표시된 것처럼 규모가 증가한다.

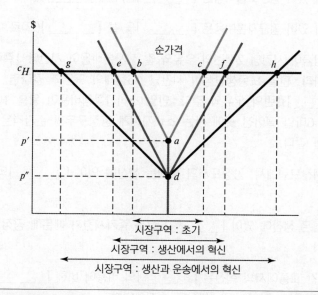

▲ 그림 3-4 산업혁명과 시장구역

개념에 대한 복습

01 만일 지역 A가 어느 재화에 대해 보다 낮은 [_____]을/를 갖는다면, 지역 A는 지역 B에 비해 해당 재화를 생산하는 데 있어 비교우위를 갖는다.

02 [_____]에서의 차이가 [_____]에 비해 클 때, 교역이 발생한다.

03 한 지역은 [_____]을/를 갖는 재화에 특화한다.

04 비교우위와 교역을 경험하는 경제에서, 이 경제가 교환에서 [_____]을/를 경험한다면 교역도시는 존재하지 않을 것이다.

05 규모의 경제는 [_____] 생산요소와 노동 [_____]에 기인한다.

06 도시는 상대적으로 높은 [_____]을/를 갖는 지역으로 정의되고 노동자들이 [_____]의 가격을 (경쟁을 통해) 올리는 경우에 발생한다.

07 엘리 휘트니의 조면기는 [_____]을/를 증대시켜 교역도시의 생성을 촉진하였다.

08 유료고속도로는 [_____]을/를 감소시킴으로써 [_____]을/를 증가시켜 도시의 생성을 촉진하였다.

09 공장도시에서, 임금은 공장시간의 [_____]과/와 [_____]의 추가적인 비용을 더한 것과 일치한다.

10 생산에 있어 평균노동비용은 [_____]을/를 [_____](으)로 나눈 것과 일치한다.

11 생산에 있어 평균자본비용은 [_____]을/를 [_____](으)로 나눈 것과 일치한다.

12 공장임금이 시간당 2갤런의 우유와 같고 자본비용이 시간당 1갤런의 우유와 같다고 가정하라. 만일 노동생산성이 시간당 15켤레의 구두와 같다면, 생산의 평균비용은 [_____]갤런의 우유와 같다. 만일 소비자통행비용이 왕복 1마일당 1/10시간이라면, 6마일 떨어진 곳에 사는 소비자에게 공장구두의 순가격은 [_____]갤런의 우유와 같다.

13 가내생산모형에서, 공장도시의 부재는 생산에 있어 [_____]의 가정에 의해 설명된다.

14 재봉틀은 생산에 있어 [_____]을/를 증가시켰기 때문에 공장도시의 생성을 촉진하였다.

15 도시 간 교통에서의 혁신은 [_____]의 비용에 비해 [_____]의 가격을 감소시켰기 때문에 공장도시의 생성을 촉진하였다.

16 변수들의 개별 쌍에 대해, 그 관계가 양(+)인지, 음(−)인지, 혹은 모호한지를 나타내라.

모수	선택변수	관계
단위통행비용	교역량	[_____]
교환에서의 규모의 경제	교역량	[_____]
단위통행비용(소비자)	주어진 지점에서의 순가격	[_____]
단위통행비용(근로자)	공장의 시장구역	[_____]
공장노동생산성	공장의 시장구역	[_____]
공장가격	공장의 시장구역	[_____]
공장자본비용	공장의 시장구역	[_____]

개념들을 응용하는 연습문제

01   혁신과 교역도시
스티치와 스퀴즈 예제에서, 스티치에서 시간당 구두 생산량이 16켤레로 증가하고 교환비율이 우유 1갤런당 4켤레의 구두로 증가한다고 가정하라. 스티치 가구는 1시간의 생산시간을 전환하고, 스퀴즈 가구는 2시간의 생산시간을 전환한다.
a. 거래비용을 무시할 때, 개별 유형의 가구에 대해 교역으로부터의 이득은 무엇인가?
b. 만일 교환에 소요되는 시간이 1/4시간이라면, 개별 유형의 가구에 대해 교역으로부터의 이득은 무엇인가?

02   용들(Dragons)과 교역도시들
불을 내뿜는 용들이 우글거리는 물에 의해 분리된 두 섬을 가진 한 나라를 가정하라. 초기에 두 섬은 자급자족하고, 도시가 존재하지 않는다. 용에게 귓속말하는 사람이 이 용들을 길들이고 마구를 채워 항공화물 운송수단으로 일하도록 한다고 가정하라.
a. 만일 [_____]한다면, 이러한 용의 용도변환은 교역을 야기할 것이다.
b. 만일 용의 용도변환이 교역을 야기한다면, 교역도시는 [_____]한다는 조건 하에 생성될 것이다.

03   교역도시에서의 마차운전사와 은행가
마차에 의해 운반되는 두 재화를 가진 섬경제를 고려하라. 하나의 교역도시에, 60명의 마차운전사와 60명의 은행가가 존재한다. 개별 재화에 대해, 운송비용은 평균비용(과 운송된 가격)의 40%에 해당하고 이 재화에 대한 수요의 가격탄력성은 -2.50이다. 진흙도로가 유료고속도로에 의해 대체되어, 통행속도가 두 배가 되고 주어진 교역량을 운송하기 위해 필요한 마차운전사의 수가 절반으로 감소한다고 가정하라. 은행가의 수는 교역량에 비례한다.
a. 교역량은 [_____]%만큼 증가한다. (두 재화 각각에 대해 가격이 20% 감소함. 역자 주)
b. 이 유료고속도로의 (i) 은행가의 수, (ii) 마차운전사의 수, 그리고 (iii) 총 고용에 대한 효과를 계산하라.

04   드론과 교역도시
두 재화를 갖는 섬경제와 초기에 마차운전사와 은행가들에 의해 점유된 하나의 교역도시를 고려하라. 마차는 (다른 지역에서 수입된) 내장된 GPS를 갖춘 태양-동력의 드론(drones)에 의해 대체되고, 은행은 인터넷을 통해 접근이 가능한 전자금융시스템에 의해 대체된다고 가정하라.
a. 드론과 전자뱅킹의 도입이 교역량에 어떠한 영향을 미칠 것인가? 설명하라.

b. 만일 [_____]한다면, 드론과 전자뱅킹의 도입은 이 교역도시로 하여금 사라지게 할 것이다.

05 혁신과 구두의 평균비용

앞서 나온 그림 3-2를 이용하여, 새로운 생산기술이 다섯 배의 자본비용(오타로 생각됨. 자본의 임대료일 것임. 역자 주)과 다섯 배의 노동생산성을 갖는다고 가정하라. 생산의 평균비용에 대해 새로운 수치를 계산하라. (간편화 하기 위해 공장의 임금은 불변인 것으로 가정하라. 역자 주).

06 전동바퀴가 달린 보드(Hooverboard)와 공장의 시장구역

앞서 나온 그림 3-3을 이용하여, 전동바퀴가 달린 보드의 도입의 효과를 고려하라.

a. 전동바퀴가 달린 보드가 소비자들에 대해 통행시간을 왕복 1마일당 1/10에서 1/20로 감소시킨다고 가정하라. 새로운 반경에 대한 수치를 포함하여, 이 공장의 시장구역의 반경에 대한 함의를 설명하라.

b. 전동바퀴가 달린 보드가 공장노동자들의 통근비용 또한 감소시켜, 도시거주 비용을 0.80갤런에서 0.30갤런으로 감소시킨다고 가정하라. 새로운 반경에 대한 수치를 포함하여, 이 공장의 시장구역의 반경에 대한 효과를 설명하라.

07 공장도시에서의 새로운 물건운송수단

공장도시에 대해 새로운 물건운송수단의 효과를 고려하라. 이 물건운송수단은 (사람을 제외한) 재화를 공장으로부터 12마일까지의 소비자에게 즉각적으로 운송할 수 있으며, 운송의 한계비용은 영(0)이다. 이 운송수단의 시간당 임대료는 우유 1갤런이다.

a. 앞서 나온 그림 3-3을 이용하여, 공장의 시장구역에 대한 이 물건운송수단의 효과를 보여라. (공장가격과 시장구역의 반경을 구하라. 역자 주).

b. 새로운 그림에 대한 적절한 기술어는 [_____](마티니 유리잔, 축구골대, 경사진 지붕, 차고 지붕, 평화를 나타내는 표시)(이)다.

08 드라마 도시

가구들이 드라마를 실황 혹은 TV중계를 통해 생산하고 소비하는 지역을 고려하라. 가격을 고려한 후, 실황으로부터의 효용은 24유틸로 TV중계로부터의 효용 6유틸과 대조된다. 이 지역의 중심에 위치한 공연장에서 제공되는 실황 드라마의 생산에 있어 규모의 경제가 존재한다. 통행비용은 왕복 1마일당 2유틸이다. 시장구역의 반경을 포함하여, 이 공연장의 균형시장구역을 설명하라.

참고문헌과 추가적인 읽을 거리

Combes, P., and H. Overman. Ades, "The Spatial Distribution of Economic Activities in the European Union." Chapter 64 in Handbook of Regional and Urban Economics 4: Cities and Geography, eds. V. Henderson and j. F. Thisse. Amsterdam: Elsevier, 2004.

Davis, Kingsley. "Urbanization." In *The Urban Economy*, ed. Harold Hochman. New York: W. W. Norton, 1976.

Ellison, Glen, and Edward Glaeser. The Geographic Concentration of Industry: Does Natural Advantage Explain Agglomeration?" *American Economic Review* 89 (1999), pp. 311−316.

Hohenberg, Paul M., and Lynn H. Lees. *The Making of Urban Europe 1000−1950*. Cambridge, MA: Harvard University Press, 1985.

Holmes, T., and J. Stevens. "Spatial Distribution of Economic Activities in North America." Chapter 63 in *Handbook of Regional and Urban Economics 4: Cities and Geography*, eds. V. Henderson and j. F. Thisse. Amsterdam: Elsevier, 2004.

Kim, Sukkoo. "Regions Resources, and Economic Geography: Sources of U.S. Regional Comparative Advantage, 1880−1987." *Regional Science and Urban Economics* 29 (1999), pp. 1−32.

Mills, Edwin and Bruce Hamilton. *Urban Economics*. Scott Foresman, 1997.

Mumford, Lewis. *The City in History*. New York: Harcourt Brace Jovanovich, 1961.

04 ▷ 집적의 경제

> "근대 대도시는 몹시 붐빈다. 사람들은 서로 꼭대기에 살고 있으며; 그들의 아이디어 또한 마찬가지다."
>
> – 피터 디아맨디스(Peter Diamandis)

> "사람들은 더 이상 그곳에 가지 않는다. 그곳은 너무 혼잡하다."
>
> – 요기 베라(Yogi Berra)

기업들은 생산에서의 규모의 외적인 경제(external economies of scale)의 이익을 활용하기 위해 도시에 군집하며, 이는 한 기업의 활동이 인근 기업들의 생산비용을 감소시킬 때 나타난다. 경제학자들은 두 종류의 집적의 경제(agglomeration economies)를 구분한다.

1. **지역화경제(localization economies)**

이 외적인 효과는 특정 산업에 속한 기업들에 한정된다. 보다 정확한 명칭은 "산업 내 외적인 경제"일 것이다.

2. **도시화경제(urbanization economies)**

이 외적인 효과는 산업의 경계를 넘나든다. 보다 정확한 명칭은 "산업 간 외적인 경제"일 것이다. 집적의 경제를 산업 내 외부효과(지역화경제)와 산업 간 외부효과(도시화경제)에 적용가능한 일반적인 용어로 논한다.

01 집적의 경제

집적의 경제는 군집한 기업들에게 상대적으로 낮은 생산비용을 발생시킨다. 군집의 비용상 이득은 고용의 거대한 집중을 낳는다. 이 장의 이 부문에서는 네 유형의 집적의 경제에 대해 탐구할 것이다.

1. 중간재 생산자의 공동이용
2. 공동 노동풀(pool)의 이용
3. 숙련매칭의 향상
4. 지식의 공유

각각의 경우에 있어, 생산비용은 단독 입지 기업에 비해 군집 내 기업에게 보다 낮다.

중간재의 공유

일부 기업들은 중간재 생산요소 공급자를 공동이용하기 위해 서로 인접하게 입지한다. 중간재 생산요소는 하나의 기업에 의해 생산되는 것이고 이것은 두 번째 기업에 의해 생산과정에 생산요소로 이용된다. 예를 들면, 단추제조업체는 의류제조 기업들에 의해 중간재 생산요소로 이용되는 단추를 생산한다.

기업들은 만일 두 가지 조건이 만족한다면 중간재 생산요소의 생산자를 공동이용하기 위해 군집할 것이다.

1 규모의 경제

중간재 생산요소의 생산은 하나의 기업에 의한 수요에 비해 큰 규모의 경제 (economies of scale)하에 있을 것이다. 하나의 공급업자를 공동이용함으로써, 최종재 생산자들은 규모의 경제를 활용할 수 있고 중간재 생산요소를 보다 낮은 평균비용에 얻을 수 있다.

2. 대면시간

중간재 생산요소의 디자인과 제작은 중간재 생산요소 생산업자와 최종재 생산업자 간 대면 상호협의를 필요로 한다. 중간재 생산요소는 온라인상으로 주문될 수 있는 표준화된 생산요소가 아니기 때문에 생산요소가 최종재에 적합한지를 확인하기 위한 대면시간(face time)을 필요로 한다.

첫 번째 조건은 최종재 생산업체들이 중간재 생산요소 공급업체를 공동이용하는 것을 의미하고, 두 번째 조건은 최종재 생산업체들이 중간재 생산요소 공급업체 가까이 입지하는 것을 의미한다.

그림 4-1에서, 중간재 생산에 있어 규모의 경제가 존재할 때, 장기평균비용곡선은 음(-)의 기울기를 갖는다. 만일 개별 최종재 생산업체가 z'단위의 중간재 생산요소를 수요하고 자신의 중간재 생산요소 공급업체를 이용한다면, 이 중간재 생산요소의 평균비용은 c'(점 a)에 해당한다. 대조적으로, 만일 여러 최종재 생산업체들이 함께 z''단위의 중간재 생산요소를 하나의 공급업체에게 수요한다면, 평균비용은 c''(점 b)에 해당하여 c'보다 작다.

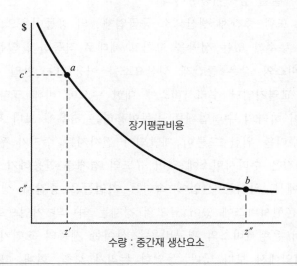

▲ 그림 4-1 중간재의 평균비용

중간재 공급업자를 둘러싼 군집에 대한 고전적 예는 단추생산업체 주위의 의류생산업체들의 군집이다(Vernon, 1972). 첨단유행 의류에 대한 수요는 유행의 변화에 영향을 받으며, 따라서 의류생산 기업들은 소규모로 민첩하여, 패션의 변화에 빠르게 반응할 준비가 되어 있어야 한다. 단추생산에 있어 큰 규모의 경제가 존재하는 경우, 만일 여러 소규모 의류생산업체들이 하나의 단추생산업체를 공동이용한다면, 평균비용은 보다 낮을 것이다. 첨단유행 의류에 대한 단추는 온라인상으로 주문될 수 있는 표준화된 생산요소가 아니고, 대신에 의류생산업체와 단추생산업체 간 개별 의류모델에 대한 이상적인 단추를 디자인하고 생산하기 위한 상호협의를 필요로 한다. 예를 들면, 두 기업은 크기, 형태, 그리고 색상에서 차이가 있는 여러 단추 원형들을 생산하기 위해 공동으로 작업할 것이며, 그런 이후에 가장 적합한 원형을 선택할 것이다.

중간재를 공유하기 위한 군집의 보다 최근의 예는 영화산업에서 나타난다. 영화

생산은 일곱 개의 주요 영화제작사와 수백 개의 독립영화제작업체들이 있는 헐리우드와 그 지역 인근에 집중되어 있다. 영화제작업체들에 의해 공유되는 많은 중간재 생산요소들 가운데 하나는 소품이다. 영화장면에 사용되는 물품들은 책상램프나 의자와 같은 평범한 물건, 폐기된 의료장비나 오래된 차와 같은 특별한 물품, 그리고 꼬마요정 귀의 끝부분이나 그리핀도르의 스카프와 같은 소품들을 포함한다. 소품공급에 있어 규모의 경제를 활용하기 위해, 영화제작업체들은 "소품상점(prop houses)"으로 알려진 업체들을 공동이용한다.

교역기업들은 또한 중간재 생산요소 공급업체들의 공동이용으로부터 이득을 얻는다. 교역기업은 누수가 있는 선박을 고치고 제대로 작동하지 않는 트럭엔진을 소생시키는 수리서비스와 같은 중간재 생산요소를 이용한다. 만일 수리서비스에 있어 규모의 경제가 교역기업당 수리서비스에 대한 수요에 비해 크다면, 수리비용은 여러 교역기업들이 하나의 수리업체를 공동이용하는 경우에 보다 낮을 것이다. 이 예에서, 적어도 수리를 위한 드론이 개발되기 전까지는 수리가 원격으로 이뤄질 수 없기 때문에 군집은 수리서비스에 있어 규모의 경제를 활용하기 위해서 필요하다.

일부 사례들에서, 상이한 산업에 속하는 기업들은 중간재 생산요소 공급업체를 공동이용한다. 은행서비스에 있어 규모의 경제는 하나의 기업으로부터의 수요에 비해 크며, 따라서 은행서비스의 평균비용은 상이한 제품의 교역기업들이나 제조업체들이 군집한 지역에서 보다 낮다. 동일한 논리가 보험, 회계, 그리고 법률서비스와 같은 다른 사업서비스업에도 적용된다. 상이한 산업들에 속하는 기업들은 이러한 서비스들을 보다 낮은 가격에 이용하기 위해 군집한다. 집적의 경제가 산업의 경계를 넘을 때, 이는 종종 "도시화경제"로 표현됨을 상기하라.

공동 노동풀의 이용

일부 기업들은 노동자 풀을 공유하기 위해 군집한다. 최종재에 대한 시장수요가 항상 일정하지만 개별 기업당 수요는 한 기간에서 다음 기간까지 변화하는 산업을 고려하라. 예를 들면, TV프로그램 상영가능편수는 항상 거의 일정하지만, 매년 일부 기업들은 계속 방송되는 "명작"을 생산하는 반면에 다른 기업들은 조기에 종영되는 "흥작"을 생산할 것이다. 기업당 수요가 급속하게 변화하는 환경에서, 성공하지 못하는 기업들은 노동자들을 해고하지만 동시에 성공하는 기업들은 그들을 채용할 것이다. 기업들은 성공하지 못하는 기업들로부터 성공하는 기업들로 노동자들을 이동시키는 비용을 줄이기 위해 군집한다.

1. 탐색비용

군집은 일자리 기회에 관한 보다 높은 밀도의 정보를 가지고 있다. 소프트웨어산업에서 친구와 동료를 가지고 있는 컴퓨터 프로그래머에 대해, 일상의 상호교류는 구인에 관한 정보를 창출한다. 게다가, 군집에서의 구직자는 하나의 잠재적 고용주로부터 다음의 고용주로 이동하는 데 보다 적은 시간을 쓴다.

2. 이전비용

인근 기업으로 전직하는 노동자는 거주지를 옮기는 비용을 피할 수 있다.

노동자들은 도시 간 이동을 하며, 입지선택에서 내쉬균형을 이루기 위해 상이한 근무지에서 동일한 효용수준을 달성해야 한다. 노동자가 직장에서 해고될 수 있는 불확실한 세계에서, 특정 직장 소재지로부터의 기대효용은 다음과 같다:

$$기대효용 = r \cdot u(w) + (1-r) \cdot u(w-s)$$

여기서 w는 임금, r은 직장을 유지할 확률, $(1-r)$은 해고되어 전직할 확률, s는 전직의 비용에 해당한다. 기대효용은 두 결과(직장을 유지하고 w를 벌거나 직장을 잃고 w−s를 버는 경우)의 확률과 동일한 가중치를 갖는 두 결과의 가중평균이다. 고립된 장소는 직장의 변경에 대해 상대적으로 높은 비용(큰 s)을 갖으며, 따라서 이는 상대적으로 높은 임금을 갖는다. 예를 들어, 소프트웨어 노동자는 해고되는 경우에 전직비용이 보다 높을 것이기 때문에 고립된 기업으로부터 보다 높은 임금을 요구할 것이다.

그림 4−2는 군집에서 보다 낮은 임금을 보여주기 위해 (제24장 미시경제학의 모형들에서 고찰되는) 기대효용의 개념을 이용한다. 이 근로자의 효용곡선은 오목하며, 이는 소득의 감소하는 한계효용을 나타낸다. 이 예에서, 효용함수는 다음과 같다:

$$u(소득) = w^{1/2}$$

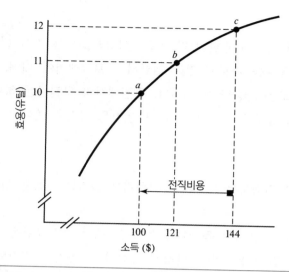

▲ 그림 4-2 노동풀링은 보다 낮은 임금을 창출한다.

　기업으로부터 해고될 가능성은 50%이다. 고립된 기업에 있어, 임금은 144달러이고 전직비용은 44달러라고 가정하라. 선호하는 결과(직장을 유지하는 것)는 점 c에 의해 보여지며, 순 소득 144달러와 12유틸의 효용을 갖는다. 선호되지 않는 결과(해고되고 44달러의 전직비용을 발생시키는 경우)는 점 a에 의해 보여지며, 순 소득 100달러와 10유틸의 효용을 갖는다. 기대효용은 12유틸과 10유틸의 평균인 11유틸에 해당한다.

　위험한 고립된 지역에서의 직장의 기대효용을 달러로 환산하기 위해 확실성 등가(certainty equivalent)의 개념을 이용할 수 있다. 제24장(미시경제학을 위한 모형들)에서 설명되듯이, 확실성 등가는 의사결정자로 하여금 위험을 감수하는 경우(100달러와 144달러 각각에 대한 50%의 확률)와 확실한 금액을 받는 경우 간 무차별하게 하는 달러로 표시된 확실한 지불에 해당한다. 이 경우, 확실성 등가는 121달러이다. 이 근로자는 121달러의 확실한 지불(11유틸의 확실한 효용)과 직장을 유지하며 144달러를 벌거나 직장을 잃고 이주하여 단지 100달러를 버는 위험을 감수하는 것 간에 무차별하다.

　앞에서 언급되었듯이, 전직비용은 보다 나은 고용정보와 보다 낮은 거주지 변경의 가능성으로 인해 기업들이 군집한 지역 내 노동자에 대해 보다 낮을 것이다. 계산을 단순화하기 위해, 기업들의 집적지 내 노동자에 대해 전직비용이 영(0)이라고 가정하라. 노동시장에서의 내쉬균형을 위해, 집적지에서의 임금은 고립된 기업에서의 위험한 직장의 확실성 등가인 121달러에 해당한다. 집적지에서 직장을 잃는 노동자는 전직비용이 없이 동일한 임금의 또 다른 직장을 찾으며, 따라서 121달러는 확실한 것이다. 이 확실한 121달러는 이 노동자로 하여금 집적지에서 일하는 것과 고립된 기업에서 144달러 혹은 100달러에 대한 동일한 확률의 위험을 감수하는 것 간에 무차별하게 한다.

만일 집적지에서의 전직비용이 양(+)의 수이지만 고립된 지역에서의 전직비용보다 작다면 동일한 논리가 적용된다. 이 경우, 직장을 잃는 것이 일부 전직비용을 초래함을 의미하기 때문에 집적지에서 일하는 것은 일부 위험을 수반한다. 하지만 전직비용이 집적지에서 보다 낮기 때문에 직장을 잃는 경우에 보다 낮은 소득의 손실이 존재하며, 따라서 내쉬균형은 집적지에서 보다 낮은 임금을 요구한다.

집적지에서 상대적으로 낮은 임금은 기업의 입지결정에 관해 중요한 함의를 갖는다. 보다 낮은 임금은 보다 낮은 생산비용을 의미하며, 따라서 집적지 내 기업은 이의 재화에 대해 주어진 가격에서 보다 많은 이윤을 얻거나 보다 낮은 재화가격으로 영(0)의 경제적 이윤을 얻을 수 있다. 다시 말해, 집적지 내 기업은 고립된 지역에서 생산하는 경쟁 기업에 비해 경쟁우위를 갖는다.

헐리우드 지역에 집중된 미국 영화산업은 노동풀의 편익에 대한 예시를 제공한다. 노동시장의 한 부분은 이 산업의 공예와 기술적인 측면에서의 노동자들을 포함한다. 이러한 노동자들은 영화제작 프로젝트가 잠깐 있다가 없어짐에 따라 한 제작업체에서 다른 제작업체로 주기적으로 이동하고 잠재적인 일자리에 대한 정보를 얻고 한 회사에서 다른 회사로 전직을 용이하게 하는 개인적 관계를 쌓는 "호의의 경제(economy of favor)"에 의존한다. 창의적인 노동자들(배우, 감독, 작가)이 상이한 프로젝트에서 일하기 위해 제작회사들 간을 이동함에 따라 동일한 현상이 이들에게 나타난다. 영화제작업체들의 집적지에서, 기업들은 공동의 노동풀에서 노동자를 구하여 기업들 간 노동자들의 이동을 촉진한다.

영화-생산 집적지에서의 일부 체계들은 기업들 간 노동자들의 이동을 향상시킨다. 스턴트맨 협회는 수백 명의 대역배우와 대역 코디네이터에 관한 검색가능한 자료에 대한 무료의 온라인 접속을 제공한다. 영화제작자는 "공중에 날려지는"이라는 핵심어를 입력할 수 있고 가압된 공기 장치에 의해 땅에서 떨어져 공중에 날려질 수 있는 수십 명의 대역배우 명단을 즉시 얻는다. 대행사, 배역담당 감독, 그리고 배우 재능 관리인과 같은 다른 중개인들은 노동 수요자들과 공급자들을 매치시킨다. 한 지역에서 전문대학과 4년제 대학들은 영화와 텔레비전 제작에서 학생들을 훈련시키는 전문적인 프로그램을 가지고 있다. 이러한 중간 협조체계는 노동시장의 효율성을 개선시키고 영화-제작 집적의 경쟁우위를 유지하는 데 도움을 준다.

숙련매칭

세 번째 유형의 집적의 경제는 노동자와 일자리를 매칭하는 것과 관련된다. 노동시장의 전통적인 경제학적 모형에서, 노동자와 기업은 완전하게 매치됨을 가정한다. 개별 기업은 해당 기업이 요구하는 기술을 정확히 가지고 있는 노동자를 고용한다. 현실세계에서는, 이런 것들이 그렇게 깔끔하지 않다. 노동자와 기업은 항상 완벽하게 매치되지 않고 기술 불일치(skill mismatches)는 노동자와 일자리 간 보다 나은 매치를 위해 비싼 노동자 훈련비용을 필요로 한다. 나중에 보게 되듯이, 큰 도시는 노동자와 기업 간 매칭을 개선하여, 훈련비용과 노동비용을 감소시킬 수 있다.

숙련매칭(skill matching)을 설명하기 위해, 어느 소프트웨어 회사에 의해 고용된 컴퓨터 프로그래머들을 고려하자. 프로그래머들은, 상이한 프로그래밍 언어(예를 들면, Java, Javascript, Python, HTML)들에 대한 그들의 익숙함과 상이한 프로그래밍 업무(예를 들면, 그래픽, 인공지능, 전자상거래)에 대한 그들의 경험에 따라, 상이한 일련의 기술들을 가지고 있다. 비록 일부 프로그래머들은 다른 사람들에 비해 보다 생산적이지만, 매칭모형에서 중요한 것은 그들이 상이한 일련의 기술들을 가지고 있다는 점이다. 기업은 특수한 기술요구(skill requirement)를 가지고 시장에 진입하고 가장 부합하는 기술을 제공하는 노동자를 고용한다.

노동매칭의 고전적 모형은 네 개의 가정을 가지고 있다.

1. 노동자 기술에 있어서의 차이

개별 노동자는 단위 길이의 직선 위에 위치 혹은 "주소"에 의해 표시된 기술을 가지고 있으며 노동자들은 동일한 간격으로 분포되어 있다. 그림 4-3의 처음 그림에서, 네 명의 노동자들(삼각형들)은 주소 0, 1/3, 2/3, 그리고 1에 위치한다.

2. 생산에 있어 규모의 경제

생산은 규모의 경제하에 있으며, 개별 기업은 한 명보다 많은 노동자를 고용한다. 예시에서, 개별 기업은 두 명의 노동자를 고용한다.

3. 기업의 기술요구

개별 기업은 생산할 제품을 선택하고 이를 생산하는 데 필요한 노동자에 대한 기술요구를 선택하면서 시장에 진입한다. 그림 4-3에서, 기업들은 원으로 표시되었다. 한 기업은 기술주소 1/6로 시장에 진입하고 두 번째 기업은 기술주소 5/6로 진입한다.

4. 훈련비용

기업은 노동자의 기술과 기업의 기술요구 간 격차를 없애는 비용을 부담한다.

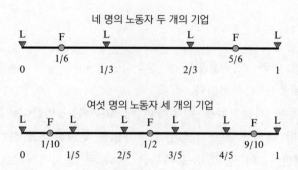

▲ 그림 4-3 집적의 경제: 노동숙련매칭

그림 4-3은 노동매칭모형에서 두 균형을 보여주며, 첫 번째 균형은 소도시에 대한 것이고 두 번째 균형은 대도시에 대한 것이다.

• 위 그림: 소도시

네 개의 기술유형과 두 기업이 존재하는 도시에서, 기술불일치는 1/6이다. 예를 들면, 기술주소 0과 1/3의 노동자들은 기술요구가 1/6인 기업에 의해 고용되고, 따라서 개별 노동자는 1/6의 기술격차를 갖는다. 만일 (0에서 1까지) 한 단위의 격차를 없애기 위한 훈련비용이 30달러라면, 노동자 1명당 훈련비용은 30달러의 1/6, 혹은 5달러에 해당한다.

• 아래 그림: 대도시

여섯 개의 기술유형과 세 기업이 존재하는 도시에서, 기술불일치는 1/10이다. 예를 들면, 기술주소 0과 1/5의 노동자들이 1/10의 기술요구를 가지고 있는 기업에 의해 고용되고, 따라서 개별 노동자는 1/10의 기술격차를 갖는다. 만일 한 단위의 격차를 없애는 훈련비용이 30달러라면, 노동자 1명당 훈련비용은 30달러의 1/10, 혹은 3달러에 해당한다.

소도시에서 대도시로 이전하는 기업은 노동자 1명당 훈련비용을 5달러에서 3달러로 줄일 것이다. 일반적인 교훈은 노동자수의 증가는 기술매칭을 개선하고 훈련비용을 감소시킨다는 것이다.

이러한 단순 모형은 도시의 노동자수가 증가함에 따라 노동자와 기업의 기술매칭이 개선됨에서 발생하는 집적의 경제를 설명한다. 일반적으로, 만일 이 도시에서 노동자의 수가 n이라면, 평균기술불일치는 다음과 같다

$$m = 1/[2(n-1)]$$

n이 증가함에 따라, 기술불일치가 감소하여(n=4에 대해 m=1/6이고 n=6에 대해 m=1/10) 훈련비용을 감소시킨다.

위에서 기업들은 기술격차를 메우기 위해 요구되는 훈련비용을 부담하는 것으로 가정되었다. 만일 대신에 노동자들이 훈련비용을 부담한다고 하더라도, 집적의 경제는 여전히 존재한다. 이 경우, 노동자들은 보다 큰 도시에서 보다 낮은 훈련비용을 경험하여, 임금에서 하방 압력을 받게 된다. 입지적 균형을 위해, 노동자들은 개별 도시에서 동일한 효용수준을 달성하며, 다른 모든 조건이 동일하다면 보다 낮은 훈련비용은 보다 낮은 임금을 야기한다. 보다 낮은 임금은 기업들의 보다 높은 이윤으로 해석되고, 따라서 대도시에서의 보다 나은 기술매칭은 궁극적으로, 기업들이 훈련비용을 부담할 때와 마찬가지로, 이윤을 증가시킨다.

지식의 공유

네 번째 집적의 경제는 보다 미묘하며, 지식을 공유하고 혁신을 촉진하는 편익을 포함한다. 지식파급에 관한 고전적 기술은 알프레드 마샬(Alfred Marshall, 1920)에서 유래한다:

한 산업이 입지를 선정했다면, 그 산업은 그곳에 오래 머물러 있을 것이다. 동일한 숙련된 직업에 종사하는 사람들이 가까운 이웃에서부터 상호 간에 얻는 이점이 매우 크다. 직업의 비밀은 더 이상 비밀이 되지 않고, 공기에 속해 있는 것 같이,

또는 아이들이 많은 것을 무의식 중에 배우는 것 같이, 자연스럽게 습득할 수 있는 대상이 된다. 잘한 일은 진가를 인정 받고, 기계, 공정 그리고 사업의 일반 조직에서의 발명과 개선은 즉각적으로 그것들의 장점들이 논의된다. 만일 한 사람이 새로운 아이디어를 갖게 되면, 이는 다른 사람들에 의해 적용되고 이들 자신의 제안들과 결합된다. 따라서 이는 새로운 아이디어들의 원천이 된다.

혁신이 보다 낮은 비용과 보다 높은 이윤을 야기하기 때문에 지식의 공유는 기업들로 하여금 군집할 유인을 제공한다. 일부 지식파급은 한 산업 내에서 발생하지만(지역화경제), 이러한 파급이 종종 산업의 경계를 넘는다(도시화경제).

도시규모의 다른 편익들

이제까지 생산성을 증가시키고 생산비용을 감소시키는 네 유형의 집적의 경제를 탐구하였다. 도시규모의 세 가지 다른 이점들은 보다 낮은 임금과 생산비용을 발생시킨다.

1. 공동노동공급

두 명의 노동자를 가지고 있는 가구는 하나의 거주지와 두 개의 근무지를 선택해야 하는 공동노동공급(joint labor supply)의 문제에 직면한다. 만일 두 노동자의 기술이 각각 다른 산업에 적합하다면, 이 가구는 다양한 산업을 가지고 있는 입지로 유인될 것이고, 노동자들은 산업들이 보다 유리하게 혼합된 도시에서의 보다 낮은 임금을 기꺼이 받아들일 것이다. 공동노동공급의 이슈를 해결하는 도시의 역할은 긴 역사를 가지고 있다. 1800년대에, (남성을 고용하는) 채광과 금속처리 기업들은 (여성을 고용하는) 섬유기업들에 가까이 입지하였고, 각 산업은 다른 산업의 존재로부터 편익을 얻었다. 보다 최근에, (대학졸업자 부부로 정의된) 고학력 부부(power couple)는 거대한 도시에 집중되는데, 이들은 이러한 대도시에서 두 노동자에 대한 좋은 고용매치를 찾을 가능성이 보다 높다.

2. 학습

인적 자본(human capital)은 정식 교육, 직장경력, 그리고 사회적 상호작용을 통해 노동자들이 획득하는 지식과 기술로 정의된다. 인적 자본은 모방에 의한 학습을 통해 증가할 수 있는데, 이것은 다른 노동자들에 대해 관측하고 가장 생산적인 노동자들을 따라 하는 것이다. 보다 큰 도시는 노동자들에게 보다 다양한 역할모델(role model)을 제공하기 때문에 학습의 기회들을 찾고 있는 노동자들을 유인한다. 실증 연구들은 학습이 생산성을 증가시킴에 따라 시골에서 도시로 이주한 노동자가 시간 이 지남에 따라 임금상승을 경험함을 보여준다. 만일 이 노동자가 시골로 돌아간다 면, 그 혹은 그녀의 시골에서의 임금은, 도시에서의 학습에 의한 보다 높은 생산성 으로 인해, 이전에 비해 높을 것이다.

3. 사회적 상호교류

이제까지 삶의 사회적 측면이 간과되었다. 사람들은 다른 사람들과 상호 교류하 는 것을 즐기며, 보다 거대한 도시는 사회적 상호교류에 대해 보다 많은 기회들을 제공한다. 노동기술매칭에 대한 모형과 유사한 취미매칭에 대한 모형을 가정하라. 보다 큰 도시는 취미와 다른 사회적 흥미에 대한 보다 나은 매칭을 제공한다. 예를 들어, 당신은 당신이 가장 좋아하는 작가에 초점을 맞춘 독서동아리를 찾을 가능성 이 보다 크고 당신이 가장 좋아하는 춤을 추는 춤동아리를 찾을 가능성이 보다 클 것이다. 일부 사람들은 사회적 매칭에 대해 보다 나은 기회들을 활용하기 위해 도 시에 거주한다.

02 집적의 균형규모

기업들의 전형적인 군집은 얼마나 클 것인가? 군집규모의 균형을 결정하는 요인 들을 탐구하기 위해 단순한 모형을 이용할 수 있다. 개별 기업은 이윤을 극대화하 는 입지를 선택하고, 내쉬균형에서 어느 기업도 입지를 변경할 유인을 갖지 않는다.

집적의 불경제

이제까지 집적의 경제는 기업들로 하여금 군집하도록 하는 유인을 제공하는 외적 인 편익을 발생시키는 것을 보았다. 한편, 기업들의 군집은 총 고용을 증가시켜, 집 적의 경제를 적어도 부분적으로 상쇄하는 집적의 불경제(agglomeration diseconomies) 를 발생시킨다. 집적지에서 노동자수의 증가의 효과를 고려하라. 추가적인 노동자들 은 (a) 밀도에서의 증가(위로의 건설) 혹은 (b) 토지에서의 증가(옆으로의 건설)에 의해 수용될 수 있다. 두 경우, 총노동자수 규모에서의 증가는 임금과 생산비용을 증가시켜, 집적의 경제에 의해 야기된 보다 낮은 생산비용을 적어도 부분적으로 상쇄한다.

우선 인구밀도에서의 증가의 효과를 고려하라. 이 경우, 건물높이의 증가는 두 가지 이유로 인해 주택 1평방풋당(per square foot) 생산비용을 증가시킨다.

1. 추가적인 보강

보다 높은 건물은 이의 보다 큰 하중을 지지하기 위한 보다 견고한 벽을 필요로 한다. 예를 들면, 3층에서 6층으로 건물높이의 두 배 증가는 벽의 추가적인 보강으로 인해 건축비용을 두 배 이상으로 증가시킨다.

2. 층당 보다 적은 주거공간

보다 높은 건물일수록, 건물－내부 교통체계(계단과 승강기)에 사용되는 바닥면적의 비율이 보다 커지고 이는 층당 주거공간의 양을 보다 작게 만든다. 예를 들면, 3층에서 6층으로 건물높이를 두 배로 증가시키는 것은 주거공간을 두 배보다 작게 증가시킨다. 층당 주거공간이 보다 작을수록, 주거공간 1평방풋당 건축비용이 보다 높다.

보다 높은 주택비용은 보다 높은 임금을 야기한다. 기업들은 노동자들을 집적지로 유인하기에 충분히 높은 임금을 제안해야 하고, 도시 내 주택의 비용이 높을수록 노동자들에 의해 요구되는 임금이 보다 높다. 따라서 총노동자수의 증가가 보다 높은 건물의 건설에 의해 수용될 때, 기업들은 보다 높은 주택비용을 상쇄하는 보다 높은 임금을 지불한다. 보다 높은 임금은 집적지 내 모든 기업들에 대해 보다 높은 생산비용을 의미한다.

다음은 집적지 토지면적에서의 증가의 가능성을 고려하라. 보다 큰 총노동자수를 수용하기 위해 옆으로 건설하는 경우, 평균통근거리는 증가하여, 직장으로의 통행에 대한 금전적 비용과 시간적 비용을 증가시킨다. 따라서, 총노동자수의 증가가 통근거리의 증가에 의해 수용될 때, 기업들은 보다 높은 통근비용을 상쇄하기 위해 보다 높은 임금을 지불한다. 보다 높은 임금은 집적지 내 모든 기업들에게 보다 높은 생산비용을 의미한다.

군집규모의 균형 대 효율적인 군집규모

그림 4-4는 상이한 군집규모와 연관된 비교이익(trade-off)을 보여준다. 수평축은 집적지 내 기업의 수를 보여주고, 수직축은 기업당 이윤을 보여준다. 이윤곡선에서 양(+)의 기울기를 갖는 부분에서, 기업의 수가 증가함에 따라 집적의 경제는 집적의 불경제를 능가하여, 기업당 이윤은 증가한다. 음(-)의 기울기를 갖는 부분에서, 기업의 수가 증가함에 따라 집적의 불경제가 집적의 경제를 능가하여, 기업당 이윤은 감소한다.

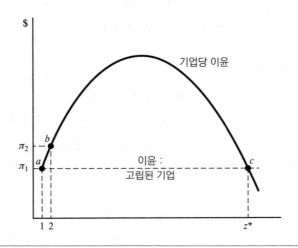

▲ 그림 4-4 이윤과 군집규모

군집의 경제적 힘을 설명하기 위해, 하나의 성장하는 지역을 고려하라. 그림 4-4에서, 하나의 기업이 존재하는 점 a에서 출발하며, 이 지역은 한 기간마다 기업 하나만큼 성장한다. 첫 번째 기업은 고립되어 있으며(집적지 내 하나의 기업) 이윤 π_1을 번다. 두 번째 기업은 두 기업 집적지를 형성하기 위해 첫 번째 기업과 함께 입지하거나 고립된 지역을 선택한다. 점 b에 의해 보여지듯이, 두 기업 집적지에서의 이윤은 보다 높으며($\pi_2 > \pi_1$), 따라서 군집이 발생한다. 추가적인 기업들이 이 지역에 입지함에 따라, 그들은 군집에 가담하는 것을 지속할 것이며, 점 c에 도달할 때까지 이윤곡선을 따라 상향이동과 이후의 하향이동을 야기할 것이다. 집적지에서의 이윤이 고립된 기업의 이윤(π_1)을 능가하는 한 기업들은 집적지에 입지하는 것을 지속할 것이다. 점 c에서 출발하면, 집적지 내 추가적인 기업은 고립된 기업보다 적은 이윤을 벌 것이고, 따라서 그 다음으로 진입하는 기업은 새로운 군집을 시작할 것이다.

　기업들이 이 지역의 경제에 진입을 계속함에 따라, 그들은 새로운 집적지들을 형성한다. 개별 추가적인 군집에 대해, 점 a에서 점 c로 이동한다. 점 c에 도달하면, 추가적인 군집이 생성되고, 모든 진입하는 기업들을 수용할 수 있을 정도의 많은 집적지들에 대해 이윤곡선을 따라 상향 그리고 최고점을 넘는 이동이 반복될 것이다.

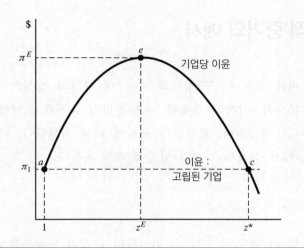

▲ 그림 4-5 군집규모의 균형 대 효율적인 군집규모

　균형군집규모는 효율적인 규모를 능가한다. 설명을 위해, 한 지역이 30개의 기업에 도달하면 지역 내 성장이 멈춤을 가정하라. 그림 4-5에서, 균형은 $z^* = 30$(30개 기업)인 하나의 집적지와 π_1의 30배에 해당하는 총 이윤을 갖는 점 c에 의해 보여진다. 대조적으로, 효율적인 배분은 개별 집적지가 $z^E = 15$개 기업(점 e)을 갖는 두 개의 집적지에 해당한다. 이 경우, 총 이윤은 전형적인 기업의 이윤, π_1의 30배에 해당한다. 예를 들어, 만일 $\pi_1 = 5$달러이고 $\pi^E = 12$달러라면, 균형 총 이윤은, 효율적인 결과에 대한 360달러($= \$12^*15 + \$12^*15$)와 비교되는, 150달러($= \$5^*30$)에 불과하다.

　왜 개별 입지결정들이 비효율적인 결과를 야기하는가? 입지결정에서, 개별 기업은 집적의 경제로부터의 외적인 편익과 집적의 불경제로부터의 외적인 비용을 간과한다. 일단 이 지역이 점 e(이윤곡선의 정점)에서 집적지당 기업의 수에서 효율적인 수준을 달성하면, 이 집적지 내 추가적인 기업은 기업당 이윤을 감소시킨다. 이 지점에서 집적의 불경제로부터의 외적인 비용은 집적의 경제로부터의 외적인 편익을 능가한다. 개별 기업은 외적인 편익과 외적인 비용을 무시하며, 외적인 비용이 상대적으로 크기 때문에 이 기업의 선택은 "너무나 많은" 활동－너무나 큰 집적지를 발생시킨다. 이는 오염의 경우와 유사하다. 기업은 오염의 외적인 비용을 무시하여, 오염을 과다한 양으로 방출한다.

03 경험적 증거와 예시

기업들로 하여금 도시에 군집하도록 하는 네 유형의 집적의 경제를 확인하였다. 이 장의 이 부분에서, 집적의 경제에 관한 경험적 증거를 요약하고, 단일－산업 군집의 일부 예시를 제공하며, 법인들의 군집에 대해 탐색한다. 더불어, 제품의 수명주기(life－cycle)에서 집적의 경제의 역할에 대해 논한다.

집적의 경제에 대한 경험적 증거

지난 수십 년간의 연구는 도시 내 기업들의 군집이 노동생산성을 증가시키고, 새로운 생산설비의 개발을 촉진하며, 고용을 증가시켰다는 충분한 증거를 제공해 오고 있다. 이 연구는 콤스와 고빌런(Combes and Gobillon, 2015)에 의해 요약된다.

1. 생산성

전통적인 측정은 산업 산출물에 대한 노동생산성의 탄력성으로, 노동자 1인당 산출량의 백분율 변화를 산업 산출물의 백분율 변화로 나눈 것과 동일하다.

2. 새로운 공장들

전통적인 측정은 산업 산출량에 대한 기업 설립(새로운 생산설비)의 탄력성이다. 칼톤(Carlton)에 의한 세 산업(플라스틱 제품, 전자송신장비, 그리고 전자부품)에 대한 고전적 연구에서, 추정된 탄력성은 0.43이다: 산업 산출물의 10% 증가는 신생 기업체의 수를 4.3%만큼 증가시킨다(Carlton, 1983).

3. 고용성장

로젠달과 스트레인지(Rosenthal and Strange, 2003)에 의한 소프트웨어 산업에 관한 고전적 연구에서, 다른 우편번호(zip-code) 지역에 비해 소프트웨어 고용을 1,000명 더 가지고 출발하는 우편번호 지역은 소프트웨어 고용에서 보다 큰 증가─대략 12개의 더 많은 고용─를 경험한다. 평균적으로, 집적의 경제로부터의 고용의 증대는 1마일당 대략 50%의 비율로 점차 작아진다.

백만-달러 공장들의 경제적 효과

최근의 연구(Greenstone, Hornbeck, & Moretti, 2010)는 하나의 거대한 제조공장이 대도시 경제에 미치는 효과를 탐색한다. 이 연구는 거대한 제조공장들에 대한 지방정부들(미국의 자치군(counties)들) 간 경쟁에 초점을 맞춘다. 법인체 부동산 학술지 *Site Selection*의 정규 기사인 "Million Dollar Plants(백만달러 공장들)"은, 카운티 정부들로부터의 장려책(incentives)의 역할을 포함하여, 신설 공장을 어디에 입지할 것인가에 대한 법인체의 의사결정에 대해 기록한다. 카운티들 간 개별 입지-선정 경쟁에 대해, 이 학술지는 승리한 카운티와 함께 최종 경쟁에 포함된 하나 혹은 두 개의 카운티들을 열거한다. 이 연구는 승리한 카운티의 경제적 경험을 패배한 카운티의 경험과 비교한다.

이 연구는 지역경제에서 생산성, 산출량, 그리고 임금에 대한 백만달러 공장(MDP)의 효과에 초점을 맞춘다. 이 연구는 거대한 생산설비와 관련된 집적의 경제와 집적의 불경제를 강조한다.

1. 집적의 경제

평균적으로, 기존 제조업 공장에서의 노동생산성은 12%만큼 증가한다. 이 생산성 이득은 생산기술과 노동자들의 이동에 있어 백만달러 공장과 경제적으로 가까운 기업들에 대해 보다 크다. 이것은 노동자와 지식을 공유하는 기업들 간 나타나는 집적의 경제에 대한 증거이다. 생산성의 증가는 연간 카운티 제조업 산출량에서 (백만달러 공장의 설립 후 5년이 지난 시점에) 추가적인 430백만 달러를 발생시킨다.

2. 집적의 불경제

백만달러 공장의 입지는 평균 임금을 대략 2.7%만큼 증가시킨다. 집적의 경제로부터 편익을 얻는 기업들에 대해, 보다 높은 임금은 집적으로부터의 생산성 이득의 대략 13%를 상쇄한다.

집적의 경제로부터 편익을 얻지 못하는 기업들에 대해, 보다 높은 임금은 생산비용을 증가시키고 이윤을 감소시킨다. 이는 집적의 경제하에 있는 기업들의 군집의 경향을 설명한다. 군집으로부터 가장 큰 이득을 얻는 기업들은 상응하는 생산성 증가없이 비용(보다 높은 임금)을 부담하는 기업들을 밀어낸다.

지식파급의 증거

지식파급이 기업들로 하여금 군집하게 한다는 증거가 존재한다. 이러한 연구는 칼톤과 커(Carlton and Kerr, 2015)에 의해 요약된다. 지식파급은 기업의 수(보다 많은 기업 신설)를 증가시키고 총 고용을 증가시켜 군집된 산업의 규모를 증가시킨다. 연구들은 그 밖의 여러 결론들을 도출한다.

1. 가장 큰 지식파급은 가장 혁신적인 산업들에서 발생한다.
2. 지식파급은 매우 지역적이고, 단지 수 마일의 거리 내에서 점차 소멸한다.
3. 지식파급은 작고, 경쟁적인 기업들에 의한 산업 집적지(예를 들면, 실리콘밸리에서의 전자산업 군집)에서 보다 우세하고 일부 기업들에 의해 지배적인 산업 집적지(예를 들면, 보스턴의 라웃 128을 따라 위치한 전자산업 군집)에서는 보다 덜 우세하다.

지식생성에 대한 하나의 측정치는 새로운 제품과 공정에 대한 특허의 발생건수이다. 칼리노와 헌트(Carlino and Hunt, 2009)에 의한 고전적 연구는 대도시 간 특허의 발생건수를 결정하는 요인을 탐구한다. (다른 특허에서 인용된 횟수로 추정되는) 상대적 중요성을 고려하기 위해 특허의 단순한 발생건수를 조정한 후에, 그들은 몇 개의 변수들에 대한 특허밀도의 탄력성을 추정하였다.

1. 고용밀도(평방마일당 일자리 수)

전반적인 탄력성은 0.22이다: 고용밀도의 10% 증가는 특허밀도를 대략 2.20%만큼 증가시킨다. 밀도에 대한 체감하는 보수(diminishing returns)가 존재한다: 양(+)의 관계는 평방마일당 대략 2,200개의 일자리에 해당하는 고용밀도에서 없어진다.

2. 총 고용

전반적인 탄력성은 0.52이다: 총 고용의 10% 증가는 특허밀도를 대략 5.2%만큼 증가시킨다. 총 고용에 대한 체감하는 보수가 존재한다: 양(+)의 관계는 대략 1.8 백만명의 대도시 인구에서 없어진다.

3. 인적자본(대학학위를 가진 노동력의 비중)

이 탄력성은 1.05이다: 대학학위를 가진 인구비중의 10% 증가는 특허밀도를 10.5%만큼 증가시킨다.

4. 사업체 규모

이 탄력성은 −1.4이다: 평균 사업체 규모에서 10% 증가는 특허밀도를 14%만큼 감소시킨다. 이는 상대적으로 경쟁적인 환경을 가진 도시에서 노동자들이 보다 혁신적이라는 증거를 제공한다.

대도시 간 특허밀도에서 상당한 차이가 존재한다. 평균 특허밀도는 2.0이고, 그 수치는 (텍사스 맥알렌에서) 0.07부터 (캘리포니아 산호세에서) 17까지 분포한다. 순위에서 산호세를 뒤따르는 지역들은 뉴욕 로체스터, 뉴저지 트렌톤, 미시건 앤 아버, 텍사스 오스틴, 델라웨어 윌밍턴, 노스 캐롤라이나 랄리−더램, 매사츄세츠 보스틴, 그리고 캘리포니아 샌프란시스코이다.

단일−산업 집적지들

생산에서 외적인 경제가 특정 산업 내 기업들에 한정될 때, "지역화경제(localization economies)"는 동일한 제품을 생산하는 기업들의 거대한 군집을 발생시킬 수 있다. 미국에서, 가장 유명한 산업 집적지들은 조지아주 달튼의 카펫(카펫에서 미국 전체 고용의 41%); 로드아일랜드주 프로비던스의 인조 장신구(55%); 인디애나주 인디애나 폴리스의 승강기(20%); 그리고 캘리포니아주 로스앤젤레스의 비디오(44%)에 해당한다.

달튼(Dalton)에서 카펫제조업체들의 군집은 1895년에 이의 기원을 갖는다. 달튼에서 캐서린 에반스는 결혼선물로 침대보를 만들기 위해 전통적인 기법−천 겉면에 보풀이 일어선 것처럼 보이도록 실의 술을 붙이는 기법−을 이용하였다. 이 선물은 크게 인기가 있었고, 이후 몇 해 동안 에반스는 그녀의 친구들을 위해 실의 술이 붙은 것들을 만들었으며, 일부는 판매되기도 하였다. 그녀가 실 다발을 바탕천에 고정시키는 기법과 같은 일부 생산기술을 발견한 이후에 그녀와 그녀의 이웃들은 지역수공예산업을 시작하였으며, 판매를 위한 실의 술이 붙은 수제품을 생산하였다. 터프티드 카펫(바탕천에 터프트용 실을 바늘로 꿰매 만든 카펫)을 만들기 위한 새로운 기계가 수작업 직물 카펫보다 터프티드 카펫을 보다 저렴하게 만들었을 때, 기업들은 카펫산업에 뛰어들었고 바탕천에 터프트용 실을 바늘로 꿰매는 것에 대한 지식과 경험을 가지고 있는 노동자들을 고용하고 염색이나 바탕천 가공과 같은 중간재 생산요소 공급업체들을 공동이용하기 위해 달튼에 입지하였다. 일부 카펫제조업체들은 북동부에서 달튼지역으로 이전하였고 이 새로운 기법으로 전환하였다. 달튼은, 이 도시 내 혹은 인근에 최상위 카펫제조업체들의 대부분이 입지하게 되어, 미국의 카펫수도가 되었다.

중국의 빠른 도시화는 집적의 경제를 활용하는 기업들의 거대한 집적지를 발생시켰다. 다탕시에 있는 양말생산업체들은 세계생산의 약 35%에 해당하는 연간 120억 짝의 양말을 생산한다. 이 도시는 총 200,000명의 노동자들을 고용하는 10,000개의 양말-제조 기업들을 가지고 있기 때문에, 평균적인 기업은 단지 20명의 노동자들을 가지고 있다. 중소기업들은 중간재 생산요소 공급업체들을 공동이용하고, 공동의 노동풀을 이용하며, 지식을 공유하기 위해 군집한다.

표 4-1은 여덟 개 산업 집적지들의 일부 특성을 열거한다. 개별 집적지에 대해, 이 표는 산업고용으로 측정된 가장 유명한 집적지들과 이 도시 내 해당 산업에 대한 입지계수를 보여준다. 입지계수(location quotient)는 해당 도시 총 고용에서 이 산업의 고용이 차지하는 비율을 국가 전체 고용에서 해당 산업의 고용이 차지하는 비율로 나누어 얻어진 값으로 계산된다. 큰 입지계수는 이 도시에서 해당 산업이 상대적으로 크게 집중되었음을 나타낸다. 예를 들어, 시애틀의 소프트웨어 게시자(publishers)에 대한 입지계수는 12.3으로, 이는 시애틀의 53,800개 소프트웨어 일자리가 만일 이 도시의 소프트웨어 고용비율이 국가 전체 소프트웨어 고용비율과 같게 되는 경우 발생할 일자리 수의 12.3배에 해당함을 나타낸다. 다른 소프트웨어 집적지들은 샌프란시스코(20,700개의 일자리와 3.9의 입지계수), 산호세, 애틀란타, 그리고 위스컨신주 매디슨에서 발생한다. 로스앤젤레스는 영화, 보험청구, 항공우주, 그리고 안과 제품에서 집적지들을 가지고 있다. 뉴욕은 음향녹음, 영화, 그리고 투자은행과 증권에서 집적지들을 가지고 있다. 비록 내쉬빌에서 음향제작업체들의 집적(산업고용: 1,936)은 로스앤젤레스와 뉴욕에서의 집적지들에 비해 작지만, 내쉬빌 집적지는 이 도시의 경제에서 보다 큰 부분(입지계수: 19.23)에 해당한다.

▌표 4-1 산업 집적지들

산업	대도시지역	2015 고용	입지계수	산업	대도시지역	2015 고용	입지계수
소프트웨어 게시자	시애틀	53,800	12.3	투자 은행과 증권	뉴욕	53,888	5.71
	샌프란시스코	20,700	3.9		시카고	8,381	1.52
	산호세	16,900	6.91		브릿지포트	3,782	8.42
	애틀란타	12,300	2.16	선박 건조와 보수	버지니아 비치	26,232	59.61
	매디슨	8,900	10.17		모빌	5,645	49.15
영화와 비디오	로스앤젤레스	106,800	11.74	안과 제품	로스앤젤레스	2,953	2.82
	뉴욕	35,500	2.48		로체스터	1,924	29.63
	뉴올리언즈	2,900	3.33		댈러스	1,837	2.28
	브릿지포트	2,300	3.3		탬파	1,355	6.73
음향녹음	뉴욕	3,076	2.94	항공 우주 제품	시애틀	91,424	12.67
	로스앤젤레스	2,718	4.09		로스앤젤레스	49,934	2.48
	내쉬빌	1,936	19.23		댈러스	32,121	2.79
보험청구	로스앤젤레스	3,257	1.86		위치타	28,062	27.52
	애틀란타	2,382	2.43		세인트 루이스	16,228	3.57
	라스베가스	1,030	3.04				

법인기업 본사와 기능적 특화

법인기업들은 산업의 경계를 넘는 집적의 경제(도시화경제)를 이용하기 위해 그들의 본사를 도시들에 입지시킨다. 법인의 임원과 관리자들은 다양한 업무를 수행한다. 예를 들어, 그들은 생산과 마케팅을 위한 전략적 계획을 세우고, 신규 공장을 위한 입지를 선정하며, 법률분쟁을 처리한다. 법인기업들은 법인의 의사결정에 필수적인 정보를 제공하는 데 특화된 기업들, 이를테면, 회계기업이나 법률기업을 공동 이용하기 위해 군집한다. 다시 말해, 군집은 법인기업들로 하여금 회계서비스와 법률서비스를 외부에 위탁(outsource)하도록 하고 중간재 생산요소의 공급에 있어 규모의 경제를 활용하도록 한다.

집적지에서 법인기업들은 또한 그 외의 사업서비스업을 제공하는 기업들을 공동 이용할 수 있다. 예를 들어, 광고선전을 제작함에 있어 거대한 규모의 경제가 주어진다면, 법인기업들은 광고회사들을 공동이용하기 위해 군집하고, 그들은 보다 낮은 비용으로 특화된 광고선전을 이용할 수 있게 된다. 유사하게, 법인기업들은 맨하튼 중간 지대, 시카고의 루프, 그리고 샌프란시스코의 재무 지구에서 재무서비스와 사업서비스를 제공하는 기업들의 거대한 군집에 의해 유인된다.

지난 수십 년간, 도시의 특화에 있어 근본적인 변화가 있어 왔다. 보다 작은 도시들은 생산에 보다 특화되고 있는 반면, 거대한 도시들은 더욱더 관리기능에 특화되고 있다. 도시에 대한 관리에서의 특화의 측정은 생산직 노동자에 대한 관리직 노동자의 비율이다. 듀란톤과 푸가(2005)에 의한 고전적 연구는 지난 수십 년간 이 비율이 상대적으로 대도시에서 증가해 오고 있음을 보여준다. 1950년 이래로, 가장 큰 도시들(5백만보다 많은 인구)에서 이 비율은 단지 국가 전체 평균을 10% 상회하는 수준으로부터 평균을 훨씬 넘는 수준으로 증가하였다. 대조적으로, 가장 작은 도시들(75,000명과 250,000명 사이의 인구)에서 이 비율은 평균보다 단지 2% 낮은 수준에서 평균보다 훨씬 낮은 수준으로 내려갔다.

기능적 특화에서의 이러한 변화들은 멀리에서 생산설비를 관리하는 비용의 감소에 의해 야기되었다. 기업들은, 집적의 경제가 보다 낮은 생산비용을 발생시키는, 대도시 내 본사들로부터 복수-공장 기업들을 더 잘 운영할 수 있는 능력을 갖추고 있다. 가장 중요한 비용 감축은 통신에서의 혁신, 특히 정보의 빠른 전송을 가능케 하고 업무조절의 비용을 줄이는 복제기(복사기, 팩시밀리 송수신기, 그리고 이메일)의 발달에 기인한다.

집적과 제품수명주기: 뉴욕의 라디오 산업

집적의 경제는 신제품의 개발에 기여한다. 버논(1972)에 의한 고전적 연구는 뉴욕에서의 라디오 산업을 이의 초기 디자인과 개발단계에서 집적의 경제로부터 혜택을 받은 산업의 예로 지목한다.

1920년대에, 이 산업은 외적인 [집적의] 경제, 속도, 그리고 개별 접촉에 심하게 의존하는 사업체들의 행위의 모든 특징을 가지고 있었다. 이의 기술은 정착되지 않고 급변하였다. 이의 생산방법은 검증되지 않았다. 이의 시장은 불확실했다. 따라서, 그 단계에서, 생산자들은 규모에서 전형적으로 작았고, 다수였으며, 기민하였고, 불안했으며, 하도급 업체들과 공급업체들에 매우 의존적이었다. 이 산업에서 폐업률은 높았다. 그러한 상황에서, 뉴욕 메트로폴리탄 지역(New York Metropolitan Region)과 같은 도시지역의 매력은 특히 강했다.

뉴욕은 폭넓은 중간재 생산요소와 크고 다양한 노동력을 공급했기 때문에 매력적이었다. 이 지역은 또한 라디오의 생산공정을 개발하는 데 있어 유용한 것으로 증명된—폭넓게 다양한 생산공정들에 체화된—생산지식을 제공하였다.

버논(Vernon)은 왜 이 라디오 산업이 궁극적으로 뉴욕 대도시지역을 떠났는지에 대해 설명한다.

십년 혹은 이 십년 후에, 어쨌든, 이 산업의 기술은 정착되었다. 생산방식은 표준화되었고 기술들은 장기적으로 밝혀지고 있었다. 이제는 경쟁의 면에서 중요한 관건은 제품디자인보다 운송비용과 노동비용이 되고 있다. 작은 기업들은 점차 지역에서 사라지고 거대한 조립공장들이 국가 전체 시장을 위해 보다 중심적인 지역에 위치한 보다 낮은—지대의 입지들에서 나타났다.

한 제품이, 정착된 디자인과 확정된 생산공정을 갖는, 이의 완숙기(mature stage)에 도달하면, 생산자들은 다양화된 도시들로부터 얻을 것이 보다 적고, 보다 낮은 임금 혹은 보다 낮은 토지 임대료에 기인한 보다 낮은 생산비용을 갖는 장소로 이전할 수 있다.

보육도시들(Nursery Cities)

최근 연구는 초기 제품 디자인과 개발을 위한 보육환경을 제공하는 거대하고 다양한 도시들로 정의되는 "보육도시(nursery cities)"의 개념을 탐구하였다. 다양한 도시들은 새로운 아이디어와 실험을 발전시키고, 따라서 그들은 혁신적인 기업들을 위한 보육실로 작용한다. 일단 기업이 제품디자인과 생산공정을 확정하면, 생산은 해당 산업에 특화된 도시에서 보다 효율적일 개연성이 있다. 이 도시는 하나의 산업에 특화된 생산에서의 외적인 경제를 (지역화경제로도 알려진) 충분히 활용하는 곳이다. 다시 말해, 특화된 도시들은 효율적 생산을 가능케 하지만, 다양한 도시들은 혁신을 발전시킨다.

듀란톤과 푸가(Duranton and Puga, 2001)에 의한 고전적 연구는 다양한 도시들이 혁신적인 산업에 속하는 기업들을 위한 보육실로 작용한다는 증거를 제공한다. 입지를 바꾼 프랑스 기업들 중, 10개 기업들 가운데 7개 이상의 기업들이 다양한 도시(diverse cities)에서 특화된 도시(specialized cities)로 이전하였다. 다양한 도시에서 특화된 도시로의 이전에 대한 빈도는 가장 혁신적인 산업들에서 가장 높다. 이 빈도는 연구개발에 대해 93%, 제약과 화장품에 대해 88%, 그리고 정보기술에 대해 82%에 해당한다. 사업서비스업, 인쇄와 출판, 항공우주 설비, 그리고 전자부품을 포함하는, 다른 산업들은 다양한 도시에서 특화된 도시로의 이전에 대해 상대적으로 높은 빈도를 갖는다. 대조적으로, 다양한 도시에서 특화된 도시로의 이전에 대한 빈도는 가구, 식품, 음료, 의복, 그리고 가죽과 같은 보다 덜 혁신적인 부문에서 상대적으로 낮다.

개념에 대한 복습

01 의류생산업체들은 만일 단추생산에서의 [_____]이/가 의류생산에서의 [_____] 에 비해 크다면 단추생산업체를 공동이용할 것이고, 만일 [_____]이/가 단추를 생산하기 위해 요구된다면 군집할 것이다.

02 노동풀링은 최종재에 대한 [_____] 수요가 항상 일정하지만 [_____]이/가 한 기간에서 다음 기간으로 변화하는 산업에서 발생할 수 있다.

03 고립된 기업에 의해 지불되는 임금이 64달러이고 50%의 해고될 가능성이 존재한다 고 가정하라. 전직비용은 28달러이고 효용함수가 u(w)=w$^{1/2}$이다. 고립된 기업의 직 장에 대한 기대효용은 [_____](이)고 이 고립된 지역에서의 직장의 확실성 등가 는 [_____]달러이다. 만일 집적지에서 이주비용이 영(0)이라면, 집적지에서 임금 은 [_____]달러이다.

04 노동매칭모형에서, 개별 기업이 한 명보다 더 많은 노동자를 고용한다는 가정은 생 산에서의 [_____]와/과 일치한다.

05 한 도시에서 기업의 수가 증가함에 따라, 기술불일치는 [_____]하고 훈련비용은 [_____]한다.

06 건물높이에서의 증가는 [_____]와/과 [_____]에 대한 보다 넓은 공간으로 인해 주택 1평방풋당 생산비용을 [_____] 시킨다.

07 보다 큰 노동력을 옆으로의 건설로 확대하면서 수용하는 한 도시는 [_____]와/ 과 [_____]에서 증가하는 것을 경험한다.

08 집적지에서 기업의 [_____] 수에 대해, 이윤곡선은 [_____] 값을 갖는다. 균 형의 기업 수에서, [_____] 기업의 이윤은 [_____] 기업의 이윤과 동일하다.

09 집적의 경제에 대한 경험적 증거는 산업 산출물에서의 증가가 [_____]을/를 증 가시키고 [_____]의 수를 증가시킴을 보여주는 자료에서 비롯된다.

10 기업들의 집적지가 성장함에 따라, 집적하는 기업들은 상쇄하는 [_____] 없이 [_____]하는 기업들을 밀어낸다.

11 지식파급은 [_____] 기업들에 의한 산업 집적지들에서 보다 우세하다.

12 특허 집약도는 인구밀도가 증가함에 따라 [_____]하고 기업규모가 증가함에 따 라 [_____]한다.

13 지난 수십 년간, 거대한 도시들은 점점 더 [_____]에 특화되었고, 보다 작은 도시들은 [_____]에 보다 특화되었다.

14 1920년 라디오 산업은 이 기술이 [_____]하고 기업들이 규모에서 [_____], 수에서 [_____], 변화하는 환경에 대한 그들의 반응에서 [_____], 그리고 기질에서 [_____] 때문에 집적의 경제에 대한 고전적 예에 해당한다.

15 보육도시의 개념은 기업들인 [_____] 도시에서 시작하고 이후에 [_____] 도시로 이전함을 제시한다.

16 보육도시의 개념은 특화된 도시들이 [_____]을/를 가능케 하는 반면에 다양한 도시들이 [_____]을/를 발전시킴을 제시한다.

17 개별 변수들 쌍에 대해, 그 관계가 양(+)인지, 음(−)인지, 중립적인지, 혹은 모호한지를 나타내라.

모수	선택변수	관계
중간재 생산요소에서 규모의 경제	군집 내 기업의 수	[_____]
최종재에서 규모의 경제	군집 내 기업의 수	[_____]
고립된 일자리에 대한 전직비용	고립된 일자리에 대한 기대효용	[_____]
집적지 내 노동자의 수	평균 기술불일치	[_____]
집적지 내 노동자의 수	평균 훈련비용	[_____]
집적지 내 1km당 통근비용	집적지 내 기업의 수	[_____]

개념들을 응용하는 연습문제

01 제품의 시험

제품-시험 기업에 대한 총 비용은 C(q)=60+10q이며, 여기서 q는 시험을 받는 제품의 수에 해당한다. 제품시험의 가격은 시험당 평균비용과 동일하고, 지역 내 개별 회사는 동일한 도시 내 제품-시험기업으로부터 1년에 하나의 제품시험을 구매한다. 모든 다른 생산요소들이 도처에 산재해 있다(모든 장소에서 동일한 가격에 구입이 가능하다). 처음에 다섯 개의 회사들이 개별 도시(A, B, C, D, E)에 한 회사씩 균일하게 분포한다고 가정하라.

a. 초기 분포는 내쉬균형인가? 적절한 일방적 이탈을 가지고 설명하라.

b. (i) 기업들의 분포와 (ii) 제품시험의 가격의 면에서 내쉬균형을 기술하라.

02 전직비용과 노동풀링

그림 4-2에서 보여진 노동풀링모형을 고려하라. 이전과 같이 효용함수는 $u(w)=w^{1/2}$이다. 고립된 지역에서 임금은 144달러이고 집적지에서 전직비용은 영(0)이다. 고립된 지역에 대한 전직비용이 80달러로 증가함을 가정하라. 고립된 지역에서의 직장의 기대효용과 확실성 등가에 대한 수치를 포함하여 이들(전직비용 증가)에 대한 함의를 설명하라.

03 위험중립과 노동풀링

그림 4-2에서 보여진 노동풀링모형을 고려하라. 다음 세대의 노동자들은 위험회피적이라기보다는 u(소득)=w - s의 효용함수를 갖는 위험중립적이라고 가정하라. 고립된 지역에 대해, 임금은 144달러이고 전직비용은 44달러이다. 집적지에서의 직장들에 대해 전직비용은 영(0)이다. 위험중립으로의 변화가 노동풀링과 연관하여 보다 큰 도시들의 이점(advantage)에 어떻게 영향을 미치는가? 설명하라. (고립된 지역에 대한 확실성 등가와 집적지에서의 임금을 비교하라. 역자 주).

04 모델관리와 극단적인 분장(makeover)

모델관리 산업에서, 기업은 광고용 인간 모델을 공급한다. 모델들은 피부색에서 차이가 있으며, 이는 단위 길이의 직선에 의해 측정된다. 피부색은 분장(makeup)에 의해 변경될 수 있고, 분장비용은 해당 기업에 의해 부담된다. 개별 기업은 색조 선상의 한 주소에서 시장에 진입하고, 개별 기업은 두 모델을 관리한다. 극단적인 분장의 비용(색조 선상의 한 끝에서 다른 끝으로 분장하는 데 드는 비용)이 90달러라고 가정하라. 모델 1명당 분장비용에 대한 수치를 포함하여, (i) 네 명의 모델(두 개의 기업)이 있는 도시와 (ii) 여섯 명의 모델(세 개의 기업)이 있는 도시에서의 분장비용의 결정에 대해 설명하라.

개념들을 응용하는 연습문제

05   공간개념에서의 매칭

공간개념에서의 매칭모형을 고려하라. 노동자들은 도로를 따라 균일하게 분포한다. 개별 기업은 단위 길이의 도로를 따라 주소를 선택하고 두 명의 노동자를 고용한다. 통근비용은 시장임금에 반영된다: 임금=50+60 · d. 여기서 d는 노동자로부터 가장 가까운 기업까지의 거리에 해당한다.

a. 임금에 대한 수치를 포함하여, (i) 네 명의 노동자(두 개의 기업)가 있는 도시와 (ii) 여섯 명의 노동자(세 개의 기업)가 있는 도시에서의 임금의 결정에 대해 설명하라.

b. 이 산업이 규모의 경제에서의 증가를 경험하여 기업당 노동자의 수를 세 명으로 증가시킨다고 가정하라. 두 개의 기업과 여섯 명의 노동자가 있는 도시에서 임금의 결정에 대해 설명하라. 가장 긴 통근을 하는 노동자에 대해, 임금은 [_____] 달러이다. (이 경우에 3명의 노동자들 중 1명은 통근거리가 영(0)일 것임에 유의하라. 역자 주)

06   집적 규모와 효율성

집적의 경제하에 있는 산업을 고려하라. 기업당 이윤은 고립된 기업에 대해 120달러이고 7개 기업에 의한 집적에서 기업당 최대 180달러까지 증가한다. 이 이윤곡선은 직선이고, 양(+)의 기울기를 갖는 부분을 따라 기업당 10달러의 기울기를 가지며 음(−)의 기울기를 갖는 부분을 따라 기업당 −15달러의 기울기를 갖는다. 기업의 수와 기업당 이윤을 포함하여, 내쉬균형의 결정에 대해 설명하라.

07   균형 대 효율적 법인기업 군집

마케팅 전략을 개발하기 위해 광고회사를 이용하는 법인기업들을 고려하라. 기업당 마케팅 비용은 M=120/n이고, 기업당 노동비용은 L=30 · n으로 n은 법인기업의 수이다. 총 수입은 R=300달러이고 이윤은 π=R – M – L이다.

a. 기업의 수와 기업당 이윤을 포함하여, 내쉬균형의 결정에 대해 설명하라.

b. 기업의 수와 기업당 이윤을 포함하여, 파레토-효율적 결과의 결정에 대해 설명하라.

참고문헌과 추가적인 읽을 거리

Berens, Kristian, and Frederic Robert–Nicoud, "Agglomeration Theory," Chapter 4 in *Handbook of Urban and Regional Economics Volume 5*, edited by Cilles Duranton, J. Vernon Henderson, and William C. Strange. Amsterdam: Elsevier, 2015.

Calino, Gerald, and William Robert Kerr, "Agglomeration and Innovation," Chapter 6 in *Handbook of Urban and Regional Economics Volume 5*, edited by Cilles Duranton, J. Vernon Henderson, and William C. Strange. Amsterdam: Elsevier, 2015.

Carlino, Gerald, and Robert Hunt, "What Explains the Quantity and Quality of Local Inventive Activity?" *Brookings–Wharton Papers on Urban Affairs* (January 2009), pp. 65–109.

Carlton, D.W., "The Location and Employment Choices of New Firms." *Review of Economics and Statistics* 65 (1983), pp. 440–49.

Combes, Pierre–Philippe, and Laurent Gobillon, "The Empirics of Agglomeration," Chapter 5 in *Handbook of Urban and Regional Economics Volume 5*, edited by Gilles Duranton, J. Vernon Henderson, and William C. Strange. Amsterdam: Elsevier, 2015.

Duranton, G., and D. Puga, "Nursery Cities: Urban Diversity, Process Innovation, and the Life Cycle of Products." *American Economic Review* 91.5 (2001), pp. 1454–77.

Duranton, Gilles, and Diego Puga, "From Sectoral to Functional Specialization." *Journal of Urban Economics* 57 (2005), pp. 343–70.

Duranton, Gilles, "Human Capital Externalities in Cities: Identification and Policy Issues," Chapter 2 in *A Companion to Urban Economics,* edited by Richard J. Arnott and Daniel P. McMillen. New York: Wiley–Blackwell, 2006.

Ellison, Glenn, Edward Glaeser, and William Kerr, "What Causes Industry Agglomeration? Evidence from Coagglomeration Patterns," *American Economic Review,* 100.3 (2010), pp. 1195–1213.

Fujita, Mashisa, and Jacques–Francois Thisse, *Economics of Agglomeration.* Cambridge: Cambridge University Press, 2002.

Glaeser, Edward, and D. C. Mare, "Cities and Skills," *Journal of Labor Economics* 19.2 (2001), pp. 316–42.

Glaeser, Edward, "Learning in Cities," *Journal of Urban Economics* 46 (1999), pp. 254–277.

Greenstone, Michael, Richard Hornbeck, Enrico Moretti, "Identifying Agglomeration Spillovers: Evidence from Winners and Losers of Large Plant Openings," *Journal of Political Economy* 118 (2010), pp. 536–98.

Harvard Business School, Cluster Mapping Project. http://data.isc.hbs.edu/isc/.

참고문헌과 추가적인 읽을 거리

Head, K., J. Ries, and D. Swenson, "Agglomeration Benefits and Location Choice," *Journal of International Economics* 38 (1995), pp. 223−48.

Helsley, R., and W. Strange, "Matching and Agglomeration Economies in a System of Cities," *Regional Science and Urban Economics* 20 (1990), pp. 189−212.

Jacobs, Jane. *The Economy of Cities.* New York: Random House, 1969.

Marshall, Alfred. *Principle of Economics.* London: Macmillan, 1920, p. 352.

McCann Philip, "The Role of Industrial Clustering and Increasing Returns to Scale in Economic Development and Urban Growth," Chapter 8 in *The Oxford Handbook of Urban Economics and Planning,* edited by Nancy Brooks, Kieran Donaghy, and Gerrit−Jan Knaap. New York: Oxford University Press, 2011.

Moretti, Enrico, "Workers' Education, Spillovers and Productivity," *American Economic Review* (2004).

Rosenthal, S. S., and W. C. Strange, "Geography, Industrial Organization, and Agglomeration," *Review of Economics and Statistics* 85 (May 2003), pp. 377−93.

Saxenian, Annalee, *Regional Advantage: Culture and Competition in Silicon Valley and Route 128.* Cambridge, MA: Harvard University Press, 1994.

Scott, Allen J., *On Hollywood: The Place, the Industry.* Princeton, NJ: Princeton University Press, 2005.

Vernon, Raymond, "External Economies," in *Readings in Urban Economics,* eds. M. Edel and J. Rothenberg. New York: Macmillan, 1972.

05 도시들은 어디에서 생성되는가?

"우리는 길을 잃지 않았다. 단지 우리가 어디에 입지할 것인가에 도전을 받고 있다."
— 미취 헤드버그(Mitch Hedberg)

　　이윤−극대화 기업들의 입지결정은 상이한 입지들에서 도시의 생성을 야기한다. 기업의 입지선정은 다차원의 주도권 경쟁(tug of war)의 결과이다. 이 장은, 낮은 운송비용, 생산적인 노동자, 생산에서 외적인 경제(external economies)를 창출하는 다른 기업들, 그리고 낮은 에너지 비용을 포함하여, 기업을 상이한 방향으로 끌어당기는 경제적 힘에 대해 탐구한다. 이 분석은 도시의 생성이 어디에서 이뤄질 것인가에 대해 중요한 통찰을 제공한다.

01 운반-집약적 기업

　　기업의 입지선정 과제에 대한 해결책은 다차원적인 주도권 경쟁의 결과이다. 기업을 한 방향 혹은 여러 방향으로 당기는 힘들 가운데 하나는 낮은 운송비용이다. 운송비용이 총 비용에서 상대적으로 큰 비중을 차지하는 기업으로 정의되는, 운반−집약적 기업(transport−intensive firm)의 입지결정을 고려하라. 운반−집약적 기업에 대해, 지배적인 입지요인은 생산요소와 생산물을 운송하는 비용이다. 이 기업의 목적은 (생산요소 원산지로부터 생산지까지 생산요소를 운송하기 위한) 생산요소 운송비용과 (생산지로부터 생산물 시장까지 생산물을 운송하기 위한) 생산물 운송비용의 합으로 정의되는 총 운송비용을 최소화하는 입지를 선택하는 것이다.

　　운반−집약적 기업에 대한 고전적 모형은 운송비용을 지배적인 입지요인으로 만드는 네 개의 가정들을 가지고 있다.

1. 단일 운송가능 생산물

기업은 단일 생산물의 고정된 양을 생산하며, 이 생산물은 생산시설에서 하나의 생산물 시장으로 운송된다.

2. 단일 운송가능 생산요소

기업은 다수의 생산요소를 사용할 수도 있지만, 단지 하나의 생산요소만이 생산요소 원산지로부터 기업의 생산시설로 운송된다. 모든 다른 생산요소들은 어디에나 편재(ubiquitous)되어 있는데, 이는 동일 가격으로 모든 장소에서 구입될 수 있음을 의미한다.

3. 고정요소 비율

기업은 개별 생산요소의 고정된 양을 사용해 고정된 생산물의 양을 생산한다. 다시 말해, 이 기업은 생산요소들의 가격에 상관없이 재화를 생산하기 위해 하나의 방법(요소사용 비율)을 사용한다. 요소대체가 존재하지 않는다.

4. 고정된 가격

기업은 생산요소나 생산물의 가격에 영향을 미치지 않을 정도로 작다.

이러한 가정들하에, 기업은 운송비용을 최소함으로써 이윤을 극대화한다. 기업의 이윤은 (가격에 생산물 수량을 곱한) 총 수입에서 생산요소비용과 운송비용을 뺀 것과 동일하다. 기업이 고정된 가격에 고정된 수량의 생산물을 판매하기 때문에 총 수입은 모든 입지에서 동일하다. 기업이 고정된 가격에 고정된 양의 개별 생산요소를 구입하기 때문에 생산요소비용은 모든 입지에서 동일하다. 공간에 따라 변화하는 유일한 비용은 생산요소 운송비용과 생산물 운송비용이기 때문에 기업은 총 운송비용을 최소화하는 입지를 선택할 것이다. 입지에서의 주도권 경쟁에서, 기업은 생산요소 원산지와 생산물 시장으로 끌려 가는데, 주도권 경쟁의 결과는 두 상반되는 힘의 상대적 강도에 의해 결정된다.

자원-지향적 기업들

자원-지향적 기업(resource-oriented firm)은 생산요소를 운송하는 비용이 상대적으로 높은 기업으로 정의된다. 표 5-1은 야구방망이를 생산하는 기업의 주요한 운송 특성을 보여준다. 기업은 1톤의 야구방망이를 생산하기 위해 5톤의 목재를 사용하며, 따라서 기업은 중량－감소 행위(weight－losing activity)에 포함된다. 기업은 야구방망이를 만들기 위해 목재를 깎기 때문에 생산물은 원재료보다 가볍다.

▌표 5-1 자원-지향적 기업에 대한 금전적 중량

	생산요소(목재)	생산물(야구방망이)
물리적 중량(톤)	5	1
운송료(1톤-1마일당 비용)	$1	$2
금전적 중량=물리적 중량*운송료	$5	$2

입지에서 주도권 경쟁의 결과는 기업의 생산요소와 생산물의 금전적 중량(monetary weight)에 의해 결정된다. 생산요소의 금전적 중량은 생산요소의 물리적 중량(5톤)에 운송료(1톤－1마일당 1달러)를 곱한 것, 혹은 1마일당 5달러이다. 유사하게, 생산물의 금전적 중량은 1톤에 2달러를 곱한 것, 혹은 1마일당 2달러이다. 운송가능한 생산요소의 금전적 중량이 생산물의 금전적 중량을 초과하기 때문에 이 기업은 자원－지향적이다. 비록 생산물 운송의 단위비용이 보다 높지만(목재들은 트럭에 던져서 실릴 수 있으나, 완성된 야구방망이는 조심스럽게 챙겨서 운반해야 하기 때문), 생산공정에서의 중량 감소가 운송료에서의 차이를 압도하며, 따라서 생산물에 대한 금전적 중량이 보다 낮다.

그림 5－1은 기업의 운송비용들을 보여준다. 변수 x는 공장으로부터 도시 내 생산물 시장까지의 거리를 측정한다. 만일 산림이 생산물 시장으로부터 10마일 떨어져 있다면, 공장으로부터 산림까지의 거리는 10－x이다. 생산요소 운송비용은 생산요소의 금전적 중량(물리적 중량 w_i에 운송료 t_i를 곱한 것)에 산림과 공장 간 거리를 곱한 것과 같다:

생산요소 운송비용 = $w_i \cdot t_i \cdot (10 - x)$

그림 5－1에서, 생산요소 운송비용은 도시에서 50달러이고 1마일당 5달러(생산요소의 금전적 중량)의 비율로 산림에서 영(0)으로 감소한다.

이 기업의 생산물 운송비용은 유사한 방법으로 계산된다. 생산물 운송비용은 생산물의 금전적 중량(물리적 중량 w_Q에 단위 운송료 t_Q를 곱한 것)에 공장으로부터 시장까지의 거리를 곱한 것과 같다.

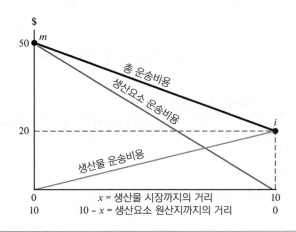

▲ 그림 5-1 생산요소 원산지에 입지하는 자원-지향적 기업

$$생산물\ 운송비용 = w_Q \cdot t_Q \cdot x$$

그림 5-1에서, 생산물 운송비용은 시장에서 영(0)이고 1마일당 2달러(생산물의 금전적 중량)의 비율로 증가한다. 산림에서, 생산물 운송비용은 20달러이다.

총 운송비용은 생산요소 운송비용과 생산물 운송비용의 합이다. 그림 5-1에서, 총 운송비용은 산림에서 20달러로 최소화된다. 산림을 제외한 어느 한 지점에서 출발하면, 산림으로의 1마일 이동은 생산요소 운송비용을 5달러(생산요소의 금전적 중량)만큼 감소시키고 생산물 운송비용을 2달러(생산물의 금전적 중량)만큼 증가시켜, 3달러의 순 감소를 낳는다. 기업의 총 운송비용은 생산요소의 금전적 중량이 생산물의 금전적 중량을 초과하기 때문에 생산요소 원산지에서 최소화된다. 생산요소 원산지에 가깝게 입지하는 중량-감소 기업들의 일부 다른 예시로는 사탕무-설탕 공장, 양파 건조공장, 그리고 광석 가공처리공장이 해당한다.

일부 기업들은 생산요소가 보다 무거워서가 아니고 그들을 운송하는 데 비용이 보다 많이 들기 때문에 자원 지향적이다. 예를 들면, 통조림 공장은 대략 1톤의 생과일을 가지고 1톤의 통조림 과일을 생산한다. 이 기업의 생산물은 일반적인 트럭에 의해 덜 비싸게 운송될 수 있으나 생산요소는 부패하기 쉬워 냉장트럭으로 운송되어야 한다. 1톤의 생과일을 운반하는 비용이 1톤의 통조림 과일을 운반하는 비용을 초과하기 때문에 생산요소의 금전적 중량은 생산물의 금전적 중량을 초과하여, 이 기업은 생산요소 원산지인 농장 근처에 입지한다. 일반적으로, 만일 생산물에 비해 생산요소가 부피가 크거나, 부패하기 쉽거나, 깨지기 쉽거나 혹은 위험하다면, 기업의 생산요소를 운송하는 것이 보다 비쌀 것이다.

운송가능한 생산요소 근처에 입지하는 산업들에 대한 많은 예들이 존재한다. 콩과 식물성기름 생산업체들은 네브라스카, 노스 다코타, 그리고 사우스 다코타에 집중적으로 모여 있는데, 콩과 옥수수를 공급하는 농장들에 인접해 있다. 우유와 치즈생산업체들은 사우스 다코타, 네브라스카, 그리고 몬타나에 집중적으로 모여, 낙농업 농장들에 인접해 있다. 제재소와 기타 목재가공업체들은 아칸사, 몬타나, 그리고 아이다호에 집중적으로 모여, 광대한 삼림지에 인접해 있다.

시장-지향적 기업들

시장-지향적 기업(market-oriented firm)은 생산물을 시장으로 운반하는 비용이 상대적으로 높은 기업으로 정의된다. 표 5-2는 5톤의 병에 든 음료수를 생산하기 위해 1톤의 설탕과 4톤의 물(도처에 편재한 생산요소)을 사용하는 음료기업에 대한 운송 특성을 보여준다. 이 기업은 생산물이 운송가능한 생산요소보다 무겁다는 측면에서 중량-증가 생산행위에 포함된다. 생산물의 금전적 중량은 생산요소의 금전적 중량을 초과하여, 시장-지향적 기업은 이의 시장 인근에 입지할 것이다.

┃표 5-2 시장-지향적 기업에 대한 금전적 중량

	생산요소(설탕)	생산물(음료수)
물리적 중량(톤)	1	5
운송료(1톤-1마일당 비용)	$2	$2
금전적 중량=물리적 중량*운송료	$2	$10

그림 5-2에서 보여지듯이, 시장-지향적 기업의 운송비용은 시장에서 최소화된다. 생산물의 금전적 중량이 생산요소의 금전적 중량을 초과하기 때문에 시장으로부터 멀어지는 1마일 이동은 생산물 운송비용을 이러한 1마일 이동이 생산요소 운송비용을 감소시키는 것보다 큰 폭으로 증가시킨다. 구체적으로, 이러한 이동은 생산물 운송비용을 10달러만큼 증가시키지만 생산요소 운송비용을 단지 2달러만큼만 감소시켜, 8달러의 비용의 순 증가를 가져온다. 이러한 중량-증가 생산행위(weight-gaining activity)에 대해, 생산요소 원산지와 시장 간 주도권 경쟁은 시장쪽에 보다 큰 물리적 중량이 존재하기 때문에 시장에 의해 승리한다.

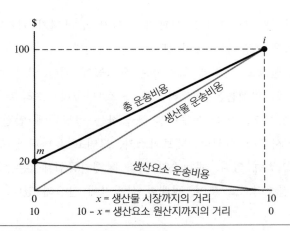

▲ 그림 5-2 시장에 입지하는 시장-지향적 기업

일부 기업들은 그들의 생산물 운송이 상대적으로 비싸기 때문에 시장-지향적이다. 만일 생산물이 부피가 크거나, 상하기 쉽거나, 부서지기 쉽거나, 혹은 위험하다면, 생산물의 운송은 보다 비쌀 것이다.

1. 부피가 큰

자동차조립기업의 생산물(조립된 자동차)은 생산요소(예를 들어, 여러 묶음의 전선, 금속판)보다 부피가 크다. 1톤의 자동차를 수송하는 비용은 1톤의 부품을 수송하는 비용을 초과하며, 따라서 생산물의 금전적 중량은 생산요소의 금전적 중량을 초과하여, 이 기업을 시장쪽으로 끌어당긴다.

2. 부패하기 쉬운

제빵의 생산물은 이의 생산요소보다 상하기 쉬워, 제빵업자들을 소비자들쪽으로 끌어당긴다.

3. 위험한

무기제조업자는 무해한 생산요소를 결합하여 치명적인 생산물을 만들고, 이 기업은 위험한 (혹은 부서지기 쉬운) 생산물의 장거리 운송을 회피하기 위해 생산물 시장 인근에 입지한다.

일반적으로, 기업의 생산물이 상대적으로 부피가 크거나, 상하기 쉽거나, 부서지기 쉽거나, 혹은 위험할 때, 주도권 다툼에서 시장이 승리할 것이며, 이는 생산물이 보다 무거워서가 아니라, 운송하는 데 있어 보다 비싸기 때문이다.

02 중위입지의 원리

운반-지향적 기업에 대한 고전적 모형은 이 기업이 단일 생산요소와 단일 시장을 가지고 있음을 가정한다. 다수의 생산요소들 혹은 다수의 시장들을 포함하는 보다 복잡한 경우에 대해서는, 어디에 기업이 입지할 것인가를 예측하기 위해 중위입지의 원리(principle of median location)를 이용할 수 있다:

중위입지의 원리: 중위입지가 총 통행거리를 최소화한다

중위입지는 통행목적지들을 두 개의 동일한 절반으로 나누어, 목적지들의 절반은 한 방향에 다른 절반은 다른 방향에 놓이게 한다.

예시: 도시 간 입지선택

고속도로를 따라 한 줄로 늘어선 다섯 개의 도시들에 위치한 공장들에서 기계를 수리하는 픽스잇(Fixit)기업의 입지결정을 가지고 이 원리를 설명할 수 있다. 다음의 가정들하에, 픽스잇의 목표는 총 통행거리를 최소화하는 것이다.
  1. 모든 생산요소(도구와 부품)는 도처에 편재해 있고, 따라서 생산요소를 운송하는 비용은 영(0)이다.
  2. 수리서비스의 가격은 고정되었고, 픽스잇은 1주일에 한 번 개별 공장을 방문한다.
  3. 개별 수리를 위한 공장으로의 통행은 별개의 통행을 요구한다.

그림 5-3은 고속도로를 따라서 공장들의 분포를 보여준다. 도시 A에 2개의 공장, 도시 B에 8개의 공장, 도시 M에 1개의 공장, 도시 C에 1개의 공장, 그리고 도시 D에 9개의 공장들이 존재한다. 도시 A, B, M, 그리고 C는 20마일 간격으로 떨어져 있고, 도시 D는 도시 C로부터 100마일 떨어져 있다.

픽스잇은 중위입지인 도시 M에 입지함으로써 총 통행거리를 최소화할 것이다.

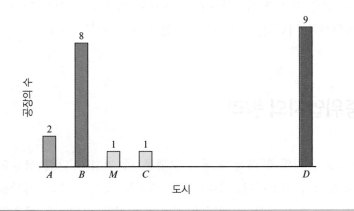

▲ 그림 5-3 중위입지의 원리

서쪽으로(도시 A와 B에) 10명의 고객들 그리고 동쪽으로(도시 C와 D에) 10명의 고객들이 존재하기 때문에 도시 M은 중위입지이다. 중위입지의 우월함을 보여주기 위해, 픽스잇이 도시 M에서 시작하여, 도시 C로 동쪽으로 20마일 이동한다고 가정하라. 이러한 이동은 동쪽으로 (도시 C와 D에 있는) 공장들까지의 통행거리를 200마일(10개의 공장 곱하기 20마일)만큼 감소시키지만 서쪽으로 (도시 A, B, 그리고 M에 있는) 공장들까지의 통행거리를 220마일(11개의 공장 곱하기 20마일)만큼 증가시킨다. 픽스잇이 10개의 공장들에게 보다 가깝게 이동하지만 11개의 공장들로부터 보다 멀리 이동하기 때문에 총 통행거리는 증가한다. 일반적으로, 중위입지로부터 멀어지는 이동은 과반수의 공장들에 대한 통행거리를 증가시킬 것이며, 따라서 총 통행거리는 증가한다.

고객들 간 거리는 이 기업의 입지선택에 무관하다는 것을 주지하는 것이 중요하다. 예를 들어, 만일 도시 D가 도시 C로부터 100마일 대신에 300마일만큼 떨어져 있어도, 중위입지는 여전히 도시 M일 것이다. 픽스잇의 총 통행거리는 도시 M에서 (보다 높은 수준에서) 여전히 최소화될 것이다.

중위입지와 대도시들

중위입지의 원리는 왜 큰 도시들이 보다 더 커지는가에 대한 또 다른 설명을 제공한다. 그림 5-4에서, 도시 D에서 공장의 수가 13개로 증가한다고 가정하라. 이제 도시 D는 중위입지이고, 픽스잇은 그곳에 입지함으로써 총 통행비용을 최소화할 것이다. 만일 픽스잇이 도시 M에서 시작하고 이후에 동쪽으로 D로 이동한다면,

통행비용은 소수의 고객들(A, B, 그리고 M의 11개 공장들)에 대해 증가하고 다수의 고객들(C와 D의 14개 공장들)에 대해 감소하며, 따라서 총 통행비용은 감소한다. C를 넘어 동쪽으로 이동하는 경우, 서쪽 도시들로의 통행비용이 12개의 공장들에 대해 증가하고 (D의) 13개의 공장들에 대해 감소한다. 총 통행비용은 중위입지인 도시 D에서 최소화된다. 이 예시로부터의 교훈은 대도시들에서 수요의 집중이 대도시들을 성장하게 한다는 것이다.

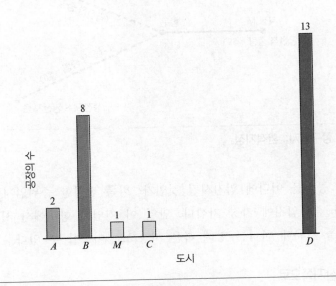

▲ 그림 5-4 왜 큰 도시들은 보다 더 커지는가?

환적지점과 항구도시들

중위입지의 원리는 또한 왜 일부 산업기업들이 항구와 같은 환적지점(transshipment point)에 입지하는가에 대해 설명한다. 환적지점은 재화가 하나의 운송수단에서 다른 운송수단으로 옮겨지는 지점으로 정의된다. 예를 들어, 항구에서, 재화는 트럭이나 기차에서 선박으로 옮겨진다. 항구도시에서 산업기업들의 입지는 항구도시들이 운송회사와 제조업체들 모두에게 입지를 제공함을 의미한다.

그림 5-5는 환적지점의 끌어당기는 힘을 설명한다. 가구공장은 지점 F의 산림으로부터 목재를 취득하고 직물(cloth)을 지점 G의 다른 기업으로부터 취득한다. 단순화하기 위해, 두 생산요소의 금전적 비용이 동일하다고 가정하라. 이 기업은 공장에서 목재와 직물을 가구로 가공하고 가구를 지점 M의 해외시장에 판매한다. 고속

도로가 생산요소 지점 F와 G를 항구에 연결하고, 선박이 항구에서 지점 M의 시장까지 운송한다. 가구시장은 중량-감소 행위에 해당한다. 생산요소의 금전적 중량(12달러＝6달러＋6달러)은 생산물의 9달러 금전적 중량을 초과한다.

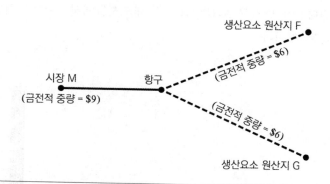

▲ 그림 5-5 항구입지: 환적지점

이 기업은 공장을 어디에 입지시킬 것인가? 비록 진정한 중위입지는 존재하지 않지만, 항구가 중위입지에 가장 가깝다. 만일 이 기업이 항구에서 시작한다면, 생산요소 원산지들 가운데 하나를 향해 혹은 시장으로 이동할 수 있다.

1. 생산요소 원산지쪽으로

항구에서 지점 F쪽으로 1마일 이동은 생산요소 운송비용에서 상쇄하는 변화들을 야기할 것이다. 목재를 운송하는 비용은 감소하지만, 직물을 운송하는 비용은 증가한다. 동시에, 생산물을 운송하는 비용은 9달러만큼 증가할 것이다. 따라서, 항구 지점이 항구와 생산요소 원산지 F 사이의 입지들보다 우수하다. 동일한 논리가 항구로부터 생산요소 원산지 G로의 이동에 대해 적용된다.

2. 생산물 시장

항구로부터 생산물 시장으로의 이동은 생산물 운송비용을 9달러(생산물의 금전적 중량)에 시장과 항구 간 거리를 곱한 것만큼 감소시키고, 생산요소 운송비용을 12달러(생산요소들의 금전적 중량)에 거리를 곱한 것만큼 증가시킬 것이다. 이러한 중량-감소 행위에 있어, 항구 지점은 시장 지점보다 우수하다.

산업기업들의 입지결정의 결과로 생성된 항구도시들에 대한 사례가 많다. 서부

해안에서, 시애틀은 1880년에 제재소마을로 출발하였다. 기업들은 서부 워싱턴주에서 나무를 벌목하여, 시애틀 제재소에서 이 통나무들을 가공한 후, 목재제품들을 다른 주와 나라들로 선적하였다. 동부 해안에서, 볼티모어는 미국에서 제일 처음의 신흥도시(boomtown)였다. 밀가루 제분소들은 서인도제도(West Indies)로의 수출을 위해 주위의 농업지에서 재배되는 밀을 가공하였다. 나중에 중서부에서, 뉴욕의 버펄로는 밀가루 제분소들에 대한 중심지가 되었는데, 동부 도시들에 있는 소비자들에게 중서부의 밀로 만들어진 밀가루를 공급하였다. 밀은 오대호(the Great Lakes)를 가로질러 중서부 주들로부터 버펄로로 선적되었고, 버펄로에서 밀은 밀가루로 가공되어 철도로 미국 동부 도시들에 운송되었다. 비록 볼티모어와 버펄로 모두 밀가루 제분소마을이었으나, 그들은 선박의 이용에 있어 상이했다. 볼티모어는 생산물(밀가루)을 선박에 의해 수출했던 반면, 버펄로는 생산요소(밀)를 선박으로 수입하였다.

03 노동, 에너지, 그리고 집적의 경제

지난 수십 년에 있어, 운송비용은 기업의 입지결정에 있어 보다 덜 중요해졌다. 역사적으로 자원-지향적 혹은 시장-지향적이었던 많은 산업들에서, 이제 기업들은 그들의 생산요소 원산지와 시장으로부터 멀리 입지한다. 입지 지향성에서의 변화들은 운송비용을 감소시킨 교통과 생산에서의 혁신들에 기인한다.

1. 교통기술

빠른 해양선박과 컨테이너 기술의 발달은 선박운송 비용을 감소시킨 반면에 철도와 트럭의 개선은 육상운송의 비용을 낮췄다. 보다 빠르고 보다 효율적인 비행기는 항공운송의 비용을 감소시켰다.

2. 생산기술

생산기술의 개선은 생산요소의 물리적 중량을 감소시켰다. 예를 들어, 1톤의 강철을 생산하기 위해 요구되는 석탄과 광물의 양은 꾸준히 감소하였으며, 이는 개선된 생산방식과 철광석(운송되는 생산요소) 대신 고철(지역에서 구입 가능한 생산요소)의 이용에 기인한다.

이 장의 이 부분에서, 노동비용, 에너지, 그리고 집적의 경제의 역할에 대해 탐구한다.

노동비용

입지선택에서 노동의 역할은 무엇인가? 평균적으로, 노동은 생산비용의 대략 3/4에 대한 원인이 되며, 따라서 기업의 입지결정은 노동비용과 노동생산성에 민감하다. 노동자들이 대도시 밖으로 통근하는 것은 비현실적이라는 점에서 노동은 지역생산요소(local input)이다. 운송비용의 장기적 감소추세는 상대적으로 낮은 노동비용을 갖는 지역으로의 입지유형의 변화를 유도하고 있다. 가장 명확한 사례들은 생산이 저임금 국가들로 이전하는 국제 수준에서 존재한다. 미국 국내 수준에서, 제조업은 노동비용이 상대적으로 낮은 남부로 이전했다.

대도시 수준에서 임금은 어떻게 입지결정에 영향을 미치는가? 바틱(Bartik, 1991)은 수십 개의 연구들을 요약하며 대도시 임금에 대한 기업활동의 장기 탄력성이 -1.0과 -2.0 사이에 해당한다고 결론짓는다. 이는 대도시 임금에서의 10% 감소가 기업활동을 10%와 20% 사이로 증가시킬 것을 의미한다. 대도시 임금과 신생기업의 수 사이의 관계에 대한 초기 연구는 대도시 임금에 대한 신생기업 수의 탄력성이 대략 -1.0이라고 추정하였다. 다시 말해, 임금의 10% 증가는 기업 창업을 10%만큼 감소시킨다.

기후는 임금에 대한 영향을 통해 입지유형에 영향을 미친다. 한 국가가 남부에서의 따뜻한 날씨와 북부에서의 추운 날씨를 지닌 두 지역을 가지고 있고 노동자들은 따뜻한 날씨를 선호한다고 가정하라. 노동자들에 대한 내쉬균형을 달성하기 위해, 남부에서의 임금은 북부에서의 임금보다 낮아야 한다. 그렇지 않으면, 노동자들이 남부로 이주하여, 동일한 임금과 보다 나은 날씨 또한 얻고자 하는 유인이 존재할 것이다. 내쉬균형에서, 주어진 기술수준에 대해 임금은 남부에서 보다 낮을 것이고 북부 노동자들은 보다 높은 임금에 의해 나쁜 날씨에 대해 보상을 받을 것이다.

좋은 기후에 의해 야기된 보다 낮은 임금은 기업들로 하여금 그들의 생산설비를 남부에 입지시킬 유인을 제공한다. 이 경우, 이 기업의 입지는 노동자들의 입지선택에 의존한다. 기업을 따라가는 노동자들 대신에, 기업들이 노동자들을 따라간다. 랩파포트(Rappaport, 2007)는 1920년경을 시작으로 미국 주민들은 보다 좋은 날씨를 지닌 장소로 이주하였으며 이러한 이주에서 핵심적인 요인은 소비 편의시설(consumption amenity)로서 좋은 날씨의 가치의 증가임을 보여준다.

에너지 기술

기업들의 입지결정에서 에너지의 역할은 무엇인가? 19세기 전반기에, 에너지는 운송될 수 없는 생산요소로 정의되는 지역 생산요소였다. 물레바퀴는 동물에 의하지 않는 기계적 에너지를 발생시키기 위한 최초의 도구이용이었다. 흐르는 물을 기계적 동력으로 변환하기 위해 최초의 공장들은 폭포와 급류에 의해 돌아가는 물레바퀴를 이용하였다. 그 동력은 벨트와 기어로 된 시스템에 의해 전해졌다. 섬유제조업체들은 뉴잉글랜드의 시골 개울을 따라 공장을 세웠고 그들의 기계들을 작동하기 위해 물레바퀴를 이용하였다. 물레바퀴 도시들의 사례는 로웰(Lowell), 로렌스(Lawrence), 홀리요크(Holyoke), 그리고 루이스턴(Lewiston)이다.

19세기 후반기에 증기엔진의 개선은 에너지를 운송 가능한 생산요소로 만들었다. 증기엔진은 어디에서나 작동될 수 있었는데, 한 가지 제약은 기계를 작동하기 위한 연료로 사용되는 석탄의 공급이 가능해야 한다는 것이었다. 일부 에너지-집약적 제조업체들은 펜실베니아의 석탄탄광 인근에 입지하였다. 다른 제조업체들은 항해가 가능한 수로를 따라 입지하여 탄광으로부터 그들 공장들로 석탄을 운반하였다. 뉴잉글랜드에서, 섬유회사들은 시골의 폭포지역의 입지에서 항해가 가능한 수로가의 입지들로 이주하였다. 이후의 철도의 발달은 석탄사용자들에게 또 다른 운송 선택권을 주어, 철도노선의 방대한 네트워크를 따라 공장들의 생성을 야기하였다. 일반적으로, 증기엔진은 공장들에 대한 입지선택범위를 넓혀주었다.

전기의 개발은 공장들의 입지유형을 변화시켰다. 전기발전기는 1860년대에 보다 향상되었고, 전기발동기는 1888년에 발명되었다. 공장은 중앙의 증기엔진에 의해 작동되는 벨트-기어 시스템을 개별 기계에 대한 작은 전기발동기로 대체하였다. 전기동력을 이용한 첫 번째 공장은 나이아가라 폭포(Niagara Falls)에 위치한 수력전기발전설비에 인접하였다. 전기전송에 있어서의 급속한 향상은 곧 공장들로 하여금 수력전기와 석탄-동력 발전설비로부터 수백 마일 떨어져 입지할 수 있게 하였다. 일반적으로, 전기의 개발은 입지결정에서 에너지에 대한 고려의 중요성을 감소시켜, 많은 산업의 기업들로 하여금 그들의 입지선택을 다른 생산요소나 소비자에 대한 접근성에 근거하도록 만들었다.

일부 생산시설에 있어, 저렴한 에너지의 이용 가능성은 여전히 중요한 입지요소이다. 알루미늄 생산에서, 에너지비용은 총 비용의 대략 30%를 차지하며, 생산자들은 저렴한 전기를 제공하는 입지들로 유인된다. 점토타일과 비료의 생산에서, 천연가스비용은 총 비용 가운데 상대적으로 큰 비중을 차지하고 있으며, 생산자들은 천연가스의 가격이 상대적으로 낮은 지역들로 유인된다.

집적의 경제

이전의 장들에서 논의되었듯이, 기업들은 집적의 경제를 활용하기 위해 군집한다. 군집은 기반시설, 중간재 생산요소 공급업체, 노동풀, 그리고 지식의 공유를 촉진하고 노동자들의 숙련도와 기업의 숙련요구도 간 매칭을 개선시킬 것이다. 비록 군집 내 입지가 보다 높은 임금과 여타의 비용들을 발생시킬 것이지만, 집적으로부터의 편익은 보다 높은 비용을 상쇄하고도 남는다. 앞에서의 장에서 보았듯이, 집적의 경제가 기업의 창업과 총 고용을 증가시키는데, 이는 기업의 입지선택에 대한 집적의 경제의 효과를 나타낸다.

미국의 제조업벨트 – 성장과 쇠퇴

기업의 입지결정에 대한 논의는 미국 북동부와 5대호 지역의 제조업벨트의 성장과 쇠퇴에 대한 통찰을 제공한다. 제조업벨트는 19세기 후반에 발전하였다. 생산에서의 혁신은 기업들로 하여금 규모의 경제를 이용할 수 있게 하였고, 많은 생산공정들은 대규모의 상대적으로 이동 불가능한 자원들(예를 들면, 석탄과 철광석)을 필요로 하였다. 제조업벨트는 이러한 자원들에 대한 접근에 있어 자연적 이점을 가지고 있어, 제조업이 그곳에 집중되었다. 1947년까지 제조업벨트는 국가 전체 제조업 고용의 70%를 차지하였다. 2000년까지, 제조업벨트는 이 지역의 총 고용이 국가 전체의 총 고용에서 차지하는 비중을 약간 상회하는 국가 전체 제조업 고용의 단지 약 40%를 차지하였다. 제조업의 분산에 있어 중요한 요인은 역사적인 제조업벨트의 자연적 이점을 감소시킨 운송비용의 일반적인 감소였다.

글래이져(Glaeser, 1991)는 제조업벨트의 쇠퇴와 도시에 대한 이의 함의를 탐구한다. 제조업의 분산은 역사적인 제조업벨트 전역에 걸쳐 제조업 노동자들에 대한 수요를 감소시켰다. 일부 도시들은 균형 총 고용과 인구에서 감소를 경험하였다. 1970－2000년의 기간에 인구가 감소한 도시들 중에는 디트로이트(7% 감소), 클리블랜드(28% 감소), 그리고 피츠버그(5% 감소)가 있었다. 대조적으로, 많은 도시들은 제조업 고용의 감소에도 불구하고 성장하였다. 30년의 기간에 인구가 증가한 도시들 중에는 보스턴(11% 증가)과 미네아폴리스(50% 증가)가 있었다.

제조업 도시들의 상이한 경험에서 핵심적인 요인은 인적자본의 보유수준이다. 쇠퇴하는 도시들(디트로이트, 클리블랜드, 그리고 피츠버그)에서, 노동력에서의 대졸자의 비중은 상대적으로 낮았다. 대조적으로, 보스턴과 미네아폴리스와 같이 성장하는 도시들에서, 대졸자 비중은 상대적으로 높았다. 지난 40년에서, (제조업과 여타의 산업들에서) 저숙련 단순노무 노동에 대한 수요는 감소한 반면에 (금융, 법률서비스, 그리고 의료와 같은 서비스업에서) 고숙련 지식 노동에 대한 수요는 증가하였다. 상대적으로 교육을 더 받은 노동력을 지닌 도시들은 고숙련 지식 일자리가 보다 큰 비중을 차지하는 경제로 전환하는 데 있어 보다 나은 준비가 갖춰져 있었다. 대조적으로, 저조하게 교육을 받은 노동력을 지닌 도시들은 변화하는 경제적 상황들에 대응하는 데 있어 준비가 잘 갖춰져 있지 못해, 그들의 경제는 타격을 받았다. 글래이져(Glaeser, 1991)는 대학 학위를 지닌 성인 인구의 비중에 대한 인구성장의 탄력성이 1.2인 것으로 추정한다: 대졸자 비중의 10% 증가는 인구성장율을 12%만큼 증가시킨다.

개념에 대한 복습

01 생산요소의 금전적 중량은 이의 [_____]에 [_____]을/를 곱한 것과 같다.

02 자원-지향적 기업에 대해, [_____]의 금전적 중량은 [_____]의 금전적 중량을 능가하고, 운송비용은 [_____]에서 최소화된다.

03 만일 [_____]이 상대적으로 무겁거나, 부피가 크거나, 상하기 쉽거나, 깨지기 쉽거나 혹은 위험하다면, 기업은 자원-지향적일 것이다.

04 시장-지향적 기업에 대해, [_____]의 금전적 중량은 [_____]의 금전적 중량을 능가하고, 운송비용은 [_____]에서 최소화된다.

05 일반적으로, [_____]이 상대적으로 부피가 크거나, 상하기 쉽거나, 깨지기 쉽거나 혹은 위험하다면, 기업은 시장-지향적일 것이다.

06 기업의 생산요소의 물리적 중량이 3톤이고 생산물의 물리적 중량이 2톤이라고 가정하라. 운송료는 생산요소에 대해 5달러이고 생산물에 대해 6달러이다. 생산요소의 금전적 중량은 [_____]달러이고 생산물의 금전적 중량은 [_____]달러이다. 기업은 [_____]-지향적이다. 만일 생산요소에 대한 운송료가 [_____]달러 이하로 감소한다면, 기업은 지향하는 곳을 전환할 것이다.

07 조립공장을 [_____]쪽으로 유인하는 힘은 생산물이 생산요소에 비해 [_____] 때문에 상대적으로 강하다.

08 목적지들을 [_____](으)로 [_____] 입지로 정의된, 중위입지는 [_____]을/를 최소화한다.

09 중위입지원리는 왜 [_____] 도시들이 [_____] 성장하는 경향이 있고 왜 많은 기업들이 [_____]와/과 같은 [_____] 지점에 입지하는가에 대해 설명한다.

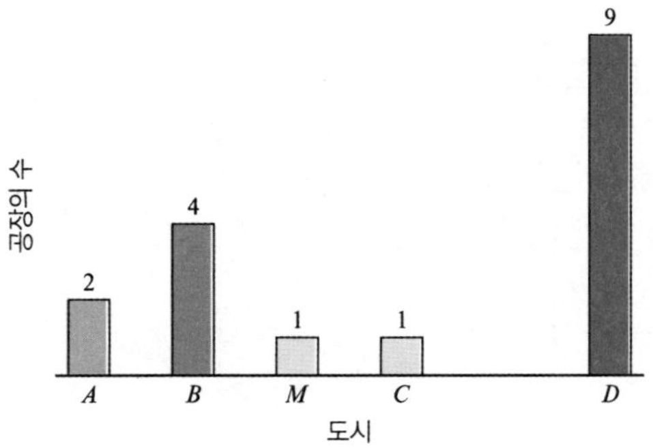

▲ 그림 5-6

10 그림 5-6을 이용하라. 중위입지는 도시 [_____]에 해당한다. 도시 C와 D 간 거리가 증가함에 따라, 중위입지는 [_____].

11 제조업체들의 입지선택의 시간경로는 에너지기술의 변화를 반영한다. 수차(waterwheel)는 공장들로 하여금 [_____]을/를 따라 입지하게 하였고, 증기엔진은 공장들로 하여금 [_____] 근처와 [_____]을/를 따라 입지하게 하였다.

12 역사적인 제조업벨트에서 미국 도시들 간 고용성장의 차이를 가장 강력하게 설명하는 변수는 [_____]에서의 차이에 해당한다.

13 대학 학위를 가지고 있는 성인 인구의 비율에 대한 인구성장의 추정된 탄력성은 [_____]이다(0, 0.23, 0.50, 1.20 가운데 선택하라).

개념들을 응용하는 연습문제

01 스컹크 악취 제거

에드가 후버는 마일표(milepost) 12에 있는 숲속에서 야생 스컹크를 생포하여, 악취를 풍기는 장기들을 제거하기 위해 악취제거 시설에서 간단한 수술을 하며, 그런 후에 마일표 0인 도시에서 악취가 제거된 스컹크를 애완동물로 판매한다. 에드가의 목표는 운송비용을 최소화하는 것이다. 에드가의 입지선택을 그림으로 표시하고 생산요소와 생산물의 금전적 중량의 면에서 그의 선택을 설명하라.

02 맥주와 와인

맥주 양조업체와 포도주 양조장의 입지선택을 고려하라. 대부분의 포도주 양조장이 고객들로부터 멀리 그리고 주요한 생산요소(포도)에 가깝게 입지하는 반면에, 대부분의 맥주 양조업체들은 그들의 고객들에 가깝게 그리고 일부 생산요소(보리, 밀, 그리고 홉)로부터 멀리 입지한다. 두 경우를 그림으로 표시하고 생산요소와 생산물의 금전적 중량의 면에서의 차이를 설명하라.

03 조선소의 입지

목조선박(wooden ships)의 생산은 (거대한 톱밥과 목재 부스러기 더미에 의해 보여지듯이) 중량-감소 행위에 해당하나, 대부분의 조선소는 산림으로부터 멀리 입지한다. 조선소들은 [_____]때문에 산림으로부터 멀리 입지한다. 설명하라.

04 도시 내 제조업 입지

공장의 도시 내 입지선택을 고려하라. 노동자는 도심으로부터 8마일 떨어진 교외에서 공장으로 통근하고, 공장과 교외 노동자 간 거리에서 1마일 증가는 기업의 노동비용을 t_L만큼 증가시킨다. 생산공정에 투입되는 다른 생산요소들은 도처에 편재한다. 기업은 공장으로부터 수출을 위해 x=0의 거리에 있는 중심 항구까지 생산물을 운송한다. 공장과 항구까지의 거리에서 1마일 증가는 기업의 운송비용을 t_Q만큼 증가시킨다. 만일 [_____]이라면, 기업은 교외입지(x=8)를 선택할 것이다. 설명하라.

05 해변가의 아이스크림 노점상들

두 아이스크림 노점상이 12km의 해변을 따라 (1km마다 20명씩) 균등하게 분포한 고객들에 대해 경쟁한다. 개별 고객은 하루에 한 단위 아이스크림을 구입하고, 한 노점상에게 3달러의 이윤을 발생시킨다. 초기 입지는 노점상 L이 x=3인 지점에서 입지하고 그리고 노점상 R이 x=9인 지점에 입지하는 것이다.

a. 초기 입지 조합(x=3과 x=9)이 내쉬균형인가? 노점상 R에 의한 2km의 일방적 이탈을 통해 설명하라.

b. 내쉬균형을 설명하라.

06 입지 장려금

그림 5-4에서 보여진 공장들의 공간적 분포를 고려하라. 도시 M과 도시 C 간 거리는 1km이고, 도시 C와 도시 D 간 거리는 7km이다. 픽스잇씨는 현재 도시 M에 있고 이주를 고려하고 있다. 도시 M의 도심개발부서는 픽스잇씨가 이 도시에 계속 거주하도록 하기 위해 지원금 계획을 수립할 것이다. 픽스잇씨의 1마일 통행당 비용이 2달러라고 가정하라.

a. 도시 M으로부터 도시 C로의 이주를 막기 위한, 최소한의 주당(weekly) 지원금은 [_____]달러이다. (도시 C에 입지했을 때 총 통행비용이 도시 M에 입지했을 때의 총통행비용, $324에 비해 얼마나 감소하는가?. 역자 주)

b. 도시 M으로부터 도시 D로의 이주를 막기 위한, 최소한의 주당(weekly) 지원금은 [_____]달러이다.

참고문헌과 추가적인 읽을 거리

Bartik, Timothy J., *Who Benefits from State and Local Economic Development Policies?* Kalamazoo, MI: Upjohn Institute, 1991.

Combes, Pierre—Philippe, and Henry Overman, "The Spatial Distribution of Economic Activities in the European Union," Chapter 64 in *Handbook of Regional and Urban Economics 4: Cities and Geography*, edited by Vernon Henderson and Jacques—Francois Thisse. Amsterdam: Elsevier, 2004.

Desmet, Klaus, and J. Vernon Henderson, "The Geography of Development within Countries," Chapter 22 in *Handbook of Urban and Regional Economics Volume 5*, edited by Gilles Duranton, J. Vernon Henderson, and William C. Strange. Amsterdam: Elsevier, 2015.

Fujita, Masahisa, and Jacques—Francois Thisse, *Economics of Agglomeration*. Cambridge: Cambridge University Press, 2002.

Fujita, Masahisa, Tomoya Mori, Vernon Henderson, and Yoshitsuga Kanemoto, "The Spatial Distribution of Economic Activities in Japan and China," Chapter 65 in *Handbook of Regional and Urban Economics 4: Cities and Geography*, edited by Vernon Henderson and Jacques—Francois Thisse. Amsterdam: Elsevier, 2004.

Glaeser, Edward, "Growth: The Death and Life of Cities," Chapter 2 in *Making Cities Work*, edited by Robert P. Inman. Princeton, NJ: Princeton University Press, 2009.

Hohenberg, Paul M., and Lyann H. Lee, *The Making of Urban Europe 1000—1950*. Cambridge, MA: Harvard University Press, 1986.

Holmes, Thomas, and John Stevens, "The Spatial Distribution of Economic Activities in North America," Chapter 63 in *Handbook of Regional and Urban Economics 4: Cities and Geography*, edited by Vernon Henderson and Jacques—Francois Thisse. Amsterdam: Elsevier, 2004.

Hoover, Edgar, and Frank Giarrantani, *Introduction to Regional Economics*. McGraw—Hill, 1984.

Kim, Sukkoo, and Robert Margo, "Historical Perspectives on U.S. Economic Geography," Chapter 66 in *Handbook of Regional and Urban Economics 4: Cities and Geography*, edited by Vernon Henderson and Jacques—Francois Thisse. Amsterdam: Elsevier, 2004.

Rappaport, Jordan, "Moving to Nice Weather," *Regional Science and Urban Economics* 37 (2007), pp. 375—98.

Wolman, Harold, Edward Hill, Pamela Blumenthal, and Kimberly Furdell, "Understanding Economically Distressed Cities," in *Retooling for Growth: Building a 21st Century*

Economy in America's Older Industrial Areas, edited by Richard McGahey and Jennifer Vey. Washington, DC: Brookings, 2008.

06 소비자도시와 중심지

이발사: 당신은 몇 살입니까, 꼬마 신사분?
빌: 여덟살
이발사: 머리 깎는 것을 원합니까?
빌: 글쎄요. 저는 명백히 면도를 위해 오지는 않았습니다.

이제까지 기업의 관점을 취해왔으며, 재화를 생산하고 교역을 촉진하는 데 있어 도시의 역할을 탐구하였다. 이 장에서, 소비자의 관점으로 전환하여 소비재와 소비자 서비스에 대한 시장으로서 도시의 역할에 대해 탐구한다. 소비자 의사결정이 어떻게 다양한 규모와 제품의 다양성을 지닌 도시들을 생성하는지에 대해 살펴볼 것이다. 보다 큰 도시들은 보다 폭넓게 다양한 소비재와 소비자 서비스를 공급한다.

01 입지에서의 독점적 경쟁

소비자도시에 대한 분석은 미시경제학에서 개발된 모형인 독점적 경쟁(monopolistic competition)모형에서 출발한다. 이 모형은 두 핵심적인 가정들에 기초한다.

1. 진입에 대한 인위적인 장애물의 부재

기업으로 하여금 시장에 진입하지 못하도록 하는 특허나 규제가 존재하지 않는다. 시장으로의 진입은 비용을 수반하는데, 이를 고정된 창업비용으로 모형화한다. 예를 들어, 만일 식당업에 진입하고자 한다면, 공간과 시설을 구입하거나 임대하는 것과 관련된 비용들이 존재한다.

2. 제품 차별화

시장의 기업들은 유사하지만 완전한 대체재는 아닌 제품을 생산한다. 다시 말해,

개별 기업은 약간의 방법으로 제품을 차별화한다. 공간적 맥락에서, 기업들은 입지와 소비자들에 대한 접근성에서 그들의 제품을 차별화한다. 예를 들어, 중심에 위치한 식당은 변두리에 위치한 식당에 비해 접근성이 보다 낮다.

이러한 가정들은 "독점적 경쟁"이라는 명칭을 설명한다. 비록 이 명칭이 "꽉 조이는 느슨한 바지", "자연스럽게 (특정 목적이나 문제 해결을 위해) 행동을 취하다", 그리고 "승용차 트럭"과 같이 모순어법으로 보이지만, 이 명칭은 이 시장의 본질적인 특성을 나타낸다. 개별 기업은 이의 좁게 차별화된 제품에 대해 지역 독점을 갖는다. 예를 들어, 한 식당이 인근에서 유일한 이탈리안 식당일 수 있다. 그러나 개별 기업은 입지(다른 지역들에 위치한 유사한 식당들) 혹은 제품(인근 식당들의 상이한 요리들)에서 차별화된 다른 식당들로부터의 경쟁을 직면한다.

독점적 경쟁의 구조

기업의 진입과 퇴출이 자유로운 시장의 모형에서, 기업들이 그들의 생산요소 선택에 있어서 완전히 유연할 때의 생산비용을 보여주는 장기비용곡선들을 이용하는 것은 당연하다. 총 비용과 평균비용에 대한 표현들은 다음과 같다

$$C(q) = k + cq$$
$$ac(q) = k/q + c$$

여기서, q는 기업에 의해 생산된 수량이다. 기업의 설립비용은 k이고, 생산의 한계비용은 c이다. 그림 6−1에서, 장기평균비용곡선은 음(−)의 기울기를 가지며 수평의 한계비용곡선에 점근적(asymptotic)이다.

시장에서 하나의 기업으로 출발하며, 따라서 독점력을 지님을 가정하라. 그림 6−1에서 이 기업에 대한 수요곡선은 시장수요곡선이다. 한계의 원리(한계수입＝한계비용)를 적용하여, 이 기업은 한계수입이 한계비용과 동일한 수량을 선택한다. 이윤−극대화 선택은 수량 q'과 평균비용 ac'을 갖는 점 a에 의해 보여진다. 이 수량에서, 기업은 수요곡선의 점 b에 의해 보여지듯이 가격 p'을 부과한다. 기업의 경제적 이윤은 음영으로 표시된 직사각형에 의해 보여진다: 높이는 가격과 평균비용 간 격차에 해당하고 폭은 생산된 수량에 해당한다.

이 시장에 대한 진입에 장벽이 없다면, 그림 6−1에서의 상황은 장기균형이 아니다. 독점기업은 양(+)의 경제적 이윤을 벌고 있고, 다른 기업들은 이문이 있는 시

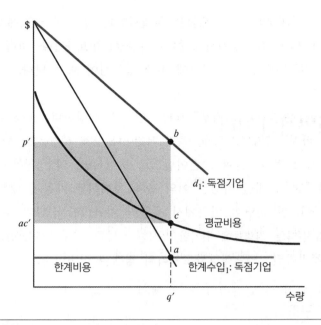

▲ 그림 6-1 독점의 결과

장에 진입할 것이다. 독점적 경쟁모형에서, 개별 기업은 약간 차별화된 재화를 가지고 시장에 진입할 것이다.

시장진입의 효과

그림 6-2는 독점에서 독점적 경쟁으로의 전환을 보여준다. 그림 6-1에서 보여진 독점의 결과에서 출발하면, 두 번째 기업의 진입은 (잔여수요곡선(residual demand curve)으로도 알려진) 전형적인 기업의 수요곡선을 왼쪽으로 이동시킨다.

1. 위의 그림: 복점

두 번째 기업이 이문이 있는 시장에 진입하여, 잔여수요곡선을 왼쪽으로 이동시킨다. 개별 가격에서, 전형적인 복점기업(duopolist)은 독점기업보다 작은 양을 판매할 것이다. 잔여수요곡선의 이동은 한계수입곡선을 같은 방향으로 이동시킨다. 개별 복점기업은 가격 p''와 평균비용 ac''에서 q''단위의 산출물을 생산한다. 진입은 위(보다 낮은 가격), 오른쪽(기업당 보다 작은 수량), 그리고 아래(보다 높은 평균비용)로부터 이윤을 줄인다.

2. 아래 그림: 장기균형

　진입은 경제적 이윤이 영(0)이 될 때까지 계속된다. 진입은 한계수입곡선과 함께 잔여수요곡선을 왼쪽으로 이동시킨다. 이 경우, 시장은 네 개의 기업을 갖는 사중복점(quadopoly)에 해당한다. 일방적 이탈이 존재하지 않기 때문에 이는 내쉬균형이다. 개별 기업에 대해, 한계수입은 한계비용과 동일하고 이는 개별 기업이 이윤을 극대화하고 있음을 의미한다. 시장가격은 평균비용과 동일하고, 이는 개별 기업이 영(0)의 경제적 이윤을 벌고 있음을 의미한다. 따라서, 시장에서 기업들은 퇴출할 유인이 없고, 다른 기업들이 이 시장에 진입할 유인을 갖지 않는다.

　균형 기업의 수는 시장 수량 Q^*를 기업당 수량 q^*로 나눈 것과 같다:

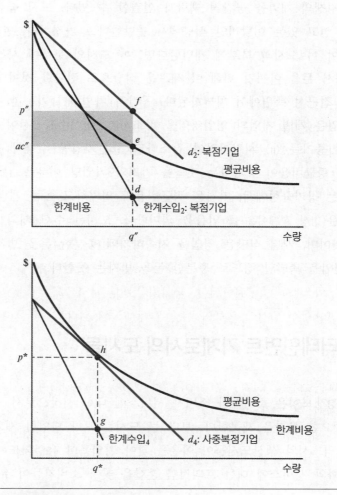

▲ 그림 6-2 진입과 독점적 경쟁

$$n^* = Q^*/q^*$$

독점적 경쟁모형의 하나의 함의는 기업당 장기 경제적 이윤이 영(0)이라는 것이다. 만일 시장에서 기업들이 양(+)의 경제적 이윤(economic profit)을 벌고 있다면, 다른 기업들은 각기 차별화된 재화를 가지고 이 시장에 진입할 것이다. 진입은 경쟁이 경제적 이윤을 영(0)으로 만들 때까지 계속될 것이다. 시장에서 개별 기업은 자본비용과 기업가의 기회비용을 포함한 모든 비용을 충당할 만큼만의 수입을 번다. 경제적 이윤이 영(0)일 때, 시장에서 모든 기업은 장기적으로 시장에 머물기에 충분한 돈을 벌지만, 다른 기업들을 시장에 진입하도록 할만큼 충분하지는 않다. 다시 말해, 개별 기업은 "정상" 회계이윤(accounting profit)을 번다.

독점적 경쟁의 개념을 공간적 맥락과 연결할 수 있다. 도시 중심에 위치한 하나의 이문을 얻고 있는 이탈리안 식당에서 출발한다고 가정하라. 만일 두 번째 이탈리안 식당이 이 도시의 북부에 개업한다면, 이 도시의 북부에 사는 일부 사람들은 통행비용에서 돈을 아끼기 위해 이 새로운 식당으로 전환할 것이다. 이 경우, 재화는 입지와 접근성 측면에서 차별화된다. 공간적 차별화가 가능한 시장에서, 새로운 기업의 진입은 개별 기업의 영업영역을 감소시켜, 잔여수요곡선이 왼쪽으로 이동한다. 경쟁의 증가는 (a) 시장가격이 감소하고, (b) 기업당 수량이 감소하며, 그리고 (c) 생산의 평균비용이 증가하는 것들을 가져와 기업당 이윤을 감소시킨다. 공간적 경쟁이 있는 장기균형에서, 가격은 평균비용과 일치하고 이는 개별 기업이 영(0)의 경제적 이윤(정상 회계이윤)을 얻음을 의미한다. 도시는 수십 개의 이탈리안 식당들을 가질 것이며, 개별 식당은 영업을 지속하기에 충분한 돈을 벌지만 다른 기업들에 의한 진입을 촉발할 정도로 충분한 돈을 벌지는 못한다.

02 엔터테인먼트 기계로서의 도시들

독점적 경쟁모형은 소비재와 소비자 서비스에 대한 시장으로서 도시의 역할에 대한 일부 중요한 통찰을 제공한다. 보다 큰 도시는 보다 다양한 재화와 서비스를 제공한다. 교역도시와 생산도시들이 이윤을 찾아 기업들이 유인되도록 하듯이, 소비자 도시는 재화와 서비스에 대한 호의적인 혼합을 찾아 소비자들이 유인되도록 한다.

최소시장규모

특정 재화를 생산하는 것과 관련된 고정된 설치비용이 존재할 때, 기업을 지탱하기 위해 요구되는 최소시장규모가 존재한다. 생산의 평균비용에 대한 표현을 상기하라:

$$ac(q) = k/q + c$$

여기서 k는 기업당 고정된 설치비용이다. 이 경제의 소매와 서비스부문에서, 설치비용은 식당, 상점, 영화관 혹은 극장과 같은 시설을 설치하는 것과 연관된 비용에 의해 결정된다. 공간은 임대되고 아마도 개조되어야 하며, 선반과 식탁과 같은 장비가 설치되어야 한다. 설치비용이 상대적으로 크면, 장기평균비용곡선은 상대적으로 큰 생산량에 걸쳐 상대적으로 큰 음(−)의 기울기를 가질 것이다. 다시 말해, 큰 설치비용은 상대적으로 큰 규모의 경제를 나타낸다.

설치비용이 상대적으로 클 때, 생산자는 판매량이 상대적으로 큰 경우에 한해 이득이 될 것이다. 하나의 재화에 대한 도시 전체 수요는 1인당 수요 d(p)와 도시 인구 N을 곱한 것과 같다:

$$도시\ 전체\ 수요 = d(p) \cdot N$$

도시에서 수요되는 총량이 크기 위해, 높은 1인당 수요 혹은 큰 인구를 필요로 한다.

그림 6−3은 최소시장규모의 개념을 보여준다. 규모의 경제가 상대적으로 클 때, 이는 적어도 하나의 기업을 지탱하기 위해 상대적으로 큰 시장수요를 필요로 한다.

1. 큰 규모의 경제

높은 설치비용과 큰 규모의 경제가 존재하는 경우, 평균비용곡선은 상대적으로 높을 것이고, 이는 적어도 하나의 기업을 지탱하기 위해 상대적으로 큰 시장수요를 필요로 한다. 다시 말해, 시장수요곡선은 상대적으로 높은 평균비용곡선 위에, 적어도 부분적으로, 놓이도록 충분히 높아야 한다. 수요는 높은 1인당 수요, 큰 인구, 혹은 이 두 가지 모두로 인해 상대적으로 높을 수 있다.

2. 작은 규모의 경제

낮은 설치비용과 작은 규모의 경제가 존재하는 경우, 시장수요가 상대적으로 낮아도 시장은 적어도 하나의 기업을 지탱할 수 있다.

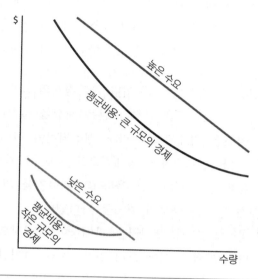

▲ 그림 6-3 규모의 경제와 최소시장규모

그림 6-3으로부터의 일반적 교훈은 만일 시장수요가 생산에서의 규모의 경제에 비해 상대적으로 크다면 시장은 적어도 하나의 기업을 지탱할 것이라는 점이다.

도시규모와 제품 다양성

상대적으로 낮은 1인당 수요를 갖는 재화에 대해, 기업을 지탱하기 위해서는 상대적으로 큰 인구를 필요로 한다. 그림 6-4에서, 큰 도시는 적어도 하나의 기업에 대해 생산에서 수익이 나도록 만들기에 충분한 수요를 갖는다: 수요곡선은 평균비용곡선 위에 놓인다. 대조적으로, 작은 도시에 대한 수요곡선은 평균비용곡선 아래에 놓이며, 따라서 이 도시는 기업을 지탱할 수 있는 충분한 수요를 갖지 못한다. 예를 들어, 페루 음식에 대한 1인당 수요가 상대적으로 낮아, 페루 식당들은 큰 도시들에서 살아남을 수 있으나 작은 도시들에서는 그러지 못한다.

식당 예시는 상대적으로 큰 도시의 본질적인 특성을 설명한다. 일부 재화들은 큰 도시에서 공급될 것이나 작은 도시에서는 그러지 못할 것이다. 식당의 예에서, 큰 도시는, 이의 큰 인구가 상대적으로 낮은 1인당 수요를 갖는 재화를 생산하는 식당을 지탱할 수 있는 충분한 수요를 발생시키기 때문에, 페루 식당을 갖는다.

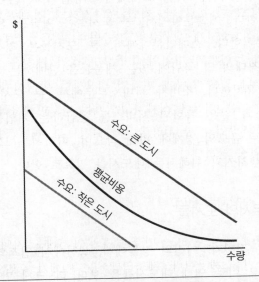

▲ 그림 6-4 큰 도시에서 판매되지만, 작은 도시에서 판매되지 않는 재화

작은 도시들과 큰 도시들 간 차이의 또 다른 예로서, 이발사와 뇌외과 의사를 고려하라. 비록 두 유형의 노동자들이 신체의 거의 같은 부분에서 작업을 하지만, 그들은 생산에서의 규모의 경제에 비해 상이한 1인당 수요를 직면한다.

1. 모든 도시에서의 이발사들

전형적인 사람은 매 2개월마다 이발을 하며, 따라서 1인당 수요가 상대적으로 높다. 더불어, 이발사에 대한 창업비용은 상대적으로 낮다. 이발사가 필요로 하는 것은 한 벌의 가위, 대략 12입방미터(2 × 2 × 3)의 공간, 그리고 의자이다. 결과적으로, 이발사는 단지 수천의 인구를 갖는 도시에서도 살아남을 수 있다.

2. 큰 도시에서의 뇌외과 의사들

인구의 단지 적은 수만이 뇌수술을 필요로 하기 때문에, 뇌수술에 대한 1인당 수요는 상대적으로 낮다. 더불어, 뇌수술을 위한 시설이나 장비는 비싸며, 따라서 뇌수술에서 규모의 경제는 상대적으로 크다. 뇌수술에 대한 1인당 수요는 규모의 경제에 비해 낮으며, 따라서 뇌외과 의사들은 수백만의 잠재적 고객들을 갖는 도시들에 입지한다.

큰 도시에서는 공급되지만 작은 도시에서는 공급되지 않는 재화와 서비스에 대한 많은 예들이 존재한다. 예술분야에서, 큰 도시들은 미술관 전시들과 음악과 연극의 라이브 공연을 유치한다. 소매업분야에서, 큰 도시들은 최신-유행 의류에서부터 중고 의류까지 가격대의 양 극단에 있는 제품들을 판매하는 의류 상점들과 같은 특화된 소매점들을 유치한다. 소비자 서비스부문에서, 큰 도시들은 의료시술과 자조(self-help) 서비스와 같은 특화된 서비스를 공급하는 기업들을 유치한다. 각각의 경우, 1인당 수요는 규모의 경제에 비해 작으며, 따라서 규모의 경제를 활용하기에 충분한 수요를 발생시키기 위해서는 대도시를 필요로 한다.

엔터테인먼트 기계로서의 도시들

그래서 어쨌다는 것인가? 이전의 장들에서, 생산에서 집적의 경제가 기업들로 하여금 군집하게 하고 이로 인해 대도시들을 보다 더 크게 만듦을 보았다. 이 장에서, 일부 유형의 소비자 재화와 서비스를 공급하는 기업들이 단지 대도시에서 살아남을 수 있음을 보았다. 결과적으로, 소비자 관심은 대도시들을 보다 더 크게 만드는 경향이 있다. 큰 노동력과 소비자 기반의 존재는 전시관, 극장, 스포츠 구단, 그리고 특화된 의료시설을 유인한다.

지난 수십 년에 걸쳐, 가장 큰 제품 다양성을 가진 도시들은 다른 도시들에 비해 성장해 왔다. 미국과 프랑스로부터의 자료를 이용하여, 글래이져, 콜코, 그리고 새즈(Glaeser, Kolko, and Saiz, 2001)는 상대적으로 큰 수의 (1인당) 라이브-공연 장소를 가진 도시들이 평균적으로 보다 빠르게 성장하였음을 보여준다. 그들은 인구성장과 1인당 식당의 수 사이에 동일한 양(+)의 상관관계를 발견하였다. 대조적으로, 그들은 인구성장과 영화관 및 볼링장의 수 사이에 음(-)의 상관관계를 발견하였다. 그들은 도시들이 "엔터테인먼트 기계들"이고 지난 수십 년간 가장 생산적인 엔터테인먼트 기계들-뉴욕, 시카고, 그리고 샌프란시스코를 포함-은 가장 급속한 성장을 경험하였다고 주장한다.

03 중심지이론

독점적 경쟁모형은 하나의 지역경제에서 소비자도시들의 발달을 탐구하는 분석틀을 제공한다. 중심지이론은 지역적 관점에 기초하고 두 질문에 대해 답한다.

1. 얼마나 많은 도시들이 발달할 것인가?
2. 도시들이 어떻게 규모와 소비재의 다양성에서 상이할 것인가?

이 이론은 지역경제에서 도시들의 위계적 체계를 예측한다. 완전한 조합의 재화들과 서비스들을 가지고 있는 대도시들은 이 위계의 최상위에 위치한다. 위계를 따라 아래로 이동함에 따라, 도시들은 누진적으로 보다 작아지고 누진적으로 보다 적은 종류의 재화와 서비스를 제공한다. 단순한 핵심적인 내용은 큰 도시에서는 원하는 어느 것이나 얻을 수 있으나 작은 도시에서는 그러지 못한다는 것이다.

단순화 가정들

중심지이론은 몇 개의 단순화 가정들에 기초한다. 이 모형은 입지결정을 소비자들에 대한 접근성에 기반하는 기업들로 정의되는 시장-지향적 기업들의 입지선정에 초점을 맞춘다.

1. 고정된 인구

지역의 인구는 고정되었다.

2. 편재한 생산요소들

모든 생산요소들은 지역의 모든 입지에서 동일한 가격에 구매할 수 있다.

3. 균등한 수요

개별 제품에 대해, 1인당 수요는 지역 내 모든 입지에서 동일하다.

4. 완전한 대체재

주어진 재화에 대해, 상이한 기업들에 의해 만들어진 제품들은 완전한 대체재들이다. 비교구매로부터의 이점이 존재하지 않으며, 따라서 동일한 제품을 판매하는 기업들의 군집으로부터 이점이 존재하지 않는다.

5. 재화들 간 보완성 부재

상이한 재화들은 보완적이지 않으며, 따라서 상이한 재화를 판매하는 기업들의 군집으로부터 이점이 존재하지 않는다.

처음 두 가정들은 이 모형에 있어 핵심적이다. 이 장의 나중 부분에서 보게 되듯이, 보다 현실적인 경제환경에서 도시발달을 탐구하기 위해 다른 가정들을 완화할 수 있다.

중심지이론을 설명하기 위해 단순한 예를 이용할 수 있다. 48,000명의 인구를 갖는 하나의 지역을 고려하라. 세 재화는 규모의 경제에 비해 그들의 1인당 수요에서 상이하다.

1. 의류

1인당 수요가 규모의 경제에 비해 작으며, 따라서 의류상점은 살아남기 위해 48,000명의 인구가 필요하다. 이 지역에 하나의 의류상점이 존재할 것이다.

2. 식료품

1인당 수요가 규모의 경제에 비해 중간 정도이며, 따라서 식료품점은 12,000명의 인구를 가지고 살아남을 수 있다. 이 지역에 네 개의 식료품점이 존재할 것이다.

3. 이발

1인당 수요가 규모의 경제에 비해 높으며, 따라서 이발사는 3,000명의 인구를 가지고 살아남을 수 있다. 이 지역에 16명의 이발사가 존재할 것이다.

중심지 위계

이 지역에서 균일한 인구밀도를 가지고 출발한다고 생각하라. 더불어, 소비자들은 직선을 따라 위치하고, 따라서 1차원의 지역을 가지고 있다고 상상하라. 그림 6-5에서, 이 지역은 48마일의 길이에 해당하고, 처음에는 1마일당 1,000명의 소비자들이 거주한다. 이러한 선형 접근은 기본적인 결과들에 영향을 미침이 없이 설명을 단순화한다.

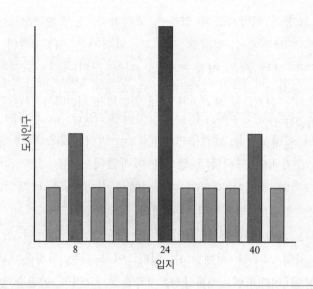

▲ 그림 6-5 중심지이론

기업들은 그들 고객들까지의 거리를 최소화하는 입지를 선택할 것이다. 이전의 장에서 보았듯이, 통행거리는 중위입지(median location)에서 최소화된다. 그림 6-5 에서, 하나의 의류상점은 중위입지를 선택하며, 이는 인구밀도가 균일하기 때문에 중심에 위치하게 된다. 이 의류상점은 인근에 사는 근로자들을 고용하며, 따라서 의류상점의 입지는 이 의류상점 주변구역에서 인구밀도를 증가시킨다. 그림 6-5에 서, 상대적으로 높은 인구밀도를 갖는 장소인 이 도시는, 가장 큰 막대기에 의해 보여지는데, 이 지역의 중심지에서 생성된다.

다음은 네 개의 식료품점들의 입지결정에 대해 고려하라. 만일 이 지역의 인구밀 도가 균일했다면, 식료품점들은 이 지역을 네 개의 동일한 시장구역으로 나누고 개 별 식료품점이 12마일 영역을 가질 것이다. 하지만 인구밀도가 의류상점의 입지에 서 중심이 된 도시에서 보다 높기 때문에 하나보다 많은 식료품점을 지탱할 수 있 는 충분한 수요가 존재할 것이다. 이 도시와 주변지역이 두 개의 식료품점을 지탱 하기에 충분한 수요를 갖는다고 가정하라. 이 경우, 이 지역의 나머지 구역들에 대 해 두 개의 나머지 식료품점이 존재할 것이다. 그림 6-5에서, 이 두 식료품점은 이 지역의 나머지 구역들을 두 개의 동일한 시장구역(market areas)으로 나누고 개 별 식료품점은 개별 시장구역의 중위입지에 위치한다. 식료품점 근로자들은 이 상 점들의 인근에 거주하여, 지역 중심지의 서쪽과 동쪽으로 중간-크기의 막대기들에 의해 보여지는, 두 개의 추가적인 도시의 생성을 야기할 것이다.

마지막으로 16명의 이발사들의 입지를 고려하라. 일부 이발사들은 인구밀도가 상대적으로 높은 도시들에서 입지할 것이고, 나머지는 이 지역의 나머지 구역들을 3,000명의 인구를 갖는 작은 시장구역들로 나눌 것이다. 큰 도시는 네 명의 이발사를 지탱하기에 충분할 정도로 크고 두 중간-크기 도시들 각각은 두 명의 이발사를 지탱하기에 충분할 정도로 크다고 가정하라. 이는 이 지역의 나머지 구역들에 대해 여덟 명의 이발사들을 남겨두며, 그림 6-5에서 짧은 막대기들에 의해 보여지는, 여덟 개의 추가적인 도시들의 생성을 야기한다.

이 지역은 크기와 소비자 재화의 다양성에서 상이한 총 11개의 도시들을 갖는다. 가장 큰 도시는 하나의 의류상점, 두 개의 식료품점, 그리고 네 명의 이발사를 갖는다. 이 도시는 크기 때문에 재화의 폭넓은 다양성을 갖는다. 이 도시의 큰 인구는 세 유형의 기업 모두를 지탱할 수 있다. 이 도시는 폭넓은 다양한 재화들을 가지고 있기 때문에 거대하며, 의류상점, 식료품점, 그리고 이발소에 근무하는 사람들의 집이기 때문에 거대하다. 다른 극단에서, 작은 도시는 단지 이발소만을 갖는다. 중간에서, 중간-규모 도시는 이발소와 식료품점을 갖지만, 의류상점을 갖지 못한다.

이 단순한 중심지모형은 도시들의 위계(hierarchy)를 발생시킨다. 이 위계의 최상위에서, 가장 큰 도시는 전체 조합의 재화들을 공급한다. 위계의 최하위에서, 가장 작은 도시들은 하나의 재화만을 공급한다. 개별 도시는 보다 낮은 순위의 도시들에 재화를 수출한다. 큰 도시는 중간 도시들과 작은 도시들에 의류를 수출하고 인근 작은 도시들에 식료품을 수출한다. 위계의 중간에서, 중간 도시들은 식료품을 작은 도시들에 수출한다. 낮은 끝 위계에서, 작은 도시들은 재화를 수입한다. 그들의 소비자들은 식료품과 의류를 위해 보다 큰 도시들로 통행한다.

중심지이론으로부터의 통찰

단순한 중심지이론모형은 도시들에 대한 지역체계의 특성들에 대해 일부 중요한 통찰을 제공한다.

1. 규모와 다양성에서의 차이

도시들은 규모와 소비재의 다양성에서 차이가 있다. 차이들은 세 개의 재화들이 규모의 경제에 비해 1인당 수요에서 다르기 때문에 발생한다. 설명을 위해, 세 재화들이 규모의 경제에 비해 동일한 1인당 수요를 가지고 있다고 가정하라. 이는 개별 유형의 기업이 살아남기 위해 동일한 인구 기반을 필요로 함을 의미한다. 예를 들어, 개별 유형의 기업이 12,000명의 소비자 기반을 필요로 한다고 가정하라. 개별 재화에 대해, 기업들은 이 지역을 동일한 규모의 네 개의 시장구역으로 나누고, 개별 기업은 중위입지를 선택할 것이다. 세 재화의 시장구역들은 일치하여, 이 지역은 네 개의 동일한 도시들을 가지며, 개별 도시는 세 재화 모두를 공급할 것이다. 다시 말해, 만일 규모의 경제에 비해 1인당 수요에서 차이가 없다면, 이 지역의 도시들은 동일할 것이다.

2. 큼은 적음을 의미한다

이 지역은 작은 수의 큰 도시들과 큰 수의 작은 도시들을 가지고 있다. 왜 이것은 큰 수의 큰 도시들과 작은 수의 작은 도시들로 뒤바뀌지 않는가? 만일 한 도시가 보다 작은 도시에 비해 보다 많은 재화들을 공급한다면, 이 도시는 클 것이다. 큰 도시에 의해 공급되는 추가적인 재화들은 상대적으로 낮은 1인당 수요를 갖는 재화들이다. 낮은 1인당 수요를 갖는 재화를 판매하는 상점들이 보다 적은 숫자로 존재하기 때문에 적은 수의 도시들이 클 수 있다. 우리의 예에서, 단지 하나의 의류가게가 존재하여, 이를 포함하는 도시는 가장 큰 도시가 될 것이다. 이 지역 전체에 걸쳐 분포하는 보다 많은 식료품점들이 존재하기 때문에 보다 많은 중간−규모 도시들이 존재한다. 이 지역 전체에 걸쳐 분포하는 매우 많은 이발사들이 존재하기 때문에 매우 많은 작은 도시들이 존재한다.

3. 쇼핑 경로

소비자들은 보다 큰 도시들로 통행하지, 보다 작은 도시들로 혹은 동일한 규모의 도시로 통행하지 않는다. 예를 들면, 중간의 도시에 거주하는 소비자들은 옷을 구입하기 위해 큰 도시로 통행하나, 식료품을 구입하기 위해 다른 중간의 도시로 통행하지 않고 이발을 하기 위해 작은 도시로 통행하지 않는다. 유사하게, 작은 도시의 소비자들은 옷과 식료품을 구입하기 위해 보다 큰 도시들로 통행하지만 다른 작은 도시들로는 통행하지 않는다.

그림 6−6은 2014년 인디애나주의 다양한 규모의 도시들을 보여준다. 이 지도는 퍼즐 조각들로 인구조사표준지역(census tracks)들을 보여주는데, 헥타르당 노동자수인 고용밀도와 동일한 높이로 돌출되어(밀어 올려져) 있다. 고용의 가장 큰 집중은 인디애나폴리스 대도시지역이며, 이 주(state)의 지리적 중심에 가깝다. 인디애나폴리스는 상대적으로 큰 일자리 규모를 갖는데, 이는 상대적으로 큰 면적(인구조사표

▲ 그림 6-6 인디애나의 중심지역들, 2014

준지역들이 밀어 올려진 지역들)과 상대적으로 높은 막대기들(높은 고용밀도)로 표시된다. 고용의 여타 군집들은, 그들의 면적이나 일자리 밀도에 의해 표시된 바와 같이, 다양한 크기의 도시들에 존재한다. 이 지도는, 주 전체에 분포하는 상이한 크기의 도시들의 도시위계를 가진, 중심지이론의 개념을 설명한다.

가정들의 완화

단순한 중심지이론의 일부 가정들은 비현실적이다. 이 절에서 가정들의 일부를 완화하고 도시위계에서 도시들의 균형 수와 크기에 대한 함의를 탐구한다.

우선 상이한 기업으로부터의 제품들이 완전한 대체재라는 가정을 고려하라. 이 가정하에서, 소비자들은 비교구매(comparison shopping)를 할 필요가 없으며, 따라서 식료품점들과 이발사들이 비교구매를 촉진하기 위해 군집하고자 하는 경향이 존재하지 않는다. 식료품점들이 자동차판매상들에 의해 대체된다고 가정하고, 상이한 판매상들로부터의 자동차들이 불완전 대체재임을 상상하라. 자동차를 구매하는 사람들은 상이한 기업들의 제품들을 비교하는 것으로부터 편익을 얻고, 비교구매는 자동차판매상들로 하여금 떨어져 입지하기보다는 군집하도록 할 것이다. 예를 들어, 만일 균형 군집이 네 개의 자동차판매상들이라면, 하나의 군집이 이 지역의 중심지에서 생성될 것이다. 이 경우, 이 지역은 단지 두 유형의 도시들만을 가질 것이다. 큰 도시들은 의류상점, 자동차판매상, 그리고 이발사를 갖는 반면에 작은 도시들은 이발사를 가질 것이다. 불완전 대체제의 도입은 도시들의 균형 수를 줄이고 가장 큰 도시의 크기를 증가시킨다.

이 단순한 모형의 또 다른 가정은 세 제품들이 보완재가 아니라는 것이다. 식료품점이 구두가게에 의해 대체되고 의류와 구두가 보완재라고 가정하라. 전형적인 소비자는 의류와 구두를 동일한 구매통행에서 구입한다. 이 경우, 구두가게들은 원－스톱(one－stop) 구매를 촉진하기 위해 의류상점 가까이 큰 도시에 입지할 것이다. 이 지역은 두 유형의 도시들인 큰 도시(의류, 구두, 이발사)와 작은 도시(이발사)를 갖는다. 다시 말해, 구매에서 집적의 경제를 활용하기 위한 기업들의 군집은 도시의 수를 감소시키고 가장 큰 도시의 규모를 증가시킨다.

단순한 중심지이론의 핵심적인 가정은 1인당 수요가 도시 규모에 따라 달라지지 않는다는 것이다. 1인당 수요에서의 체계적인 변화는 도시위계를 방해할 것이다. 다양한 규모의 도시들의 크기와 범주에 어떠한 일들이 발생하는가를 보기 위해 다양한 유형의 재화들을 추가할 수 있다.

1. 미국남서부의 전통 대중음악(country music)

미국 전통 대중음악에 대한 1인당 수요가 작은 도시들에서 높고 큰 도시들에서 낮다고 가정하라. 만일 큰 도시가 전통 대중음악 공연장을 지탱할 충분한 수요를 가지고 있지 않다면, 도시위계는 무너질 것이다. 작은 도시에서 공급되는 일부 재화들이 이 큰 도시에서 공급되지 않을 것이다. 다른 한편에서, 큰 도시는 이의 큰 인구로 낮은 1인당 수요의 문제를 극복하여 적어도 하나의 전통 대중음악 공연장을 발생시킬 것이다.

2. 오페라

오페라에 대한 1인당 수요가 큰 도시들에서 높고 작은 도시들에서 영(0)이라고 가정하라. 이 경우, 큰 도시들은 자연적으로 보다 커질 것이며, 큰 도시와 작은 도시 간 격차가 커짐에 따라 도시위계는 강화될 것이다.

비록 1인당 수요에서의 체계적 변화의 도입이 단순한 중심지모형에 의해 함의된 것에 비해 보다 덜 정연한 도시위계를 발생시키지만, 이러한 위계의 핵심적인 특성들은 지속될 것이다. 보다 큰 도시들은 보다 폭넓은 다양한 재화와 서비스를 제공한다.

개념에 대한 복습

01 독점적 경쟁모형은 두 가정 (i) [_____]; (ii) [_____]에 기초한다.

02 생산의 장기비용이 C(q)=120+2·q라고 가정하라. q=30에 대해, 총 비용=[_____] 달러, 평균비용=[_____]달러, 그리고 한계비용=[_____]달러이다.

03 독점적 경쟁에서의 균형을 고려하라. 이윤 극대화를 위해, [_____]=[_____]. 영(0)의 경제적 이윤을 위해, [_____]=[_____].

04 두 번째 기업의 시장진입은 세 가지 이유로 기업당 이윤을 [_____]: (i) [_____]이/가 감소한다, (ii) [_____]이/가 감소한다, 그리고 (iii) [_____] 이/가 증가한다.

05 한 기업의 시장진입은, 이 기업의 [_____]곡선과 [_____]곡선의 이동과 함께, 기업의 [_____]곡선과 [_____]곡선을 따른 이동을 야기한다.

06 그림 6-2에 보여지는 예를 고려하라. d_6는 [_____]곡선 [_____]에 있을 것이기 때문에 6개 기업을 갖는 결과는 균형이 [_____] 것이다.

07 만일 생산에서의 [_____]에 비해 [_____]이/가 크다면, 시장은 재화를 생산하는 적어도 하나의 기업을 지탱할 것이다. 만일 이 재화가 상대적으로 높은 [_____]을/를 갖거나 이 도시가 [_____]을/를 가지고 있다면, 도시에서 시장 수요는 상대적으로 클 것이다.

08 피자가게와 초밥집에 있어, 평균비용곡선은 연간 200,000인분의 식사에서 이의 최저점에 도달한다. 피자에 대한 1인당 수요가 연간 20인분의 식사에 해당하고 초밥에 대한 1인당 수요가 연간 2인분의 식사에 해당한다. 하나의 피자가게가 있는 가장 작은 도시는 [_____]명의 인구를 갖고, 하나의 초밥집이 있는 가장 작은 도시는 [_____]명의 인구를 갖는다.

09 이발에 대한 [_____]이/가 [_____]에 비해 [_____]이기 때문에 이발사들은 [_____](큰, 작은, 혹은 크고 작은, 가운데 선택하라) 도시에 입지한다.

10 뇌수술에 대한 [_____]이/가 [_____]에 비해 [_____]이기 때문에 뇌외과 의사들은 [_____](큰, 작은, 혹은 크고 작은, 가운데 선택하라) 도시에 입지한다.

11 지난 수십 년에 걸쳐, 상대적으로 많은 수의 [_____] 장소(venues)를 지닌 도시들이 상대적으로 많은 수의 [_____] 장/레인(alleys)을 지닌 도시들보다 빠르게 성장하였다.

12 중심지이론은 도시들의 [_____]을/를 발생시킨다. 경제 내에서 도시들은 [_____]와/과 [_____]에서 다르다. 소비자들은 [_____] 도시들로 통행하지만, [_____] 도시들로는 통행하지 않는다.

13 불완전 대체재를 중심지 분석틀에 도입하면 균형 도시의 수를 [_____], 가장 큰 도시의 규모를 [_____].

14 보완재를 중심지 분석틀에 도입하면 균형 도시의 수를 [_____], 가장 큰 도시의 규모를 [_____].

개념들을 응용하는 연습문제

01 진입과 이윤

처음에 페이지(Paige)는 북빌(Bookville)에서 서점을 운영할 수 있는 면허증을 유일하게 가지고 있다. 그녀는 책 1권당 9달러의 가격을 부과하고, 1권당 4달러의 평균비용을 가지고 있으며, 연간 1,001권의 책을 판매한다. 페이지의 면허가 종료되고이 도시는 두 개의 서점 운영권을 최고가 입찰자들에게 경매로 팔기로 결정했다고가정하라. 연관된 변수들(가격, 평균비용, 그리고 기업당 수량)은 (분수 혹은 소수점이 아닌) 정수(integer)의 수치만을 취한다고 가정하라. 개별 면허에 대한 최대의 가능한 입찰가는 [_____]달러이다. 설명하라. (가격, 평균비용, 그리고 기업당 수량의 3개 수치 모두에 대해 감소해야 함에 유의하라. 역자 주)

02 얼마나 많은 피자가게들?

당신의 도시는 처음에 피자가게의 수를 하나로 제한한다. 기존의 독점업체는 하루에 2,000판의 피자를 판매한다. 기업의 수는 n=Q/q이며, Q는 시장 전체 수량이고 q는 기업당 수량이다. 독점의 경우,

$$n = \frac{Q}{q} = \frac{2000}{2000} = 1$$

피자가게는 생산량 q=1000에서 이의 장기평균비용곡선의 수평 부분에 도달한다. 이 도시가 진입제한을 제거하여, 다른 기업들이 시장에 진입한다고 가정하라. 경제자문가인 디포드 큐(Difford Qq)에 의하면, "균형의 피자가게 수는 2가 아니다". 디포드의 경제적 논리를 설명하라.

03 피자 대 초밥

피자가게와 초밥집이 연간 200,000인분의 식사에 해당하는 공통의 최소시장규모를 가지고 대략 동일한 규모의 경제를 경험한다고 가정하라. 피자에 대한 1인당 수요는 연간 20인분의 식사이고 초밥에 대한 1인당 수요는 연간 4인분의 식사이다. 당신이 20,000명의 인구를 가지고 있는 도시에서 60,000명의 인구를 가지고 있는 도시로이주한다고 가정하라.

a. 피자가게의 수는 [_____]에서 [_____]로 변할 것이다.

b. 초밥집의 수는 [_____]에서 [_____]로 변할 것이다.

개념들을 응용하는 연습문제

04 고령인구에 대한 이발사와 뇌외과 의사

이발사가 있는 가장 작은 도시가 10,000명(N_B=10,000)의 인구를 가지고 있고 뇌외과 의사가 있는 가장 작은 도시가 200,000명(N_S=200,000)의 인구를 가지고 있는 지역경제 그레이랜드(Greyland)를 고려하라. 향후 10년 동안, 그레이랜드의 평균 연령은 증가할 것이다. 고령화 과정은 두 가지 측면에서 머리에 영향을 미친다: 머리카락의 양은 감소하고 뇌건강문제의 빈도는 증가한다.

a. N_S/N_B 의 비율에 대한 인구 고령화의 질적 영향을 예측하라.

b. 평균 연령이 두 배가 된다고 가정하라. 평균 연령에 대한 이발의 탄력성은 –1.0 이고 평균 연령에 대한 뇌수술의 탄력성은 +1.0이다. N_S/N_B 의 비율에 대한 인구 고령화의 양적 영향(횟수)을 예측하라.

05 한 도시의 규모

단지 두 소비재, 문신(1인당 수요=3)과 손톱 손질(1인당 수요=6)을 가지고 있는 소비자 지역을 고려하라. 위저드(Wizard)씨에 의하면, "만일 나의 가정이 옳다면, 이 지역 내 모든 소비자도시들은 동일할 것이다". 위저드씨의 가정은 . . .

06 따분한 수도들(capital cities)

사람들은 주(state)의 수도들(새크라멘토, 캘리포니아; 살렘, 오레곤; 올림피아, 워싱턴)이 동일한 규모(인구)의 다른 도시들에 비해 소비재에서 다양성이 덜하다는 점에서 소비자들에게 있어 상대적으로 따분하다고 주장한다. 서부의 주들에 대한 지도를 확인하라. 세 수도들은 상대적으로 따분하다 왜냐하면 . . .

Glaeser, Edward L., Jed Kolko, and Albert Saiz, "Consumer City." *Journal of Economic Geography* 1 (2001), pp. 27 – 50.

Rappaport, Jordan, "Consumption Amenities and City Population Density." *Regional Science and Urban Economics* 38 (2008), pp. 533 – 52.

Christaller, Walter, *Central Places in Southern Germany*, trans. C. W. Baskin. Englewood, NJ: Prentice Hall, 1966.

Losch, August, *The Economics of Location*. New Haven, CT: Yale University Press, 1954.

07 지역경제에서의 도시들

단순한 크기에 대해서는 걱정할 필요가 없다. 아이작 뉴턴 경은 하마보다 훨씬 작았지만, 그런 이유로 그를 보다 낮게 평가하지는 않는다.

– 버트랜드 러셀

전형적인 지역경제는, 규모와 경제 범주에서 상이한, 다수의 서로 연관된 도시들을 가지고 있다. 이 장은 도시들의 지역체계를 만드는 경제적 힘에 대해 탐구한다. 지역경제의 장기 분석에 깔려있는 핵심적인 가정은 노동자와 기업이 도시들 간 이동에 있어 완전히 자유롭다는 것이다.

01 도시효용과 도시규모

지역경제에서 도시들은 노동시장을 통해 연결된다. 장기에서, 노동자들은 도시들 간 이동이 완전히 자유로우며, 도시선택에서의 내쉬균형에서, 노동자들은 지역경제 내 도시들 간 무차별하다. 앞으로 보게 되듯이, 도시 간 노동 이동성은 한 도시에서의 변화가 지역경제 내 다른 도시들로 파급됨을 의미한다.

도시효용곡선

도시 내 총 고용의 증가는 어떻게 전형적인 노동자의 효용수준에 영향을 미치는가? 통상, 비교이익(trade-offs)이 존재한다. 도시 노동력 증가의 긍정적 효과를 먼저 고려하라. 총 고용의 증가는 노동자 효용에 상방향(upward)으로 압력을 제공하는 두 종류의 집적의 경제를 발생시킨다.

1. 생산에서의 집적의 경제

제3장에서 보았듯이, 노동력의 증가는 기업들이 중간재 생산요소 공급업체를 공동이용하고, 공동의 노동풀을 이용하고, 숙련의 매칭을 개선하고, 지식파급으로부터 편익을 얻음에 따라 집적의 경제를 발생시킨다. 이러한 집적의 경제는 노동생산성과 임금을 증가시켜, 노동자 효용을 증가시킨다.

2. 소비에서의 집적의 경제

제5장에서 보았듯이, 인구의 증가는 소비자 재화의 다양성을 증가시키고, 이는 소비자 효용을 증가시킨다.

노동자 효용에 하방향(downward)으로 압력을 제공하는 다음 세 종류의 집적의 불경제를 고려하라.

1. 통근비용과 주택비용

제3장에서 보았듯이, 노동력의 증가는 주택의 단위비용(위로 짓는 비용)을 증가시키고 또는 평균 통근거리(옆으로 짓는 비용)를 증가시켜, 노동자 효용이 감소한다.

2. 질병

1900년대 초까지, 미국의 큰 도시에서의 거주는 대략 5년만큼 기대수명을 줄였다. 근대의 물과 위생관리체계의 발달 이전에, 고밀도의 거주는 세균과 박테리아의 확산을 촉진시켜, 치명적인 결과를 낳았다. 그 이후로, 물과 위생관리체계의 개선은 기대수명 격차를 역전시켰다. 다수의 국가 내 가장 큰 도시들(뉴욕, 보스턴, 그리고 샌프란시스코)에서, 기대수명은 국가 평균을 초과하였다. 대조적으로, 보다 덜 발달된 국가들에서, 열악한 위생관리체계는 도시들에서 보다 낮은 기대수명을 야기한다.

3. 오염

만일 도시 노동력의 증가가 대기 혹은 수질 오염을 증가시킨다면, 노동자 효용은 감소한다.

그림 7-1은 도시규모와 연관된 비교이익을 나타낸다. 도시효용곡선은 노동자 효용을 노동자수의 함수로 보여준다. 점 i까지 양(+)의 기울기를 갖는 부분에 대해,

노동자의 수가 증가함에 따라 보다 큰 도시의 편익(생산에서의 집적의 경제와 보다 큰 제품 다양성)이 비용(보다 높은 주택비용, 보다 긴 통근거리, 질병, 오염으로부터의 집적의 불경제)을 압도하여 효용은 증가한다. 점 i를 넘어 음($-$)의 기울기를 갖는 부분에 대해, 집적의 불경제는 집적의 경제를 압도하여, 효용이 감소한다.

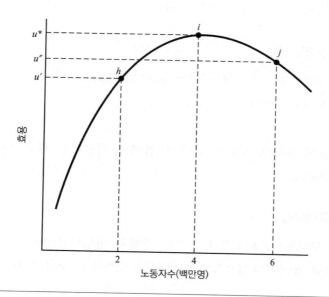

▲ 그림 7-1 도시효용곡선

지역적 균형: 도시들은 지나치게 작지 않다

지역경제에서 모든 도시들이 동일한 경우를 가정하라. 질문은 이 지역이 많은 수의 작은 도시들, 작은 수의 큰 도시들, 혹은 이 두 극단의 어디쯤을 가질 것인가이다. 문제를 단순화하기 위해, 노동자 12백만명의 노동력에 대해 가능한 세 가지 구성을 고려하라.

1. 개별 도시가 2백만명의 노동자들을 갖는 여섯 개의 도시 (A, B, C, D, E, F).
2. 개별 도시가 4백만명의 노동자들을 갖는 세 개의 도시 (A, B, C).
3. 개별 도시가 6백만명의 노동자들을 갖는 두 개의 도시 (A, B).

여섯-도시 구성에서 시작하자. 그림 7-2에서, 2백만명의 노동자를 갖는 공통의 효용수준은 (점 h에 의해 보여진) u'이다. 이것은 균형이다. 지역 내 모든 노동자는 동일한 효용수준을 달성하며, 따라서 누구도 이동할 유인을 갖지 않는다. 그러나 작은 이탈이 이 경제로 하여금 상이한 구성으로 이동하도록 하기 때문에 이러한 균형은 불안정(unstable)하다. 일부 노동자들이 도시 D로부터 도시 A로 이동하는 것을 상상하라. 성장하는 도시(A)는 점 h에서 점 g로 효용곡선을 따라 상향 이동하고, 효용은 u''로 증가한다. 대조적으로, 축소하는 도시(D)는 점 h에서 점 s로 효용곡선을 따라 하향 이동하고, 효용은 u'''로 감소한다. 이제 효용은 성장하는 도시에서보다 높고, 효용 격차는 다른 노동자들로 하여금 도시 D에서 도시 A로 이동하도록한다. 이동이 진행됨에 따라, 효용 격차는 커지고 도시 D는 결국 사라질 것이다. 도시 A의 인구는 두 배가 될 것이고, 이의 효용수준은 u^*에 도달할 것이다.

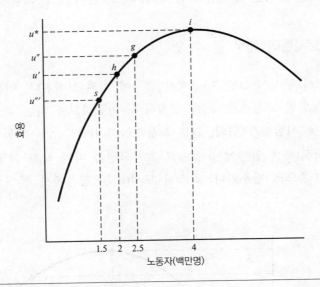

▲ 그림 7-2 도시들은 지나치게 작지 않다

　　동일한 논리를 이 지역경제의 다른 네 도시들에 적용할 수 있다. 도시 E로부터 도시 B로 노동자들의 초기 임의적인 이동은 도시 E의 희생하에 도시 B의 인구를 두 배로 증가하는 자기-강화적 이동(self-reinforcing moves)을 촉진할 것이다. 유사하게, 만일 노동자들이 도시 F에서 도시 C로 이동한다면, 다른 노동자들이 축소하는 도시로부터 성장하는 도시로 이주할 것이기 때문에 도시 F는 결국 사라질 것이다. 이러한 정연한(tidy) 예에서, 여섯-도시 구성은 세-도시 구성에 의해 대체된다.
　　여섯 개의 작은 도시들을 갖는 구성은 이주가 자기-강화적이기 때문에 불안정하다. 작은 도시들이 효용곡선에서 양(+)의 기울기를 갖는 부분을 따라 운영되기 때문에 이주는 자기-강화적이다. 노동자들이 한 도시에서 다른 도시로 이주함에 따라, 두 도시 간 효용 격차가 커져, 성장하는 도시로 이주하고자 하는 유인을 증가시킨다. 이러한 자기-강화적 이주는 결국 임의의(random) 밖으로의 이주를 경험하는 작은 도시들을 없앤다.

이러한 분석에서 핵심적인 사항은 도시들이 결코 지나치게 작지 않다는 것이다. 그림 7-2에서, 만일 한 도시의 노동력이 효용-극대화 노동력(점 i에서 4백만명의 노동자들)보다 작다면 이 도시는 지나치게 작을 것이다. 다시 말해, 지나치게 작다는 것은 이 도시가 효용곡선에서 양(+)의 기울기를 갖는 부분에 있음을 의미한다. 이제까지 보아온 것처럼, 효용곡선에서 양(+)의 기울기를 갖는 부분에 있는 적어도 한 도시를 포함하는 구성은 불안정하며, 따라서 도시들이 결코 지나치게 작을 수 없다.

지역적 균형: 도시들이 매우 클 수 있다

두 개의 도시 구성이 그림 7-3에서 점 j에 의해 보여진다. 이는 균형이다. 모든 노동자들이 동일한 효용수준 u''을 달성하여, 이동하고자 하는 유인이 존재하지 않는다. 안정성을 시험하기 위해, 일부 노동자들이 B에서 A로 이동하는 것을 상상하라. 성장한 도시(A)는 점 j에서 점 g로 효용곡선을 따라 하향 이동하고, 효용은 u'' 아래의 효용수준으로 감소한다. 축소된 도시(B)는 점 j에서 점 s로 효용곡선을 따

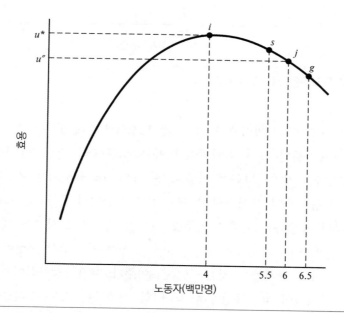

▲ 그림 7-3 도시들은 지나치게 클 수 있다

라 상향 이동하고, 효용은 u'' 위의 수준으로 증가한다. 이 경우, 보다 작은 도시에서 효용이 보다 높아, 노동자들은 이전의 이동을 뒤바꿀 것이다. B는 성장할 것이고 A는 축소될 것이며, 이주는 개별 도시가 6백만명의 원래의 노동력과 원래의 효용 u'' 으로 되돌아올 때까지 계속될 것이다.

이 두 개의 도시 구성은 이주가 자기-교정적(self-correcting)이기 때문에 안정적이다. 두 도시가 효용곡선의 음(−)의 기울기를 갖는 부분에 있기 때문에 이주는 자기-교정적이다. 도시 B로부터 도시 A로의 이동은 이주자들이 떠난 도시에서 보다 높은 효용을 갖는 효용 격차를 발생시킨다. 어떤 뜻에서, 이주자들은 현재의 보다 큰 도시로의 그들의 이동을 후회하고, 되돌아가는 이주가 원래의 효용수준 u'' 을 회복시킨다.

이러한 분석의 핵심적인 사항은 균형 도시들이 지나치게 클 수 있다는 것이다. 그림 7-3에서, 만일 한 도시의 노동력이 효용-극대화 노동력(점 i 에서의 4백만명의 노동자들)을 초과한다면 이 도시는 지나치게 클 것이다. 다시 말해, 지나치게 크다는 것은 이 도시가 효용곡선의 음(−)의 기울기를 갖는 부분에 있음을 의미한다. 이제까지 봐왔던 것처럼, 효용곡선의 음(−)의 기울기를 갖는 부분에 있는 도시들의 구성은 안정적이다. 따라서 도시들은 지나치게 클 수 있다.

지역적 균형: 효율적인 도시들?

마지막으로 세 도시 모두 점 i 에서 효용곡선의 정점에 있는 세-도시 구성을 고려하라. 모든 노동자들이 동일한 효용수준 u^* 을 달성하고 이는 마침 최대 효용이기 때문에 이것은 균형이다. 안정성을 시험하기 위해, 일부 노동자들이 도시 B에서 도시 A로 이동한다고 상상하라.

1. 성장하는 도시(A)는 효용곡선을 따라 오른쪽으로 하향 이동하며, 따라서 효용이 감소한다.
2. 축소하는 도시(B)는 효용곡선을 따라 왼쪽으로 하향 이동하며, 따라서 효용이 감소한다.

효용이 두 도시에서 감소하기 때문에 이주가 자기-강화적인지 혹은 자기-교정적인지는 명확하지 않다. 따라서, 이 구성이 안정적인지 아니면 불안정적인지 결정할 수 없다.

효율적 구성의 안정성은 정점 부근에서 효용곡선의 기울기에 의해 결정된다.

1. 안정성

만일 효용곡선이 정점의 왼쪽(보다 작은 노동력)으로의 기울기보다 정점의 오른쪽(보다 큰 노동력)으로 보다 가파르다면 이 구성은 안정적이다. 이 경우, 안으로−이주에 의해 촉발된 효용에서의 감소가 밖으로−이주로부터 촉발된 효용에서의 감소보다 크며, 따라서 성장하는 도시에서의 효용은 축소하는 도시에서의 효용보다 작다. 이주자들은 그들의 이동을 후회하고 되돌아와, 원래의 노동력을 회복시킨다.

2. 불안정성

만일 효용곡선이 정점의 왼쪽으로 평편한 것보다 정점의 오른쪽으로 보다 평편하다면, 이 구성은 불안정적이다. 이 경우, 밖으로−이주는 효용에서 보다 큰 감소를 발생시켜, 성장하는 도시는 축소하는 도시에 비해 보다 높은 효용을 갖는다. 이주는 자기−강화적이며, 따라서 성장하는 도시는 성장을 지속하고 축소하는 도시는 축소를 지속한다.

불안정성의 경우, 도시의 규모와 수에서 최종적인 결과를 예측하는 것이 어렵다. 효용곡선의 기울기와 위치에 대해 좀 더 알지 않는 이상 결과에 대한 예측이 불가능하다.

02 도시규모의 차이

이제까지 지역경제가 동일한 도시들을 발생시킨다고 가정하였다. 사실, 지역경제에서 도시들은 규모와 경제적 범위에서 상이하다. 미국에서 가장 큰 도시지역인 뉴욕은 18백만명 이상의 인구를 가지고 있는 반면에 가장 작은 도시지역(앤드류스, 텍사스)은 약 13,000명의 인구를 가지고 있다. 그림 7−4는 미국 대도시지역들의 규모분포를 보여주는데, 두 개의 그래프로 분리하였다. 첫 번째는 상위 50개 대도시지역에 대한 그래프이고 두 번째는 365개 대도시지역들 모두에 대한 그래프이다.

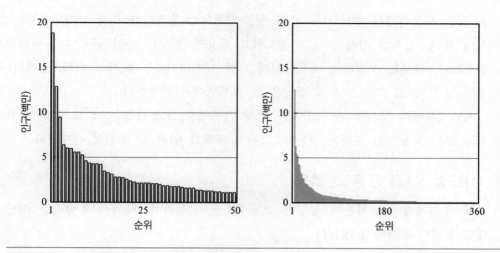

▲ 그림 7-4 미국 대도시지역의 규모분포, 2000

지역경제에서의 균형 도시규모들

　　상이한 규모 도시들의 생성을 설명하기 위해 효용곡선을 이용할 수 있다. 그림 7-5에서, 점 s를 포함하는 효용곡선은 생산과 소비에 있어 상대적으로 작은 집적의 경제를 경험하는 도시에 대한 것이다. 노동력(총노동자수)이 증가함에 따라, 집적의 불경제는 빠르게 집적의 경제를 압도하며, 따라서 효용곡선의 정점이 상대적으

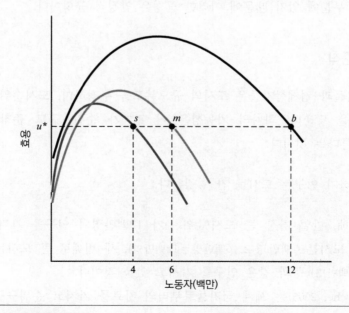

▲ 그림 7-5 도시규모의 차이

로 작은 노동력에서 발생한다. 점 m을 포함하는 효용곡선에 의해 나타내어지는 도시에 대해, 집적의 경제는 중간 정도이고 효용의 정상은 중간 규모의 노동력에서 발생한다. 점 b를 포함하는 효용곡선에 의해 나타내어지는 도시에 대해, 집적의 경제는 상대적으로 크고 효용의 정상은 큰 노동력에서 발생한다.

지역경제에서 도시들 간 노동자의 균형 분포에서, 노동자들은 세 도시 간 무차별하고 모든 노동자는 일터를 갖는다. 입지적 균형을 위한 두 조건이 존재한다.

1. 내쉬균형: 도시들 간 동일한 효용

세 도시에서 노동자들은 동일한 효용수준을 달성하며, 따라서 일방적인 이탈에 대한 유인이 존재하지 않는다.

2. 합산

세 도시의 노동자수의 합은 고정된 지역 노동력으로 합산된다.

이 지역이 총 22백만명의 노동자들을 가지고 있다고 가정하라. 그림 7−5에서, 점 s, m, 그리고 b는 균형을 보여준다. 효용수준 u^*는 세 도시 모두에서 동일하고 도시 노동력(작은 도시에서 4백만명, 중간규모 도시에서 6백만명, 그리고 큰 도시에서 12백만명)은 지역 노동력(22백만명)으로 합산된다. 개별 도시가 효용곡선의 음(−)의 기울기를 갖는 부분에 있기 때문에 이러한 균형은 안정적 균형이다.

순위−규모 준칙

지리학자들과 경제학자들은 도시의 규모분포를 추정하며, 도시순위와 규모 간 관계에 초점을 맞춘다. 하나의 가능성은 이 관계가 순위−규모 준칙(the rank−size rule)을 따른다는 것이다:

순위 곱하기 인구는 도시들 간 일정하다.

다시 말해, 만일 가장 큰 도시(순위 1)가 12백만명의 인구를 가지고 있다면, 두 번째로 큰 도시는 6백만명(2×6백만명＝12백만명), 세 번째로 큰 도시는 4백만명(3×4백만명＝12백만명) 등과 같은 인구를 가지고 있을 것이다.

니체(Nitsche, 2005)는 세계 국가들로부터의 자료를 가지고 순위−규모 관계에 관한 29개 연구들의 결과를 요약한다. 가설로 세워진 관계는 다음과 같다:

$$R = c/N^b$$

여기서 c는 상수이고, N은 인구이며, 멱지수(exponent) b는 순위와 인구에 대한 자료로부터 추정된다. 만일 b=1.0이라면, 순위-규모 준칙이 성립한다. 그림 7-5에서 보여진 예는 c=12백만명과 b=1을 가지고 순위-규모 준칙과 일치한다. 가장 큰 도시는 12백만명의 노동자 인구를 가지고 있고 6백만명의 노동자를 가지고 있는 도시가 뒤따르며 그 다음은 4백만명의 노동자 인구를 가지고 있는 도시가 뒤따른다:

$$R_1 = c/N^b = 12백만명/12백만명 = 1$$
$$R_2 = c/N^b = 12백만명/6백만명 = 2 \quad R_3 = c/N^b = 12백만명/4백만명 = 3$$

다시 말해, 순위 곱하기 규모는 12백만에서 일정하다. 니체에 의해 고려된 연구들에서, b에 대한 추정치들의 2/3는 0.80과 1.20 사이이며, 중위 추정치는 1.09이다. 이는 1.11에서 1.13의 범위에서 b의 추정치를 제시한 이전의 국가 간 연구들과 일치한다. 다시 말해, 도시 인구는 순위-규모 준칙에 의해 예측되는 것보다 도시들 간에 보다 고르게 분포한다.

순위-규모 준칙에 대한 다수의 연구들이 도시에 대한 경제적 정의보다 정치적 정의를 이용한다는 것을 주지하는 것이 중요하다. 정치적 도시는 정치적 관할 구역을 분리하는 경계들에 의해 정의된다. 대조적으로, 도시의 경제적 정의는 정치적 경계들을 무시하고 도시경제에 경제적으로 포함된 모든 사람들을 포함한다. 실용적인 측면에서, 경제적 도시는 대도시지역(예를 들면, 샌프란시스코만 지역)으로 전형적으로 정의되는데, (정치적) 중심도시와 함께 모든 인근 공동체들을 포함한다. 정치적 도시들보다 경제적 도시들을 이용한 순위-규모 준칙에 대한 연구들에서 b에 대한 중위 추정치는 1.02이며, 이는 순위-규모 준칙에 부합하는 수치에 훨씬 더 근접한다.

03 도시경제성장

경제학에서, 경제적 성장은 1인당 소득의 증가로 정의된다. 도시경제의 맥락에서는, 경제적 성장은 전형적인 거주자의 효용수준의 증가로 정의된다. 다시 말해, 도시경제에서의 정의는 시장 소득(임금) 이외에 여타의 편익(재화의 다양성)과 도시 거주의 비용(주거비용, 통근비용, 오염)을 포함하는 요인들을 고려한다.

도시경제의 맥락에서 무엇이 경제적 성장을 야기하는가? 세 가지 전통적인 (지리적이지 않은) 요인들과 하나의 지리적 요인을 포함하여, 경제적 성장에 대한 네 개의 원천들이 존재한다:

1. 자본의 심화(capital deepening)

물적 자본은 재화와 서비스를 생산하기 위해 인간에 의해 만들어진 기계, 설비, 그리고 건물과 같은, 모든 객체들을 포함한다. 자본의 심화는 노동자 1인당 자본량의 증가로 정의되는데, 이는 개별 노동자로 하여금 보다 많은 자본을 가지고 일을 하도록 하기 때문에 생산성과 소득을 증가시킨다.

2. 인적자본의 증가

한 사람의 인적자본은 교육과 경험을 통해 습득되는 지식과 기술을 포함한다. 인적자본의 증가는 생산성과 소득을 증가시킨다.

3. 기술진보

생산성을 증가시키는 아이디어가 기술진보의 한 형태인데, 생산을 어떻게 보다 잘 조직할 것인가에 대한 노동자의 일반 상식적 아이디어에서부터 과학자의 보다 빠른 마이크로프로세서(microprocessor)의 발명에 이르기까지의 모두를 포함한다. 이 결과로 얻어지는 생산성의 증가는 노동자 1인당 소득을 증가시킨다.

4. 집적의 경제

물리적 근접(physical proximity)은 중간재 생산요소 공급업체의 공동이용, 공동의 노동풀(pool)의 이용, 숙련 매칭(matching)의 개선, 그리고 지식파급으로부터의 편익을 통해 생산성을 증가시킨다. 도시들은 생산요소들을 생산공정에 모으고 대면접촉 의사소통을 촉진하기 때문에 생산성과 소득을 증가시킨다. 루카스(Lucas, 2001)의 말에 의하면, 도시는 "경제적 성장의 엔진(engine)"이다.

혁신과 지역 전체에 걸친 효용

기술적 진보와 효용 간 연계를 보이기 위해 도시효용곡선을 이용할 수 있다. 12

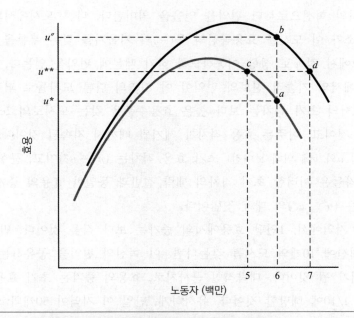

세로축: 효용

가로축: 노동자 (백만)

그래프 상의 점: u″ (b), u** (c, d), u* (a), 5, 6, 7

▲ 그림 7-6 한 도시에서의 혁신은 지역 전체 효용을 증가시킨다

백만명 노동자가 있는 지역에서 각각 6백만명의 노동자를 갖는 두 동일한 도시를 고려하라. 그림 7-6에서, 초기 효용곡선은 친숙한 언덕모양을 가져, 집적의 경제와 집적의 불경제 간 긴장 상태를 반영한다. 이 두 도시는 동일한 초기 효용곡선을 가지며, 초기 균형은 점 a에 의해 보여진다. 이 지역의 노동력은 6백만명의 노동자를 갖는 두 도시 간 동일하게 나눠지며, 공통의 효용수준은 u^*이다.

두 도시 가운데 하나가 노동자 생산성을 증가시키는 기술적인 진보를 경험한다고 가정하라. 이 도시의 효용곡선은 개별 노동력에 대해 보다 높은 생산성(과 효용)을 가지고 상향으로 이동한다. 예를 들어, 혁신적인 도시에서 6백만명의 노동력에 대해, 효용수준이 u^*(점 a)에서 $u″$(점 b)로 증가한다. 따라서 이주가 없다면, 혁신적인 도시에서의 효용은 다른 도시에서의 효용을 $u″-u^*$만큼 능가할 것이다. 효용의 격차로 인해, 노동자들은 혁신적인 도시로 이주할 것이고, 이주는 효용이 두 도시 간 동일해질 때까지 지속될 것이다.

새로운 균형은 점 c와 d에 의해 보여진다. 이는 두 도시가 동일한 효용수준 u^{**}을 가지고 있고 두 도시에서의 노동력이 고정된 지역 노동력으로 합산되기 때문에 지리적 균형(locational equilibrium)이다. (점 d에 의해 보여진) 혁신적인 도시는 1백만명의 노동자를 얻는 반면에 (점 c에 의해 보여진) 다른 도시는 1백만명의 노동자를 잃는다. 효용은 두 도시에서 u^*에서 u^{**}로 증가하며, 이는 두 도시에서 노동자들이 한 도시의 혁신으로부터 편익을 얻음을 의미한다. 다른 도시에서의 노동자들은 인구의 감소가 이 도시를 효용곡선의 음(−)의 기울기를 갖는 부분을 따라 $u^{**} > u^*$인 점 a에서 점 c로 상향 이동하도록 하기 때문에 편익을 얻는다.

한 도시에서의 기술적 진보의 편익이 이 지역의 다른 도시들로 퍼져나감을 보았다. 효용에서의 초기 격차는 보다 높은 효용수준을 갖는 도시로의 노동 이주에 의해 제거될 것이고, 이주는 효용 격차가 제거될 때까지 지속될 것이다. 두−도시 지역에서, (점 a와 b에 의해 보여진) 초기 효용 격차는 $(u'' - u^*)$이고, 균형에서 개별 도시의 노동자들은 이러한 초기 격차의 대략 절반과 동일한 효용의 증가를 경험한다: $(u^{**} - u^*)$는 $(u'' - u^*)$의 대략 절반이다.

보다 큰 지역에서, 1인당 효용에서의 증가는 보다 작을 것이다. 만일 이 지역이 두 도시 대신에 10개의 도시를 갖는다면, 이 혁신의 편익을 공유하는 노동자의 수가 다섯 배가 될 것이다. 대략적인 근사치로, 효용의 증가는 초기 효용 격차의 (1/2 대신에) 약 1/10에 해당할 것이다. 유사하게, 만일 이 지역이 50개의 도시를 갖는다면, 효용의 증가는 초기 격차의 대략 1/50에 해당할 것이다. 일반적으로, 혁신의 편익을 공유하는 노동자의 수가 보다 클수록, 노동자 1인당 편익은 보다 작다.

다음은 두 도시에서 동시에 발생한 기술적인 진보의 효과를 고려하라. 두 도시가 동일한 생산성의 증가를 경험하고, 따라서 효용곡선의 동일한 상향 이동을 경험한다고 가정하라. 이 경우, 두 도시는 점 a에서 점 b로 이동하고, 점 b는 새로운 균형이 될 것이다. 두 도시가 생산성과 효용에서 동일한 변화를 경험하기 때문에 이주를 통해 극복되어야 할 효용 격차는 존재하지 않을 것이다. 결과적으로, 개별 도시는 6백만명 노동자의 노동력을 유지할 것이다.

효용곡선의 상향 이동에 의해 보여진 기술적 진보가 이 지역 전체에 걸쳐 노동자들의 균형 효용을 증가시키는 것을 보았다. 동일한 논리가 보다 높은 생산성의 다른 원천들: 자본의 심화, 인적자본의 증가, 그리고 집적의 경제에도 적용된다.

인적자본과 경제성장

다음은 경제적 성장에서의 인적자본의 역할을 고려하라. 도시경제학자들은 도시의 생산성과 소득에 대한 인적자본의 효과를 탐구해 오고 있다. 특정 노동자의 교육 혹은 직업 숙련의 증가는 세 가지 효과를 지닌다.

1. 보다 높은 임금

노동자의 생산성은 증가하고, 고용주들 간 경쟁은 노동자의 보다 높은 생산성에 부합하도록 임금을 증가시킨다.

2. 파급 편익

노동자들은 공식적 형태와 비공식적 형태로 지식을 공유함으로써 다른 노동자로부터 배우고 보다 많은 인적자본을 지닌 노동자는 공유할 보다 많은 지식을 가지며 기술의 공유를 위해 보다 잘 갖춰져 있다.

3. 기술적인 진보

인적자본의 증가는 기술적인 혁신의 비율을 증가시키고, 이는 생산성과 소득을 증가시킨다.

인적자본 파급의 가장 큰 수혜자는 보다 덜 숙련된 노동자들이라는 증거가 존재한다. 한 연구는 도시에서 대학교육을 받은 노동자 비중의 1% 증가는 대졸자의 임금을 0.4%만큼 증가시키는 반면에 고교 졸업자의 임금을 1.6%만큼 증가시키고 고교 중퇴자의 임금을 1.9%만큼 증가시키는 것으로 추정하였다(Moretti, 2004). 이는 도시의 경제성장이 소득불균형을 줄이는 경향이 있다는 일반적 관측과 부합한다(Wheeler, 2004).

바이오기술 산업에 대한 최근 연구는 최고의 "스타" 연구자들에 대한 물리적 접근성이 바이오기술 기업의 창업에서 중요한 요인임을 보여준다(Zucker, Darby, and Brewer, 1998). 새로운 바이오기술 기업들은 (유전자 서열의 발견을 포함하여) 특정 인적자본을 지닌 과학자들 가까이에 입지하였다. 비록 다수의 과학자들이 대학과 연구센터에 연관되었지만, 핵심적인 입지요인은, 대학 혹은 연구센터의 존재가 아닌, 과학자들의 인적자본이었다.

개발도상국가들에서, 중등(고등학교)교육은 소득성장에서 중요한 요인이다. 중국의 도시들에 대한 최근의 연구(Mody and Wang, 1997)에 따르면, 중등교육 입학률이 도시의 해당 학령 인구의 30%에서 35%로 증가할 때, 총 생산의 성장률은 5%p만큼 증가한다. 이러한 효과는 입학률 수준이 증가함에 따라 감소한다. 55%에서 60%로의 입학률 증가는 성장률을 단지 3%p만큼 증가시킨다. 중등교육으로부터의 가장 큰 생산성 증가는 상대적으로 높은 수준의 해외투자를 가진 도시들에서 발생하며, 이는 해외투자와 인적자본투자가 보완적인 생산요소임을 제시한다.

개념에 대한 복습

01 도시의 총 고용에서의 증가는 기업들이 [_____]을/를 공동이용, [_____]을/를 이용, [_____]을/를 개선, 그리고 [_____] 파급을 경험함에 따라 [_____] 에서의 집적의 경제를 발생시킨다.

02 도시의 총 고용에서의 증가는 인구에서의 증가가 [_____]을/를 증가시키기 때문에 [_____]에서의 집적의 경제를 발생시킨다.

03 도시의 총 고용의 증가는 [_____]와/과 [_____]의 비용이 증가함에 따라 집적의 불경제를 발생시킨다.

04 도시효용곡선은, 집적의 [_____]와/과 [_____] 간 상호작용의 결과로, [_____] (젊은 화산, 둥근 언덕, 고원, 빙하 속의 깊이 갈라진 틈)과 같은 형태를 지닌다.

05 도시들에 대한 지역체계의 균형에서, 도시들은 지나치게 [_____] 수 있지만 지나치게 [_____] 수 없을 것이다.

06 지역경제에서 개별 도시가 효용곡선의 양(+)의 기울기를 지닌 부분에 있다고 가정하라. 임의의 이탈은 [_____] 변화를 유도한다: 성장하는 도시는 규모에서 [_____] 것이고 축소하는 도시는 규모에서 [_____] 것이다.

07 지역경제에서 개별 도시가 효용곡선의 음(-)의 기울기를 지닌 부분에 있다고 가정하라. 임의의 이탈은 [_____] 변화를 유도한다: 성장하는 도시는 규모에서 [_____] 것이고 축소하는 도시는 규모에서 [_____] 것이다.

08 하나의 지역경제에서 도시들의 지리적 균형에 대한 조건들은 (i) [_____]; (ii) [_____]이다.

09 순위-규모 준칙에 따르면, 만일 하나의 경제 내에서 가장 큰 도시가 12백만의 인구를 가지고 있다면, 네 번째로 큰 도시는 [_____]의 인구를 갖는다.

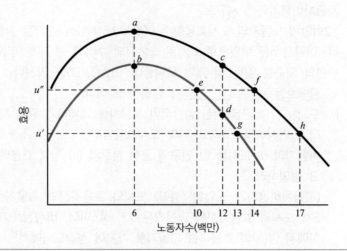

▲ 그림 7-7

10 그림 7-7을 이용하라. 24백만명의 노동자를 가지고 있는 두-도시 지역을 고려하라.

a. 지역 균형은 점 [_____]와/과 점 [_____]에 의해 보여지며, 균형 효용은 [_____]이다.

b. 점 [_____]와/과 점 [_____]은/는 동일한-효용 조건을 충족하지만, 합산 조건을 충족하지 않는다.

c. 점 [_____]와/과 점 [_____]은/는 합산 조건을 충족하지만, 동일한-효용 조건을 충족하지 않는다.

11 경제적 성장은 [_____]의 증가로 정의된다.

12 도시경제성장의 네 가지 원천이 존재한다: (i) [_____], (ii) [_____], (iii) [_____], 그리고 (iv) [_____].

13 하나의 지역경제에서 두 도시 가운데 하나가 노동생산성의 증가를 경험한다고 가정하라. 새로운 지역 균형에서, 다른 도시는 이의 노동력이 [_____]함에 따라 이 도시가 이의 효용곡선을 따라 [_____] 이동하기 때문에 효용의 [_____]을/를 경험한다.

14 한 노동자의 인적자본의 증가는 이 노동자의 임금을 [_____] 시키고 다른 노동자들에 대해 [_____]을/를 발생시킨다. 교육적 파급의 가장 큰 수혜자들은 [_____]이다.

개념들을 응용하는 연습문제

01 자동차비행기와 도시규모

12백만의 노동자와 도시효용함수 $u(n) = 15 + 12n - 2n^2$을 갖는 지역경제를 고려하라. 여기서 n은 백만으로 표시된 노동자의 수이다. 초기에 이 지역은 개별 도시가 3백만의 인구를 갖는 네 개의 도시들(A, B, C, D)을 가진다.

a. 균형효용수준은 [_____] 유틸(utils)이다.

b. 도시 A가 통근을 위한 일반적인 자동차를 대체하기 위해 자동차비행기를 도입한다고 가정하라, 그리고 이의 도시효용함수는 $u(n) = 15 + 12n - n^2$이다. 자동차비행기의 (i) 도시들 간 인구의 균형 분포와 (ii) 지역 효용에 대한 효과를 예측하고 설명하라.

(자동차비행기가 도입된 (성장) 도시의 효용곡선의 기울기는 $12 - 2n$이고 다른 3개 도시의 효용곡선의 기울기는 $12 - 4n$이다. 비성장 3개의 도시는 3백만 이하에서 양(+)의 효용곡선 기울기를 가지며 성장도시에서는 6백만의 인구까지 효용곡선은 양(+)의 기울기를 가지며 6백만 이상의 인구에서 효용곡선은 음(-)의 기울기를 갖는 것에 유의할 것. 역자 주)

02 새로운 도시들

한 지역경제가 11백만명의 노동자들과 도시효용곡선 $u(n) = 15 + 12n - n^2$을 가지고 있으며, 여기서 n은 백만명 단위의 노동자의 수이다. 초기에, 모든 11백만명의 노동자들이 하나의 도시에 있다.

a. 지역 정부가 1백만명의 노동자를 갖는 새로운 도시를 세워, 기존 도시에 10백만명의 노동자를 남겨둔다고 가정하라. 이 두 도시들 간 새로운 균형의 인구분포를 예측하고 그림으로 설명하라.

b. 지역 정부가 새로운 도시의 거주민들에게 보조금을 제공한다고 가정하라. (효용의 단위인 유틸로 표시되는) 이 보조금은 $s = 12 - 2n$, 즉, 1백만명 노동자를 갖는 도시에서 10유틸, 2백만명의 노동자들에 대한 8유틸 등에 해당한다. 이 두 도시들 간 새로운 균형의 인구분포를 예측하고 설명하라.

(구도시의 효용곡선의 기울기는 $12 - 2n$이고 보조금을 받는 신도시의 효용곡선의 기울기는 $10 - 2n$이다. 구도시의 효용곡선은 노동자의 수가 6백만으로 줄 때까지 음(-)의 기울기를 가지며 6백만 이하로 노동자수가 감소할 때 양(+)의 기울기를 가진다. 반면, 신도시의 효용곡선은 노동자의 수가 5백만으로 증가할 때까지 양(+)의 기울기를 가지며 5백만 이상으로 노동자수가 증가할 때 음(-)의 기울기를 갖는 것에 유의할 것. 역자 주)

03 두-도시 지역에서의 균형

한 지역이 두 도시와 총 노동력 24 = A + B를 가지며, A는 도시 1의 노동력이고 B는 도시 2의 노동력에 해당함을 가정하라. 효용곡선의 음(-)의 기울기를 갖는 부분에서 다음이 성립한다:

$$u(A) = 480/A \qquad u(B) = 240/B$$

두 도시의 노동력과 지역 효용에 대한 수치들을 포함하여, 지역 균형을 설명하라.

04 두-도시 지역에서의 혁신

한 지역이 두 도시와 총 노동력 24 = A + B를 가지며, A는 도시 1의 노동력이고 B는 도시 2의 노동력에 해당함을 가정하라. 효용곡선의 음(-)의 기울기를 갖는 부분에서 다음이 성립한다:

$$u(A) = 480/A \qquad u(B) = 240/B$$

첫 번째 도시에서의 기술혁신이 효용곡선을 상향으로 이동시켜, 음(-)의 기울기를 갖는 부분을 따라 u(A) = 720/A이 됨을 가정하라. 두 도시의 노동력과 지역 효용에 대한 수치들을 포함하여, 지역 균형을 설명하라.

05 대기오염과 경제적 쇠퇴

개별 도시들이 효용곡선의 음(-)의 기울기를 갖는 부분에서 작동하는 하나의 두-도시 지역경제를 고려하라. 초기 균형에서, 이 두 도시는 동일하다. 이후에 도시 B에서의 대기오염(납의 배출)은 이 도시 노동자들의 뇌의 능력과 생산성을 20%만큼 감소시킨다. 도시 규모(노동자의 수)와 지역 효용의 변화의 방향을 표시하여, 납 배출의 지역 균형에 대한 효과를 그림으로 설명하라.

개념들을 응용하는 연습문제

06 농촌 개발 대 도시 개발

초기 균형에서, 24백만명의 지역 노동력이 동일하게 하나의 도시와 하나의 농촌지역 간 나뉜다. 초기 공통의 효용수준은 50유틸이다. 도시의 효용곡선은 8백만명의 인구에서 정점에 이르며, 8-12백만명의 인구 범위에서 효용곡선의 기울기는 백만명당 -2이다. 농촌의 효용곡선은 규모에 대해 완만하게 체증하는 규모에 대한 보수 (increasing returns to scale)를 반영한다. 12-16백만명의 인구 범위에서, 기울기는 백만명당 1유틸이다. 이 국가는 농촌의 기반시설에 투자하며, 이는 농촌의 생산성을 증가시키고 농촌의 효용곡선을 상향으로 3유틸만큼 이동시킨다고 가정하라. (i) 도시 인구, (ii) 농촌 인구, 그리고 (iii) 지역 효용에 대한 수치들을 포함하여, 지역경제에 대한 함의를 설명하라.

(도시는 인구 12백만에서 50유틸에서 시작하여 기울기가 -2인 효용곡선을 따라 인구가 감소할 것이고 농촌은 인구 12백만에서 53유틸에서 시작하여 기울기가 +1인 효용곡선을 따라 인구가 증가할 것임에 유의할 것. 역자 주)

07 수도 써커스

초기에 두 도시, 써커스빌과 덜스빌 간 동일하게 나뉜 12백만명의 고정된 인구를 갖는 국가를 고려하라. 도시효용곡선은 $u(w) = 15 + 12w - w^2$이다. 써커스빌의 독재자가, 지역 밖의 사람들로부터 강압적으로 징수되는 이전지불(transfer payments)에 의해 재정이 마련되는, 무료 써커스를 시작한다고 가정하라. 이 써커스 프로그램은 초기에 써커스빌에 거주하는 효용을 3유틸만큼 증가시킨다. (i) 도시 규모와 (ii) 지역 효용에 대한 수치들을 포함하여, 써커스의 지역경제에 대한 효과를 설명하라.

(두 도시의 효용곡선의 기울기는 12 - 2w이다. 인구 6백만에서 두 도시의 효용곡선은 정상에 놓여 있다. 써커스 도시는 3유틸 높은 위치에서 음의 기울기를 가진 효용곡선을 따라 움직이며 다른 도시는 낮은 유틸에서 시작하여 써커스 도시와 같은 가파로움을 가진 양의 기울기를 갖는 효용곡선을 따라 움직인다. 역자 주).

Abdel−Rahman, H., and A. Anas, "Theories of Systems of Cities," Chapter 52 in *Handbook of Regional and Urban Economics 4: Cities and Geography*, edited by V. Henderson and J. F. Thisse. Amsterdam: Elsevier, 2004.

Ades, Alberto F., and Edward L. Glaeser, "Trade and Circuses: Explaining Urban Giants." *Quarterly Journal of Economics* 110.1 (1995), pp. 195−227.

Au, Chun Chung, and J. Henderson, "Are Chinese Cities Too Small?" *Review of Economic Studies* 73.3 (2006), pp. 549−576.

Brueckner, Jan, and Somik Lall, "Cities in Developing Countries: Fueled by Rural−Urban Migration, Lacking in Tenure Security, and Short of Affordable Housing," Chapter 21 in *Handbook of Urban and Regional Economics 5*, edited by Gilles Duranton, J. Vernon Henderson, and William C. Strange. Amsterdam: Elsevier, 2015.

Davis, Donald, and David Weinstein, "Bones, Bombs, and Break Points: The Geography of Economic Activity." *American Economic Review* 92.5 (2002), pp. 1269−1289.

Duranton, Gilles, "Urban Evolutions: The Fast, the Slow, and the Still." *American Economic Review* 97.1 (2007), pp. 197−221.

Findeisen, Sebstian, and Jens Sudekum, "Industry Churning and the Evolution of Cities: Evidence for Germany." *Journal of Urban Economics* 64.2 (2008), pp. 326−339.

Gabaix, X., and Y. Ioannides, "Evolution of City Size Distributions," Chapter 53 in *Handbook of Regional and Urban Economics 4: Cities and Geography*, edited by V. Henderson and J. F. Thisse. Amsterdam: Elsevier, 2004.

Henderson, V., *Urban Development: Theory, Fact, and Illusion*. Oxford: Oxford University Press, 1988.

Henderson, J. V., "Efficiency of Resource Usage and City Size." *Journal of Urban Economics* 19 (1986), pp. 47−90.

Lucas, Robert, "Externalities and Cities." *Review of Economic Dynamics* 4 (2001), pp. 245−74.

Malpezzi, Stephen, "Cross−Country Patterns of Urban Development," Chapter 4 in *A Companion to Urban Economics*, edited by Richard J. Arnott and Daniel P. McMillen. New York: Wiley−Blackwell, 2006.

Mody, Ashoka, and Fang−Yi Wang, "Explaining Industrial Growth in Coastal China: Economic Reforms . . . and What Else?" *World Bank Economic Review* 11 (1997), pp. 293−325.

Moomaw, R., and A. Shatter, "Urbanization and Economic Development: A Bias Toward Large Cities." *Journal of Urban Economics*, July 1996.

참고문헌과 추가적인 읽을 거리

Moretti, Enrico, "Human Capital Externalities and Cities," Chapter 51 in *Handbook of Regional and Urban Economics 4: Cities and Geography*, edited by Vernon Henderson and J. F. Thisse. Amsterdam: Elsevier, 2004.

Nitsche, V., "Zipf Zipped." *Journal of Urban Economics* 57 (2005), pp. 86−100.

Wheeler, Christopher H., "On the Distributional Aspects of Urban Growth." *Journal of Urban Economics* 55 (2004), pp. 1371−97.

Zucker, L. G., M. R. Darby, and M. B. Brewer, "Intellectual Human Capital and the Birth of U.S. Biotechnology Enterprises." *American Economic Review* 88 (1998), pp. 290−306.

08 도시노동시장

경제예측가는 사시의 투창 던지는 사람과 같다. 그는 많은 정확도 경쟁에서 승리
하지는 못하지만, 관중의 주의를 끈다.

– 익명인

이 장은 도시노동시장의 작동에 대해 탐구한다. 도시지역에서 균형임금과 총 고
용을 결정하는 경제적 힘에 대해 논하고 다양한 공공정책들의 임금과 고용에 대한
효과를 탐구한다. 세 가지 핵심적인 질문들을 다룬다.

1. 총 고용의 증가로부터 누가 이득을 보는가?
2. 조세정책이 어떻게 총 고용에 영향을 미치는가?
3. 전문적인 스포츠 팀이나 월드컵과 같은 초대형 이벤트의 경제적 효과는 무엇
   인가?

01 도시노동공급과 도시노동수요

도시에서 균형임금과 총 고용을 결정하는 시장의 힘을 탐구하기 위해 도시노동시
장의 모형을 이용할 수 있다. 장기적 관점을 취한다. 대도시지역은 가구와 기업들
이 지역 내 도시들 간 완전하게 이동이 가능한 보다 큰 지역경제의 일부분이라고
가정한다. 노동에 대한 수요는 도시 내 기업들로부터 발생하며, 공급은 이 도시에
거주하는 가구들로부터 발생한다.

노동공급곡선

그림 8-1은 도시노동시장에 대한 공급곡선을 보여준다. 노동공급곡선은 양(+)
의 기울기를 가지며, 이는 임금의 증가가 공급되는 노동의 양을 증가시킴을 나타낸

다. 공급곡선을 그리는 데 있어, 두 개의 단순화 가정을 한다.

1. 노동자 1인당 고정된 노동시간

실증적 추정치들은 임금의 증가가 일부 노동자들로 하여금 일을 더 하도록 하고 다른 노동자들은 덜 하도록 함을 제시한다. 평균적으로, 노동시간의 변화는 상대적으로 작다.

2. 고정된 노동참여율

임금의 변화는 이 도시의 인구 중 노동력에 참여하는 비율을 변화시키지 않는다고 가정한다.

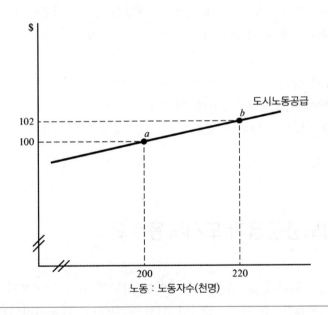

▲ 그림 8-1 도시노동공급

보다 높은 임금은 보다 많은 노동자들을 이 도시로 유인하기 때문에 도시 임금의 증가는 공급된 노동의 양을 증가시킨다.

공급곡선은 왜 양(+)의 기울기를 갖는가? 도시의 총 고용의 증가는 주택과 토지에 대한 총 수요를 증가시켜, 이것들의 가격을 상승시킨다. 노동시장에서 입지적 균형(locational equilibrium)을 달성하기 위해, 보다 큰 도시는 보다 높은 생활비에 대해 노동자들에게 보상하기 위해 보다 높은 임금을 제공해야 한다. 노동력의 규모

에 대한 도시 생활비의 추정된 탄력성은 0.20이다(Bartik, 1991):

e(생활비, 노동력) = 생활비의 백분율 변화 / 노동력의 백분율 변화 = 0.20

예를 들면, 노동력의 10% 증가는 생활비를 대략 2%만큼 증가시킨다. 이는 총 고용이 증가함에 따라 실질 임금을 불변으로 유지하기 위한 노동력에 대한 임금의 탄력성이 0.20임을 의미한다:

e(임금, 노동력) = 임금의 백분율 변화 / 노동력의 백분율 변화 = 0.20

노동공급의 임금탄력성을 계산하기 위해 이러한 수치들을 이용할 수 있으며, 이것은 노동력에 대한 임금의 탄력성의 역수이다.

e(노동력, 임금) = 노동력의 백분율 변화 / 임금의 백분율 변화 = 5.0

예를 들어, 만일 노동-공급 탄력성이 5.0라면, 임금의 2% 증가는 노동력을 (5 곱하기 2%와 동일한) 10%만큼 증가시킨다. 이러한 탄력성은 지역 경제 내 개별 도시의 노동시장에 적용된다. 도시 간 이주가 국가 간 이주에 비해 보다 적은 비용이 들기 때문에 도시 노동-공급탄력성은 (영(0)에 가까운) 국가 전체의 노동-공급탄력성보다 크다.

무엇이 공급곡선을 오른쪽 혹은 왼쪽으로 이동하게 하는가? 공급곡선의 위치는 다음의 요인들에 의해 결정된다:

1. 쾌적성(amenities)

도시의 상대적 매력을 증가시키는 (임금에서의 변화를 제외한) 변화는 공급곡선을 오른쪽으로 이동시킨다. 예를 들면, 공기 혹은 수질의 개선은 노동의 공급을 증가시키는 이주를 야기한다.

2. 비쾌적성(disamenities)

도시의 상대적 매력을 감소시키는 (임금에서의 변화를 제외한) 변화는 노동공급을 감소시켜 공급곡선을 왼쪽으로 이동시킨다. 예를 들면, 범죄의 증가는 사람들로 하여금 이 도시로부터 떠나게 하여, 노동공급을 감소시킨다.

3. 주민세

　주민세의 증가(공공서비스에서의 이에 상응하는 변화없이)는 이 도시의 상대적 매력을 감소시켜, 공급곡선을 왼쪽으로 이동시키는 이 도시 밖으로의 이주를 야기한다.

4. 주거용 공공서비스

　주거용 공공서비스 질의 증가(세금에서의 이에 상응하는 증가없이)는 이 도시의 상대적 매력을 증가시켜, 공급곡선을 오른쪽으로 이동시키는 이 도시로의 이주를 야기한다.

노동수요곡선

　노동수요곡선은 수요되는 노동의 양과 시장임금 간의 관계를 보여준다. 그림 8-2는 도시경제에 대한 시장수요곡선을 보여준다. 미시경제학 과정에서 설명되었듯이, 노동수요곡선은 음(-)의 기울기를 갖는다. 시장임금의 감소는 세 가지 이유로 노동수요의 양을 증가시킨다.

1. 생산요소 대체효과

　임금의 감소는 기업들로 하여금 자본, 토지, 그리고 재료를 포함하는 다른 생산요소들을 노동으로 대체하도록 한다.

2. 산출물 효과(output effect)

　임금의 감소는 생산비용을 감소시키고, 기업들은 산출물의 가격을 낮춤으로써 반응한다. 소비자들은 보다 많은 산출물을 구입함으로써 보다 낮은 가격에 반응하며, 따라서 기업들은 보다 많은 산출물을 생산하고 보다 많은 노동자들을 고용한다.

3. 집적의 효과

　도시노동시장에서, 집적의 경제의 존재는 임금 감소의 세 번째 효과를 추가한다. 임금의 감소와 이로 인한 수요되는 노동의 양의 증가는 기업들로 하여금 노동생산성을 증가시키는 집적의 경제를 활용하도록 한다. 노동생산성의 증가는 생산비용과 가격을 감소시키며, 기업들은 보다 많은 산출물을 생산하고 보다 많은 노동자들을 고용한다.

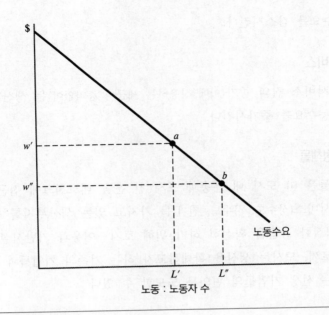

▲ 그림 8-2 도시노동수요

무엇이 수요곡선을 오른쪽 혹은 왼쪽으로 이동하게 하는가? 다른 수요곡선들의 경우와 같이, 가격(임금) 이외 어떤 것의 변화가 전체 곡선을 이동시킨다. 다음의 요인들은 이 곡선의 위치를 결정한다:

1. 수출재에 대한 수요

도시의 수출재에 대한 수요의 증가는 수출재 생산을 증가시키고 수요곡선을 오른쪽으로 이동시킨다. 모든 임금에 대해, 보다 많은 노동자들이 수요될 것이다.

2. 노동생산성

노동생산성의 증가는 생산비용을 감소시켜, 기업들로 하여금 가격을 낮추고, 생산량을 증가시키며, 보다 많은 노동자들을 고용하게 한다. 이전의 장에서 보았듯이, 노동생산성은 자본의 증가, 기술의 진보, 인적자본의 증가, 그리고 집적의 경제로 인해 증가한다.

3. 영업세

영업세의 증가(이에 상응하는 공공서비스의 변화없이)는 생산비용을 증가시키고, 이는 다시 가격들을 상승시키며 생산되고 판매되는 수량을 감소시켜, 종국적으로 노동에 대한 수요를 감소시킨다.

4. 산업 공공서비스

산업 공공서비스 질의 증가(이에 상응하는 세금의 증가없이)는 생산비용을 감소시켜 생산량과 노동수요를 증가시킨다.

5. 토지-이용 정책들

산업 기업들은 (i) 도시 내 운송과 도시 간 운송 네트워크에 접근할 수 있고 (ii) 일체의 공공서비스(상수도, 하수도, 전기)를 가지고 있는 생산부지를 필요로 한다. 산업 토지의 적절한 공급을 확실히 하기 위해 토지-이용과 기반시설에 대한 정책들을 조정함으로써, 도시는 생산을 확대하고자 하는 기존의 기업들과 해당 도시에 입지하고자 하는 신생 기업들의 편의를 도모할 수 있다.

고용승수(Employment Multiplier)

도시의 경제를 두 유형의 일자리로 구분할 수 있다. 도시의 총 고용은 수출재 고용과 지역재 고용의 합이다. 수출재 산업에서 근무하는 사람들은 이 도시 밖에서 거주하는 사람들에게 판매되는 재화를 생산한다. 이를 설명하기 위해, 장식용 보석 산업의 중심지이고 의료 돌봄에 대한 지역중심지인 로드 아일랜드의 프로비던스를 고려하라.

1. 장식용 보석 노동자들

프로비던스에서 생산되는 거의 모든 장식용 보석은 다른 도시에 사는 사람들에게 판매되며, 따라서 보석 노동자들은 수출재 노동자로 계산된다.

2. 의료 노동자들

만일 로드 아일랜드 병원에 의해 돌봐지는 환자들의 2/3가 다른 도시에 산다면, 병원 노동자들의 2/3는 수출재 노동자로 계산된다.

도시의 수출재 노동자를 계산하기 위해, 다른 곳에 사는 사람들에게 판매되는 재화를 생산하는 모든 노동자들을 더한다. 수출재에 대한 또 다른 명칭은 "교역재(tradeable goods)"이다.

지역주민들에게 판매되는 재화와 서비스를 생산하는 사람들은 지역재 노동자로 간주된다. 일부의 경우, 노동자가 지역재를 생산하는 것이 명백하다. 예를 들어, 프로비던스의 모든 이발사들은 지역주민의 머리를 자르며, 따라서 모든 이발사들은 지역재 노동자로 계산될 것이다. 다른 경우, 수출재 노동자와 지역재 노동자 간 구분이 보다 미묘하다. 예에서, 지역주민들을 돌보는 병원 노동자들의 1/3은 지역재 노동자로 계산될 것이다. 지역재에 대한 또 다른 명칭은 "비교역재(nontradeable goods)"이다.

수출재 고용과 지역재 고용 간 관계는 승수과정에 의해 결정된다. 프로비던스의 장식용 보석 기업은 수출을 위한 장식용 보석을 생산하기 위해 100명의 추가적인 노동자들을 고용한다고 가정하라. 이러한 노동자들은 그들의 임금 소득의 일부를 이발이나 식료품과 같은 지역재의 소비에 지출하여, 이발사와 식료품점 점원의 수를 증가시킨다. 이러한 새로이 고용된 지역재 노동자들은 다시 그들의 임금 소득의 일부를 지역재 소비에 지출하여, 추가적인 지역재 일자리를 지탱한다. 소득의 지출과 재지출이 지역재 일자리들을 지탱하기 때문에, 수출재 고용에서의 100개 일자리 증가는 총 고용을 100개의 일자리 이상으로 증가시킨다. 고용승수는 수출재 고용에서의 단위 변화당 총 고용에서의 변화로 정의된다.

고용승수 = △총 고용/△수출재 고용

예를 들어, 100개의 수출재 일자리의 증가가 지역재 고용을 160개 일자리만큼 증가시켜 260개 일자리의 총 고용 효과가 있다고 가정하라. 이 경우 고용승수는 2.60이다:

고용승수 = △총 고용/△수출재 고용 = 260/100 = 2.60

경제학자들은 고용승수를 추정하기 위해 두 가지 기법을 이용한다. 전통적 접근법, 투입-산출분석(input-output analysis)은 모든 기업과 가구들 간 거래의 완전한 회계를 필요로 한다. 이러한 회계 업무는 경제의 상이한 부문들 간 상호작용(소비와 재소비)을 밝혀낸다. 예를 들어, 오레곤 주 포틀랜드의 연구는 2.13의 평균 고용승수를 추정하였다. 추정된 승수들은 광학기기에 대한 1.46의 낮은 수준에서 독립 예술가들에 대한 2.77의 높은 수준까지 산업 간 다르다. 투입-산출 접근법은 총 고용에서의 변화의 결과들에 대한 두 가지 가정에 기반하기 때문에 문제가 있다.

1. 불변 임금

도시의 노동력 증가가 생활비용을 증가시켜, 임금을 증가시킴을 보았다. 임금에서의 증가는 수요되는 노동의 양을 감소시키며, 따라서 투입－산출 접근법은 수출재 수요 증가의 촉진효과를 과대 추정한다.

2. 불변 노동생산성

도시의 총 고용이 증가함에 따라, 이 도시는 노동생산성을 증가시키는 집적의 경제를 실현시킬 것이다. 집적의 경제의 실현은 노동생산성을 증가시키고 이로 인해 노동수요를 증가시키며, 따라서 투입－산출 접근법은 수출재 수요 증가의 촉진효과를 과소 추정한다.

대안적 접근법은 도시들의 실제 고용 경험에 대한 자료로부터 승수를 추정하는 것이다. 핵심적인 질문은 수출재 고용에서의 지난 변화들이 어떻게 지역재 고용과 총 고용에 영향을 미치는가이다. 이러한 접근법은 실제 고용자료에 기초하기 때문에, 총 고용에서의 변화의 임금 효과와 생산성 효과를 반영할 수 있다. 예를 들어, 최근의 연구는 제조업 고용에 대한 2.60의 승수를 추정한다(Moretti, 2010). 추정된 승수들은 산업 간 다르며, 첨단－기술 산업들(기계와 계산 장비, 전자기계와 전문 장비)에서 가장 큰 승수를 갖는다.

고용승수의 함의를 설명하기 위해 단순한 수치적 예를 이용할 수 있다. 모레티(Moretti)는 (교역부문에서의 고용으로도 알려진) 수출재 고용에 대한 지역재 고용의 탄력성을 ＋0.33 혹은 대략 1/3로 추정한다. 따라서, 수출재 고용에서의 12% 증가는 지역재 고용을 약 4%만큼 증가시킨다. 전형적인 도시에서, 지역재 고용은 대략 수출재 고용의 5배에 해당한다. 표 8－1에서, 한 도시가 100,000개의 수출재 일자리와 500,000개의 지역재 일자리를 갖는 600,000개의 총 고용에서 출발한다고 가정하라. 만일 수출재 고용이 112,000개로 12%만큼 증가한다면, 지역재 고용은 520,000개로 4%만큼 증가할 것이고, 총 고용은 5% 이상 증가할 것이다. 총 고용에서의 변화(＋32,000)는 수출재 고용에서의 변화(12,000)의 약 2.6배에 해당한다.

그림 8－3은 승수과정을 나타낸다. 초기 균형(점 a)에서, 균형 임금은 w^*이고 노동에 대한 균형 양은 100,000명이다. 도시의 수출재에 대한 수요의 증가는 노동수요를 두 단계과정을 통해 증가시킨다.

표 8-1 승수과정

고용	초기 균형(천명)	새로운 균형(천명)
수출재 고용	100	112
지역재 고용	500	520
총 고용	600	632

1. 수요의 증가

수출재 생산의 증가는 수출재 노동자들에 대한 수요를 증가시켜, 수요곡선을 D'
에서 D''으로 오른쪽으로 이동시킨다. 초기 임금에서, 수요되는 노동의 양은
100,000(점 a)에서 110,000(점 b)으로 증가한다.

2. 승수효과

지역재 생산과 지역 노동수요의 증가는 수요곡선을 D''에서 D'''으로 오른쪽으로
이동시킨다. 초기 임금에서, 수요되는 노동의 양은 110,000(점 b)에서 135,000(점 c)
으로 증가한다.

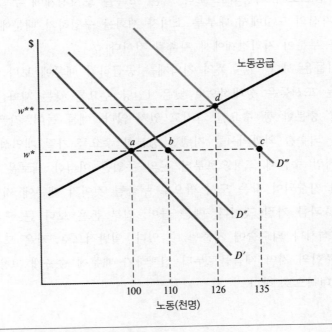

▲ 그림 8-3 수출재 증가의 승수효과

노동수요의 두 단계 증가는 이 도시에서 노동에 대한 초과수요를 초래한다. 초과수요는 도시의 임금을 증가시키고, 균형은 점 d에서 회복된다. 이 도시의 수출재에 대한 수요의 증가는 균형 임금($w^{**} > w^*$)을 증가시키고 100,000에서 126,000으로 균형 노동량을 증가시킨다. 이 예시에서, 고용승수는 2.60 = 26,000/10,000이다.

작은 도시와 큰 도시에서의 승수

승수과정은 모든 규모의 도시들에서 일어나지만, 소비와 재소비를 통한 증식은 대도시에서 보다 크다. 이전의 장에서 보았듯이, 보다 큰 도시들은 그들이 보다 많은 소비자들을 가지고 있기 때문에 보다 폭넓은 다양한 소비자 재화들을 갖는다. 특히, 큰 도시들은 상대적으로 낮은 1인당 수요를 갖는 제품들을 판매하는 기업들을 지탱하는 충분한 총 수요를 갖는다. 예를 들어, 큰 도시는 큰 인구로부터 식당을 채우기 위한 수요를 끌어낼 수 있기 때문에 페루비안 식당과 같은 특수한 식당을 지탱할 수 있다. 유사하게, 큰 도시는 오페라 회사, 뇌수술 외과의사, 그리고 전문 스포츠를 지탱할 수 있다. 결과적으로, 큰 도시에서 수출산업이 보다 많은 노동자들을 고용함으로써 확장되고 보다 많은 소득을 도시경제에 주입시킬 때, 소비자들이 그들 자신의 도시에서 대부분 소비자 재화를 구입하기 때문에 추가 소득의 상대적으로 큰 부분이 지역경제에서 지출될 것이다.

작은 도시들은 보다 작은 폭의 지역재를 공급하기 때문에 보다 작은 고용승수를 갖는다. 작은 도시들은 상대적으로 낮은 1인당 수요를 갖는 재화를 판매하는 기업들을 지탱할 충분한 총 수요를 가지고 있지 않다. 예를 들어, 작은 도시는 페루비안 식당이나 뇌수술 외과의사를 지탱할 충분한 수요를 가질 개연성이 낮다. 결과적으로, 추가적인 수출재 고용으로부터 돈의 주입은 이러한 새로운 돈의 큰 일부가 다른 곳에서 지출되어 작은 도시 밖으로 누출될 것이기 때문에 지역경제에 상대적으로 작은 효과를 가질 것이다. 예를 들어, 일부 돈은 보다 큰 도시에서 페루비안 식당에서의 식사나 뇌수술에 지출될 수 있다. 일반적으로, 작은 도시의 소비자들은 보다 작은 조합의 지역 제품들로부터 선택하기 때문에 수출재 고용에서 증가의 촉진효과는 상대적으로 작다.

02 비교정학: 수요와 공급의 변화

시장의 어느 한 쪽에서의 변화가 도시 균형임금과 총 고용에 미치는 효과를 탐구하기 위해 도시노동시장의 모형을 이용할 수 있다. 특히 관심을 갖는 것은 수출재 판매 증가가 도시의 총 고용과 임금에 미치는 영향이다. 관련된 이슈는 새로운 일자리의 얼마까지 신규 거주자가 아닌 기존의 도시 거주자들에 의해 채워질 것인가 하는 것이다.

수요 증가의 시장효과

그림 8-4는 도시노동시장에 대한 수출재 판매 증가의 효과를 보여준다. 수출재 노동자들에 대한 수요가 10,000명의 노동자들만큼 증가하고 승수효과로 인해 지역재 노동자들에 대한 수요가 20,000명만큼 증가하는 것으로 가정하라. 이 경우, 소요곡선은 오른쪽으로 30,000명의 노동자 혹은 30%만큼 이동한다. 이 도시의 인구가 증가함에 따라, 주택과 토지의 가격이 상승하여, 노동자들에게 보다 높은 생활비를 보상하기 위해 임금의 상승을 필요로 한다. 다시 말해, 이 도시는 공급곡선을 따라 상향으로 이동한다. 균형임금은 하루 100달러에서 105달러로 상승하고, 균형

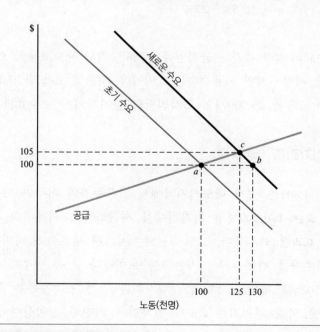

▲ 그림 8-4 노동수요 증가의 시장효과

노동자수는 100,000명에서 125,000명으로 증가한다.

수요 증가의 균형임금과 고용에 대한 효과를 예측하기 위해 두 개의 간단한 공식을 이용할 수 있다. 균형임금의 변화에 대한 공식은 다음과 같다:

$$\%\triangle w^* = \%\triangle 수요/(e_S - e_D)$$

여기서 분자는 수요곡선의 수평방향으로의 백분율 이동이고, e_S는 노동공급의 임금탄력성이며, e_D는 노동수요의 임금탄력성(음수)이다. 그림 8-4에 묘사된 예에서, 수요곡선은 수평으로 30%(30,000/100,000)만큼 이동한다. 만일 수요탄력성이 -1.0이고, 공급탄력성이 5.0이라면, 균형임금의 예측된 변화는 다음과 같다:

$$\%\triangle w^* = \%\triangle 수요/(e_S - e_D) = 30/(5+1) = 5\%$$

시장은 공급곡선을 따라 상향으로 이동하므로, 따라서 균형고용의 변화를 예측하기 위해 공급탄력성을 이용할 수 있다:

$$\%\triangle N^* = e_S \cdot \%\triangle w^* = 5 \cdot 5\% = 25\%$$

이 경우, 수요의 30% 증가는 균형임금의 5% 증가와 균형고용의 25% 증가를 유도한다. 다시 말해, 시장-기반 고용승수는 2.50이다. 수출재 고용의 10,000개 일자리의 초기 증가는 총 고용을 25,000개의 일자리만큼 증가시키는 승수효과를 촉발한다.

누가 새로운 일자리를 얻는가?

바틱(Bartik, 1991)은 89개 대도시지역에서 고용증가의 이주와 고용에 대한 효과를 연구하였다. 그는 100,000개의 일자리에서 시작하는 도시에서의 추가적인 1,000개의 일자리의 효과를 측정한다. 그림 8-5는 어떻게 새로운 일자리들이 기존 거주자들과 신규 거주자들 간에 나누어지는지를 보여준다. 신규 이주자는 1,000개의 일자리 가운데 770개를 채우고, 230개의 일자리를 기존 거주자들을 위해 남겨둔다. 기존 거주자들에 의해 채워지는 230개 일자리는 이전에 실업상태였던 사람들(70개의 일자리)과 이전에 노동력(labor force)에 참여하지 않았던 사람들(160개의 일자리) 간 나눠진다. 그림 8-5로부터의 단순한 교훈은 고용에서의 증가가 유입(in-migration)과 인구성장을 야기하며, 따라서 새로운 일자리들의 작은 부분이 기존 거주자들에 의해 채워진다는 것이다.

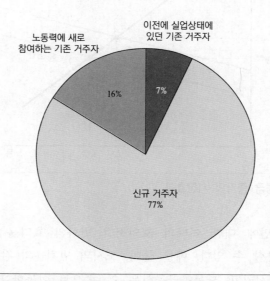

▲ 그림 8-5 새로운 일자리의 분포: 신규 거주자 대 기존 거주자

노동공급 증가의 시장효과

이 장의 앞에서 보았듯이, 도시노동공급곡선의 위치는 도시의 상대적 매력도에 영향을 미치는 다수의 요인들에 의해 결정된다. 예를 들어, 쾌적성(환경의 질)의 증가는 공급곡선을 오른쪽으로 이동시키는 반면, 불쾌적성(범죄)의 증가는 공급곡선을 왼쪽으로 이동시킨다. 공공부문에서, 조세의 증가는 공급곡선을 왼쪽으로 이동시키는 반면, 공공서비스 질의 증가는 공급곡선을 오른쪽으로 이동시킨다.

그림 8-6은 노동공급 증가의 효과를 보여준다. 이 도시가 공교육체계의 효율성을 개선시킨다고 가정하라. 보다 나은 교사들을 채용하고 보다 나은 교사들과 관련된 편익이 조세납부자들의 비용을 초과한다. 노동공급곡선은 오른쪽으로 이동한다. 개별 임금에 대해, 보다 많은 사람들이 이 도시에서 일하고 거주하고자 한다. 공급곡선의 이동은 균형고용을 증가시키고 균형임금을 감소시킨다. 이러한 분석의 함의는 노동자들이 보다 효율적인 지역 공공재를 공급하는 도시에서 보다 낮은 임금을 받아들인다는 것이다.

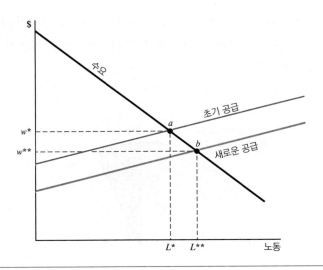

▲ 그림 8-6 노동공급 증가의 시장효과

시장의 공급측면에 대한 여타의 호의적인 변화의 효과를 설명하기 위해 그림 8-6을 또한 이용할 수 있다. 예를 들어, 도시의 범죄율의 감소는 이 도시의 상대적 매력도를 증가시키고, 노동공급곡선은 오른쪽으로 이동한다. 결과적으로, 균형고용은 증가하는 반면에 균형임금은 감소한다. 노동자들은 상대적으로 낮은 범죄율을 지닌 도시들에서의 보다 낮은 임금을 받아들인다.

도시의 균형임금과 고용에 대한 노동공급의 변화의 효과를 예측하기 위해 간단한 공식을 이용할 수 있다. 균형임금에서의 변화에 대한 공식은 다음과 같다:

$$\% \triangle w^* = \% \triangle 공급 / (e_S - e_D)$$

여기서 %△공급은 공급곡선의 수평방향으로의 백분율 이동이고, e_S는 노동공급의 임금탄력성이며, e_D는 노동수요의 임금탄력성(음수)이다.

노동공급의 변화를 노동공급곡선의 수직적 이동으로 측정하는 것이 종종 편리하다. 이 경우, 균형임금의 변화에 대한 간단한 공식은 다음과 같다:

$$\% \triangle w^* = [e_S / (e_S - e_D)] \cdot \% \triangle WTA$$

여기서 w^*는 균형임금이고 %△WTA는 노동자들의 수락의향의 백분율 변화(공급곡선의 수직방향으로의 백분율 변화)이다. 예를 들어, 수락의향이 18%만큼 증가한다고 가정하면 (예컨대, 도시의 범죄율 증가로 인한) 이는 공급곡선의 18% 상향 이동을 나

타낸다. 만일 $e_S = 5.0$이고 $e_D = -1$이라면, 균형임금은 15%만큼 증가할 것이다:

$$\% \triangle w^* = 5/[5-(-1)] \cdot 18\% = 5/6 \cdot 18\% = 15\%$$

시장은 수요곡선을 따라 상향 이동하므로, 따라서 노동의 균형 수량의 변화를 예측하기 위해 수요탄력성을 이용할 수 있다:

$$\% \triangle N^* = e_D \cdot \% \triangle w^* = -1 \cdot 15\% = -15\%$$

수요와 공급의 동시 변화

지역환경정책의 고용효과는 무엇인가? 두 산업, 오염을 유발하는 철강산업과 무공해산업을 고려하라. 오염세(pollution tax)는 도시노동시장의 양 측면에 영향을 미친다.

1. 노동수요의 감소

이 세금은 철강 제조업체들의 생산비용을 증가시킨다. 기업들은 세금을 지불하거나 대안적 생산요소로 전환하고 오염감축설비를 설치함에 따라 감축비용을 초래한다. 철강 제조업체들은 증가된 생산비용을 보다 높은 가격의 형태로 소비자들에게 전가함으로써 반응한다. 이 도시 밖의 소비자들은 보다 적은 철강을 구입함으로써 반응하고, 생산된 철강 수량의 감소가 노동에 대한 수요를 감소시킨다. 수요의 감소는 균형임금을 낮추고 노동의 균형 수량을 감소시키도록 하는 압력을 발생시킨다.

2. 노동공급의 증가

이 세금은 (i) 철강의 생산량을 감소하고 (ii) 철강 제조업체들이 철강 1톤당 오염의 양을 감소시키는 오염통제방법을 채택함에 따라 오염의 양을 감소시킬 것이다. 이 도시의 대기 질의 개선은 이 도시의 상대적 매력도를 증가시켜, 노동자들로 하여금 보다 깨끗한 이 도시로 이주하도록 한다. 공급의 증가는 균형임금을 감소시키고 노동의 균형 수량을 증가시키도록 하는 압력을 발생시킨다.

오염세가 노동시장의 양 측면에 영향을 미치기 때문에, 이는 공급곡선과 수요곡선 모두를 이동시킨다. 그림 8-7에서 보여지듯이, 오염세는 균형고용을 증가시키거나 감소시킬 수 있다.

1. 위 그림: 균형고용을 증가시킨다.

공급의 증가는 수요의 감소보다 크다. 이러한 경우는 (i) 세금에 의해 촉발된 생산비용의 증가가 상대적으로 작고, (ii) 수출재에 대한 수요가 상대적으로 비탄력적이고, (iii) 환경의 질의 개선이 상대적으로 크고, 그리고 (iv) 노동자들이 환경의 질 변화에 상대적으로 민감한 경우에 적용된다.

2. 아래 그림: 균형고용을 감소시킨다

수요의 감소가 공급의 증가보다 크며, 이는 (i) 세금에 의해 촉발된 생산비용의 증가가 상대적으로 크고, (ii) 수출재에 대한 수요가 상대적으로 탄력적이고, (iii) 환경의 질의 개선이 상대적으로 작고, 그리고 (iv) 노동자들이 환경의 질 변화에 상대적으로 둔감한 경우에 발생한다.

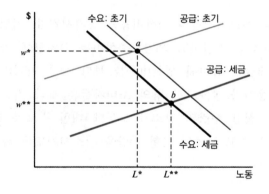

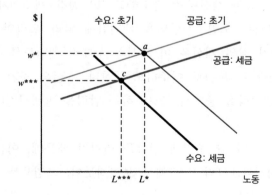

▲ 그림 8-7 환경정책과 고용

오염세는 생산비용에 대해 상충하는 효과를 갖는다. 직접적인 효과(보다 높은 세금과 감축비용)는 도시 임금의 감소에 기인한 노동비용의 감소에 의해 적어도 부분적으로 상쇄된다. 일부 기업들에 있어, 노동비용의 감소가 압도적이며, 따라서 생산비용이 감소한다. 이는 상대적으로 "깨끗한" 기업들에 대한 경우이며, 따라서 "깨끗한" 산업들의 고용은 오염을 유발하는 산업들의 고용의 희생하에 증가한다.

03 공공정책: 세금과 스포츠

이 장의 앞부분에서 보았듯이, 지방정부들은 다수의 방법으로 노동에 대한 수요곡선을 이동시킬 수 있다. 이 장의 이 부분에서, 기업의 입지결정과 도시 고용에 대한 세금의 효과를 고찰한다. 또한, 전문 스포츠와 슈퍼볼이나 월드컵 같은 대규모-행사의 고용효과를 탐구한다.

세금과 기업의 입지선택

지방세는 고용성장에 대해 강한 음(-)의 효과를 갖는다는 설득력 있는 증거가 존재한다. 높은-세금의 도시는, 그 밖의 모든 것이 동일하다면, 낮은-세금의 도시에 비해 보다 느린 비율로 성장할 것이다. 그 밖의 모든 것에 포함된 항목들 가운데 하나는 공공서비스이다. 만일 두 도시가 동일한 수준의 공공서비스를 가지고 있으나 상이한 세금부담을 갖는다면, 높은-세금의 도시는 보다 느린 비율로 성장할 것이다. 두 가지 유형의 상업 입지결정인, 주들(states) 간 결정(상이한 주들 혹은 지역들의 부지들 간 선택)과 주(state) 내 결정(한 주 혹은 지역 내 부지들 간 선택)을 구분할 수 있다. 세금부담에 대한 상업활동의 탄력성은 상업활동의 백분율 변화를 세금부담의 백분율 변화로 나눈 값으로 정의된다.

1. 주들 간(지역들 간) 입지결정

이 탄력성은 대략 -0.20로, 이는 주 세금의 10% 증가가 이 주에서의 상업활동을 대략 2%만큼 감소시킴을 의미한다.

2. 주 내(지역 내) 입지결정

이 탄력성은 대략 −1.5로, 한 주 내 관할구역(예를 들면, 도시 혹은 카운티(군))에서의 세금의 10% 증가가 이 관할구역 내 상업활동을 대략 15%만큼 감소시킴을 의미한다.

기업들이 주들 간보다는 주 내에서 이동이 보다 쉽기 때문에 주 내 입지결정에 대한 탄력성이 보다 크다. 하나의 주 내에서의 대안적인 입지들은 상이한 주들에서의 대안적인 입지들에 비해 보다 나은 대체물들이다.

최근의 실증연구들로부터 두 개의 또 다른 결과들에 유념할 가치가 있다. 첫째, 제조업체들은 다른 업체들에 비해 세금의 차이에 보다 민감하다. 이것은 제조업체들이 국가전체 시장에 대해 지향적이며, 따라서 보다 폭넓은 입지선택을 가지고 있기 때문에 이치에 맞다. 둘째, 자본에 대해 상대적으로 높은 세금(상업 부동산에 대한 세금의 형태로)을 가지고 있는 대도시지역들은 자본−집약적인 산업들을 몰아내고 노동−집약적인 산업들을 유인하는 경향이 있다.

지방세에 관한 실증연구들로부터의 또 다른 핵심적인 결과는 세금과 정부지출 모두를 살펴보는 것의 중요함을 강조한다. 세금 증가의 효과는 추가의 조세수입이 어떻게 지출되는가에 의존한다. 만일 이러한 추가의 수입이 지방공공서비스(기반시설, 교육, 혹은 공공안전)에 지출된다면, 세금/지출 프로그램은 이 도시의 상대적 매력도를 증가시키고 고용성장을 촉진할 것이다. 대조적으로, 만일 추가의 조세수입이 빈곤한 사람들을 위한 재분배 프로그램에 지출된다면, 세금은 이 관할구역의 상대적 매력도를 떨어뜨리고 성장률을 감소시킬 것이다.

세금 유인책 프로그램

많은 도시들이, 종종 세금 휴일들(tax holidays)로 알려진, 일정 기간에 걸친 상대적으로 낮은 세율과 같은 세금 유인책을 제공함으로써 새로운 기업들을 유인하기 위해 노력한다. 바틱(Bartik, 2010)은 주와 지방정부들이 고용성장을 장려하기 위해 세금 유인책으로 연간 200억달러(1인당 대략 60달러) 이상을 제공한다고 추정한다. 전형적인 일괄 세금 유인책은 10년에 걸쳐 연간 일자리 1개당 대략 1,200달러의 가치가 있는 세금공제(tax credit)와 감세를 제공한다. 물론, 다수의 지원된 일자리들은 지원금 없이도 창출되었을 것이다. 전형적인 일괄 유인책은 단지 약 4%의 일자리들에 대해

결정적이다: 96%의 새로운 일자리들은 유인책 없이도 창출되었을 것이다.

바틱(2010)은 미시간의 MEGA(Michigan Economic Growth Authority) 세금 유인책 프로그램의 효과를 추정한다. 이 프로그램은 이 주에 새로운 일자리를 제공하거나 이전 일자리를 유지하는 기업들에게 환불가능한 세액공제를 제공한다. 전형적인 지방 세금 유인책 프로그램과 대조적으로, MEGA는 강하게 수출재 산업들을 대상으로 하고 미시간의 전통 제조업 강화에 초점을 둔다. 결과적으로, MEGA는 상대적으로 높은 임금과 큰 승수효과를 갖는 일자리를 창출하는 사업들을 추진한다. 평균적으로, 이 프로그램에 의해 지원을 받은 일자리 1개당 세금 유인책은 2,188달러이다. 주 세금에 대한 상업활동의 추정된 탄력성(−0.20)에 기초하여, 바틱은 이 프로그램이, 수출재 일자리와 승수효과에 기인한 지역재 일자리를 포함해, 18,000개의 새로운 일자리를 발생시켰다고 추정한다. 이러한 새로운 일자리들로부터의 추가적인 조세 수입은 세금 유인책 프로그램의 직접적인 재정 비용을 부분적으로 상쇄한다. 새로운 일자리 1개당 순 재정 비용은 1년간의 일자리 1개(1년의 고용)당 대략 4,000달러이다.

지리적으로 대상지가 결정된 보조금: 역량증진지구(Empowerment)와 기업유치지구(Enterprise Zones)

도시들과 주들은 경제적 발전을 촉진하기 위해 다수의 여타 프로그램들을 이용한다. 일부 정부들은, 기업들이 낮은 세금을 지불하고 노동자 훈련에 대한 지원금을 받으며 일부 지역 규제로부터 면제되는 지역으로 정의되는, 도시들 내 기업유치지구를 설립한다. 기업유치지구에 대한 연구들은 이러한 정책들이 많은 기업을 유치하지 못하고 많은 새로운 일자리를 발생시키지 못함을 제시한다. 한 프로그램이 대상 지역에서 고용을 증가시키는 것에 성공할 때, 이는 종종 기업이 해당 도시 내 다른 부지보다는 기업유치지구 내 부지를 선택했기 때문이다. 다시 말해, 특별한 지구에서의 일자리 성장은 종종 해당 도시 내 다른 지구들의 희생으로 나타난다.

연방정부에 의해 지원된 역량증진지구 프로그램하에서, 경제적으로 낙후된 지구에 입지한 기업들은 해당 지구 경계 내에서 거주하는 노동자들에게 지급된 임금에 대해 세금공제를 받는다. 이 프로그램은 또한 자본투자에 대한 유인책을 제공한다. 한슨과 롤린(Hanson and Rohlin, 2011)은 역량증진지구 프로그램이 대상 지역에서 대부분의 새로운 일자리를 소매업과 서비스업 고용에서 발생시키고 상대적으로 작은 고용 증가를 발생시킨다고 결론짓는다. 새로운 기업당 추정된 재정 비용은 19백만달러이고, 새로운 기업에서의 새로운 일자리 1개당 재정 비용은 대략 2.9백만달러이다. 역량증진지구에서의 일자리 증가는 인근 지역에서의 일자리 손실에 의해 적어도 부분적으로 상쇄되고, 일부의 경우 이 프로그램의 순 고용효과는 영(0) 혹은 음(−)의 값에 해당한다.

스포츠 경기장과 초대형 이벤트

많은 도시들은 200백만달러 혹은 그 이상의 비용이 드는 스포츠 경기장을 건설하며, 전문적인 스포츠를 위한 시설의 건설을 지원한다. 스포츠 경기장의 일자리 창출효과 이면의 논리는 간단하다. 새로운 경기장은 전문 스포츠 구단을 유치하거나 기존 구단을 계속 보유하는 데 도움이 될 것이다. 다른 기관들처럼, 전문 구단은 제품을 판매하고, 운동선수, 운동장 관리인, 입장권 판매원, 회계사, 그리고 언론 담당자를 포함한, 노동자들을 고용한다. 더불어, 구단의 종사자들이 버는 돈의 일부는 지역경제에 지출되어, 식당, 치과병원, 그리고 철물점에서의 고용을 증가시키는 승수효과를 야기한다.

경기장의 고용효과는 그다지 대단하지는 않다. 애리조나 다이아몬드백스를 위한 경기장은 240백만달러의 비용이 들었지만, 지역 내 총 고용을 단지 340개의 일자리만큼만 증가시켰다. 이러한 수치는 직접 효과(구단에 의해 고용된 사람들)와 승수효과(지역 일자리) 모두를 포함한다. 다시 말해, 새로운 일자리 1개당 비용은 705,882달러였다. 고용 증가는, 덴버, 캔사스시티, 그리고 샌디에고에서 128개와 356개 사이의 추가적인 일자리를 가져, 다른 유치 도시들에 대해서도 그다지 크지 않았다. 전문 스포츠 구단을 유치한 도시들에 대한 종합적인 연구는 단지 1/4의 사례에 있어 작은 양(+)의 효과를 보여주었다(Baade and Sanderson, 1997). 대략 1/5의 사례에서, 스포츠 구단의 존재가 실제로 총 고용을 감소시켰다.

전문 스포츠는 대개, 수출재가 아닌, 지역재이기 때문에 경기장의 고용효과는 상대적으로 작다. 스포츠 팬들(fans)의 상당부분이 해당 대도시지역에 거주한다. 예를 들어, 전형적인 메이저리그 야구 경기에서 단지 대략 5−20%의 팬들만이 해당 대도시지역 밖에서 온 방문객들이다. 결과적으로, 전문 스포츠 이벤트에서 지출된 대부분의 돈은 영화와 식당에서의 식사와 같은 지역재의 희생으로 발생한다. 스포츠 구단이 소도시에 올 때, 소비자들에 의해 이 구단에 지출된 돈의 상당부분이 지역 소비재로부터 전환된다. 예를 들어, 경기장에서 보다 많은 팝콘이 팔리나 영화극장에서는 보다 적은 팝콘이 팔릴 것이다. 유사하게, 스포츠 이벤트는 맥주를 마시는 상이한 장소를 제공한다. 소비자들이 영화나 다른 지역재로부터 스포츠 이벤트로 전환하는 한, 스포츠 구단의 고용효과는 상대적으로 작을 것이다.

슈퍼볼이나 월드컵과 같은 스포츠 초대형 이벤트는 종종 대도시 고용을 증가시킬 기회로 인용된다. 미국 프로 미식축구연맹(NFL)은 슈퍼볼 XXXIII가 사우스 플로리다에서 과세대상 판매액을 670백만달러만큼 증가시켰다고 발표하였으나, 바드, 바우만, 그리고 매데손(Baade, Baumann, and Matheson, 2008)에 의한 연구는 단지 100백만달러의 경제적 영향을 추정한다. 슈퍼볼과 다른 초대형 이벤트의 경제적 효과는 세 가지 이유로 상대적으로 작다.

1. 지역 대체

일부 사람들은 초대형 이벤트가 없었다면 지역경제 내 다른 곳에 지출했을 돈을 초대형 이벤트에 지출한다. 주최하는 대도시지역을 방문한 사람들조차 일부 여타의 지역소비 기회 대신에 초대형 이벤트를 선택할 것이다.

2. 밀어내기(crowding out)

초대형 이벤트는 지역경제에서 밀어내기를 야기한다. 예를 들어, 호텔들은 관광객 대신에 미식축구 팬들로 채워질 것이다.

3. 누출

초대형 이벤트에 지출된 돈의 상당부분은 이 대도시지역 밖에 사는 사람들한테 가고, 이러한 누출은 승수효과를 감소시킨다. 예를 들어, 슈퍼볼에서 운동선수들과 코치들은 개최 도시에 거의 거주하지 않으며, 따라서 운동선수들과 코치들에게 지급되는 돈의 대부분은 다른 곳에서 승수효과를 발생시킨다.

동일한 논리가 월드컵, 올림픽, 그리고 올스타 게임과 같은 다른 스포츠의 초대형 이벤트에도 적용된다. 경제적 영향에 대한 폭넓게 알려진 추정치들은 위에 열거된 세 가지 요인들을 고려하지 않으며, 따라서 그들은 전형적으로 경제적 영향을 큰 차이로 과장한다.

개념에 대한 복습

01 도시 임금의 증가는 [_____] 때문에 공급되는 노동의 양을 [_____]. 도시 경제에 있어, 노동공급의 임금탄력성은 대략 [_____](0, 1, 2, 5, 10 중에서 선택하라)이다.

02 [_____] 이주가 [_____] 이주보다 비용이 덜 들기 때문에 도시의 노동-공급 탄력성은 국가 전체의 노동-공급 탄력성보다 크다.

03 도시 범죄율의 감소는 노동 [_____]곡선을 [_____]쪽으로 이동시킨다.

04 도시노동시장에서, (i) [_____]효과, (ii) [_____]효과, 그리고 (iii) [_____] 효과로 인해 임금의 감소는 수요되는 노동의 양을 [_____].

05 소비자들은 도시 임금 감소의 산출물효과에서 역할을 한다: 이로 인한 [_____] 의 감소는 [_____]을/를 감소시켜, 재화의 [_____]양을 증가시킨다.

06 고용승수는 [_____]의 단위 변화당 [_____] 고용의 변화로 정의된다.

07 만일 추가적인 100개의 수출재 일자리가 총 고용을 240개의 일자리만큼 증가시킨다면, 고용승수는 [_____]이다.

08 도시의 고용승수 계산에서, 투입-산출분석은 불변 [_____]와/과 불변 [_____] 을/를 가정한다.

09 투입-산출분석에 대한 대안은 시장자료를 이용하여 [_____] 고용에 대한 [_____] 고용의 변화의 효과를 추정하는 것이다. 이 관계에 대한 그럴듯한 탄력성은 1/[_____]이다.

10 대도시의 고용승수는 이 대도시가 [_____]을/를 가지고 있기 때문에 소도시의 고용승수에 비해 [_____](크다, 작다, 크거나 작지 않다).

11 노동공급의 임금탄력성이 5.0이고 노동수요의 임금탄력성이 -2.0이라고 가정하라. 노동수요의 21% 증가는 균형임금을 [_____]만큼 [_____]시킬 것이다.

12 대도시 경제에서 총 고용이 100개의 일자리만큼 증가한다면, 이 일자리의 대략 [_____] 은/는 새로운 거주자들에 의해 채워질 것이며, 이 일자리의 대략 [_____]은/는 이전에 실업상태였던 이 도시 거주자들에 의해 채워질 것이다.

13 도시 범죄율에서의 감소는 노동의 공급을 [_____]. 결과적으로, 균형임금은 [_____] 하고 균형고용은 [_____]한다.

14 오염세의 부과는 만일 [＿＿＿＿＿]의 증가가 [＿＿＿＿＿]의 감소에 비해 크다면 균형 고용을 증가시킬 것이다.

15 오염세는 만일 [＿＿＿＿＿]의 감소가 [＿＿＿＿＿]비용의 증가에 비해 크다면 생산비 용의 순 감소를 야기할 것이다.

16 개별 변수들 쌍에 대해, 그 관계가 양인지, 음인지, 중립인지, 혹은 모호한지를 나타 내라.

모수	선택변수	관계
수출재에 대한 수요	임금	[＿＿＿＿＿]
수출재에 대한 수요	총 고용	[＿＿＿＿＿]
공립학교의 효율성	임금	[＿＿＿＿＿]
공립학교의 효율성	총 고용	[＿＿＿＿＿]
범죄율	임금	[＿＿＿＿＿]
오염세	임금	[＿＿＿＿＿]
오염세	총 고용	[＿＿＿＿＿]

개념들을 응용하는 연습문제

01   노동공급 탄력성

플래인스 시티(Plains City)는 거대하고 평평하며 특색 없는 평야의 중심에 위치해 있는 반면, 아일랜드 시티(Island City)는 조그만 섬에 위치해 있다. 각 도시에 대해 하나씩 두 개의 노동공급곡선을 그려라. 왜 하나의 곡선은 다른 곡선에 비해 더 가파른지 설명하라.

02   노동에 대한 수요의 탄력성

컴퓨터 소프트웨어 산업을 고려하라. 다음의 사항들을 가정하라: (i) 노동이 생산비용의 80%를 차지한다, (ii) 소프트웨어는 고정 생산요소비율(자본-노동 대체가 허용되지 않음)로 생산된다, (iii) 소프트웨어 시장은 완전히 경쟁적이다, 그리고 (iv) 소프트웨어에 대한 수요의 가격탄력성은 -1.50이다. 소프트웨어 노동자의 임금이 20%만큼 증가한다고 가정하라.

a. 임금 증가가 소프트웨어의 균형가격과 소프트웨어 노동의 수요량에 미치는 효과를 계산하라.

(가정 (i), (ii)과 (iii)로부터 노동자의 임금 증가가 소프트웨어 가격을 몇 % 증가시키는가를 계산할 수 있으며 수요의 가격탄력성을 이용하면 수요량이 몇 % 변하는지 계산할 수 있을 것임. 역자 주)

b. 가정 (ii)를 완화한다고 가정하라. 소프트웨어 노동의 수요량의 감소는 [_____] (보다 클 것이다, 보다 작을 것이다, 동일할 것이다) 왜냐하면 [_____]

03   임금과 고용을 예측하라

그로우빌(Growville)이라는 도시에서, 균형고용이 100,000명의 노동자이고 균형임금은 하루에 100달러이다. 노동수요에 대한 임금탄력성이 -1.0이고 노동공급의 임금탄력성이 5.0이다. 노동에 대한 수요가 18%만큼 증가한다고 가정하라. 균형임금과 균형 총 고용에 대한 수치를 포함하여, 도시노동시장에 대한 노동수요 증가의 효과를 설명하라.

(%균형 임금변화는 공식을 이용하여 계산하고 %N 변화는 노동공급곡선을 따라 변하는 것을 감안하여 계산할 것. 역자 주)

04 성장제한과 고용

균형임금 100달러, 균형고용 100,000개의 일자리, 그리고 50백만 평방피트의 주택(노동자 1인당 500평방피트)으로 초기에 동일한, 두 도시, 컨트롤시티와 프리버그를 고려하라. 컨트롤시티의 정부는 이 도시에서의 최대 총 면적을 현재의 수준으로 고정한다: 신규 주택은 지어질 수 있으나 1평방피트의 신규 주택은 기존 주택의 1평방피트가 이 시장에서 퇴거되어야 함을 요구한다. 개별 도시는 시장수요곡선을 오른쪽으로 24%만큼 이동시키는 노동수요의 증가를 경험한다. 두 도시에서, 노동에 대한 수요의 임금탄력성은 –1.0이다.

a. 프리버그에서, 노동공급의 임금탄력성은 5.0이다. 새로운 균형임금에 대한 수치를 포함하여, 시장에 대한 노동수요 증가의 효과를 설명하라.

b. 컨트롤시티에서, 노동공급의 임금탄력성에 대한 그럴듯한 수치는 [_____](0, 2, 5, 7 가운데 선택하라)이다. 새로운 균형임금에 대한 수치를 포함하여, 시장에 대한 노동수요 증가의 효과를 설명하라.

(컨트롤시티에서 노동공급곡선은 가파를 것임. 노동력의 증가가 주택부족을 가져올 것이며 주택가격 상승은 노동자를 유치하기 위해 더 큰 임금상승을 필요로 할 것임. 역자 주)

05 미식축구 구단의 경제적 효과

래이더스(Raiders, 전문 미식축구 구단)를 새크라멘토로 이전하는 것의 경제적 효과에 대한 한 자문가에 의한 보고서의 결과를 고려하라. 이 자문가는 해당 구단이 새크라멘토 경제에서 총 지출을 연간 61.6백만달러만큼 증가시킬 것이라고 추정하였는데, 다음과 같이 계산하였다:

△지출 = s · N · m = 40달러 · 700,000 · 2.20 = 61.6백만달러

여기서 s는 팬 1인당 지출, N은 경기를 관전하는 팬들의 수, 그리고 m은 새크라멘토 경제에 대한 평균 지출승수이다. 새크라멘토 밖에 사는 사람을 외부인으로 새크라멘토에 사는 사람을 내부인으로 정의하라. 자문가의 계산은 총 지출의 변화를 [_____](과장한다, 축소한다) 왜냐하면 …

06 양털깎기 결승전의 부정적 영향?

클립시티는 하루에 걸친 세계 양털깎기 결승전을 주최할 것이다. 총 1,000명의 사람들이 12달러의 입장료를 지불할 것이고, 입장료 수입은 우승자에게 지불될 것이다. 클립시티의 지출승수는 2.0이다. 위저드씨에 의하면, "만일 나의 두 가지 가정이 옳다면, 이 시합을 주최하는 것은 클립시티 경제에서의 총 지출을 감소시킬 것이다." 외부인을 클립시티 밖에 사는 사람으로 정의하고 내부인을 클립시티에 사는 사람으로 정의하라.

a. 위저드씨의 가정은 (i) [_____]과 (ii) [_____].

b. 가장 큰 가능한 부정적 효과는 −[_____]달러의 지출의 변화이다.

07 환경정책과 고용

개별 도시가 초기에 하루 100톤의 오염(개별 오염발생 기업으로부터 50톤)을 경험하는 두 도시를 고려하라. 도시 T는 오염세를 부과하여, 20%의 전체적인 오염감소와 균형고용의 감소를 결과로 갖는다. 도시 U는 개별 기업이 이의 오염을 20%만큼 감축하는 균등-감축정책을 도입한다. 어느 도시가 균형고용의 보다 큰 감소를 경험할 것인가? 설명하라.

(오염세가 균등-감축 정책보다 더 효율적이다. 오염세 제도하에서는 한 기업이 모든 오염감축을 하는 반면에 균등-감축 정책하에서는 각각의 기업이 오염감축을 나누어서 행한다. 역자 주)

참고문헌과 추가적인 읽을 거리

Baade, Robert A., and Allen R. Sanderson, "The Employment Effects of Teams and Sports Facilities." *Sports, Jobs and Taxes*, eds. Roger Noll and Andrew Zimbalist. Washington, D.C.: Brookings, 1997.

Baade, Robert A., Robert Baumann, and Victor A. Matheson, "Selling the Game: Estimating the Economic Impact of Professional Sports through Taxable Sales." *Southern Economic Journal* 74 (2008), pp. 794−810.

Bartik, Timothy J., and Randall Eberts, "The Roles of Tax Incentives and Other Business Incentives in Local Economic Development," Chapter 28 in *The Oxford Handbook of Urban Economics and Planning*, edited by Nancy Brooks, Kieran Donaghy, and Gerrit−Jan Knaap. Oxford: Oxford University Press, 2011.

Bartik, Timothy J., and Randall W. Eberts, "Urban Labor Markets," Chapter 23 in *A Companion to Urban Economics*, edited by Richard J. Arnott and Daniel P. McMillen. New York: Wiley−Blackwell, 2006.

Bartik, Timothy J., *Who Benefits from State and Local Economic Development Policies?* Kalamazoo, MI: Upjohn Institute, 1991.

Bartik, Timothy J., and George Erickcek, "The Employment and Fiscal Effects of Michigan's MEGA Tax Credit Program." Upjohn Institute Working Paper No. 10−164 (2010).

Black, Dan, Natalia Kolesnikova, and Lowell Taylor, "Why Do So Few Women Work in New York (and So Many in Minneapolis)? Labor Supply of Married Women Across U.S. Cities." *Journal of Urban Economics* 79 (2014), pp. 59−71.

Chen, Yong, and Stuart Rosenthal, "Local Amenities and Life Cycle Migration: Do People Move for Jobs or Fun?" *Journal of Urban Economics* 65.3 (2008), pp. 519−537.

Courant, Paul, "How Would You Know a Good Economic Development Policy If You Tripped Over One? Hint: Don't Just Count Jobs." *National Tax Journal* 47.4 (1994), pp. 863−881.

Hanson, Andrew, and Shawn Rohlin, "Do Location−Base Tax Incentives Attract New Business Establishments?" *Journal of Regional Science* 51 (2011), pp. 427−449.

Lewis, Ethan, and Giovanni Peri, "Immigration and the Economy of Cities and Regions," Chapter 10 in *Handbook of Urban and Regional Economics Volume 5*, edited by Gilles Duranton, J. Vernon Henderson, and William C. Strange. Amsterdam: Elsevier, 2015.

Moretti, Enrico, "Local Multipliers," *American Economic Review: Papers & Proceedings* 100 (2010), pp. 1−7.

Neumark, David, and Helen Simpson, "Place Based Policies," Chapter 18 in *Handbook of*

Urban and Regional Economics Volume 5, edited by Gilles Duranton, J. Vernon Henderson, and William C. Strange. Amsterdam: Elsevier, 2015.

Noll, Roger G., and Andrew Zimbalist, "Build the Stadium — Create the Jobs!" *Sports, Jobs and Taxes*, edited by Roger Noll and Andrew Zimbalist. Washington, D.C.: Brookings, 1997.

Wheeler, Christopher H., "On the Distributional Aspects of Urban Growth," *Journal of Urban Economics* 55 (2004), pp. 1371 — 97.

Zenou, Yves, "Urban Labor Economic Theory," Chapter 25 in *A Companion to Urban Economics*, edited by Richard J. Arnott and Daniel P. McMillen. New York: Wiley — Blackwell, 2006.

최초의 도시들

그의 시대에 명성을 얻은 아시리아 학자(Assyriologist)인 그 책의 저자는 그의
상상력과 역설들에 대한 그의 약점을 항상 통제할 수 있었던 것은 아니다.
– 진 보테로(Jean Bottero)

이 장은 (현재는 팔레스타인 영토 내에 있는) 요르단 밸리(Jordan Valley), (현재의 터키 내에 있는) 코냐 플레인(Konya Plain), 그리고 (현재의 이라크 내에 있는) 남부 메소포타미아(Mesopotamia)에서 발달한 최초의 도시들에 대한 간략한 개관을 제시한다. 이러한 최초 도시들의 기원에 대한 상세한 논의에 대해서는 오설리반(O'Sullivan, 2006)을 참조하라.

고고학자들은 처음의 도시들로부터 돌무더기를 발굴하여, 도시의 벽, 건물, 가구의 기구, 가공에 사용된 도구, 그리고 종교적 물건들을 발견하였다. 이 처음 도시들은 강압적인 이전지출의 반대급부로 종교와 방어의 공공재적 측면을 이용하였다. 만일 예배가 예배자들의 집중에서 보다 효과적이라면, 종교는 공공재이다. 여러 사람들이 함께 있는 것이 보다 안전하기 때문에 방어는 공공재이다. 이러한 초기 도시들에 관해 한정된 지식이 주어졌기 때문에, 많은 수수께끼들이 남아 있다.

01 예리코(Jerico)

고고학적 증거는 세계에서 가장 최초의 도시가, 비옥한 요르단 밸리에서 통행로들의 합류지점에 위치한, 예리코(텔 에스 술탄)였다고 제시한다. 이 장소는 기원전 8400년에서 7300년까지의 기간에 대략 2,000명의 인구로 점유되었다. 요르단 밸리는 충분한 물 공급을 갖춘 비옥한 지역이었고, 예리코의 거주민들은 작물(보리와 밀)을 재배하고 동물(염소와 양)을 길렀다. 더불어, 도시 근처의 우물은 야생 사냥감

을 유인하여, 가젤과 다른 야생동물들의 사냥을 상대적으로 쉽게 하였다. 사해 인근으로부터의 천연물질에 대한 일부 교역이 있었을 것이나 작은 양의 교역으로 보이는 것들은 2,000명 인구의 도시를 지탱할 수 없었을 것이다.

예리코의 가장 놀라운 특성은, 벽, 에워싸는 배수로, 그리고 탑으로 구성된, 가공할 만한 방어체계이다. 벽은 대략 7미터의 높이에 바닥부분에서 3미터의 두께였으며, 대략 10에이커의 지역을 둘러싸는 천연 돌로 지어졌다. 벽을 둘러싸는 배수로는 9미터의 폭에 3미터의 깊이였고 아마도 도시의 보호벽에 대한 공격을 막는 해자(moat)로서의 역할을 수행하였다. 탑은 벽의 바로 안쪽에 위치하였고 적어도 8미터의 높이에 9미터의 지름을 가졌다. 이 탑은 아마도 적의 이동을 감시하기 위한 감시초소의 역할을 하였다.

방어시설의 건축은 엄청난 양의 자원, 즉 노동과 물질을 포함하였다. 벽을 위한 가공되지 않은 돌은 도시 부지로 장거리 운송되었다. 해자를 파기 위해, 노동자들은 벽의 토대에서 암석을 파냈으며, 이는 가장 단순한 도구인 돌 망치를 가지고 수행된 것이 명백하다. 돌을 파내는 단순한 도구에 대한 증거도 존재하지 않고, 금속도구는 또 다른 5,000년 동안 이용가능하지 않았다.

이러한 대량의 요새들의 존재는 이 지역에서 농업 생산성이 매우 높았음을 제시한다. 높은 수준의 생산성은 거대한 부분의 인구를 도시의 요새를 건설하고 유지하는 것에 종사할 수 있도록 이들을 농업 업무로부터 자유롭게 하는 것에 필요 조건이 되었다. 더불어, 높은 생산성은 사회가 도둑들을 유인할 정도의 부(wealth)를 축적하기 위해 요구된다. 수천년의 점령을 나타내는 돌무더기에 대한 면밀한 조사에서, 고고학자들은 침입자를 유인했을 부의 저장을 아직 발견하지 못했으며, 따라서 예리코의 것으로 추정되는 전리품(전쟁에서 약탈된 물건들)의 유래는 여전히 수수께끼로 남아 있다.

요새들은 또한 지속적인 침입의 존재를 제시한다. 이 도시는 여러 통행로들의 교차로에 입지하여, 손쉬운 표적이 되었다. 이 도시는 사냥꾼-채취꾼 집단에 의해 둘러싸였고, 고고학자들은 이러한 집단들이 종종 그들의 사냥과 채취를 약탈로 보충했을 것으로 추측한다. 당시에, 전쟁의 기술은 (100미터 범위의) 활과 화살 그리고 (200미터 범위의) 투석기(sling)에 의한 먼 거리에서의 공격을 포함하였다. 근접 전투에 있어, 선택된 무기는 철퇴였다. 예리코시대로부터의 삽화는 공격이 종대(column)로 정렬된 전사들을 포함하여 잘 조직되었음을 제시한다.

당시의 전쟁기술을 고려해 볼 때, 요새는 빈번한 침입에 적합한 방어였다(Ferrill,

1997). 궁수들은 침입자들을 먼 거리로 유지하고 그들이 벽을 기어오르는 것을 막기 위해 벽의 꼭대기에 위치하였다. 도시의 벽을 공격하기 위한 수단-파성퇴(battering ram)와 기반 약화-은 아직 개발되지 않았으며, 따라서 이 벽은 효과적인 방어였다. 공격을 방어하는 것은 비용이 들었다. 고고학자들은 1/4의 인구가 수비병으로서 역할을 맡았던 것으로 추정한다.

고고학적 증거에 기반하여, 예리코는 공공재로서 방어를 제공하기 위해 발전했던 것으로 나타난다. 침입의 빈번함을 고려할 때, 가구들의 부(wealth)는 보호를 필요로 하였고, 방어의 집단적 제공이 개별 가구들에 의한 제공보다 효율적이다. 창, 철퇴, 그리고 활로 무장한, 소규모의 침입자들은 개별 가구를 압도하여 축적된 부를 약탈할 수 있었다. 집단의 가구들은 침입하는 일당의 병력과 무기와 매치할 수 있으나 공격을 좌절시키는 요새를 건설하기 위해 자원을 결합함으로써 보다 잘 싸울 수 있었다. 요새와 연관된 실질적인 노동비용을 고려할 때, 예리코의 거주자들은 분명 보호할 재물을 가지고 있었던 것이 분명하다.

02 차탈호욕(Catalhoyuk)

차탈호욕은 기원전 6천년대와 7천년대에 대략 5,000명의 사람들에 의한 도시였다. 이 도시는 오늘날 터키의 일부인 코냐(Konya) 평원 내 32에이커의 부지 위에 있었다. 이 도시는 경작된 작물과 가축들로 거주민들을 먹여 살렸고 다양한 수공예품을 생산했으며 일부는 다른 지역으로 수출되었다.

이 도시의 식량경제는 단순한 농업과 사육된 소에 기초하였다. 많은 고기와 운송수단을 제공한, 소의 사육은 다른 문화에 의한 양과 염소의 사육과 대조를 이룬다. 이 도시는 관개시설을 갖춘 토지에서 밀과 보리를 재배하였고, 레귐(legume, 콩과 식물), 견과, 과일, 그리고 장과류(berries)를 추수하였다. 이 도시의 거주민들은 추가적인 고기와 가죽을 위해 야생돼지, 사슴, 곰, 그리고 표범을 사냥하였다. 더불어, 이 도시의 거주민들은 낙농제품과 맥주를 소비하였다.

차탈호욕의 종교적 행위들은 하나의 거대한 사원에 집중되지는 않았으나, 개별 주택의 사당에서 이뤄져 도시 전역에 걸쳐 분포하였다. 사당의 벽화와 석고 장식은 비옥함에 관한 색다른 업적을 나타내는 지모신(mother goddess)을 보여준다. 사당은 또한, 긴 뿔을 갖는, 소의 두개골을 본뜬 장식 조각을 가지고 있다. 다수의 사당에서 나타나는 하나의 물체는 위를 가리키는 일곱 쌍에 날카로운 소뿔을 갖는 긴 의자이며, 이는 불편하게 앉아 있으나 아마도 신과의 보다 나은 관계에 도움이 된다.

차탈호육의 사람들은 목재, 석재, 그리고 흑요암(obsidian)으로 만들어진 매우 정교하고 특별한 제품의 생산에 참여하였다. 인근 화산으로부터의 검은 흑요암은 (창과 화살의 끝부분을 위한) 촉, (베거나 도살을 위한) 쐐기, 날(blades), 그리고 거울을 만들기 위해 조각이 내어지거나 연마되었다. 수입된 부싯돌은 단검으로 만들어졌다. 이 도시의 연마석 산업은 작은 조각품, 천공된 전곤(mace)의 촉, 석재 그릇, 녹암 도끼, 그리고 끌(chisels)을 포함하는 다양한 제품들을 생산하였다. 이 도시의 노동자들은 껍데기와 **뼈**를 가공하여 장신구와 도구를 만들었다. 목세공인은 건축을 목적으로 참나무와 향나무를 정사각형으로 잘랐으며 더불어 그릇, 접시, 그리고 뚜껑이 달린 상자들을 만들었다.

흑요암 제품들의 생산은 여러 단계를 거쳤다. 품팔이 노동자들은 이 도시로부터 약 150km 떨어진 화산부지에서 수집된 흑요암을 쪼개고 흑요암 원석을 "핵심부들"로 가공하여 부피와 중량을 감소시켰다. 이 품팔이 노동자들은 핵심부들의 추가적인 가공을 위해 차탈호육으로 운반하였다. 이 도시에서, 숙련된 노동자들은 핵심부들로부터 흑요암 제품들을 만들기 위해 압축기법과 천공기법을 이용하였다. 품팔이 노동자들은 운반인과 교역자로 활동하여, 다른 지역들로부터의 제품들을 흑요암 제품들과 교환하였다.

최근의 실험에서, 노동자들은 차탈호육에서의 흑요암 도구들을 위한 생산공정을 복제하기 위한 시도를 하였다. 이 실험들은 도구의 생산을 위해 요구되는 높은 수준의 기술을 밝혀냈다:

최근의 연구는 (날들(blades)의) 가압박편(pressure flaking)이, 우수한 신경근의 조합뿐만 아니라 바위박편 속성들에 대한 폭넓은 지식을 요구하는, 어렵고 힘든 일이라는 것을 보여준다. 전자를 얻는 데는 여러 해가 소요되지만, 그 이후에는 매우 높은 생산성을 낳는다. 결과적으로, 가압박편은 전문가의 고도로 숙련되고 생산적인 일과 연관된 전형적인 기술수준을 습득한 것에 해당한다(Connolly, 1999).

코놀리(Connolly, 1999)는 흑요암 도구 생산에 친족 내 전문화가 발생했는데 친족을 돕기 위해 시간제 흑요암 도구 생산에 참여하는 확대된 친족의 일부 구성원들이 포함되었다고 결론짓는다.

흑요암 도구들의 생산은 높은 기술수준을 요구하였고, 이는 이 산업에서 두 가지 현상들이 존재했음을 의미한다.

1. 혁신

정교한 생산과정으로 이어지는 혁신들을 개발하는 사람이 존재해야 한다.

2. 학습

기술들은 신규 노동자들에게 전수되어야 한다.

서로 간에 가까이 입지하는 노동자들을 갖는 도시에서 생산의 집중은 혁신과 학습 모두를 앞당길 것이다. 일반적으로, 도시들은 아이디어를 교환하기 위한 상이한 배경과 기술을 지닌 사람들을 모으기 때문에 혁신을 촉진한다. 노동자들은 관찰에 의해 배우고 도시에는 관찰을 위한 보다 많은 사람들이 존재하기 때문에 도시들은 학습을 촉진한다. 일반적으로, 비록 생산설비들이 공장에서 보다는 주택에서 빽빽히 들어 차 있었지만, 생산설비들의 물리적 인접으로부터 편익이 존재하고, 차탈호욕은 흑요암 도구의 생산에서 혁신과 학습에 대한 중심지였을 것이다.

차탈호욕이 지역 간 교역에 포함되었다는 증거가 존재한다. 이 도시는 이의 수공예품—흑요암과 석재 도구, 장신구, 그리고 목재제품—을 그 지역에서 구입할 수 없는 자원들과 교환하였다. 고고학자들은 시리아로부터 부싯돌, 지중해로부터 조개껍데기, 그리고 사해로부터 역청(bitumen)을 발견하였다. 이 도시는 또한 인근 원산지로부터 목재와 구리를 수입하였다. 최근의 두 고고학적 발견—차탈호욕 인근의 보다 작은 정착지들에 대한 증거와 차탈호욕 문화가 전체 코냐평원으로 확산되었다는 증거—은 차탈호욕이, 서로 간 그리고 지역 밖 사람들과 교역을 했던 도시들 체계에서 가장 큰 도시인, 일종의 지역 교역중심지였다는 추측을 야기하였다.

공공재로서 방어의 공급이 부분적으로 차탈호욕의 발전에 책임이 있는가? 차탈호욕의 건축은 다소 방어적인 것으로 나타난다. 주택들은 서로 붙어 있으며, 지붕 입구통로와 높은 창문을 가지고 있었다. 그러나 예리코의 거대한 요새화를 고려해 볼 때, 차탈호욕의 방어적인 주택건축 특징이 침입을 막았을 것이라는 생각은 설득력이 없어 보인다. 그러나 아마도 차탈호욕 시대에 전리품—추적자들은 예리코를 괴롭힌 침입자들과 달랐을 것이다. 만일 차탈호욕의 단순한 방어 특징이 방어를 위해 사람들을 조직하는 체계와 결합하였다면, 이 도시는 잠재적인 침입자들로부터 보호를 제공할 수 있었을 것이다. 만일 그렇다면, 방어는 사람들로 하여금 이 도시에 군집하도록 하는 공공재였을 것이다.

03 바빌로니아(Babylonia)

　기원전 4천년대의 중반에 시작하여, 일부 도시들은 오늘날 이라크 내 티그리스와 유프라테스강 인근 (바빌로니아로도 알려진) 남부 메소포타미아에서 발전하였다. 바빌로니아에서 가장 큰 도시인 우럭(Uruk)의 인구는 기원전 4천년대 말에 50,000명에 달했다. 개별적으로 수만명의 인구를 갖는 우르(Ur), 에루디(Erudi), 그리고 키쉬(Kish)를 포함하여, 인근에 다른 도시들이 발전하였다. 이 장의 이 부분에서는, 기원전 4천년대 후반에서 기원전 3천년대 초반까지 이러한 도시들의 경제적 특징들에 초점을 둔다.

생태학적 환경

　바빌로니아는, 충적 평야, 강, 그리고 초원을 포함하여, 부유하고 다양한 여러 생태계를 갖고 있었다. 이러한 생태계는, 농업(보리, 에머 밀, 과일), 낚시, 사냥(야생 돼지, 가젤, 야생 당나귀), 그리고 방목(모직, 털, 그리고 우유를 위한 양과 염소)을 포함하여, 폭넓은 식품-가공 활동에 적합했다. 부유한 농업자원과는 대조적으로, 바빌로니아는, 견목, 기초 물질(구리, 주석, 은, 납), 그리고 보석용 원석들을 포함하여, 다수의 기본적인 천연 물질들이 부족하였다. 건조한 기후는 천수(rain-fed)농업을 지원하지 않았지만, 티그리스-유프라테스 강으로부터의 물은 운하로 쉽게 전환되어 강들의 둑 너머에 있는 토지들의 경작을 가능케 하였다. 처음의 초보적인 관개 운하들은 기원전 5500년으로 거슬러 올라간다.

　생태적 환경을 고려할 때, 바빌로니아는 특화와 교역에 대한 완벽한 후보였다. 다양한 생태계는 이 지역의 다른 부분들에 있어 비교우위를 낳았고, 특화와 교역으로부터 이득의 가능성을 열었다. 유사하게, 부유한 농업자원과 제한된 천연 물질들의 결합은 농산물에서 비교우위를 발생시켜, 천연 물질과 교환되는 농산물로 지역 간 교역의 가능성을 열었다.

　많은 비교우위를 고려할 때, 바빌로니아는 결국 특화와 교역의 체계를 발전시켜 교역도시의 생성을 야기했을 것이다. 그럼에도, 기원전 4천년대 중반에, 특화와 교역을 확산시키는 데 있어 두 개의 주요한 장애물이 존재하였다. 첫째, 화폐가 존재하지 않아 교역은 높은 거래비용을 갖는 불편한 체계인 물물교환에 기반하였다. 둘째, 글쓰기가 발명되지 않아 거래를 기록하는 체계가 없었다. 거래에 참여한 사람들은 거래내용을 추적하기 위해 인간의 기억과 정직성에 의존하였고, 대부분의 사람들이 낯선 사람과 거래하는 것을 꺼렸던 것으로 나타난다. 결과적으로, 특화와 교역은 전형적으로 친족-집단이나 마을수준에서 발생했다.

기원전 4천년대 중반 바빌로니아에서 글쓰기와 화폐의 발명 이전에 도시들이 출현한 것은 수수께끼로 남는다. 질문은 바빌로니아인들이 넓게 퍼진 특화와 교역을 발전시키는 데 있어 물물교환과 문맹의 장애물을 어떻게 극복하였는가 하는 것이다. 하나의 가능성은 기원전 4000년과 기원전 3500년 사이 이 지역으로 이주한 수메르 사람들이 도시들을 가능하도록 하는 사회적 체계를 가져왔다는 것이다. 이 수메르 사람들은 이 지역에 지배적인 구술언어와 종교체계를 제공했다. 4천년대 후반에 걸쳐, 수메르 성직자들은 거래를 기록하는 체계를 개발하였고, 기원전 3100년에 글쓰기의 발명으로 최고조에 달했다.

종교적 믿음

바빌로니아에서 받아들여진 수메르 종교는 신들이 동식물의 생식력을 결정한다는 믿음에 기초하였다. 개별 자연 질서를 담당하는 2,400명의 개별 신들이 존재하여, 모든 자연 현상들을 관장하고 있었다. 예를 들어, 작물 신들은, 본래 추수 일자를 담당하는 인나나(Innana)와 곡물생산을 담당하는 애쉬난(Ashnan)을 포함하였다. 가축을 담당하는 신들은 가축의 출산 시기를 결정하는 두마지(Dumazi)와 양의 생산성을 담당하는 라하르(Lahar)를 포함하였다. 크고 접근성이 있는 가젤과 야생 당나귀의 발생을 담당하는 수아간(Suagan)을 포함하여 사냥을 맡고 있는 신들 또한 존재하였다. 신들은 생태적 지속성을 책임지고 있었으며, 과거에 그랬던 것처럼 자연이 계속 작동하도록 하였다. 바빌로니아인들은 신에게 기적을 행할 것을 요청하지 않고 그들로 하여금 자연의 "기적"을 지속하도록 요청하였다. 신들의 역할은 작물이 자라고, 때가 되면 숙성되며, 그리고 야생 당나귀들이 제때에 달리며 나타나서 사냥의 대상이 될 수 있도록 하는 것이었다.

인간의 역할은 물질주의적인 신들에게 재화를 제공하고, 그들이 자연세계를 관리하도록 하는 것이었다. 인간의 기원에 대한 수메르인 전설에 의하면, 이류(second-rate)의 신들은 원래 자연 관리의 업무로 바쁜 보다 훌륭한 신들에게 제공할 토양을 경작하였다. 이류 신들이 토양의 경작에 지쳤을 때, 그들은 모든 신들에게 음식을 주고, 옷을 만들며, 그리고 거처를 제공할 인간을 창조하도록 다른 신들을 설득하였다. 보테로(Bottero, 2001)의 말에 의하면,

이 종교의 신앙인들은 인간은 인간의 근면성과 배려를 통해 신들이 호화롭고 근심 없는 삶을 이끌며 세계와 이의 주민들의 통치에 집중하도록 한다는 유일한 목적을 위해 창조되고 지구상에 놓였다는 것으로 설득되었다.

다시 말해, 신들은 신비한 동기를 지닌 신령스런 존재가 아니었으며, 단순히 배고픈 관리자들이었다.

사람들은 신들에게 거대한 양의 재화를 바쳤고, 대부분의 재화는 궁극적으로 사원의 관계자들에 의해 소비되었다. 신들은 크고 호화로운 사원에 모셔졌고 하루에 네 번의 공들인 식사가 공양되었다. 한참동안 신들의 조각상 앞에 모든 준비된 음식들이 놓인 이후에 이 음식들은 종교적인 엘리트들과 사원의 관계자들에게 배분되는데, 이들의 수는 수백명이었다. 늙은 수메르인이 한 말은 "성직자들이 제단을 먹어 치운다"라는 것이다. 사원 관계자의 일부는 사원에 거주하였고, 우상과 함께 호화로운 거처를 공유하였다.

종교적인 공물과 사원 기업

바빌론의 종교는, 공공재의 한 예이다. 적어도 공공재로 인지되었다. 신들에게 바쳐지는 총 기부금의 증가는 신들로 하여금 생태계를 보다 잘 관리하도록(예를 들면, 좋은 날씨를 야기함으로써) 하였으며, 따라서 동식물의 출산력이 증가하였다. 보다 다산의 생태계는 모든 사람들로 하여금 보다 생산적이도록 하였으며, 신들에 대한 하나의 기부금은 모든 사람들에게 혜택을 주었다. 사회에 대한 큰 도전은 사람들로 하여금 공공재의 유지를 위해 기부금을 내도록 설득하는 것으로, 무임승차를 막는 것이었다.

무임승차에 대한 바빌로니아의 대응은 종교기관에 의해 관리되는 중앙계획경제였다. 사원은 경제의 총 산출량을 모으고, 신들을 위해 적절한 몫을 남겨두며, 그리고 나머지 산출물을 노동자들과 여타 시민들에게 배분하였다. 기원전 4천년대에, 바빌로니아는 매우 다양한 사원 기업들(temple enterprises)과 더불어 일부 민간 기업들을 갖는 혼합경제를 가졌다. 팟스(Potts)에 의하면,

가장 명확한 활동들을 열거하면―양을 기르는 것, 천을 짜는 것, 도자기 제조, 금속 세공, 목재 세공, 석재 세공, 농업, 원예, 삼림 관리, 어업, 맥주 생산, 그리고 제빵―들이 모두 사원 행정의 영역 내에서 이뤄졌다. 또한 원재료들(예를 들면, 보리,

기름, 양모 등)의 배급도 사원 행정의 영역 내에서 이뤄졌다(Potts, 1997, 237쪽). 비록 사원에 의해 직접 관리된 경제의 비중을 결정하기에는 고고학적 증거가 충분하지는 않지만, 사원이 경제에서 지배적인 힘을 지녔던 것은 명확하다.

사원의 산출량─폭넓은 사원 기업들의 산출량과 민간 기업들로부터의 기부금의 합─은 여러 방법으로 배분되었다.

1. 신과 사원 직원

신들에게 제공되며, 그런 후에 종교의식에 관여한 성직자와 사원기업을 운영하는 다른 사원 직원들에 의해 소비된다.

2. 노동자 배급

관개수로를 건설하고 관리하거나, 사원농장에서 일하거나, 그리고 지역 간 교역에서 일한 사람들에 대한 보상.

3. 복지

아이들과 고령자들을 포함하여, 일을 할 수 없는 사람들에 대해 배분된다.

4. 지역 간 교역

수입되는 재화와 교환된다.

왜 사원은 그렇게 많은 경제적 활동에 포함되었나? 기원전 4000년대에 사원기업의 한 가지 이점은 물물교환체계와 연관되었다. 화폐나 글쓰기가 없는 경제에서, 사람들은 그들이 알거나 신뢰하는 사람들, 즉 지역마을 내 그들의 친족집단 구성원들과 교역을 하는 경향이 있었다. 친족집단 이외의 사람들과 교역을 하기 위해서는 신뢰를 낳는 체계가 있어야 하며, 사원이 이러한 체계를 제공하였다. 사원은 교역 조건을 지정하였는데, 특히, 개별 직업에 대한 사원 배급량을 명시하였으며, 받는 사람에 의해 소비되거나 다른 재화와 물물교환될 수 있는 재화들(보리, 기름, 그리고 양모)을 생산하였다. 사원은 믿을 수 있는 중개인으로서 작동하였으며, 특화와 친족집단을 넘어서는 교역을 조장하였다.

사원 기업체계의 또 다른 이점은 종교적인 기여에서 무임승차의 문제를 해결했다는 것이다. 시민들로 하여금 민간 기업의 생산량의 일부를 기부할 것을 요청하는 대신에, 사원 관리자들은 단순히 신들을 위한 몫을 떼고 나머지를 재분배하였다. 민간 기업에 관련한 경제의 나머지 부분들에 대해, 사원 관리자들은 신들에 대한 기여를 모으기 위해 소작계약(sharecropping arrangements)을 이용하였다.

거래와 글쓰기

바빌로니아 도시들의 경제적 역사의 중요한 부분은 글쓰기의 발명과 이의 개선이었다. 이러한 발전은 인간의 기억과 정직에 대한 그들의 의존으로부터 교역에 관여된 사람들을 자유롭게 하였다. 글쓰기는 성직자들에 의해 발전하였으며, 당장의 효과는 사원 조직에 대한 경제의 의존을 강화하는 것이었다. 장기적으로, 글쓰기는 교역자들로 하여금 영구적이고 검증할 수 있는 기록을 신뢰하도록 만들었으며, 이는 사원 기업의 희생하에 민간 기업의 증가를 가져오는 데 기여했을 수 있다.

기원전 4천년대 바빌로니아에서 발전한, 거래를 기록하기 위한 제일 초기의 시도는, 안쪽에 계산을 위한 것이 들어있는 막힌 진흙 용기인, 폐기포(bullae)를 사용하였다. 예를 들어, 한 사람이 사원에 10마리의 염소를 기여했을 때, 성직자는 염소를 나타내는 10개의 아이콘을 포함하고 기여자의 독특한 봉인으로 표시된 용기로 이 거래를 기록하였다. 이 폐기포는 사원 기업의 투입량과 생산량을 기록하고 민간 기업의 기여를 추적하기 위해 사원 관계자에 의해 이용되었다. 폐기포 체계에 있어서의 하나의 문제는 거래를 검증하기 위해(염소 계산의 총계를 내기 위해) 이 용기가 깨져야 했다는 것이다. 두 번째 문제는 신원확인을 위해 개인이 독특한 봉인을 갖도록 요구했으며 이러한 개인 봉인은 경비가 많이 들었다는 것이다.

글쓰기는 기원전 약 3100년에 우럭에서 발전하였다. 초기의 글쓰기는 개별 개체에 대한 독특한 부호로 진흙 평판에 부호들(그림문자)을 아로새기는 것을 포함하였다. 예를 들어, 옥수수 귀에 대한 부호는 옥수숫대를 닮은 반면에 황소에 대한 부호는 꼭대기에서 나오는 두 줄을 갖는 뒤집힌 피라미드이다. 유사하게, 개인은 독특한 개인 부호가 할당되었다. 우럭에서 발견된 진흙 평판은 상이한 개인들로부터 받은 황소의 수를 기록하기 위해 그림문자를 이용한다. 부호들은 젖은 진흙에 아로새겨졌으며, 이는 영구한 기록으로 남도록 구워지거나 건조되었다. 이러한 단순한 체계는 정보가 보유되고 다른 사람들에게 전달되는 것을 가능케 하였다.

그림문자체계는 개별 개체에 대해 독특한 부호를 필요로 하기 때문에 불편했다. 고고학자들은 바빌로니아의 그림문자체계가 대략 1,500개의 부호들을 가지고 있었다고 추정한다. 첫 번째의 개체-지향적(object-oriented) 그림문자 이후 대략 100년

이 지나고, 바빌로니아 사람들은 개체 대신에 소리(음절)를 나타내기 위한 부호의 사용으로 전환하였다. 이것은 개체들이 보다 적은 부호들의 상이한 조합으로 나타내어질 수 있도록 하였다. 예를 들어, "화살"에 대한 수메르 언어는 제7음(ti)으로 발음되었고, "삶"에 대한 단어 역시 마찬가지였다. 이러한 음성체계에서, 삶에 대한 단어는 이의 동음어인 화살에 대한 부호에 의해 나타내어졌다. 일반적으로, 개별 단어는 개별 음절에 대한 하나의 부호로 일련의 부호들로 묘사되었다. 음성에서의 혁신은 사용되는 부호의 수를 대략 400개로 감소시켰다. 결국, 대부분의 그림문자들은, 설형문자(cuneiform script)로 알려진(설상부는 라틴어로 "쐐기모양"이다), 직선과 쐐기모양을 조합한 부호들에 의해 대체되었다.

글쓰기는 사원 성직자들에 의해 발명되었으며 사원의 사업을 기록하기 위해 처음 사용되었다. 글쓰기는 신들과 사원 기업의 운영을 위한 수백 년의 공물 모금 이후에 출현하였다. 수메르 언어에서, "성직자"와 "회계사"에 대한 단어는 동일한 사람을 언급하며, 이는 성직자들이 도시의 회계사로 일하기 위해 그들의 발명을 이용했음을 시사한다. 글쓰기는 기원전 3100년과 2600년 사이 전적으로 상업을 위해 사용되었다. 기원전 대략 2600년에 시작되어, 글쓰기는 찬송, 기도, 신화, 그리고 지혜의 전달을 위해 사용되었다. 문헌으로의 첫걸음은 설형문자 문서 이전에 발생하였으며, 따라서 문서들의 의미의 다수는 모호하다.

글쓰기의 발명과 개선에 대한 시기는 혁신의 중요한 특성을 밝힌다. 글쓰기가 그냥 발생한 것이 아니고 물물교환경제에서 거래들을 어떻게 기록할 것인가에 대한 실질적인 문제에 대한 답변으로 발생한 것으로 보인다. 우럭에서 성직자들은 진흙 평판 위에 거래를 기록하는 아이디어를 떠올리기 전에 오랫동안 사원의 거래를 기록해 왔다. 다음 수십 년에 걸쳐, 그들은 기록을 보관하는 것에 대한 도전에 고무되어 글쓰기 실무를 완벽하게 하였다.

글쓰기의 발전은 특화와 교역을 촉진하였기 때문에 도시의 발달에 기여하였다. 글쓰기는 거래비용을 감소시켰으며, 따라서 교역으로부터의 순 이득을 증가시켜 비교우위의 보다 많은 활용을 가능케 하였다. 글쓰기가 메소포타미아를 넘어 펴짐에 따라, 특화의 기회가 많아졌으며 교역이 증가하여 교역도시의 생성을 야기하였다. 바빌로니아 도시들의 사례에서, 글쓰기는 도시들의 발달을 뒤따랐으며, 따라서 이는 순전히 도시들의 성장을 강화하였다.

참고문헌과 추가적인 읽을 거리

Adams, Robert McCormick, *The Evolution of Urban Society: Early Mesopotamia and Prehispanic Mexico*. Chicago: Aldine, 1966.

Aharoni, Yohanan, *The Archaeology of the Land of Israel: From the Prehistoric Beginnings to the End of the First Temple Period*. Edited by Miriam Aharonni; translated by Anson F. Rainey. Philadelphia: Westminster Press, 1982.

Bottero, Jean, *Mesopotamia: Writing, Reasoning, and the Gods*. Translated by Zainab Bahrani and Marc Van De Mieroop. Chicago: University of Chicago Press, 1995.

Bottero, Jean, *Religion in Ancient Mesopotamia*. Translated by Teresa Lavender Fagan. Chicago: University of Chicago Press, 2001.

Conolly, James, *The Catalhoyuk Flint and Obsidian Industry: Technology and Typology in Context*. Oxford: Archaeopress, 1999.

Ferrill, Arther, *The Origins of War: From the Stone Age to Alexander the Great*. Boulder, Colo.: Westview Press, 1997.

Kenyon, Kthleen Mary, Dame, *Archaeology in the Holy Land*. New York: W. W. Norton, 1979.

Kenyon, Kthleen Mary, Dame, *Digging up Jericho*. London: E. Benn, 1957.

Mellaart, James, *Catal Huyuk; a Neolithic Town in Anatolia*. New York: McGraw—Hill, 1967.

Mellaart, James, *The Neolithic of the Near East*. New York: Scribner, 1975.

Oppenheim, A. Leo, *Ancient Mesopotamia: Portrait of a Dead Civilization*. Chicago: University of Chicago Press, 1964.

O'Sullivan, Arthur, "The First Cities," Chapter 4 in *A Companion to Urban Economics*, edited by R. Arnott and Daniel P. McMillen. Malden, MA; Oxford: Blackwell, 2006.

Potts, Daniel T., *Mesopotamian Civilization: The Material Foundations*. Ithaca, NY: Cornell University Press, 1997.

Todd, Ian, *Catal Huyuk in Perspective*. Menlo Park, Calif.: Cummings, 1976.

Van de Mieroop, Marc, *The Ancient Mesopotamian City*. Oxford: Clarendon Press, 1997.

PART

03

도시토지이용과 주택

오설리반의 도시경제학
O'Sullivan's Urban Economics

이 책의 제3편은 도시의 공간적 조직에 대해 살펴본다. 제10장은 토지에 대한 시장을 소개하고 제조업체의 도시 내 입지결정을 탐구한다. 제11장은 사무건물에서의 경제적 행위를 고려하고 도시 중심과 부도심에서 높은 건물을 발생시키는 경제적 힘에 대해 탐구한다. 제12장은 도시 주택의 공간적 관점에 대해 살펴보며, 도시 내 상이한 입지에서의 주택가격을 결정하는 요인들에 초점을 맞춘다. 제13장은 근대 대도시 내 일자리와 사람들의 분포에 대해 기술한다. 제14장은 20세기 초까지 지배적인 도시의 형태인 거대한 단일도심 도시들을 발생시킨 시장의 힘에 대해 논한다. 이 장은 또한 도시노동시장과 도시토지시장 간 상호작용을 포착하는 모형을 개발한다. 제15장은 사람들이 상이한 유형의 이웃들에 가치를 매길 때의 거주지 선택을 고려한다. 핵심적인 질문은 누가 가장 높게 평가되는 이웃을 얻는가이다. 제16장은 용도지역제, 건축-허가 제한, 성장경계, 그리고 개발세를 포함하여 토지시장에 영향을 미치는 다양한 공공정책에 대해 논한다. 제17장은 도시주택시장을 보다 면밀히 살펴보고 주택구입능력의 문제에 대응하는 다양한 공공정책들의 가치를 평가한다.

10 토지 임대료와 공장용 토지

> 토지에 있어서의 고민거리는 그들이 더 이상 이것을 만들지 않는다는 것이다.
> – 윌 로저스(Will Rogers)

이 장은 토지의 가격을 결정하는 요인들에 대한 탐구에서 시작한다. 고정된 공급의 토지에 대한 경쟁은 토지가 잔여재산분배청구권자(the residual claimant)임을 의미한다. 토지 임대료(토지의 가격)는 기업의 총 수입에서 생산의 비토지 비용을 뺀 것과 동일하다. 보다 일상적인 용어로, 지주는 기업이 다른 생산요소들에 대해 모두 지불한 이후에 남은 것을 얻는다. 농업용 토지의 가격은 이의 비옥도를 반영하고, 제조업용 토지의 가격은 고객과 노동자에 대한 이의 접근성을 반영한다.

01 비옥도와 잉여의 원칙

데이비드 리카르도(David Ricardo, 1821)는 농업용 토지의 가격이 이의 비옥도에 의해 결정된다는 아이디어에 대해 기여하였다. 토지 비옥도의 증가는 생산비용을 감소시키며, 따라서 농부는 이 토지에서 작물을 재배하기 위해 보다 많이 지불할 용의를 지닌다. 비옥한 토지에 대한 농부들 간 경쟁적인 입찰은 승리하는 입찰자가 영(0)의 경제적 이윤을 갖는 수준으로 이 토지의 가격을 상승시킨다. 이는 잉여의 원칙(the leftover principle)으로 알려졌다. 승리하는 입찰자에 의해 지불되는 임대료는 총 수입에서 비토지 비용을 뺀 것과 동일하다. 다시 말해, 지주는 농부가 다른 생산요소들에 대해 지불한 후에 남는 돈을 얻는다.

토지 임대료, 시장가치, 그리고 토지의 가격

토지 임대료와 시장가치, 두 용어를 정의하는 것은 유용할 것이다. 토지 임대료

(land rent)는 대지를 이용할 권리에 대한 연간 지불액이다. 예를 들어, 농부는 옥수수를 재배하기 위한 1헥타르의 토지를 이용하기 위해 지주에게 연간 300달러를 지불할 수 있다. 토지의 시장가치(market value)는 토지 소유를 위한 구입가격으로, 토지의 소유권을 얻기 위해 지불된 돈의 금액에 해당한다. 예를 들어, 옥수수 재배에 적합한 토지의 시장가치는 1헥타르당 6,000달러가 될 수 있다.

대지의 시장가치는 이것이 발생시킨 토지 임대료에 의해 결정된다. 토지는 소득(토지 임대료)의 흐름을 낳는 자산이며, 투자자가 이 자산에 대해 지불하고자 하는 최대치는 소득 흐름의 현재가치와 동일하다. 시장 이자율 $i = 5\%$라고 가정하면, 이는 은행계좌에 투자된 6,000달러가 연 300달러의 이자소득을 발생시킴을 의미한다. 만일 연간 임대료 수입의 흐름 $R = 300$달러가 영원히 지속된다면, 이 소득흐름의 현재가치는 다음과 같다:

$$PV = R/i = \$300/0.05 = \$6000$$

자산의 현재가치는 투자자가 이 자산의 소득흐름에 대한 권리에 대해 지불할 용의가 있는 최대 금액이다. 이 경우, 연간 300달러의 임대료 소득을 발생시키는 1헥타르의 토지에 대해 지불할 용의가 있는 최대 금액은 6,000달러로 이 금액은 이 토지를 소유하고 임대료 소득으로 연간 300달러를 버는 것과 6,000달러를 은행에 예치하고 이자 소득으로 300달러를 얻는 것 간에 무차별하게 만든다. 다시 말해, 이 현재가치는 은행 계좌에 예치하는 것 대신에 토지에 투자하는 것의 기회비용을 반영한 것이다.

이 책에서, 토지의 가격은 토지를 이용하는 권리에 대한 대가로서의 연간 지불액으로 정의된다. 다시 말해, 토지의 가격은 토지 임대료와 동의어이다. 대부분 여타의 연관된 경제적 변수들은 수입 혹은 비용의 흐름으로 정의된다. 예를 들면, 노동자는 시간당 임금 혹은 월간 소득을 벌고, 기업은 연간 이윤을 연간 수입에서 연간 비용을 뺀 것으로 계산한다. 임대료와 시장가치 간 간단한 관계가 주어졌을 때, 토지 임대료를 시장가치로 해석하는 것은 쉽다. 연간 임대료를 시장 이자율로 나누기만 하면 된다. 다른 방법으로는, 만일 토지의 시장가치를 알고 있다면, 암묵적 가격(연간 임대료)은 시장가치에 이자율을 곱한 것이다.

농업용 토지에 대한 지불용의

토지의 가격은 토지로부터 얻는 이윤에 의해 결정된다. 이를 설명하기 위해, 농업용 토지에서 출발하며, 이윤율은 토지의 비옥도에 의해 결정된다. 임차 농부들이 다양한 비옥도의 토지에 옥수수를 재배하는 지역을 고려하라. 농업용 토지 임대료에 관한 모형은 다섯 개의 핵심적인 가정들을 가지고 있다.

1. 생산물 시장에서의 완전한 경쟁

농부들은 가격수용자들이고, 경제적 이윤은 장기적으로 영(0)이다.

2. 공통의 생산요소 가격들

비토지 생산요소들(재료, 노동, 자본)의 가격은 지역 전체에 걸쳐 동일하다.

3. 가장 높은 입찰자에게 토지를 임대

지주는 가장 높은 입찰자에게 토지를 임대한다.

4. 영(0)의 운송비용

운송비용은 영(0)이다.

5. 국가수준에서의 가격들

모든 가격들은 국가 시장에서 결정되고 지역에서의 사건들에 영향을 받지 않는다.

그림 10−1은 매우 비옥해 상대적으로 낮은 생산비용을 갖는 토지에 대해 농부의 이윤이 어떻게 결정되는지를 보여준다. 한계비용곡선은 양(+)의 기울기를 가지며 평균 총 비용곡선을 최저점에서 관통한다. 비용곡선들은 재료, 자본, 고용된 노동, 그리고 농부의 기회비용을 포함하여 생산의 모든 비토지 비용을 포함한다. 옥수수의 국가 가격은 p^*로 수평의 굵은 점선에 의해 보여진다. 한계의 원칙을 적용하여, 농부는 생산량 q^*에서 이윤을 극대화하며, 여기서 가격(한계수입)이 한계비용과 일치한다. 음영으로 칠해진 면적은 높이 $(p^* - ac^*)$와 폭 q^*를 갖는 이윤 사각형이다. 예를 들어, 만일 $p^* = 11$, $ac^* = 6$, 그리고 $q^* = 100$이라면, 이윤 = 500달러이다. 경제적 이윤은 농부의 높은−비옥도 토지에 대한 지불용의에 해당한다.

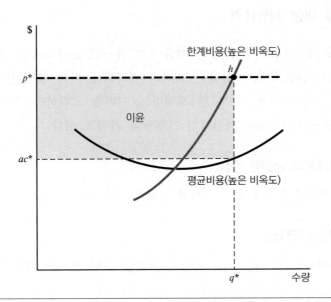

▲ 그림 10-1 농업용 토지에 대한 지불용의

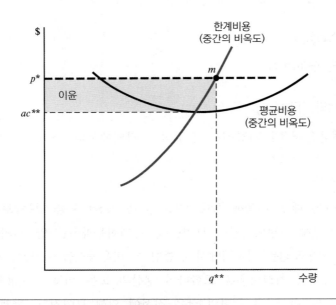

▲ 그림 10-2 비옥도와 토지에 대한 지불용의

　　그림 10-2는 토지에 대한 지불용의가 비옥도에 의해 결정됨을 보여준다. 토지의 비옥도는 비용곡선들의 위치를 결정한다. 상대적으로 비옥한 토지에서 농부는 보다 작은 양의 비토지 비용을 가지고 동일한 양의 옥수수를 생산할 수 있다. 농부는 씨

앗, 비료, 트랙터, 그리고 노동에 보다 적은 돈을 지출하기 때문에 평균비용곡선들은 보다 낮다. 일반적으로, 비옥도가 보다 높을수록, 비용곡선들은 보다 낮다. 그림 10-2에서의 비용곡선들은 그림 10-1에서의 비용곡선들에 비해 높으며, 이는 보다 덜 비옥한 토지 그리고 이로 인한 보다 높은 생산비용을 반영한다. 옥수수에 대한 고정된 시장가격이 주어졌을 때, 보다 높은 비용은 이윤-극대화 수량이 보다 낮고($q^{**} < q^*$) 이윤 사각형이 보다 작음을 의미한다. 예를 들어, 만일 $p^* = 11$, $ac^{**} = 8$, 그리고 $q^{**} = 90$이라면, 이윤 = 270달러이다. 높은 비옥도에서 중간 비옥도로의 이동은 토지에 대한 지불용의를 500달러에서 270달러로 감소시킨다.

경쟁과 잉여의 원칙

잉여의 원칙은 경쟁적 토지시장에서 지주가 토지 이용자의 총 수입과 비토지 비용 간 차이를 지불받을 것이라는 아이디어를 포착한다.

> 잉여의 원칙: 균형 토지 임대료는 총 수입에서 비토지 비용을 뺀 것과 동일하다.

경쟁적인 환경에서, 잠재적 농부들 간 경쟁은 개별 농부가 영(0)의 경제적 이윤을 얻을 때까지 토지의 가격을 올린다. 예를 들어, 개별 농부는 높은-비옥도 토지에 대해 500달러까지 지불할 용의가 있고 경쟁에 의해 그렇게 하도록 강요된다. 500달러보다 적은 임대료에서, 지주는 이 토지를 이용하기 위해 조금 더 지불할 용의가 있는 또 다른 농부를 찾을 수 있을 것이다. 유사하게, 중간-비옥도 토지에 대한 균형 임대료는 270달러이다. 균형 토지 임대료가 경제적 이윤을 영(0)과 같게 만들기 때문에 농부들은 상이한 농지들 간에 무차별하다. 비록 높은-비옥도 토지가 보다 낮은 생산비용을 갖지만, 생산비용의 절약은 보다 높은 토지비용에 의해 정확히 상쇄된다. 잉여의 원칙은, 비록 개별 농지가 그들의 비옥도에서 상이하지만, 농부들은 그들이 동일한 생산기술과 생산요소 가격에 대해 접근이 가능하다는 점에서 동일함을 가정한다.

만일 시장진입에 제약이 존재한다면 잉여의 원칙은 적용이 불가능하다. 예를 들어, 진(Gene)이 생산비용을 200달러만큼 줄이는 농업기술에 대한 특허를 가지고 있다고 가정하라. 지주는 진이 높은-비옥도 토지에 대해 700달러의 임대료를 지불할 것으로 예상할 수 없는데 이는 이 금액을 지불하고자 하는 경쟁하는 농부들이 존재하지 않기 때문이다. 대신에, 진은 단지 500달러를 지불하고, 이는 그로 하여금

200달러의 경제적 이윤을 얻도록 한다. 특허에 기인한 이러한 잉여는 또한 경제적 임대료(economic rent)로 알려진다. 그러나 특허가 만료되고 모든 농부들이 동일한 기술에 대한 접근성을 가지면, 지주는 토지 임대료를 700달러로 증가시키고 특허 소유자에 의해 얻어지는 경제적 임대료를 보다 높은 토지 임대료로 전환할 수 있다.

02 제조업: 토지가격과 입지

이 장의 이 절에서 제조업체들의 도시 내 입지형태를 고려한다. 제조업체가 도시 내 상이한 입지들에 대해 얼마를 지불할 용의가 있는가를 결정하는 요인들을 탐구하는 것에서 시작한다. 도시환경에서, 한 구획의 토지에 대한 지불용의는 비옥도보다는 접근성에 의존한다. 시장경제에서, 토지는 가장 높은 입찰자에게 할당되며, 따라서 제조업체의 토지 입찰은 제조업체가 어디에 입지하는가를 결정한다. 나중에 보게 되듯이, 대부분의 기업들이 도시 간 고속도로체계에 연결된 고속도로 가까이에 입지하므로 도시 제조업 고용은 분산적이고 널리 퍼진다.

운송비용과 노동비용

제조업체의 토지 입찰에 대한 기본 개념을 개발하기 위해 제조업 부문의 단순한 모형을 이용할 수 있다. 토지, 노동, 그리고 바퀴살, 프레임, 그리고 타이어와 같은 중간재 생산요소들을 이용해 자전거를 생산하는 제조업체들을 고려하라. 이 단순한 모형은 생산요소와 생산물에 대한 몇 개의 가정들을 가지고 있다.

1. 고정된 생산요소와 생산물 수량

개별 기업은 1헥타르의 토지를 포함하여 고정된 양의 개별 생산요소를 가지고 고정된 양의 자전거를 생산한다.

2. 고정된 생산요소와 생산물의 가격

자전거의 가격은 고정되어 있으며, 중간재 생산요소들의 가격도 그러하다.

3. 중심부의 운송터미널

기업들은 다른 도시들로부터 중간재 생산요소들을 수입하고 다른 도시들로 자전거를 수출하며, 수입과 수출은 중심부의 화물터미널(기차터미널 혹은 항구)을 거친다.

4. 도시 내 운송

기업들은 중간재 생산요소와 자전거를 공장부지와 중심부의 화물터미널 간 운송하기 위해 마차를 이용한다. 전형적인 기업에 대해, 1킬로미터당 운송비용은 $f = 10$ 달러이고, 만일 기업이 중심부로부터 1킬로미터 이동한다면, 운송비용은 10달러만큼 증가한다.

5. 노동비용

자전거 노동자들에게 지불되는 임금은 노동자들에게 통근비용을 보상한다. 임금은 도시 중심부에서 가장 높고 기업이 교외의 노동력을 향해 이동함에 따라 감소한다. 전형적인 기업에 대해, 중심부로부터의 1킬로미터 이동은 노동비용을 $c = 4$달러만큼 감소시킨다.

그림 10-3은 노동비용과 운송비용의 공간적 변화가 토지에 대한 제조업 입찰의 공간적 변화를 발생시킴을 보여준다.

• 비용의 공간적 변화

수평축은 중심부 운송터미널까지의 거리를 측정한다. 보다 낮은 수평선은 중간재 생산요소의 비용이다. 운송비용은 $f = 1$킬로미터당 10달러의 비율로 선형으로 증가한다. 노동비용은 중심부에서 40달러이고 $c = 1$킬로미터당 4달러의 비율로 감소한다. 총 비용은 중심부에서의 50달러에서 5킬로미터 거리에서의 80달러로 선형으로 증가한다. 총-비용곡선의 기울기는 6달러이다. 거리의 1단위 증가는 운송비용을 10달러만큼 증가시키고 노동비용을 4달러만큼 감소시켜, 6달러의 순 증가를 가져온다.

• 토지에 대한 입찰

가정에 의해, 총 수입(가격 곱하기 수량)은 모든 입지에서 동일하다. 수직의 화살표는, 총 비용을 초과하는 총 수입과 일치하는, 토지에 대한 입찰액을 나타낸다. 중심부의 운송터미널에서, 입찰액은 42달러=92달러-50달러이다. 터미널까지의 거리가 증가함에 따라, 총 비용은 1킬로미터당 6달러의 비율로 증가하여, 입찰액은 1킬

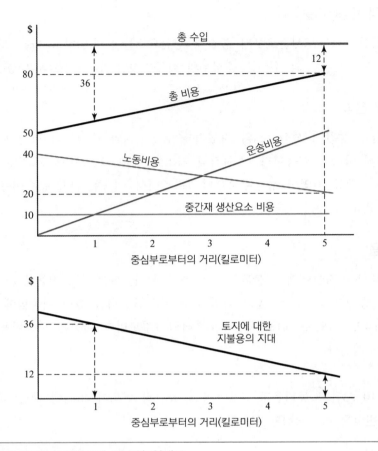

▲ 그림 10-3 마차 도시에서의 제조업 임대료

로미터당 6달러만큼 감소한다. 예를 들어, 1킬로미터의 거리에서 입찰액은 36달러이고 5킬로미터의 거리에서 12달러이다.

지불용의 지대곡선의 위치와 기울기에 대한 통찰을 얻기 위해 일부 단순한 대수학을 이용할 수 있다. 잉여의 원칙을 적용하면, 입지 x에서 기업의 토지에 대한 지불용의는 총 수입에서 비토지 비용을 뺀 것과 동일하다:

$$r(x) \cdot T = 총\ 수입 - 운송비용(x) - 노동비용(x) - 중간재\ 생산요소\ 비용$$

여기서 $r(x)$는 단위 토지당 입찰액이고 T는 이 기업에 의해 점유된 토지의 양(부지 면적)이다. 단위 토지당 입찰액은 단순히 부지 면적으로 나눠진 지불용의이다:

$$r(x) = \frac{\text{총수입} - \text{운송비용}(x) - \text{노동비용}(x) - \text{중간재 생산요소 비용}}{T}$$

운송비용과 노동비용은 (운송비용에 대한 f와 노동비용에 대한 c의 비율로) 거리 x에 따라 변하며, 따라서 지불용의 지대곡선의 기울기는 다음과 같다:

$$\frac{\triangle r}{\triangle x} = \frac{-f + c}{T}$$

만일 f=10달러이고 c=4달러라면, 이 지불용의 지대곡선의 기울기는 다음과 같다:

$$\frac{\triangle r}{\triangle x} = \frac{-f + c}{T} = \frac{-10 + 4}{1} = -6\text{달러}$$

이 단순한 모형은 20세기 초의 운송기술을 반영한다. 트럭은 아직 개발되지 않았으며, 따라서 도시 내 운송은 마차에 의해 이뤄져 상대적으로 느리고 비싼 운송체계였다. 더불어, 도시 간 운송은 선박 혹은 기차에 의해 이뤄졌으며, 따라서 제조업체들은 중심부의 항구 혹은 철도터미널의 근처에 입지하려고 하였다. 대조적으로, 노동자들은 교외의 주거지역으로부터 중심의 중핵지역(core areas)까지 상대적으로 빠른 시내 전차로 통근하였다. 다시 말해, (f에 의해 표시된) 생산요소와 생산물을 운송하는 비용이 (c로 표시된) 노동자들을 운송하는 비용에 비해 높았다. f > c이기 때문에, 제조업 지불용의 지대곡선은 음(-)의 기울기를 가지며, 제조업체들은 중심부의 운송터미널에 가까운 부지들에 대해 다른 토지 이용자들보다 높은 가격으로 입찰해서 토지이용권을 획득하였다.

도시 내 트럭

1910년에 개발된 도시 내 트럭은 마차보다 두 배만큼 빠르고 운행하는데 덜 비쌌다. 트럭의 이용은 빠르게 증가하였다. 1910년과 1920년 사이, 시카고에서 트럭의 수는 800에서 23,000으로 증가하였다. 그림 10-4는 도시 내 트럭을 가지고 있는 도시에서의 제조업용 토지에 대한 임대료를 보여준다. 그림 10-3으로부터의 변화는 운송비용곡선이 보다 평편하다는 것이며, 이는 1킬로미터당 보다 낮은 운송비용을 반영한다.

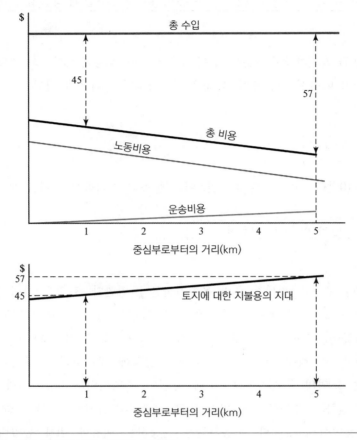

▲ 그림 10-4 트럭 도시에서의 제조업 임대료

　총−비용곡선은 기업이 중심부로부터 멀리 이동함에 따라 노동비용에서의 절약이 운송비용에서의 증가를 압도하기 때문에 이제는 음(−)의 기울기를 갖는다. 결과적으로, 지불용의 지대곡선은 양(+)의 기울기를 갖는다. 양(+)의 기울기를 나타내기 위해, 단위 운송비용 f가 10달러에서 1달러로 감소한다고 가정하라. 이 경우, 지불용의 지대곡선의 기울기는 +3달러이다:

$$\frac{\triangle r}{\triangle x} = \frac{-f+c}{T} = \frac{-1+4}{1} = 3달러$$

　생산요소와 생산물을 운송하는 비용이 노동자들을 운송하는 비용에 비해 낮다면, 기업은 운송터미널로부터 먼 토지에 대해 보다 많은 금액을 입찰하고, 따라서 교외의 노동력에 보다 가까워진다.

도시 간 트럭과 순환도로 도시에서의 고속도로

다음은 도시 간 고속도로 네트워크 도입의 함의를 고려하라. 도시 간 트럭과 고속도로체계의 결합은 제조업체들로 하여금 중심부 항구나 철도터미널에 대한 그들의 의존성으로부터 자유롭게 하였다. 그림 10−5는 x''에서 순환 고속도로의 효과를 보여준다. 지불용의 지대곡선은 고속도로에서 절정에 달한다. 기업이 고속도로를 향해 이동함에 따라, 운송비용과 노동비용 모두 감소하기 때문에 토지에 대한 입찰액은 증가한다. x''의 고속도로를 넘어서면, 중심부와 고속도로로부터 멀어지는 이동은 운송비용을 증가시키고 노동비용을 감소시킨다. 그림 10−5에서 지불용의 지대곡선은 일단 기업이 교외의 고속도로에 도달하면 중심부로부터 멀어지는 추가적인 이동은 노동비용에 상대적으로 작은 효과를 갖는다는 가정하에 그려진 것이며, 따라서 지불용의 지대곡선은 음(−)의 기울기를 갖는다.

중심부 입지($x=0$)에 대한 토지의 지불용의 지대와 고속도로 입지($x=x''$)에 대한 토지의 지불용의 지대를 비교하는 것은 유용하다. 두 입지에서, 기업이 중심부 터미널 혹은 고속도로 옆에 입지하기 때문에 운송비용은 영(0)이다. 두 입지 간 차

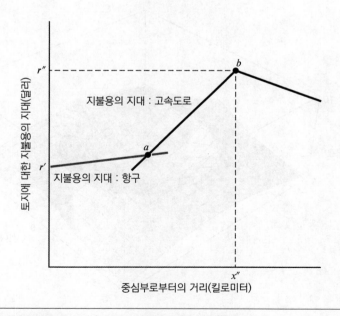

▲ 그림 10-5 순환고속도로 도시에서의 제조업 토지 임대료

이는 노동자들이 중심부에서 보다 긴 통근거리에 대해 보상받기 위해 보다 높은 임금을 요구한다는 것이다. 중심부 입지는 보다 높은 노동비용을 가지며, 따라서 토지에 대한 제조업체들의 입찰액은 보다 낮다: $r' < r''$. 이는 잉여의 원칙과 부합한다. 보다 높은 임금은 토지에 대해 보다 낮은 입찰가격(지대)을 발생시킨다.

그림 10-6은 고속도로-기반 도시에서의 토지에 대한 지불용의 지대 표면을 보여준다. 항구나 중심부 철도터미널이 존재하지 않으며, 따라서 제조업체들은 중간재 생산요소를 수입하고 생산물을 수출하기 위해 고속도로에 의존한다. 도시 간 고속도로는 도시 중심부를 지나고 우회 고속도로는 도시 간 고속도로에 연결된다. 임금은 통근비용을 반영하며, 따라서 기업당 노동비용은 중심부로의 거리가 증가함에 따라 감소한다. 중심부에서 출발하여, 도시 간 고속도로를 따르는 이동은 노동비용이 감소하기 때문에 토지에 대한 입찰가격을 증가시킨다. 토지에 대한 입찰가격은 순환도로에서 최고에 도달하며, 여기서 운송비용은 영(0)이고 노동비용은 중심부에 보다 가까운 고속도로 입지에서 보다 낮다. 이 순환도로를 넘어서면, 노동비용은 상대적으로 낮은 비율로 감소하며, 따라서 토지에 대한 입찰가격은 운송비용이 증가함에 따라 감소한다.

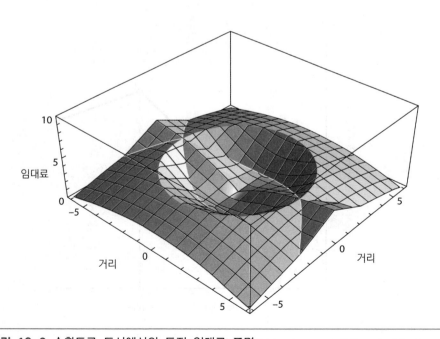

▲ 그림 10-6 순환도로 도시에서의 토지 임대료 표면

제조업 임대료와 제조업의 공간적 분포

　그림 10-7은 2015년 덴버(Denver)에서 제조업의 공간적 분포를 보여준다. 이 지도는 퍼즐조각으로 인구조사표준지역(census tracks)을 나타내며, 이 퍼즐조각들은 제조업 고용밀도와 동일한 높이까지 밀어 올려졌다. 제조업 밀도는 인구조사표준지역에서 1헥타르당 제조업 노동자수와 동일하다. 1헥타르는 100평방미터로 풋볼 경기장의 대략 두 배에 해당한다. 지도에서 리본모양은 대도시지역을 지나는 고속도로를 나타낸다. 다수의 큰 대도시지역들에서와 같이, 거대한 제조업 고용은 고속도로에 접근 가능한 지역에 존재한다.

▲ 그림 10-7 덴버에서 제조업 고용의 공간적 분포, 2014

개념에 대한 복습

01 만일 1헥타르의 토지가 연간 100달러의 임대수입을 발생시키고 시장 이자율이 5%라면, 이 토지의 시장가치는 [_____]달러이다.

02 농업용 토지의 가격은 이의 [_____]와/과 함께 증가하고, 도시 토지의 가격은 이의 [_____]와/과 함께 증가한다.

03 [_____] 원칙에 따르면, 토지에 대한 기업의 입찰액은 [_____]에서 [_____]을/를 뺀 것과 동일하다. 이러한 원칙에 기반하는 핵심적인 가정은 토지에 대한 시장에서 [_____]이/가 존재한다는 것이다.

04 새로운 비료가 1헥타르당 생산비용을 120달러만큼 감소시킨다고 가정하라. 농부가 새로운 비료로부터의 편익을 지주와 동등하게 나누기를 제안한다고 가정하라. 지주는 이 제안을 [_____](수락, 거절)할 것이고, 토지의 균형가격은 [_____]달러만큼 증가할 것이다.

05 중심부의 수출지점을 갖는 도시에서, 제조업용 토지에 대한 지불용의 지대곡선의 기울기에 관한 표현은 [_____]/부지 면적이다. 만일 [_____]이/가 [_____]에 비해 상대적으로 크다면, 즉, 만일 [_____]을/를 이동하는 비용이 [_____]을/를 이동하는 비용에 비해 크다면, 이 곡선은 음(-)의 기울기를 가질 것이다.

06 중심부 수출지점과 마차를 갖는 도시에서 제조업용 토지에 대한 지불용의 지대곡선을 고려하라. 단위 운송비용의 증가는 이 곡선을 [_____](보다 가파르게, 보다 평편하게) 만든다. 단위 통근비용에서의 증가는 이 곡선을 [_____](보다 가파르게, 보다 평편하게) 만든다. 제조업 재화의 가격에서의 증가는 이 곡선을 [_____](위로 이동시킨다, 아래로 이동시킨다, 이동시키지 않는다).

07 도시 내 트럭에 의한 마차의 대체는 [_____]을/를 이동하는 비용에 비해 [_____]을/를 이동하는 비용을 감소시켜, 제조업용 토지에 대한 지불용의 지대곡선이 [_____]의 기울기를 갖는 것이 가능하도록 한다.

08 중심부 수출지점(항구), 트럭, 그리고 교외 순환도로를 갖는 도시를 고려하라. 순환도로에 인접한 토지에 대한 입찰가격은 [_____]이/가 [_____]에서 보다 낮기 때문에 중심부 수출지점에 인접한 토지에 대한 입찰가격보다 [_____] 것이다.

09   비교정태 - 부호는 무엇인가?

개별 변수들 쌍에 대해, 그 관계가 양인지, 음인지, 중립인지, 혹은 모호한지를 나타
내라.

모수	선택변수	관계
토지 비옥도	농장용지에 대한 지불용의	[_____]
목화(cotton)의 가격	목화 재배지에 대한 지불용의	[_____]
관개 용수(irrigation water)의 가격	수박 재배지에 대한 지불용의	[_____]
임금	제조업용 토지에 대한 지불용의	[_____]

개념들을 응용하는 연습문제

01 혁신적인 농부와 토지 임대료
그린진스(Greengenes)는 500달러의 가격에 임차한 토지에 옥수수를 재배한다. 그린진스가 옥수수 재배 생산비용을 300달러만큼 감소시키는 새로운 유전자 변형 유기물을 개발한다고 가정하라. 만일 [_____], 그린진스는 800달러의 토지 임대료를 지불할 것이다. 설명하라.

02 간디와 잉여의 원칙
1917년에, 마하트마 간디는 인도 농부들과 영국 지주들 간 논쟁을 해결하였다. 소작농 계약하에서, 개별 인디고(indigo) 농부는 수확물의 15%를 지주에게 지불하였다. 지주들이 인조 인디고의 개발에 대해 들었을 때, 그들은 농부들이 인조 인디고에 대해 듣기 전에 재빨리 토지를 농부들에게 팔았다. 인디고의 가격이 폭락했을 때, 토지를 구입한 농부들은 그들의 돈을 돌려줄 것을 요구하였다. 간디의 연구조교로서, 당신의 임무는 전형적인 새로운 지주에 대한 적절한 반환금액을 계산하는 것이다. 당신은 (i) 연간 산출물이 1헥타르당 100단위의 인디고이며; (ii) 인디고의 초기 가격이 10달러이며; (iii) 농부들은 연간 10%를 버는 은행계좌를 가지고 있으며; 그리고 (iv) 1헥타르당 비토지 생산비용이 850달러임을 가정할 수 있다.
a. 이 소작농 계약은 [_____]때문에 잉여의 원칙과 일치한다. 토지의 시장가치는 [_____].
b. 인조 인디고의 개발이 인디고의 가격을 8.51달러로 감소시킨다고 가정하라. 인디고 재배지의 새로운 시장가치는 [_____]달러이다.
c. 이 토지가, 단위당 7달러의 가격, 연간 1헥타르당 110단위의 생산량, 그리고 연간 1헥타르당 660달러의 비토지 생산비용을 갖는, 쌀을 생산할 수 있다고 가정하라. 인조 인디고에 대해 알기 전에 1헥타르의 토지를 구입한 농부에 대한 적절한 보상금은 [_____]달러이다.
(토지를 구입한 농부에 대한 적절한 보상금은 인조 인디고가 개발되기 전의 토지가격과 이 토지를 쌀농사에 사용했을 때의 토지가격 간의 차이가 될 것임. 역자 주)

03 공정무역 코코아

당신은 "공정무역" 코코아 생산업체들에 대한 인증프로그램을 조직하는 비영리단체를 위한 경제학자이다. (i) 토지의 연간 산출량은 1헥타르당 100단위 코코아에 해당하며; (ii) 코코아의 초기 가격은 12.40달러이며; (iii) 농부들은 연간 10%를 버는 은행계좌를 가지고 있으며; (iv) 코코아 노동자들에 대한 노동비용(임금)은 1헥타르당 400달러이며; 그리고 (v) 코코아에 대한 여타의 비토지 비용은 1헥타르당 200달러라고 가정하라. 공정무역계약하에서, 농부들은 임금을 1헥타르당 500달러로 증가시킬 것이다.

a. 코코아 재배지의 시장가치에 대한 임금상승의 양적인 효과를 예측하라. 설명하라.

b. 코코아 재배지의 시장가치 측면에서 중립적이게 만드는 공정무역계약에 대한 수정안을 기술하라.

  (코코아 재배지의 시장가치 측면에서 중립적이게 만들기 위해서는 생산비용의 증가만큼 판매수입을 증가시켜야 할 것임. 생산량은 불변함. 역자 주)

04 제조업을 위한 물체 전송기

산출물을 선박으로 수출하는 제조업을 고려하라. 개별 기업은 1,400달러의 월간 총수입과 400달러의 월간 비토지 생산비용을 갖는다. 개별 기업은 초기에 산출물을 입지 x에 있는 공장으로부터 항구(x=0)로 트럭으로 운송한다. 기업의 운송비용은 항구로부터 1블록당 100달러이다. 두 번째 운송옵션이 개발되었다고 가정하라. 300달러의 월간 임대료 비용으로, 기업은 공장에서 일곱 블록의 거리까지 항구에 있는 물체 수신기로 산출물을 운송하는 물체 전송기를 이용할 수 있다. 이 물체 전송기를 이용하는 기업에 있어, 운송의 한계비용은 영(0)이다. 제품은 물체 전송기를 이용하여 단지 한 번만 운송될 수 있고(전송기를 연결하는 것은 불가능하다) 기업은 트럭 혹은 이 전송기 가운데 하나만을 이용해야 하고 둘 모두를 이용할 수는 없다. 모든 연관된 시장들은 경쟁적이다.

a. x=0에서 x=10까지 제조업체의 지불용의 지대곡선에 대한 물체 전송기의 효과를 설명하라.

b. 기업들은 입지 [_____]에 대해 이 물체 전송기를 이용할 것이다.

c. 도시 내 경제 주체들 가운데, 물체 전송기는 [_____]을/를 위한 편익을 발생시킬 것이다. 설명하라.

  (영(0)에서 3블록까지, 3블록에서 7블록까지, 그리고 7블록에서 10블록까지로 나누어 두 운송수단 간의 운송비용을 비교함. 역자 주)

05 제조업체들과 공항들

1헥타르의 토지를 점유하는 제조업체를 고려하라. 이 기업은 산출물의 절반 이상을 도시 중심부의 동쪽으로 4마일(x=4)에 위치한 주간고속도로(interstate highway)를 경유하여 트럭으로 운송하고 절반이 되지 않는 산출물을 도시 중심부의 동쪽으로 7마일(x=7)에 위치한 공항에서 출발하는 비행기로 운송한다. x=0에서 x=10까지에 대해 이 기업의 지불용의 지대곡선을 그려라.

(도시 중심부로부터 x=0에서 x=4까지의 거리에 공장이 입지하는 경우 1마일 더 동쪽으로 입지할 경우 100%의 산출물 운송비용이 감소한다. x=4에서 x=7까지의 거리에 공장이 입지하는 경우 1마일 더 동쪽으로 입지할 경우 절반 이상의 산출물에 대한 운송비가 증가하는 반면에 절반 이하의 산출물에 대한 운송비가 감소한다. x 〉 7에 공장이 입지하는 경우 1마일 더 동쪽으로 입지할 경우 100%의 산출물 운송비용이 증가한다. 역자 주)

06 Space Z의 입지

당신은 연간 총 수입=246백만달러인 우주 위성 제작업체 Space Z에 근무하는 경제학자이다. 재료 생산요소들은 반원 모양 해안도시의 중심부에 있는 항구를 통해 수입되고, 생산물(위성)은 생산부지에서 지구궤도로 발사된다. 기술적인 이유로, 이 기업은 생산부지를 해안가를 따라 입지해야 한다. 이 기업의 연간 비용(백만달러 단위)은 다음과 같다. 재료비용은 항구에서 30백만달러이고, 항구까지 거리에서의 1마일 증가(x)는 재료운송비용을 16백만달러만큼 증가시킨다. 노동비용은 w(x)=100+(144/x)이다.

a. 비용-최소화 입지 x*=[_____]이다.

b. 비용-최소화 부지(x*)에서, 이 기업은 토지에 대해 연간 [_____]달러를 지불할 용의가 있다.

(비토지 비용=30+16x+100+144/x이다. 역자 주)

참고문헌과 추가적인 읽을 거리

Anas, Alex, Richard Arnott, and Kenneth A. Small, "Urban Spatial Structure." *Journal of Economic Literature* 34 (1998), pp. 1426−64.

Baum−Snow, Nathaniel, "Did Highways Cause Suburbanization?" *Quarterly Journal of Economics* 122.2 (2007), pp. 775−805.

Duranton, Gilles, and Diego Puga, "Urban Land Use," Chapter 8 in *Handbook of Urban and Regional Economics Volume 5*, edited by Gilles Duranton, J. Vernon Henderson and William C. Strange. Amsterdam: Elsevier, 2015.

George, Henry. *Progress and Poverty*. New York: Schalkenbach Foundation, 1954.

Glaeser, Edward, and Matthew Kahn, "Decentralized Employment and the Transformation of the American City." NBER Working Paper, March 2001.

Glaeser, Edward, Matthew Kahn, and Chenghuan Chu, "Job Sprawl: Employment Location in U.S. Metropolitan Areas." Brookings Institution Survey Series, May 2001, pp. 1−8.

Irwin, Elena G., and Nancy E. Bockstael, "The Spatial Pattern of Land Use in the United States," Chapter 6 in *A Companion to Urban Economics*, edited by Richard J. Arnott and Daniel P. McMillen. New York: Wiley−Blackwell, 2006.

Lang, Robert E., "Office Sprawl: The Evolving Geography of Business." The Brookings Institution Survey Series, October 2000.

Lang Robert E., *Edgeless Cities*. Washington, DC: Brookings, 2003.

McMillen, Daniel P., "One Hundred Fifty Years of Land Valuation in Chicago: A Nonparametric Approach." *Journal of Urban Economics* 40 (1996), pp. 100−24.

Mills, Edwin S., *Studies in the Structure of the Urban Economy*. Baltimore: Johns Hopkins, 1972.

Moses, Leon, and Harold Williamson, "The Location of Economic Activity in Cities," in *Readings in Urban Economics*, edited by Matthew Edel and Jerome Rothenberg. New York: Macmillen, 1972.

Redding, Stephen J., and Matthew Turner, "Transportation Costs and the Spatial Organization of Economic Activity," Chapter 20 in *Handbook of Urban and Regional Economics Volume 5*, edited by Gilles Duranton, J. Vernon Henderson, and William C. Strange. Amsterdam: Elsevier, 2015.

Sivitanidou, R., and P. Sivitanides, "Industrial Rent Differentials: The Case of Greater Los Angeles." *Environment and Planning A* 27 (1995), pp. 1133−46.

11 > 사무공간과 높은 건물

이 장은 사무공간의 가격, 건물의 높이, 그리고 토지의 가격 간 연계에 대해 탐구한다. 사무공간의 가격은 상이한 기업의 사무 노동자들이 상대적으로 낮은 비용으로 정보교환을 할 수 있는 사무기업 군집지(office clusters)에서 상대적으로 높다. 사무 건물들의 높이는 공간의 가격이 상대적으로 높은 곳에서 상대적으로 높다. 상업용 토지의 가격은 사무공간의 가격이 상대적으로 높고 건물들의 높이가 상대적으로 높은 곳에서 높다. 일부의 경우, 높은 건물들은 도시 내 가장 높은 건물이 되기 위한 비효율적 경쟁에 기인한다.

01 사무공간의 가격

이 장의 이 부문에서 사무공간의 가격결정에 대해 탐구한다. 사무실을 생산시설로 이용하는 기업들은, 서류나 웹페이지상의 배포를 위한 성문화(codified)가 불가능한 정보로 정의되는, 암묵적 정보를 수집, 가공, 그리고 배포한다. 암묵적 정보의 전송은 통행의 높은 기회비용을 갖는 고숙련 노동자들 간 대면접촉을 요구한다. 이러한 식으로 생산요소와 산출물을 전송하는 노동자들의 일부 예는 은행원, 회계사, 금융자문가, 마케팅 전략가, 제품 디자이너, 그리고 법률가이다. 암묵적 정보의 전송은 상이한 기업들의 노동자들 간 정보교환을 포함하고, 기업들은 연관된 기업들에 가깝게 입지함으로써 정보교환을 위한 통행시간을 줄일 수 있다.

사무공간의 가격에서 핵심적인 요인은 접근성(accessibility)이다. 사무기업들은 다른 사무기업들에 접근이 가능한 사무공간에 보다 많이 지불할 용의가 있다. 사무공간의 가격은 세 차원: 위도, 경도, 그리고 고도에서 각기 다르다. 사무공간의 가격이 평면위치: 위도와 경도 간 어떻게 변화하는지를 탐구함으로써 출발할 것이다.

그런 후에 사무공간의 가격이 고도(건물의 높이)에 따라 어떻게 변화하는지를 고려한다.

사무기업들에 대한 정보교환 통행비용

평면입지측면에서 사무실의 가격에 우선 초점을 맞추기 위해, 1층 사무실 건물의 1층에서의 사무공간을 고려하라. 사무기업들이 동일함을 가정하라: 개별 기업은 동일한 수량의 산출물을 생산하고, 한 단위의 사무공간을 포함하여, 동일한 묶음의 생산요소를 사용한다. 개별 기업은 이의 산출물을 동일한 시장가격에 판매한다.

특정한 입지의 사무공간에 대한 지불용의는 부분적으로 다른 입지에 있는 사무기업들에 대한 해당 부지의 접근성에 의존한다. 그림 11-1에서, 중심상업구역(CBD)의 다섯 기업들은 직선상 1블록 떨어진 간격을 두고 있다. 개별 기업의 노동자들은 정보를 교환하기 위해 각각의 나머지 기업들로 통행한다. 정보교환을 위한 기업의 총 통행거리는 다른 기업들에 대한 해당 기업의 상대적 입지에 의존한다.

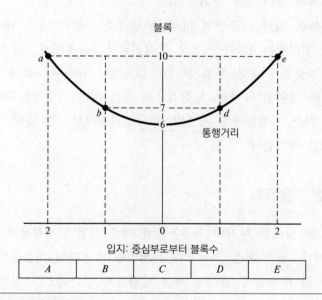

▲ 그림 11-1 정보교환 통행거리

1. 중위 기업(C)

이 기업은 B와 D에게 1블록, A와 E에게 2블록, 총 6블록을 통행한다.

2. 중간 기업 (B)와 (D)

기업 B는 A와 C에게 1블록, D에게 2블록, 그리고 E에게 3블록, 총 7블록을 통행한다. 유사하게, 기업 D도 총 7블록을 통행한다.

3. 끝점 기업 (A)와 (E)

기업 A는 B에게 1블록, C에게 2블록, D에게 3블록, 그리고 E에게 4블록, 총 10블록을 통행한다. 유사하게, 기업 E도 총 10블록을 반대 방향으로 통행한다.

중위입지이론은 총 통행거리가 중위입지(median location)에서 최소가 됨을 말한다. 그림 11-1에서, 기업 C는, 양쪽에 두 기업씩 다른 기업들을 두 동일한 절반으로 나누는 입지로 정의되는, 중위입지에 있다. 중위입지로부터 멀리 이동함에 따라, 새로운 입지가 적어도 절반의 나머지 기업들로부터 보다 멀어지고 절반보다 적은 나머지 기업들에게 보다 가까워지기 때문에 총 통행거리는 증가한다. 그림 11-1에서 보여진 바와 같이, 중위입지(C)로부터 중간 입지(B 혹은 D)로의 이동은 총 통행거리를 6블록에서 7블록으로 증가시킨다.

중위입지로부터 멀리 이동함에 따라, 통행거리는 증가하는 비율로 증가한다. 중위입지로부터 멀어지는 1블록 이동은 통행거리를 6블록에서 7블록으로 증가시키지만, 추가적인 1블록 이동은 통행거리를 7블록에서 10블록으로 증가시킨다. 중위입지로부터 1블록 멀어짐에 따라, 누진적으로 보다 많은 기업들로부터 멀어지고 누진적으로 보다 적은 기업들에게 가까워진다. 결과적으로, 총 통행거리는 누진적으로 보다 큰 양만큼 증가한다.

사무공간에 대한 지불용의

그림 11-2는 상이한 부지의 사무공간에 대한 기업의 지불용의가 어떻게 결정되는지를 보여준다. 총 비용은 정보교환 통행비용과 여타의 비용들의 합이다. 단순화를 위해, 여타의 비용들이 공간에 따라 변화하지 않는다고 가정한다. 정보교환 통행비용은 총 정보교환 통행거리, 통행속도, 그리고 통행시간의 기회비용에 의해 결정된다. 중심부로부터의 거리가 증가함에 따라, 통행거리는 증가하는 비율로 증가하며, 따라서 정보교환 통행비용 역시 증가하는 비율로 증가한다. 결과적으로, 총 비용은 증가하는 비율로 증가한다. 그림 11-2의 위 그림에서, 총-비용곡선은 볼록하다.

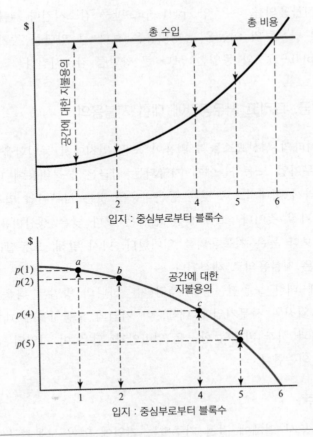

▲ 그림 11-2 입지와 사무공간에 대한 지불용의

　공간에 대한 기업의 지불용의는 총 수입에서 총 비용을 뺀 것과 동일하다. 그림 11-2에서, 총 수입은 입지에 따라 변화하지 않는다. 지불용의는 수평선의 총-수입곡선과 볼록한 총-비용곡선 간 격차에 의해 보여진다. 이는 아래 그림에서 점선 화살표와 음(-)의 기울기를 갖는 지불용의 곡선에 의해 보여진다.

　지불용의 곡선은 음(-)의 기울기를 가지며 오목하다. 이 곡선은 정보교환 통행비용이 중심부로부터의 거리에 따라 증가하기 때문에 음(-)의 기울기를 갖는다. 보다 먼 입지는 비용이 보다 많이 들고 이윤이 보다 덜 남으며, 따라서 기업들은 사무공간에 보다 덜 지불할 용의를 지닌다. 중심부로부터 멀리 이동함에 따라 정보교환 통행비용이 증가하는 비율로 증가하기 때문에 지불용의 곡선은 오목하며, 이는 지불용의가 증가하는 비율로 감소함을 의미한다. 예를 들어, 중심부로부터 1블록 떨어진 곳에서 2블록 떨어진 곳으로의 이동은 통행비용을 상대적으로 작은 양만큼 증가시키고 지불용의를 작은 양, p(1) − p(2)만큼 감소시킨다. 4블록 떨어진 곳에서 5블록 떨어진 곳으로의 이동은 통행비용을 보다 큰 양만큼 증가시키고 1헥타르당 지불용의를, p(4) − p(5)와 동일한, 보다 큰 양만큼 감소시킨다.

노동접근성, 임금, 그리고 사무공간에 대한 지불용의

이제까지 여타의 생산요소들의 비용이 모든 입지에서 동일함을 가정하였다. 노동시장에서, 사무기업 노동자들에게 지급되는 임금은 통근비용에 대해 노동자들에게 보상하며, 따라서 상대적으로 낮은 통근비용을 갖는 사무기업 입지들은 상대적으로 낮은 임금을 가질 것이다. 보다 낮은 임금은 보다 낮은 생산비용, 이로 인해 사무공간에 대한 보다 높은 지불용의를 의미한다. 다시 말해, 노동접근성은 사무공간에 대한 보다 높은 지불용의로 해석된다.

특정 입지에 대한 노동접근성을 측정하는 하나의 방법은 다음의 물음에 답하는 것이다. 해당 입지의 사무기업에 대해, 이 기업의 노동자들에 대한 평균 통근비용 −금전적 비용과 시간 비용의 합−은 얼마인가? 답은 이 기업의 노동자들이 어디에 거주하느냐에 의존한다.

1. 넓게 퍼진 거주

노동자들이 도시 전체에 걸쳐 거주하는 기업에 있어 노동접근성은, 기업의 노동력에 대한 중위입지인, 도시 중심부에서 가장 크다. 결과적으로, 중심부 입지들은 상대적으로 낮은 임금과 노동비용을 갖는다.

2. 집중된 거주

노동자들이 도시의 특정 지역에 거주하는 기업에 있어, 임금은 노동자들의 거주지 인근에서 가장 낮고 기업이 이 지역으로부터 멀리 이동함에 따라 증가한다.

대부분의 기업들은 이러한 두 극단의 중간에 해당하며, 따라서 입지와 임금 간의 관계는 기업에 따라 변화한다.

비록 임금과 입지 간 명확한 관계를 특정한 기업에 대해 정확하게 예측하는 것은 불가능하지만, 세 가지의 일반적 형태들이 미국 도시들에서 관측된다.

1. 임금은 일반적으로 도시 중심부로의 거리가 증가함에 따라 감소한다.

2. 임금은 대중교통에 대해 접근가능한 부지에 있어 보다 낮다. 대중교통 정류장 들과 역들에 대한 근접은 통근시간을 감소시켜 임금을 감소시키기 때문에 이는 합리적이다.

3. 임금은 교외 고속도로에 가까운 부지에 있어 보다 낮다. 고속도로에 대한 근접은 고속도로와 근무지 간 통행시간을 감소시켜 임금을 감소시키기 때문에 이는 합리적이다.

그림 11-3은 노동접근성과 임금의 변화가 사무공간에 대한 지불용의에 가지는 함의를 보여준다.

1. 대중교통 통근자

만일 도시 중심부에 지하철역과 같은 환승지점이 존재하고 기업의 노동자들이 대중교통에 의해 통근한다면, 임금은 도시 중심부에 보다 가까울수록 보다 낮다. 블록 x'에서 출발해, 블록 $x''(<x')$로의 이동은 두 가지 이유: (i) 보다 낮은 정보교환 통행비용과 (ii) 보다 낮은 임금으로 사무공간에 대한 지불용의를 증가시킨다. 따라서, 지불용의는 상대적으로 큰 금액만큼 증가한다. 대조적으로, 도시 중심부로부터 멀어지는 이동은 임금과 정보교환 통행비용이 증가함에 따라 지불용의를 감소시킨다. 일반적으로, 중심부 대중교통에 대한 접근성은 중심부 입지의 이점(advantage)을 증가시킴에 따라 지불용의 곡선의 기울기를 증가시킨다.

2. 자가용 통근자

만일 기업의 노동자들이 교외지역에 거주하고 자가용으로 통근한다면, 임금은 도시 중심부에 가까울수록 보다 높다. 블록 x'에서 출발해, 블록 $x''(<x')$로의 이동은 지불용의에 대한 상반된 효과: 정보교환 통행비용은 감소하나 임금은 증가하는 효과를 갖는다. 따라서, 지불용의는 상대적으로 작은 양만큼 증가한다. 반대방향으로의 이동은 비교이익(tradeoff)을 역전시킨다. 임금이 감소하는 반면에 정보교환 통행비용은 증가한다. 일반적으로, 중심부 입지와 연관된 비교이익 즉, 정보교환 통행비용은 보다 낮지만, 임금은 보다 높은 비교이익이 존재하기 때문에 교외 노동력의 고용은 지불용의 곡선의 기울기를 감소시킨다.

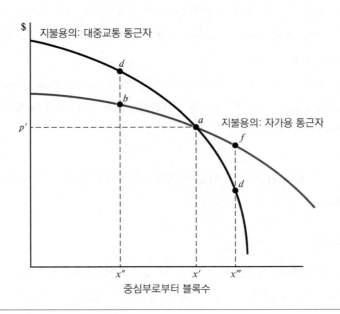

지불용의: 대중교통 통근자

지불용의: 자가용 통근자

중심부로부터 블록수

▲ 그림 11-3 지불용의와 통근수단

사무 부도심들

전형적인 근대 도시에서, 사무기업 고용은 도시 중심부, 교외 부도심들(suburban subcenters), 그리고 여타 입지들에서의 보다 작은 군집지들 간에 나뉜다. 군집지에서 기업들이 다른 기업들과 정보를 교환하는 개별 군집지에 대해, 사무공간에 대한 지불용의는 군집지의 중심부에서 이의 정점에 도달한다. 만일 사무 부도심의 기업들 역시 도시 중심부 인근 다른 기업들과 정보를 교환한다면, 사무공간에 대한 지불용의는 도시 중심부까지의 거리가 증가함에 따라 감소할 것이다. 앞에서 본 바와 같이, 특정 부지에서의 사무공간에 대한 지불용의는 이 부지의 다른 사무기업들과 노동자들에 대한 접근성에 의존한다. 경쟁적인 환경에서, 사무공간의 가격은 공간에 대한 기업들의 지불용의와 일치할 것이다.

02 건물높이와 토지 가격들

다음은 수직성(verticality)으로 이슈를 전환한다. 사무공간의 가격이 건물 내에서 어떻게 변화하는지, 즉 가격이 층 간에 어떻게 변화하는지를 살펴보는 것에서 출발한다. 그런 후에, 이윤－극대화 기업의 건물높이에 대한 의사결정에 대해 탐구한다. 건물높이에 대한 분석은 사무건물 밑의 토지에 대한 지불용의를 결정하는 분석틀을 제공한다.

사무공간의 가격과 건물높이

특정 입지 x'을 선택한 사무기업을 고려하라. 사무공간의 기준 가격(1층 건물에서 지면 사무공간에 대한 가격)은 $p(x')$이다. 이 기준 가격은 해당 부지의 다른 사무기업들과 사무기업 노동력에 대한 접근성을 반영한다. 질문은 보다 높은 층－2층, 3층, 4층 등－의 사무공간에 대해 이 기업이 얼마나 더 (혹은 덜) 지불할 용의가 있는가이다. 고려할 두 가지 효과가 있다.

1. 건물 내 통행비용

층이 증가함에 따라, 기업의 노동자들은 군집지 내 다른 기업들과 상호작용을 하기 위한 건물 내 통행에 보다 많은 시간을 소비할 것이다. 다시 말해, 기업의 수직통행비용이 증가하며, 따라서 기업의 사무공간에 대한 지불용의가 감소한다.

2. 고도에 따른 근무환경

보다 나은 조망 혹은 보다 높은 위상에 대한 느낌으로 인해, 노동자들이 보다 높은 고도에서 일하는 것으로부터 설렘을 얻는다고 가정하라. 경쟁적인 노동시장에서, 보다 나은 근무조건들은 보다 낮은 임금을 발생시키고 이로 인해 기업에 대한 보다 낮은 생산비용을 발생시킨다. 만일 임금이 고도가 증가함에 따라 감소한다면, 사무공간에 대한 지불용의는 층과 함께 증가할 것이다.

그림 11－4는 건물 내 통행비용과 고도에 따른 근무환경의 사무공간 가격에 대한 결합된 효과를 보여준다. 두 유형의 수직통행기술을 고려한다.

• 계단
건물 내 통행비용은 높이와 함께 빠르게 증가하여, 사무공간에 대한 지불용의를 끌어내린다. 비록 근무환경 효과가 통행비용의 지불용의에 대한 부정적인 효과를 약화시키지만, 근무환경 효과는 상대적으로 높은 건물 내 통행비용을 상쇄할 정도

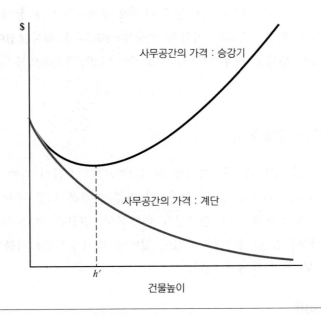

$

사무공간의 가격 : 승강기

사무공간의 가격 : 계단

h'

건물높이

▲ **그림 11-4** 사무공간의 가격과 건물높이

로 충분히 강하지 않다. 지불용의곡선은 음(−)의 기울기를 갖는다.

• 승강기

건물 내 통행비용은 처음 서너 층에 대해 빠르게 증가한다. 노동자들은 계단을 이용하거나 승강기를 기다리는 고정된 시간비용을 치른다. 처음 서너 층을 넘어서면, 고도가 증가함에 따라, 승강기가 한 층에서 다음 층으로 빠르게 이동하기 때문에 통행비용은 천천히 증가한다. 처음 h'층에 대해, 고도에 따른 양호한 근무환경은 부분적으로 통행비용효과를 상쇄한다. 보다 높은 층들에 대해서는, 고도에 따른 양호한 근무환경이 통행비용효과를 압도한다. 지불용의곡선은 최소한 h'층의 건물높이에 대해 양(+)의 기울기를 갖는다.

이윤-극대화 건물높이

다음은 건설기업의 역할에 대해 고려하라. 이 기업은 사무공간 구조물을 건설하고 공간을 사무기업들에게 임대한다. 핵심적인 결정은 건물높이에 관한 것이고, 이 기업의 임무는 기업의 경제적 이윤을 극대화하는 건물높이(사무공간의 층수)를 선택하는 것이다.

이 기업은 이윤−극대화 높이를 선택하기 위해 한계의 원리를 이용할 수 있다.

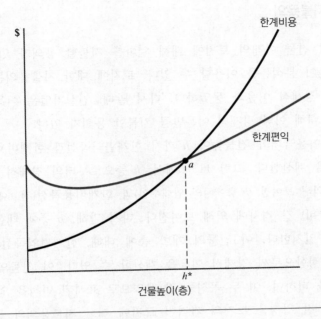

$ |
한계비용
한계편익
a
h*
건물높이(층)

▲ 그림 11-5 이윤-극대화 건물높이

추가적인 층의 한계편익(marginal benefit)은 해당 층의 사무기업으로부터 거둬들일 수 있는 추가적인 수입이다. 개별 층이 한 단위의 사무공간을 가지고 있으며, 따라서 추가적인 수입은 단순히 사무공간의 가격이라고 가정하라. 그림 11-5는 승강기를 가지고 있는 건물에 대한 한계편익곡선을 보여준다. 비용측면에서, 한 층의 한계비용(marginal cost)은 하나의 층을 더 짓는데 따른 추가적인 건축비와 동일하다. 보다 높은 건물이 보다 집중된 하중을 지탱하기 위한 보다 많은 구조물 보강을 필요로 하기 때문에 한계비용곡선은 양(+)의 기울기를 갖는다. 층수가 증가함에 따라, 건축비는 증가하는 비율로 증가하며, 따라서 한계비용곡선은 양(+)의 기울기를 갖고 보다 가파르게 된다.

그림 11-5에서, 이윤-극대화 높이는 h^*층이고, 여기서 한계편익이 한계비용과 일치한다. 보다 낮은 건물에 있어, 높게 짓는 것에 대한 한계편익(추가적인 층으로부터의 수입)은 한계비용을 초과하며, 따라서 보다 높은 건물을 짓는 것이 타당할 것이다. h^*층보다 높은 건물에 있어, 높게 짓는 것의 한계비용은 한계편익을 초과하며, 따라서 보다 낮은 건물이 보다 이득이 될 것이다.

토지에 대한 지불용의

건설기업이 건물 아래의 토지에 대해 얼마를 지불할 용의가 있는가를 보여주기 위해 건물 높이 분석틀을 이용할 수 있다. 토지에 대한 지불용의는 건설기업에 의해 얻어지는 경제적 이윤과 동일하다. 다시 말해, 건설기업은 이득이 되는 건물을 짓는 권리에 대해 이의 경제적 이윤만큼 지불할 용의가 있다.

그림으로, 이윤극대화 건물높이 h^*까지 한계편익곡선과 한계비용곡선 간 격차로 경제적 이윤을 계산한다. 그림 11-6에서, h'층으로부터의 경제적 이윤은 한계편익곡선(점 b에 의해 보여진, h'층에서의 임대수입)과 한계비용곡선(점 c에 의해 보여진, h'층을 위한 건축비) 간 격차에 의해 보여진다. 다시 말해, h'층에 대한 경제적 이윤은 $mb' - mc'$과 일치한다. 이 건물의 개별 층에 대해, 한계편익곡선과 한계비용곡선 간 격차를 측정함으로써 경제적 이윤을 계산할 수 있다. 이 건물의 h^*층까지 개별 층의 이윤들을 더하여, 이 두 곡선들 간 음영으로 표시된 면적을 얻을 수 있다.

건설기업들 간 경쟁은 토지의 가격이 토지에 대한 지불용의와 동일하도록 한다. 만일 한 건설기업이 지불용의(경제적 이윤)보다 적게 지불할 것을 제안한다면, 지주는 보다 많이 지불할 용의가 있는 다른 건설기업을 찾을 수 있을 것이다. 경쟁하는 건설기업들 간 입찰은 토지의 가격이 토지 이용으로부터의 경제적 이윤에 도달할

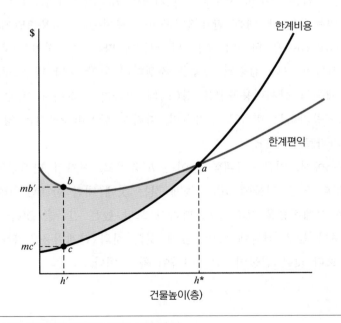

▲ 그림 11-6 사무기업용 토지에 대한 지불용의

때까지 토지의 가격을 상승시킬 것이다. 이것이 잉여의 원칙이다. 잠재적 토지이용자들 간 경쟁은 경제적 이윤(총 수입−총 비토지 비용)이 지주들에게 가도록 한다.

사무기업용 토지에 대한 분석에서 다음 단계는 사무공간의 기준 가격에서의 공간적 변화의 효과를 탐구하는 것이다. 사무공간의 (1층 공간에 대한) 기준 가격은 다른 사무기업들에 대한 해당 입지의 접근성에 따라 변화함을 상기하라. 그림 11−7은 중심부로 보다 가깝게 이동하는 것의 효과를 보여주며, 다른 사무기업들에 대한 보다 큰 접근성은 사무공간의 보다 높은 기준 가격을 발생시킨다. 사무공간의 보다 높은 기준 가격은 건물높이에 대한 보다 높은 한계편익곡선을 발생시킨다. 한계의 원리는 보다 높은 건물에 대해 충족한다: $h^{**} > h^{*}$. 사무공간 기준 가격에서의 증가 −다른 사무기업들에 대한 증가된 접근성의 결과−는 이윤극대화 건물높이를 증가시킨다.

두 번째 결과는 토지의 가격이 도시 중심부 가까이에서 보다 높다는 것이다. 그림 11−7에서, 한계편익곡선과 한계비용곡선 간 음영으로 색칠해진 보다 큰 면적에 의해 나타내어지듯이, 접근성이 보다 나은 건물의 경제적 이윤이 보다 높다. 보다 중심 입지의 보다 큰 접근성은 토지의 보다 높은 가격으로 해석된다. 다시 말해, 보다 높은 건물들과 보다 높은 토지가격들은 함께 간다.

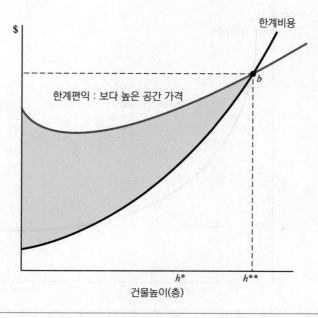

▲ 그림 11-7 보다 나은 접근성은 보다 높은 건물과 보다 높은 토지 가격을 발생시킨다

생산요소 대체

토지의 가격과 건물높이 간 연계에 관한 다른 관점을 위해, 사무기업 건물을 위한 대안적인 부지를 평가하고 있는 기업을 고려하라. 개별 입지에서, 이 기업은 토지의 가격을 주어진 것으로 간주하고, 이 기업의 목적은 고정된 양의 사무공간을 갖는 건물을 건설하는 비용을 최소화하는 것이다. 비용최소화 임무에 대한 해결책은 생산공정에 대한 두 생산요소인 자본과 토지의 선택을 포함한다.

그림 11−8에서 등량곡선(isoquant)은 동일한 양의 사무공간을 생산하는 토지와 자본의 상이한 조합들을 보여준다. 점 s는 큰 토지(L'은 크다) 위에 낮은 건물(k'은 작다)을 위해 요구되는 생산요소 묶음이다. 등량곡선을 따라 상향 이동하면, 점 m은 중간 높이 건물을 나타내고, 점 t는 높은 건물을 나타낸다. 보다 높은 건물은 (i) 보다 집중된 하중을 지탱하기 위한 추가적인 보강과 (ii) 건물 내 수직 통행을 위한 통행체계를 필요로 하기 때문에 보다 많은 자본을 요구한다.

간단한 사고실험으로 음(−)의 기울기를 갖는 등량곡선의 타당성을 설명할 수 있다. 25개의 표준적인 이동주택을 층으로 쌓아 25층짜리 사무기업 건물을 짓기 위해 기중기를 이용할 수 있다고 가정하라. 이러한 건설계획에 두 가지 문제가 존재한다.

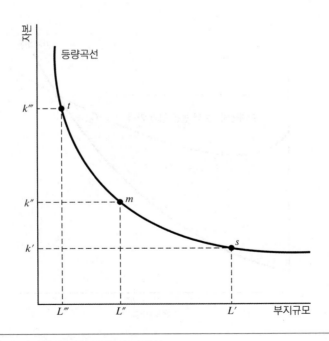

▲ 그림 11−8 사무기업 건물에 대한 등량곡선

1. 아코디언(accordion) 문제

상위 층은 하위 층을 찌그러뜨릴 것이다. 이 문제는 추가적인 보강(보다 많은 자본)에 의해 막을 수 있다.

2. 현수 하강(rappelling) 문제

노동자들은 한 층에서 다른 층으로 현수 하강해야 한다. 이 문제는 승강기와 계단(보다 많은 자본)을 추가함으로써 피할 수 있다.

그림 11−8은 이러한 두 문제에 대한 해결책을 보여준다. 높은 건물(점 t)은 낮은 건물(점 s)의 대략 3배의 자본을 필요로 한다: k'''는 k'의 대략 3배에 해당한다.

(제24장 미시경제학 모형에서 검토되는) 미시경제학의 생산요소−선택모형을 상기하라. 비용−최소화 생산요소 묶음에서, 두 생산요소 간 한계기술대체율(marginal rate of technical substitution: MRTS)은 생산요소 가격비율과 동일하다. 건축공정에 대한 생산요소로서의 토지(가격 R)와 자본(가격 p_k)의 경우,

$$MRTS = R/p_k$$

다시 말해, 두 생산요소 간 생산 비교이익(MRTS)은 시장 비교이익(가격비율)과 동일하다. 그림으로 표현하면, 등량곡선의 기울기(MRTS)는 등비용곡선(isocost)의 기울기(가격비율)와 동일하다.

그림 11−9는 토지가격의 공간적 변화가 건물높이의 공간적 변화를 야기함을 보여준다. 하나의 등량곡선과 세 개의 등비용곡선이 존재하는데, 등비용곡선의 각각은 도시에서의 입지와 관련이 있다.

1. 점 s: 먼 입지에서의 낮은 토지가격

등비용곡선은 먼 입지들에서 상대적으로 평편하며, 따라서 상대적으로 낮은 자본 대 토지 비율(낮은 건물)에서 MRTS＝생산요소 가격비율이 성립한다.

2. 점 t: 접근성이 큰 입지에서의 높은 토지가격

등비용곡선은 상대적으로 가파르며, 따라서 높은 자본 대 토지 비율(높은 건물)에서 MRTS＝생산요소 가격비율이 성립한다. 토지의 가격이 상대적으로 높을 때, (보다 적은 토지가 이용된) 수직 건축의 편익은 (보강과 수직 통행을 위해 보다 많은 자본이

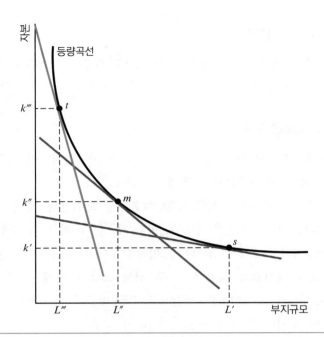

자본

등량곡선

k''' ・t

k'' ・m

k' ・s

L''' L'' L' 부지규모

▲ 그림 11-9 토지의 보다 높은 가격에 대한 반응으로서의 생산요소 대체

이용된) 수직 건축의 비용을 초과한다.

3. 점 m: 중간 토지가격

등비용곡선은 중간의 기울기를 가지며, 따라서 중간의 자본 대 토지 비율(중간-높이 건물)에서 MRTS＝생산요소 가격비율이 성립한다.

03 고층 건물 게임

토지의 높은 가격이 기업들로 하여금 상대적으로 비싼 토지를 자본으로 대체하게 함에 따라 높은 건물을 발생시키는 것을 보았다. 토지의 높은 가격이 현대 도시들에서의 대규모 고층 건물들을 완전히 설명하는가? 최근의 연구는 고층 건물들이 도시 내 가장 높은 건물에 대한 기업들 간 경쟁에 기인한다고 제시한다(Helsley and Strange, 2008). 가장 높은 건물이 되기 위한 경쟁은 건물높이를 효율적인 높이 이상으로 증가시킨다.

가장 높은 건물이 되기 위한 경쟁에 관한 모형

　주어진 한 구획의 토지에 사무기업 건물을 건설하는 기업을 고려하라. 이 기업은, 층수로 측정된, 건물높이를 선택한다. 이 기업은 얼마나 높게 지을 것인가를 결정하기 위해 한계의 원리를 이용하며, 한계편익을 한계비용과 동일하게 만드는 높이를 선택한다. 그림 11－10에서, 이윤은 한계편익이 한계비용과 동일한 $h^* = 50$층을 갖는 점 a에서 극대화된다. 위 그림에서, 경제적 이윤은 한계편익곡선과 한계비용곡선 사이의 음영으로 표시된 면적에 의해 보여진다. 아래 그림에서, 이윤은 90백만달러에서 이윤함수의 정상(peak)에 의해 보여진다. $h^* = 50$층을 넘어서면, 추가적인 층의 한계비용이 한계편익을 초과하며, 따라서 이윤은 감소한다.

　도시에서 가장 높은 건물이 되기 위한 경쟁의 함의를 고려하라. 두 번째 건설회

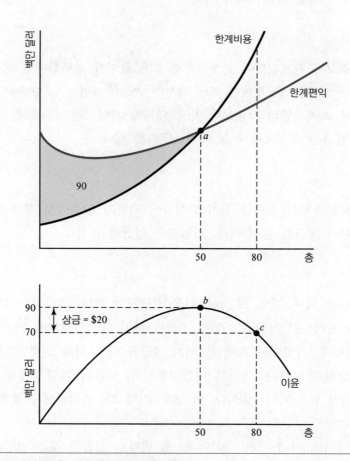

▲ 그림 11-10 가장 높은 건물이 되기 위한 경쟁

사가 동일한 건축기술과 생산요소 시장에 대한 접근을 가지고 있다고 가정하라. 개별 기업은 가장 높은 건물을 갖는 데 대해 V=20백만달러의 가치를 둔다고 가정하라. 이는 가장 높은 건물로 이름이 붙여짐으로부터 얻게 되는 무료 기업홍보의 가치일 것이다. 대안적으로, V는 이 기업이 높은 건물에 돈을 지출할 수 있을 정도로 충분히 이윤을 얻고 있다는 신호를 잠재적인 투자자들에게 보내는 가치일 것이다. 단지 하나의 기업만이 가장 높은 건물을 가질 수 있으며, 따라서 기업들은 20백만달러의 상금을 위한 비협조적 게임에 참여하고 있다.

문제를 단순화하기 위해, 두 기업이 연속게임을 하고 있다고 가정하라. 기업 1이 먼저 짓고, 그런 후에 기업 2가 기업 1의 건물을 관측한 다음에 짓는다. 고층 건물 게임의 결과를 예측하기 위해, 첫 번째 결정자인 기업 1의 관점을 취한다. 얼마나 높게 지을 것인가를 결정하기 위해, 기업 1은 기업 1의 상이한 건물높이(h_1)에 대한 기업 2의 반응들을 예측해야 한다.

1. $h_1 = h^* = 50$

만일 기업 1이 한계편익이 한계비용과 같은 높이를 선택한다면, 기업 2는 $h_2 = 51$을 선택하고 상금을 탈 것이다. 51층에서의 손실(한계비용 > 한계편익)이 가장 높은 건물에 대한 20백만달러 상금보다 작기 때문에 기업 2는 $h^* = 50$을 넘는 수량을 선택한다. 기업 1은 경쟁에서 지고 90백만달러를 번다.

2. $h_1 = 51$

기업 2는 $h_2 = 52$를 선택할 것이고 상금이 51층과 52층에서 겪게 되는 손실을 능가하기 때문에 상금을 탈 것이다. 기업 1은 경쟁에서 진다.

3. $h_1 = 80$

상금을 타기 위해, 기업 2는 $h_2 = 81$을 선택해야 한다. 그림 11-10에서 보여지듯이, 81층 건물에 대한 이윤은, 50층 건물에 대한 90백만달러와 비교되는, 70백만달러 바로 밑이다. 기업 2는 20백만달러의 상금을 타기 위해 20백만달러가 조금 넘는 금액을 희생해야만 한다. 이것은 비합리적이며, 따라서 기업 2에게 있어 $h_1 = 80$에 대한 합리적인 반응은 $h_2 = 50$이다. 이 경우, 기업 2는 기업 1에게 경쟁에서 승복한다.

내쉬균형은 $\{h_1, h_2\} = \{80, 50\}$이다. 첫 번째로 건물을 짓는 기업(기업 1)은 상금을 타기 위해 필요한 만큼만의 높이를 선택하며, 따라서 이 기업은 80층 건물에서

70백만달러의 건물이윤과 상금으로 20백만달러를 더해 총 90백만달러를 번다. 기업 2는 한계편익이 한계비용과 일치하는 높이를 선택하고 90백만달러의 건물이윤을 번다.

가장 높은 건물이 되기 위한 경쟁은 가장 높은 건물과 그 다음으로 높은 건물 간 큰 격차를 발생시킨다. 예에서, 20백만달러의 상금은 두 가장 높은 건물 간 30층의 격차를 발생시킨다. 일반적으로, 상금이 보다 클수록 높이의 격차가 보다 크다. 상금을 타기 위해, 기업은 가장 높은 건물의 건물이윤에 상금을 더한 것이 그 다음으로 높은 건물의 건물이윤과 일치하도록 "지나치게 높게 지어야 한다". 다시 말해, 가장 높은 건물의 건물이윤은 두 번째로 높은 건물의 건물이윤보다 V달러(상금)만큼 적을 것이다. 지나치게 높게 짓는 것은 건물이윤을 감소시키고, 상금이 클수록 필요 이상으로 높게 짓는 양이 보다 크며 따라서 가장 높은 건물과 두 번째로 높은 건물 간 높이의 격차가 보다 크다.

이 모형은 도시에서 가장 높은 두 건물의 높이 간 큰 격차를 예측한다. 이 예측은 현실 도시들에서의 관측과 부합한다. 가장 큰 20개의 미국 도시들에서, 가장 높은 건물과 두 번째로 높은 건물 간 평균 격차는 대략 27%이다.

내쉬균형 대 파레토 효율성

고층 건물 게임에서 내쉬균형은 파레토 비효율적이다. 항시 그렇듯이, 다른 사람에게 해를 끼치지 않고 누군가를 보다 나은 상태로 만드는 재배치로 정의된, 파레토 개선을 확인함으로써 비효율성을 보여줄 수 있다. 내쉬균형(기업 1에 대한 80층과 기업 2에 대한 50층)에서, 개별 기업은 90백만달러의 이윤을 번다.

1. 기업 1: 이윤 = 90백만달러 = 70백만달러 건물이윤 + 20백만달러 상금.
2. 기업 2: 이윤 = 90백만달러 건물이윤.

파레토 개선을 위해, 기업 1이 80층 건물에서 51층 건물로 전환하고 반면에 기업 2는 전과 같이 50층 건물을 선택한다고 가정하라. 내쉬균형에서와 같이, 기업 1이 상금을 탄다.

1. 기업 1: 이윤 = 109백만달러 = 89백만달러 건물이윤(90백만달러 바로 아래) + 20백만달러 상금

2. 기업 2: 이윤＝90백만달러 건물이윤

(80, 50)에서 (51, 50)으로의 이동은 기업 1이 19백만달러만큼 나아지지만 기업 2가 악화되지 않기 때문에 파레토 개선이다.

가장 높은 건물이 되기 위한 경쟁은 효율적인 높이 이상으로 균형 건물높이를 증가시키기 때문에 비효율적인 결과를 발생시킨다. 상금의 추구(pursuit)는 시장으로부터 잉여를 감소시킨다. 효율적인 결과는 한 쌍의 50층 건물과 180백만달러의 건물이윤이다. 만일 한 건물이 다른 건물에 비해 단지 1밀리미터만큼 크다면, 한 건설회사는 비용에서 아주 조그만 증가로 20백만달러 상금을 획득할 수 있고, 시장의 총 가치는 200백만달러가 된다. 대조적으로, 내쉬균형에서 시장의 총 가치는, 기업 2에 대한 90백만달러의 건물이윤, 기업 1에 대한 70백만달러의 건물이윤, 그리고 20백만달러 상금을 포함하여, 단지 180백만달러이다. 시장의 총 가치의 감소는 상금과 대략 동일하다.

04 사무업의 공간적 분포

그림 11-11은 보스턴에서 금융과 보험업의 일자리에 대한 공간적 분포를 보여준다. 이 지도는 인구조사표준지역들(census tracks)을 고용밀도와 동일한 높이로 위로 올라온 퍼즐조각들로 보여준다. 고용밀도는 인구조사표준지역에서 1헥타르당 금융과 보험 노동자들의 수와 일치한다. 다른 대도시들에서와 마찬가지로, 금융과 보험고용의 밀도는 중심상업지역에서 가장 높고, 중심지로부터 멀어질수록 고용밀도는 빠르게 감소한다.

표 11-1은 13개 대도시지역들에서 세 유형의 입지들 간 사무공간의 분포를 보여준다.

1. 높은 밀도(평방마일당 적어도 7.5백만 평방피트): 주요한 시내들(downtowns).
2. 중간 밀도(평방마일당 2백만에서 3.5백만 평방피트): 2차적인 시내들(주요한 시내들과 지리적으로 별개인 사무군집지들), 변두리 도시들(두 유형의 시내들과 별개인 군집지들), 도심 포락지들(주요한 시내들에 인접한 군집지들), 그리고 회랑지들(주요 고속도로를 공통적으로 따르는 선형의 군집지들).

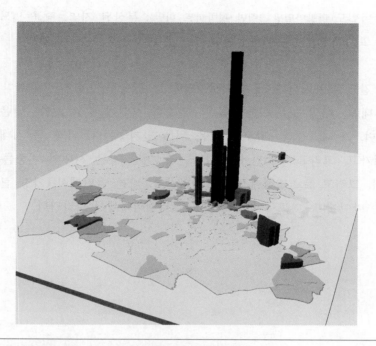

▲ 그림 11-11 금융과 보험업 고용의 밀도, 보스턴, 2014

┃표 11-1 사무공간의 분포

	높은 밀도(중심)	중간 밀도(부중심)	낮은 밀도(산재된)
13개 대도시지역들	0.33	0.28	0.40
애틀란타	0.07	0.55	0.38
보스턴	0.39	0.11	0.50
시카고	0.49	0.11	0.39
댈러스-포트 워쓰	0.21	0.39	0.34
덴버	0.27	0.22	0.51
디트로이트	0.17	0.29	0.54
휴스턴	0.23	0.43	0.35
로스앤젤레스	0.16	0.38	0.46
마이애미	0.09	0.19	0.72
뉴욕	0.55	0.13	0.32
샌프란시스코	0.39	0.21	0.39
워싱턴, DC	0.23	0.53	0.24

출처: Lang, Robert E. "Office Sprawl: The Evolving Geography of Business." The Brookings Institution Survey Series, October 2000.

3. 낮은 밀도(평방마일당 2백만 평방피트 미만): 분산된 지역. 평균 밀도가 평방마일당 20,000평방피트에 해당한다.

사무공간의 분포에서 13개 대도시지역들 간 상당한 변화가 존재한다. 대도시지역 전체로, 대략 1/3의 사무공간이 높은-밀도의 시내에 있고 2/5는 낮은-밀도 지역에 있으며, 28%를 중간-밀도 지역을 위해 남겨놓는다. 가장 큰 시내의 비중들은 뉴욕, 시카고, 그리고 보스턴에서 나타난다. 가장 작은 시내의 비중들은 애틀란타, 마이애미, 그리고 로스앤젤레스에서 나타난다. 다른 극단에서, 가장 큰 낮은-밀도 비중들은 마이애미, 디트로이트, 그리고 필라델피아에서 나타난다.

개념에 대한 복습

01 도시 중심부까지의 거리가 증가함에 따라, 정보교환을 위한 통행비용은 [_____] (↑, ↓, -)의 비율로 [_____](↑, ↓, -).

02 도시 중심부까지의 거리가 증가함에 따라, 공간에 대한 사무기업의 지불용의는 [_____] (↑, ↓, -)의 비율로 [_____](↑, ↓, -).

03 기업 T에서 노동자들은 대중교통으로 통근하는 한편, 기업 C에서 노동자들은 자가 용으로 통근한다. 기업 [_____]는 사무공간에 대한 보다 가파른 지불용의 곡선 을 갖는다. 기업 [_____]는 도시 중심부에 가까운 토지에 대해 기업 [_____] 보다 높은 지불용의 금액을 제안할 것이다.

04 사무 건물에서, 높이가 증가함에 따라, [_____] 효과는 사무공간의 가격을 감소 시키는 경향이 있는 반면에 [_____] 효과는 사무공간의 가격을 증가시키는 경향 이 있다. [_____] 효과는 [_____]을/를 갖는 건물에 있어 상대적으로 강하다.

05 이윤-극대화 건물높이에 대한 준칙은 [_____]=[_____]이다.

06 그림으로, 사무기업용 토지에 대한 지불용의는 [_____]까지의 [_____]곡선과 [_____]곡선 사이의 면적에 의해 보여진다.

07 사무기업용 부지에 대한 접근성에서의 증가는 사무기업용 공간의 기준 가격을 [_____] (↑, ↓, -), 건물높이를 [_____](↑, ↓, -), 그리고 사무기업용 토지에 대한 지 불용의를 [_____](↑, ↓, -).

08 건물높이가 증가함에 따라, 두 가지 문제: [_____]과/와 [_____]을/를 방지 하기 위해 고정된 양의 산출물(내부 공간) 생산에 필요한 자본의 양은 [_____] (↑, ↓, -).

09 미시경제학의 투입-산출모형에서, 건물높이에 관한 비용 최소화 준칙은 [_____]= [_____]이다.

10 [_____]의 가격이 [_____] 부지에서 보다 높기 때문에 중심 입지의 건물은 먼 부지의 건물에 비해 [_____].

11 먼 입지로부터 중심 입지로 이동함에 따라, 토지와 자본 간 한계기술대체율은 [_____] (↑, ↓, -).

12 가장 높은 건물이 되기 위한 경쟁은 가장 높은 건물의 높이와 두 번째로 높은 건물 의 높이 간 상대적으로 [_____] 격차를 발생시킨다. 상금이 증가함에 따라, 격차 의 규모는 [_____].

개념에 대한 복습

13 가장 높은 건물이 되기 위한 경쟁은 건물시장의 효율성을 [_____](↑, ↓, -).

14 비교정태. 개별 변수들 쌍에 대해, 그 관계가 양인지, 음인지, 중립인지, 혹은 모호한지를 나타내라.

모수	선택변수	관계
사무공간의 가격	건물높이	[_____]
사무공간의 가격	사무기업용 토지에 대한 지불용의	[_____]
사무기업용 토지의 가격	사무기업용 부지 규모	[_____]
임금	사무기업용 토지에 대한 입찰가격	[_____]
가장 높은 건물에 대한 상금	건물시장의 잉여	[_____]

개념들을 응용하는 연습문제

01 정보 노동자들을 위한 전동바퀴가 달린 보드(hoverboards)

사무기업의 노동자들이 암묵적 정보를 교환하기 위해 상호작용하는 중심상업구역을 고려하라. 전동바퀴가 달린 보드가 도입되어 인도에서의 통행속도가 두 배가 된다고 가정하라.

a. 중심상업구역 내 상이한 입지들의 사무공간에 대한 지불용의에 미치는 전동바퀴가 달린 보드의 효과를 설명하라.

b. 장기적으로, 전동바퀴가 달린 보드의 편익의 대다수는 [_____](지주, 노동자들, 자본가)에게 돌아간다.

02 계단 대 승강기

사무기업 건물에서 개별 기업은 공간의 한 층을 차지하고, 총 수입 R=380달러를 벌며, 노동비용 L=300달러를 발생시킨다. h를 건물의 높이(층)로 정의하라. 건물 내 통행비용은 계단을 이용한 통행에 대해 1층당 $c_S(h)=10 \cdot h$로, 승강기를 이용한 통행비용 $c_E(h)=27+h$와 대조된다.

a. $h=1$에서 $h=53$까지 두 통행수단의 사무기업용 공간에 대한 지불용의를 설명하라. 어떤 종류의 기업들이 계단을 이용하는가?

b. h가 3층을 넘어 증가함에 따라, 전망이 좋아지고 노동자들은 보다 낮은 임금을 기꺼이 받아들인다. 노동비용에서의 절약은 1층당 3달러이다. $h=53$에 대한 수치를 포함하여, 승강기를 갖춘 건물에 대한 지불용의곡선을 그려라.

(계단을 이용하는 건물에 대해 사무기업은 $80-10 \cdot h$를 지불할 용의가 있고 승강기를 가진 건물에 대해 3층까지는 $80-(27+h)$를 지불할 용의가 있고 4층 이상에 대하여는 $80-(27+h)+(h-3) \cdot 3$를 지불할 용의가 있음에 유의할 것. 역자 주)

03 사무공간의 가격

주변 지역에 대한 우수한 전망을 가지고 있는 건물 내 사무공간의 가격을 고려하라. 수평축은 거리로부터의 층수(h)로 표시된 수직거리를 측정하고, 수직축은 사무공간의 평방풋당 가격, p(h)을 측정한다.

a. 계단이 있고 창문이 없는 건물에 대한 가격곡선 p(h)을 그려라.

b. 승강기가 있고 창문이 없는 건물에 대한 가격곡선 p(h)을 그려라.

c. 승강기와 창문이 있는 건물에 대한 가격곡선 p(h)을 그려라.

(기울기가 양(+)인지 음(-)인지 그리고 곡선이 가파로운지 평편한지 대답하라. 역자 주).

04 공간 가격과 사무기업용 토지에 대한 지불용의

건물높이(h)의 한계편익이 mb(h)=2·p+h이며, 여기서 p는 사무공간의 가격이다. 건물높이의 한계비용은 mc(h)=4·h이다.

a. 사무공간 가격의 증가가 이윤을 극대화하는 높이에 미치는 효과를 설명하라. 특히, p=30(높이 h^*)에서 p=60(높이 h^{**})까지의 가격변화의 효과를 보여라.

b. p=60에 대해, 사무기업용 토지에 대한 지불용의는 [_____]달러이다. 설명하라.

05 철강구조와 건물높이

석재(stone)로 만들어진 사무 건물에서 강철구조로 만들어진 건물로의 전환의 함의를 고려하라. 기술의 전환은 단층 건물에 필요한 자본에 영향을 미치지 않는다고 가정하라. 표준적인 사무 건물(5,000평방미터의 공간)에 있어, 건축기술에 상관없이 단층 건물은 5,000평방미터의 토지와 100달러의 자본을 필요로 한다. 공통의 생산요소 묶음(5,000평방미터, 100달러)은 석재와 강철에 대한 등량곡선을 교차시키며 고정시킨다.

(즉, 1층 건물에서 두 등량곡선은 교차한다. 2층 이상의 건물에서 어느 등량곡선이 더 가파로운지 결정하라. 역자 주).

a. 석재에 대한 것과 강철에 대한 두 사무건물 등량곡선을 그려라.

b. 강철구조 이전에 석재 건물의 비용−최소화 높이는 2층(2,500평방미터의 토지)이라고 가정하라. 강철 건물로의 전환의 비용−최소화 토지 수량에 대한 효과를 설명하라.

(요소가격비율이 일정하다고 할 때 강철 건물의 등량곡선과 등비용곡선의 접점이 석재 건물의 접점에 비해 어느 위치에 있을지 결정하라. 역자 주).

06 레고스파이더시티(LegoSpiderCity)

콘시티(ConCity)는 건물높이와 건물 내 승강기에 의한 수직통행에 대한 체감하는 보수를 지닌 전통적인 도시이다. 건축에서의 혁신이 겹쳐 쌓아 올릴 수 있는(stackable) 건물을 허용할 때(보다 높은 건물에 대해 추가적인 보강이 요구되지 않는다), 이 도시는 이름을 레고시티로 변경한다. 노동자들이 새로운 등반기술을 습득하고 건물 외벽을 타고 수직으로 이동할 수 있을 때, 이 도시는 이름을 레고스파이더시티로 변경한다.

a. 콘시티, 레고시티, 그리고 레고스파이더시티에 대한 3개의 등량곡선을 그려라. (콘시티에서는 추가적인 보강을 위해, 그리고 수직통행을 위한 승강기 설치를 위해 자본이 추가로 필요했음에 유의하라. 역자 주).

b. 도시 중심부에 가까운 토지에 대한 지불용의에 있어 세 도시들의 순위를 매겨라.

07 가장 높은 건물에 대한 상금

대도시의 사무기업용 건물에 있어, 이윤은 처음 40층에 대해 층당 3달러의 비율로 층수와 함께 증가하고, 이후에는 층수가 증가함에 따라 층당 2달러의 비율로 감소한다. 더불어, 가장 높은 건물에 대한 상금 혹은 특별(bonus) 이윤은 30달러이다. 두 기업, A와 B는 각각 하나의 사무기업용 건물을 지을 것이며, A가 먼저 짓는다. 동점(동일한 높이의 두 건물)의 경우, 상금은 없다.

a. 내쉬균형은 [_____]이다.

b. 가장 높은 건물이 되기 위한 경쟁은 총 건물 이윤을 [_____]달러만큼 변경한다.

c. 이 두 기업들이 이득을 균등하게 공유하는 파레토 개선을 설계하라. 층수는 정수(integer)임을 가정하라. 기업 A는 기업 B에게 무엇을 하도록 얼마를 줄 것인가? (40층 이상을 건설할 경우 층수를 증가할 때마다 2달러씩 이윤이 감소하지만 가장 높은 건물이 되면 상금 30달러를 탈 수 있음을 기억하라. 역자 주).

참고문헌과 추가적인 읽을 거리

Anas, Alex, Richard Arnott, and Kenneth A. Small, "Urban Spatial Structure." *Journal of Economic Literature* 34 (1998), pp. 1426−64.

Baum−Snow, Nathaniel, "Did Highways Cause Suburbanization?" *Quarterly Journal of Economics* 122.2 (2007), pp. 775−805.

Bollinger, Christoper, Keith Ihlanfeldt, and David Rowes, "Spatial Variation in Office Rents within the Atlanta Region." *Urban Studies* 35 (1998), pp. 1097−1118.

Duranton, Gilles, and Diego Puga, "Urban Land Use," Chapter 8 in *Handbook of Urban and Regional Economics Volume 5,* edited by Gilles Duranton, J. Vernon Henderson, and William C. Strange. Amsterdam: Elsevier, 2015.

Garreau, Joel. *Edge City: Life on the New Frontier.* New York: Doubleday, 1991.

George, Henry. *Progress and Poverty.* New York: Schalkenbach Foundation, 1954.

Giuliano, Genevieve, and Kenneth Small, "Subcenters in the Los Angeles Region." *Regional Science and Urban Economics* 21 (1991).

Glaeser, Edward, and Matthew Kahn, "Decentralized Employment and the Transformation of the American City." NBER Working Paper, March 2001.

Glaeser, Edward, Matthew Kahn, and Chenghuan Chu, "Job Sprawl: Employment Location in U.S. Metropolitan Areas." Brookings Institution Survey Series, May 2001, pp. 1−8.

Helsley, Robert, and William Strange, "A Game−Theoretic Analysis of Skyscrappers." *Journal of Urban Economics* 64 (2008), pp. 49−64.

Irwin, Elena G., and Nancy E. Bockstael, "The Spatial Pattern of Land Use in the United States." Chapter 6 in *A Companion to Urban Economics,* edited by Richard J. Arnott and Daniel P. McMillen. New York: Wiley−Blackwell, 2006.

Lang, Robert E. "Office Sprawl: The Evolving Geography of Business." The Brookings Institution Survey Series, October 2000.

Lang, Robert E., *Edgeless Cities.* Washington, DC: Brookings, 2003.

McMillen, Daniel P. "One Hundred Fifty Years of Land Values in Chicago: A Nonparametric Approach." *Journal of Urban Economics* 40 (1996), pp. 100−24.

Liu, Crocker, Stuart Rosenthal, and William Strange, "The Vertical City: Rent Gradients and Spatial Structure," working paper.

McMillen, Daniel P., and John F. McDonald, "Suburban Subcenters and Employment Density in Metropolitan Chicago." *Journal of Urban Economics* 43 (1998), pp. 157−80.

Mills, Edwin S. *Studies in the Structure of the Urban Economy.* Baltimore: Johns Hopkins,

1972.

Moses, Leon, and Harold Williamson, "The Location of Economic Activity in Cities," in *Readings in Urban Economics,* edited by Matthew Edel and Jerome Rothenberg. New York: Macmillan, 1972.

Nivola, Pietro. "Fat City: Understanding American Urban Form from a Transatlantic Perspective." *Brookings Review,* Fall 1998, pp. 17 – 20.

O'Hara, D. J., "Location of Firms within a Square Central Business District." *Journal of Political Economy* 85 (1977), pp. 1189 – 1207.

Redding, Stephen J., and Matthew Turner, "Transportation Costs and the Spatial Organization of Economic Activity," Chapter 20 in *Handbook of Urban and Regional Economics Volume 5,* edited by Gilles Duranton, J. Vernon Henderson, and William C. Strange. Amsterdam: Elsevier, 2015.

Sivitanidou, R., and P. Sivitanides, "Industrial Rent Differentials: The Case of Greater Los Angeles." *Environment and Planning A* 27 (1995), pp. 1133 – 46.

Sivitanidou, Rena, "Do Office – Commercial Firms Value Access to Service Employment Centers? A Hedonic Value Analysis within Polycentric Los Angeles." *Journal of Urban Economics* 40 (1996), pp. 125 – 49.

Sivitanidou, Rena, "Urban Spatial Variations in Office – Commercial Rents: The Role of Spatial Amenities and Commercial Zoning." *Journal of Urban Economics* 38 (1995), pp. 23 – 49.

CHAPTER

12 주택가격과 주거용 토지 이용

냉소가(cynic)가 무엇인가? 모든 것의 가격을 알면서도 그 어느 것의 가치를 모르는 사람

— 오스카 월드(Oscar Wilde)

이 장은 주택과 주거용 토지 가격들의 공간적 변화를 탐구한다. 주택시장에 대한 헤도닉접근법(hedonic approach)은 주택이 물리적 특성들과 일자리나 여타의 도시경제 특성들에 대한 접근성에서 차이가 있다는 생각에 기초한다. 헤도닉접근법하에서, 주택은 특성들의 묶음이다. 개별 특성은 암묵적 가격을 가지며, 주택의 시장가치는 이 특성들의 가치의 합이다. 다음의 헤도닉 등식은 다섯 가지 특성들: 주택 규모, 일자리 접근성, 학교의 질, 공기의 질, 그리고 범죄를 고려한다.

$$V = p_B \cdot B + p_J \cdot J + p_S \cdot S + p_A \cdot A + p_C \cdot C$$

여기서 p_i는 요소 i의 가격이며, B는 침실의 수, J는 일자리 군집지까지의 거리, S는 지역 학교의 평균 시험성적, A는 공기의 질에 대한 측정치, 그리고 C는 인근의 범죄율이다. 가격들은 바람직한 특성들(침실, 시험성적, 공기의 질)에 대해 양수이며 바람직하지 않은 특성들(일자리까지의 거리, 범죄율)에 대해 음수이다.

01 일자리 접근성

이 장의 이 부문에서, 주택 특성 묶음 가운데 일자리 접근성 요소를 고려한다. 일자리까지의 거리에 따라 주택의 가격이 어떻게 변화하는지에 대해 탐구한다.

통근비용과 주택을 포함하는 효용극대화

앞서, 모든 고용이 중심상업지구에 있는 단순한 도시를 고려하라. 노동자들은 그들의 주거지로부터 중심지의 일자리로 통근하고, 중심지까지의 거리는 (킬로미터로 표시된) x이다. 개별 가구는 매달 주택, 통근, 그리고 여타의 재화에 지출하기 위한 고정된 소득, w를 가지고 있다. 통근의 금전적 비용 t=매월 킬로미터당 50달러이다. 가구가 중심지로부터 1킬로미터만큼 멀리 이동할 때, 이의 월간 통근비용은 50달러만큼 증가한다. 주택의 가격 p(x)는 1평방미터의 거주공간당 월간 가격으로 정의되고, x(중심지까지의 거리)에 의존한다.

그림 12-1은 (제24장 미시경제학에 관한 모형들에서 검토되는) 미시경제학으로부터의 표준적인 소비자-선택모형의 변형을 보여준다. 수평축은 (평방미터로 표시된) 주택소비를 보여주고, 수직축은 모든 여타의 재화에 대한 소비를 보여준다. 여타 재화의 가격은 1달러에 고정되었다. 직선은 예산선이고, 가구소득 w, 통근비용 t, 그리고 주택가격 p가 주어졌을 때, 모든 구매가능한 묶음들을 보여준다. 예산선의 위치는 주택에서 중심지까지의 거리에 의존한다. 수직축 절편은 다음과 같이 계산된다.

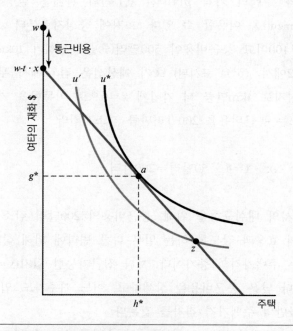

▲ 그림 12-1 통근비용과 효용을 극대화하는 주택소비

수직축 절편 = w − t · x

예를 들어, 만일 w = 2,000달러, t = 킬로미터당 50달러, 그리고 x = 10킬로미터라면, 수직축 절편은 1,500달러이다.

(u'과 u^*로 표시된) 개별 무차별곡선들은 동일한 수준의 효용(만족)을 발생시키는 주택과 여타 재화들의 대안적인 묶음들을 보여준다. 효용은 한계대체율(무차별곡선의 기울기 그리고 주택과 여타의 재화 간 소비자의 주관적 교환비율)이 가격비율(주택과 여타의 재화 간 시장 교환비율)과 일치하는 점 a에서 극대화된다. 비록 보여진 다른 지점(점 z)은 예산선 위에 있고 따라서 구매가능하지만, 점 a가 보다 높은 무차별곡선 위에 있어 보다 높은 효용: $u^* > u'$을 나타낸다. 점 z에서, 한계대체율(marginal rate of substitution: MRS)은 가격비율보다 작으며, 따라서 소비자의 합리적 반응은 보다 적은 주택과 보다 많은 여타의 재화를 소비하는 것이다. 이 가구는 예산선을 따라 점 a까지 위로 이동하며, 여기서 한계대체율이 가격비율과 일치하고 효용이 극대화된다.

통근거리와 주택의 가격

통근거리 x와 주택의 가격 $p(x)$ 간 음(−)의 관계를 설명하기 위해 사고실험(thought experiment)을 이용할 수 있다. 초기에 중심지로부터 x = 10km 떨어져, 주택소비가 $h^* = 100$이고 통근비용이 500달러(50달러 곱하기 10km)인 주택을 고려하라. 그림 12−2에서, (p^*로 표시된) 초기 예산선은 점 a에서 무차별곡선에 접한다. 이 가구가 중심지로 4km만큼 더 가깝게 x = 6으로 이동함을 가정하라. 통근거리에서의 4km 감소는 통근비용을 200달러만큼 감소시킨다:

△통근비용 = △x · t = 4 · 50달러 = 200달러

주거 입지에서의 내쉬균형을 위해, 통근비용의 200달러 감소는 x = 6에서의 효용이 x = 10에서의 효용과 같도록 하는 일부 다른 변화에 의해 상쇄되어야 한다. 이러한 다른 변화는 주택가격의 증가이다. 보다 접근가능한 입지(x = 6)에서의 보다 높은 주택가격은 보다 낮은 통근비용을 상쇄하고, 어느 거주자도 입지를 변경할 유인을 갖지 않을 만큼만의 주택가격 격차를 갖는다.

그림 12−2는 주택가격의 2달러 증가의 효과를 보여준다. 가격의 2달러 증가는

예산의 관점에서 통근비용의 200달러 감소를 상쇄할 만큼 크다. 통근비용의 200달러 감소와 주택가격의 2달러 증가의 조합은 (점 a에 의해 보여진) 소비자 재화의 원래의 묶음이 소비가능함을 의미한다. 다시 말해, p'&△cc로 표시된 예산선은 원래의 묶음을 통과한다. 통근비용에서의 200달러 감소가 주택가격에서의 2달러 증가와 결합될 때, 이 가구에 대한 하나의 선택권은 점 a를 선택하고 100단위 주택을 소비하는 것이다.

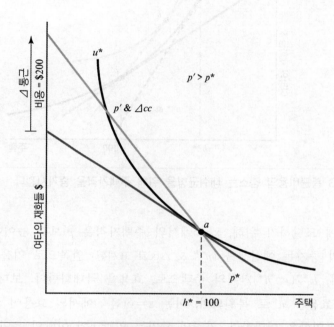

▲ 그림 12-2 통근비용의 감소는 감당할 수 있는 주택가격의 증가를 가져 온다

그림 12-3에서 보여지듯이, 새로운 (보다 가파른) 예산선에 대한 합리적 반응은 보다 적은 주택을 소비하는 것이다. 점 a에서, 이 예산선(p' & △cc)은 무차별곡선보다 가파르며, 이는 한계대체율이 새로운 가격비율을 초과함을 나타낸다. 새로운 예산선하에서, 효용은 점 b에서 극대화되며, 여기서 한계대체율=가격비율이 성립한다. 점 b에서, x=6에서의 효용은 x=10에서의 효용에 비해 높으며, 따라서 (p'을 갖는) 점 b는 내쉬균형이 아니다. x=6에서의 p'의 가격하에서, x=10에서의 개별 거주자는 x=6으로 이사할 유인을 가질 것이다. 다시 말해, 일방적인 이탈에 대한 유인이 존재한다.

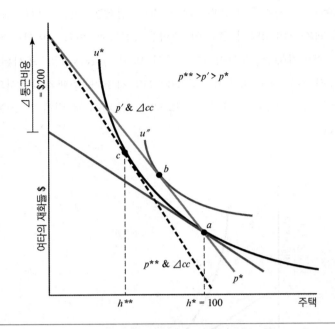

각 축 레이블 (그림 내부):
- 세로축 상단: △통근비용 = $200
- 세로축 하단: 여타의 재화들 $
- 가로축: 주택
- $p^{**} > p' > p^*$
- u^*, $p' \& \triangle cc$, u''
- c, b, a
- $p^{**} \& \triangle cc$, p^*
- h^{**}, $h^* = 100$

▲ 그림 12-3 통근비용의 감소는 내쉬균형을 위해 주택가격을 증가시킨다

내쉬균형에 도달하기 위해, x=6에서의 주택가격은 p'보다 높아야 한다. $p^{**}(> p')$로 가격의 증가는 예산선을 ($p^{**} \& \triangle cc$로 표시된) 안쪽으로 기울이고, 이 거주자는 점 c에서, $h^{**}(< h^*)$단위의 주택으로, 효용을 극대화한다. 보다 높은 가격하에서, 원래의 효용은 u^*로 복원되며, 이는 x=6(점 c)에서의 효용이 x=10(점 a)에서의 효용과 동일함을 의미한다. 가격의 증가는 일방적인 이탈의 유인을 제거한다.

그림 12-3은 소비자 재화의 가격 증가의 대체효과에 대한 예를 제공한다. 미시경제학 이론 강의에서 설명되듯이, 대체효과는 한 재화의 가격이 증가하지만 소비자의 효용수준이 고정되어 있을 때의 소비의 변화이다. 그림 12-3에서, 주택가격이 증가하고, 예산선이 p^*로 표시된 원래의 선에서 ($p^{**} \& \triangle cc$)로 표시된 선으로 안쪽으로 기울어진다. (내쉬균형에 대한 필요조건으로) 효용이 고정되어 있으며, 따라서 소비자는 원래의 무차별곡선을 따라 이동한다. 고정된 효용과 보다 높은 가격이 주어진 상태에서, 주택소비는 h^*에서 h^{**}로 감소한다.

볼록한 주택가격곡선

그림 12-3으로부터의 교훈은 접근성에 대한 웃돈(premium)이 예산측면에서 통

근비용의 변화를 상쇄하는 주택가격의 차이를 초과한다는 것이다. (p^*에서 p'으로) 2달러의 가격 차이는 원래의 묶음의 소비가 가능하게 하지만, 내쉬균형을 위해 (p'에서 p^{**}로) 보다 큰 가격의 증가가 요구된다. 소비자들이 가격이 증가하는 재화(주택)로부터 멀어지는 소비자 대체에 참여함으로써 보다 높은 가격에 반응하기 때문에 보다 큰 웃돈이 발생한다. 대체는 효용을 증가시키며, 따라서 원래의 효용수준을 회복하기 위해 보다 큰 주택가격의 증가가 요구된다.

그림 12-4는 소비자 대체가 볼록한 주택-가격곡선을 발생시킴을 보여준다. 주택의 가격은 점 a에서 애초의 위치로 정박한다. 중심지로부터 10km의 거리에서, 가격 $p^*=6$달러이다. 안으로의 이동의 함의를 고려하라. 중심지로 보다 가깝게 4km의 이동은 보다 낮은 통근비용으로 인해 주택가격을 $p^*=6$달러에서 $p'=8$달러로 증가시키고, 그런 후에 소비자 대체로 인해 $p'=8$달러에서 p^{**}로 증가시킨다. 예를 들어, 만일 $p^{**}=9$달러라면, 소비자 대체로 야기된 추가적인 1달러의 웃돈이 존재한다. 요약하면, 안으로의 이동은 두 가지 이유로 주택의 가격을 증가시킨다: (i) 보다 낮은 통근비용, 그리고 (ii) 보다 높은 주택가격에 대한 반응으로서의 소비자 대체.

그림 12-5는 보다 접근성이 낮은 거주지로 밖으로의 이동의 가격효과를 설명하

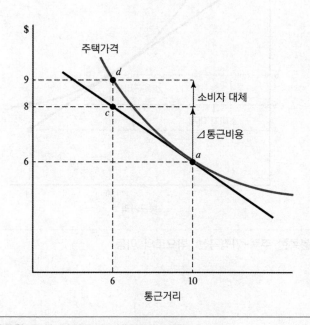

▲ 그림 12-4 볼록한 주택-가격곡선: 안으로의 이동

기 위해 유사한 논리를 이용한다. 한 가구가, $h^* = 100$과 $p^* = 6$달러를 가지고, x = 10에서 출발한다고 가정하라. 이 가구는 중심지로부터 4km만큼 이동하여, 통근비용이 200달러만큼 증가한다. 예산측면에서 통근비용의 증가를 상쇄하기 위해, 주택가격의 2달러(200달러 = 2달러*100평방미터) 감소가 필요하다. 만일 가격이 $p'' = 4$달러로 감소한다면, 소비자는 $h^* = 100$을 갖는 원래의 소비 묶음을 구입할 수 있을 것이다. 보다 낮은 가격이 주어졌을 때, 보다 낮은 가격에 대한 합리적 반응은 주택소비를 증가시키는 것이고, 이러한 변화는 효용을 증가시킬 것이다. 입지에서의 내쉬균형을 위해, 주택가격은 원래의 효용수준 u^*을 회복하기 위해 $p^{***} (> 4$달러)로 증가해야 한다. 그림 12-5에서, x = 14에서 가격은 5달러이다.

그림 12-4와 12-5로부터의 교훈은 주택-가격곡선이 선형이 아니고 볼록하다(convex)는 것이다. 접근성의 증가는 가격을 3달러만큼 증가시키는 반면에 접근성의 감소는 가격을 단지 1달러만큼만 감소시킨다. 이는 주택소비자들이 주택가격의 변화에 대한 반응으로써 소비자 대체에 참여하기 때문에 발생한다.

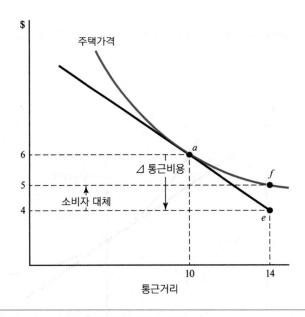

▲ 그림 12-5 볼록한 주택-가격곡선: 밖으로의 이동

볼록한 주택가격곡선에 대한 대수학

주택-가격곡선의 볼록함을 보여주기 위해 일부 간단한 대수학을 이용할 수 있다. 문제를 단순화하기 위해, 이 가구는 주택과 통근비용에 지출할 돈의 고정된 합을 가지고 있다고 가정하라. 균형 주택-가격곡선은 거주자로 하여금 모든 입지들간에 무차별하게 만든다. 고용중심지로 혹은 이로부터의 이동을 고려하라. 이러한 이동은 거리의 변화 $\triangle x$에 1km당 통근비용(t)을 곱한 것만큼 통근비용을 변화시키고 주택가격에서의 변화 $\triangle p$에 주택소비 $h(x)$를 곱한 것만큼 주택비용을 변화시킨다. 입지에서의 무차별함을 위해, 이러한 두 변화는 합해서 영(0)이 되어야 한다:

$$\triangle p \cdot h(x) + \triangle x \cdot t = 0$$

주택비용의 변화가 통근비용의 변화의 음($-$)의 값과 같음을 보여주기 위해 이러한 표현을 다시 쓸 수 있다:

$$\triangle p \cdot h(x) = -\triangle x \cdot t$$

주택-가격곡선의 기울기에 대한 표현을 도출하기 위해 이러한 비교이익(trade-off)을 이용할 수 있다. 이 표현의 양변을 $\triangle x$와 h로 나누면,

$$\triangle p / \triangle x = -\ t/h(x)$$

접근성의 증가(x의 감소)는 주택의 가격을 증가시키고, 합리적 반응은 보다 적은 주택을 소비하는 것임을 보았다: 그림 12-3에서 $h^{**} < h^*$. 그러므로, 기울기 등식의 분모는 감소하며, 이는 주택-가격곡선의 기울기가 절대값에서 증가함을 의미한다. 다시 말해, 주택-가격곡선은 도시중심지에 보다 가까울수록 보다 가파르다. 반대 방향으로 이동할 때, 접근성의 감소(x의 증가)는 주택의 가격을 감소시키고, 주택소비를 증가시키며, 기울기 표현의 분모를 증가시킨다. 다시 말해, 주택-가격곡선은 보다 평편해진다. 이를 종합하면, 주택-가격곡선은 볼록하다. 도시중심지로부터 접근성이 보다 낮은 지역으로 이동함에 따라, 이 곡선은 보다 평편해진다.

지금까지 통근의 금전적 비용에 초점을 맞춘 반면에 시간비용을 무시하였다. 통근시간의 기회비용은 차선의 이용(the next best use)에서의 시간의 가치이다. T를

월간 1km의 거리당 시간비용으로 정의하라: 거리의 1km 증가는 월간 통근의 시간 비용을 T달러만큼 증가시킨다. T의 가치는 통행시간의 기회비용, 중심지로의 통행의 빈도(보다 많은 통행은 보다 큰 가치를 의미한다), 그리고 통행속도(보다 느린 통행은 보다 큰 가치를 의미한다)에 의해 결정된다. 주택−가격곡선의 기울기에 대한 표현은 다음과 같다

$$\triangle p / \triangle x = -(t+T)/h(x)$$

통근의 시간비용은 주택−가격곡선의 기울기에 영향을 미친다. T의 증가는 이 기울기의 절대값을 증가시켜, 보다 가파른 주택−가격곡선을 발생시킨다.

대도시지역 내 일자리 접근성

주택가격과 일자리 접근성에 대한 논의에서, 이제까지 모든 노동자들이 중심상업지구 내 일자리로 통근함을 가정하였다. 이 경우, 일자리 접근성에 대한 측정기준은 중심지까지의 거리이다. 현대 대도시지역에서, 일자리들은 대도시지역에 걸쳐 폭넓게 분포한다. 그림 12−6은 보스턴 대도시지역에 대한 고용밀도를 보여준다. 개별 퍼즐조각은 인구조사표준지역(census tract)을 나타내고, 해당 표준지역의 고용밀

▲ 그림 12-6 고용밀도, 2014년의 보스턴

도(1헥타르당 일자리 수)까지 위로 밀어내어졌다. 가장 높은 밀도는 도시중심지 인근에서 발생한다. 중심지역은 일자리의 상당한 부분을 차지하고, 중심지로부터 다양한 거리의 부도심들에 일자리가 존재한다. 더불어, 일자리의 상당 부분이 중심지와 부도심 이외의 낮은 밀도 지역들에 퍼져있다.

개별 주거지역에 대해 접근가능한 일자리의 수를 측정하기 위해 접근성 지수(accessibility index)를 이용할 수 있다. 이 지수는 다음의 사고실험(thought experiment)에 기초한다. 통근속도가 시간당 20km이고 통근시간은 근무시간을 희생시킨다고 가정하라. 거주지 i의 일자리 접근성을 고려하라. 인구조사표준지역 j가 J개의 실제 일자리를 가지고 있다고 가정하라. 거주지 i로 접근이 가능한 근무지 j에서의 일자리의 수(통근시간을 감안한 실효적인 일자리의 수)는 다음과 같다

$$J^* = J \cdot \left[\frac{8 - i\text{로부터 } j\text{까지의 통근시간}}{8} \right]$$

예를 들어, 만일 J=800개의 일자리가 있고, 거주지 i로부터 인구조사표준지역 j까지의 통근이 1시간의 통근을 필요로 한다면, 접근가능한 일자리의 수는 J의 7/8 혹은 J^*=700에 해당한다. 유사하게, 만일 또 다른 근무지가 동일한 수의 일자리를 가지고 있으나 2시간의 통근시간을 필요로 한다면, 접근가능한 일자리의 수 J^*=600에 해당한다. 개별 거주지에 대해, 대도시지역 내 근무지들에 대한 접근가능한 일자리의 수들을 더할 수 있다. 예에서, 만일 단지 두 개의 근무지가 존재했다면, 거주지 i에 대한 총 접근가능성은 1300=700+600이 될 것이다. 만일 또 다른 거주지에 대해 근무지들까지의 통근시간들이 3시간과 4시간이라면, 보다 덜 접근가능한 거주지의 총 접근성은 900=500+400이 될 것이다.

그림 12-7은 보스턴에서 거주지들에 대한 일자리 접근가능성 지수의 수치들을 계산하기 위해 일자리들의 위치와 근로자들에 대한 LEHD(종단의 고용주-가구 동태) 자료를 이용한다. 상자의 바닥은 경도(70.9에서 71.3까지의 범위)와 위도(40.2에서 42.6까지의 범위)를 보여준다. 표면의 높이는 특정 위치(경도, 위도)에서 접근가능한 일자리의 수를 보여준다. 표면을 뚫는 회색의 기둥은, 가장 높은 고용밀도를 갖는 인구조사표준지역으로 정의된, 도시중심지를 보여준다. 접근성 지수의 수치는 도시중심지 인근에서 가장 높고, 이 중심지로부터 멀어질수록 일반적으로 감소한다.

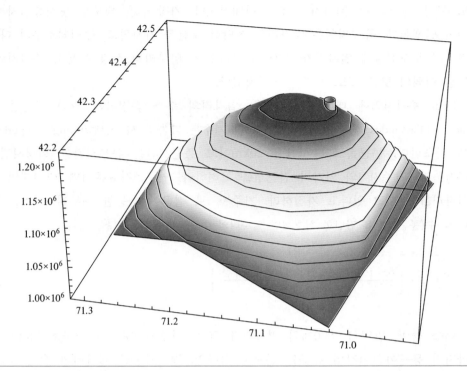

▲ 그림 12-7 2014년 보스턴에서의 대도시 접근성

그림 12-8은, 지역 일자리(local jobs)에 대한 접근성에 기초한 측정법을 이용한, 일자리 접근성을 계산하는 또 다른 방법을 보여준다. 개별 거주지에 대해, 10km의 집수지역(catchment area: 물을 수집하는 지역)을 정의하고 10km 집수지역 내 일자리 들에 대한 접근성 지수를 측정한다. 이는, 대도시지역 전체에 걸쳐 일자리에 대한 접근성을 측정하는, 그림 12-7에서 보여진 대도시 접근성 지수와 대조를 이룬다. 대도시 접근성 지수의 사례에서와 같이, 지역 접근성 지수의 수치는 도시중심지 인 근에서 가장 높고 중심지로의 거리가 증가함에 따라 일반적으로 감소한다.

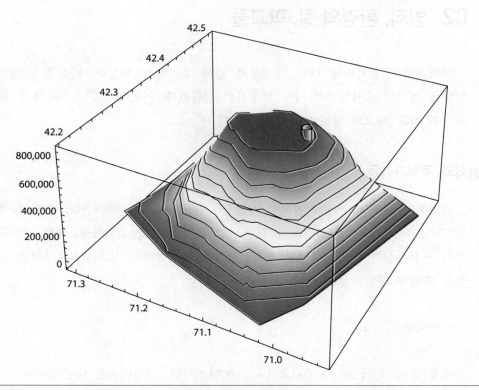

▲ 그림 12-8 2014년 보스턴에서의 지역 일자리 접근성

    그림 12-7과 12-8로부터의 교훈은 일자리 접근성이 도시중심지로의 거리가 증가함에 따라 감소한다는 것이다. 비록 대도시지역에서 일자리들이 중심상업지구에 한정되지는 않지만, 도시중심지까지의 거리는 일자리 접근성에 대한 유용한 측정기준이 된다. 도시 주택에 대한 헤도닉 연구들은 도시중심지까지의 거리가 증가함에 따라 주택의 가격이 일반적으로 감소하고, 일자리 접근성은 이러한 음(−)의 관계에서 중요한 역할을 함을 보여준다.

02 범죄, 환경의 질, 학교들

주택가격이 일자리에 대한 접근성과 함께 증가함을 보았다. 다음은 주택가격에 영향을 미치는 도시경제의 다른 특성들로 전환한다. 이웃에서의 범죄율에서 출발해, 대기의 질과 학교의 영향에 대해 탐구한다.

범죄와 주택가격들

전형적인 도시에서, 범죄에서의 상당한 지리적 변화가 존재한다. 범죄와 주택가격 간 음(−)의 관계를 설명하기 위해, 밤도둑의 사례를 고려하라. 개별 밤도둑으로부터 재산손실은 L이고 희생될 확률은 r이라고 가정하라. 밤도둑으로부터의 기대비용은 확률에 재산손실을 곱한 것이다:

기대비용 = r · L

예를 들어, 만약 r = 0.005이고 L = 8,000달러이면, 기대비용은 40달러이다:

기대비용 = r · L = 0.005 · 8,000달러 = 40달러

시장소득 w를 갖는 가구에 대해, 가처분소득은

가처분소득 = w − r · L = w − 40달러

범죄와 주택가격 간 관계를 보여주기 위해 소비자선택모형을 이용할 수 있다. 그림 12−9는 친숙한 소비자선택모형의 변화를 보여준다. 시장소득은 w이고, 가처분소득(예산선의 수직절편)은 시장소득 w에서 범죄의 기대비용을 뺀 것과 동일하다. 40달러의 기대비용에 대해, 예산선의 수직절편은 시장소득 w보다 40달러 적은 금액이다. 주택가격 p^*가 주어졌을 때, 효용은 주택소비 h^*를 갖는 점 a에서 최대가 된다. 이러한 분석은 일자리에 대한 접근성에 대해 이용된 앞에서의 모형과 유사하다: 통근비용을 기대범죄비용으로 단순히 대체한다.

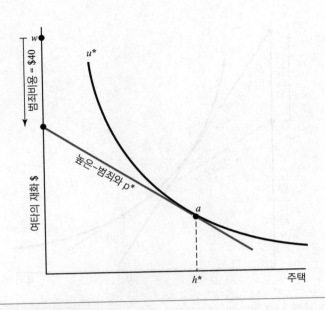

▲ 그림 12-9 범죄비용과 효용극대화

　그림 12-10은 범죄와 주택의 가격 간 음(-)의 관계에 대한 논리를 보여준다. 앞서 나온 그림 12-9에서 보여진 결과를 이용하여, 이 가구가 높은-범죄 지역에서 범죄가 없는 지역으로 이동함을 가정하라. 새로운 지역에서 범죄를 당할 확률은 영(0)이다. 이 경우, 예산선의 수직절편은 시장소득 w이다. 일자리 접근성의 사례에서 보았듯이, 내쉬균형은 원래의 효용수준을 회복하기 위해 주택의 가격에서 증가를 요구한다. 예산선은 보다 낮은 범죄비용을 반영하기 위해 위로 이동하고, 이후에 보다 높은 가격을 반영하기 위해 아래로 기운다. 새로운 예산선과 원래의 무차별곡선 간 접할 때까지 가격은 증가한다. 효용은 점 d에서 극대화되며, 원래의 효용수준 u^*, 보다 높은 주택가격, 그리고 보다 낮은 주택소비 $h^{**}(< h^*)$를 갖는다.

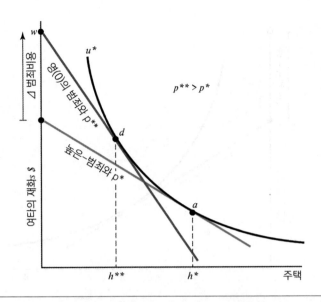

▲ 그림 12-10 보다 낮은 범죄와 내쉬균형을 위한 보다 높은 주택가격

그림 12-10으로부터의 교훈은 범죄의 감소가 주택가격을 증가시킨다는 것이다. 주거 입지에서의 내쉬균형에서, 어느 누구도 일방적인 이탈의 유인을 갖지 않으며, 이는 낮은-범죄지역에서의 가구는 주택에 대해 보다 많이 지불함을 의미한다. 보다 높은 주택가격과 함께, 낮은-범죄 이웃에서의 거주자들은 보다 높은 가격의 대체효과의 결과로 보다 낮은 주택소비를 갖는다($h^{**} < h^*$).

대기의 질과 주택가격들

이제까지 일자리 접근성과 공공 안전이 보다 높은 주택가격을 야기함을 보았다. 환경의 질과 주택가격 간 양(+)의 관계를 보여주기 위해 유사한 논리를 이용할 수 있다. 환경의 질의 구성요소들은 대기의 질, 수질, 그리고 위험한 폐기물시설에 대한 노출을 포함한다. 주택가격은 보다 나은 환경의 질-보다 나은 대기의 질과 수질, 혹은 위험한 폐기물시설로부터 보다 먼 거리-을 갖는 이웃에서 보다 높을 것이다.

그림 12-11은 심하게 오염된 지역으로부터 보다 덜 오염된 지역으로의 이전 (relocation)의 효과를 보여준다. 예산선의 위치는, 이 경우 시장소득에서 건강보호비용을 뺀 것으로 정의되는, 가처분소득에 의해 결정된다. 보다 덜 오염된 지역으로

의 이동은 건강보호비용을 감소시키고 예산선을 위로 이동시킨다. 원래의 효용수준 u^*을 회복하기 위해, 주택의 가격은 증가하고, 예산선을 아래로 기울게 한다. 내쉬 균형은 점 a와 d에 의해 보여진다. 보다 덜 오염된 지역은 보다 높은 주택가격($p^{**} > p^*$)과 보다 낮은 주택소비($h^{**} < h^*$)를 갖는다.

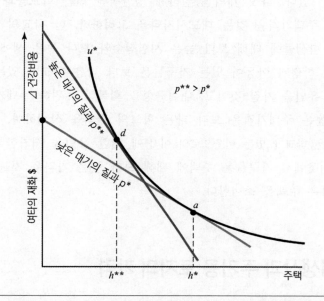

▲ 그림 12-11 보다 나은 대기의 질과 내쉬균형을 위한 보다 높은 주택가격

학교 생산성과 주택가격들

이 책의 뒤에서 보듯이, K-12 학교들(유치원에서 12학년까지)의 생산 혹은 "산출 물"을 한 학년의 과목이수로부터 학생들이 얻는 부가가치로 측정할 수 있다. 하나 의 측정은, 학년의 시작부터 끝까지, 표준화된 시험에서의 학생 점수의 증가이다. 이 책의 나중에서 볼 수 있듯이, 전형적인 대도시지역들 간에 학교들의 생산성에서 공간적 차이가 존재한다. 주거 입지에서 내쉬균형을 위해, 매우 생산적인 학교들(시 험점수의 큰 증가)을 갖는 지역들은 보다 높은 주택가격을 가질 것이다.

학교생산성에 대한 보다 정교한 측정은 특정 학교에 1년 동안 다님으로써 얻는 학생의 생애소득의 변화이다. 경제학자들은 시험점수의 변화를 생애소득의 변화로 해석하는 다수의 방법들을 개발하였다. 몇 가지 경로들은 시험점수와 생애소득을 연결시킨다. 시험점수의 증가는 보다 나은 사고능력(thinking skills)을 나타내고, 이는 해당 학생이 대학에서 보다 상위의 학습을 하고 직장에서 보다 생산적일 준비가 보다 잘 되었음을 의미한다. 생애소득은 대학학위와 보다 높은 생산성을 지닌 노동자들에 대해 보다 높다.

K−12 학교들의 생산성과 주택가격 간 연계를 보여주기 위해 소비자−선택모형을 이용할 수 있다. 다섯 개의 동일하게 생산적인 인근 학교들과 이 다섯 이웃들 간에 동일한 주택가격을 갖는 대도시지역을 고려하라. 한 학교의 생산성이 증가하여, 이 학교 학생들에 대해 보다 높은 시험점수와 보다 높은 생애소득을 야기한다고 가정하라. 학령기 아동이 있는 가구들은 보다 나은 학교가 있는 이웃으로 이사하고자 하는 유인을 가질 것이고, 내쉬균형을 회복하기 위해 주택가격은 증가할 것이다. 보다 높은 주택가격은 보다 나은 학교의 편익을 상쇄하며, 따라서 일방적인 이탈(보다 나은 학교가 있는 이웃으로의 이사)에 대한 유인을 제거한다. 보다 나은 학교가 있는 이웃에서 가구들은 주택에 대해 보다 높은 가격을 지불하며, 따라서 그들은 보다 적은 주택을 소비한다.

03 주택생산과 주거용 토지의 가격

이 장의 이 부분에서, 주택밀도(단위 토지당 주거공간)와 주거용 토지의 시장가격을 결정하는 요인들에 대해 탐구한다. 생산과정에서 토지를 하나의 생산요소로 갖는 주택을 생산하는 기업의 관점을 취한다. 주택산업은 완전히 경쟁적이며, 따라서 경제적 이윤은 영(0)이고 토지는 잔여 청구자(residual claimant)임을 가정한다. 다시 말해, 잉여의 원칙이 성립한다.

주택의 이윤-극대화 수량

입지 x'에서 1헥타르의 부지에 주택을 건설하는 기업을 고려하라. 주택가격은 단위 주택당, 예를 들면, 1평방미터의 주거공간당 $p(x')$이다. 이 장의 이전의 절에서 보았듯이, 주택가격은 일자리 접근성, 환경의 질, 범죄율, 그리고 학교생산성을 포함하는 해당 부지의 특성들을 반영한다. 주택기업에 대해, x'에서의 주택의 한계편익은 이의 가격 $p(x')$이다.

이 기업의 임무는 1헥타르의 부지에 얼마의 주택을 지을 것인가를 결정하는 것이고, 이 기업은 이윤-극대화 주택의 수량을 선택하기 위해 한계의 원리를 이용할 수 있다. 한 극단에서, 이 기업은 해당 부지에 작은 주택, 예를 들면, H＝100평방미터를 지을 수 있다. 다른 극단에서, 이 기업은 H＝300,000평방미터를 위해 1헥타르 전체를 덮는 30층의 주거용 타워를 지을 수 있다. 고정된 양의 토지가 주어졌을 때, 주택생산은 체감하는 보수(diminishing returns)와 증가하는 한계비용하에 있다. 그림 12-12에서, 수평의 한계편익곡선은 양(＋)의 기울기를 갖는 한계비용곡선을 점 a에서 교차하며, H*단위의 주택으로 한계의 원리를 충족한다.

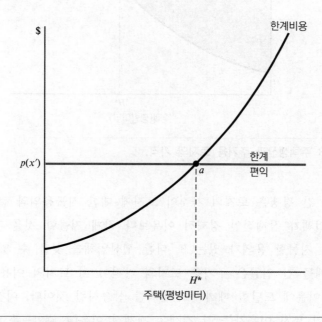

▲ 그림 12-12 주택의 이윤-극대화 수량

주거용 토지의 가격

주택생산기업에 있어, 토지에 대한 지불용의는 주택으로부터 얻어지는 경제적 이윤과 동일하다. 사무부문의 토지에 대한 시장에서 보았듯이, 건설회사의 경제적 이윤을 계산하기 위해 한계편익곡선과 한계비용곡선을 이용할 수 있다. 경제적 이윤은 주택의 이윤극대화 수량 H*까지 한계편익곡선과 한계비용곡선 간 면적으로 보여진다. 그림 12-13에서, 경제적 이윤은 이 두 곡선 사이의 음영으로 칠해진 면적에 의해 보여진다.

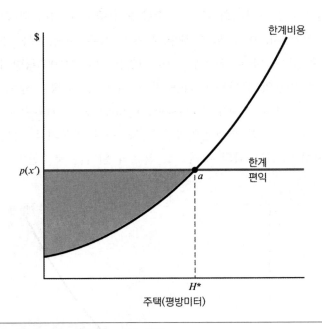

▲ 그림 12-13 주택생산과 주거용 토지의 가격

　건설회사들 간 경쟁은 토지의 가격이 토지에 대한 지불용의와 같도록 한다. 만일 한 주택생산업체가 잠재적인 경제적 이윤보다 적게 지불할 것을 제안했다면, 지주는 보다 많이 지불할 용의가 있는 또 다른 생산업체를 찾을 수 있을 것이다. 경쟁하는 생산업체들 간 입찰은 주거용 토지의 가격이 이 토지의 이용으로부터의 잠재적인 경제적 이윤에 도달할 때까지 입찰가를 상승시킬 것이다. 이것은 잉여의 원칙이다. 잠재적인 토지 이용자들 간 경쟁은 경제적 이윤(총 수입－총 비토지 비용)이 지주들에게 돌아가도록 한다.

　주거용 토지의 이용에 대한 분석에서 다음 단계는 주택가격의 공간적 차이의 효과를 탐구하는 것이다. 주택생산업체가, 주택가격이 보다 높은, 다른 입지를 선택한다고 가정하라. 새로운 부지가 (i) 일자리에 대해 보다 접근이 가능하거나, (ii) 보다 낮은 범죄율을 갖거나, (iii) 보다 높은 환경의 질을 갖거나, 혹은 (iv) 보다 나은 학교를 가지고 있기 때문에 가격이 높을 수 있다.

　그림 12-14는 주택의 이윤극대화 수량에 대한 보다 높은 주택가격의 함의를 보여준다. 보다 높은 주택가격은 주택에 대한 보다 높은 한계편익곡선을 발생시키며, 한계의 원칙은 주택의 보다 큰 수량에서 충족된다: H** > H*. 다시 말해, 주택가격의 증가는 1헥타르 부지에서 주택의 이윤극대화 수량을 증가시킨다. 어디든 일자

리 접근성, 보다 나은 환경의 질, 보다 낮은 범죄, 보다 나은 학교로 인해 주택가격
이 상대적으로 높은 곳에서, 단위 토지당 보다 많은 주택, 즉, 보다 높은 주택밀도
를 예상한다. 보다 높은 주택밀도는 (i) 토지의 보다 큰 비중이 구조물에 의해 덮일
것이고, (ii) 건물들이 보다 높을 것을 의미한다.

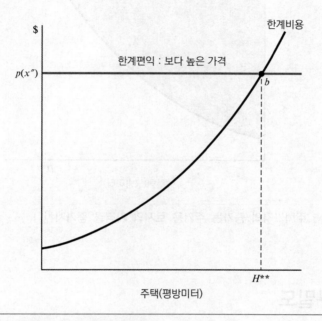

▲ 그림 12-14 보다 높은 주택가격의 효과

그림 12-15는 주거용 토지의 가격에 대한 보다 높은 주택가격의 함의를 보여준
다. 한계편익곡선의 상향 이동은, 한계편익곡선과 한계비용 사이 면적으로 측정된,
잠재적인 경제적 이윤을 증가시킨다. 주택생산업체들 간 경쟁은 이러한 잠재적인
경제적 이윤을 토지 임대료로 변환시킨다. 지주들은 보다 높은 주택가격으로부터
편익을 얻는다. 그림 12-13과 그림 12-15로부터의 교훈은 어디든 일자리 접근성,
보다 나은 환경의 질, 보다 낮은 범죄, 보다 나은 학교로 인해 주택가격이 상대적
으로 높은 곳에서 주거용 토지의 가격이 상대적으로 높을 것이라는 점이다.

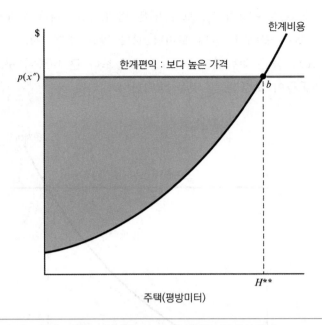

▲ 그림 12-15 주택가격의 증가는 주거용 토지의 가격을 증가시킨다

04 인구밀도

주택과 주거용 토지의 가격들이 대도시 경제 내에서 변화함을 보았다. 두 가격들은 (i) 상대적으로 높은 일자리 접근성, (ii) 상대적으로 낮은 범죄율, (iii) 상대적으로 높은 환경의 질, 그리고 (iv) 상대적으로 생산적인 학교를 지닌 지역들에서 상대적으로 높다. 이 장의 이 부분에서, 인구밀도에 대한 주택과 토지의 높은 가격들의 함의를 탐구한다.

인구밀도에서의 변화의 원천들

주택과 주거용 토지의 가격들이 공간 간 변화하기 때문에 인구밀도가 도시 내 변화한다. 표 12-1은 주택과 토지가격의 변화의 혼합된 효과를 설명한다. 하나는 주택과 토지의 상대적으로 낮은 가격들을 가지며, 다른 하나는 주택과 토지의 상대적으로 높은 가격들을 갖는 두 지역을 고려하라. 낮은-가격 지역에서 높은-가격 지역으로의 이동은 두 가지 이유로 인구밀도를 증가시킨다.

1. 소비자 대체

가구들은 보다 적은 평방미터의 공간을 소비함으로써 보다 높은 주택가격에 반응한다. 주택소비는 낮은-가격 지역에서 250평방미터로, 높은-가격 지역에서의 200평방미터와 비교된다.

2. 생산요소 대체

주택생산업체들은 토지의 가격이 상대적으로 높을 때 토지를 절약한다. 낮은 토지가격에서, 1평방미터의 주택당 2평방미터의 토지가 이용된다. 1평방미터의 부지가 단층 주택의 바닥면적의 절반만을 제공한다. 즉 단층 주택이 2개의 부지를 차지하며 건설된다. 높은 토지가격에서, 1평방미터의 주택당 단지 0.25평방미터의 토지가 이용된다. 사람들은 4층의 주거용 구조물에 거주한다.

▌표 12-1 인구밀도

주택가격	토지가격	주택 (평방미터)	단위 주택면적 당 토지	주거당 토지	헥타르당 가구
낮은	낮은	250	2	500	20
높은	높은	200	0.25	50	200

다섯 번째 열에서 보여지듯이, 주거당 토지는 낮은-가격 지역에서 500평방미터로, 높은-가격 지역에서의 50평방미터와 비교된다. 여섯 번째 열은, 헥타르당 가구수로 측정된, 인구밀도를 보여준다. 낮은-가격 지역에서 밀도는 헥타르당(10,000평방미터를 500으로 나눈) 20으로, 높은-가격 지역에서의 헥타르당 200(=10,000/50)과 비교된다.

도시들 내 인구밀도

그림 12-16은 보스턴에서의 인구밀도를 보여준다. 개별 퍼즐조각은 인구조사표준지역(census track)을 나타내고 표준지역의 인구밀도(헥타르당 거주민수)와 동일한 높이까지 위로 도출되었다. 지도에서 리본들(ribbons)은 고속도로를 나타내며, 인구밀도에 대한 가늠자를 제공하기 위해 25의 수치까지 도출되었다. 밀도는, 주택과 토지의 상대적으로 높은 가격들이 거주민과 주택생산업체로 하여금 주택과 토지를 절약하도록 하는, 중심지에서 가장 높은 수준에 도달한다. 일반적으로, 인구밀도는

도시중심까지의 거리가 증가함에 따라 감소하여, 감소하는 주택과 토지가격들을 반영한다.

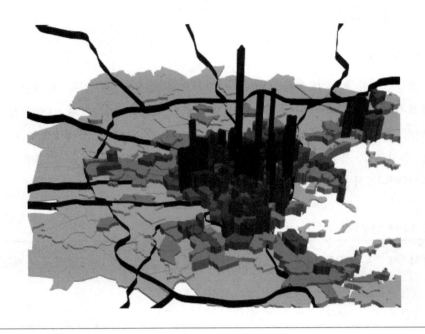

▲ 그림 12-16 주거(인구)밀도, 보스턴, 2005

상대적으로 높은 중심 밀도의 현상은 폭넓게 펴져 있다. 파리에서, 중심지의 인구밀도는 20km 거리에서의 밀도의 대략 여섯 배이다. 뉴욕에서, 중심지 인근의 인구밀도는 20km 거리에서의 밀도의 대략 네 배이다. 보다 높은 중심 밀도에 관한 일반적 행태(pattern)에 대한 하나의 예외는 도시중심지로 접근함에 따라 밀도가 감소하는 (시장에 기반한 도시와 대조되는) 계획된 도시, 모스크바이다. 특히, 인구밀도는 중심지로부터 20km의 거리에서 헥타르당 300명이고, 중심지로부터 3km의 거리에서 헥타르당 대략 150명으로 감소한다.

도시들 간 인구밀도

인구밀도는 미국 대도시지역들 간 상당한 차이를 보인다(Fulton, Pendall, Nguyen, and Harrison, 2001). 20개의 가장 조밀하게 인구가 거주하는 지역들 가운데, 그 범위는 뉴욕에서의 헥타르당 40명에서 산타바바라에서의 헥타르당 14명까지이다. 대중적인 인지와 대조적으로, 14개의 가장 조밀하게 인구가 거주하는 대도시지역들 가운데 12개 지역들(과 상위 20개 지역들 가운데 13개 지역들)은, 캘리포니아주의 여덟 개 도시들을 포함하여, 서부에 있다. 서부 도시들의 높은 밀도는 상대적으로 높은 토지가격을 반영한다. 사실, 도시확산에 대한 두 대표적 도시인 로스앤젤레스(2위, 헥타르당 21명)와 피닉스(11위, 헥타르당 18명)는 시카고(15위, 헥타르당 15명)와 보스턴 (19위, 헥타르당 14명)보다 밀집되어 있다.

그림 12-17은 세계 일부 도시들의 건설밀도(built-up density)를 보여준다. 건설밀도는, 대도시지역의 총인구를 주거지역, 산업지구, 상업지역, 도로, 학교, 그리고 도시공원을 포함하는, 도시에 이용되는 토지의 양으로 나눈 것과 동일하다. 아시아의 도시들이 밀도목록의 상위에 있으며, 미국 도시들은 하위에 있다. 뉴욕은 가장 밀도가 높은 미국 대도시지역이지만, 이의 밀도는 파리 밀도의 대략 절반, 바르셀로나 밀도의 1/4, 그리고 상하이 밀도의 대략 1/8에 해당한다. 미국 대도시지역 가운데 두 번째로 밀도가 높은 로스앤젤레스는 뉴욕의 대략 절반만큼 조밀하며, 시카고는 대략 1/3만큼, 그리고 애틀란타는 대략 1/5만큼 조밀하다.

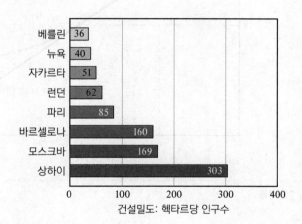

건설밀도: 헥타르당 인구수

출처: Bertraud, Alain, "Metropolis: A Measure of the Spatial Organization of 7 Large Cities," *Disponible sur,* 2001; Bertraud, Alain, and Malpezzi, Stephen, "The Spatial Distribution of Population in 48 World Cities: Implications for Cities in Transition," Working Paper, The Center for Urban Land Research, University of Wisconsin, 2003.

▲ 그림 12-17 세계 도시들의 건설밀도

01 모든 고용이 중심상업지구에 있는 도시에서, 주택가격곡선은 [_____](으)로 인해 [_____]의 기울기를 갖고 [_____](으)로 인해 볼록하다.

02 입지 x=10에서, 가구들은 120단위의 주택을 소비하고 1km당 월간 통근비용은 60달러라고 가정하라. 주택가격곡선의 기울기는 −[_____]달러이다.

03 그림 12-18을 이용하라. 12km에서 6km로의 이동은 주택의 가격을 [_____]에서의 절약으로부터 [_____]달러만큼 그리고 [_____]의 편익으로부터 [_____]달러만큼 증가시킨다.

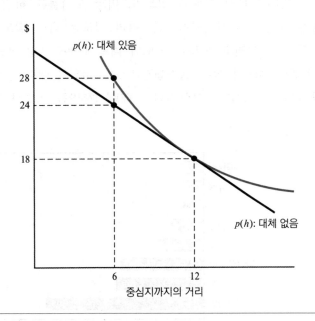

▲ 그림 12-18

04 직장과 주택 간 거리의 개별 추가적인 1km에 대해, 통근지출은 10달러만큼 증가하고 통근시간은 3시간만큼 증가한다. 통근시간의 기회비용은 시간당 20달러이다. 만일 x=10에서 주택소비가 h(10)=200이라면, 주택가격곡선의 기울기는 −[_____]달러이다.

05 보다 높은 범죄율을 갖는 이웃으로 이전하는 가구는 [_____] 주택가격을 지불할 것이다.

06 보다 낮은 수준의 공기오염을 갖는 이웃으로 이전하는 가구는 [_____] 주택가격을 지불할 것이다.

07 주거용 토지에 대한 입찰액은 주택생산업체의 [_____]곡선과 [_____]곡선 사이 면적으로 보여진다.

08 상대적으로 낮은 주택가격을 갖는 지역에서 상대적으로 높은 주택가격을 갖는 지역으로 이동함에 따라, (i) [_____]에 대한 반응으로 [_____]가/이 감소하고 (ii) [_____]에 대한 반응으로 [_____]가/이 감소하기 때문에 인구밀도는 [_____].

09 파리에서, 중심지의 인구밀도는 20km 거리에서의 밀도의 대략 [_____](2, 6, 혹은 10 가운데 선택하라)배이다.

10 개별 변수들 쌍에 대해, 그 관계가 양인지, 음인지, 중립인지, 혹은 모호한지를 나타내라.

모수	선택변수 혹은 균형변수	관계
주택가격	가구당 주택소비	[_____]
h: 주택소비	주택가격곡선의 기울기(절대값)	[_____]
T: km당 통근의 시간비용	주택가격곡선의 기울기(절대값)	[_____]
도시중심지로의 통행횟수	주택가격곡선의 기울기(절대값)	[_____]
이웃 내 범죄율	주택가격	[_____]
주거용 토지의 가격	단위 주택당 토지	[_____]

개념들을 응용하는 연습문제

01 **질로우(Zillow)와의 채용면접**

질로우회사의 채용을 위한 면접에서, 당신은 다음의 문제가 주어졌다. 주택가격곡선을 따라, p(1)=30달러이고 p(7)=12달러이다. 4의 중간 거리에 있어, 가격에 대한 가능한 수치 p(4)=[_____](15, 21, 27 중에서 선택하라)달러이다. 설명하라.

02 **수요의 법칙 위반**

세 도시: 오베이버그(B), 카타토니아(C), 그리고 바이오빌(V)을 가지고 있는 지역을 고려하라. 주택에 대한 수요곡선은 오베이버그에서 음(-)의 기울기를, 카타토니아에서 수직의 기울기를, 그리고 바이오빌에서 양(+)의 기울기를 갖는다. 개별 도시에 대해, 도시중심지까지의 거리, x의 함수로 주택의 가격을 나타내는 주택-가격곡선을 그려라. 개별 곡선에 대해, 주택의 가격이 도시중심지(x=0)에서 1달러임을 가정하라. (세 도시 각각에 대해 주택가격 변화에 대한 대체효과를 평가하면서 수요곡선의 기울기의 차이를 감안하라. 역자 주).

03 **요프로(YoPro)부부 가구에 대한 주택가격**

센트라 요프로는 도시중심지로 통근하는 반면에 수바 요프로는 도시중심지의 동쪽 4km 떨어진 부도심으로 통근한다.

a. 통근속도가 두 방향에서 동일함을 가정하라. x=0에서 x=7까지에 대해 주택-가격곡선 p(x)를 그려라.

b. 중심 일자리로의 통근이 부도심 일자리로의 통근에 비해 느림을 가정하라. x=0에서 x=7까지에 대해 주택-가격곡선 p(x)를 그려라.

c. 통근속도가 두 유형의 통근에 대해 동일하지만, 수바가 보다 높은 임금을 버는 것으로 가정하라. x=0에서 x=7까지에 대해 주택-가격곡선 p(x)를 그려라.
   (x=0에서 x=4까지 센트라의 통근비용은 증가하는데 수바의 통근비용은 감소하나 x=4에서 x=7까지는 부부의 통근비용이 모두 증가함에 유의하라. 역자 주).

04 **주택가격: 디트로이트 대 파리**

디트로이트의 사람들은 혼잡하지 않은 고속도로에서 냉방시설이 있는 육상 요트(yacht)로 통행하는 반면에 파리의 사람들은 느리고, 혼잡한 버스를 이용하며 버스 안에서 열악한 환경에 처하게 된다. 디트로이트의 중심지역은 근로시간 이후에 황량한 반면에 파리 중심지역은 식당, 박물관, 콘서트 홀, 그리고 극장에서의 활동으로 북적거린다. 디트로이트에 있어, t_D는 도시중심지까지의 1km 통행당 통행비용이고 n_D는 중심지로의 통행의 수이다. 파리에 있어, t_P는 도시중심지까지의 1km 통행당 통행비용이고 n_P는 중심지로의 통행의 수이다. 두 도시 각각에서, 주택-가격곡선은 음(-)의 기울기를 갖는다고 가정하라.

a. 두 도시에 대한 주택-가격곡선을 그림으로 나타내고, 왜 하나는 다른 것보다 가파른지를 설명하라.

b. [t_D, t_P, n_D, n_P]=[20, 50, 1, 6]과 주택소비가 h=200평방미터임을 가정하라. 주택-가격함수의 기울기는, 파리에서 −[_____]달러인 것에 비해, 디트로이트에서 −[_____]달러이다.

05 오염과 주택가격

하나의 노동자가 도시중심지로 통근하는 가구를 고려하라. 직장과 주택 간 거리의 개별 추가적인 1km에 대해, 통근의 월간 비용은 20달러만큼 증가한다. 주택소비는 모든 지역에서 동일하다: h=100평방미터. 오염발생 공장은 x=6에 위치한다. x=0에서, 주택의 가격은 평방미터당 10달러이다. 공장과 주택 간 거리의 개별 추가적인 1km에 대해, 가구의 월간 건강관리비용은 30달러만큼 감소한다. 주택-가격곡선을 그리고, x=2에서의 기울기, x=7에서의 기울기, 그리고 x=10에서의 주택가격을 나타내라.

(x=0에서 x=6까지의 통근비용은 중심지에서 멀어지므로 증가하며 건강관리비용도 공장에 가까워지므로 증가한다. x=6까지의 직선인 주택-가격곡선을 그리고 이 직선의 기울기를 구하라. x=6과 x=10에서는 통근비용은 증가하나 건강관리비용은 감소한다. 이를 감안하여 x=6에서 x=10까지의 직선인 주택가격곡선을 그리고 기울기를 구하라. x=0에서 주택가격을 $10에서 시작하여 x=6에서 주택가격이 얼마가 되는지 계산하고 x=10에서 주택가격이 얼마가 되는지 계산하라. 역자 주).

06 범죄와 주택가격

어느 누구도 절도보험을 가지고 있지 않으며 모든 사람이 도시중심지로 통근하는 도시를 고려하라. 개별 가구는 7,000달러 가치의 가재도구를 가지고 100평방미터의 주택을 점유한다. 특정 가구가 밤도둑 당하고 이의 모든 가재도구를 잃을 확률이 도시중심지에서 0.10이고 마일당 0.01만큼 감소한다. 주택의 가격은 도시중심지에서 평방미터당 10달러이다. 통근비용은 월간 마일당 40달러이다. 주택-가격곡선을 그리고, x=5에서의 기울기, x=12에서의 기울기, x=10에서의 가격, 그리고 x=12에서의 가격을 나타내라.

(밤도둑 당할 확률이 x=10에서부터 0임에 유의하라. 역자 주).

07 주택가격과 토지가격

도시중심지로부터 x=10km에 위치한 가구가 표준주택에 대해 9,000달러의 연간 임대료를 지불한다. 주택당 연간 비토지 비용은 5,000달러이고 헥타르당 8채의 주택이 있다. 연간 이자율은 5%이다.

a. x=10에서, 토지에 대한 지불용의는 헥타르당 1년에 [_____]달러이고 토지의 시장가치(구입가격)는 헥타르당 [_____]달러이다.

b. x=11로 주의를 전환한다고 가정하라. 계산들은 어떻게 변하는가? 어느 변수들에 있어 (i) 보다 큰 수치, (ii) 보다 작은 수치, 혹은 (iii) 동일한 수치를 이용하는가? (x=11에서 연간임대료 수입은 감소하나 연간 비토지 비용은 동일한 수치일 것임. 역자 주).

08 누가 개발세를 지불하는가?

개발업자들에 의해 법적으로 지불되는 1평방미터의 주거공간당 10달러의 개발세(development tax)의 효과를 고려하라. 개별 개발자는 1헥타르의 토지에 9,000평방미터의 주택을 생산한다고 가정하라. (i) 전형적인 개발업자의 이윤과 (ii) 헥타르당 토지 임대료에 대한 이 세금의 효과를 예측하라. 설명하라.

(어느 개발업자든지 개발세를 지불해야 함에 유의하라. 역자 주).

참고문헌과 추가적인 읽을 거리

Bertaud, Alain, and Stephen Malpezzi, "The Spatial Distribution of Population in 48 World Cities: Implications for Cities in Transition." Working Paper, The Center for Urban Land Research, University of Wisconsin, 2003.

Bertaud, Alain, "Clearing the Air in Atlanta: Transit and Smart Growth or Conventional Economics?" *Journal of Urban Economics* 54 (2003), pp. 379 − 400.

Brueckner, J., "Urban Sprawl: Lessons from Urban Economics," in W. Gale and J. Pack, eds. Brookings − Wharton Papers on Urban Affairs, 2001.

Brueckner, Jan K., Jacques − Francois Thisse, and Yves Zenou, "Why Is Central Paris Rich and Downtown Detroit Poor? An Amenity − Based Theory." *European Economic Review* 43 (1999), pp. 9 − 107.

Burchfield, M., H. G. Overman, D. Puga, and M. A. Turner, "Causes of Sprawl: A Portrait from Space." *Quarterly Journal of Economics,* May 2006.

Cullen, J. B., and S. D. Levitt, "Crime, Urban Flight, and the Consequences for Cities." *Review of Economics and Statistics* 81 (1999), pp. 159 − 69.

Davis, M. A., and J., Heathcote, "The Price and Quantity of Residential Land in the United States." *Journal of Monetary Economics* 54 (2007), pp. 2595 − 2620.

Fulton, William, Rolf Pendall, Mai Nguyen, and Alicia Harrison, "Who Sprawls Most? How Growth Patterns Differ across the U.S.," The Brookings Institution Survey Series. July 2001, pp. 1 − 23.

Glaeser, Edward, and Matthew Kahn, "Sprawl and Urban Growth," Chapter 56 in *Handbook of Regional and Urban Economics 4: Cites and Geography,* edited by Vernon Henderson and Jacques − Francois Thisse. Amsterdam: Elsevier, 2004.

Glaeser, Edward, Joshua Gottlieb, and Kristina Tobio, "Housing Booms and City Center." *American Economic Review* 102.3 (2012), pp. 127 − 133.

Glaeser, E. and M. Kahn, "Sprawl and Urban Growth," in J.V. Henderson and J. − F. Thisse, eds., *Handbook of Regional and Urban Economics Volume 4* (2006).

Guerrieri, Veronica, Daniel Hartley, and Erik Hurst, "Within − City Variation in Urban Decline: The Case of Detroit." *American Economic Review* 102.3 (2012), pp. 120 − 126.

Kahn, Matthew, "The Environmental Impact of Suburbanization." *Journal of Policy Analysis and Management* 19 (2000).

Kahn, Matthew, and Randall Walsh, "The Role fo the Amenities (Environmental and Otherwise) in Shaping Cities," Chapter 7 in *Handbook of Urban and Regional Economics Volume 5,* edited by Gilles Duranton, J. Vernon Henderson, and William C. Strange. Amsterdam: Elsevier, 2015.

O'Sullivan, Arthur, "The Distribution of Jobs within Cities: Integration, Density, and Accessibility or There's a Lot of πr^2 Out There." Working Paper, 2016.

Patacchini, Eleonora, and Yves Zenou, 2009, "Urban Sprawl in Europe," Brookings—Wharton Papers on Urban Affairs, pp. 125—149.

Persky, Joseph, and Wim Wiewel, "Urban Decentralization, Suburbanization and Sprawl: An Equity Perspective," Chapter 7 in *The Oxford Handbook of Urban Economics and Planning*, edited by Nancy Brooks, Kieran Donaghy, and Gerrithan Knaap. New York: Oxford University Press, 2011.

Wilson, Beth, and James Frew, "Apartment Rents and Locations in Portland, Oregon: 1992—2002." *Journal of Real Estate Research* 29 (2007), pp. 201—217.

13 > 고용과 주거의 공간적 분포

그 저주 받을 자동차는 잊고 사랑하는 사람들과 친구들을 위해 도시들을 지어라.
– 루이스 멈포드(Lewis Mumford)

01 고용과 주거의 공간적 분포

대도시지역 내 고용과 주거의 공간적 분포를 나타내는 여러 가지 방법이 존재한다. 하나의 접근법은 중심 도시와 대도시지역의 나머지 지역을 구분하는 것이다. 중심 도시는 예를 들어 시카고 혹은 샌프란시스코의 정치적 도시와 같은 대도시지역의 주된 자치시(principal municipality)로 정의됨을 상기하라. 대도시지역의 나머지 지역은 여타의 자치시들로 이들은 대도시지역의 "교외(suburban)"지역을 구성한다.

통근 유형들

그림 13-1은 1960년과 2000년 사이 주거와 일자리의 공간적 분포의 변화를 보여주기 위해 통근 유형들을 이용한다. 이 자료는 1960년에 적어도 100,000명의 거주민을 가졌던 152개의 대도시지역을 포함한다. 중심 도시와 교외지역을 구분하기 위해 지역들(중심 도시와 교외지역)은 1960년의 중심 도시들의 경계를 이용하여 1960년의 지리로 정의된다. 1960-2000년의 기간에 걸쳐, 중심 도시들 내에서 통근하는 노동자들의 비중은 0.45에서 0.15로 감소한 반면에 교외지역들 내에서 통근하는 노동자들의 비중은 0.34에서 0.62로 증가하였다. 중심 도시들과 교외지역들 간 통근하는 노동자들의 비중은 전체(0.22)에서 변화하지 않았으나 중심 도시들에서 외곽의 일자리로의 "역(reverse)" 통근으로 약간 기울었다.

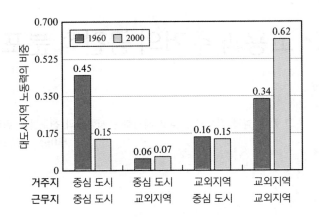

출처: Baum-Snow, Nathaniel, "Changes in Transportation Infrastructure and Commuting Patterns in US Metropolitan Areas, 1960-2000," *American Economic Review*, 100, 2010, 378-382.

▲ 그림 13-1 주거와 일자리의 분포: 중심 도시 대 교외지역

중심 도시들과 교외지역들에서 고용의 비중을 계산하기 위해 이 통근 자료를 이용할 수 있다. 40년의 기간에 걸쳐, 중심 도시들의 일자리의 비중은 (0.45+0.16과 같은) 0.61에서 (0.15+0.15와 같은) 0.30으로 감소하였다. 대조적으로, 교외지역들의 일자리의 비중은 (0.06+0.34와 같은) 0.40에서 (0.07+0.62와 같은) 0.69로 증가하였다.

5-킬로미터 비중과 중위입지

고정된 중심지역에서의 행위와 대도시지역의 나머지 지역에서의 행위 간 구분할 수 있다. 가장 큰 25개 대도시지역들에 있어, 대략 14%의 고용은 중심지로부터 5킬로미터 이내에 있다. 중위 근무지(median workplaces)는 일자리를 중심지에 가까운 절반과 중심지로부터 먼 나머지 절반의 두 동일한 수량으로 나누는 거리에 의해 정의된다. 가장 큰 25개 대도시지역들에 있어, 중위 근무지는 중심지로부터 22킬로미터이다. 이러한 큰 대도시지역들 내 노동자들에 있어, 중위 거주지(보다 가까이에 거주하는 절반과 보다 멀리서 거주하는 나머지 절반으로 노동자들의 거주지(residences)를 두 동일한 절반으로 구분하는 거리)는 중심지로부터 27킬로미터이다.

표 13-1은 미국의 25개 가장 큰 대도시지역들(metropolitan area)에서 근무지와 거주지의 공간적 분포를 보여주기 위해 LEHD(longitudinal employer-household dynamics 종적 고용주-가구 역학)로부터의 자료를 이용한다. 첫 열은 대도시지역에서

의 총 고용을 보여준다. 중위 근무지는 포틀랜드에서의 12킬로미터부터 시카고와 마이애미에서의 30킬로미터까지 분포한다. 5－킬로미터 근무지 비중은 볼티모어에서의 4%부터 샌프란시스코에서의 27%까지 분포한다. 중위 거주지는 포틀랜드에서의 15킬로미터부터 시카고에서의 36킬로미터까지 분포한다. 5－킬로미터 거주지 비

▎표 13-1 근무지와 거주지의 분포, 가장 큰 미국 내 대도시지역들, 2014년

도시	일자리 (천개)	중위 근무지	중위 거주지	중심으로부터 5km 이내 일자리의 비중	중심으로부터 5km 이내에 거주하는 노동자들의 비중
뉴욕	8736	20	25	17	5
로스앤젤레스	5777	24	27	9	3
시카고	4348	30	36	18	4
댈러스	3167	25	33	10	2
워싱턴	2896	17	24	6	4
휴스턴	2779	21	29	9	3
필라델피아	2682	23	25	15	7
애틀란타	2340	25	34	10	3
마이애미	2302	30	31	9	4
보스턴	2285	18	23	26	8
샌프란시스코	2136	19	25	27	13
디트로이트	1803	27	30	8	1
피닉스	1801	16	24	13	2
미네아폴리스	1783	15	22	18	5
시애틀	1720	19	24	7	3
덴버	1300	21	23	5	2
세인트루이스	1289	21	26	12	4
샌디에고	1276	14	19	9	3
볼티모어	1265	21	23	4	3
탬파	1162	22	27	12	4
피츠버그	1135	16	21	22	8
올랜도	1086	25	29	10	1
샬롯	1054	16	25	18	5
포틀랜드	1039	12	15	24	8
인디애나폴리스	970	16	19	20	4

중은 올랜도와 디트로이트에서의 1%부터 샌프란시스코에서의 13%까지 분포한다.

표 13-2는 미국의 일부 중간-규모 도시들과 작은 도시들에서의 근무지와 거주지의 공간적 분포에 대한 자료를 보여준다. 첫 열은 대도시지역에서의 총 고용을 보여준다. 중위 근무지는 스포캐인에서의 8킬로미터부터 샌안토니오에서의 14킬로미터까지 분포한다. 5-킬로미터 근무지 비중은 해리스버그에서의 7%부터 스포캐인에서의 38%까지 분포한다. 중위 거주지는 톨레도에서의 10킬로미터부터 버밍햄에서의 20킬로미터까지 분포한다. 5-킬로미터 거주지 비중은 버밍햄에서의 6%부터 스포캔에서의 19%까지 분포한다.

┃ 표 13-2 근무지와 거주지의 분포, 중간-규모 미국 대도시지역들, 2014

도시	일자리 (천개)	중위 근무지	중위 거주지	중심으로부터 5km 이내 일자리의 비중	중심으로부터 5km 이내에 거주하는 노동자들의 비중
콜럼버스	960	13	16	15	7
샌안토니오	883	14	17	14	7
오스틴	871	10	19	29	8
솔트레이크시티	618	11	12	15	13
루이스빌	612	9	14	13	8
멤피스	593	12	17	13	8
오클라호마시티	590	11	17	12	9
버밍햄	498	13	20	26	6
로체스터	498	9	15	29	9
그랜드래피드	493	12	15	19	13
드모인	335	10	11	31	16
해리스버그	324	12	15	7	7
위치타	292	11	14	9	7
시라큐스	290	9	15	28	13
톨레도	278	10	10	20	18
보이즈	276	10	15	27	14
잭슨	269	9	16	30	10
포틀랜드, 메인	247	10	24	31	16
채터누가	228	9	15	33	9
스포캐인	218	8	11	38	19

고용밀도

이 장의 앞부분에서 보았듯이, 고용밀도는 도시들 내에서 상이하며, 도시중심지 인근과 고속도로 가까이에서 상대적으로 높은 밀도를 지닌다. 표 13-3은 선정된 대도시지역들에서 고용밀도 등급들(employment density classes)을 보여주기 위해 LEHD자료를 이용한다. 수치들의 첫 열은 헥타르당 적어도 10개의 일자리에 해당하는 고용밀도를 갖는 지역들의 (대도시지역 내에서의) 일자리 비중을 보여준다. 표에서 우측으로 이동함에 따라, 임계밀도(threshold density)는 증가하여, 헥타르당 25개 일자리와 헥타르당 75개 일자리로 증가한다. 마지막 열은 최대 일자리 밀도를 보여주며, 이는 애틀란타에서의 헥타르당 345개 일자리부터 시카고에서의 헥타르당 2,622개 일자리까지 분포한다.

▌표 13-3 선정된 미국 도시들에서의 고용밀도, 2014

대도시지역	헥타르당 10개 이상의 일자리	헥타르당 25개 이상의 일자리	헥타르당 75개 이상의 일자리	최대 밀도(헥타르당 일자리의 수)
애틀란타	0.438	0.239	0.102	345
보스턴	0.852	0.614	0.41	1073
시카고	0.608	0.344	0.201	2622
로스앤젤레스	0.811	0.551	0.199	1572
포틀랜드	0.638	0.339	0.138	501

높은-밀도 지역들에서 고용의 비중에 상당한 차이가 존재한다. 경제학자들은 고용중심지(employment center)를 (a) 고용밀도가 헥타르당 적어도 25명의 노동자에 해당하고 (b) 인접한 인구조사표준지역들(census tracks)이 적어도 10,000개의 일자리를 포함하는 지역으로 정의한다. 애틀란타에서, 대략 24%의 일자리가 고용중심지로 간주되기에 충분한 높은 밀도를 갖는 지역들에 존재하며, 이는 대략 3/4의 일자리가 산재해 있음을 의미한다. 다른 극단에서, 보스턴에서 대략 62%의 일자리가 고용중심지들에 존재하여, 단지 38%만이 산재해 있다. 가장 높은 밀도등급(밀도 > 헥타르당 75개 일자리)에서, 비중은 보스턴에서 0.41로 시카고와 로스앤젤레스의 대략 0.20과 비교되고 애틀란타에서는 단지 0.102에 해당한다.

고용부도심들

제4장에서 보았듯이, 집적의 경제는 기업들로 하여금 서로 간에 근접하게 입지하도록 하고, 군집에 대한 하나의 징표는 고용중심지이며, 이 용어는 대도시지역의 하나의 주요 고용중심지(principal employment center)와 보다 작은 부도심들(subcenters)을 포함한다. 기업들은 숙련매칭을 향상시키고 중간재 생산요소, 노동풀(pool), 그리고 정보를 공유하기 위해 군집함을 상기하라. 예를 들면, 군집에서의 제조회사들은 중간재(부품들)와 서비스(제품검사와 보수 서비스)를 공통의 공급업자로부터 구입한다. 사무기업들의 군집은 상이한 기업들의 노동자들 간 대면시간을 용이하게 하고 사무기업들로 하여금 은행, 법률회사, 그리고 광고회사들과 공유하는 것을 가능케 한다. 사무 군집의 기업들은 또한 식당과 호텔을 공동 이용한다. 어림짐작의 계산에 의하면 2.5백만 평방피트의 사무공간의 군집은 250객실의 호텔이 운영될 수 있게 한다.

전형적으로 큰 도시지역(urban area)은 적어도 몇 개의 고용중심지들을 포함하는데, 하나의 주요 고용중심지와 몇 개의 부도심들을 포함한다. 헥타르당 노동자 25명 초과의 고용밀도를 갖는 인구조사표준지역들은 모두 고용중심지의 일부분이 될 수 있다. 왜냐하면, 고용중심지에 대한 전통적인 임계치인 10,000명의 노동자를 발생시키기 위해서 많은 높은-밀도 인구조사표준지역들을 포함할 필요 없이 쉽게 임계치를 만족시킬 것이기 때문이다.

1. 로스앤젤레스에 대한 연구는, 2000년의 48개 고용중심지들과 대조되는, 1980년에 36개의 고용중심지들을 가졌음을 보여준다(Giuliano, Agarwal, and Redfearn, 2008). 로스앤젤레스 카운티에서, 중심지들의 고용의 비중은 2000년에 0.46으로, 오렌지 카운티에 대한 0.43과 대조된다(Giuliano and Small, 1991).

2. 시카고에 대한 연구(McMillen and McDonald, 1998)는 20개의 부도심들을 보여주는데, 특화된 산업 지역들과 산업, 서비스, 그리고 소매업을 혼합하는 다양한 부도심들을 포함한다.

62개 대도시지역 내 고용부도심들에 대한 연구는 부도심들의 수가 대도시지역들 간에 상당히 다양하다는 것을 보여준다(McMillen and Smith, 2003). 최상위에서, 이 연구는 로스앤젤레스에서 46개의 부도심들을 확인하였으며, 이는 뉴욕에서 38개, 시애틀에서 14개, 그리고 시카고, 댈러스, 샌프란시스코에서 12개와 대조를 이룬다. 최하위에서, 하나의 부도심을 갖는 대도시지역들 중에는 샬롯, 노스캐롤라이나; 콜로라도 스프링스, 콜로라도; 호놀룰루, 하와이; 마이애미, 플로리다; 피츠버그, 펜실

배니아; 그리고 스포캐인, 워싱턴이 해당한다. 표본에 포함된 62개 도시지역들 가운데, 적어도 700,000명의 인구를 갖는 몇 개의 지역들은 부도심을 가지고 있지 않았다: 오스틴, 텍사스; 버펄로, 뉴욕; 내쉬빌, 테네쉬; 그리고 솔트 레이크 시티, 유타.

이 연구는 도시지역에서 부도심의 수가 대체로 두 요인들에 의해 결정된다고 결론짓는다. 첫째, 부도심의 수는 대도시지역 인구에 따라 증가한다. 두 번째 요인은 교통혼잡의 수준이다. 상대적으로 높은 혼잡을 지닌 도시지역은 상대적으로 많은 수의 부도심들을 가지고 있다. 달리 말해, 상대적으로 높은 혼잡을 지닌 도시지역은 상대적으로 낮은 인구를 가진 지역에 첫 부도심을 개발한다.

대도시 경제에서 부도심들의 역할에 관한 몇몇의 결론들을 도출할 수 있다.

1. 부도심들은 새로운 거대 대도시지역과 오랜 거대 대도시지역 모두에서 무수히 존재한다.
2. 대부분의 대도시지역에서, 대부분의 일자리는 중심상업지구와 부도심에 집중하기보다는 분산되어 있다.
3. 많은 부도심은 매우 특화되어, 거대한 지역화 경제가 존재함을 나타낸다.
4. 도시의 중심지는 가장 크고 밀집된 고용 집적지로 남는다.
5. 고용밀도(헥타르당 일자리)는 중심지로부터 거리가 증가함에 따라 감소한다.
6. 부도심의 기업들은 중심지의 기업들과 상호작용을 하며, 중심지의 기업들에 대한 접근의 가치는 중심지 부근의 보다 높은 토지가격에 반영된다.
7. 상이한 부도심에 위치한 기업들은 상호작용을 하여, 부도심이 상이한 기능을 가지고 있으며 상호보완적이라는 것을 나타낸다.

중심상업지구와 주변 부도심들 또는 분산된 기업들 간 경제적 관계는 무엇인가? 중심상업지구는 광고, 회계, 법률자문, 그리고 기업금융과 같은 서비스의 생산을 위해 요구되는 대면시간에 대해 월등한 기회들을 제공한다. 비록 통신의 발전이 일부 유형의 상호작용에 대한 필요를 감소시켰지만, 대면시간은 복잡하고 암묵적인 정보를 교환하기 위해서도 요구되고 또한 금융과 생산관계에 포함된 경제적 대리인들 간에 신뢰를 확립하기 위해서 여전히 요구된다.

02 교외화와 도시확산

지난 수십 년에 걸쳐, 도시의 일자리들과 거주자들은 분산되었고, 중심지역들로부터 교외지역들(suburban areas)로 이동하였다. 그림 13-1에서 보여지듯이, 1960년과 2000년 사이, 중심도시들(central cities)에 거주하는 도시 노동자들의 비중은 대략 1/2에서 대략 1/4로 하락하였다. 오늘날 미국 도시들에서, 가장 빈번한 통근통행은 교외이다. 노동자들의 3/5 이상(62%)이 교외지역 내에서 통근한다.

인구의 분산

대도시 인구의 분산은 오래전부터 지속된 전 세계적 현상이다. 밀스(Mills, 1972)는 1880년까지 거스르는 교외화에 대해 기록한다. 네 도시(볼티모어, 밀워키, 필라델피아, 그리고 로체스터)에 관한 연구에서, 중심지로부터 3마일 이내에 거주하는 사람들의 비중은 1880년 0.88에서 1963년 0.24로 감소하였다. 1801년과 1961년 사이, 도시중심지로부터 3마일 이내에 거주하는 런던 인구의 비중은 0.88에서 0.24로 떨어졌고, 유사한 변화가 파리에서 발생하였다. 전 세계의 도시들에서, 인구는 도시중심지로부터 바깥쪽으로 이동해 오고 있다.

지난 수십 년간 어떤 요인들이 인구의 분산에 기여하였는가? 하나의 요인은 상승하는 임금이다. 주택에 대한 수요는 소득과 함께 증가하고, 주택가격은 일반적으로 교외지역에서 보다 낮기 때문에 상승하는 임금은 교외 입지의 상대적 매력을 증가시킨다. 소득의 증가는 또한 통근의 기회비용을 증가시켜, 근무지에 가까운 입지의 상대적 매력을 증가시킨다. 따라서, 이론적으로 보다 높은 임금이 보다 먼 주거 입지를 유도하는지는 명확하지 않다. 소득증가가 교외화를 촉진한다는 증거가 존재한다(Anas, Arnott, and Small, 1998).

인구의 교외화(suburbanization)에 있어서의 또 다른 요인은 보다 낮은 통근비용이다. 1827년의 승합마차에서 오늘날의 빠르고 편안한 자동차까지, 지난 180년에 걸친 교통혁신들은 통근의 금전적 비용과 시간적 비용을 감소시켰다. 통근비용에서의 감소는 고용지역으로부터 멀리 거주하는 것의 상대적 비용을 감소시켜, 교외화에 기여하였다. 더불어, 일자리와 사람들의 교외화는 서로를 강화하였다. 일부 일자리들은 교외로 노동자들을 따라갔고, 일부 노동자들은 교외로 일자리들을 따라갔다.

일부 여타의 요인들이 인구의 교외화에 기여한다.

1. 헌 주택

중심-도시 주택의 노후화는 가구들로 하여금, 대부분의 새 주택이 지어지고 있는, 교외로 이주하도록 조장한다.

2. 중심-도시의 재정문제

많은 중심도시들이 상대적으로 높은 세금을 가져, 가구들로 하여금 낮은-세금의 교외로 이주할 것을 조장한다. 인과관계는 양방향으로 작용한다. 재정문제는 교외화를 유발하고, 교외화는 중심-도시의 재정문제에 기여한다.

3. 범죄

대부분의 중심도시들은 상대적으로 높은 범죄율을 가져, 가구들로 하여금 교외로 이주하도록 장려한다. 큘렌과 레빗(Cullen and Levitt, 1999)은 1970년대와 1980년대에 개별 추가적인 중심-도시 범죄에 대해 한 명의 추가적인 사람이 중심도시에서 교외로 이주하는 것으로 추정하였다. (백만명을 능가하는 인구를 가진) 가장 큰 대도시지역들에서, 중심도시들은 오늘날 교외지역들보다 낮은 범죄율을 갖는다. 이것은 역사적 흐름의 극적인 역전이고, 중심-도시들에서 거주하는 것의 상대적 매력을 증가시켰다.

4. 교육

교외의 학교들은 자주 중심-도시의 학교들에 비해 나은 것으로 간주되어, 가구들로 하여금 교외로 이주하도록 조장한다. 이 책의 나중 부분에서, 중심-도시 학교와 교외 학교 간의 차이에 대한 이유를 고찰한다.

도시확산과 밀도에 관한 사실들

"도시의 확산현상(urban sprawl)"에 대한 정책입안자들 간 활기찬 논쟁이 존재한다. 도시의 인구가 증가함에 따라, 이 도시는 보다 높은 건물을 건축하여 위로 성장하거나, 혹은 보다 많은 토지를 점유하여 밖으로 성장할 수 있다. 도시의 확산에 대해 염려하는 사람들은 지나치게 적은 "위로의 성장"과 지나치게 많은 "밖으로의 성장"이 존재한다고 제안한다. 수십 년 동안, 미국에서 도시화된 토지의 양은 도시인구보다 빠르게 증가하여, 확산하는 도시풍경을 초래하였다.

무엇이 도시의 확산과 낮은-밀도의 도시들을 유발하는가? 낮은 밀도에서 거주한다는 것은 많은 양의 토지를 소비함을 의미한다. 토지는 정상재이며, 따라서 소득이 높을수록, 토지의 소비는 보다 크고 인구밀도는 보다 낮다. 두 번째 요인은 통행에 대한 낮은 비용으로, 이는 노동자와 구매자로 하여금 근무지, 상점, 그리고 사회적 상호접촉을 위한 목적지로부터 상대적으로 장거리에 거주할 수 있도록 한다. 먼 거리에 있는 토지는 보다 저렴하며, 따라서 부지의 규모는 보다 크고 인구밀도는 보다 낮다. 이러한 두 가지 요인들을 함께 고려하면, 높은 소득은 사람들로 하여금 큰 부지를 요구하게 하고 낮은 통행비용은 그들로 하여금 토지가 상대적으로 저렴한 교외로 이주케 한다. 따라서, 도시확산으로 알려진, 멀리 떨어진 장소에서의 낮은-밀도 개발이 발생한다.

도시의 밀도와 확산에 문화적 측면이 존재하는가? 버타우드와 말페찌(Bertaud and Malpezzi, 2003)는 문화적 차이가 세계 도시들 간의 도시 밀도에서의 일부 극적인 변화를 설명한다고 제안한다. 아시아는 다른 대륙들에 비해 훨씬 높은 도시 밀도를 가지고 있는데, 소득과 같은 여타 요인들에 의해 설명될 수 있는 것보다 훨씬 높다. 유사하게, 다른 대륙들 간의 밀도의 변화는 거주공간에 대한 선호의 차이를 반영할 수 있다. 미국 대도시지역에서, 이민자들의 존재가 밀도를 증가시키는 경향이 있는데, 이는 문화와 관련됨을 제시한다(Fulton, Pendall, Nguyen, Harrison, 2001).

미국에서 많은 정부의 정책들이 거대한 대도시지역에서 낮은 밀도를 촉진한다.

1. 혼잡의 외부효과

이 책의 나중에서 논의하듯이, 첨두시간대에 거리나 간선도로를 이용하는 사람들은 다른 운전자들의 속도를 낮춰, 외부 비용(external cost)을 부과한다. 도시교통의 이러한 과소가격책정(underpricing)은 사람들로 하여금, 토지의 낮은 가격이 큰 부지를 조장하는, 도시 중심부에서 멀리 떨어진 장소로부터 상대적으로 장거리를 통근하도록 조장한다.

2. 주택담보대출 지원

주택담보대출에 대한 이자는 연방과 주의 소득세에 대해 공제할 수 있는 비용으로, 주택소비를 증가시키는 주택에 대한 보조(subsidy)를 제공한다. 토지와 주택은 보완재이며, 따라서 주택담보대출 지원은 부지규모를 증가시키고, 밀도를 감소시킨다.

3. 변두리 기반시설에 대한 과소가격책정

일부 대도시지역에서, 도시 변두리에서의 신개발의 기반시설 비용은 개발업자와 그들의 고객에 의해 완전히 부담되지는 않는다. 이에 대응하여, 많은 주들은 변두리 개발의 비용을 개발업자와 그들의 고객에게 부과하기 위해 개발부담금(development fees, 영향평가금)을 이용한다.

4. 용도지역제

많은 교외의 지방자치시들이 최소부지규모를 설정하기 위해 용도지역제(zoning)를 이용한다. 하나의 동기는 낮은−소득의 가구들을 배제하는 것으로, 낮은−소득을 가지고 있는 가구들의 조세기여도가 그들이 시정부에 부과하는 비용보다 적을 수 있다.

글래이져와 칸(Glaeser and Kahn, 2004)은 확산이 주로 자동차와 트럭에 의해 유발되었다고 주장한다. 이러한 두 가지의 통행방법은 기업과 노동자들이 도시중심지 인근에 설치되는 불가분의(indivisible) 교통기반시설에 대한 지향의 필요성을 제거하였다. 저자들은 확산이 모든 수준의 소득, 빈곤, 그리고 정부분할의 대도시지역에 걸쳐 도처에서 발생함을 보여주고, 이것들 외의 다른 요인−내부 연소엔진−이 확산에 대한 이면의 추진력이었음을 제시한다. 저자들은 간선도로와 주택에 대한 보조들이 너무 적은 규모여서 확산에 큰 효과를 주지 못함을 제시한다.

낮은 밀도의 결과들

최근의 한 연구는 미국 도시에서의 낮은−밀도의 주거에 대한 일부 결과들을 측정한다(Kahn, 2000). 전형적인 중심−도시 가구에 비해, 교외의 가구는 58%만큼의 보다 많은 토지(1,167평방미터 대 739)를 필요로 한다. 교외의 가구는 실제로 대략 동일한 양의 에너지를 소비한다. 비록 교외의 주택들이 보다 크지만, 이 주택들은 보다 새롭고 보다 에너지효율적이다. 교외의 가구는 중심−도시의 가구보다 약 30%만큼 더 많이 운전한다. 일반적으로, 낮은 밀도는 보다 많은 통행을 의미한다. 자동차 운행거리(마일)의 도시 밀도에 대한 탄력성은 −0.36으로, 밀도에서의 10% 감소는 자동차 운행거리(마일)를 3.6%만큼 증가시킨다. 결과적으로, 확산은 자동차에 의해 발생된 공기오염과 온실가스의 양을 증가시킨다.

도시이용에 따른 농지의 유실은 어떠한가? 미국 전체에 대해, 농지규모의 도시인구에 대한 탄력성은 상대적으로 작은 −0.02이다. 인구의 10% 증가는 농지의 0.2% 감소를 초래한다. 도시변두리에서의 농지의 유실은 토지가 도시용도에 보다 큰 가치가 있음을 가르킨다. 이 장의 앞부분에서 보았듯이, 다양한 공공정책들은 변두리 토지의 주거 가치를 증가시키고 있는데, 이에 대한 해결책은 왜곡적인 정책들을 수정하는 것이다. 도시확산이 농업용지나 농작물의 부족을 초래했다는 증거는 존재하지 않는다. 만일 그러했다면, 농작물의 가격은 상승하고, 농부들의 토지에 대한 지불용의는 증가하여, 그들로 하여금 도시변두리의 토지에 대해 개발업자들보다 높은 가격을 호가하도록 할 것이다.

버타우드(Bertaud, 2004)는 낮은-밀도 지역에서 대중교통을 제공하는 것과 연관된 도전들에 대해 논의한다. 대중교통은 버스정거장 혹은 지하철역 인근에서의 밀도가, 충분한 수의 탑승객들을 유인할 정도로, 충분히 높을 때에만 가능하다. 전형적인 통근자에게, 역까지의 최대 도보시간은 약 10분이며, 따라서 역은 반경 800미터 내의 가구들에 대해 서비스를 제공할 수 있다. 중간수준의 서비스(시간 당 2대의 버스와 정거장들 간 1/2마일)를 갖는 버스체계를 지지하기 위해, 서비스지역 내에서의 인구밀도는 헥타르당 적어도 31명이어야 한다. 미국에는 헥타르당 적어도 31명을 가지고 있는 두 개의 대도시지역-뉴욕(40)과 호놀룰루(31)-이 존재한다. 물론, 밀도는 중심지와 부도심에 인접할수록 보다 높고, 이러한 지역은 대중교통을 지지하기에 충분히 높은 밀도를 가질 것이다. 예를 들어, 뉴욕시의 밀도는 (뉴욕 대도시지역의 밀도 40에 비교되는) 헥타르당 80명이다. 이 책의 나중 부분에서, 대중교통의 제공과 가격책정에 관한 다양한 이슈들을 고찰할 것이다.

바르셀로나의 애틀란타에 대한 비교는 미국 도시들에 대한 대중교통의 문제점들을 보여준다(Bertaud, 2003). 그림 13-2에서 보여지듯이, 바르셀로나는 애틀란타에 비해 28배만큼 밀집되어 있다. 바르셀로나에서, 60%의 인구는 역에서부터 600미터 이내에 거주하여, 애틀란타에서 단지 4%만이 역으로부터 800미터 이내에 거주하는 것과 비교된다. 바르셀로나 지하철체계의 접근성과 이용수요를 복제하기 위해서는, 애틀란타는 3,400킬로미터의 지하철선로와 2,800개의 역들을 추가적으로 건설해야 할 것이다. 대조적으로, 바르셀로나체계는 단지 99킬로미터의 선로와 136개의 역을 가지고 있다.

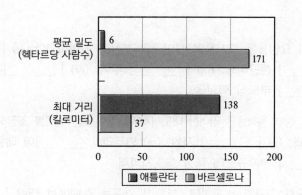

평균 밀도
(헥타르당 사람수) 6
171

최대 거리
(킬로미터) 138
37

0   50   100   150   200

애틀란타   바르셀로나

출처: Bertaud, Alain. "Clearing the Air in Atlanta: Transit and Smart Growth or Conventional Economics?" *Journal of Urban Economics* 54, 2003, 379-400.

▲ 그림 13-2 인구밀도와 대중교통 접근성, 애틀란타 대 바르셀로나

확산에 대한 정책반응들?

도시확산에 대한 많은 요인들이 존재한다. 이는 부분적으로, 여타의 소비재의 희생하에 큰 부지에 대한 합리적 선택을 의미하는, 소비자선택을 반영한다. 많은 공공정책들은 도시의 확산에 기여하므로, 적절한 반응은 이러한 왜곡들을 제거하는 것이다. 이러한 왜곡을 제거하는 것으로 인해 토지-이용유형이 조금 변할 것인가 혹은 많이 변할 것인가? 만일 미국 도시들에서 상대적으로 낮은 밀도가 대부분 높은 소득, 낮은 교통비용, 그리고 공간에 대한 강한 선호에 기인한다면, 정책의 왜곡을 제거하는 것은 밀도를 크게 변화시키지 않을 것이다. 하지만 혼잡의 외부효과, 주택담보대출지원, 변두리 기반시설의 과소가격책정, 그리고 큰-부지 용도지역제로부터의 왜곡들이 중요하다면, 밀도에서 보다 큰 변화를 기대할 수 있을 것이다.

하나의 대안적 접근법은 도시성장경계(urban growth boundary)나 개발세(development tax)와 같은 비확산정책을 채택하는 것이다. 이 책의 나중 부분에서 이러한 정책들과 연관된 비교이익을 논의할 것이다. 비확산정책이 밀도를 증가시키는 것에 성공할 수 있을 것이나, 문제는 이 정책의 편익이 이의 비용을 능가하는가이다.

01 몇 가지 요인들은 도시들에서 인구의 분산에 기여하였다: (i) [_____] 소득; (ii) [_____] 통근비용; (iii) [_____] 주택; (iv) [_____]에서의 재정문제; (v) [_____] 부도심 학교들.

02 몇 가지 정부 정책들은 거대한 대도시지역들에서 낮은 밀도를 조장하였다: (i) [_____] 외부효과; (ii) [_____] 지원; (iii) 변두리 [_____]에 대한 과소가격책정; (iv) [_____] 부지규모에 대한 용도지역제.

03 중심-도시 가구와 비교하여, 부도심 가구는 주택에서 대략 [_____](다음 중에 선택하라 0, 30, 50)% 이상의 에너지를 소비하고 대략 [_____](다음 중에 선택하라 0, 30, 50)% 이상 더 운전한다.

04 미국에서, 도시확산은 농지에서 상대적으로 [_____](다음 중에 선택하라 작은, 중간의, 큰) 손실을 야기하였다.

05 전형적인 통근자에 대해, 대중교통 정거장까지 최대 도보시간은 대략 [_____](다음 중에 선택하라 1, 3, 10, 혹은 40)분이며, 따라서 대중교통 정거장은 반경 [_____] 미터 이내의 가구들에게 서비스를 제공할 수 있다.

06 바르셀로나는 애틀란타의 [_____](다음 중에 선택하라 2, 10, 혹은 28)배 밀도에 해당한다. 바르셀로나에서, 대중교통 역의 도보가능 거리 내에 거주하는 사람들의 비중은 [_____](다음 중에 선택하라 10, 30, 60, 혹은 90)%로, 애틀란타에서의 [_____](다음 중에 선택하라 4, 14, 24, 혹은 34)%와 대조된다.

Bertaud, Alain, "Clearing the Air in Atlanta: Transit and Smart Growth or Conventional Economics?" *Journal of Urban Economics* 54 (2003), pp. 379−400.

Craig, Steven G., Janet E. Kohlhase, and Adam W. Perdue, "Empirical Polycentricity: The Complex Relationship Between Employment Centers," Working Paper, Department of Economics, University of Houston (2014).

Giuliano, Genevie, Ajay Agarwal, and Christian Redfearn, "Metropolitan Trends in Employment and Housing: Literature Review." Prepared for the Transportation Research Board, 2008.

Giuliano, Genevieve, Ajay Agarwal, and Christian Redfearn, "Strangers in Our Midst: The Usefulness of Exploring Polycentricity." Annals of Regional Science 48 (2012), pp. 433−450.

McMillen, Daniel P., and Stefani C. Smith, "The Number of Subcenters in Large Urban Areas." Journal of Urban Economics 53(2003), pp. 321−338.

O'Sullivan, Arthur, "The Distribution of Jobs within Cities: Integration, Density, and Accessibility or There's a Lot of πr^2 Out There." Working Paper, 2016.

Redfearn, Christian L., "The Topography of Metropolitan Employment: Identifying Centers of Employment in a Polycentric Urban Area." Journal of Urban Economics 61 (2007), pp. 519−541.

> 한 사람의 임금 상승은 다른 사람의 가격 증가이다.
>
> – 해롤드 월슨(Harold Wilson)

100년 전 단일도심도시(monocentric city)의 전성기에, 전형적인 도시에서 대부분의 일자리는 도시중심지 인근에 있었다. 제조업체들은 운송비용을 절약하기 위해 항구와 철도터미널 인근에 입지하였고, 사무기업들은 정보의 교환이 용이하도록 중심상업지구에 군집하였다. 일부 노동자들은 도시중심지 인근에 살았던 반면에 다른 노동자들은 교외에 거주하며 시내 전차로 통근하였다.

이 장은 전통적인 단일도심도시에 기초한 도시경제에 관한 모형을 개발한다. 이 모형은 도시 토지시장과 도시노동시장 간 상호작용을 포함한다. 토지이용, 임금, 그리고 총 고용에 대한 기술, 기후, 그리고 공공정책에서의 변화의 효과를 탐색하기 위해 이 모형을 이용한다. 비록 현대 도시들이 단일도심은 아니지만, 단순한 단일도심모형은 도시경제의 작동에 대한 통찰을 제공한다.

01 단일도심모형

단일도심도시의 고전적인 모형은 20세기 초경의 교통과 통신기술에 기초한다. 단일도심모형에서 네 개의 핵심적인 가정들이 존재한다.

1. 중심의 수출지점

제조업체들은 그들의 생산물을 도시로부터 철로의 종점 혹은 항구인 중심의 수출지점을 통해 수출한다.

2. 말이 끄는 마차

제조업체들은 말이 끄는 마차를 이용해 그들의 공장에서 중심의 수출지점까지 그들의 생산물을 운송한다.

2. 대도시 터미널 집중방식(hub-and-spoke)의 전차체계

노동자들은 거주지역에서 중심상업지구(CBD)에 있는 그들의 근무지까지 전차를 이용해 통근한다.

4. 중심에서의 정보교환

상이한 사무업의 종사자들은 사무부문의 생산물인 정보를 교환하기 위해 사무기업들 간을 통행한다.

이러한 가정들은 도시중심지를 대도시지역의 활동의 중심(focal point)으로 만든다. 제조업체들은 수출지점에 지향되는 반면에, 사무업체들은 상호 간에 지향된다. 가구들은 공장과 사무실에서의 일자리에 지향된다.

산업혁명과 단일도심도시

19세기에, 산업혁명의 혁신들은 거대한 단일도심도시들의 생성을 야기하였다. 생산과 에너지에서의 기술혁신들은 생산에서의 규모의 경제를 증가시켜, 공장에서의 대규모 생산을 유도하였다. 중간재 생산요소의 공동이용, 공동 노동풀의 이용, 지식파급, 그리고 개선된 노동매칭으로부터 생산에서의 집적의 경제는 공장들로 하여금 거대한 산업도시들에 군집하게 하였다. 더불어, 산업혁명은 비교우위의 보다 폭넓은 활용을 가능케 하는 도시 간 교통의 혁신들을 발생시켜, 증가된 교역과 보다 큰 교역도시들을 유도하였다. 중요한 질문은 중앙에 매우 집중된 고용을 지닌 거대한 도시들이 왜 단일도심이었는가이다.

도시 내 사람들의 교통을 먼저 고려하라. 1820년대 이전에는, 비록 일부 부유한 사람들은 개인의 말이 끄는 마차로 통행했지만, 대부분의 도시 통행은 도보에 의해 이뤄졌다. 산업혁명 동안에 발달한 대도시 터미널 집중방식체계(hub-spoke system)에서, 중추(hub)는 도시중심지였고, 방사 노선들(spokes)은 이 중심지에서 거주지역들로 퍼졌다. 산업혁명의 과정 동안, 터미널 집중방식체계의 효율성은 증가하였다. 이 체계는 거주지역과 중심핵심지역 간 거대한 수의 근로자들과 쇼핑객을 운송하는

데 있어 보다 효율적으로 변하였다.

1. 승합마차(omnibus: 1827)

선로 위에서 말이 끄는 마차는 시간당 6마일의 최고 속도를 가졌다. "승합마차" 라는 이름은 "모두를 위한"을 나타내는 라틴어이고, 나중에 "버스"로 단축되었다.

2. 케이블카(1873)

증기력에 의한 케이블카는 샌프란시스코에서 1873년에 도입되어 다른 도시들로 전파되었다.

3. 전기 무궤도 전차(electric trolley: 1873)

무궤도 전차는 지상의 전선에 연결된 탑재된 전기 동력기에 의해 전력을 얻었다. 지상의 전선은 매달려 있는 전선을 가지고 있었는데 이것은 근심 걱정에 싸인 도시 거주민들에게 틀림 없이 낚시(견지낚시(trolley))를 생각나게 하였던 것 같다.

4. 지하철(1890)

세계에서 맨처음의 실용적인 지하철은 연기를 내뿜는 증기력을 대체하는 전기견 인을 가지고 1890년에 런던에서 운행을 시작하였다. 보스턴은 미국에서 처음으로, 전차를 사용한 1.5마일의 노선인, 지하철을 건설하였다. 이를 뉴욕(1904)과 필라델 피아(1907)에서의 시스템이 뒤따랐다.

이러한 혁신들은 통근비용을 감소시키고 도시의 활동가능 반경을 증가시켰다. 하 나의 어림 계산법에 따르면, 도시의 활동가능 반경은 한 시간 내에 통행될 수 있는 거리이다. 19세기 초의 "도보에 의한 도시"에서, 최대 반경은 약 2마일이었다. 도시 내 교통에서의 일련의 혁신들은 통행속도를 증가시키고 도시의 활동가능 반경을 증 가시켰다.

다음으로 19세기에 일어난 건축기술의 과정을 고려하라. 1800년대 초에, 목재건 물들은, 16인치 목재로 된, 기둥과 들보에 의해 건축되었고, 실질적 고도제한은 3층 이었다. 3층 건물의 건축은 기둥과 들보를 접착시키는 고도의 숙련된 노동을 요구 하였고, 따라서 노동비용은 상대적으로 높았다. 비록 벽돌건물은 약간 보다 더 고 층일 수 있었지만, 높이는 상부의 층들을 지탱하기 위해 요구되는 두꺼운 벽에 의 해 제한되었다. 더불어, 모든 벽이 하중을 지탱하는 벽이었기 때문에 유연적이지 못했다. 일련의 혁신들은 보다 고층의 건물을 짓는 비용을 감소시켰다.

1. 풍선 구조 건물(1832)

풍선 구조는, 상대적으로 저숙련 노동을 사용하는 못에 의해 부착된, 작은 조각의 목재를 사용한다. 풍선 구조 건물이 유행하게 된 결정적인 요인은 값싼 제조된 못의 도입이었다. 1830년대에 제조된 못이 도입되기 이전에는, 수공의 못은 유언에서 가치있는 소유물로 나열되기에 충분할 정도로 비쌌다. 들보－기둥 건물을 위한 고숙련 노동으로부터 풍선 구조 건물을 위한 저숙련 노동으로의 전환은 보다 높은 건물의 노동비용을 감소시켰다. 제일 처음의 풍선 구조 건물은 시카고에 있는 창고였다.

2. 주물－철 기둥(1848)

사무용 건물은 벽돌구조에서 철재구조로의 전환에 의해 변형되었다. 1848년에, 뉴욕의 5층짜리 건물은 벽돌벽 대신에 주물－철(cast－iron) 기둥을 사용하였다.

3. 강철 구조(1885)

강철이 주물 철보다 강하고, 탄력적이며, 작업하기 용이하였다. 세계에서 첫 번째의 마천루인, 홈 인슈어런스 컴퍼니를 유치한, 11층짜리 건물은 1885년에 철골재 기둥으로 만들어졌다.

건물높이는 수직적 통행의 비용에 의해 제한되었다. 계단을 걸어 오르는 부담은 건물에 대한 실질적인 고도제한을 부과하였다. 1854년에, 엘리샤 오티스(Elisha Otis)는 증기력에 의한 승강기의 안전한 이용을 증명해 보였다. 핵심적인 혁신은 승강기를 도르래장치에 연결하는 밧줄이 끊어졌을 때 승강기가 추락하는 것을 방지하는 안전걸쇠였다. 1857년까지, 이 오티스 승강기가 5층짜리 건물에 사용되고 있었다. 승강기를 위한 전력의 원천이 증기엔진에서 전기동력기로 전환되었을 때, 승강기를 운행하는 비용은 감소하였고 승강기의 이용범위는 증가하였다. 세계에서 제일 처음의 마천루에서, 한 줄로 늘어선 승강기들은 분(minute)당 500피트의 속도로 사람들을 운반하였다.

마지막으로 생산자들의 원재료, 중간재, 그리고 생산물을 위한 운송기술을 고려하라. 이 책의 앞에서 보았듯이, 1800년대와 1900년대 초에 대부분의 도시 간 화물은 철도와 선박에 의해 운송되었다. 생산부지와 항구 혹은 철도터미널 간 도시 내 생산요소와 생산물의 운송을 위해, 기업들은 말이 끄는 마차에 의존하였다. 마차는 느리고 비쌌으며, 기업들은 항구, 철도터미널, 그리고 중간재 생산요소를 생산하는 다른 중심지의 기업들 가까이에 그들의 생산설비를 입지하고자 하는 유인을 가졌다.

단일도심도시에서의 토지이용

그림 14-1은 네 명의 토지이용자들에 대한 지불용의곡선을 보여준다. 우선 사무기업들과 제조업체들에 대한 기업의 지불용의곡선들을 고려하라. 가장 가파른 곡선은 사무부문을 위한 것이다. 사무기업들의 생산물은 사무노동자들의 머릿속과 서류가방으로 운송됨을 상기하라. 단순한 단일도심모형에서, 지불용의곡선의 기울기는 운송비용에 의해 결정된다. 사무노동자들의 통행에 대한 기회비용이 상대적으로 높기 때문에 사무기업의 지불용의곡선은 상대적으로 가파르다. 말과 마차의 기회비용이 사무노동자들의 기회비용에 비해 낮기 때문에 제조업체의 지불용의곡선은 상대적으로 평평하다.

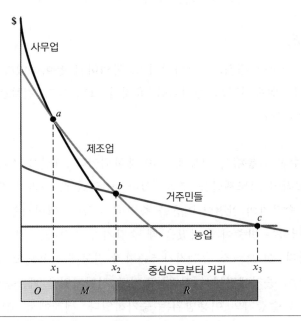

▲ 그림 14-1 단일도심도시에서의 토지임대료와 토지이용

중심상업지구 내 토지는 사무기업 혹은 제조업체 중에서 가장 높은 입찰자에게 할당된다. 사무지구는 사무업 지불용의가 제조업 지불용의를 초과하는 지역이다. 그림 14-1에서, 사무지구는 x_1 킬로미터의 반경을 갖는 원형의 지역이다. 제조업 지

구는 제조업체들이 사무기업들과 거주민들보다 높은 가격을 제시하는 지역으로, 그림 14-1에서 $x_2 - x_1$ 킬로미터 폭의 고리로 보여진다.

도시의 중심지역은 왜 제조업체들이 아닌 사무기업들에 의해 점유되는가? 비록 두 유형의 토지이용자들이 중심지에 가깝게 입지하는 것으로부터 편익을 얻지만, 사무기업들이 상대적으로 높은 운송비용을 가져, 보다 가파른 지불용의곡선을 가지며 가장 접근성이 좋은 입지들에 대해 제조업체들보다 높은 가격을 제시할 수 있는 능력을 보유하게 된다. 사무업이 도시중심지에 대한 인접성으로부터 얻는 것이 보다 많기 때문에 이러한 할당은 효율적이다. 만일 사무기업이 제조업체와 입지를 맞바꾼다면, 이 사무기업의 통행비용이 증가하는 한편 이 제조업체의 운송비용은 감소할 것이다. 사무기업들에 대한 보다 높은 단위 운송비용이 주어진 한, 총 운송비용은 증가할 것이다. 중심토지를 사무업에 주는 이러한 시장할당은 운송비용을 절약한다.

주거지구는 거주민들이 다른 토지이용자들, 즉 도시와 농업보다 높은 가격을 지불하는 지역이다. 그림 14-1에서, 거주민의 지불용의곡선은 제조업 지불용의곡선보다 평평하지만 농업용 지불용의곡선보다 가파르다. 이 주거지구는 $x_3 - x_2$ 킬로미터 폭의 고리이며, 이 도시의 반경은 x_3 킬로미터이다.

중앙집권화된 고용

단일도심도시를 정의하는 특성은 모든 고용이 중심지역에 있다는 것이다. 대안은 도시 전체에 걸쳐 일자리를 보다 균등하게 분포하게 하는 것이고, 노동자들과 고용주들을 보다 가깝게 하여 통근비용을 절약할 수 있도록 하는 고용부도심들을 갖는 것이다. 왜 모든 제조업체들과 사무기업들이 주거지구의 그들의 노동자들로부터 먼, 중심지역에 입지하는가?

단일도심도시에서 중앙집권화된 고용에 대한 이유를 살펴보기 위해, 이전의 장에서 개발된 기업입지에 관한 모형을 상기하라. 이 모형을 제조업체의 도시 내 입지 선택에 적용하기 위해, 운송비용과 노동비용에 있어 공간적 차이가 존재한다고 가정하며, 따라서 기업의 목표는 운송비용과 노동비용의 합을 최소화하는 것이라고 가정한다. 20세기 초의 교통기술을 다음과 같이 특징지을 수 있다.

1. 마차

도시 내 운송비용은 생산물이 마차에 의해 운송되기 때문에 상대적으로 높다. 중

심의 수출지점(항구 혹은 철도터미널)으로부터 1킬로미터 이동은 이 기업의 주당
(weekly) 운송비용을 6달러만큼 증가시킨다.

2. 시내 전차

시장임금이 통근비용에 대해 노동자들을 보상하며, 따라서 임금은 기업이 도시중
심지로부터 이의 교외 노동자들에게 가까이 이동함에 따라 감소한다. 기업이 도시
중심지로부터 멀리 이동함에 따라, 노동비용의 절약은 통근자들이 **빠르고 효율적인**
시내 전차를 이용하기 때문에 상대적으로 작다. 도시중심지로부터 1킬로미터 이동
은 이 기업의 주당(weekly) 노동비용을 1달러만큼 감소시킨다.

이러한 교통기술하에서, (마차로) 생산물을 운송하는 비용은 (시내 전차로) 노동자
들을 운송하는 비용에 비해 높다.

그림 14-2는 도시 내 상이한 입지들에 대한 운송비용과 노동비용을 보여준다.
이 기업의 노동자들은 중심지로부터 10킬로미터의 거리에 거주한다. 전형적인 기업
에 대해, 운송비용은 도시중심지에서의 영(0)에서 $x=10$의 입지에서 60달러로 증가
한다. 대조적으로, 노동비용은 중심지에서 25달러이고, $x=10$인 이 기업의 노동자
들의 입지에서 15달러로 감소한다. 총 비용 TC(x)는 생산물을 운송하는 비용이 노
동자들을 운송하는 비용에 비해 크기 때문에 (25달러로) 도시중심지에서 최소화된
다. 중심지로부터의 이동은 운송비용을 1킬로미터당 6달러만큼 증가시키지만 노동
비용을 1킬로미터당 단지 1달러만큼 감소시킨다. 이 기업의 합리적 선택은 이의 노

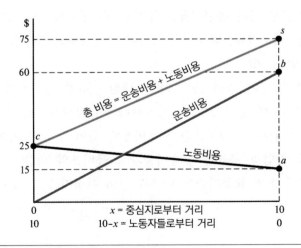

▲ 그림 14-2 중앙집권화된 제조업에 대한 이유

동자들로부터 멀리 그러나 수출지점에 가까이 입지하는 것이다.

동일한 논리가 사무기업의 입지결정에 적용된다. 사무부문의 생산은 정보교환을 포함하며, 이는 한 기업에서 다른 기업으로 사무노동자들에 의한 통행을 요구한다. 도시중심지에서 교외 노동자들을 향해 이동한 사무기업은 통근비용에서 절약하여 보다 낮은 임금을 지불할 것이다. 그러나 이 기업의 노동자들은 도시중심지 인근 다른 기업들로의 통행에서 보다 많은 시간을 써야 할 것이고, 따라서 이 기업은 생산물의 주어진 양을 생산하기 위해 보다 많은 노동자 시간을 필요로 할 것이다. 다른 사무기업들과 상대적으로 빈번한 상호작용을 갖는 사무기업에 대해, 총 비용은 도시중심지 인근에서 보다 낮을 것이다.

02 일반균형모형

도시의 노동시장과 토지시장 간의 상호작용을 고찰하기 위해 단일도심도시에 대한 모형을 이용할 수 있다. 이 모형은 (한 국가에서의 많은 도시들 가운데 하나인) 작고 (사람들이 도시 간 자유로이 이동하는) 개방된 도시를 고려한다. 거주민들의 효용수준은 국가적인 수준에서 결정되고 도시에서의 변화들에 의해 영향을 받지 않는다. 다시 말해, 도시 거주민들의 효용수준은 고정되어 있지만, 이 도시의 인구는 변화한다.

토지시장과 노동시장 간의 상호작용

문제를 단순화하기 위해, 두 가지의 가정들을 채택한다. 첫째, 당분간 소비자대체 혹은 요소대체가 존재하지 않는다고 가정한다. 따라서, 인구밀도는 모든 주거용지에서 동일하고 고용밀도는 모든 상업용지에서 동일하다. 나중에 밀도에서의 변화가 어떻게 분석에 영향을 미치는가에 대해 보게 될 것이다. 둘째, 이 도시가 원형이 아니고 10킬로미터의 고정된 폭과 기업과 거주민들의 지불의향에 의해 결정될 길이를 갖는 직사각형이라고 가정한다.

그림 14-3의 왼쪽 그림은 도시의 토지시장을 보여준다. 상업용지에 대한 지불용의곡선은 주거용지에 대한 지불용의곡선을 점 a에서 교차하여, 2-킬로미터의 중심상업지구를 발생시킨다. 노동에 대한 총 수요는 중심상업지구의 토지면적(20평방 킬

로미터)에 고용밀도(평방 킬로미터당 6,000명의 노동자)를 곱한 것, 혹은 120,000명의 노동자들이다. 주거용지에 대한 지불용의곡선은 농업용지에 대한 지불용의곡선을 점 b에서 교차하여, (2킬로미터에서 6킬로미터까지) 4킬로미터의 주거용지를 발생시킨다. 이 도시에서 노동의 총 공급은 주거용지의 토지면적(40평방 킬로미터)에 주거밀도(평방 킬로미터당 3,000명의 노동자)를 곱한 것, 혹은 120,000명의 노동자들이다.

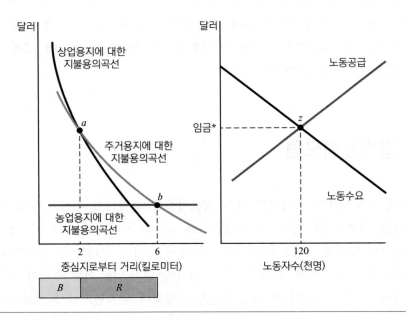

▲ 그림 14-3 도시의 토지시장과 노동시장

그림 14-3의 오른쪽 그림은 음(−)의 기울기를 지닌 수요곡선과 양(+)의 기울기를 지닌 공급곡선을 갖는, 도시의 노동시장을 보여준다.

1. 음(−)의 기울기를 지닌 수요

임금의 증가는 생산비용을 증가시킨다. 잉여의 원칙을 적용하면, 상업용 토지에 대한 지불용의지대는 감소하며, 따라서 상업지구는 줄어든다. 상업지구의 감소는 노동의 수요량을 감소시킨다.

2. 양(+)의 기울기를 지닌 공급

임금의 증가는 주택에 대한 가구의 지불용의와 주택가격을 증가시킨다. 잉여의 원칙을 적용하면, 주택가격의 증가는 주거용지에 대한 지불용의지대를 증가시켜, 노동−공급부문에 대한 지역(주거지구)을 증가시키며, 따라서 노동의 공급량을 증가시킨다.

3. 초기 균형

점 z에 의해 보여진 초기의 균형에서, 임금은 w*이고 (상업지구로부터) 수요되는 노동의 양은 (주거지구로부터) 공급되는 수량과 일치하는 120,000명의 노동자들을 지닌다.

전차의 일반균형효과

단일도심도시에 전차를 도입하는 효과를 고려하라. 이 전차는 통근수단으로서 도보를 대체하며, 따라서 이는 단위통근비용을 감소시킨다. 그림 14-4는 도시 내 토지이용에 대한 전차의 효과를 보여준다. 그림 14-3의 연속으로, 초기 균형은 점 *a* 와 *b*에 의해 보여진다. 전차는 단위통근비용을 감소시켜, 주택-가격곡선과 주거용 토지에 대한 지불용의지대곡선의 기울기를 감소시킨다. 주거용 토지에 대한 지불용의지대곡선과 농업용 토지에 대한 지불용의지대곡선의 교차는 점 *b*에서 점 *c*로 이동하고, 주거지역은 그늘진 지역(△R)만큼 증가한다. 주거지역의 확장은 노동공급을 증가시켜, 노동의 초과공급을 야기한다.

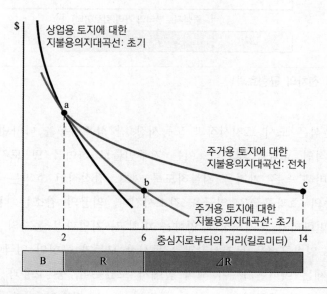

▲ 그림 14-4 전차의 단기효과

노동의 초과공급은 도시임금을 감소시켜, 상업용 토지시장에서의 변화를 야기한다. 그림 14-5에서, 임금의 감소는 잉여의 원칙에 따라 상업용 토지에 대한 지불용의지대곡선을 위로 이동시킨다. 임금의 감소는 생산비용을 감소시키고, 토지에 대한 기업들 간 경쟁은 상업용 토지의 가격을 상승시킨다. 노동시장의 다른 측면에서, 임금의 감소는 주택의 가격과 주거용 토지에 대한 지불용의를 하락시켜, 주거용 토지에 대한 지불용의지대곡선을 아래로 이동시킨다. 일반균형은 점 d와 e에서 회복된다. 전차는 상업지구와 주거지구의 크기를 증가시킨다.

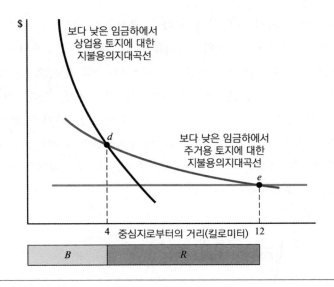

▲ 그림 14-5 전차의 균형효과

일반균형분석은 도시 토지시장과 노동시장 간 상호작용을 나타낸다. 전차는 토지시장에 직접적인 효과를 갖는다. 이는 거주민들로 하여금 먼 토지에 대해 농업용 이용자들에 비해 높은 가격을 지불하도록 한다. 간접적인 효과는 노동시장에서 발생한다. 노동의 초과공급은 임금을 감소시킨다. 임금의 감소는 다시 토지에 대한 지불용의를 변화시켜 토지시장에 영향을 미치고, 기업과 노동자의 구역에서의 변화를 야기한다. 일반균형은 토지시장과 노동시장 모두가 균형인 임금에서 회복된다.

집적의 경제는 어떠한가? 이 책의 앞에서 보았듯이, 총 고용과 총 산출량에서의 증가는 생산요소의 공동이용, 노동의 풀링(pooling), 기술의 매칭, 그리고 지식파급으로부터 집적의 경제를 발생시킨다. 이러한 집적의 경제는 생산성을 증가시키고 생산비용을 감소시키며, 잉여의 원칙에 의해, 상업용 토지에 대한 지불용의를 증가시킨다. 그림 14-5에서 집적의 경제를 나타내기 위해, 상업용 토지에 대한 지불용의지대곡선을 위로 이동시킨다. 노동시장에서, 노동수요의 이로 인한 증가는 노동수요곡선을 우측으로 이동시켜, 보다 높은 임금을 발생시킨다. 주거용 토지시장에서, 보다 높은 임금은 주택가격과 주거용 토지에 대한 지불용의를 증가시킬 것이다. 균형은 보다 큰 상업지구와 보다 큰 주거지구로 회복될 것이다.

전차와 토지임대료

전차는 어떻게 도시 내 토지임대료에 영향을 미치는가? 일반적으로, 토지임대료는 보다 큰 도시에서 보다 높다. 그러나 그림 14-6에서 보여지는 바와 같이, 전차는 일부 지역에서 토지임대료를 감소시킨다. 원래의 지불용의지대곡선은 가늘고 연한 반면에, 새로운 지불용의지대곡선은 굵고 진하다. 도시중심지와 x_1 사이의 입지에 대해, 토지임대료는 증가한다. 전차가 임금을 감소시키고 생산에서의 비용절감이 지주에게 돌아가기 때문에 상업용 토지(원래의 토지와 새로운 토지)는 보다 높은 임대료를 발생시킨다. x_2와 x_3에서의 도시 변두리 사이 입지에 대해, 토지임대료는 증가한다. 전차가 상대적으로 큰 금액만큼 상대적으로 먼 입지들의 접근성을 증가시키

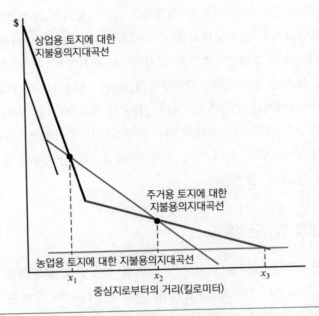

▲ 그림 14-6 전차의 토지임대료에 대한 효과

고, 통근비용의 절약이 (초과노동공급으로 인한) 임금의 감소를 압도한다.

x_1과 x_2 사이 중간 입지들에서 문제는 간단하지 않다. 이 지역에서, 전차로 인한 접근성의 증가는 통근거리가 상대적으로 짧기 때문에 상대적으로 작다. 거주민들에게 있어, 전차에 의해 촉발된 임금의 감소는 통근비용의 절약을 압도하여, 주거용 토지에 대한 지불용의지대는 감소한다. 상업용도로 전환되는 x_1과 x_2 사이 입지들에 대해, 기업들은 이전의 거주민들보다 적게 지불한다. 주거용도로 남아 있는 입지들에 대해, 토지임대료는 감소한다. 일반적으로, 전차는 상대적으로 짧은 통근을 갖는 주거용 부지들의 상대적 매력도를 감소시켜, 토지에 대한 지불용의를 감소시킨다. 대조적으로, 전차는 상대적으로 먼 입지들의 상대적 매력도를 증가시켜, 토지에 대한 지불용의를 증가시킨다.

고용밀도와 주거밀도에서의 변화들

이제까지, 고용밀도와 주거밀도 모두 고정되었다고 가정하였다. 기업들에 의한 생산요소 대체가 존재하지 않고, 거주민들에 의한 소비자 대체가 존재하지 않는다. 결과적으로, 노동공급과 노동수요에서의 모든 변화들은 전적으로 상업구역과 주거구역의 토지크기의 변화들에 의해 야기되었다. 고정된 밀도에 대한 가정은 수치적 예를 단순하고 명료하게 만들지만, 이 가정은 현실적이지 않다.

소비자 대체와 생산요소 대체를 허용하는 것의 함의는 무엇인가? 상업구역에 있어, 전차는 일반적으로 토지임대료를 증가시켜, 고용밀도를 증가시키는 생산요소 대체를 야기한다. 다시 말해, 기업들은 보다 작은 생산부지 위에 보다 높은 건물에서 운영함으로써 토지를 절약한다. 주거구역에 있어, 주택가격과 토지임대료가 감소하는 곳에서는 어디에서나 가구들이 보다 많은 주택과 토지를 소비함에 따라 주거밀도는 감소한다. 대조적으로, 토지가격과 주택가격이 증가하는 곳에서는 어디에서나 가구들이 보다 작은 부지 위에 보다 작은 주택에 거주함으로써 주택과 토지를 절약함에 따라 주거밀도는 증가한다.

상승하는 해수면의 일반균형효과

도시의 생산지역의 일부를 범람하는 해수면의 상승을 촉발하는 기후변화의 효과를 고려하라. 그림 14-7의 위 그림에서, 초기 (범람 이전) 균형은 점 a와 b에 의해 보여진다. 상업지역은 폭 x_1 킬로미터이고 주거지역은 폭 x_4-x_1 킬로미터이다. $\underline{x}$

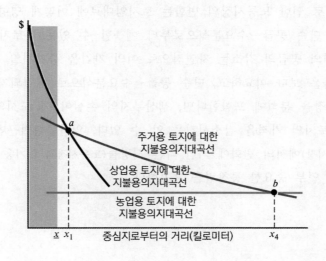

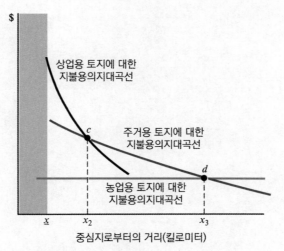

▲ 그림 14-7 상승하는 해수면의 일반균형효과

킬로미터까지 그늘진 직사각형은 범람된 지역을 보여준다. 홍수의 직접적인 효과는 원래의 임금에서 노동에 대한 수요를 감소시키고 노동의 초과공급을 발생시키는 것이다.

노동의 초과공급은 임금을 감소시킨다. 잉여의 원칙을 적용하면, 상업용 토지에 대한 지불용의지대곡선은 위로 이동하고 주거용 토지에 대한 지불용의지대곡선은 아래로 이동한다. 그림 14-7의 아래 그림에서, 새로운 균형은 점 c와 d에 의해 보여진다. 상업지구는 $\underline{x}$에서 x_2까지이고 주거지구는 x_2에서 x_3까지에 해당한다. 상업구역과 주거구역에서의 변화는 균형노동력의 순감소를 발생시킨다.

홍수와 이로 인한 노동시장의 변화는 토지임대료에 어떻게 영향을 미치는가? 상업지역에서, 단순 공급－수요분석으로부터 예측할 수 있듯이 토지임대료는 증가한다. 생산부지의 공급의 감소는 자연적으로 이의 가격을 증가시킬 것이다. 주거지역에서, 문제들은 보다 미묘하고, 단순 공급－수요분석으로 해결되지 못한다. 그러나 만일 노동시장을 분석에 포함한다면, 생산부지의 손실이 이 도시의 임금을 감소시켜 주거용 토지의 가격을 감소시킴을 알 수 있다. 일반균형접근법은 하나의 시장 (상업용 토지시장)에서의 변화에 의한 다른 시장들(노동시장과 주거용 토지시장)에 대한 효과에 관한 일부 중요한 통찰력을 제공한다.

개념에 대한 복습

01 단일도심도시에 대한 네 개의 핵심적인 가정들은 다음과 같다: (i) 제조업 생산물은 [_____]을/를 통해 수출된다; (ii) 도시 간 운송은 [_____]에 의해 이뤄진다; (iii) 노동자들은 [_____](으)로 통근한다; (iv) 사무기업 노동자들은 [_____] 을/를 위해 기업들 간 통행한다.

02 산업혁명의 일부 혁신들은 거대한 단일도심도시들의 생성을 초래하였다: (i) 제조 업에서의 혁신들은 생산에서의 [_____]을/를 증가시켰다; (ii) 도시 간 교통의 혁신들은 [_____]을/를 증가시켰다; (iii) 도시 내 교통에서의 혁신들은 도시 의 [_____]을/를 증가시켰다; (iv) 건설에서의 혁신들은 [_____] 건물들의 비용을 감소시켰다.

03 단일도심도시에서, 중심상업지구의 중심토지는 보다 높은 [_____]을/를 갖는 토 지이용자에 의해 점유되며, 따라서 [_____] 토지 지불용의곡선이다. 전통적인 단 일도심도시에서, 중앙의 중심상업지구 토지는 [_____]기업들에 의해 점유된다.

04 사무업 토지에 대한 지불용의곡선은 [_____]의 기회비용이 상대적으로 높기 때 문에 제조업 토지에 대한 지불용의곡선보다 가파르다.

05 단일도심도시에서, [_____]을/를 운송하는 비용이 [_____]을/를 운송하는 비 용에 비해 높기 때문에 제조업체의 합리적 입지선택은 [_____]에 가깝고 이것의 [_____]로부터 멀리 입지하는 것이다.

06 도시경제의 일반균형모형은 [_____]시장과 [_____]시장 간 상호작용을 보여 주며, 따라서 [_____]에서의 변화의 상업용 그리고 주거용 [_____]에 대한 영향을 보여준다.

07 단일도심도시에서 전차의 도입은 초과 노동[_____]과/와 [_____] 임금을 야 기한다. 임금의 변화는 상업용 토지에 대한 지불용의지대곡선을 [_____] 이동시 키고 주거용 토지에 대한 지불용의지대곡선을 [_____] 이동시킨다. 결과적으로, 상업구역은 [_____].

08 단일도심도시에서 전차의 도입은 도시중심지 인근 토지임대료를 [_____] 그리고 이 도시의 원래의 변두리 인근 토지임대료를 [_____].

09 만일 기업들이 생산요소 대체에 참여한다면, 토지임대료에서의 증가는 고용밀도를 [_____].

10 만일 소비자들이 소비자 대체에 참여한다면, 주택가격과 토지가격에서의 증가는 주 거밀도를 [_____].

11 상승하는 해수면이 일부 상업용 토지를 물속에 잠기게 한다고 가정하라. 초과 노동 [_____]이/가 존재할 것이고, 이로 인한 임금의 [_____]은/는 주거용 토지에 대한 지불용의를 [_____] 이동시킨다. 결과적으로, 주거구역은 [_____].

12 도시경제에 관한 일반균형모형에서, 노동에 대한 수요의 증가는 임금을 [_____], 이는 [_____] 토지에 대한 지불용의를 감소시키고 [_____] 토지에 대한 지불용의를 증가시킨다.

개념들을 응용하는 연습문제

01 제조업의 교외화

앞서 나온 그림 14-2를 이용하여, 1km당 운송비용이 6달러에서 2달러로 감소하고 노동비용에서의 변화율이 1km당 1달러에서 3달러로 증가한다고 가정하라. 제조업체의 비용-최소화 입지에 대한 함의를 설명하라.

(운송비용곡선의 기울기와 노동비용곡선의 기울기를 구하고 전체 비토지 비용곡선의 기울기를 계산할 것. 역자 주).

02 집중된 사무실 대 분산된 사무실

단일도심도시에서 사무기업을 고려하라. 노동비용함수는 w=60 − 6x로 x는 (0km에서 5km까지의) 도시중심까지의 거리에 해당한다. (사무기업들 간 통행을 위한) 상호작용비용은 c=12+x^{β}로, β는 (이 기업이 조절할 수 없는) 모수이다.

a. 사무기업들의 통행비용에 관한 이전의 논의에 기초하여, 개연성 있는 수치는 β= [_____](0.50, 1.0, 2.0 가운데 선택하라).

b. x^{*}에 대한 수치를 포함하여, 사무기업에 대한 비용-최소화 입지를 설명하라.

(사무기업의 상호작용비용은 가파르게 증가함에 유의하라. 노동비용과 상호작용을 위한 비용을 합하여 총 비토지비용을 x=0에서 x=5까지에 대해 계산하라. 역자 주).

03 건물높이 제한

상업용 구조물에 대해 최대 건물높이를 설정하는 단일도심도시를 고려하라. 이 최대높이는 중심지로부터 1킬로미터 이내 건물들의 높이에 해당한다.

a. 이 제한의 상업용 토지의 지불용의에 대한 효과를 설명하라.

b. 노동시장에서, 이 제한은 [_____] 초래한다.

c. 주거용 토지시장에서, 노동시장에서의 변화들은 [_____] 초래한다.

d. 그림 14-3을 모형으로 이용하여, 설명하라.

04 교육체계에서의 개선

지역의 학교들을 개선하여 효율적인 방법으로 학생들의 성취를 높이는 단일도심도시를 고려하라. 문제를 단순화하기 위해, 증가된 학생들의 성취가 노동자의 생산성에 미치는 효과를 무시하라.

a. 주거용 토지시장에서, 이 개선은 [_____].

b. 노동시장에서, 주거용 토지시장에서의 변화들은 [_____] 초래한다.

c. 상업용 토지시장에서, 노동시장에서의 변화들은 [_____] 초래한다.

d. 그림 14-3을 모형으로 이용하여, 설명하라.

05 로봇자동차와 노동시장

모든 사람이 도시중심지로 자동차로 통근하는 단일도심도시를 고려하라. (스스로 운전하는 자동차인) 로봇자동차의 도입이 통근비용을 감소시킨다고 가정하라.

a. 주거용 토지시장에서, 로봇자동차의 도입은 [_____].

b. 노동시장에서, 주거용 토지시장에서의 변화들은 [_____] 초래한다.

c. 상업용 토지시장에서, 노동시장에서의 변화들은 [_____] 초래한다.

d. 그림 14-3을 모형으로 이용하여, 설명하라.

06 영업세

제조업체들에게 세금을 부과하는 단일도심도시를 가정하라.

a. 상업용 토지시장에서, 이 세금은 [_____].

b. 노동시장에서, 상업용 토지시장에서의 변화들은 [_____] 초래한다.

c. 주거용 토지시장에서, 노동시장에서의 변화들은 [_____] 초래한다.

d. 그림 14-3을 모형으로 이용하여, 설명하라.

Anas, Alex, Richard Arnott, and Kenneth A. Small, "Urban Spatial Structure." *Journal of Economic Literature* 3 (1998), pp. 1426−64.

Brueckner, Jan K., Jacques−Francois Thisse, and Yves Zenou, "Why Is Central Paris Rich and Downtown Detroit Poor? An Amenity−Based Theory." *European Economic Review* 43 (1999), pp. 9−107.

Brueckner, J., "The Structure of Urban Equilibria: A Unified Treatment of the Muth−Mills Model," in E. S. Mills, ed., *Handbook of Regional and Urban Economics, Volume 2*, 1987.

Fujita, Masahisa, *Urban Economic Theory*. Cambridge: Cambridge University Press, 1989.

Fujita, Masahisa and H. Ogawa, "Multiple Equilibria and Structural Transition of Non−Monocentric Urban Configurations." *Regional Science and Urban Economics* 18 (1982), pp. 161−196.

Gin, A., and J. Sonstelie, "The Streetcar and Residential Location in Nineteenth Century Philadelphia." *Journal of Urban Economics* (1992).

Glaeser, Edward, Matthew Kahn, and Chenghuan Chu, "Job Sprawl: Employment Location in US Metropolitan Areas." Brookings Institution Survey Series (2001, May): 1−8.

Glaeser, E., M. Kahn, and J. Rappaport, "Why Do the Poor Live in Cities? The Role of Public Transportation," *Journal of Urban Economics* (2008).

Kraus, Marvin, "Monocentric Cities," Chapter 6 in *A Companion to Urban Economics*, edited by Richard J. Arnott and Daniel P. McMillen. New York: Wiley−Blackwell, 2006.

LeRoy, S., and J. Sonstelie, "Paradise Lost and Regained: Transportation Innovation, Income, and Residential Location," *Journal of Urban Economics* (1983).

Mills, Edwin S., *Studies in the Structure of the Urban Economy*. Baltimore: Johns Hopkins, 1972.

Mills, Edwin S., "An Aggregative Model of Resource Allocation in a Metropolitan Area," *American Economic Review* 57 (1971), pp. 197−210.

McMillen, Daniel P., "Testing for Monocentricity," Chapter 8 in *A Companion to Urban Economics*, edited by Richard J. Arnott and Daniel P. McMillen. New York: Wiley−Blackwell, 2006.

Nechyba, Thomas, and Randall Walsh, "Urban Sprawl," *Journal of Economic Perspectives,* 18.4 (2004), pp. 177−200.

Plantinga, Andrew, and Stephanie Bernell, "The Association between Urban Sprawl and Obesity: Is It a Two−Way Street?" *Journal of Regional Science* 47.5 (2007), pp. 857−79.

Solow, Robert M., and William S. Vickrey, "Land Use in a Long, Narrow City," *Journal of Economic Theory* 3 (1971), pp. 430−47.

Wheaton, W., "Income and Urban Residence: An Analysis of Consumer Demand for Location," *American Economic Review* (1977).

15 이웃

> 너 자신과 같이 이웃을 사랑하라, 그러나 너의 이웃을 선택하라.
>
> — 루이스 빌(Louise Beal)

한 가구가 이웃을 선택할 때, 사회적 상호교류를 위한 한 조합의 이웃들을 선택하는데 또한 지역공공재와 지방세의 수준을 집합적으로 결정하는 한 조합의 시민들을 선택한다. 핵심적인 질문은 이웃이 소득, 교육, 그리고 인종 측면에서 동질적일 것인가 혹은 이질적일 것인가 하는 것이다. 앞으로 보게 되듯이, 동류의 이웃에 대한 명백한 선호의 부재에도 불구하고 상대적으로 동질적인 이웃을 유도하는 강력한 힘이 존재한다.

01 차별: 소득, 교육, 인종

소득, 교육성취, 그리고 인종 측면에서 미국 도시들의 거주지 차별(segregation)에 대한 사실들로 이 장을 시작한다. 가장 빈번하게 이용되는 차별에 대한 측정은 비유사성 지수(dissimilarity index)로, 이는 (이웃들이 유사한) 0에서 (이웃들이 완전히 상이한) 100까지의 값을 가진다. 하위 극값에서, 0의 비유사성 수치는 특정 도시에서 이웃들이 두 집단(부유한 사람과 가난한 사람 혹은 흑인과 백인)의 혼합의 관점에서 동일함을 나타낸다. 이것은 완전한 통합의 사례이다. 개별 이웃의 인구 혼합은 도시 전체의 혼합과 일치한다. 예를 들어, 만일 도시 가구들의 10%가 흑인이라면, 개별 이웃에서 10%의 가구들이 흑인이다. 비유사성 지수의 상위 극값에서, 100의 값은 완전한 차별을 나타낸다. 개별 이웃은 하나의 가구 유형을 가지고 있고, 이웃의 수준에서 유형의 혼합이 존재하지 않는다. 예를 들어, 배타적인 백인 이웃과 배타적인 흑인 이웃이 존재한다.

두 인구 유형에 대한 도시의 비유사성 지수의 측정은 단도직입적이다. 비유사성 지수에 대한 공식은 다음과 같다

$$D = 100 \cdot \frac{1}{2} \sum_{i=1}^{N} \left| \frac{a_i}{A} - \frac{b_i}{B} \right|$$

여기서, (i로 표시된) N개의 이웃들이 존재하고, a_i는 이웃 i에서 유형 a의 인구이며, b_i는 이웃 i에서 유형 b의 인구이고, A는 유형 a의 도시 전체 인구이고, B는 유형 b의 도시 전체 인구이다.

소득 차별

표 15-1은 2010년 미국 대도시지역들에서 낮은-소득 가구들의 차별의 정도를 보여준다. 이 결과들은 센서스 자료로부터 도출되었으며, 이웃은 인구조사구역(census track)으로 정의되었다. 표에서, 낮은-소득 가구는 소득이 국가 빈곤수준(4인 가구에 대한 연간 대략 23,000달러) 아래로 떨어진 가구로 정의된다. 거대한 대도시지역들(1백만명 이상의 인구)에 있어, 가장 적게 차별된 지역은 27의 비유사성 지수를 가져 가장 차별된 지역에 대한 47의 수치와 비교된다. 모든 대도시지역들 중에는, 그 범위가 가장 덜 차별된 17에서 가장 차별된 지역에 대한 49까지에 해당한다.

▌표 15-1 미국 대도시에서의 낮은-소득 가구들에 대한 비유사성 지수, 2010

	거대한 대도시지역 (인구 〉1백만명)	모든 대도시지역
최소	27	17
최대	47	49

출처: Florida, Richard, and Mellander, Charlotta, *Segregated City: The Geography Economic Segregation in America's Metros*. Toronto: Martin Prosperity Institute, 2015.

비유사성 지수는 개별 이웃이 동일한 거주 혼합을 갖도록 하기 위해 이주해야 하는 한 집단의 비중을 보여준다. 가장 적게 차별된 거대한 대도시지역에 대해, 이웃들 간 거주 혼합을 동일하게 하기 위해, 즉 개별 이웃(인구조사구역)에 대해 15%의 가구들이 낮은-소득 가구이기 위해, 27%의 낮은-소득 가구들이 이주해야 한다. 가장 차별된 거대한 대도시지역에 대해, 이주의 비중은 47%에 해당할 것이다.

모든 대도시지역들에 대해, 가장 적게 차별된 대도시지역에서 17%가 이주해야 하며, 이는 가장 차별된 대도시지역에서의 49%와 비교된다.

소득차별의 또 다른 측정은 압도적으로 낮은－소득 이웃에 거주하는 낮은－소득 가구의 수이다. 표 15－2에서, 낮은－소득 가구는 국가 중위소득의 2/3 이하의 소득을 갖는 가구로 정의된다. 2010년에, 28%의 낮은－소득 가구들은 낮은－소득 가구들이 절대다수(majority)인 이웃(인구조사구역)에서 거주하였다. 1980년에 대한 해당 수치는 23%로, 이 기간에 걸쳐 낮은－소득 가구들의 군집이 증가하였음을 나타낸다. 소득분포의 다른 극단에서, 높은－소득 가구들의 군집은 이 기간에 증가하였다. 표의 마지막 행은 높은－소득 가구들이 절대다수였던 이웃들에 거주한 높은－소득 가구의 비중을 보여준다. 높은－소득 가구의 군집에 대한 이러한 수치는 1980년 9%에서 2010년 18%로 두 배가 되었다.

▌표 15-2 미국 대도시지역들에서의 소득차별, 1980년과 2010년

	2010년 가구의 비중	1980년 가구의 비중
다수가 다음의 가구인 인구조사구역에서의 낮은-소득 가구		
낮은-소득 가구	28	23
높은-소득 가구	2	1
다수가 다음의 가구인 인구조사구역에서의 중간-소득 가구		
낮은-소득 가구	11	8
높은-소득 가구	4	1
다수가 다음의 가구인 인구조사구역에서의 높은-소득 가구		
낮은-소득 가구	4	3
높은-소득 가구	18	9

출처: Fry, Richard, and Taylor, Paul, *The Rise of Residential Segregation by Income*. Washington, DC: Pew Research Center, 2012.

교육차별

표 15－3은 2010년 미국 대도시지역들에서 교육성취 측면에서의 차별의 정도를 보여준다. 이전의 표에서와 같이, 이웃은 인구조사구역으로 정의된다. 우선 교육성취 사다리의 하위 극단, 고등학교를 끝마치지 않은 사람들(중퇴자)을 고려하라. 거대한 대도시지역에서, 고등학교 중퇴자에 대한 비유사성 지수는 가장 적게 차별된 지

역에 대해 24이며, 이는 가장 차별된 지역에 대한 45와 대조된다. 모든 대도시지역에 있어, 비유사성 지수의 범위는 가장 덜 차별된 지역에 대한 10에서 가장 차별된 지역에 대한 50까지에 해당한다.

▎표 15-3 비유사성 지수, 2010년 미국 대도시지역들에서의 교육성취

	거대한 대도시지역들 (인구 〉 1백만명)	모든 대도시지역들
고등학교 중퇴자		
최소	24	10
최대	45	50
대학 졸업자		
최소	28	14
최대	43	44

출처: Florida, Richard, and Mellander, Charlotta, *Segregated City: The Geography of Economic Segregation in America's Metros.* Toronto: Martin Prosperity Institute, 2015.

다음은 교육성취 사다리의 상위 극단, 대학 학위를 가진 사람들을 고려하라. 거대한 대도시지역에서, 가장 덜 차별된 지역은 28의 대학 졸업자에 대한 비유사성 지수를 가져, 가장 차별된 지역에 대한 43의 수치와 대조된다. 모든 대도시지역에 있어, 비유사성 지수의 범위는 가장 덜 차별된 지역에 대한 14에서 가장 차별된 지역에 대한 44까지에 해당한다.

인종차별

그림 15−1은 2010년 미국 대도시지역들에서 인종 혼합을 보여준다. 개별 집단에 대해, 이 그림은 전형적인 대도시 거주민의 이웃(인구조사구역)의 인종 구성을 보여준다. 예를 들어, 전형적인 아시아인 거주민은 백인 거주민 49%, 흑인 거주민 9%, 히스패닉 거주민 19%, 그리고 아시아인 22%의 인구조사구역에 거주하였다. 전형적인 백인 거주민은 백인 거주민 75%, 흑인 거주민 8%, 히스패닉 거주민 11%, 그리고 아시아인 5%의 인구조사구역에 거주하였다.

이러한 수치들을 올바른 관점에서 보기 위해, 2010년 미국 대도시지역들의 인종 구성을 고려하라. 인종 구성은 백인 58%, 흑인 14%, 히스패닉 19%, 그리고 아시아인 7%이다. 개별 인종 집단에 대해, 전형적인 대도시 거주자는 동일한 인종에 대하

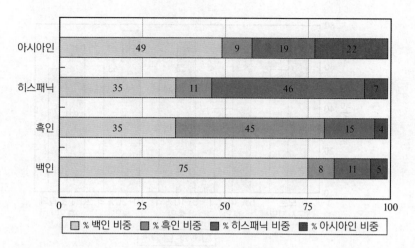

출처: Logan, John R., and Stults, Brian, "The Persistence of Segregation in the Metropolis: New Findings from the 2010 Census." Census Brief prepared for Project US2010, 2011.

▲ 그림 15-1 2010년 미국 대도시지역들에서의 인종 혼합

여 국가 비중보다 높은 비중(백인에 대해, 75% > 58%)을 갖고 다른 인종들에 대하여 국가 비중에 비해 낮거나 같은 비중을 갖는 이웃에 거주하였다. 아시아인과 히스패닉에 있어, 다른 인종의 비중은 국가 비중과 일치한다: 아시아인에 대해, 19%의 이웃들이 히스패닉이고; 히스패닉에 대해, 7%의 이웃들이 아시아인이다.

그림 15-2는 1980년과 2010년 미국 대도시지역들에 대한 흑인-백인 비유사성 수치들을 보여준다. 대도시지역 전체에 대해, 비유사성 지수는 1980년 73에서 2010년 59로 감소하였다. 전형적인 대도시지역에서, 개별 인구조사구역에서 동일한 흑인-백인 혼합을 달성하기 위해 59%의 흑인이 이주하여야 한다. 그림에서 보여지듯이, 비유사성 지수에서 가장 큰 감소는 상대적으로 작은 흑인 인구를 갖는 대도시지역에서 일어났다. 흑인이 인구의 5%보다 적은 대도시지역에 대해, 비유사성 지수는 1980년 67에서 2010년 40으로 감소하였다. 다른 극단에서, 흑인이 인구의 20%보다 많은 대도시지역에 대해 이 지수는 1980년 70에서 2010년 59로 감소하였다. 차별의 감소는 대체로 백인이 대부분인 이웃들에서 증가된 혼합의 결과이다.

이러한 수치들을 올바른 관점에서 보기 위해, 다른 인종 조합들에 대한 비유사성 지수의 수치들을 고려하라. 2010년 미국 대도시지역들에 있어, 백인-히스패닉 비유사성 지수는 45이고, 백인-아시아인 비유사성 지수는 41이다. 다시 말해, 백인과 흑인의 거주지 혼합은 백인과 다른 인종들의 거주지 혼합에 비해 작다.

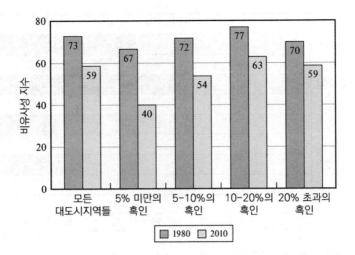

출처: Logan, John R., and Stults, Brian, "The Persistence of Segregation in the Metropolis: New Findings from the 2010 Census." Census Brief prepared for Project US2010, 2011.

▲ 그림 15-2 흑인-백인 비유사성 지수, 미국 대도시지역들, 1980년과 2010년

표 15-4는 20개의 가장 차별된 대도시지역들에 대한 백인-흑인 비유사성 지수의 수치들을 나열한다. 1980년과 2010년 사이, 이 지수의 수치는 모든 대도시지역들에서 감소하였으며, 가장 차별된 지역들에서 상대적으로 작은 변화를 갖는다.

▍표 15-4 가장 차별된 미국 대도시지역들에 대한 백인-흑인 비유사성 지수

2010년 순위	지역명	2010년 비유사성 지수	2000년 비유사성 지수	1990년 비유사성 지수	1980년 비유사성 지수
1	디트로이트	79.6	85.9	85.6	83.0
2	밀워키	79.6	82.2	82.8	83.9
3	뉴욕	79.1	81.3	82.0	81.7
4	뉴웍	78.0	80.4	82.7	82.8
5	시카고	75.9	80.8	84.6	88.6
6	필라델피아	73.7	76.5	81.4	82.6
7	마이애미	73.0	72.4	71.8	79.3
8	클리블랜드	72.6	77.2	82.8	85.8
9	세인트루이스	70.6	73.4	77.2	81.6
10	낫소	69.2	73.6	76.4	76.9
11	보스턴	67.8	71.5	73.7	79.8

2010년 순위	지역명	2010년 비유사성 지수	2000년 비유사성 지수	1990년 비유사성 지수	1980년 비유사성 지수
12	신시내티	66.9	72.6	75.9	78.2
13	버밍햄	65.2	68.9	70.3	72.2
14	로스앤젤레스	65.0	67.5	73.1	81.1
15	인디애나폴리스	64.5	71.0	74.4	78.8
16	볼티모어	64.3	67.6	71.4	74.4
17	워싱턴	64.1	65.9	68.4	71.4
18	뉴올리언즈	63.3	69.0	68.3	70.0
19	피츠버그	63.1	67.4	70.8	73.3
20	멤피스	62.2	65.7	65.5	68.8

출처: Logan, John R., and Stults, Brian, "The Persistence of Segregation in the Metropolis: New Findings from the 2010 Census." Census Brief prepared for Project US2010, 2011.

02 지방공공재를 위한 패지어 살기

전형적인 대도시지역은 다수의 지방자치시들을 가지고 있으며, 개별 지방자치시는 공공안전, 도서관, 그리고 공원과 같은 지방공공재들의 상이한 조합을 제공하며 이러한 지방공공재의 재원마련을 위한 일련의 세금의 체제를 가지고 있다. 더불어, 가구들은 다수의 학군들로부터 선택을 하며, 개별 학군은 자신만의 교육프로그램을 가지고 있다. 가구가 주택이나 아파트를 선택할 때, 가구는 또한 한 조합의 지방공공재와 세금을 선택하는 것이다. 또한 시민들이 그들의 선호하는 프로그램에 대해 투표하거나 의사결정을 위한 대표를 선출할 때, 이러한 조합은 정치적 과정에 의해 결정된다. 이웃들은 지방공공재와 세금의 수준을 집합적으로 결정하는 동료 시민들이다. 나중에 보듯이, 가구들은 (i) 지방공공재에 대한 유사한 선호와 (ii) 지방공공재를 공급하기 위해 세금이 부과되는 민간재에 대한 유사한 수요를 가지고 있는 이웃들을 선호한다.

지방공공재에 대한 수요의 다양성

　　지방자치시 혹은 학군에서 시민들은 공공재와 이의 예산비용을 집합적으로 결정한다. 가구소득과 선호에서 상이한 세상(혹은 대도시지역)에서, 가구들은 그들이 원하는 지방공공재의 수준에서 상이할 것이다. 예를 들어, 가구들은 도서관 예산과 공원의 규모, 경찰관과 소방관의 수, 그리고 지역 학교에서의 학급규모에서 상이할 것이다. 이 책의 뒷부분에서 지방공공재에 대한 집합적 결정을 유도하는 정치적 과정에 관해 탐구할 것이다. 이 장에서, 지방공공재에 대해 원하는 수준의 상이함이 입지선택에 갖는 함의에 초점을 둔다.

　　하나의 학군과 삼백명의 시민을 갖는 대도시지역을 고려하라. 시민들은 소득에서 상이하며, 개별 유형: 낮은 소득, 중간 소득, 그리고 높은 소득에 대해 백명의 시민들이 존재한다. 이 지방공공재는 지역 학교로, 수량은 교사의 수에 의해 측정된다. 주어진 학생 수에 대해 교사의 수가 보다 클수록, 학급규모는 보다 작고 학생의 성취는 보다 높다. 소득에서의 상이함으로 인해, 시민들은 지방공공재의 선호하는 수준(교사의 수)에 대해 의견이 다를 것이고 교사의 수를 선택하기 위해 정치적 과정 ─다수결 원칙─을 이용할 것이다.

　　그림 15-3은 개별 가구유형에 대한 선호하는 교사의 수를 보여주기 위해 소비자선택모형을 이용한다. 선형의 예산선들은 지역 학교들에 대한 지출과, 민간재와

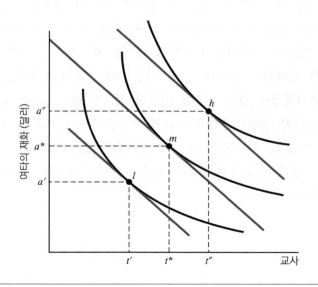

▲ 그림 15-3 지방공공재에 대한 수요의 다양성

더불어 여타의 지방공공재를 포함하는, 모든 다른 재화들 간 교환조건을 보여준다. 당분간 학교들이 인두세(head tax)에 의해 재정이 지원됨을 가정한다. 만일 머리가 있다면, 즉, 모든 개인들은 소득에 상관없이 동일한 세금을 지불한다. 결과적으로, 개별 시민은 교육과 다른 재화 간에 동일한 교환조건을 직면한다. 개별 추가적인 교사는 개별 시민에 대해 (포기된 다른 재화 측면에서) 동일한 기회비용을 갖는다. 그림에서, 예산선들은 공통의 기울기를 갖는다. 당분간, 시민들이 교육에 대해 동일한 선호를 가지고 있다고 가정할 것이며, 따라서 그들은 동일한 무차별곡선을 갖는다.

평상시처럼, 개별 시민에 대한 선호되는 조합은 한계대체율(무차별곡선의 기울기)이 가격비율(예산선의 기울기)과 일치하는 소비가능한 조합에 해당한다. 그림으로, 이 시민의 예산선은 무차별곡선에 접한다. 그림 15-3에서, 선호되는 조합들은 점 l(낮은 소득), m(중간 소득), 그리고 h(높은 소득)에 의해 보여진다. 다시 말해, 학교 교사는 경제학에서 정의되듯이 "정상"재(normal good)이다. 소득과 교사의 선호되는 수 간에 정(+)의 관계가 존재한다. 이 경우, 세 유형의 시민들은 얼마나 많은 교사를 고용할 것인가에 대해 동의하지 않으며, 보다 높은 소득의 시민들은 보다 많은 교사들(과 보다 높은 세금)을 선호하고 따라서 보다 작은 학급규모를 갖는다.

세 유형의 시민들은 교사의 수에 대한 상이한 선호를 어떻게 타협할 것인가? 하나의 선택권은 투표용지에 투표를 하는 것이다. 이 책의 나중 부분에서 보게 되듯이, 직접투표의 결과는, 나머지 투표자들을 보다 적은 교사를 선호하는 하나의 집단과 보다 많은 교사를 선호하는 또 다른 집단으로 동일한 둘로 나누는 투표자로 정의되는, 중위투표자(median voter)가 선호하는 선택이 될 것이다. 이 예에서, 중간 -소득 시민들은 선거의 결과를 결정하며, 따라서 정치적 균형은 t^* 교사들이 될 것이다. 두 집단은 결과에 대해 만족하지 않을 것이다. 낮은-소득 시민들은 보다 적은 교사($t' < t^*$)를 선호할 것이고, 높은-소득 시민들은 보다 많은 교사($t'' > t^*$)를 선호할 것이다.

투표용지에 투표하는 것의 대안은 시민들이 그들의 발(feet)로 투표하는 것이다. 개별 불만족 집단은 새로운 단일 학군을 형성하고 선호하는 수의 교사를 고용할 수 있을 것이다. 만일 보다 작은 학군을 형성하는 것과 관련된 비용이 존재하지 않는다면, 이는 낮은-소득 시민들과 높은-소득 시민들에 있어 쉬운 결정이다. 개별 집단은 100명의 시민으로 구성된 학군을 형성하고 이의 선호하는 수의 교사와 여타의 재화를 얻을 것이다. 낮은-소득 시민들은, t'의 교사와 a'의 여타 재화를 갖는, 점 l을 달성하는 반면에 높은-소득 시민들은, t''의 교사와 a''의 여타 재화를 갖는, 점 h를 달성할 것이다. 물론, 보다 작은 학군으로의 전환이 평균생산비용을 증가시킨다면, 문제는 보다 복잡하다.

지방공공재에 대한 수요의 차이는 가구들로 하여금 소득에 따라 패지어 살도록 한다. 가상의 대도시지역은 세 학군을 가지고 있으며, 각각은 소득에 있어 동질적이다. 동일한 논리가 소득에서의 차이가 아닌 지방공공재에 대한 근본적인 선호에서의 차이에 기인하는 수요의 차이에도 적용된다. 예를 들어, 공교육에 대한 수요는 부모의 학업성취에 의존할 수 있다. 이 경우, 교육에 대한 수요의 다양성은 두 학군을 생성시키는데, 한 학군은 대학을 졸업하지 않은 부모를 포함하고 두 번째 학군은 대학을 졸업한 부모를 포함한다.

과세물품에 대한 수요의 다양성

이제까지, 학교예산이 학군 내 개별 가구에 대해 동일한 세금인 인두세에 의해 마련됨을 가정하였다. 지방정부에 대한 현실세계에서, 지방공공재는 주택(재산세), 소득, 그리고 소비재(물품세)에 대한 세금에 의해 재원이 마련된다. 나중에 보게 되듯이, 만일 시민들이 지방정부에 의해 세금이 부과되는 재화들에 대해 다양한 수요를 가지고 있다면, 이는 과세물품에 대한 수요에 따라 패지어 살기(sort) 위해 개별 관할구역을 형성할 또 다른 유인을 창출한다.

앞에서의 예를 지속하여, 중간-소득 학군을 고려하라. 선호되는 학교 프로그램(t^* 교사)의 비용이 1인당 120달러이고, 머리당 120달러의 인두세는 시민들 간 세금을 균등화함을 가정하라. 이 학군이 머리의 무게에 기초한 세금으로 전환한다고 가정하라. 이 학군에서 평균 머리무게는 2킬로그램이며, 따라서 1킬로그램당 60달러의 세금은 이 학교 프로그램의 비용을 충당하기에 알맞게 평균적으로 120달러만큼 징수할 것이다. 그리고 만일 모두가 동일한 머리무게(2킬로그램)를 갖는다면, 모두가 동일한 120달러의 세금을 지불할 것이다.

그림 15-4는 과세표준(머리무게)의 다양성의 함의를 보여준다. 좌측의 회색 직사각형들은 단일 과세표준(동일한 머리무게)의 경우의 조세 부채를 보여준다. 직사각형의 높이는 60달러의 세금이고, 폭은 2킬로그램의 무게이며, 따라서 개별 직사각형의 면적은 120달러이다. 중간의 직사각형 조합은 두 유형의 시민, 가벼운 머리(1킬로그램)와 무거운 머리(3킬로그램)를 갖는 하나의 학군에서 어떠한 일이 발생하는지를 보여준다. 킬로그램당 60달러의 세율하에서, 가벼운 머리는 단지 60달러를 지불하는 반면에 무거운 머리는 180달러를 지불한다. 평균적으로, 시민들은 1인당 120

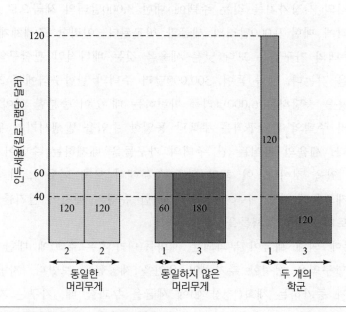

인두세율(킬로그램당 달러)

120

60
40

| 120 | 120 | | 60 | 180 | | 120 | 120 |
| 2 | 2 | | 1 | 3 | | 1 | 3 |

동일한
머리무게

동일하지 않은
머리무게

두 개의
학군

▲ 그림 15-4 과세물품에 대한 수요의 다양성

달러의 교육 프로그램 비용을 지불하지만, 무거운 머리는 가벼운 머리보다 많이 지불한다.

과세표준(머리무게)에서의 차이는 많은 세금이 부과되는 시민들이 새로운 관할구역을 설치하도록 하는 유인을 제공한다. 예에서, 무거운 머리들은 새로운 학군을 설치할 유인을 갖는다. 그림 15-4에서 가장 우측의 직사각형에 의해 보여지듯이, 무거운 머리들은 배타적인 학군을 형성하고 세율을 1킬로그램당 40달러로 줄일 수 있다. 이 경우, 개별 시민은 (40달러에 3킬로그램을 곱한 것과 동일한) 120달러의 학교 프로그램에 대한 1인당 비용을 지불할 것이다. 만일 모든 무거운 머리들이 원래의 학군을 떠난다면, 남겨진 가벼운 머리들은 세율을 1킬로그램당 120달러(큰 직사각형)로 증가시켜야 한다. 이러한 체계는 일종의 배제의 구조(exclusion mechanism)를 요구함을 주지하는 것이 중요하다. 만일 가벼운 머리들이 새로운 무거운 머리 (낮은 세율) 학군으로 이주한다면, 무거운 머리 학군에서 평균 세액은 120달러 아래로 떨어질 것이며, 이는 세율의 증가를 요구한다. 무거운 머리들은 가벼운 머리들의 유입을 경험한 자치시로부터 달아날 유인을 가질 것이다.

실제 도시들에서 가구의 입지결정에 대한 함의는 무엇인가? 지방정부들은 머리가 아닌 주택에 세금을 부과하는데, 동일한 논리가 적용된다. 어느 자치시가 연간 6,000달러의 가구당 비용을 갖는다고 가정하라. 가격의 3%에 해당하는 세율은

100,000달러의 시장가치를 갖는 주택에 대한 3,000달러의 세금으로 해석되며, 이는 300,000달러에 대한 9,000달러의 세금과 비교된다. 이러한 조세체계하에서, 큰 (높은 가치) 주택의 가구들은 보다 낮은 세율을 갖는 배타적인 관할구역을 형성하고자 하는 유인을 갖는다. 예를 들어, 300,000달러 주택의 관할구역에서 2%의 세율은 시정부의 비용을 충당하는 6,000달러를 마련하는 데 있어 충분할 것이다. 대조적으로, 100,000달러 주택의 관할구역은 주택당 동일한 수입을 발생시키기 위해 6%의 세율을 요구한다. 세율의 차이는 싼 주택의 가구들을 배제하는 수단이 있기만 하다면 유지될 수 있을 것이다. 이 책의 나중 부분에서 보게 되듯이, 자치시들은 세금이 부과되는 재화들에 대한 수요에 있어 이러한 유형의 패지어 살기를 촉진하기 위한 배타적인 토지-이용 정책들을 사용한다.

지방정부에 의해 세금이 부과되는 재화들(머리 혹은 주택)에 대한 수요의 다양성이 지방관할구역을 형성할 추가적인 유인을 제공함을 보았다. 지방정부가 소득에 따라 수요가 증가하는 재화("정상"재)에 세금을 부과할 때, 가구는 자신들을 소득에 따라 패지어 살게 하는 유인이 존재한다. 이는 지방공공재에 대한 수요의 다양성에 의해 야기된 소득에 따라 패지어 사는 경향을 강화한다.

03 선호하는 이웃에 대한 입찰가격

이웃들이 외부효과를 야기할 때의 가구의 입지선택을 고려하라. 외부효과는 가격이 매겨지지 않은 상호작용이고 긍정적이거나 부정적일 수 있음을 상기하라. 긍정적 외부효과는 한 사람이 다른 사람에게 이득을 주는 행위에 대해 대가를 지불받지 못할 때 발생한다. 부정적 외부효과는 한 사람이 다른 사람에게 비용을 야기하는 행위에 대해 지불하지 않을 때 발생한다. 이웃수준에서의 사회적 상호작용들은 아이와 어른 모두에게 외부효과를 발생시킨다.

1. 아이들은 어른들을 모방하며, 교육을 받고 성공한 어른들의 이웃은 좋은 역할모델(role models)을 제공한다. 학교에서, 아이들은 의욕을 갖고 집중하는 다른 아이들이 주위에 있을 때 보다 많이 배운다.
2. 어른들에 있어, 고용기회에 대한 정보는 종종 이웃과 친구와 같은 비공식적 원천으로부터 오고, 고용된 이웃들은 보다 나은 일자리에 대한 정보를 제공한

다. 부정적인 측면에서, 이웃들 중 약물 남용은 불쾌한 거주환경을 야기한다. 이웃들이 일자리 가능성을 유도하는 정보에 대해 서로 대가를 요구하지 않고, 약물 남용자들이 불쾌한 환경에 대해 그들의 이웃들에게 보상하지 않기 때문에 이들은 외부효과에 해당한다.

이러한 이웃 외부효과는 이웃선택에 영향을 미친다. 만일 가구들이 어른 역할모델과 학교 친구에 있어 동일한 선호를 갖는다면, 모든 가구들은 동일한 종류의 이웃을 선호할 것이다. 한 가구에 의해 발생된 긍정적 외부효과는 일반적으로 소득과 교육수준에 따라 증가하며, 따라서 사람들은 일반적으로 다수의 높은−소득, 고학력 가구를 갖는 이웃을 선호한다. 물론, 이러한 가구들의 수는 제한적이며, 따라서 문제는 누가 선호되는 가구를 이웃으로 얻을 것인가 하는 것이다. 시장경제에서, 선호되는 이웃들은 이들에 대해 가장 많이 지불할 용의가 있는 가구들에게 할당된다.

선호하는 이웃을 위한 입찰가격에 관한 모형

가구들은 주택이 있는 부지에 대한 입찰(bidding)을 통해 바람직한 이웃에 있는 장소들에 대해 경쟁한다. 벡커와 머피(Becker and Murphy, 2000)에 의해 개발된 모형을 설명하기 위해, 두 유형의 거주민들, 파란색과 녹색을 갖는 도시를 고려하라. 파란색 이웃들은 녹색 이웃들에 비해 보다 선호되며, 따라서 모든 사람이 파란색 이웃을 원함을 가정하라. 이 장의 나중 부분에서 거주민들이 유사한 이웃과 유사하지 않은 이웃에 대한 선호를 갖는 모형을 고려할 것이나, 우선은 파란색 이웃이 파

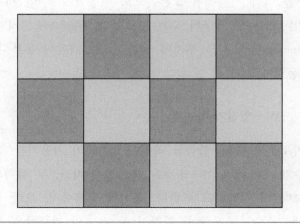

▲ 그림 15-5 완전히 통합된 이웃

란색 이웃과 녹색 이웃 모두에게 보다 나은 것으로 가정한다.

이웃은, 개별 부지에 하나의 주택을 갖는, 4 x 3 격자판의 12개 주거용 부지로 정의된다. 그림 15-5는 두 유형 각각에 대해 6명의 주민을 갖는 완전히 통합된 (integrated) 이웃을 보여준다. 격자 줄무늬 모양은 완전히 통합된 이웃에 대한 단지 하나의 형태이다. 두 유형 각각에 대해 6명의 주민이 있는 한, 이웃 내 거주민들의 위치에 상관없이 이 이웃은 완전히 통합되었다. 하나의 도시를 고려하라. 이 도시는 (중첩되지 않는) 두 상이한 이웃(서부와 동부)과 24명의 거주민(두 유형 각각에 대해 12명)을 갖는다. 예를 들어, 이 두 이웃이 고속도로 혹은 철도의 맞은편에 있을 수 있다.

이 두 이웃 간 거주민의 할당은 토지에 대한 경쟁적인 입찰에 의해 결정된다. 만일 세 조건이 충족된다면, 할당은 입지적 균형이다.

1. 내쉬균형

어느 거주민도 다른 이웃으로 이전하고자 하는 유인을 갖지 않는다.

2. 동일한 임대료

특정 이웃에서의 모든 가구는 동일한 임대료를 지불한다.

3. 합산(adding up)

모든 거주민들이 수용되며, 이는 두 이웃이 가득 채워짐을 의미한다.

그림 15-6은 두 이웃으로 두 유형 가구들의 균형 할당을 결정하는 분석틀을 제공한다. 수평선을 따라 왼쪽에서 오른쪽으로 이동함에 따라, 서부에서의 파란색 가구의 수는 증가하고 녹색 가구의 수는 감소한다. (수직축에 표시된) 가구의 입찰가격 할증금(bid premium) r은 서부 부지에 대한 입찰가격에서 동부 부지에 대한 입찰가격을 뺀 것과 동일하다.

r = 입찰가격(서부) − 입찰가격(동부)

두 유형의 가구들에 대해, 할증금 곡선은 양(+)의 기울기를 갖는다. 서부에서 파란색 가구의 수가 증가(녹색 가구의 수는 감소)함에 따라, 두 유형의 가구들은 서부의 부지에 대해 보다 더 지불하고자 한다. 동시에 동부에서, 보다 적은 파란색 가구와 보다 많은 녹색 가구가 존재하며, 따라서 두 유형의 가구들은 동부의 부지에 대해

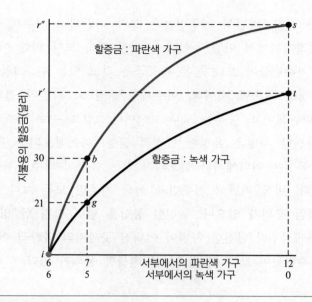

▲ 그림 15-6 입찰가격 할증금 곡선

보다 덜 지불하고자 한다. 동부에 대한 입찰가격은 감소한다. 서부에 대한 보다 높은 입찰가격과 동부에 대한 보다 낮은 입찰가격의 조합은 입찰가격의 할증금이 증가함을 의미한다. 예를 들어, 파란색 가구의 수가 6에서 7로 증가할 때, 녹색 가구의 할증금은 영(0)에서 21달러(점 i에서 점 g)로 증가하고 파란색 가구의 할증금은 영(0)에서 30달러(점 i에서 점 b)로 증가한다. 파란색 가구의 수가 12로 증가할 때, 파란색 가구에 대한 입찰가격 할증금은 r''로 증가하고 녹색 가구에 대한 입찰가격 할증금은 r'로 증가한다(그림 15-6을 참조하라. 역자 주).

그림 15-7에 보여진 사례에서, 완전한 통합은 내쉬균형이다. 점 i에서, 두 이웃은 동일하다. 개별 이웃은 두 유형 각각에 대해 6명의 거주민을 가지며, 따라서 지불용의 할증금이 영(0)이다. 이는 (i) 일방적인 이탈에 대한 유인이 없고; (ii) 개별 이웃에서, 모든 사람이 동일한 임대료를 지불하며; 그리고 (iii) 모든 24가구가 수용되기 때문에 균형이다.

완전한 통합은 불안정적 균형이다. 통합으로부터 작은 임의 이탈은 동일한 방향으로 자기-강화적 변화를 발생시킬 것이다. 한 쌍의 거주민이 이웃을 교환한다고 가정하라. 한 명의 파란색 거주민은 동부에서 서부로 이주하고, 한 명의 녹색 거주민은 서부에서 동부로 이주한다. 7명의 파란색 거주민과 5명의 녹색 거주민으로 이뤄진 새로운 혼합이 주어졌을 때, 개별 파란색 거주민은 이제 30달러(점 b)의 할증금을 지불할 용의가 있고, 개별 녹색 거주민은 21달러(점 g)의 보다 작은 할증금을 지불할 용의가 있다. 파란색 거주민들은 보다 파란색의 서부의 부지에 대해 녹색 거주민들을 입찰가격에서 이길 것이며, 따라서 더욱 보다 파란 이웃을 발생시킬 것이다. 파란색 거주민들이 보다 높은 할증금을 갖고 있는 한, 그들은 녹색 거주민들을 쫓아내는 것을 지속할 것이다. 이주과정은 점 s, 차별된 결과에서 끝이 난다. 서부는 모두 파란색이고, 동부는 모두 녹색이다(그림 15−7을 참조하라. 역자 주).

이 경우, 완전한 차별은 유일한 안정적 균형이다. 선호되는 유형의 거주민(파란색)의 할증금 곡선은 어디에서나 선호되지 않는 유형의 거주민(녹색)의 할증금 곡선 위에 놓여 있다. 비록 파란색 거주민과 녹색 거주민 모두 보다 파란 이웃에 대한 할증금을 지불할 용의가 있으나, 완전한 통합을 넘어 단지 한 명의 파란색 거주민이 더 많은 곳에서부터 완전한 차별이 이뤄진 곳까지의 파란색 이웃의 모든 범위에서, 파란색 거주민들이 보다 큰 할증금을 지불할 용의가 있다.

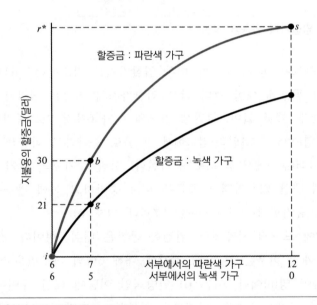

▲ 그림 15-7 안정적 균형으로서의 차별

혼합과 완전한 통합

그림 15−7에서 보여진 차별결과는 입찰가격곡선들의 위치에 기인한다. 대조적으로, 그림 15−8에서의 입찰가격곡선들의 위치는 파란색 거주민과 녹색 거주민의 혼합을 갖는 안정된 균형을 발생시킨다. 점 m(파란색 거주민 9명과 녹색 거주민 3명)은 임의의 이탈이 이 시장으로 하여금 점 m으로 되돌아오도록 하는 변화를 야기하기

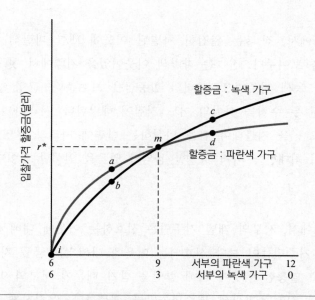

▲ 그림 15-8 안정적 균형으로서의 혼합

때문에 안정적 균형이다. 파란색 거주민 수의 증가(점 c와 점 d)는 녹색 거주민(점 c)이 서부의 입지들에 대해 새로운 파란색 거주민(점 d)을 입찰가격에서 압도함을 의미하며, 따라서 이 시장은 점 m으로 되돌아온다. 유사하게, 파란색 거주민 수의 감소(점 a와 점 b)는 파란색 거주민이 녹색 거주민을 입찰가격에서 압도함을 의미하며, 따라서 이 시장은 점 m으로 되돌아온다. 점 m이 유일한 안정적 균형이다. 점 i(완전한 통합)에서 출발하면, 점 a와 점 b로의 임의의 이탈은 점 m에 도달할 때까지 파란색 거주민들이 녹색 거주민을 입찰가격에서 압도하도록 유인할 것이다. 완전한 차별(12명의 파란색 거주민과 0명의 녹색 거주민)에서 출발하면, 점 c와 점 d로의 임의의 이탈은 점 m에 도달할 때까지 녹색 거주민들이 파란색 거주민들을 입찰가격에서 압도하도록 유인할 것이다.

토지가격과 지리적 균형

도시경제학의 핵심적인 개념들 가운데 하나는 가격이 지리적 균형을 달성하도록 조정된다는 것이다. 이웃에 대한 시장에서 내쉬균형을 발생시키기 위해, 토지가격의 변화는 이웃의 거주자 구성의 차이를 상쇄한다.

1. 완전한 차별

그림 15-6에서, 점 s는 완전히 차별된 이웃에 대한 파란색 거주민들로부터의 최대 할증금을 보여준다. 점 t는 파란색 이웃이었을 지역에서 첫 녹색 거주민이 되는 것에 대한 녹색 거주민으로부터의 할증금을 보여준다. 균형 할증금은 점 s 및 점 t와 연관된 두 수치들 사이의 어느 지점에 해당한다. 사리가 분명한 거주민들은 그들이 적어도 r'을 지불해야 함을 인식하는 반면에 사리가 분명한 지주들은 파란색 거주민들이 최대한 r''까지 지불할 용의가 있음을 인식할 것이다.

2. 혼합

그림 15-8에서, 서부의 개별 거주민은 선호하는 이웃에 대해 r^*의 할증금을 지불한다. 서부 거주민들이 보다 선호되는 이웃에 대해 할증금을 지불하는 반면에 동부 거주민들은 열등한 이웃에 대해 할인을 받기 때문에 서부의 9명의 파란색 거주민들은 동부의 3명의 파란색 거주민들만큼 행복하다. 유사하게, 임대료 할증금은 파란색의 서부(역자 주: 파란색 거주민의 수가 녹색 거주민의 수보다 많은 서부)의 녹색 거주민들을 보다 녹색의 동부의 녹색 거주민들만큼 행복하게 만든다.

부지규모와 공공정책

이제까지, 개별 가구는 한 단위의 토지를 점유한다고 가정하였다. 물론, 토지는 경제적 관점에서 정상재이고, 소비가 소득과 함께 증가한다. 변화하는 부지규모가 이웃선택과 소득차별에 갖는 함의는 무엇인가? 앞으로 보게 되듯이, 높은-소득 거주민들이 보다 많은 토지를 소비할 때, 통합(integration)이 발생할 가능성은 보다 크다.

출발점으로, 그림 15-9에서 보여진 상황을 고려하라. 파란색 거주민은 7명의 파란색 거주민과 5명의 녹색 거주민을 갖는 이웃에 살기 위해 30달러(점 b)의 할증금을 지불할 용의가 있는 반면, 녹색 거주민에 대한 할증금은 단지 21달러이다(점 g). 만일 두 유형의 거주민들이 한 단위의 토지를 점유한다면, 파란색 가구들은 녹색 가구들을 높은 입찰가격으로 압도하여, 궁극적으로 차별을 유도할 것이다.

파란색 거주민들이 보다 많은 토지를 소비할 때 상황들은 상이하다. 개별 파란색 거주민이, 녹색 거주민이 단지 한 단위의 토지를 점유하는 것과 대조되게, 두 단위의 토지를 점유한다고 가정하라. 30달러의 파란색 거주민의 할증금은 한 단위 토지당 15달러의 할증금(점 h)으로 해석된다. 이 경우, 파란색 거주민은 한 단위 토지당 보다 낮은 할증금을 가지며, 따라서 녹색 거주민들은 보다 바람직한 이웃의 토지에

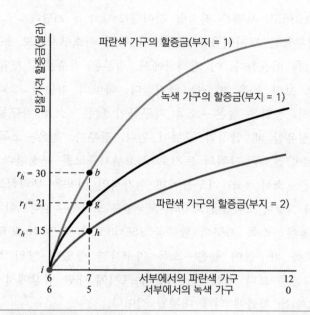

파란색 가구의 할증금(부지 = 1)

녹색 가구의 할증금(부지 = 1)

$r_h = 30$ ● b

$r_l = 21$ ● g

파란색 가구의 할증금(부지 = 2)

$r_h = 15$ ● h

i

입찰가격 할증금(달러)

6   7   서부에서의 파란색 가구   12

6   5   서부에서의 녹색 가구   0

▲ 그림 15-9 부지규모와 통합

대해 파란색 거주민들보다 높은 가격을 지불할 것이다. 결과적으로, 통합된 균형으로부터의 이탈(예를 들면, 7명의 파란색 거주민들과 5명의 녹색 거주민들)은 자기-강화적 변화보다는 자기-교정적 변화를 야기할 것이다. 그 결과는 통합, 즉 개별 이웃에 6명씩의 개별 유형의 거주민을 갖는 대칭적 균형(symmetric equilibrium)이다.

부지규모의 효과에 대해 고찰하는 또 다른 방법은 임대료 수입을 극대화하는 지주의 관점을 취하는 것이다. 만일 임대할 두 단위의 토지를 가지고 있다면, 한 명의 파란색 거주민에게 30달러에 임대하거나 또는 한 명에 21달러씩 총 42달러에 한 쌍의 녹색 거주민들에게 임대할 수 있다. 명백히 한 쌍의 녹색 거주민들이 보다 이득이 되는 선택이다. 한 명의 파란색 거주민은 한 쌍의 녹색 거주민들과 경쟁하기 때문에 입찰전쟁에서 패한다.

이 예는 이웃선택과 다양성(diversity)에서 토지소비의 중요성을 설명한다. 파란색 거주민들이 높은-소득 거주민들이고 녹색 거주민들이 낮은-소득 거주민들이라고 가정하라. 만일 이 두 유형의 거주민들 간 토지소비의 차이가 입찰가격 할증금의 차이에 비해 크다면, 낮은-소득 거주민(녹색 거주민)은 한 단위 토지당 보다 큰 할증금을 가질 것이고 통합은 안정적 균형이다. 다른 한편으로, 만일 토지소비의 차이가 상대적으로 작다면, 이웃들은 차별될 것이다. 예를 들어, 만일 높은-소득 가구가 단지 1.25단위의 토지를 점유한다면, 그 가구의 한 단위 토지당 할증금은 24

달러(30달러/1.25)이고, 차별은 지속될 것이다(24달러 > 21달러).

일부 지방정부들은 토지이용을 통제하기 위해 최소부지규모 용도지역제(minimum lot size zoning)를 이용한다. 이 정책하에서, 정부는 거주용지 개발을 위한 최소부지규모를 정하고 보다 높은 밀도를 금지한다. 하나의 가능한 결과는 소득차별이다. 그림 15-9에서, 통합은 높은-소득 가구들이 낮은-소득 가구들에 비해 두 배만큼의 토지를 점유할 때 안정적 균형이 된다. 정부가, 높은-소득(파란색) 가구들에 의해 선택된 수량인, 두 단위의 토지로 최소부지규모를 규정한다고 가정하자. 이러한 정책은 낮은-소득(녹색) 가구들에게 추가적인 비용을 부과하고(그들은 이 제약이 부재한 상태에서 그들이 소비했을 토지의 두 배만큼 소비해야 한다) 한 단위 토지당 그들의 할증금을 높은-소득 가구의 할증금 15달러보다 적은 10.50달러로 감소시킨다. 만일 낮은-소득 가구들이 높은-소득 가구들과 동일한 양의 토지를 소비하도록 요구된다면, 그들은 보다 바람직한 이웃의 토지에 대한 입찰에서 진다. 결과적으로, 통합(시장의 결과)은 차별에 의해 대체될 것이다.

01 특정 시민에 대해, 교육과 여타 재화의 선호하는 조합은 [＿＿＿＿＿]이/가 [＿＿＿＿＿] 과/와 일치하는 [＿＿＿＿＿] 조합이다.

02 지방공공재의 공급은 가구들로 하여금 [＿＿＿＿＿]에 따라 패지어 살도록 한다.

03 지방공공재에 대한 재원조달은 가구들로 하여금 [＿＿＿＿＿]에 따라 패지어 살도록 한다.

04 만일 세금이 부과되는 재화가 경제적 관점에서 "정상재"라면, 세금이 부과되는 재화에 대한 수요의 다양성은 가구들로 하여금 [＿＿＿＿＿]에 따라 패지어 살도록 한다.

05 그림 15-4에서의 변화로, 지방공공서비스의 1인당 비용이 90달러라고 가정하라. 만일 공통의 머리크기가 2킬로그램이라면, 세율은 1킬로그램당 [＿＿＿＿＿]달러이다. 만일 머리의 크기가 1킬로그램과 3킬로그램이라면, 가벼운-머리 자치시에서 세율은 1킬로그램당 [＿＿＿＿＿]달러로 무거운-머리 자치시에서의 1킬로그램당 [＿＿＿＿＿]달러와 비교된다.

06 긍정적 외부효과는 누군가가 [＿＿＿＿＿] 행위에 대해 [＿＿＿＿＿] 경우에 발생한다. 이웃에 관한 맥락에서, 긍정적 외부효과는 소득과 함께 [＿＿＿＿＿] 경향이 있다.

07 이웃선택에서 내쉬균형을 위해, 세 가지 조건들이 충족해야 한다: (i) [＿＿＿＿＿]에 대한 유인의 부재; (ii) 특정 이웃에서 모든 가구가 [＿＿＿＿＿]을/를 지불한다; (iii) 모든 거주민들이 [＿＿＿＿＿]된다.

08 모든 가구들이 파란색 인근에 사는 것을 선호한다고 가정하라. 만일 [＿＿＿＿＿] 거주민의 입찰가격 할증금곡선이 [＿＿＿＿＿] 거주민의 입찰가격 할증금곡선에 비해 가파르다면 완전한 통합은 안정적 균형이 아니다. 만일 [＿＿＿＿＿] 거주민의 입찰가격 할증금곡선이 [＿＿＿＿＿] 거주민의 입찰가격 할증금곡선에 비해 가파르다면 완전한 통합은 안정적 균형이다.

09 혼합된 이웃균형을 고려하라: 아줄(Azul)은 75%가 파란색 가구이고 25%는 녹색 가구이다; 버드(Verde)는 75%가 녹색 가구이고 25%가 파란색 가구이다. [＿＿＿＿＿] 이/가 [＿＿＿＿＿]에서 보다 낮기 때문에 녹색 가구는 아줄과 버드 간 무차별할 것이다.

10 2000년과 2010년 사이 차별의 [＿＿＿＿＿](↑, ↓, - 가운데 선택하라)은/는 대부분 [＿＿＿＿＿] 이웃에서의 증가된 혼합에 주로 기인한다.

11 개별 변수들 쌍에 대해, 그 관계가 양인지, 음인지, 중립인지, 혹은 모호한지를 나타내라.

모수	선택변수	관계
소득 다양성	학군의 수	[_____]
인두세 측면에서의 머리무게 다양성	학군의 수	[_____]
재산세 측면에서의 재산가치 다양성	학군의 수	[_____]

개념들을 응용하는 연습문제

01 주택규모세금과 관할구역의 수

개별 가구가 공교육에 대해 동일한 지출을 선호하는 도시를 가정하라. 처음에, 학교들은 시장가치에 기초한 재산세에 의해 재정이 조달된다. 이 도시가 주택규모(거주공간의 평방미터)에 기초한 재산세로 변경한다고 가정하라.

a. 만일 [_____]이/가 [_____]에 비해 크다면, 균형 학군의 수는 감소할 것이다.

b. 만일 [_____]이/가 모든 가구들에 대해 동일하다면, 균형 학군의 수는 1로 감소할 것이다.

02 내 잔디밭에서 당신의 아이들이 놀지 못하게 내보내시오!

당신이 사는 도시의 사람들은 일반적으로 고령자와 가까이에 거주하는 것을 선호한다고 가정하라. 고령자 가구에 대한 입찰가격 할증금은 $B(A)=A^{1/2}$, 여기서 A=고령자 가구의 수에 해당한다. 젊은 가구에 대한 입찰가격 할증금은 $b(A)=A/9$이다. 두 이웃(동부와 서부)이 존재하고, 개별 이웃은 144가구를 수용한다.

a. 고령자 가구와 젊은 가구의 수를 포함하여, 서부 이웃에서의 내쉬균형을 설명하라.

b. 이 내쉬균형은 [_____](안정적인, 안정적이지 않은) 균형이다. 왜냐하면 [_____]

c. 이 도시의 목표가 내쉬균형인 완전한 차별을 생성하는 것이라고 가정하라. 젊은 가구에 대한 적절한 세금은 [_____]달러이다.
(완전 통합(integration)에서 시작하라, 즉 고령가구 72, 젊은 가구 72. 완전 통합이 안정적인가? 혼합(mixed)의 경우를 고려하라. 즉 B(A)=b(A). 혼합이 안정적인가? 완전 차별(perfect segregation)은 안정적인가? 완전 차별이 안정적이기 위해서는 젊은 가구에 대한 입찰가격 할증금은 어떤 수치이어야 하는가? 역자 주).

03 얼간이(nerd) 이웃

당신이 사는 도시의 사람들은 일반적으로 *얼간이*와 가까이에 거주하는 것을 선호한다. *얼간이* 가구에 대한 할증금은 $B(N)=N^2$, 여기서 N=얼간이 가구의 수에 해당한다. 비-*얼간이* 가구에 대한 할증금은 $b(N)=8 \cdot N$이다. 개별 이웃은 12가구를 수용한다.

a. 완전한 통합은 [_____](균형이다, 균형이 아니다), 그리고 [_____]때문에 이는 [_____](안정적이다, 안정적이지 않다). 설명하라.

b. 완전한 차별은 [_____](균형이다, 균형이 아니다), 그리고 [_____]때문에 이는 [_____](안정적이다, 안정적이지 않다). 설명하라.

개념들을 응용하는 연습문제

c. 완전한 통합과 완전한 차별 사이의 결과로 정의되는 혼합된 균형이 존재하는가? 만일 존재한다면, 이는 안정적인가? 설명하라.

(문제 #3과 동일한 분석방법을 사용하라. 역자 주).

04 우주비행선의 공간

비행기처럼 이륙하고, 궤도까지 지구로부터 상공으로 비행하며, 이후에 지구로 돌아오는 우주선 탑승을 공급하는 수입-극대화 기업을 고려하라. 승객들에 대한 총 중량한도는 2,400파운드이다. 탑승에 대한 지불용의는 고소득자에 대해 B이며, 이는 저소득자에 대한 b와 대조되고 B 〉 b에 해당한다. 체중은 고소득자에 대해 W이고, 이는 저소득자에 대한 w와 대조되고 W 〉 w에 해당한다.

a. 만일 [_____], 모든 승객은 저소득자일 것이다.

b. [B, W, b, w]=[1200, 200, 1080, w]임을 가정하라. 만일 [_____], 모든 승객은 저소득자일 것이다.

(이 장의 다른 문제들에서 토지 단위당 지대 입찰가격 할증료에 따라 토지가 배분되었는데 이 문제에서는 체중 파운드당 지불용의에 따라 승객이 배정된다. 역자 주).

05 한 구획에서의 부지들(Lots in Subdivision)

새로운 한 구획에서 팔기 위한 24헥타르의 나대지를 가지고 있는 수입-극대화 토지소유주를 고려하라. 토지에 대한 지불용의는 고소득자에 대해 B이며, 이는 저소득자에 대한 b와 대조되고 B 〉 b에 해당한다. 토지에 대한 수요(부지 규모)는 고소득자에 대해 S이고, 이는 저소득자에 대한 s와 대조되고 S 〉 s에 해당한다. 고소득 가구의 소득은 저소득 가구의 소득보다 40% 높다. 토지에 대한 수요의 소득탄력성은 1.50이다.

a. 만일 [_____], 이 구획에서의 모든 토지는 저소득 가구들에 의해 구매될 것이다.

b. [B, S, b, s]=[160, S, 120, 0.10]임을 가정하라. 이 구획에서의 모든 토지들이 [_____] 가구에 의해 구매될 것이다. 왜냐하면 [_____]

c. 이 도시의 목표가 이 구획으로부터 저소득 가구들을 배제하는 것이라고 가정하라. 만일 최소부지규모가 적어도 [_____](이)라면, 이 도시는 성공할 것이다. (고소득 가구의 토지에 대한 수요는 저소득 가구의 토지에 대한 수요에 비해 60% 더 크다는 것을 기억하라. 역자 주).

참고문헌과 추가적인 읽을 거리

Baum-Snow, Nathaniel, and Byron Lutz, "School Desegregation, School Choice, and Changes in Residential Patterns by Race," *American Economic Review* 101 (2011), pp. 3019-46.

Becker, G., and K. Murphy, *Social Economics*. Cambridge: Harvard University Press, 2000.

Boustan, Leah Platt, "Racial Residential Segregation in American Cities," Chapter 14 in *The Oxford Handbook of Urban Economics and Planning*, edited by Nancy Brooks, Kieran Donaghy, and Gerrit-Jan Knaap. New York: Oxford University Press, 2011.

Collins, William, and Katherine Shester, "Slum Clearance and Urban Renewal in the United States." *American Economic Journal: Applied Economics* 5.1 (2013), pp. 239-73.

Cutler, David M., and Edward L. Glaeser, "Are Ghettos Good or Bad?" *Quarterly Journal of Economics* (1997), pp. 827-72.

Durlauf, Steven, "Neighborhood Effects," Chapter 50 in *Handbook Regional and Urban Economics 4: Cities and Geography*, edited by Vernon Henderson and Jacques-Francois Thisse. Amsterdam: Elsevier, 2004.

Jargowsky, Paul A., "Urban Poverty, Economic Segregation, and Urban Policy," Chapter 13 in *The Oxford Handbook of Urban Economics and Planning*, edited by Nancy Brooks, Kieran Donaghy, and Gerrit-Jan Knaap. New York: Oxford University Press, 2011.

O'Sullivan, Arthur, "Schelling's Model Revisited: Residential Sorting with Competitive Bidding for Land." *Regional Science and Urban Economics* 39 (2009), pp. 397-408.

Pastor, Manuel, "Spatial Assimilation and Its Discontents: The Changing Geography of Immigrant Integration in Metropolitan America," Chapter 15 in *The Oxford Handbook of Urban Economics and Planning*, edited by Nancy Brooks, Kieran Donaghy, and Gerrit-Jan Knaap. New York: Oxford University Press, 2011.

Rosenthal, Stuart S., and Stephen Ross, "Change and Persistence in the Economic Status of Neighborhoods and Cities," Chapter 16 in *Handbook of Urban and Regional Economics Volume 5*, edited by Giles Duranton, J. Vernon Henderson and William C. Strange. Amsterdam: Elsevier, 2015.

Ross, Stephen, "Social Interactions within Cities: Neighborhood Environments and Peer Relationships," Chapter 9 in *The Oxford Handbook of Urban Economics and Planning*, edited by Nancy Brooks, Kieran Donaghy, and Gerrit-Jan Knaap. New York: Oxford University Press, 2011.

Topa, Giorgio, and Yves Zenou, "Neighbourhood versus Network Effects," Chapter 9 in *Handbook of Urban and Regional Economics Volume 5*, edited by Giles Duranton, J.

Vernon Henderson and William C. Strange. Amsterdam: Elsevier, 2015.

Vigdor, Jacob, "Race: The Perplexing Persistence of Race," Chapter 7 in *Making Cities Work*, edited by Robert P. Inman. Princeton NJ: Princeton University Press, 2009.

16 토지이용정책

> 좋은 법률, 아름다운 건축, 그리고 청결한 거리를 갖춘 조용한 도시는 복종하는 멍청이들 교실과 같은 반면에 무정부 도시는 약속의 도시이다.
>
> — 마크 헬프린(Mark Helprin)

이제까지 도시토지이용에 대한 논의는, 토지가 가장 높은 가격입찰자에게 할당되는, 토지에 대한 경쟁적인 입찰에 초점을 맞춰왔다. 이 장에서 두 유형의 지역 토지이용정책들의 효과에 대해 탐구한다.

1. 용도지역제(zoning plans)

토지−이용 용도지역제 계획은 상이한 유형의 경제적 행위들−산업, 상업, 주거−이 도시 내 어디에 위치할 것인지를 결정한다.

2. 개발제한

도시는 (a) 건축허가의 수를 제한하거나, (b) 새로운 주택에 세금을 부과하거나, (c) 개발을 특정한 지리적 지역에 한정함으로써 거주지 개발을 제한할 수 있다.

앞으로 보게 되듯이, 이러한 토지−이용 정책들은 환경적 관심과 재정적 관심에 의해 동기가 유발되며, 토지와 주택의 가격에 중요한 효과를 갖는다.

01 용도지역제: 역사와 법적 기초

자치시가 이의 경계 내 토지를 상이한 유형의 경제적 행위를 위해 구역을 나누는 정책인 용도지역제를 가지고 토지−이용 정책에 대한 분석을 시작한다. 지방정부들은 주들로부터 토지이용을 통제할 그들의 권한을 얻는다. 대부분의 주들에서, 토지-이용 정책을 위한 합법화 입법은 표준주용도지역제허용법(Standard State Zoning Enabling Act) 이후에 유형화 되었고, 이는 1926년 미국 상무성에 의해 개발되었으며 다음의 문항을 포함한다:

권한의 부여. 지역공동체의 보건, 안전, 공공도덕, 혹은 일반 후생을 촉진할 목적으로, 도시나 법인화된 마을들의 입법부는 빌딩이나 다른 건축물들의 높이, 층수, 그리고 크기, 점유되는 부지의 비율, 뜰, 정원, 그리고 기타 공터의 크기, 인구밀도, 그리고 상업, 공업, 거주, 혹은 다른 목적으로 사용되는 건물, 건축물, 그리고 토지의 위치나 이용을 규제하고 제한할 수 있는 권한이 이로써 부여된다.

만일 용도지역제가 공공보건, 안전, 그리고 후생을 촉진한다면 이는 지방정부의 경찰권한을 합법적으로 행사하는 것으로 간주된다.

전형적인 도시에서, 토지이용은 몇개의 일반적 등급들(classes)로 구분되고, 개별 등급은 밀도와 토지-이용 집약도에서 상이한 하위등급(subclasses)으로 나뉜다. 표 16-1은 오레곤주의 포틀랜드시의 용도지역제 분류체계를 보여준다. 두 주거등급(단독주택과 다세대 주택), 상업등급(소매, 서비스, 사무), 그리고 산업등급이 존재한다. 주거용 하위등급은 부지규모와 밀도에 기초한다. 상업용 하위등급은 기능에 기초하는 반면, 산업용 하위등급은 입지와 소음, 공해, 그리고 교통량과 같은 부정적 영향

▌표 16-1 용도지역제 분류, 포틀랜드, 오레곤

분류 기준	주거용: 단독주택	주거용: 다세대 주택	상업용	고용과 산업용
	최소부지규모 (평방피트)	에이커당 최대 주거지 수	기능	기능
하위등급	20,000	15	인근 소매와 서비스	일반 고용
하위등급	10,000	43	지역 소매와 서비스: 보행자	중심 산업과 서비스
하위등급	7,000	65	지역 소매와 서비스: 자동차	일반 산업
하위등급	5,000	85+	시내	중공업
하위등급			작거나 중간의 사무 군집들	
하위등급			상업과 주거의 혼합	

의 수준에 기초한다.

미국 내 용도지역제에 대한 초기의 역사

피쉘(Fischel, 2004)은 미국에서의 토지-이용 용도지역제의 역사를 요약한다. 종합적인 용도지역제 이전에, 많은 도시들은 특정 지역에서 토지 이용을 규제하기 위해 조례를 이용하였다. 예를 들면, 초고층 빌딩이 전망과 빛을 가리는 것에 대한 염려를 다루기 위해, 도시들은 고층 건물들을 규제하였다. 뉴욕시는 1916년에 처음으로 종합적인 용도지역제를 도입하였고, 여덟 개의 다른 도시들도 같은 해에 용도지역제를 채택하였다. 1936년까지, 용도지역제는 1,300개의 도시들로 확대되었다.

왜 용도지역제는 보다 일찍 발생하지 않았는가? 피쉘은 19세기 말과 20세기 초 도시의 운송기술이, 적어도 교외의 주택소유자들의 관점에서, 용도지역제를 불필요하게 만들었다고 주장한다. 이 책의 앞부분에서 보았듯이, 제조회사들은 그들의 생산물을 마차를 이용하여 운송하였는데, 마차는 느리고 비싼 운송수단이기 때문에 제조회사들로 하여금 도시의 중심 기점 혹은 철도터미널에 근접하게 입지하도록 하였다. 대중교통의 주요한 형태는 대도시 터미널 집중 방식(hub-and-spoke)의 시내전차(streetcar) 시스템이었다. 저소득 가구들은 시내 중심에 가까이 위치하거나 또는 시내전차 시스템의 방사상 선로를 따라 위치하는 아파트들에 거주하였다. 상업적 행위들과 아파트들은 시내전차의 선로를 따라 입지하여, 혼합된 토지 이용의 지역을 발생시켰다. 대부분의 주택소유자들은 시내전차 노선으로부터 몇 블록 떨어져서, 방사상의 선로들 사이에 살았는데, 이들은 산업, 상업, 그리고 아파트들로부터 격리된 이웃에서 살았다. 주택소유자들은 그들의 조용하고, 저밀도인 거주환경에 높은 가치를 두었으며, 그들의 평화를 방해할 시내전차의 노선확장을 막기 위해 조직화되어 있었다.

운송에서의 혁신은 사업을 위한 입지의 선택범위를 증가시켜, 산업 용도지역제에 대한 장을 마련하였다. 도시 내 트럭의 도입이전에, 산업과 상업에 의해 발생된 외부효과(오염, 소음, 혼잡)는, 교외 주택소유자들의 주택들로부터 멀리 떨어진, 도시의 중심부에 한정되었다. (1910년으로 거슬러 올라가는) 도시 내 트럭은 기업들로 하여금 도시 중심의 수출기점으로부터 멀리 떨어져 그들의 교외 노동자들에게 가까이 이주하도록 하였다. 기업들이 입지에 대한 구속으로부터 해방되자마자, 도시들은 주택으로부터 산업을 격리시키기 위해 용도지역제를 실행하였다. 1916년 뉴욕타임즈의 큰 제목은 "용도지역제 조례는 사업침입의 공포를 제거한다"라고 읽힌다.

대중교통에서의 혁신은 노동자들의 입지선택의 범위를 증가시켜, 주거 용도지역제에 대한 장을 마련하였다. 1920년에 개발된, 동력을 이용한 승객용 버스는 저소득 노동자들로 하여금, 주택소유자들이 고밀도의 주택으로부터 격리될 수 있었던, 시내전차 시스템의 방사상 선로들 사이에 살도록 허용하였다. 도시들은 아파트를 주택소유자 지역으로부터 격리하기 위해 주거 용도지역제를 탄생시켰다. 용도지역제의 합헌성에 대한 선도적(leading) 사례(Euclid v. Ambler [1924])에서, 미국 대법원의 재판관 써더랜드(Sutherland)는 아파트들은 "구역의 거주적 특성에 의해 창조된, 공터와 매력적인 환경을 이용하기 위해 건축된 기생적인 존재에 불과하다"고 기술하였다.

용도지역제의 법적 근거

현재의 용도지역제 법률은 수십 년의 입법결정들의 결과물이다. 지난 80년간, 법원의 결정은 용도지역제의 합헌성에 대한 세 가지의 기준: 실체적 적정과정(substantive due process), 동일한 보호, 그리고 적절한 보상(just compensation)을 확립하였다.

1. 실체적 적정과정

용도지역제는 합리적인 방법을 사용하여 합법적인 공공의 목적을 위해 실행되어야 한다. 유클리드 대 앰블러(*Euclid v. Ambler*, 1924)의 사례에서, 대법원은 용도지역제 조례가 "보건, 안전, 도덕, 그리고 일반적 복지"의 촉진에 어느 정도 "합리적인 관계"가 있기 때문에 주거용 지역으로부터 산업행위를 배제하는 조례는 실체적 적정과정에 대한 기준을 만족시킨다는 결론을 내렸다. 법원은 용도지역제의 편익이 이의 비용을 초과해야 한다고 언급하지 않으며, 단지 편익이 양(+)이어야 함을 언급한다. 피쉘(Fischel, 1985)은 이것을, 편익-비용분석에 대립되는, 편익분석이라고 일컫는다. 법원은, 금전적, 물질적, 정신적, 그리고 미적 편익을 포함하기 위해, 용도지역제로부터 가능한 사회적 편익을 광범위하게 정의하였다.

2. 동일한 보호

제14차 헌법 개정의 동일한-보호 조항(equal protection clause)은 모든 법률이 비개인적인(비차별적인) 방법으로 적용될 것을 요구한다. 용도지역제는 도시로부터 일부 유형의 사람들, 예를 들면, 단독 주택이 아닌 아파트에 사는 사람들을 배제한다는 점에서 배타적이다. 연방법원은 배타적인 용도지역제의 합헌성을 지지하며, 다양한 사례에서 (a) 용도지역제의 자치시 밖 사람들(외부자)에 대한 효과는 중요하지 않고(*Euclid v. Ambler*, 1924), (b) 용도지역제가 특정한 개인적 피해를 유발하지 않았고(*Warth v. Selden*, 1975), (c) 용도지역제가 용도지역제 공무원들의 차별적 의도에 기인하지 않았고(*Village of Arlington Heights v. Metropolitan Housing Corporation*, 1977), 그리고 (d) 인종에 기초하여 차별하는 용도지역제 법률은 위헌이지만, 소득에 기초하여 차별하는 용도지역제 법률은 합법적임(*Ybarra v. Town of Los Altos Hills*)을 발견하였다. 일반적으로, 연방법원은 배타적 용도지역제에 대한 비개입주의적 접근법을 채택하였다. 대조적으로, 일부 주(state) 법원들은 지방의 용도지역제 관계당국으로 하여금 저소득 주민들의 "공정한 몫"을 도모하도록 명령하였다.

3. 적절한 보상

제5차 헌법개정은 "…적절한 보상 없이, 사유지가 공적인 사용을 위해 취하여지지 않아야 한다"라고 기술한다. 이것은 취득조항(taking clause)으로, 만일 정부가 토지를 사적인 사용에서 공적인 사용으로 전환한다면, 지주는 보상을 받아야만 한다. 대부분의 용도지역제 조례들은 실제로 토지를 공적인 사용으로 전환하지는 않고, 단순히 사적인 사용을 제한하고 이로 인해 이의 시장가치를 감소시킨다. 피쉘(Fischel, 1985)에 의하면, 법원은 지방의 용도지역 관계당국에 상반되고 혼돈되는 신호들을 제공해 왔다. 법원은 계속적으로 부동산 가치에 큰 손실을 야기하는 용도지역제 법률을 지지해 왔다. 피해-예방 규칙하에서, 만일 용도지역제 조례가 토지의 유해한 이용을 막는다면 보상은 요구되지 않는다. 다시 말해, 만일 용도지역제가 지주가 일반 대중에게 피해가 가도록 토지를 사용하는 것을 막는다면 용도지역제는 취득이 아니다.

02 용도지역제의 역할

다음은 도시의 토지시장에서 용도지역제의 세 가지 가능한 역할을 고찰한다. 첫째, 용도지역제는 거주민들로부터 환경적 외부효과의 발생원(상업적 이용과 산업적 이용)을 분리하는 환경정책으로서 이용될 수 있다. 둘째, 재정적 용도지역제는 가구의 세금납부액이 이 가구에게 지역 서비스를 제공하는 비용보다 작은 경우에 이 가구를 배제함으로써 재정문제를 접근할 수 있다. 셋째, 용도지역제는 밀도 외부효과와 무임승차문제의 조합에 기인하는 비효율성을 경감할 수 있다.

환경적 외부효과를 경감하기 위한 용도지역제

용도지역제는 오염에 대한 노출을 줄이는 데 이용될 수 있다. 산업 기업들은, 소음, 섬광, 먼지, 냄새, 진동, 그리고 연기를 포함하는, 모든 종류의 외부효과를 발생한다. 용도지역제는 간단하기 때문에 환경정책으로서 매력적이다. 오염에 대한 노출을 줄이는 가장 손쉬운 방법은 오염자와 잠재적 피해자 사이에 완충물을 놓는 것이다. 환경정책으로서 용도지역제의 문제점은 이것이 오염을 사회적으로 효율적인 수준까지 줄이는 것이 아니라 단순히 다른 곳으로 보낸다는 것이다.

오염에 대한 경제적 접근은 오염의 한계 외적 비용과 동일한 세금을 부과하는 것이다. 오염세를 납부하는 기업은 이 기업이 원재료, 자본, 그리고 노동에 지불하는 것과 동일한 방법으로 오염에 대해 지불한다. 오염세는 기업이 생산공정에 투입되는 다른 생산요소들을 경제적으로 사용하는 것과 동일한 방법으로 오염을 경제적으로 사용하게 하는 유인을 제공한다. 결과적으로, 오염은 가장 효율적인 방법으로 줄어든다. 도시의 환경정책에 대한 하나의 접근법은 오염세를 용도지역제와 결합하는 것이다. 만일 도시가 오염발생자들을 산업지역에 두고 세금을 부과한다면, 오염은 사회적으로 효율적인 수준으로 줄어들고 동시에 노출은 통제될 것이다. 실제로, 노출을 줄이는 용도지역제는 오염의 한계 외적 비용을 감소시키고 따라서 오염세를 감소시킨다.

소매상들은 주위의 거주자들에게 영향을 미치는 수많은 외부효과를 초래한다. 통행량은 혼잡, 오염, 소음, 그리고 주차혼잡을 초래한다. 전통적인 용도지역제는 소매상들을 특별한 지역에 한정함으로써 이러한 외부효과를 다룬다. 보다 유연한 접근법인 "이행 용도지역제(performance zoning)"는 소매상들에게 보다 많은 입지선택을 주는 반면에 주차, 교통, 그리고 소음에 대한 이행표준(performance standards)을 강요한다. 예를 들면, 도시는 소매상들로 하여금 적절한 비-노상 주차를 제공하고, 추가적으로 발생하는 교통량을 해결하기 위한 운송기반시설의 향상을 위한 비용을 지불하며, 소음과 다른 외부효과를 통제하도록 소매점 부지를 설계할 것을 요구할 수 있다.

재정적자를 막기 위한 용도지역제

　용도지역제의 또 다른 역할은 지방공공재를 공급하는 비용을 충당하기 위한 세금을 충분히 지불하지 않을 토지이용자를 배제하는 것이다. 지방정부들은 재산세로부터 그들의 조세 수입의 대략 3/4을 얻으며, 따라서 가구의 지방세액은 대개 주택 혹은 아파트의 가치에 의해 결정된다. 교육, 휴양, 그리고 공공안전과 같은 지방공공서비스에 대한 가구의 사용은 부분적으로 가구 내 사람 수에 의존한다. 작은 주택에 사는 큰 가구는 지방정부에 재정적자를 발생시킬 가능성이 보다 크다.

　하나의 자치시를 갖는 대도시지역을 고려하라. 공공서비스에 대한 가구당 비용은 연간 3,000달러이고, 두 유형의 가구들이 존재한다. 절반은 100,000달러 주택을 소유하고(낮은 가치의 L유형) 절반은 200,000달러 주택을 소유한다(높은 가치의 H유형). 지방공공재는 재산세에 의해 재원이 조달된다. 그림 16-1에서, 주택가치는 수평축에 나타나고 세율은 수직축에 나타난다. 직사각형들은 두 유형의 주택들의 세액을 보여준다. 좌측 쌍의 직사각형들에 의해 보여지듯이, 2%의 세율은 유형 L로부터 2,000달러(0.02 곱하기 100,000달러)와 유형 H로부터 4,000달러(0.02 곱하기 200,000달러)를 부과하여 가구당 3,000달러의 평균을 발생시킨다. 이 경우, 개별 L가구는 1,000달러의 재정적자를 발생시키고 이는 개별 H가구로부터 1,000달러의 재정흑자

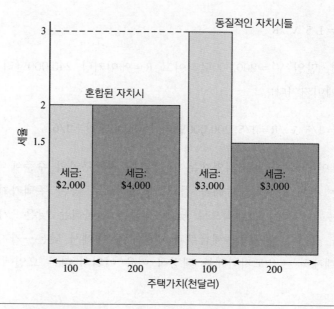

▲ 그림 16-1 재정적자와 재정흑자

에 의해 상쇄된다.

　보다 비싼 주택의 소유주들은 보다 덜 비싼 주택의 소유주들을 배제할 유인을 갖는다. H유형 소유주들은 200,000달러의 최소 주택가치를 갖는 배타적인 자치시를 설치한다고 가정하라. 그림 16-1의 오른쪽에서, 새로운 자치시는 단지 1.5%의 세율을 가지고 있고, 이는 지방공공재를 공급하는 비용을 충당할 수 있을 정도로만 충분하다. 대조적으로, L유형 소유주들은 지방공공재의 전체 비용을 지불하도록 강요되며, 세율은 3%로 증가한다. 일반적인 교훈은 주택가치의 차이는 비싼 (높은 세금) 주택의 시민들로 하여금 값싼 (낮은 세금) 주택의 시민들을 배제하도록 하는 유인을 발생시킨다는 것이다.

　재정적자의 가능성을 줄이는 하나의 방법은 최소 부지면적에 대한 용도지역을 설정하는 것이다. 주택과 토지는 보완재이며, 일반적으로 부지가 보다 클수록, 부동산 (주택과 토지를 합한 것)의 시장가치는 보다 높다. 지방정부는 재정적자를 발생시키는 가구들을 배제하기 위해 최소부지면적을 이용할 수 있다. 재정적 요인에 의한 최소 부지면적을 계산하기 위해, 지방정부는 손익분기 주택가치 V'를 계산한다. V'의 가치를 가진 주택에 대해, 납부된 재산세는 이 가구에게 공공서비스를 공급하는 비용과 일치한다. 지방정부는 또한 토지의 가격 R을 계산한다. (토지와 주택에 대한) 부동산의 시장가치가 토지 가치의 대략 다섯 배라는 어림 계산방법을 이용하면, 최소 부지면적은

　부지면적 = 1/5 V'/R

　예를 들면, 만일 V' = 200,000달러이고 R = 에이커당 240,000달러이면, 목표 부지면적은 1/6에이커이다:

　부지면적 = 1/5 V'/R = 1/5 200,000달러/240,000달러 = 1/6

　재정적 요인에 의한 용도지역제는 세금부과 관할구역의 수준에서 이뤄진다는 것을 인지하는 것이 중요하다. 예를 들면, 상대적으로 높은 주택가치(상대적으로 낮은 세율)를 갖는 자치시는 상대적으로 낮은 세금을 지불하는 낮은-가치 주택을 불법화할 유인을 갖는다. 하지만, 세금부과 관할구역 내에서 낮은-가치 혹은 높은-밀도 주택을 배제하는 용도지역제는 재정적 이유 이외의 다른 요인에 의해 동기가 부여된다.

밀도외부효과를 경감하는 용도지역제

밀도에 의한 주거용 토지이용의 분리는 높은−밀도 주택으로부터의 외부효과를 경감할 수 있다. 아파트와 콘도미니엄 단지들은 도로교통량을 증가시켜, 소음, 혼잡, 그리고 주차문제를 야기한다. 더불어, 거대한 건물들은 널찍하고 푸른 주거 환경을 방해하고, 높은 건물들은 조망과 일조를 차단할 것이다. 이러한 밀도외부효과에 대한 해결책은 높은−밀도 주택을 낮은−밀도 주택으로부터 분리하는 것이다. 표 16−1에서 보았듯이, 포틀랜드시는, 에이커당 대략 2채의 주택(낮은 밀도 단독주택)에서 에이커당 100채(거대한 아파트단지)까지, 주거용 토지이용에 대한 8개의 상이한 밀도 등급을 갖는다.

일부 여건하에서, 용도지역제는 토지시장의 효율성을 개선할 수 있다. 모든 사람이 높은 밀도에 비해 낮은 밀도를 갖는 이웃에서 거주하는 것을 선호하는 도시를 고려하라. 낮은−밀도 이웃에서 공터가 있다고 가정하라. 거대한 아파트단지를 건설하려고 하는 기업은 이 부지에 대해 300,000달러를 지불할 의향이 있는 반면에, 단독주택을 건설하려고 하는 기업은 이 부지에 대해 100,000달러를 지불할 용의가 있다. 다시 말해, 시장결과는 아파트단지이다. 101명의 기존 주민들 각각은 낮은−밀도 이웃을 보존하기 위해 2,000달러를 지불할 용의가 있다고 가정하라. 사회적으로 효율적인 결과는 아파트단지보다 단독주택이다. 단독주택에 대한 지불용의는, 아파트건설회사로부터의 300,000달러에 비교되는, (단독주택건설회사로부터의 100,000달러에 이웃들로부터의 202,000달러를 더한 것과 동일한) 302,000달러이다. 이 예시에서, 시장결과는 비효율적이다.

이웃연합은 영향을 받는 이웃들로부터 202,000달러를 모아 아파트건설회사를 가격입찰에서 압도할 수 있을 것인가? 이러한 결과는 무임승차문제(free rider problem)로 인해 불가능할 것이다. 이 연합은 과세의 권한을 가지고 있지 않아, 기여는 자발적이다. 개별 이웃은 중간−밀도 이웃을 보존하기 위한 그 혹은 그녀의 지불용의보다 적게 기여할 유인을 갖으며, 아파트건설회사보다 높은 금액을 지불할 수 있도록 다른 사람들이 충분한 돈을 기여할 것을 바란다. 무임승차의 유인이 주어진 경우, 자발적 기여의 총합은 101명 이웃들의 전체 지불용의인 202,000달러의 작은 부분일 가능성이 크고, 따라서 아파트건설회사가 이웃들을 가격입찰에서 압도할 가능성이 커, 비효율적 결과를 발생시킨다.

이 예에서, 중간 밀도를 위한 용도지역제는 효율적 토지이용을 촉진시킬 수 있다. (높은 밀도가 이웃들에게 비용을 부과하는) 밀도외부효과와 무임승차문제가 주어졌다면, 아파트단지를 금지하는 것은 공터의 가장 높은 그리고 가장 좋은 이용에 할당할 것이다. 물론 이 경우에 효율적 토지이용은 공터의 이용이 인근 부동산에 미치는 영향을 포함하는 것으로 폭넓게 정의된 것이다. 이것은 공공정책으로 해결될 수 있는 외부효과에 의해 야기된 시장실패의 또 다른 예이다.

물론, 용도지역제는 밀도외부효과와 무임승차의 결합을 다루기 위한 무딘 정책도구이고, 주거용 용도지역제가 비효율적인 토지이용을 발생시키는 상황을 상상하기가 어렵지 않다. 예를 들어, 중간 밀도를 보존하기 위해 지불할 용의가 이웃 1명당 단지 500달러라고 가정하라. 이 경우, 주택에 대한 전체 지불용의는, 아파트건설회사로부터의 300,000달러에 비교되는, (단독주택건설회사로부터의 100,000달러에 이웃들로부터의 50,500달러를 더한 것과 동일한) 단지 150,500달러이다. 이 경우, 시장균형인 아파트단지는 효율적이다. 그럼에도, 개별 이웃은 아파트단지를 금지하는 것을 지지하는 목소리를 낼 유인을 가지며, 목소리는 용도지역제 정책에서 중요하다. 만일 높은 밀도를 반대하는 집합적인 목소리가 충분히 크다면, 이 도시는 비효율적인 선택을 하여 효율적인 아파트단지를 금지하는 주거용 용도지역제를 이용할 것이다.

낮은-밀도 용도지역제의 시장효과

그림 16-2는 낮은-밀도 주택을 선호하는 용도지역제의 시장효과를 설명한다. 점 a와 c에 의해 보여진 시장균형에서, 토지는 가장 높은 가격입찰자에게 할당되

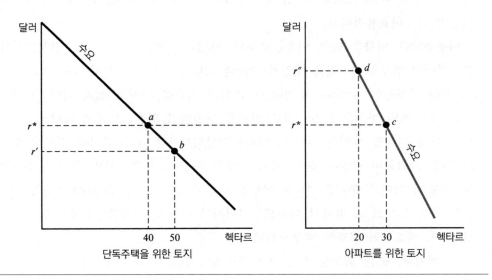

▲ 그림 16-2 낮은-밀도 용도지역제의 시장효과

고, 균형가격은 두 시장에서 동일하다($r*$). 균형가격에서, 40헥타르의 토지가 단독주택에 할당되고 30헥타르는 아파트에 할당된다.

이 도시가 낮은 밀도(단독주택)를 위한 50헥타르의 용도지역제를 설정하여, 높은 밀도(아파트)를 위해 20헥타르를 남겨둔다고 가정하라. 그림 16-2에서, 시장은 단독주택시장에서 점 b로, 아파트시장에서 점 d로 이동한다. 단독주택을 위한 용도지역으로 설정된 토지의 공급의 증가는 가격을 $r*$에서 r'으로 감소시키는 반면에 아파트를 위한 용도지역으로 설정된 토지의 공급의 감소는 가격을 $r*$에서 r''으로 증가시킨다. 가격 차이는 아파트건설회사가 단독주택건설회사에 비해 공터에 대해 보다 많이 지불할 용의($r'' > r'$)가 있음을 의미한다.

이 두 토지이용자들 사이 지불용의의 차이가 토지시장이 비효율적임을 의미하는가? 만일 밀도외부효과가 존재한다면, 낮은 밀도에 대한 이웃들의 지불용의를 효율성분석에 포함하여야 함을 상기하라. 만일 공터의 이웃들이 높은-밀도 주택을 막기 위해 집단적으로 적어도 ($r'' - r'$)을 지불할 용의가 있다면, 용도지역제의 결과는 토지가, 외부효과를 포함하는 것으로 폭넓게 정의된, 가장 높고 가장 좋은 이용에 할당된다는 측면에서, 효율적이다. 대조적으로, 만일 밀도외부효과가 아파트건설회사와 단독주택건설회사에 의한 지불용의 간 차이, ($r'' - r'$)에 비해 작다면, 용도지역제는 비효율적인 결과를 발생시킨다.

03 주택 개발에 대한 제한

다음은 주택 개발을 제한하는 지방정부 정책들의 효과를 고찰한다. 가장 단순한 정책은 발행되는 건축허가의 수를 제한하는 것이다. 대안적으로, 지방정부는 신규주택에 대한 세금을 부과할 수 있다. 세 번째 접근법은, 도시성장경계에 그린벨트를 설정함으로써, 개발에 지리적 제한을 정하는 것이다. 이 장의 이 부분에서, 주택과 주거용 토지의 가격들에 대한 함의에 초점을 맞춰, 이러한 정책들에 대한 부분균형 효과를 고려한다. 이 장의 다음 부분에서, 도시노동시장과 상업용 토지에 대한 시장의 함의를 고려하기 위해 정책분석을 확장한다.

주택 개발에 대한 제한의 근거는 무엇인가? 일부 경우들에서, 제한은 재정문제에 기인한다. 지방조세체계의 불완전성으로 인해, 신규 개발은 재정부담을 부과할 것이다. 지방공공재를 공급하는 추가적인 비용은 추가적인 세금납부를 능가할 것이다.

앞으로 보게 되듯이, 주택 개발에 대한 제한은 기존 주택의 시장가격을 증가시켜, 또 다른 가능한 동기를 제공한다.

건축허가제한

일부 도시들은 건축허가의 수를 제한함으로써 주택 개발을 제한한다. 제한은 연간 허가의 명확한 최대 수의 형태로 직접적이거나 비싸고 시간이 많이 소요되는 검토절차의 형태로 건설회사들로 하여금 허가를 신청하는 것을 좌절시키는 형태로 간접적일 수 있다.

그림 16−3은 도시가 연간 100개의 최대 허가를 발행하는 직접 정책의 시장효과를 보여준다.

• 초기 균형

수요곡선은 점 a에서 공급곡선(한계비용곡선)을 교차하여, 200,000달러의 균형가격과 160개의 균형수량을 발생시킨다.

• 건축허가에 대한 제한

공급곡선이 굴절되고, 100개의 건축허가에서 수직이다. 새로운 공급곡선은 점 b

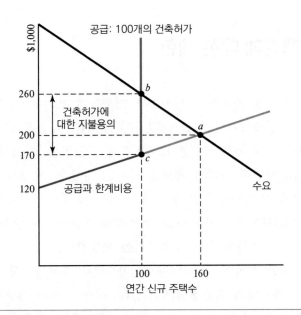

▲ 그림 16-3 건축허가에 대한 제한의 시장효과

에서 시장수요곡선과 교차하며, 따라서 주택의 가격은 260,000달러로 증가한다. 다시 말해, 주택소비자들은 허가정책의 비용의 일부를 부담하여, 주택에 대해 추가적인 60,000달러를 지불한다.

건축허가정책은 또한 주택건설의 한계비용을 감소시킨다. 미시경제학 과정에서 설명되듯이, 공급곡선은 또한 한계−비용곡선이다. 주택의 경우에 있어, 공급(한계−비용)곡선은 생산된 주택의 수량에서의 증가가 토지에 대한 수요를 증가시켜 이의 가격을 증가시키기 때문에 정(+)의 기울기를 갖는다. 160채 주택의 시장균형에서, 주택의 한계비용은 200,000달러(공급과 한계비용곡선의 점 a)이고, 이는 주택이 지어지는 부지의 가격을 포함한다. 건축허가정책은 생산되는 주택의 수를 100채로 감소시켜, 토지에 대한 수요와 이의 가격을 감소시킨다. 점 c에 의해 보여지듯이, 주택의 새로운 한계비용은 단지 170,000달러로, 부지의 가격이 (200,000달러−170,000달러와 동일한) 30,000달러만큼 감소하였음을 보여준다. 다시 말해, 토지소유주들은 건축허가정책의 비용의 일부를 부담한다.

건축허가의 금전적 가치는 얼마인가? 건축허가를 가지고 있는 사람은 새로운 주택을 170,000달러의 비용(점 c)에 지을 수 있고 이를 260,000달러의 새로운 시장가격(점 b)에 판매할 수 있어, 90,000달러의 잉여를 발생시킨다. 이것이 허가에 대한 최대 지불용의금액이다. 100개의 건축허가를 가장 높은 입찰가격의 입찰자에게 경매로 판매하는 도시는 연간 9백만달러를 벌 수 있다. 대안적으로 이 도시는 개발업자들로부터 개발제안들을 수락하며 가장 매력적인 프로젝트들에 건축허가를 할당할 수 있다. 이 경우, 건설회사는 제안이 승인받을 만한 가치가 있다고 도시를 설득하기 위해 계획과 발표에 자원을 투자할 유인을 갖는다. 이것은, 공공부문에 의해 호의적인 처우를 받을 목적으로 자원을 투자하는 것으로 정의되는, 지대추구(rent seeking)의 예이다. 지대추구는 발표를 위해 사용된 자원이 대신에 다른 방법으로 사용될 수 있다는 점에서 낭비적이다.

개발세

주거용 개발세(development tax)는 주택이 건설될 때 부과되고, 법적으로 건축회사에 의해 지불된다. 그림 16−4에서, 초기(세금부과 이전) 균형은, 가격＝200,000달러와 연간 신규 주택수＝h^*를 갖는, 점 b에 의해 보여진다. 개발세는 신규 주택에 대한 공급곡선을 세금 금액(20,000달러)만큼 상향으로 이동시키고 균형가격을 (점 d에 의해 보여진) 212,000달러로 증가시킨다. 다시 말해, 건축회사는 세금의 3/5(12,000달러/20,000 달러)을 주택소비자들에게 전가한다.

건축회사는 세금의 나머지를 토지소유주에게 전가한다. 개발세는 지어지는 주택의 수를 감소시켜, 토지에 대한 수요와 이의 가격을 감소시킨다. 그림 16-4에서, 주택의 한계비용은 200,000달러(점 b)에서 192,000달러(점 c)로 감소하여, 신규 주택을 위한 토지의 비용에서의 8,000달러 감소를 반영한다. 다시 말해, 건축회사는 세금의 2/5(8,000달러/20,000달러)를 토지소유주에게 전가한다.

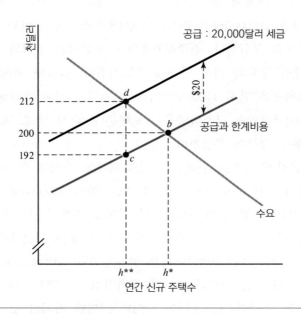

▲ 그림 16-4 개발세의 시장효과

일부 도시들은 신규 주거구역에 지방공공재를 공급하는 추가적인 비용을 충당하기 위해 개발세를 부과한다. 예를 들어, 개발세로부터의 수입은 신규 주거구역에 서비스를 제공하는 기반시설(도로, 하수관, 학교, 그리고 공원)을 건설하는 데 사용될 수 있다. 이러한 종류의 개발세는 "개발효과요금(impact fees)" 혹은 "시스템개발 부과금(system development charges)"이라고 불린다.

성장경계(Growth Boundary)

일부 도시들은 특정 지리적 구역에 개발을 한정함으로써 주택개발을 제한한다.

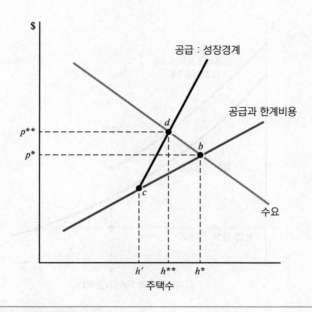

▲ 그림 16-5 성장경계와 주택시장

제한정책은 정의된 개발구역 밖에서의 개발에 대한 명백한 금지일 수 있다. 대안적으로, 도시는 특정 구역에서 필수적인 공공재의 공급을 차단할 수 있다. 두 경우 모두에서, 주택 개발은 도시성장경계 내에 한정된다.

그림 16-5는 도시주택시장에 대한 성장경계의 효과를 보여준다. 평상시와 같이, 초기 시장균형은 점 b에 의해 보여진다. 성장경계는 점 c에서 공급곡선의 굴절을 발생시킨다. (h'보다 적은) 상대적으로 작은 수량의 주택에 대해, 성장경계는 무관하며, 따라서 공급곡선은 이 정책에 의해 영향을 받지 않는다. h'의 주택에서 이 경계는 영향이 있으며 주택공급에 대한 이의 부정적인 효과는 잠재적인 시장이 확대됨에 따라 증가한다. 성장경계는 주택의 균형가격을 p^*에서 p^{**}로 증가시키고 균형수량을 h^*에서 h^{**}로 감소시킨다.

성장경계에 의한 가격의 증가는 일부 사람들에게 이로우나 다른 사람들에게 비용을 발생시킨다. 성장경계가 발표되는 시기에 주택을 소유한 사람은 $(p^{**}-p^*)$과 동일한 자본이득을 얻는다. 대조적으로, 이 도시의 주택시장에 신규로 진입하는 사람은 보다 높은 주택가격을 지불한다.

그림 16-6은 도시 토지시장에 대한 성장경계의 함의를 보여준다. 초기에 반경이 12마일인 원으로 확장하는 것이 예상되는 대도시지역을 고려하라. 다시 말해, 초기 도시 토지에 대한 입찰지대곡선은 도시중심지로부터 12마일의 거리에서 농업용 토

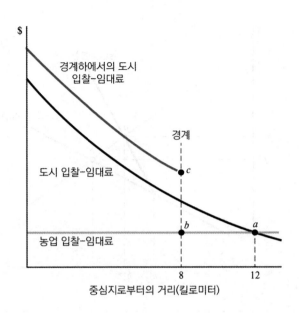

▲ 그림 16-6 성장경계와 토지시장

지에 대한 입찰지대곡선과 교차한다. 새로운 성장경계가 도시중심지로부터 8마일에 해당함을 가정하라. 도시중심지로부터 8마일과 12마일 사이의 토지에 대해, 가격은 점 a와 점 b 사이 수평선의 일부분에 의해 보여진 농업용 토지에 대한 입찰 지대로 떨어진다. 성장경계에 의해 쫓겨난 가구들은 경계 내 토지의 가격을 올릴 것이다. 이는 도시중심지로부터 8마일의 거리까지 도시 입찰지대곡선의 상향 이동에 의해 보여진다. 다시 말해, 경계 내 토지소유주들은 경계 밖 토지소유주들의 희생으로 이득을 얻는다.

성장경계정책이 주택 개발을 제한하는 다른 정책들―건축허가와 개발세―과 어떻게 비교되는가? 세 정책 모두 주택의 가격을 증가시키고 수량을 감소시킨다. 차이는 토지시장에서 발생한다. 건축허가와 개발세는 토지가격을 감소시킨다. 대조적으로, 성장경계는 토지소유주들 가운데 승자와 패자를 발생시킨다. 선호되는 지리(경계 내부)를 갖는 토지소유주들에 대한 편익과 비선호되는 지리(경계 밖)를 갖는 토지소유주들에 대한 비용이 존재한다.

토지-이용 규제의 시장효과

와튼(Wharton)규제지수는 토지-이용 규제의 가혹성(stringency)을 측정한다. 이 지수는 평균 도시에 대해 영(0), 평균-이상의 가혹성을 가진 도시에 대해 양수, 그리고 평균-이하의 가혹성을 가진 도시에 대해 음수를 갖는다. 지수의 수치를 증가시키는 요인들 중에는 (i) 건축프로젝트에 대한 장기간의 검토절차, (ii) 개발세, (iii) 개발자들의 공터 제공 의무, 그리고 (iv) 거대한 최소부지규모가 포함된다.

표 16-2는 몇 개의 자치시에 대해 주택가격에 대한 와튼지수의 수치들과 함의를 보여준다. 규제적인 가격할증금은, 국가 평균 대비, 규제적인 환경에 기인한 주택가격의 차이에 의해 계산된다. 시카고에서, 평균-이하 가혹성은 평균보다 147,209달러 낮은 주택가격을 발생시킨다. 다른 극단에서, 시애틀의 매우 가혹한 환경은 305,939달러의 할증금을 발생시킨다. 시카고의 주택에서 시애틀의 동일한 주택으로 이사하는 가구는 추가적인 453,148달러를 지불할 것이다.

▌표 16-2 규제적인 주택가격할증금

도시(자치시)	규제지수	주택가격할증금(달러)
애틀란타	0.70	89,606
시카고	-1.15	-147,209
댈러스	-0.14	-17,921
샌프란시스코	1.96	250,896
시애틀	2.39	305,939

출처: Gyourko, Joseph, Albert Saiz, and Anita Summers, "A New Measure of the Local Regulatory Environment for Housing Markets: The Wharton Residential Land Use Regulatory Index." *Urban Studies* 45, 2008, 693-729; Gyourko, Joseph. "Housing: Urban Housing Markets," Chapter 5 in *Making Cities Work*, edited by Robert P. Inman. Princeton NJ; Princeton University Press, 2009.

그림 16-7은 대도시수준에서의 규제적인 할증금을 보여준다. 전형적인 거대 대도시지역은, 개별 자치시가 자신의 주거용 토지-이용 정책들을 갖는, 다수의 자치시들을 가지고 있다. 그림 16-7에서, 특정 대도시지역에 대한 할증금은 개별 자치시들의 할증금에 대한 가중 평균이다. 규제할증금은 댈러스의 -44,803달러에서 보스턴의 197,132달러까지 분포한다.

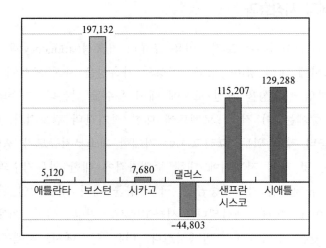

출처: Gyourko, Joseph, Albert Saiz, and Anita Summers, "A New Measure of the Local Regulatory Environment for Housing Markets: The Wharton Residential Land Use Regulatory Index." *Urban Studies* 45, 2008, 693-729; Gyurko, Joseph. "Housing: Urban Housing Markets," Chapter 5 in *Making Cities Work*, edited by Robert P. Inman. Princeton NJ; Princeton University Press, 2009.

▲ 그림 16-7 규제적인 주택가격할증금, 대도시

04 성장규제와 노동시장

이제까지 성장규제정책들의 주택시장과 주거용 토지시장에 대한 효과를 탐구하였다. 이 장의 이 부분에서는 도시노동시장과 상업용 토지시장에 대한 탐구로 분석을 확장한다. 더불어, 지역경제에서 다른 토지들에 대한 정책의 효과들을 탐구하기 위해 해당 도시를 넘어 살펴본다.

주거용 개발제한과 도시경제

이 책의 서두에 도시경제에 대한 일반균형모형을 개발하였다. 이 모형은 (상업용 토지와 주거용 토지에 대한) 도시토지시장과 (주거지로부터의 노동공급과 상업지로부터의 노동수요에 대한) 도시노동시장 간 상호작용을 보여준다. 주거용 개발을 제한하는 정책이 도시경제의 나머지 부분에 어떻게 영향을 미치는지를 보여주기 위해 이 모형을 이용할 수 있다. 주거용 개발을 제한하는 정책의 예로서 도시성장경계를 이용할 것이다.

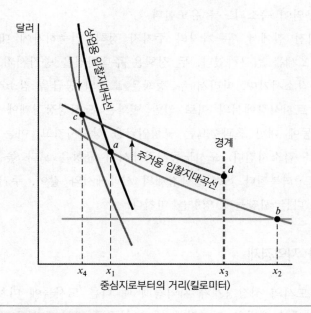

달러

상업용 입찰지대곡선

c

a

주거용 입찰지대곡선

경계

d

b

x_4 x_1 x_3 x_2

중심지로부터의 거리(킬로미터)

▲ 그림 16-8 성장경계의 일반균형효과

　그림 16-8은 단일도심도시의 토지시장과 노동시장에 대한 도시성장경계의 효과를 보여준다. 초기 균형은 점 a와 b에 의해 보여지는데, 점 a는 초기 상업용 입찰지대곡선이 초기 주거용 입찰지대곡선과 x_1의 거리에서 교차하는 것을 보여주며, 점 b는 주거용 입찰지대곡선이 수평의 농업용 입찰지대곡선을 x_2에서 교차하는 것을 보여준다. 중심상업지구(CBD)의 폭은 x_1이며, 주거지역의 폭은 $(x_2 - x_1)$이다. 상업지역에서 총노동수요는 주거지역으로부터의 총노동공급과 일치하며, 따라서 토지시장과 노동시장 모두에서 균형을 갖는다.

　x_3에서 성장경계는 주거영토를 줄여, 노동공급을 감소시킨다. 이로 인한 노동에 대한 초과수요는 임금을 증가시킨다. 임금의 증가는 생산비용을 증가시키고, 잉여의 원칙에 따라 상업용 입찰지대곡선을 하향 이동시킨다. 동시에, 임금의 증가는 주택의 가격을 증가시켜, 주거용 입찰지대곡선을 상향 이동시킨다. 균형은, 중심상업지구의 폭이 x_4이고 주거지역의 폭이 $(x_3 - x_4)$인, 점 c와 d에서 회복된다.

　이러한 일반-균형분석으로부터의 핵심적인 통찰은 정책의 효과가 이의 원래의 지리를 넘어선다는 것이다. 성장경계는 주거용 토지시장에 직접적으로 영향을 미치지만, 이의 효과는 노동에 대한 시장과 상업용 토지에 대한 시장으로 전파된다. 임금의 증가가 생산비용을 증가시키고 상업용 토지에 대한 입찰지대를 감소시키기 때문에 상업용 토지의 소유주들은 손해를 본다. 더불어, 주거구역의 축소를 겨냥한 정책은 상업구역이 축소되도록 유도한다.

이 장의 이전 절에서, 두 가지의 주거지 정책, 건축허가에 대한 제한과 주거지 개발에 대한 조세를 탐구하였다. 두 정책은 주택가격을 증가시키고 이 도시에서 거주민의 수를 감소시키며, 따라서 두 정책은 노동의 공급을 감소시킨다. 도시노동시장과 상업용 토지시장에서의 이로 인한 변화는 도시성장경계에 의해 야기된 것과 동일하다. 노동에 대한 초과수요는 균형임금을 상승시키고, 이는 상업용 토지에 대한 입찰지대를 감소시킨다. 도시노동시장에서의 균형은 보다 높은 임금과 보다 작은 노동력으로 회복된다. 도시성장경계의 사례에서와 같이, 주거지에 대한 정책은 도시경제에서 다른 시장들에 영향을 미친다.

도시성장경계와 지역경제

다음은 한 도시의 성장경계가 지역경제 내 다른 도시들에 미치는 효과를 살펴본다. 이전의 장에서 개발한 지역경제 내 도시들에 관한 모형을 상기하라. 두-도시 지역경제모형에서, 지역의 총노동력은 고정되었고, 노동자들은 도시들 간 이동이 완전히 가능하다. 문제를 단순화하기 위해, 노동자들이 타 지역에 거주하는 토지소유주들로부터 거주지를 임대한다고 가정할 것이다.

그림 16-9에서, 초기 (정책 이전) 균형은, 개별 도시에 5백만명의 노동자들과 공통의 효용수준 u^*를 갖는, 점 a에 의해 보여진다. 컨트롤시티(ControlCity)가, (a) 노동자 1인당 최소부지면적을 규정하고 (b) 이 도시의 총토지면적을 고정함으로써 노동력을 5백만명에서 4백만명으로 줄이는, 정확한 성장-규제정책을 시행한다고 가정하라. 컨트롤시티에서 성장규제에 의해 대체된 1백만명의 노동자들은 다른 도시로 이주하여, 이의 노동력을 6백만명으로 증가시킨다. 즉각적인 효과는 컨트롤시티에서 효용을 u'(점 b)으로 증가시키고 다른 도시에서의 효용을 u^{**}(점 c)로 감소시키는 것이다. 노동자들은 이 두 도시들 간에 이동이 완전히 가능하며, 따라서 이러한 효용격차는 지속되지 않을 것이다.

이러한 효용격차는 토지시장에서의 변화에 의해 제거될 것이다. 이 지역 전체의 노동자들은 컨트롤시티의 고정된 수의 부지에 대해 경쟁하고, 컨트롤시티의 토지임대료를 높일 것이다. 토지임대료의 증가는 노동자 효용을 감소시키고, 임대료는 효용격차가 제거될 때까지 증가를 지속할 것이다. 그림 16-9에서, 토지임대료의 증가는 컨트롤시티의 효용곡선을 하향 이동시킨다. 컨트롤시티에서 최대 4백만명의 노동자들이 주어졌을 때, 다른 도시는 6백만명의 노동력과 u^{**}(점 c)의 효용수준을

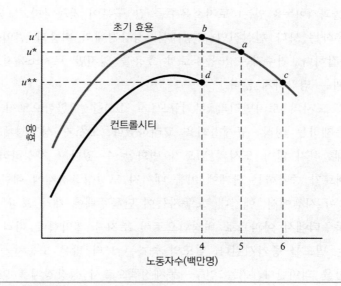

초기 효용

u' ----------- b
u^* ----------- a
u^{**} ----------- d ----------- c

효용

컨트롤시티

노동자수(백만명)
4   5   6

▲ 그림 16-9 도시성장경계의 도시 간 효과

갖는다. 다시 말해, 공통의 (지역 전체에 대한) 효용수준은 점 c에 의해 고정 (anchored)된다. 따라서, 컨트롤시티에서 토지임대료는, 효용이 효용 고정치인 u^{**}까지 감소하는 지점으로, 상승해야 한다. 이는 컨트롤시티에 대한 보다 낮은 효용곡선의 점 d에 의해 보여진다. 이 새로운 지역 균형에서, 노동자들은 두 도시들 간에 무차별하다. 보다 작은 도시(컨트롤시티)에서 사는 것의 편익은 보다 높은 토지임대료와 이로 인한 보다 높은 생활비에 의해 완전히 상쇄된다.

이 성장-규제정책은 지역 전체에 걸쳐 노동자들의 효용을 감소시킨다. 통제되지 않는 도시의 노동자들은 그들의 도시가 성장하여 음(-)의 기울기를 갖는 효용곡선을 따라 보다 아래로 이동하기 때문에 효용을 잃는다. 두 도시는 초기에 지나치게 크고, 통제되지 않는 도시는 효용-극대화 규모로부터 보다 멀리 이동한다. 컨트롤시티에서, 입지적 균형은, 다른 도시에서 얻어진 효용수준과 동일한 수준으로 효용을 감소시키기 위해, 토지임대료의 충분히 큰 증가를 요구한다. 효용의 감소는 두 동일한 도시를 큰 도시 하나와 작은 도시 하나로 대체하는 비효율성을 반영한다. 성장-규제정책은 도시들 간 노동자들의 효율적인 이동을 막으며, 따라서 공통 수준의 효용은 동일한 규모의 두 도시에서 얻어졌을 효용에 비해 낮다.

성장경계로부터 누가 이득을 얻는가? 이 정책은 성장경계가 시행되는 도시에서 토지임대료를 증가시키며, 따라서 이곳의 토지소유주들이 이득을 얻는다. 이 모형은 노동자들이 토지소유주들이 아니고 임차인들임을 가정하며, 따라서 (효용이 감소하는) 노동자들과 (이득을 얻는) 토지소유주들 간 구분이 가능하다. 노동자들이 주택과 토지를 소유하는 보다 현실적인 모형에서, 성장경계의 비용과 편익을 설명하는 것은 보다 복잡하다. 거주자는 노동자로서 효용을 잃지만 토지소유자로서 이득을 얻으며, 순효과는 명확하지 않다.

이제까지, 도시의 토지면적과 부지규모(lot size)를 제한함으로써 도시의 인구를 명확하게 통제하는 성장－규제정책을 고려하였다. 도시가 성장경계를 이용하나 부지규모를 제한하지 않아 도시의 밀도가 변화할 수 있다고 가정하라. 컨트롤시티에서 토지임대료가 증가하는 단계에 이를 때까지 도시성장경계에 대한 분석은 변화하지 않는다. 이 시점에서, 예컨대, 노동자들이 단독주택에 대해 보다 작은 부지로 전환하고 단독주택에서 아파트로 변경함으로써 토지를 절약함에 따라 토지의 상대가격의 증가는 밀도를 증가시킨다. 밀도의 증가는 보다 많은 노동자들이 성장경계 내에서 거주함을 의미한다. 이는 인구－통제정책으로서 성장경계를 약화시킨다. 컨트롤시티는 4백만명 이상의 노동자들을 가질 것이고 다른 도시는 6백만명보다 적은 노동자들을 가질 것이다. 밀도의 증가가 도시성장경계의 왜곡적인 효과를 약화시키기 때문에 유연한 밀도를 갖는 경우에 균형효용수준은 보다 높을 것이다.

01 경제학자 윌리엄 피쉘(William Fischel)에 의하면, 산업용 용도지역제의 설정시기에서 주요한 요인은 [_____]의 운송을 위한 [_____]의 발달이었으며, 주거용 용도지역제의 설정시기에서 주요한 요인은 [_____]의 운송을 위한 [_____]의 발달이었다.

02 용도지역제에 대한 고전적인 대법원 사례에서, "기생충"이라는 용어는 [_____]을/를 기술하는 데 이용되었다.

03 토지-이용 용도지역제의 합헌성에 대한 세 가지 기준은 (i) [_____], (ii) [_____], 그리고 (iii) [_____]이다.

04 용도지역제에 대한 동일한-보호 기준하에서, [_____]에 기초한 차별은 합헌이지만, [_____]에 기초한 차별은 위헌이다.

05 배타적 용도지역제에 관한 미국 법원사례에서, 법원은 용도지역제의 [_____](내부자, 외부자, 외계인)에 대한 효과가 중요하지 않음을 발견하였다.

06 토지-이용 용도지역제의 가능한 역할은 (i) [_____]을/를 경감하고, (ii) [_____]을/를 예방하며, 그리고 (iii) [_____]을/를 경감하는 것이다.

07 그림 16-1에서의 변화를 고려하라. 공공서비스에 대한 가구당 비용이 6,000달러이고 100,000달러와 300,000달러의 두 주택 가치가 존재한다고 가정하라. 혼합된 자치시에서, 세율은 [_____]%이다. 동질적인 자치시에서, 세율은 낮은-가격 자치시에서 [_____]%이고 높은-가격 자치시에서 [_____]%이다.

08 손익분기 주택가치가 250,000달러이고 토지의 가격이 에이커당 500,000달러인 자치시를 고려하라. 재정적 목적에 의한 최소부지규모는 [_____]에이커이다.

09 햇빛의 차단은 밀도[_____]의 한 예이다. 아파트건물에 의해 차단하는 것을 막는 용도지역제는 만일 이웃의 [_____]에 대한 지불용의가 아파트토지에 대한 [_____]에 비해 상대적으로 크다면 효율적이다.

10 낮은 밀도 주거지 개발을 위한 용도지역제 정책은 아파트를 위한 토지의 가격을 [_____](↑, ↓, -)시키고 단독주택을 위한 토지의 가격을 [_____](↑, ↓, -)시킨다.

11 건축허가에 대한 제한은 주택의 가격을 [_____](↑, ↓, -)시키고, 주택의 한계비용을 [_____](↑, ↓, -)시키며, 주거용 토지의 가격을 [_____](↑, ↓, -)시킨다. 건축허가에 대한 지불용의는 [_____]에서 [_____]을/를 뺀 것과 동일하다.

12 와튼규제지수는 상대적으로 높은 [_____]세와 상대적으로 큰 [_____]을/를 지닌 도시에 대해 [_____] 수치를 갖는다.

13 와튼규제지수에 기초하여, 시카고에서 시애틀로 이주하는 가구는 동일한 주택에 대해 추가적인 [_____](153,000달러, 253,000달러, 453,000달러 가운데 선택하라)를 지불할 것이다.

14 일반-균형맥락에서, 도시성장경계는 초과노동[_____]을/를 발생시킨다. 균형임금은 [_____](↑, ↓, -)하고, 상업용 토지에 대한 지불용의는 [_____](↑, ↓, -)한다.

15 지역경제에서, 한 도시에서의 도시성장경계는 [_____]이/가 증가하기 때문에 통제도시에서의 효용을 [_____](↑, ↓, -)시키고, [_____]이/가 증가하기 때문에 통제되지 않는 도시에서의 효용을 [_____](↑, ↓, -)시킨다.

16 개별 변수들 쌍에 대해, 그 관계가 양인지, 음인지, 중립인지, 혹은 모호한지를 나타내라.

모수	선택변수	관계
건축허가의 수	주택의 가격	[_____]
건축허가의 수	주거용 토지의 가격	[_____]
주거용 개발세금	주택의 가격	[_____]
주거용 개발세금	주거용 토지의 가격	[_____]
도시 A에서의 성장경계	1-도시 지역: 임금	[_____]
도시 A에서의 성장경계	1-도시 지역: 상업용 토지의 가격	[_____]
도시 A에서의 성장경계	2-도시 지역: 도시 A에서의 효용	[_____]
도시 A에서의 성장경계	2-도시 지역: 도시 B에서의 효용	[_____]
도시 A에서의 성장경계	2-도시 지역: 도시 A에서의 토지의 가격	[_____]
도시 A에서의 성장경계	2-도시 지역: 도시 B에서의 노동력	[_____]

01 **개발을 위한 지대입찰: 파레토와 내쉬**

단독주택 혹은 아파트로 개발될 공터를 가진 100가구 이웃을 고려하라. 개별 가구는 아파트단지보다는 단독주택을 위해 300달러를 지불할 용의가 있다. 아파트건설회사는 이 부지에 대해, 단독주택건설회사로부터의 86,000달러의 입찰액과 비교되는, 100,000달러를 입찰한다.

a. 낮은 밀도를 위한 용도지역제는 [_____](효율적이며, 효율적이지 않으며), 그 이유는 [_____]

b. 이웃연합은 아파트건설회사보다 높은 가격을 제시하기 위한 시도에서 자발적 기부 캠페인을 벌인다. 개별 가구가 혜택의 절반을 기부하는 결과는 [_____](내쉬균형이며, 내쉬균형이 아니며), 그 이유는 [_____]

c. 절반의 가구들이 이 캠페인에 기부하고, 개별 가구는 g달러를 기부한다고 가정하라. 만일 g=[_____]달러라면 이 캠페인은 내쉬균형으로서 파레토-효율적인 결과를 발생시킬 것이다.

((단독주택건설회사의 입찰액+개별가구의 단독주택을 위한 지불용의)와 아파트건설회사의 입찰액을 비교하라. 개별가구가 기부함에 있어서 무임승차할 가능성이 있는지 여부를 감안하라. 역자 주).

02 **건축허가의 가격**

신규 주택에 대한 수요곡선이 340,000달러의 수직축 절편과 주택 한 채당 -1,000달러의 기울기를 갖는 도시를 고려하라. 한계비용곡선(공급곡선)은 100,000달러의 수직축 절편과 주택 한 채당 2,000달러의 기울기를 갖는다. 이 도시가 40개의 건축허가를 발급한다고 가정하라. 주택시장에 대한 이 건축허가정책의 효과를 설명하라. 건축허가정책이 있는 경우와 없는 경우에 대해 주택의 가격에 관한 수치들을 포함하고, 건축허가의 시장가치를 보여라.

03 **누가 개발세를 지불하는가?**

신규 주택에 대한 초기 균형가격이 200,000달러인 도시를 고려하라. 주택에 대한 수요의 가격탄력성이 -1.0이고 주택의 공급에 대한 장기 가격탄력성이 4.0이다. 이 도시가 주택당 25,000달러의 개발세를 부과한다고 가정하라. 주택시장에 대한 개발세의 효과를 설명하라. (이 세금이 있는 경우와 없는 경우) 주택가격과 (이 세금이 있는 경우와 없는 경우) 생산의 한계비용에 대한 수치들을 포함하라. 이 세금 가운데 소비자들에 의해 부담되지 않는 비중은 [_____]에 의해 부담된다.

(소비자에 의한 세금부담율 = elasticity of supply/(elasticity of supply - elasticity of demand)을 이용하라. 역자 주).

04 성장경계에 대한 보상

반지름이 2마일인 중심상업지구와 폭이 4마일인 반지모형의 주거지를 갖는 단일도심도시를 고려하라. 정책에서의 변화 부재 시, 이 도시의 반지름은 6마일에서 9마일로 증가할 것이다. 이 도시가 현재의 반지름(6마일)에서 새로운 성장경계를 발표한다고 가정하라. 당신의 과업은 (i) 이 정책으로부터 승자인 토지소유주들에 대한 일련의 세금과 (ii) 이 정책으로부터 패자인 토지소유주들에 대한 일련의 보조금을 설계하는 것이다.

a. 세금이 $x =$ [_____](1, 5, 8 가운데 하나로 채워라)에서의 토지소유주들에 의해 지불될 것이고, 보조금이 $x =$ [_____](1, 5, 8 가운데 하나로 채워라)에서의 토지소유주들에게 지급될 것이다.

b. 거주지 토지소유주들 가운데, 가장 큰 지원금은 [_____]에 해당하는 토지소유주들에게 지불될 것이다. 설명하라.

05 토지-이용 정책들과 토지의 가격

다음을 고려하라: "토지-이용정책에 의해 통제되는 변수에 따라, 이 정책은 공터의 균형가격을 증가시키거나 감소시킬 것이다." 이 "변수"는 공터의 공급 혹은 공터에 대한 수요이다.

a. 건축허가에 대한 제한의 공터의 가격에 대한 효과를 설명하라.

b. 도시성장경계의 이 성장경계 내 공터의 가격에 대한 효과를 설명하라.

c. 도시성장경계의 이 성장경계 밖 공터의 가격에 대한 효과를 설명하라.

06 개발세와 도시노동시장

주거지 개발세의 일반균형효과를 고려하라.

a. 균형임금에 대한 효과를 포함하여, 개발세의 도시노동시장에 대한 효과를 설명하라.

b. (a에서의) 개발세의 노동시장효과가 상업용 토지에 대한 지불용의에 미치는 효과를 설명하라.

참고문헌과 추가적인 읽을 거리

Brueckner, J., "Urban Growth Boundaries: An Effective Second−Best Remedy for Unpriced Traffic Congestion?" *Journal of Housing Economics*, November 2007.

Dawkins, Casey J., "Exclusionary Land Use Policies: Economic Rationales and Legal Remedies," Chapter 20 in *The Oxford Handbook of Urban Economics and Planning*, edited by Nancy Brooks, Kieran Donaghy, and Gerrit−Jan Knaap. New York: Oxford University Press, 2011.

Fischel, William A., "A Theory of Municipal Corporate Governance with an Application to Land−Use Regulation," Chapter 22 in *A Companion to Urban Economics,* edited by Richard J. Arnott and Daniel P. McMillen. New York: Willey−Blackwell, 2006.

Fischel, William A., "An Economic History of Zoning and a Cure for Its Exclusionary Effects." *Urban Studies* 41 (2004), pp. 317−40.

Fischel, William, *The Economics of Zoning Laws.* Baltimore: Johns Hopkins, 1985.

Gyourko, Joseph, and Edward Glaeser, "Urban Growth and Housing Supply." *Jouranl of Economic Geography* 6 (2006), pp. 71−89.

Gyourko, Joseph, Albert Saiz, and Anita Summers, "A New Measure of the Local Regulatory Environment for Housing Markets: The Wharton Residential Lnad Use Regulatory Index." *Urban Studies* 45 (2008), pp. 693−729.

Gyourko, Joseph, "Housing: Urban Housing Markets," Chapter 5 in *Making Cities Work*, edited by Robert P. Inman. Princeton, NJ: Princeton University Press, 2009.

Juntunen, Lorelei, Gerri−Jan Knaap, and Terry Moore, "Fiscal Impact Analysis and the Costs of Alternative Development Patterns," Chapter 31 in *The Oxford Handbook of Urban Economics and Planning*, edited by Nancy Brooks, Kieran Donaghy, and Gerrithan Knaap. New York: Oxford University Press, 2011.

McDonald, John, and Daniel P. McMillen, "The Economics of Zoning," Chapter 19 in *The Oxford Handbook of Urban Economics and Planning*, edited by Nancy Brooks, Kieran Donaghy, and Gerrithan Knaap. New York: Oxford University Press, 2011.

Rachelle Alterman, "Land Use Regulations and Property Values: The 'Windfalls Capture' Idea Revisited," Chapter 33 in *The Oxford Handbook of Urban Economics and Planning*, edited by Nancy Brooks, Kieran Donaghy, and Gerrithan Knaap. New York: Oxford University Press, 2011.

Thomas Nechyba, "School Finance, Spatial Income Segregation and the Nature of Communities." *Journal of Urban Economics*, 54.1 (2003, July), pp. 61−88.

도시주택과 공공정책

> 유능한 사람은 누구나 그의 집을 지키기 위해 싸울 것이나, 그 누구도 자신의 하
> 숙집을 위해 전쟁에 나서는 사람에 대해 들어보지 못하였다.
> – 마크 트와인(Mark Twain)

주택은 여러 측면에서 다른 제품들과 다르다. 첫째, 주택은 내구적이다(durable): 주의 깊게 관리된 주택은 수십 년간 주택서비스를 제공할 수 있다. 둘째, 주택재고 (housing stock)는 이질적이다(heterogeneous): 주택들은 크기, 나이, 배치, 디자인, 그리고 위치에서 상이하다. 결과적으로, 도시주택시장은, 품질과 가격에서 상이한 주택들을 갖는, 상호의존적인 하부시장들의 집합이다. 셋째, 주택은 많은 가구들에 있어 재산축적의 가장 중요한 수단이며, 따라서 주택가격의 변화는 가구재산에 상대적으로 큰 효과를 갖는다.

01 여과(Filtering): 내구성과 하부시장들

일련의 상호의존적인 하부시장들로서 도시주택시장의 모형에서 출발한다. 이 하부시장들은 주택에 의해 공급되는 주택서비스의 품질에 의해 구분된다. 가격이 변함에 따라 주택들이 하나의 하부시장에서 또 다른 하부시장으로 이동하고 소비자들도 그렇게 하기 때문에 하부시장들은 상호의존적이다. 주택의 여과모형은 시장들 간 주택과 소비자의 이동이 상이한 품질 수준의 상대적 가격의 변화에 의해 영향을 받음을 보여준다.

주택의 여과모형

적절한 유지보수로 주택이 수십 년에 걸쳐 주택서비스를 제공할 수 있다는 점에서 주택은 내구적이다. 하지만 일상적인 유지관리와 보수가 없다면, 주택은 나빠질

것이며, 시간이 지남에 따라 주택의 품질을 감소시킬 것이다. 가장 높은 품질의 주택이 사다리의 제일 높은 곳에 있고 사다리를 내려감에 따라 점차 보다 낮은 품질을 갖는, 주택에 대한 품질사다리를 상상하라. 매년, 부동산소유주는 주택을 품질사다리의 어디에 위치할 것인지를 결정해야 한다. 만일 소유주가 아무것도 하지 않는다면, 주택은 사다리의 하나 혹은 그 이상의 계단을 내려갈 것이다. 유지관리와 보수에 대한 적절한 (중간 정도의) 지출로, 소유주는 주택을 동일한 수준에 유지할 수 있다. 주택의 품질을 높이기 위해, 소유주는 보수나 개조에 상당한 금액의 돈을 지출해야 한다.

높은 품질과 낮은 품질의 두 주택하부시장을 가진 단순한 모형에서 출발한다. 모든 신규 주택이 높은-품질 주택이고, 주택을 낮은 품질에서 높은 품질로 개선하는 것은 엄두도 못 낼 정도로 비싼 것으로 가정한다. 연도 t에서 높은-품질 주택의 수량은 연도 t의 신규 주택의 수량과 이전 연도(t - 1년)에서 남은 높은-품질 주택의 수량을 더한 것과 일치한다:

$$H_t = H_{t-1} \cdot (1 - f) + \text{new}$$

여기서 f는 낮은-품질 하부시장들로 하향 여과한 높은-품질 주택들의 비중이다. 예를 들어, new = 18, H_{t-1} = 100, 그리고 f = 0.10을 가정하라. 이 경우, H_t = 108:

$$H_t = 100 \cdot (1 - 0.10) + 18 = 108$$

이 경우, 높은-품질 시장은 18채의 신규 주택들과 90채의 남은 주택들을 가져, 총 108채를 갖는다. 연도 t에 낮은-품질 주택의 수량은 이전 연도로부터 남아 있는 낮은-품질 주택과 높은-품질 하부시장으로부터 하향 여과한 주택을 더한 것이다:

$$L_t = L_{t-1} \cdot (1 - r) + f \cdot H_{t-1}$$

여기서 r은 주택시장으로부터 퇴출된 낮은-품질 주택의 비중이다. 수치적 예를 계속해서, L_{t-1} = 200과 r = 0.06을 가정하라. H_{t-1} = 100와 f = 0.10이 주어졌

을 때, L_t = 198:

$$L_t = 200 \cdot (1 - 0.06) + 100 \cdot 0.10 = 188 + 10 = 198$$

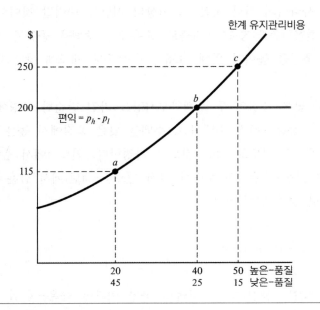

▲ **그림 17-1** 여과과정

　그림 17-1은 여과과정을 설명한다. 한 도시가 고정된 수의 높은-품질 주택(65)을 가지고 시작한다고 가정하라. 수평축을 따라 왼쪽에서 오른쪽으로 이동함에 따라, 높은-품질 주택의 수는 증가하는 반면에 낮은-품질 주택의 수는 감소한다. 정(+)의 기울기를 갖는 곡선은 주택을 높은-품질 시장에서 유지하기 위해 필요한 한계 유지관리비용을 보여준다. 예를 들어, 주택 #20에 대한 한계비용은, 주택 #40에 대한 200달러와 주택 #50에 대한 250달러의 한계비용과 비교되는, 115달러(점 a)이다. 주택을 높은-품질 하부시장에 유지하는 것의 편익은 높은-품질 주택의 가격과 낮은-품질 주택의 가격 간 차이인 $(p_h - p_l)$이다. 균형은 점 b에 의해 보여진다: 처음 40채의 주택들에 있어, 높은-품질을 유지하는 것의 200달러의 편익은 비용을 초과한다. 따라서 25채의 주택들은 낮은-품질 시장으로 하향 여과한다.

　둘(p_h 혹은 p_l) 중 하나의 가격의 변화는 여과된 주택의 균형수량에 영향을 미칠 것이다. 가격 차이$(p_h - p_l)$의 증가는 낮은-품질 주택의 수량 감소하에 높은-품질 주택의 수량을 증가시킨다. 예를 들어, 만일 가격 차이가 200달러에서 250달러로 증가한다면, 남은 높은-품질 주택의 수는 40에서 50으로 증가하고 여과된 주택의 수는 25에서 15로 감소한다. 유사하게, 가격 차이의 감소는 주택들을 반대 방향으로 이동시킨다.

높은-품질 주택의 공급

높은-품질 주택의 시장공급은 신규 주택과 남아 있는 높은-품질 주택의 합이다. 그림 17-2에서, 보다 높은 곡선이 신규 주택의 공급이다. 신규 주택의 최소 공급가격은 p_0이다: 건축업자는 신규 주택에 대해 적어도 p_0의 가격을 요구한다. 신규 주택의 수량은 가격과 함께 증가한다. 예를 들어, p'에서 신규 주택의 수량은 15채(점 a)이다. 중간 곡선은 남아 있는 높은-품질 주택에 대한 공급곡선이다. 앞에서 보았듯이, 높은-품질 주택의 가격의 증가는 낮은-품질 시장으로 하향 여과하기보다는 높은-품질 시장에 남아 있는 높은-품질 주택의 수를 증가시킨다.

시장공급곡선은 신규 공급곡선과 남아 있는 공급곡선의 수평적 합이다. 최소 공급가격, p_0 아래의 가격들에 대해, 시장공급곡선은 남아 있는 공급곡선과 동일하다. 점 k에서의 굴절은 신규 주택이 공급되는 가격을 보여주고, $p > p_0$에 대해, 시장

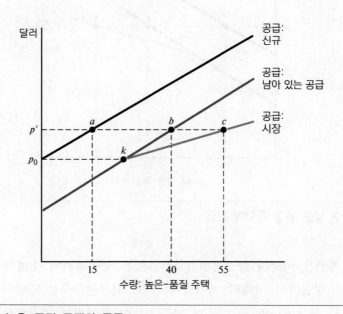

▲ 그림 17-2 높은-품질 주택의 공급

공급곡선은 신규 주택에 대한 공급곡선과 남아 있는 주택에 대한 공급곡선의 수평적 합이다. 예를 들어, p′에서, 시장공급은 15채의 신규 주택과 40채의 남아 있는 주택의 합인 55채이다.

낮은-품질 주택의 공급

낮은-품질 주택의 시장공급은 여과된 주택과 남아 있는 낮은-품질 주택의 합이다. 그림 17-3에서, 보다 높은 곡선은 높은-품질 하부시장으로부터 하향 여과한 주택의 공급이다. 앞에서 보았듯이, 여과된 주택의 수량은 낮은-품질 주택의 가격과 함께 증가한다. 예를 들어, p″에서 여과된 주택의 수량은 10채(점 f)이다. 중간 곡선은 남아 있는 낮은-품질 주택에 대한 공급곡선이다. 낮은-품질 주택의 가격에서의 증가는 퇴출되기보다는 낮은-품질 시장에 남아 있는 낮은-품질 주택의 수를 증가시킨다.

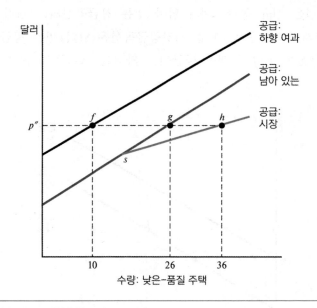

▲ 그림 17-3 낮은-품질 주택의 공급

시장공급곡선은 여과된 공급곡선과 남아 있는 공급곡선의 수평적 합이다. 여과된 주택의 최소 공급가격 아래의 가격들에 대해, 시장공급곡선은 남아 있는 공급곡선과 동일하다. 점 s에서의 굴절은 여과된 주택이 공급되기 시작하는 가격을 보여준다. 예를 들어, p''에서 시장공급은 10채의 여과된 주택과 26채의 남아 있는 주택의 합인 36채이다.

여과모형의 응용: 건축허가에 대한 제한

공공정책의 주택가격과 수량에 대한 효과를 탐구하기 위해 여과모형을 이용할 수 있다. 도시들은, 건축허가에 대한 명백한 제한, 개발세, 그리고 성장경계를 포함하여, 신규 주택의 수량을 제한하는 다수의 정책들을 이용한다. 여과모형은 이러한 정책들이 어떻게 높은–품질 주택과 낮은–품질 주택에 대한 시장에 영향을 미치는지를 보여준다.

그림 17–4는 건축허가 제한의 높은–품질 주택 하부시장에 대한 효과를 보여준다. 초기의 균형은, 균형가격 p^*와, 15채의 신규 주택과 40채의 중고 주택을 포함하여, 균형수량 55채의 주택을 갖는, 점 c에 의해 보여진다. 만일 이 도시가 단순히 신규 주택을 금지한다면(영(0)의 건축허가), 신규 주택에 대한 공급곡선은 사라지며, 따라서 새로운 시장공급곡선은 남아 있는 주택의 공급곡선과 일치한다. 이 금지는 시장가격을 p^*에서 p^{**}로 증가시키고 균형수량을 48채로 감소시킨다.

신규–주택금지의 효과는 하향 여과의 감소에 의해 약화됨을 주지하라. 높은–품질 주택 가격의 증가는 하향 여과되지 않은 남아 있는 주택의 수를 40채에서 48채

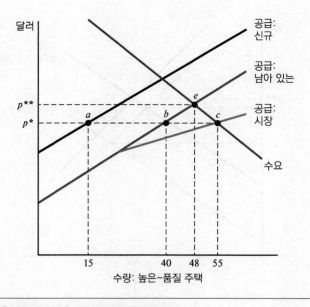

▲ 그림 17-4 건축금지와 높은-품질 주택 하부시장

로 증가시킨다. 결과적으로, 높은-품질 주택의 수량은, 15채가 아닌, 단지 7채의 주택만큼만 감소한다.

그림 17-5는 신규-주택금지의 낮은-품질 하부시장에 대한 효과를 보여준다. 높은-품질 주택 가격의 상승으로 인해 야기된, 공급효과와 수요효과가 존재한다. 초기 균형은, 균형가격 p^*와 균형수량 l^*를 갖는, 점 a에 의해 보여진다.

1. 공급의 감소

높은-품질 주택 가격의 증가는 하향 여과를 감소시킴을 보았다. 여과의 감소는 낮은-품질 주택의 공급을 감소시켜, 공급곡선을 왼쪽으로 이동시킨다. 균형은 점 a에서 점 b로 이동하고, 가격은 p^*에서 p'으로 증가한다.

2. 수요의 증가

두 유형의 주택은 불완전 대체재이다. 높은-품질 주택의 가격의 증가에 대한 반응으로, 일부 소비자들은 높은-품질 주택에서 낮은-품질 주택으로 전환하여, 낮은-품질 주택에 대한 수요곡선을 오른쪽으로 이동시킨다. 균형은 점 b에서 점 c로 이동하고, 가격은 p'에서 p^{**}로 증가한다.

여과모형으로부터의 교훈은 하나의 하부시장에 대한 정책이 다른 하부시장들에

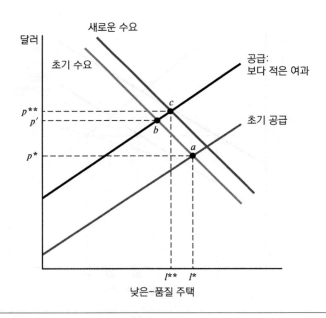

▲ 그림 17-5 건축금지와 낮은-품질 주택 하부시장

대해 간접적인 효과를 갖는다는 것이다. 이 사례에서, 높은–품질 주택시장에서의 공급제한은 높은–품질 시장과 낮은–품질 시장 모두에서 보다 높은 가격을 발생시킨다. 하향 여과의 감소는 높은–품질 시장에서의 금지의 가격효과를 경감시키고 낮은–품질 시장의 가격의 증가를 야기한다.

여과와 젠트리피케이션(주택고급화: gentrification)

여과과정은 주택 하부시장들을 연계함을 보았다. 결과적으로, 한 하부시장에서의 공급의 감소는 연관된 하부시장의 가격들을 증가시킨다. 동일한 논리가 수요에서의 변화에 적용된다. 예를 들어, 높은–소득 가구들의 유입이 도시의 특정 지역에서의 높은–품질 주택에 대한 수요를 증가시킨다고 가정하라. 이로 인한 높은–품질 주택의 가격의 증가는 낮은–품질 시장에 두 가지 측면에서 영향을 미친다.

1. 보다 적은 하향 여과

낮은–품질 주택의 가격 대비 높은–품질 주택의 가격의 증가는 주택을 높은–품질 시장에 남겨 둠으로 인한 보수를 증가시키며, 따라서 보다 적은 주택들이 낮은–품질 시장으로 하향 여과한다.

2. 보다 많은 품질개선

높은–품질 주택의 상대적 가격이 충분히 크게 증가한 상황에서, 일부 낮은–품질 주택을 높은–품질 주택으로 품질을 개선하는 것이 경제적일 것이다.

이러한 두 가지 효과는 낮은–품질 주택의 공급을 감소시키고 이의 가격을 증가시킨다. 다시 말해, 높은–품질 주택에 대한 수요의 증가는 높은–품질 주택과 낮은–품질 주택 모두의 균형가격을 증가시킨다.

젠트리피케이션(주택고급화)과정은 높은–소득 가구들에 의한 낮은–소득 가구들의 대체를 포함한다. 전형적인 젠트리피케이션 시나리오에서, 높은–소득 가구들의 낮은–소득 중심도시 이웃에 대한 유입이 존재한다. 높은–소득 가구들은 높은–품질 주택의 가격을 높이고, 낮은–품질 주택의 전반적인 품질개선을 야기한다. 낮은–품질 주택의 공급의 이로 인한 감소는 이의 가격을 증가시킨다. 가격의 증가는 일부 낮은–소득 가구들을 낮은–품질 주택에 대해 보다 낮은 가격을 갖는 지역으로 이주하도록 만든다.

02 공급-측면 공공정책

2010년에, 미국 내 대략 7백만 낮은−소득 가구들이 그들 소득의 적어도 절반을 주택에 지불했다는 점에서 주택구매력(housing affordability)에 있어 심각한 문제를 가지고 있었다. 이 장의 이 부분에서, 시장의 공급측면에서 작동하는 주택지원프로그램을 탐구한다. 앞으로 보게 되듯이, 이러한 공급측면 정책들은 비효율적이다. 공공주택에 지출된 1달러에 대해, 수혜자는 대략 0.24달러의 편익을 얻는다. 이 장의 다음 부분에서 보게 되듯이, 낮은−소득 가구들에게 주택지원을 제공하는 보다 효율적인 방법들이 존재한다.

공공주택

2012년에, 약 1.1백만 가구들이, 연방정부의 64억 달러 예산비용으로, 공공주택에 거주하였다. 공공주택은 지방 주택 관계당국에 의해 관리되는데, 연방정부가 수립한 규정을 따라야 한다. 개별 임차인의 관점에서, 주택임차료는 가구 소득의 30%를 초과할 수 없다는 것이 핵심적인 규정이다. 연방정부는 임차인 기여분과 공공주택의 관리비용 간 차이를 지불한다.

그림 17−6은 공공주택이 어떻게 작동하는지를 보여준다. 월 1,000달러의 소득을

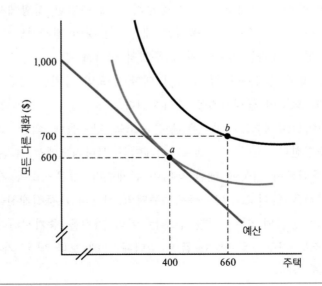

▲ 그림 17-6 공공주택

갖는 낮은-소득 가구를 고려하라. 주택의 시장가격은 1단위 주택서비스당 1달러이다. 전형적인 낮은-소득 가구는 점 a에서 출발한다: 아무런 지원이 없는 경우, 이 가구는 이의 1,000달러 소득 가운데 400달러를 주택에 지출하고 모든 다른 재화에 지출할 600달러를 남겨둠으로써 효용을 극대화한다.

하나의 공공주택단지에서 한 채의 아파트가 660단위의 주거서비스를 발생시킨다고 가정하라. 가상적인 가구에 있어, 월임차료는 (1,000달러의 30%와 동일한) 300달러로, 다른 재화들에 지출할 700달러를 남겨둔다. 공공주택은 이 소비자의 예산집합에 점 b를 추가한다. 원래의 예산선상의 모든 점들에 더해, 이 가구는, 660단위의 주택서비스와 다른 재화에 대한 700달러를 갖는, 점 b의 선택권을 갖는다. 효용은 점 a에서보다 점 b에서 높으며, 따라서 이 가구는 공공주택의 제안을 수락할 것이다.

수혜자에게 주어지는 지원된 공공주택의 가치는 얼마인가? 지원된 공공주택의 대안은 이 가구가 원하는 어떤 방법으로나 지출할 수 있는 현금지급이다. 그림 17-7에서, 이 소비자의 초기 예산선을 공공주택 점 *b*를 지나는 무차별곡선에 접할 때까지 상향으로 이동한다. 이 예에서, 240달러의 현금지급은 수혜자로 하여금 무차별하게 만든다: (1,000달러의 시장소득에 240달러의 현금을 더한 것과 동일한) 1,240달러의 총소득을 가지고, 이 수혜자는 점 c를 선택하여 지원된 공공주택의 경우와 동일한 무차별곡선에 도달한다. 이러한 수치들은 수혜자들에게 주어지는 공공주택의 가치를 측정하는 연구들과 일치한다(Green and Malpezzi, 2003).

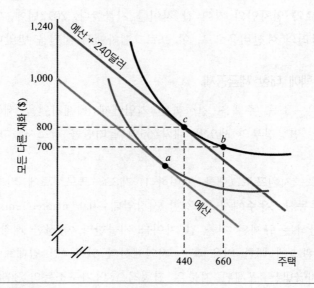

▲ 그림 17-7 공공주택의 가치

$1의 공공주택으로부터 순수하게 얻어지는 효과(the bang per buck of public housing)는 무엇인가? 공공주택 한 채는 660단위의 주택서비스를 발생시켜, 만일 주택서비스의 시장가격이 단위당 1달러라면, 공공주택의 시장가치는 660달러이다. 공공주택의 생산효율성은 대략 0.50으로, 공공주택을 생산하는 비용이 민간부문에 의해 생산되는 주택의 비용에 두 배임을 의미한다(Green and Malpezzi, 2003). 예에서, 공공주택 한 채의 생산비용은 (660달러의 두 배인) 1,320달러이다. 임차인은 임대료로 300달러를 지불하며, 따라서 공공주택의 예산비용은 (1,320달러에서 수혜자에 의해 지불된 임대료 300달러를 뺀 것과 동일한) 1,020달러이다. 그러므로, 이는 240달러의 수혜자 편익을 제공하기 위해 정부에게 1,020달러의 비용을 초래하여, 편익-비용 비율은 0.24와 동일하다. 다시 말해, $1의 공공주택으로부터 순수하게 얻어지는 효과는 0.24달러이다.

민간주택에 대한 보조금

연방정부는 낮은-소득 가구들을 위한 민간주택을 지원하기 위해 두 유형의 프로그램들을 이용한다.

1. 프로젝트-기반 임대지원프로그램

정부는 부동산소유주가 자격이 있는 가구에 청구할 수 있는 최대 임차료를 정하고, 시장임대료와 임차인의 기여 간 차이를 지불한다. 2012년에, 대략 1.2백만 가구들이, 94억 달러의 예산비용으로, 이 프로그램하에서 지원을 받았다.

2. 낮은-소득 주택에 대한 세금공제

정부는 낮은-소득 주택을 건설하는 기업에게 세제지원을 제공한다. 2012년에, 이 세제지원은 연방정부의 세입을 대략 65억 달러만큼 감소시켰다.

우선 임대료-지원프로그램을 고려하라. 제8조 프로젝트에 기초한 프로그램하에서, 정부는 부동산소유주에게 "공정한 시장임대료(fair market rent)"와 이 가구가 소유주에게 지급하는 규제된 지불 간 차이를 지불한다. 공정한 시장임대료는 이 부동산의 건축과 관리에 대한 비용 혹은 지역에서의 일반적인 임대료에 의해 결정된다. 가구로부터 지급받는 규제된 지불은 전형적으로 가구소득의 30%이다. 예를 들어, 아파트의 공정한 시장임대료가 500달러이고 가구소득이 1,000달러라고 가정하라.

이 경우, 부동산소유주는, 가구로부터의 300달러와 정부로부터의 200달러를 포함하는, 500달러를 받는다.

다음은 낮은-소득 주택프로젝트에 대한 세제지원정책을 고려하라. 정부는 (a) 자격이 있는 가구들에게 청구될 최대 임대료(가구소득의 30%)와 (b) (특수 목적을 위해 확보된 것(set-asides)으로 알려진) 낮은-소득 가구들에 의해 점유되어야 하는 프로젝트 내 주택의 최소 비중을 규정한다. 예를 들어, 세금공제를 위한 자격을 갖추는 하나의 방법은 소득이 지역의 중위소득의 절반보다 적은 가구들로 주택들의 적어도 20%를 채우는 것이다. 자격을 갖춘 건설회사는 낮은-소득 주택에 해당되는 프로젝트 비용의 9%와 동일한 연간 공제를 (10년까지) 받는다. 예를 들어, 만일 낮은-소득 가구들을 위해 별도로 남겨둔 주택들에 해당하는 프로젝트비용이 5백만 달러라면, 연간 조세편익은 450,000달러이고 10년간의 총편익은 4.5백만달러이다.

그림 17-8은 공급측면 주택지원의 시장효과를 보여준다. 초기 (정책 이전) 균형은 점 a에 의해 보여진다: 균형가격은 p^*이고 균형수량은 70채이다. 공급업자들에게 지불된 지원금은 공급곡선을 오른쪽으로 이동시킨다: (임차인에 의해 지불되는) 주어진 시장가격(임대료)에서, 기업들은 낮은-소득 시장에 보다 큰 수량의 주택을 공급한다. 이 경우, 수평적 이동은 90채이다: 원래의 가격 p^*에서, 70채에서 총 160채의 주택들이 공급된다. 새로운 시장균형은 점 c에 의해 보여진다: 균형가격은 p^*에

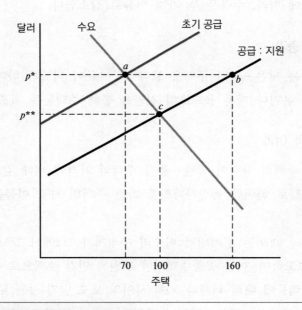

▲ 그림 17-8 공급측면 정책들의 시장효과

서 p^{**}로 감소하고, 균형수량은 70채에서 100채로 증가한다.

낮은–소득 주택의 생산을 지원하는 체제는 얼마나 효율적인가? 세금공제 프로그램에 의해 창출된 낮은–소득 주택들의 비용은 보조(세금공제)가 지급되지 않는 주택들의 비용을 큰 차이로 초과한다. 퀴글리(Quigly, 2000)는 이 프로그램의 생산효율성이 대략 0.62라고 추정하며, 이는 (징수가) 포기된 세금의 개별 1달러는 단지 0.62달러 가치의 주택을 발생시켰음을 의미한다.

여과와 밀어내기(crowding out)

그림 17–8에서, 공급측면 정책은 공급곡선을 90채의 주택만큼 오른쪽으로 이동시키고, 주택의 균형수량을 단지 30채만큼 증가시킨다. 왜 균형수량의 증가는 수평적 공급이동보다 적은가? 정책에 기인한 공급의 증가는 주택의 균형가격을 감소시키고, 보조를 받지 않는 주택의 공급 수량을 감소시킨다. 다시 말해, 주택정책들은 "밀어내기(crowding out)"를 야기한다: 공공주택과 지원받는 민간 주택은 보조를 받지 않는 주택을 대체하며, 따라서 주택의 총량의 순증가는 공공주택과 지원된 민간 주택들의 수량보다 적다. 그림 17–8에서, 공급의 90채의 증가는 60채의 보조를 받지 않는 주택을 대체하며, 따라서 순증가는 단지 30채이다.

여과모형은 보조 받지 않는 주택의 수량의 감소를 설명한다. 낮은–소득 주택의 가격이 감소함에 따라, 수량은 두 가지 이유로 감소한다.

1. 퇴출 주택 수 증가

가격의 감소는 낮은–품질 주택을 보다 덜 이득이 되도록 하며, 일부 부동산소유주들의 반응은 유기나 다른 용도로의 전환을 통해 주택들을 퇴출시키는 것이다.

2. 보다 느린 하향 여과

낮은–품질 주택의 가격이 중간–품질 주택의 가격에 비해 감소하여, 중간–품질 주택의 소유자들로 하여금 품질사다리를 따른 주택의 하향 이동을 늦추도록 한다.

져코(Gyourko, 2009)는 밀어내기 비중의 추정치가 1/2에서 2/3까지의 범위를 나타내는 것으로 보고하며, 이는 공공주택이나 지원된 민간 주택으로 추가되는 매 90채의 낮은–소득 주택들에 대해 45채와 60채 사이의 보조 받지 않는 주택들이 시장으로부터 퇴출되어 30채에서 45채 주택의 순추가(net addition)를 남긴다는 것을 의미한다.

03 수요-측면 공공정책

낮은–소득 주택의 공급을 증가시키는 것에 대한 대안은 주택쿠폰 혹은 바우처를 낮은–소득 가구들에게 제공하는 것으로, 이는 수혜자들로 하여금 민간 주택시장에서 그들 자신의 선택을 할 수 있도록 한다. 2012년에, 192억 달러의 예산비용으로 대략 2.2백만 가구들이 "제8조 임차인에 기초한 임대료지원"으로 알려진 프로그램하에서 바우처를 받았다.

바우처의 액면가는 가구의 소득과 지역의 공정한 시장임대료에 의해 결정된다. 바우처는 최소 품질표준을 충족하는 주택에 한해서 사용될 수 있다. 바우처의 액면가는 다음과 같다

액면가 = 공정한 시장임대료 – 0.30 × 소득

공정한 시장임대료(fair market rent)는 45분위(45th percentile) 임대료로 계산되며, 이는 45%의 주택이 이보다 낮은 임대료로 임대됨을 의미한다. 설명을 위해, 대도시 지역에서 공정한 시장임대료가 540달러라고 가정하라. 만일 자격이 있는 가구의 소득이 1,000달러라면, 이 가구는 240달러의 액면가를 갖는 바우처를 받는다. 바우처는 최소 품질표준을 충족하는 어떠한 주택에 대해서도 사용될 수 있다. 바우처를 받는 가구는 바우처가 실제 지불되는 임대료에 따라 변화하지 않기 때문에 가장 경제적인 주택을 찾고자 하는 유인을 갖는다.

주택바우처와 효율성

그림 17–9는 낮은–소득 가구에 대한 240달러 바우처의 효과를 보여준다. 얇은 색의 직선은 초기의 예산선이고, 이 가구는 점 a에서 효용을 극대화한다. 진한 색의 직선은 240달러 바우처를 갖는 예산선이다. 새로운 예산선의 끝점인 m은 최소 품질표준을 나타낸다: 바우처들은 적어도 350단위의 주택서비스를 발생시키는 주택들에 사용되어야 한다. 이 바우처 프로그램하에서, 가구는 점 c에서 효용을 극대화하여, 440단위의 주택서비스와 440달러의 시장가치를 갖는 주택을 선택한다. 이 가구는 240달러의 바우처를 받으며, 따라서 주택의 순비용은 단지 200달러이고 이 가구의 원래 소득 가운데 800달러를 모든 다른 재화를 위해 남겨둔다.

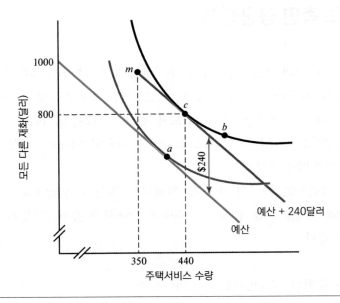

▲ 그림 17-9 주택바우처 수혜자의 반응

바우처의 효율은 공공주택의 효율성과 어떻게 비교되는가? 그림 17-9에서, 점 b는 그림 17-6과 그림 17-7로부터 공공주택의 결과를 보여준다. 바우처하에서의 소비점과 공공주택하에서의 소비점은 동일한 무차별곡선 위에 있어, 수혜자가 두 프로그램하에서 동일한 후생을 얻고 있음을 의미한다. 이 두 프로그램은 그들의 예산비용에서 상이하다. 바우처정책은 수혜자 1인당 240달러의 예산을 가져, 공공주택에 대한 1,020달러와 비교된다. 이러한 계산에 기초하여, 공공주택에서 바우처로 낮은-소득 주택예산의 재배치는 (a) 예산비용을 원래 수준의 대략 1/4로 줄이거나 (b) 지원을 받는 가구의 수를 대략 4배로 증가시킬 것이다.

바우처의 시장효과

낮은-소득 가구에 대한 주택바우처의 시장효과를 탐구하기 위해 여과모형을 이용할 수 있다. 그림 17-10은 바우처의 낮은-품질 주택 시장에 대한 효과를 보여준다. 바우처는 주택에 대한 수요를 증가시켜, 수요곡선을 오른쪽으로 이동시키고 균형가격을 p^*에서 p^{**}로 증가시킨다. 낮은-품질 주택의 공급 수량은 시장이 공급곡선을 따라 상향으로 이동함에 따라 L^*에서 L^{**}로 증가한다. 이러한 공급반응은 퇴출과 여과에서의 변화에 기인한다.

1. 보다 낮은 퇴출비율

낮은-품질 주택의 가격의 증가는 주택들을 퇴출시키는 것보다 낮은-품질 주택 시장에 계속 남겨 두는 것의 보수를 증가시킨다.

2. 보다 높은 여과비율

중간-품질 주택의 가격 대비 낮은-품질 주택 가격의 증가는 낮은-품질 시장으로의 하향 여과의 보수를 증가시키며, 따라서 낮은-품질 주택의 수량은 중간-품질 주택의 수량 감소하에서 증가한다.

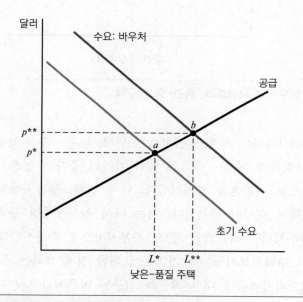

▲ 그림 17-10 바우처의 시장효과: 낮은-품질 주택

그림 17-11은 중간-품질 하부시장에 대한 바우처의 함의를 보여준다. 보다 빠른 하향 여과는 중간-품질 주택의 공급을 감소시켜, 이 공급곡선을 왼쪽으로 이동시키고 균형가격을 p^*에서 p^{**}로 증가시키며 균형수량을 m^*에서 m^{**}로 감소시킨다. 따라서, 낮은-소득 가구들을 위한 바우처 프로그램은 중간-소득 가구들에 대한 주택의 가격을 증가시킨다.

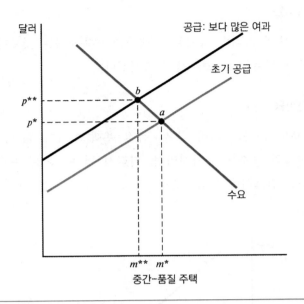

달러

공급: 보다 많은 여과

초기 공급

p^{**} ····· b

p^* ····· a

수요

m^{**} m^*

중간-품질 주택

▲ 그림 17-11 바우처의 시장효과: 중간-품질 주택

　계속해서 품질사다리의 상부를 살펴보기 위해, 높은－품질 하부시장에 대한 바우처의 함의를 고려하라. 중간－품질 주택의 가격의 증가는 높은－품질 주택에서 중간－품질 주택으로 여과율을 증가시킨다. 다시 말해, 높은－품질 주택의 희생으로 중간－품질 주택의 수량이 증가한다. 이는 다시 높은－품질 주택의 균형가격을 증가시켜, 주택바우처의 가격효과를 제3의 하부시장으로 확산시킨다.

　주택바우처의 주택하부시장들의 가격들에 대한 실제 효과는 무엇인가? 90개의 가장 큰 미국 대도시지역들에 대한 최근의 연구는 바우처가 낮은－소득 주택의 균형가격을 대략 16%만큼 증가시켰다고 추정한다(Susin, 2002). 이는 낮은－소득 주택의 공급이, 대략 0.38의 탄력성을 지녀, 상대적으로 비탄력적임을 함축한다. 이 연구는 또한 바우처가 중간－소득 주택의 균형가격을 대략 3%만큼 증가시켰다고 추정한다. 주택시장의 최상위에서, 높은－소득 주택의 가격에 대한 바우처의 측정가능한 효과는 존재하지 않았다.

주택담보대출 이자에 대한 지원

이제까지의 국가 주택정책들에 대한 논의에서, 낮은-소득 가구들을 겨냥한 정책들을 고려하였다. 공급측면 정책과 수요측면 정책을 종합하면, 주택지원에 대한 연간 지출은 대략 420억 달러(공공주택에 대한 60억 달러, 프로젝트-기반 임대지원에 대한 90억 달러, 세액공제에 대한 70억 달러, 바우처에 대한 190억 달러) 혹은 연간 1인당 약 133달러이다. 연방정부는 또한 중간-소득 가구와 높은-소득 가구에게 유익한 정책들을 가지고 있다. 2010년에, 주택소유주들에 대한 세금 우대조치(tax break)는 연방 조세수입을 연간 870억 달러(1인당 연간 279달러)만큼 감소시켰다. 이는 조세지출(tax expenditure)의 예이다: 주택소유주들에게 직접 돈(지출)을 주는 대신에, 정부는 그들의 세금을 깎아준다.

주택담보대출에 대한 조세지출은 연방 소득세의 계산에서 주택담보대출 이자의 공제 가능성에 기인한다. 가구는 과세소득 계산의 한 단계로 이의 총소득에서 주택담보대출 이자를 공제할 수 있다. 공제의 규모는 주택소유주의 한계세율(과세소득에서의 1달러 증가에 따른 세금의 증가)에 의해 결정된다. 15%의 한계세율을 갖는 주택소유주에 대해, 주택담보대출 이자의 매 달러는 조세채무를 0.15달러만큼 감소시킨다. 한계세율이 높을수록, 주택담보대출 이자에 대한 보조는 보다 크다: 28%의 한계세율을 갖는 주택소유주에 대해, 보조는 주택담보대출 이자의 매 달러당 0.28달러에 해당한다.

그림 17-12는 상이한 소득집단들에 대한 주택담보대출 보조로부터의 조세편익을 보여준다. 연간 편익은 십억 달러로 측정되었다. 100,000달러와 200,000달러 사이의 소득을 갖는 가구들은 총조세편익의 대략 42%를 받고, 200,000달러를 넘는 소득을 갖는 가구들은 편익의 대략 35%를 받는다. 이는 모든 다른 소득집단들에 대해 대략 23%를 남겨둔다. 50,000달러보다 적은 소득을 갖는 가구들은 조세편익의 단지 3%를 받는다. 조세편익은 세 가지 이유로 소득과 함께 증가한다.

1. 증가하는 한계세율

누진적인 세율을 갖는 조세체계하에서, 한계세율은 소득과 함께 증가하며, 따라서 주택담보대출 이자 1달러당 보조는 소득과 함께 증가한다.

2. 항목별 공제

지원금은 세금신고서에 항목별로 공제(itemized deduction)하는 가구들에 한해 지급되고, 낮은-소득 가구들은 항목별로 공제할 가능성이 보다 적으며 대신에 표준 공제를 한다.

3. 주택은 정상재이다.

주택소비는 가구소득과 함께 증가하고, 총소득에서 공제될 수 있는 주택담보대출 이자의 금액 또한 그러하다.

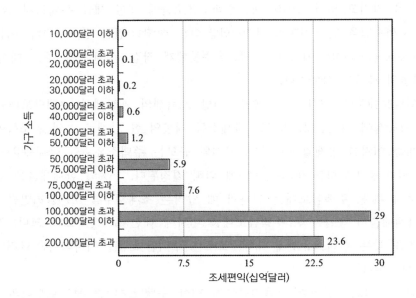

출처: Fischer, William, and Huang, Chye-Ching, "Mortgage Interest Deduction Is Ripe for Reform," Center for Budget and Policy Priorities, June 25, 2013.

▲ **그림 17-12 주택담보대출 지원으로부터의 편익**

그림 17-13은 주택담보대출 지원의 비효율성을 보여준다. 음(−)의 기울기를 갖는 곡선은 주택에 대한 시장수요이다. 주택으로부터의 외적인 편익이 부재하다면, 시장수요곡선은 또한 한계사회편익곡선이다. 1.0에서 수평선은 주택자본에 투자된 자원의 한계사회비용이다. 주택자본에 1달러를 할당함으로써, 사회는 다른 자본, 예를 들면, 공장, 도로, 혹은 학교에서의 1달러 가치를 희생한다. 한계의 원리를 적용함으로써, 효율적인 할당은 점 a에 의해 보여진다: 한계사회편익은 h^E단위의 주택자본을 갖는 점에서 한계사회비용과 일치한다. 보다 큰 양의 주택자본에 대해, 한계비용은 한계편익을 능가하며, 이는 자원이 경제의 다른 부문에 보다 효율적으로

할당될 수 있음을 의미한다.

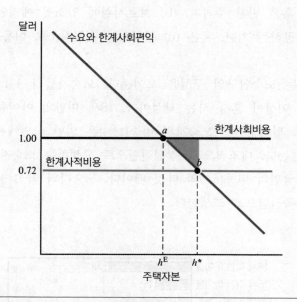

▲ 그림 17-13 주택담보대출 지원의 비효율성

주택담보대출 지원는 이것이 주택자본의 사적비용을 사회비용보다 적게 만들기 때문에 비효율적이다. 그림 17-13에서, 한계세율은 28%이며, 따라서 주택자본의 한계사적비용은 단지 0.72달러이다. 주택자본의 이러한 낮은 가격설정은 주택소비를 효율적인 수준 이상으로 증가시킨다: $h^* > h^E$. 주택담보대출 지원으로부터의 후생손실은, 주택자본의 한계사회비용(1달러)과 (수요곡선에 의해 보여진) 한계사회편익 사이의 면적인, 색으로 칠해진 삼각형에 의해 보여진다. 주택자본에 투자된 자원의 양은 과도하다: 주택에 투자된 자원의 일부는 만일 공장, 도로, 혹은 학교와 같은 다른 자본에 투자되었다면 보다 생산적이었을 것이다.

04 노숙자와 공공정책

미국의 주택도시개발부는 2009년 1월의 하룻밤에 국가 전체적으로 640,000명 이상의 거처가 있는 노숙자와 거처가 없는 노숙자가 있었다고 보고한다(HUD, 2010).

노숙자에 대한 주택도시개발부의 정의는 고정된 야간시간 거주지가 없고 주요한 야간시간 거주지가 다음의 하나인 사람이다: (a) 임시적 주거 편의시설 제공을 위한 감독되는 공공 혹은 민간 주거지, (b) 보호시설에 입소될 예정인 개인들에게 임시적 주거지를 제공하는 기관, 혹은 (c) 정규적인 취침장소로 이용될 목적이 없는 장소에 해당한다.

그림 17-14는 노숙인구의 구성을 보여준다. 노숙자들의 3/4 이상이 혼자 사는 사람이고, 절반 이상이 혼자 사는 남성이다. 18세 미만의 아이들은 노숙자의 거의 2/5를 차지한다. 퇴역군인인 노숙자의 비중(13%)은 일반 국민에서 퇴역군인의 비중(11%)을 조금 넘는다. 대조적으로, 정신질환으로 고생하는 노숙자의 비중(30%)은 정신질환을 앓는 국민의 비중(6%)의 다섯 배이다. 노숙자의 약 1/3은 술과 다른 약물을 포함하여 중독질환으로 고생한다.

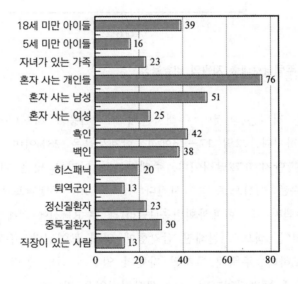

출처: National Coalition for the Homeless, "Who Is Homeless?" 2009.

▲ 그림 17-14 노숙인구

여러 개의 연방 단체들은 노숙자들에 대한 지원을 제공한다. 다수의 연방 프로그램들은 1987년의 맥킨니노숙자지원법령(The McKinney Homelessness Assistance Act)에 의해 역할이 부여되었다. 이들 단체는 교육부(노숙 아이들을 위한 교육), 연방위기관리부(응급숙식 프로그램)와 건강인적서비스부(건강보호), 그리고 퇴역군인행정부(건강보호,

노숙 제공자 보조금)를 포함한다. 주택도시개발부는, 대피소에 대한 지원과 노숙인구를 위해 고안된 주택에 대한 지원금(혼자 거주하는 점유(single residence occupancy)시설과 비상 주택)을 포함하여, 노숙자들에 대한 주택과 서비스를 제공한다.

노숙을 발생시키는 원인은 무엇인가? 만일 어떤 사람의 소득이 주택서비스의 가격에 비해 충분히 낮다면 고정된 주거지를 갖지 못할 것이다. 노숙에 관한 연구들은 노숙비율이 다음의 특성을 갖는 지역들에서 보다 높음을 제시한다.

1. 낮은-품질 주택에 대한 상대적으로 높은 가격. 호닉과 파일러(Honig and Filer, 1993)는 노숙에 대한 낮은-품질 주택 임차료 탄력성이 1.25인 것으로 추정하며, 이는 임차료가 10% 증가하면 노숙비율이 12.5% 증가함을 의미한다.
2. 약한 노동시장: 낮은 고용성장.
3. 정신질환자들에 대한 낮은 기관수용률.

비록 노숙이 많은 요인들을 갖는 복잡한 문제이지만, 주택시장의 최저 하단의 기능을 개선하는 정책들에 의해 이 문제가 경감될 수 있다는 증거가 존재한다(O'Flaherty, 1996; Green and Malpezzi, 2003).

핵심적인 정책적 질문은 만성적인 노숙자를 위해, 주택 혹은 약물남용이나 정신질환의 해결 가운데 무엇이 우선되어야 하는가이다. 연속적 보호모델(continuum of care model)하에서, 약물남용과 정신질환이 우선 해결된다. 그동안 그들은 (대피소나 노상에서) 노숙자로 지낸다. 다수의 만성적인 노숙자들은 규율, 과밀, 그리고 사생활의 부족 때문에 대피소체계를 회피한다. "주택-우선" 접근법하에서, 대부분의 장애를 가진 노숙자들은 약물남용과 정신질환에 대한 치료 이전에 감당하기 쉬운 주택(affordable housing)으로 바로 입소된다. 이 접근법은 연속적 보호모델보다 성공적인 것으로 증명되었으며, 공공정책은 이 방향으로 이동하고 있다(Meschede, 2011).

개념에 대한 복습

01 주택은 다른 제품들과 상이하다: (i) 주택은 [_____]이다; (ii) 주택재고는 [_____]이다; (iii) 주택가격에서의 변화는 [_____]에 상대적으로 큰 효과를 갖는다.

02 높은-품질 주택의 수량이 t-1년도에 50채이고, 하향 여과비율이 10%라고 가정하라. 만일 신규 주택의 수량이 연간 12채이면, t년도에 높은-품질 주택의 수는 [_____]채이다.

03 만일 높은-품질 주택의 가격이 [_____](↑, ↓, -)이거나 또는 만일 낮은-품질 주택의 가격이 [_____](↑, ↓, -)이라면, 높은-품질 하부시장에서 낮은-품질 하부시장으로 하향 여과하는 주택의 수는 증가한다.

04 높은-품질 주택에 대한 시장공급곡선은 [_____]주택에 대한 공급곡선과 [_____]주택에 대한 공급곡선의 [_____] 합이다.

05 낮은-품질 주택의 시장공급은 [_____]주택과 [_____]주택을 더한 것과 일치한다.

06 신규 주택에 대한 금지는 높은-품질 주택의 가격을 [_____](↑, ↓, -)시키며, 따라서 이는 [_____]을/를 감소시킨다. 결과적으로, 높은-품질 주택의 수량에서의 순변화는 신규 주택의 손실보다/손실과 [_____](〈, 〉, =).

07 신규 주택에 대한 금지는 이 금지가 (i) 하향 여과를 감소시키고 (ii) [_____]을/를 증가시키기 때문에 낮은-품질 주택의 가격을 [_____](↑, ↓, -)시킨다.

08 젠트리피케이션(주택고급화)은 [_____]을/를 감소시키고 [_____]을/를 증가시키기 때문에 낮은-품질 주택의 가격을 [_____](↑, ↓, -)시킨다. 두 효과는 높은-품질 주택 가격의 [_____](↑, ↓, -)에 기인한다.

09 공공주택으로부터 순수하게 얻어지는 효과(the bang per buck of public housing)는 대략 [_____](0.10, 0.24, 0.90, 1.5 가운데 선택하라)달러이다.

10 낮은-소득 주택 프로젝트에 대한 조세지원체계하에서, 정부는 낮은-소득 가구들을 위한 주택의 (i) [_____]와/과 (ii) [_____]을/를 규정한다.

11 수혜자들로 하여금 공공주택과 동일한 혜택을 얻도록 하는 바우처정책을 고려하라. 공공주택에서 바우처로 주택예산의 재할당은 지원을 받는 가구의 수를 대략 [_____](2, 4, 10 가운데 선택하라)배만큼 [_____](↑, ↓, -)시킬 것이다.

12 주택바우처 프로그램은 낮은-품질 주택의 가격을 [_____](↑, ↓, −)시키고 [_____]을/를 증가시키기 때문에 중간-품질 주택의 가격을 [_____](↑, ↓, −)시킨다.

13 낮은-소득 가구들을 위한 주택프로그램들의 연간 예산비용은 주택담보대출 이자에 대한 보조로부터의 연간 조세수입 감소에 비해 [_____](<, >, =). 주택담보대출 지원으로부터의 가구 편익은 상대적으로 [_____](느린, 빠른) 비율로 소득과 함께 [_____](↑, ↓, −)한다.

14 주택담보대출 보조로부터의 후생손실은 [_____]수량에서 [_____]수량까지 [_____]곡선과 [_____]곡선 사이의 면적에 의해 보여진다.

15 노숙비율은 (i) 높은 [_____]; (ii) 약한 [_____]시장; (iii) [_____]을/를 위한 낮은 기관수용율을 갖는 지역에서 상대적으로 높다.

16 일반 국민 가운데 퇴역군인의 비중(11%)과 비교하여, 노숙인구에서 퇴역군인의 비중은 [_____](보다 낮다, 대략 동일하다, 약간 높다, 훨씬 높다).

17 개별 변수들 쌍에 대해, 그 관계가 양인지, 음인지, 중립인지, 혹은 모호한지를 나타내라.

모수	선택변수	관계
가격(높은 품질)	f: 여과비율	[_____]
가격(낮은 품질)	f: 여과비율	[_____]
수리(repair) 노동자의 임금	f: 여과비율	[_____]
공공주택의 수	가격(낮은 품질)	[_____]
공공주택의 수	민간주택의 수	[_____]
공공주택의 수	r: 퇴거비율	[_____]
주택바우처의 수	가격(낮은 품질)	[_____]
주택바우처의 수	가격(중간 품질)	[_____]

개념들을 응용하는 연습문제

01   품질수준의 선택

주택품질이 1에서 20까지의 척도에 의해 측정되고, 특정 품질을 생산하는 월간 비용은 그 품질수준의 자승(square)과 동일하다고 가정하라: 1의 품질수준에 대해, 비용은 1달러이고; 2의 품질수준에 대해, 비용은 4달러이며, 이외의 품질수준에 대해서도 같은 방식으로 비용이 정해진다. 다시 말해, $C(q) = q^2$이고 한계비용 $mc(q) = 2q$이다. 주택에 대한 월간 임대료는 품질단위당 가격에 품질수준을 곱한 것과 동일하다. 20달러의 가격에서, 이윤-극대화 품질수준 $q^* = [_____]$단위이다. 이를 설명하라.

(주택품질 1에서 20까지에 대해 그림 17-1과 같이 특정 품질을 유지하는 데 드는 한계 보수비용곡선과 한계수입곡선을 그리던지 계산하라. 역자 주).

02   허리케인 카트리나(Katrina)

허리케인 카트리나는, 낮은-품질 하부시장에서 상대적으로 큰 손실을 내며, 뉴올리언스 주택재고의 큰 비중을 파괴하였다. 단순화를 위해, 이 허리케인이 낮은-품질 주택만을 파손시켰다고 가정하고, 낮은 품질과 높은 품질의 두 품질수준만이 존재한다고 가정하라. 높은-품질 주택의 균형가격에 대한 이 허리케인의 효과를 예측하라. 이를 설명하라.

03   낮은-소득 주택 세금공제에 대한 1달러당 순이익?

당신은 낮은-소득 주택 세금공제에 대한 자격요건을 충족시키는 낮은-소득 주택을 짓기 위해 200,000달러의 비용을 초래한다고 가정하라.

a. 연간 세금공제를 발생시키는 기간 동안, 당신의 총세금공제액은 [_____]달러이다.

b. 퀴글리(Quigley)의 결과에 기초하여, 이 주택의 시장가치는 [_____]달러이다.

04   공공주택의 미세한 효과?

위저드(Wizard) 씨에 의하면, "공공주택의 장기시장효과는 미세하다. 120채의 민간공급을 갖는 균형에서 출발해, 60채의 공공주택의 건설은 주택의 균형량을 단지 10채만큼만 증가시킬 것이다." 위저드 씨의 경제적 논리를 설명하기 위해 공급-수요곡선을 이용하라.

05 바우처의 가격효과

바우처의 가격효과에 관한 수신(Susin, 2003)의 연구를 고려하라. 낮은-소득 주택의 초기 가격(p^*)이 500달러이고 낮은-소득 주택에 대한 수요의 가격탄력성이 −0.82라고 가정하라. 주택바우처 프로그램이 낮은-소득 주택에 대한 수요를 24%만큼 증가시킨다고 가정하라. 새로운 균형가격 p^{**}를 포함하여 이 바우처 프로그램의 시장효과를 설명하라.

(균형가격의 %변화 = 수요의 %변화/(수요탄력성의 절대치 + 공급탄력성)의 공식을 이용하라. 공급탄력성은 수신의 연구로부터 이용하라. 역자 주).

06 엘라스틱(Elastic)박사에게 문의하라

당신의 목적은 낮은-소득 가구들의 후생을 극대화하는 것이고, 주택바우처와 낮은-소득 주택의 생산을 위한 지원금 간 선택을 해야 한다. 당신은 측정된 적이 있는 모든 경제적 탄력성을 알고 있는 엘라스틱 박사에게 하나의 질문을 할 수 있다.

a. 당신의 질문은 . . .

b. 어떤 상황(연관된 탄력성의 어떤 수치)에서 바우처가 지원금보다 나을 것인가? 설명하라.

c. 어떤 상황(연관된 탄력성의 어떤 수치)에서 지원금이 바우처보다 나을 것인가? 설명하라.

(그림 17-8과 그림 17-10을 이용하라. 바우처의 경우 가격인상효과가 큰 것이 바람직하지 않은데 #5에서 주어진 균형가격의 %변화의 공식을 이용하라. 보조금이 지급되는 공공주택의 경우 보조금을 지급 받지 않는 민간주택의 가격인하로 많은 주택이 퇴출되는 것이 바람직하지 않은데, 균형가격의 %변화 = 공급 %변화/(수요탄력성의 절대치 + 공급탄력성)의 공식을 이용하라. 역자 주).

07 주택담보대출 지원으로 인한 자중손실

1평방 풋(foot) 공장부지의 한계가치는 $1.00에서 불변이라고 가정하라. 1평방 풋 주택부지의 한계편익이 1,000평방 피트(feet)에 대해 $1.00이고 1,200평방 피트에 대해 $0.80이다. 정부가 20%의 주택담보대출(이자세금공제) 지원을 제공하여, 소비자들에게 주택의 순가격을 1평방 풋당 $1.00에서 $0.80로 감소시킨다고 가정하라. 이 지원으로 인한 자중손실의 가치를 포함하여, 이 지원의 시장효과를 설명하라.

(그림 17-13을 이용하라. 정부가 주택담보대출 이자세금 공제 혜택을 베풀 때 소비자잉여는 사각형의 면적과 삼각형 면적을 더한 크기로 증가한다. 반면 세금손실은 세제혜택 받은 소비자의 주택소비량에 대한 사각형 면적에 해당한다. 역자 주).

참고문헌과 추가적인 읽을 거리

Brueckner, Jan, and Stuart Rosenthal, "Gentrification and Neighborhood Cycles: Will America's Future Downtowns Be Rich?" *Review of Economics and Statistics*, 91.4 (2009), pp. 725-43.

Case, Bradford, "Housing Price Indexes," Chapter 14 in *A Companion to Urban Economics*, edited by Richard J. Arnott and Daniel P. McMillen. New York: Wiley-Blackwell, 2006.

Diehang Zheng, Yongheng Deng, Peter Gordon, and David Dale-Johnson, "An Examination of the Impact of Rent Control on Mobile Home Prices in California," *Journal of Housing Economics* 16 (2007), pp. 209-42.

DiPasquale, Denise, Dennis Fricks, and Daniel Garcia-Diaz. "Comparing the Costs of Federal Housing Assistance Programs." *Federal Reserve Bank of New York Policy Review* (June 2003), pp. 147-66.

Ellen, Ingrid Gould, and Katherine O'Regan, "Gentrification: The Perspectives of Economists and Planners," Chapter 16 in *The Oxford Handbook of Urban Economics and Planning*, edited by Nancy Brooks, Kieran Donaghy, and Gerrit-Jan Knaap. New York: Oxford University Press, 2011.

Glaeser, Edward, and Charles Nathanson, "Housing Bubbles," Chapter 11 in *Handbook of Urban and Regional Economics Volume 5*, edited by Gilles Duranton, J. Vernon Henderson, and William C. Strange. Amsterdam: Elsevier, 2015.

Goering, John. "The Impacts of New Neighborhoods on Poor Families: Evaluating the Policy Implications of the Moving to Opportunity Demonstration." *Federal Reserve Bank of New York Policy Review* (June 2003), pp. 113-40.

Green, Richard, "Housing Markets, Prices, and Policies," Chapter 18 in *The Oxford Handbook of Urban Economics and Planning*, edited by Nancy Brooks, Kieran Donaghy, and Gerrit-Jan Knaap. New York: Oxford University Press, 2011.

Gyourko, Joseph, and Raven Molloy, "Regulation and Housing Policy," Chapter 19 in *Handbook of Urban and Regional Economics Volume 5*, edited by Gilles Duranton, J. Vernon Henderson, and William C. Strange. Amsterdam: Elsevier, 2015.

Han, Lu, and William Strange, "Microstructure of Housing Markets: Search, Bargaining, and Brokerage," Chapter 13 in *Handbook of Urban and Regional Economics Volume 5*, edited by Gilles Duranton, J. Vernon Henderson, and William C. Strange. Amsterdam: Elsevier, 2015.

Malpezzi, Stephen, and Kerry Vandell. "Does the Low-Income Housing Tax Credit Increase the Supply of Housing?" *Journal of Housing Economics* 11 (2002), pp. 360−80.

Malpezzi, Stephen. "Welfare Analysis of Rent Control with Side Payments: A Natural Experiment in Cairo, Egypt." *Regional Science and Urban Economics* 28 (1998), pp. 773−95.

O'Flaherty, Brendan, "Homelessness in the United States," Chapter 12 in *The Oxford Handbook of Urban Economics and Planning*, edited by Nancy Brooks, Kieran Donaghy, and Gerrit−Jan Knaap. New York: Oxford University Press, 2011.

Office of Management and Budget. *Budget of the United States Government Fiscal Year 2002*, Table 8−1. Washington, DC: 2002.

Olsen, Edgar, and Jeffrey Zabel, "United States Housing Policies," Chapter 14 in *Handbook of Urban and Regional Economics Volume 5*, edited by Gilles Duranton, J. Vernon Henderson, and William C. Strange. Amsterdam: Elsevier, 2015.

Rosenthal, Stuart, "Are Private Markets and Filtering a Viable Source of Low−Income Housing? Estimates from a 'Repeat Income' Model," *American Economic Review* 104.2 (2014), pp. 687−706.

Saiz, Albert, "The Geographic Determinants of Housing Supply," *Quarterly Journal of Economics* 125.3 (2010), pp. 1253−96.

Seko, Miki, "Housing Demand: An International Perspective," Chapter 11 in *A Companion to Urban Economics*, edited by Richard J. Arnott and Daniel P. McMillen. New York: Wiley−Blackwell, 2006.

Smeeding, Timothy M. "Alternative Methods for Evaluating Selected In−Kind Transfer Benefits and Measuring Their Effect on Poverty." Technical Paper no. 50. Washington, DC: U.S. Bureau of the Census, 1982.

Susin, Scott. "Rent Vouchers and the Price of Low−Income Housing." *Journal of Public Economics* 83 (2002), pp. 109−52.

U.S. Department of Housing and Urban Development, Fiscal Year 2012 Program and Budget Initiatives−Affordable Housing Rental Assistance.

U.S.Government, www.whitehouse.gov/sites/default/files/omb/budget/.../teb2013.xls

도시교통

오설리반의 도시경제학
O'Sullivan's Urban Economics

이 책의 제4편은 도시교통체계의 두 구성요소에 대해 탐구한다. 제18장은 비효율을 유발하는 세 가지의 외부효과: 혼잡, 환경의 저하, 그리고 교통사고에 초점을 맞춰, 자동차와 도로에 대해 살펴본다. 자연스럽게, 이러한 외부효과에 대한 다양한 정책대응에 대해 논한다. 제19장은 통행수단(승용차 대 버스 대 철도)에 대한 개별 통행자의 선택과 대중교통체계(버스 대 경전철 대 중전철)에 대한 도시의 선택에 초점을 맞춰, 도시 대중교통의 경제학에 대해 탐구한다. 이 장은 미국에서 왜 그렇게 적은 통근자들이 대중교통을 선택하는지, 그리고 대부분의 미국 도시들에서 왜 버스시스템이 경전철 혹은 중전철에 비해 효율적인지를 설명한다.

18 > 자동차와 도로

> 나는 속도를 줄이기 시작하였으나 차량통행이 내가 생각했던 것보다 더 움직이지
> 않는 상태였다.
> —자동차 보험 지불청구서에서(앞차를 받은 충돌사고에 대한 억지스런 변명)

    도시교통에 관한 두 개의 장들 가운데 첫 번째 장은 자동차와 도로의 경제학에 대해 탐구한다. 자동차는 미국 도시들에서 주요한 통행수단이며, 통근통행(근무지로의 통행)의 88%와 모든 통행의 90%를 구성한다. 정책—지향적인 이 장은 자동차에 의해 발생하는 세 가지 외부비용(external costs): 혼잡, 오염, 그리고 교통사고에 초점을 맞춘다. 외부비용은 어느 정도의 행위를 할지를 결정하는 사람 이외의 누군가에 의해 경험하게 되는 비용이다. 외부비용에 대한 경제적 접근은 외부성을 내재화(internalize)하기 위해 세금을 이용하는 것이고, 따라서 의사결정자가 자신의 선택에 따른 전체 비용을 부담하도록 하는 것이다. 이러한 단순 접근법은 시장을 작동하게 한다: 일단 외부비용이 내재화되면, 개별 의사결정자들은 효율적인 선택을 할 것이다.

01 혼잡의 외부효과

    우선 혼잡한 도로와 간선도로를 이용함으로써 발생하는 외부비용을 고려하라. 한 명의 추가적인 운전자는 교통흐름을 느리게 만들어서 다른 운전자들에게 외부비용을 부과하게 된다. 혼잡에 대한 경제적 접근은 간단하다. 추가적인 차량이 다른 차량들의 속도를 늦추는 간선도로를 이용하는 것과 관련된 외부비용이 존재하고, 한계외부비용(marginal external costs)과 동일한 혼잡세(congestion tax)는 이 외부성을 내재화하고 효율적인 결과를 가져올 것이다. 오염의 효율적인 수준이 영(0)이 아닌 것처럼, 혼잡의 효율적인 수준 역시 영(0)은 아니다.

통행비용: 외부, 사적, 그리고 사회적

통행의 한계외부비용에 대한 계산에서 출발할 것이다. 도로 위의 추가적인 차량은 차량 사이의 공간을 줄이고, 운전자들은 차량 간 안전거리를 유지하기 위해 자연스럽게 속도를 낮춘다. 교통의 둔화는 개별 기존 도로이용자로 하여금 도로통행에 있어 추가적인 m분을 소비하도록 한다. 만약 v명의 기존 도로이용자가 있고 통행시간의 기회비용이 분당 c라면, 추가적인 차량의 한계외부비용은 다음과 같다.

한계외부비용 $= m \cdot v \cdot c$

예를 들어, m $=$ 0.01(추가적인 차량이 개별 기존 이용자의 통행시간을 0.01분만큼 증가하게 한다), v $=$ 1,200(1,200명의 기존 도로이용자가 존재한다), 그리고 c $=$ \$0.20 (통행시간의 기회비용은 분당 \$0.20이다)이라고 가정하라. 이 경우, 추가적인 차량의 한계외부비용은 다음과 같다.

한계외부비용 $= m \cdot v \cdot c = 0.01 \cdot 1,200 \cdot \$0.20 = \$2.40$

하나의 추가적인 차량은 다른 고속도로이용자들에게 \$2.40의 비용을 부과한다.

한계외부비용은 교통량에 의존한다. 교통량이 상대적으로 적을 경우, 한계외부비용은 두 가지 이유로 상대적으로 낮을 것이다. 첫째, m(차량당 추가 통행시간)의 값은 상대적으로 낮을 것이며 모든 차량이 규정으로 허용된 최대속도(legal speed limit)에 통행할 수 있을 정도로 교통량이 적을 경우, 실제 영(0)이 될 것이다. 둘째, v(영향을 받는 도로이용자 수)의 값은 상대적으로 작을 것이다. 이와 반대로, 교통량이 상대적으로 많을 경우 추가적인 차량은 상대적으로 큰 양(큰 m)으로 통행시간을 증가시키고, 상대적으로 많은 수의 차량들(높은 v)이 느려질 것이다.

통행의 사적 비용은 개인 운전자가 부담하는 비용이다. 그림 18-1에서, 사적 통행비용은 두 곡선 중 아래에 위치하는 것이다. 이 곡선은 고속도로를 따라 통행의 금전비용과 시간비용의 합을 나타낸다. 금전비용은 통행당 \$2.00로 일정하며, 혼잡이 없는 통행에 대한 시간비용은 \$1.00에 해당한다.

사적 비용곡선은 모든 사람이, v_0의 차량까지 나타나는, 규정으로 허용된 최대속도로 통행하는 한 \$3.00(\$2.00 + \$1.00)에서 수평이다. 보다 높은 통행량에 대해, 차량 사이의 간격이 감소하며, 운전자들로 하여금 차량들 사이의 안전거리를 유지하

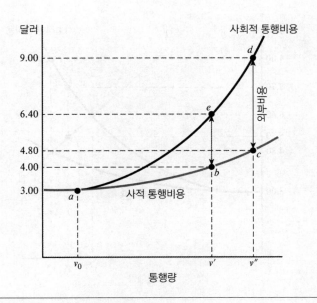

▲ 그림 18-1 통행비용: 사적, 외부적, 사회적

기 위해 속도를 줄이도록 한다. 보다 느린 속도는 보다 많은 통행시간과 이로 인한 보다 높은 시간비용을 의미한다. 예를 들어, v'의 통행량에서 시간비용이 $2로 2배가 되며, 따라서 통행의 사적 비용은 금전비용에서의 $2.00과 시간비용에서의 $2.00을 갖는 $4.00이 된다.

그림 18-1의 상부에 위치한 곡선은, 사적 비용과 외부비용의 합과 일치하는, 통행의 사회적 비용(social cost of travel)을 나타낸다. 두 곡선 사이의 차이는 통행의 한계외부비용이다. 통행량 v'에서 사적 비용은 $4.00이고 외부비용은 $2.40로, 사회적 비용은 $6.40이 된다. 통행량이 늘어남에 따라, 외부비용이 증가하여 두 곡선 간의 격차가 커지게 된다. 통행량 v''에서, 사적 비용은 $4.80이며 외부비용은 $4.20이므로, 사회적 비용은 $9가 된다.

시장균형 대 효율적 결과

그림 18-2는 시장균형과 효율적인 결과를 보여준다. 간선도로 이용에 대한 통행자들의 지불용의를 나타내는 수요곡선은 음(-)의 기울기를 갖는다: 도로를 이용하는 비용에서의 증가는 지불용의가 이 비용을 초과하는 사람의 수를 감소시키고, 따라서 보다 적은 사람들이 이 도로를 이용할 것이다. 균형은 시장수요곡선이 사적 비용곡선과

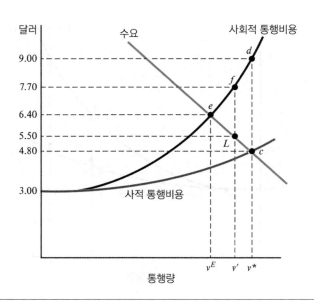

▲ 그림 18-2 균형 대 효율적 결과

교차하는 점 c에 의해 보여진다. 균형을 나타내기 위해 *(별표)를 사용하며, 균형통행량은 v^*가 된다. 총 v^* 통행자에게 있어 간선도로 이용의 편익(수요곡선으로 표시된 지불용의)은 (사적 비용곡선에 의해 보여지는) 통행의 사적 비용보다 크거나 같다.

효율적인 통행량을 찾기 위해 한계원칙을 사용할 수 있다. 한 행위의 효율적 수준은 한계 사회적 편익(marginal social benefit)이 한계 사회적 비용(marginal social cost)과 일치하는 수준에 해당한다. 통행과 관련하여 양(+)의 외부효과는 존재하지 않기 때문에 수요곡선은 통행의 한계 사회적 편익을 나타낸다. 한계 사회적 비용은, 통행의 사적 비용과 외부비용을 포함하는, 사회적 비용곡선에 의해 보여진다. 효율적인 결과를 나타내기 위해 E를 사용한다. 수요곡선은 점 e에서 사회적 비용곡선과 교차하며, 따라서 효율적인 통행량은 v^E가 된다. 처음 v^E 차량들에 대해, 통행의 사회적 편익(지불용의)은 사회적 비용보다 크거나 같고, 따라서 그들의 간선도로 이용은 사회적으로 효율적이다.

균형량 v^*는 개별 이용자가 다른 이용자들에게 부과하는 외부비용을 무시하기 때문에 효율적인 통행량 v^E를 초과한다. 그림 18-2에서, 로이스(Lois)는 통행에 (수요곡선에 점 L로 표시된) $5.50을 지불할 용의가 있고, 그녀의 도로이용은 (점 f로 표시된) $7.70의 사회적 비용을 갖는다. v^* 통행자들 가운데 한 명으로서, 그녀의 사적 비용은 균형 사적 비용인 $4.80이다. 로이스는 지불용의금액이 사적 비용보다 높기($5.50 > $4.80) 때문에 도로를 이용할 것이다. 그러나 그녀의 도로 이용은 그녀의 지불용의가 사회적 비용보다 낮기($5.50 < $7.70) 때문에 비효율적이다. 로이스는 그녀의 선택의 외부비용을 무시하며, 따라서 그녀의 통행이 비효율적임에도 불구하고 간선도로를 이용한다.

혼잡세

혼잡에 대한 경제적 접근은 혼잡세를 사용하여 혼잡의 외부성을 내재화(internalize)하는 것이다. 그림 18-3에서, 통행당 $2.40의 혼잡세는 사적 비용곡선을 $2.40만큼 위로 이동시킨다.

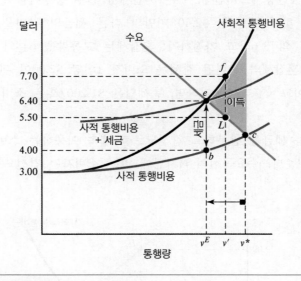

▲ 그림 18-3 혼잡세의 효과

1. 통행량 감소

이 세금은 차량 수를 v*에서 v^{E}로 감소시킨다. 수요곡선상의 점 L에서, 로이스의 지불용의($5.50)는 이제 그녀의 비용 $6.40(사적 비용에 세금 $2.40을 더한 것)보다 낮으며, 따라서 그녀는 간선도로를 이용하지 않을 것이다. 유사하게, 통행자 v*에서 v^{E}에 대해, 지불용의가 비용보다 적으며, 따라서 그들은 더 이상 이 간선도로를 이용하지 않는다.

2. 효율성 이득

(차량 v′에서) 로이스로 하여금 이 도로를 이용하지 않게 함으로부터의 이득(gain)은 더 이상 발생하지 않는 사회적 비용에서 그녀의 사라진 편익을 뺀 것과 같다. 더 이상 발생하지 않는 비용은 $7.70의 사회적 비용(점 f)이며, 사라진 편익은 여행에 대한 그녀의 $5.50 지불용의(점 L)이다. 따라서 로이스로 하여금 간선도로를 이용하지 않게 함으로부터의 이득은 $2.20에 해당한다. 시장 전체로 보면, v*에서 v^E까지의 차량에 대한 도로 이용을 배제시킴에 따라 발생하는 효율성 이득은 v*에서 v^E까지의 사회적 비용곡선과 수요곡선 사이의 영역인 음영 영역으로 나타난다.

혼잡세의 개인별 편익과 비용을 고려할 때, 혼잡세는 다른 세금을 줄이는 데 사용될 수 있는 세입을 창출한다는 점에 주목하는 것이 중요하다. 앞서 사례에서 혼잡세는 통행자 1인당 $2.40인데, 이는 혼잡세가 일부 통행자들로 하여금 도로 이용을 중단하도록 하기 때문에, $2.40 미만의 다른 세금의 감면을 의미한다. 간단히 말해서, v^E가 v*의 5/6라고 가정하자: 혼잡세는 교통량을 6분의 1정도 줄인다. 이 경우, $2.40의 혼잡세와 관련된 감세는 소비자 1인당 $2.00이 된다. 예를 들어, 만일 v* = 600이고 v^E = 500이라면, 총세입은 $1,200 혹은 소비자당 $2.00에 해당한다.

그림 18-4는 세금을 납부하고 간선도로를 계속 이용하는 소비자에 대한 혼잡세의 결과를 보여준다. 수요곡선의 H지점에 있는 소비자는 간선도로 통행에 대한 상

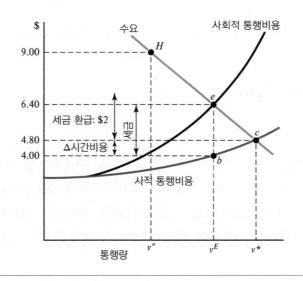

▲ 그림 18-4 혼잡세로부터의 이득과 손실: 도로 이용자

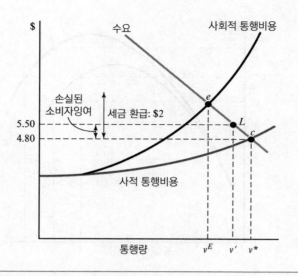

▲ 그림 18-5 혼잡세로부터의 이득과 손실: 도로 우회 운전자

대적으로 높은 지불용의($9.00)를 갖는다. 세금 부과 이후, 통행가격은 $6.40이므로 소비자는 고속도로를 계속 이용할 것이다. 이 혼잡세는 통행량을 줄이고 $0.80의 시간비용에서의 절약에 해당하는 $4.80(점 c)에서 $4.00(점 b)로 사적 비용을 감소시킨다. 순이득은 $0.40로, 이는 $0.80 시간 절약 + $2.00 세금 환급 − $2.40 (혼잡)세금과 같다.

그림 18-5는 간선도로 이용을 중단한 소비자에 대한 혼잡세의 결과를 보여준다. 수요곡선에서 점 L의 소비자에 대해, $5.5의 지불용의는 $4.80의 세전 가격을 넘지만 $6.40의 세후 가격보다 작다. 소비자들은, 지불용의 $5.5에서 사적 통행비용 $4.8을 뺀 것과 동일한, $0.70의 소비자잉여의 손실을 경험한다. 소비자의 순이득은 $1.30로, 이는 세금 환급 $2.00에서 소비자잉여에서의 손실 $0.70을 뺀 것과 같다.

이 사례에서, 세금 환급은 소비자잉여의 손실을 보상할 만큼 충분히 크기 때문에, 모든 소비자들은 혼잡세 정책으로 인해 후생이 증가한다. 만일 세금 환급이 보다 낮다면, 일부 소비자들은 순손실을 겪는다. 그럼에도 불구하고 수요곡선상의 점 e 바로 아래의 소비자들에 의해 경험된 어떠한 손실도 다른 소비자들에 대한 이득에 의해 상쇄되며, 따라서 혼잡세 정책은 소비자 전체적으로 후생을 증가시킨다.

혼잡세는 외부효과를 내재화하기 때문에 도시경제의 경제적 효율을 증가시키고 사회에 후생 이득을 가져온다는 것을 보았다. 도시규모(근로자수 또는 인구)에 대한 혼잡세의 함의를 살펴보기 위해 (이전 장에서 도출된) 도시효용곡선(urban utility

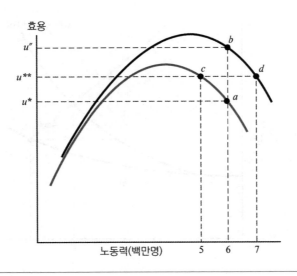

▲ 그림 18-6 혼잡세 도시는 성장한다

curves)을 이용할 수 있다. 각각 6백만 명의 근로자들이 있는 두 개의 동일한 도시들로 이루어진 근로자 12백만 명의 지역이 있다고 하자. 그림 18-6에서 초기 효용 곡선은 친숙한 언덕 형태(hill shape)를 가지며, 이는 집적의 경제(agglomeration economies)와 불경제(diseconomies) 사이의 긴장(견인효과)을 반영한다. 초기에 두 도시 모두 혼잡이 가격에 반영되지 않으며 초기 균형은 점 a로 보여진다. 지역의 근로자는 6백만 근로자의 두 도시 간 균등하게 나눠지며, 공통의 효용수준은 u*이다.

두 도시 중 하나의 도시에서 수입-중립(revenue-neutral) 혼잡세를 도입한다고 가정하자. 예를 들어, 이 도시는 혼잡세를 소득세 인하와 결합할 수 있을 것이다. 그림 18-6에서 세금 프로그램은 이 도시의 효용곡선을 상향 이동시킨다. 혼잡의 외부효과에 대한 내재화는 집적의 불경제의 규모를 감소시키며 이에 따라 도시규모 증가에 따른 효용에 대한 하방 견인력(downward drag)을 감소시킨다. 수직 이동은 혼잡효과가 작은 소규모 노동력 수준하에서 상대적으로 작고, 혼잡효과가 심한 대규모 노동력 수준하에서는 상대적으로 크다. 혼잡세 부과 도시에서 효용수준은 u* (점 a)에서 u″(점 b)로 증가한다. 이주가 없다면 혼잡세 부과 도시의 효용수준은 다른 도시의 효용수준을 u″-u*만큼 능가할 것이다. 이것은 일방적인 이탈(unilateral deviation)에 대한 유인이 존재하므로 내쉬균형상태가 아니다. 효용격차에 대한 반응으로 근로자들은 혼잡세 부과 도시로 이주할 것이며, 두 도시 사이에 효용수준이 동일해질 때까지 이주는 계속될 것이다.

새로운 지역균형은 점 c와 점 d에 의해 보여진다. 이는 두 도시 모두에서 효용수준이 u**로 동일하고, 두 도시의 근로자수 합계는 고정된 지역 전체의 근로자수와 동일하므로 내쉬균형이다. (점 d에 의해 보여지는) 혼잡세 부과 도시는 100만 명의 근로자를 얻고, (점 c에 의해 보여지는) 다른 도시는 100만 명의 근로자를 잃는다. 두 도시 모두에서 u*에서 u**로 효용수준이 증가하는데, 이는 두 도시의 근로자들이 한 도시에서의 효율성−향상 혼잡세로부터 혜택을 받는다는 것을 의미한다. 다른 도시의 근로자들은 노동력의 감소가 이 도시로 하여금 점 a에서 점 c로 음(−)의 경사진 효용곡선을 따라 위로 이동하여 u**>u*이기 때문에 혜택을 본다. 한 도시의 혼잡세로 인한 편익이 지역 내 다른 도시들로 확산된다.

02 혼잡세 시행

이 장의 본 절에서 혼잡세 시행의 실용성에 대해 살펴보도록 한다. 이와 더불어 통행자들이 특별한 혼잡없는 차선을 이용하기 위해 통행료를 지불하는 시스템인 가치 가격책정(value pricing)으로 알려진 대안적인 접근법을 논의하고자 한다.

혼잡세 시행

도로의 효율적인 혼잡세는 교통량에 따라 다르다. 그림 18−7은, 도로 위 통행에 대한 높은 수요, 중간 수요, 그리고 낮은 수요를 나타내는 세 개의 수요곡선을 갖는다. 효율적인 혼잡세는, 효율적 수준의 교통량에서 계산된, 두 비용곡선(사적 비용과 사회적 비용) 사이의 수직적 격차에 의해 보여진다. 통행수요가 상대적으로 높을 때, 사적 비용과 사회적 비용 간 상대적으로 큰 격차가 존재하고, 따라서 상대적으로 큰 혼잡세가 존재한다. 수요가 적은 경우, 시장수요곡선은 사적 비용곡선의 수평 구간에서 교차한다. 이 경우 교통은 최대제한속도에서 운행되며, 혼잡의 외부효과가 없어 혼잡세가 존재하지 않는다.

그림 18−8은 3개의 대도시지역에 대한 마일당 효율적인 혼잡세 추정치를 보여준다. 미국 두 도시의 경우 첨두시간대 세금이 비첨두시간 대 세금의 약 10배에 해당한다. 런던의 경우 첨두시간대 세금은 미국 도시들의 첨두시간대 세금의 5~6배에 달하며, 비첨두시간대 세금의 차이는 더욱 크다. 평균적으로, 미국 도시들에서의

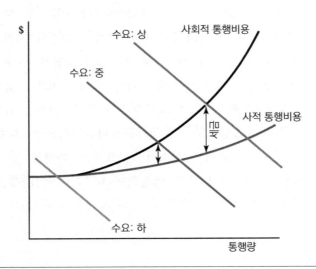

▲ 그림 18-7 첨두시간 대 비첨두시간의 혼잡세

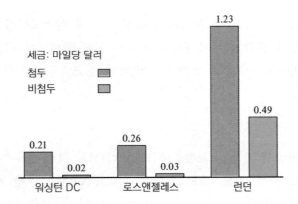

출처: Parry, Ian and Small, Kenneth, "Should Urban Transit Subsidies Be Reduced?" *American Economic Review* 99, 2009, 700-724.

▲ 그림 18-8 일부 도시에서의 혼잡세

효율적인 첨두시간대 혼잡세는 마일당 $0.085이다.

　현대 기술은 도로 이용의 과세에 대한 효율적 시행을 가능케 한다. 차량인식시스템(VIS: Vehicle Identification System)하에서, 각 차량에는 도로를 따라 설치된 감지기들이 차량 통과 시 이를 인식하도록 하는 자동무선레이더(transponder) 장비가 장착된다. 이 시스템은 차량이 혼잡한 도로를 이용하는 횟수를 기록하고 월말에 운전자에게 청구서를 발송한다. 예를 들어, 혼잡세가 마일당 $0.24이면, 한 달에 20회에 걸쳐 혼잡한 도로의 10마일을 통행하는 운전자는 (20에 $2.40을 곱한) 월 $48.00의 혼잡세 청구서를 받게 될 것이다. 사생활 침해 문제를 피하는 대안적인 접근은 혼잡한 도로 이용에 대한 요금을 청구하기 위해 익명의 직불카드(debit card)를 이용하는 것이다.

싱가포르는 도로 이용에 대한 요금을 청구하기 위해 가격을 이용한 최초의 도시였다. 이 도시는, 도심부 특별 통행료 징수구역에서의 통행에 대해 운전자에게 하루에 대략 $2의 요금이 부과되는 지역경계요금제(cordon pricing system)인 지역면허시스템(ALS: Area Licensing System)을 1974년에 시작하였다. 1998년에 이 도시는 혼잡의 수준에 따라 증가하는 사용자 요금을 갖는 스마트 카드 시스템인 전자 도로 요금부과제(ERP: Electronic Road Pricing)로 변경하였다. 이 시스템은 낮 시간 동안 중앙 구역에 진입하는 사용자에게 요금을 부과하는 28개의 징수대(gantries)를 가지고 있다. 추가로 평일 오전 첨두시간대에는 시내 간선도로 14곳에서 통행료를 받는다.

몇몇 도시들은 중앙지역에 진입하는 운전자들에게 요금을 부과하는 지역경계체제(cordon system)를 채택하였다. 런던 중심부의 운전자들은 평일 오전 7시에서 오후 6시 30분 사이의 도로 이용 시 요금을 지불한다. 2003년에 시행된 경계요금(cordon fee)은 교통혼잡을 줄이고 통행속도를 증가시켰다. 스톡홀름은 2006년 가변 요금 경계체제(variable rate cordon system)를 도입했는데, 중심 지역 진입시 요금이 당일 시간대(time of day)별로 달라진다. 스톡홀름의 이러한 요금제는 대중교통 이용을 증가시키고 통행속도를 증가시켰다. 미국에서, 뉴욕시 대상 유사한 경계선 시스템에 대한 정책안은 활발한 정치적 논쟁을 촉발하였고, 결국 주 입법부에 의해 저지되었다 (최근 시행키로 결정되었음: 역자 주).

가치 기반 가격책정(Value Pricing)과 다인승차량 차선(HOT Lane)

최근 개발된 도로 가격책정은 가치 기반 가격책정이라고 불려지는데, 이 체제하에서 운전자들이 특별 고속 "급행"(special high−speed express) 또는 통행료 차선(toll lanes)을 이용하기 위해 요금을 지불한다. 일부 고속 차선은 이용자가 최소 탑승자(2 또는 3명)를 확보하거나 통행료를 지불해야 하기 때문에 HOT 차선(다인승 또는 통행료: High Occupancy or Toll)이라고 표시된 카풀(carpool) 차선으로 전환된다. 일부의 경우, 교통량을 제한하고 목표 수준의 속도를 유지하기 위해 첨두수요시간대에 통행료를 인상함으로써 통행수요에 따라 통행료가 달라진다. 이 시스템하에서 고품질(더 빠른) 고속 차선에 대해 높은 요금을 부과하면서 도로의 차선들을 차별화된 상품(differentiated

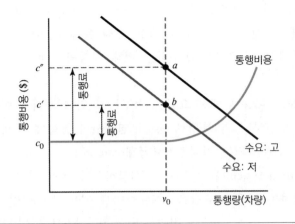

▲ 그림 18-9 고속 차선의 가격책정

products)으로 만들게 된다. 이것은 소비자들이 극장이나 운동 경기에서 더 좋은 좌석에 대해 더 높은 가격을 지불하는 것과 유사하다: 최고의 좌석은 해당 좌석에 대해 가장 많은 돈을 지불할 의향이 있는 소비자들에게 배정된다.

　그림 18-9는 고속 차선에 대한 가치 가격책정(value pricing)의 방식을 보여준다. 어떤 회사가 새로운 급행차선을 건설하고 혼잡없는 통행을 보장해 주기로 했다고 가정하자: 교통량은 v_0를 초과하지 않아야 한다. 급행차선에 대한 수요가 상대적으로 높을 때, 교통량 v_0를 유지하기 위한 총비용(통행료 포함)은 c''이다. 통행료는 c''와 자유 흐름 교통량하에서의 사적 통행비용인 c_0의 차이로 나타난다. 수요가 상대적으로 낮을 경우, 통행료는 $(c' - c_0)$으로 보다 낮다. 급행차선은 시간비용 절감액이 통행료를 초과할 경우 합리적 선택이 될 것이며, 이는 통행의 기회비용이 상대적으로 높은 통행자에게 해당될 가능성이 높다.

　통행자들의 급행차선 이용으로의 전환은 일반 차선에 머물러 있는 통행자들에게 편익을 주게 된다. 그림 18-10에서 일반 차선의 수요곡선은 급행차선으로 전환한 운전자의 수($v' - v'''$)만큼 왼쪽으로 이동하게 된다. 균형 교통량은 v'에서 v''로 감소하고 균형 통행비용은 c'에서 c''로 감소한다. 균형 교통량이 수요곡선의 수평 이동보다 적은 $(v' - v'')$만큼 감소한다는 점에 유의하라. 통행시간의 감소는 수요곡선을 따라 시장이 하향 이동함에 따라 통행자 수를 증가시킨다. 교통 세계(분야)에서 v'''에서 v''로의 양적 증가는 잠재수요(latent demand)의 한 예로서, 통행비용의 감소는 통행자 수를 증가시킨다. 경제학에서 이것은 수요의 법칙의 한 예다: 가격의 하락은 수요량을 증가시킨다.

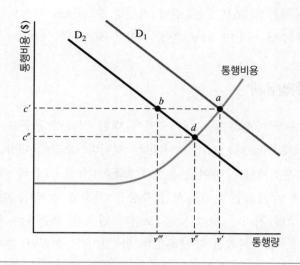

▲ 그림 18-10 일반 차선에 대한 급행차선의 효과

　최근 몇 년간 가치 가격책정 및 HOT 차선 도입이 증가하였다. 오렌지 카운티 (CA), 샌디에고, 토론토, 미네아폴리스, 덴버 등을 포함한 북미의 몇몇 대도시지역 은 카풀 차선을 변경하거나 프리미엄 가격을 책정하기 위해 신규 차선을 건설하였 다. 다른 일부 도시들에서, 민간 기업들이 가치 기준 가격책정의 사용에 따른 이익 창출을 기대하면서 신규 도로 건설을 제안하면서 발전을 주도하였다. 예를 들어 한 컨소시엄이 워싱턴 벨트웨이와 버지니아 주의 주간(interstate) 고속도로 395에 신규 HOT 차선의 건설에 대한 제안서를 제출하였다.

03　환경 측면의 외부효과

　자동차는 두 가지 유형의 환경적 외부효과인 대기오염과 온실가스를 발생시킨다. 대기오염물질은 입자물질, 질소산화물, 휘발성 유기화합물, 황산화물, 일산화탄소, 그리고 (기타 오염물질에 대한 대기반응의 결과로) 오존을 포함한다. 이러한 오염물질 은 호흡기와 관련된 건강 문제를 야기하며 조기 사망을 초래한다. 주행 마일당 추 정된 대기오염 비용은 $0.013로서 이 중 99% 이상이 입자 물질에서 발생한다(Small and Verhoef, 2007). 자동차로 인한 오염 비용의 대략 3/4은 조기 사망에서 발생한 다. 자동차는 또한 이산화탄소를 배출하는데, 미국에서 휘발유의 탄소 관련 외부비용은 갤런(gallon)당 $0.061 또는 주행 마일당 $0.003로 추정되었다. 두 가지 환경 비용을 합하면, 주행 마일당 외부 환경 비용은 $0.016이 된다.

외부효과세 대 휘발유세

다른 외부비용과 마찬가지로 대기오염에 대한 경제적 접근은 외부효과를 내재화하기 위해 오염세(pollution tax)를 이용하는 것이다. 오염에 대한 한계외부비용에 상응하는 세금은 운전자들로 하여금 운전의 모든 비용을 그들의 의사결정에 고려하도록 하여, 운전과 대기오염의 효율적인 수준을 가져올 것이다. 대기오염세는 사람들로 하여금 1) 주행 거리당 보다 낮은 오염과 탄소를 배출하는 차를 구매하도록 할 것이며, 2) 보다 적은 거리를 주행하도록 할 것이다. 이러한 순수 공해세를 이행하기 위해서는 각 자동차에 배출량을 측정하기 위한 모니터링 장비를 설치한 후 주기적으로 배출량에 대해 소유자에게 과세할 것이다.

한 가지 대안적인 접근으로는 자동차 운행의 사적 비용이 증가하도록 휘발유세 (gasoline tax)를 활용하는 것이다. 이러한 세금은 연료 효율을 촉진하여 주행 마일당 탄소배출량을 감소하게 할 것이다. 이 세금은 또한 주행 마일당 비용을 증가시킬 것이며, 따라서 총 주행 마일을 감소시키고 대기오염을 감소시킬 것이다. 그러나 휘발유세는 탄소 저-배출 차량과 고-배출 차량을 구별하지 않기 때문에 소비자들로 하여금 탄소 저-배출 차량을 구매하도록 유도하지는 않는다. 물론, 정부의 배기가스 배출 기준규제가 자동차 모델 간 갤런당 배출량에서 상대적으로 작은 차이를 발생시킨다면, 더 깨끗한 자동차를 구매하도록 하는 인센티브의 부족은 그리 큰 문제는 되지 않을 것이다.

휘발유세의 시장효과

그림 18-11은 완전경쟁시장에서 단위 휘발유세의 함의를 보여준다. 점 a에 의해 보여진 초기 시장균형에서, 휘발유의 가격은 갤런당 $4.00이며 균형량은 g*이다. 세금은, 대기오염물질에 대한 $0.26(마일당 $0.013 곱하기 갤런당 20마일)과 탄소배출에 대한 $0.06을 포함하는, 갤런당 $0.32로 가정된다. 이 세금은 시장공급곡선을 $0.32만큼 상향 이동시키고, 새로운 시장균형은 $4.16의 가격과 수량 g**를 갖는 점 c에 의해 보여진다. 균형가격에서의 증가는 세금(공급곡선의 수직 이동)의 절반이며, 이는 소비자와 생산자가 세금을 균등하게 나눔을 의미한다. 이는 휘발유세의

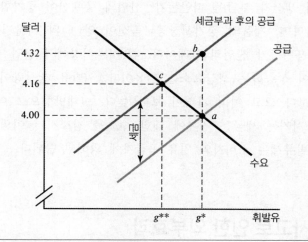

그림에 표시된 레이블: 달러, 세금부과 후의 공급, 공급, 수요, 4.32, 4.16, 4.00, b, c, a, 세금, g**, g*, 휘발유

▲ 그림 18-11 휘발유세의 시장효과

균형가격에 대한 영향에 관한 연구들과 일치한다.

　전형적인 중급 미시경제학 과목에서 설명되듯이, 소비자에게 전가되는 세금의 비율은 과세되는 재화에 대한 수요와 공급의 가격탄력성에 의해 결정된다. 소비자에게 전가되는 세금의 비율을 s로 정의하면,

$$S = \frac{\triangle p^*}{Tax} = \frac{e_S}{e_S - e_D}$$

　생산요소 공급자에게 후방으로 전가된 세금 비율은 $(1-s)$이다. 예를 들어, 휘발유에 대한 수요의 가격탄력성이 -1.0이고 공급의 가격탄력성이 1.0이라고 가정하라. 이 경우, 휘발유세의 절반은 소비자에게 전가될 것이다:

$$S = \frac{e_S}{e_S - e_D} = \frac{1}{1 - (-1)} = 1/2$$

　수치 예에서, $0.32의 단위세는 휘발유 가격을 $0.16만큼 인상하여(이를 소비자가 부담하고: 역자), 절반의 세금이 생산자에 의해 부담되도록 남겨둔다. 휘발유세의 시장효과에 대한 연구들은 세금의 대략 동일한 분담을 나타내며, 이는 수요의 가격탄력성이 공급의 가격탄력성과 대략 동일함을 시사한다.

누가 세금의 생산자 부담을 떠안는가? 산업의 총생산이 증가함에 따라 생산요소 가격이 상승한다면, 제품의 장기시장공급곡선이 양(+)의 기울기를 가짐을 상기하라. 이것은 비용-증가 산업의 사례이다. 휘발유 시장에서 산업 총생산량이 증가함에 따라 가격이 상승하는 생산요소는 원유이다: 휘발유 생산량이 커질수록 원유에 대한 수요가 보다 크고 이의 가격이 보다 높다. 반대방향으로 이동하면, 휘발유의 생산량을 감소시키는 세금은 원유에 대한 수요를 감소시켜 이의 가격을 하락시킨다. 따라서 휘발유세는 소비자와 원유 공급자에 의해 부담된다.

04 교통사고로 인한 외부효과

교통사고로 인한 외부효과에 대해서 논의해 보자. 교통사고 발생 시 신체 상해 및 재산 손실 비용 외에도 보험 청구와 법적 분쟁을 해결하기 위해 자원을 사용하게 된다. 교통사고와 관련된 모든 비용을 합산하면, 주행 마일당 평균 사고 비용은 $0.14로 추산된다(Small and Verhoef, 2007). 이 수치에는 사고에 따른 사적 비용과 외부 비용이 모두 포함된다. 평균적으로 교통 사고의 한계외부비용은 주행 마일당 $0.061이다.

교통사고의 사회적 비용

교통사고의 가장 큰 비용은 교통 사망에 관련된 비용이다. 통계적 생명의 가치 (Value of a Statistical Life: VSL)는 사망 위험을 피하기 위한 사람들의 지불용의에 대한 조사를 통해 산출된다. 예를 들어, 보통의 사람이 사고로 사망할 확률을 0.001 (천 번 중 한 번)에서 0으로 낮추기 위해 5,500달러를 지불할 용의가 있다고 가정하자. 1,000명의 그룹에 속한 모든 사람들이 동일하게 사망 확률에 있어 0.001 감소를 경험한다면, 1명의 통계적 생명을 구하기 위해 도합으로 5.5백만 달러를 지불할 용의가 있을 것이다. 이 예에서, 함의되는 통계적 생명의 가치(VSL)는 5.5백만 달러가 된다.

표 18-1은 교통사고의 사회적 비용의 구성요소를 보여준다. 수치들은 주행 1마일당 사고비용이다. 가장 큰 비용은 사망과 부상에 대한 것이고, 수치는 통계적 생명의 가치=$550만에 근거한다. 두 번째로 큰 요소는 사고 피해자들의 회복 시간

동안 손실된 생산성에 해당한다. 의료비와 재산피해 관련 비용들은 큰 차이가 없다. 교통지연의 비용은 사고가 도로의 통행능력을 감소시킬 때의 혼잡비용을 포함한다.

┃ 표 18-1 교통사고의 사회적 비용

유형	비용(주행 거리당 $)
사망 또는 부상	0.103
생산성 손실	0.013
의료비	0.008
재산 손해	0.007
법률, 경찰, 소방	0.004
보험 행정	0.003
교통 지연	0.002
합계	0.140

출처: Small, Kenneth and Verhoef, Erik, *The Economics of Urban Transportation*. New York: Routledge, 2007; Parry, Ian W.H. "Comparing Alternative Policies to Reduce Traffic Accidents." *Journal of Urban Economics* 56, 2004, 346-368.

사고비용 과소가격책정의 비효율성

스몰과 버호프(Small and Verhoef, 2007)는 평균적으로 사고의 한계외부비용(marginal external cost)은 주행 마일당 $0.061이라고 추정한다. 그림 18-12는 이러한 외부비용에 의해 발생되는 비효율을 보여준다. 주행의 한계 사적 비용(marginal private cost)은 사고의 사적 비용(사망과 상해에 대한 운전자 자신의 위험, 의료비, 재산피해)을 포함한다. 합리적 개별 선택은 점 a에서 수요곡선과 사적 비용곡선의 교차에 의해 보여진다. 주행의 한계 사회적 비용(marginal social cost)은 $0.061의 한계외부비용만큼 사적 비용을 능가한다. 효율적인 결과는, $m^E < m^*$를 갖는, 점 b에 의해 보여진다.

그림에서 음영으로 표시한 부분은 교통사고의 과소가격책정에 기인한 효율성 손실을 보여준다. 이는, 시장균형(m^*)에서 효율적인 결과(m^E)까지 한계 사회적 비용곡선과 수요곡선 사이의 면적으로 계산된, 익숙한 자중손실(deadweight loss)이다. 설명을 위해, m′마일을 주행하는 것으로부터의 효율성 손실을 고려하라. 비용은 점 c에 의해 보여지고 편익은 점 d에 의해 보여지며, 효율성 손실은 이 두 점 사이 간

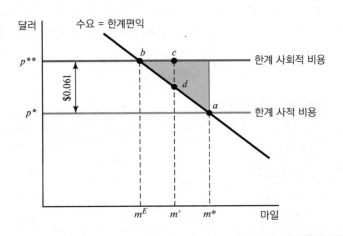

▲ 그림 18-12 교통사고와 효율성

격에 의해 보여진다. 균형 m^*부터 효율적인 수준인 m^E까지 한계 사회적 비용과 수요곡선 사이 간격을 모두 합하면, 교통사고에 대한 과소가격책정으로 인해 발생하는 효율성 손실에 해당하는 음영으로 표시된 부분이 도출된다.

한계 외부 사고비용은 운전자와 차량에 따라 다르다. 주행 전에 음주한 운전자의 경우, 외부비용은 평균 외부비용의 약 7배인 마일당 $0.427에 해당한다. 젊은 운전자(나이 < 25세)의 경우, 외부비용은 마일당 약 $0.109로 25세에서 70세에 해당하는 운전자에 대한 $0.034에 비교된다. "소형 트럭"(light truck; 승합차, 픽업트럭, 혹은 스포츠유틸리티차량)으로 분류되는 차량이 적어도 1대 이상 포함된 사고의 경우, 사망확률이 훨씬 높다. 소형트럭과 승용차(car) 간 사고에서 승용차 탑승자가 사망할 확률은 승용차 2대 간에 발생한 사고에서보다 61% 높다(White, 2004). 보행자의 경우, 승용차에 비해 소형 트럭에 치였을 때 사망할 확률은 82% 더 높다.

외부 사고비용에 대해 가능한 한 가지 대안은 운전하는 대로 지불하는 가격책정(pay−as−you−drive pricing)이다. 외부 사고비용은 주행 마일에 의존하고, 차량주행거리(VMT: Vehicle Miles Traveled)세금은 주행의 한계비용을 증가시킨다. 외부 사고비용을 내재화하도록 설계된 차량주행거리세금에 있어, 이 세금은 마일당 $0.061이될 것이다. 차량주행거리세금은, 소형트럭에 대해 보다 높은 세금을 가져, 차량의 유형에 따라 다를 수 있다. 그림 18−12에서, 차량주행거리세금은 비효율적인 m^* 마일에서 사회적으로 효율적인 m^E마일로 주행거리를 감소시킬 것이다. 패리(Parry, 2004)에 의해 보여지듯, 차량주행거리세금으로부터 가능한 효율성 증가는 상당하다.

안전장비와 위험보상

이제까지의 논의에서 사고비용이 단지 주행 마일에만 의존하는 것으로 암묵적으로 가정하였다. 사실, 사고의 확률은 운전자의 행태에도 의존한다. 중장년 운전자에 비해, 젊은 운전자의 외부 사고비용이 3배 이상 크다. 그리고 모든 연령대의 운전자들은 사고의 확률에 영향을 미치는 결정들을 내린다: 얼마나 빠르게 운전하는가, 운전에 얼마나 많은 주의를 기울이는가, 그리고 얼마나 많은 거리를 다른 차들에게 허용하는가.

중요한 정책 이슈는 차량안전정책들의 운전자 행동에 대한 영향에 관한 것이다. 1966년부터 미국 정부는 새로운 차에 대한 표준을 제정했다. 의무적인 기능들 중에는 머리 받침대, 안전벨트, 이중 제동장치, 그리고 에어백이 해당한다. 차량 탑승자가 안전벨트를 의무적으로 매도록 하는 법률의 광범위한 시행으로 사망률은 전반적으로 감소하였으나, 보행자와 자전거 이용자의 사망률은 증가하였다. 이러한 이해하기 힘든 결과는 위험보상(risk compensation)에 관한 이론에 의해 설명된다(Peltzman, 1975). 안전벨트와 여타의 안전기능들은 운전자가 안전벨트를 착용하고 있는 경우 사고의 결과가 덜 심각하기 때문에 운전자들로 하여금 보다 안전하다고 느끼게 한다. 보다 안전하다고 느끼는 사람들은 보다 빠르고 보다 덜 주의하여 운전하며, 따라서 보다 많은 사고와 이에 따른 보다 많은 보행자와 자전거 이용자의 사망이 존재한다.

그림 18-13은 얼마나 빠르게 운전할 것인가에 대한 운전자의 결정을 보여준다. 보다 빠른 주행의 편익은 보다 짧은 통행과 이로 인한 다른 활동에 대한 보다 많은 시간이다. 이 예에서, 속도의 한계편익은 $6에서 일정하다: 속도의 한 단위(시간

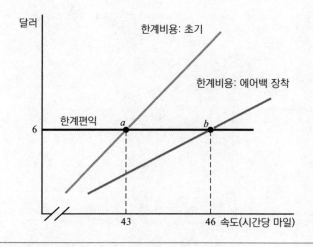

▲ 그림 18-13 속도와 위험보상

당 마일) 증가는 추가 시간에서 $6의 편익을 발생시킨다. 속도는 교통사고의 발생확률을 높이고 사고의 비용(재산피해, 상해, 사망)을 증가시키기 때문에 비용이 든다. 그림 18−13에서, 속도의 한계비용은 속도와 함께 증가한다: 기대사고비용은 속도와 함께 증가하는 비율로 커진다. 한계의 원리를 적용하면, 운전자는 속도의 한계편익이 한계비용과 일치하는 수준의 속도를 선택할 것이다. 초기 합리적 선택은 시속 43마일이다. 보다 빠르게 주행하는 것은, 시간당 43마일 대신 44마일로 주행하는 것과 연관된 한계비용이 $6의 한계편익을 능가하기 때문에, 비합리적이다.

에어백 장착의 효과를 고려하라. 에어백이 장착된 자동차는 보다 낮은 사고비용(보다 낮은 부상비용)을 가지며 보다 낮은 한계비용곡선을 갖는다. 그림 18−13에서, 에어백의 장착은 한계비용곡선을 아래쪽으로 기울게 한다. 합리적 선택은 점 a에서 점 b로 변경되며, 이는 합리적인 속도가 시간당 43마일에서 46마일로 증가함을 의미한다. 일반적으로, 에어백과 같은 기능들은 운전자와 승객에 대한 사고의 결과를 감소시켜, 보다 빠르고 보다 덜 주의하는 운전을 야기한다.

의무화된 안전장비는 총 교통사고 사망자 수에 어떤 영향을 미치는가? 운전자와 승객들에게, 보다 빠른 운전은 사고 건수를 증가시키지만, 안전장비는 사고에서 사망의 확률을 감소시킨다. 이 두 가지 상충하는 효과들의 순효과는 자동차에 탑승한 사람들에 대한 고속도로 사망에서의 감소이다: 사고 건수에서의 증가는 사고로 인한 사망의 보다 낮은 확률에 의해 압도된다. 이와는 대조적으로, 속도와 난폭운전에서의 증가와 그에 따른 사고 건수의 증가는 보행자와 자전거 이용자에 대한 사망률을 증가시킨다.

01 (i) 하나의 추가적인 차량은 도로이용자당 통행시간을 0.02분만큼 증가시키고, (ii) 1,100명의 기존 도로이용자들이 있으며, (iii) 통행시간의 기회비용은 분당 $0.15임을 가정하라. 이 추가적인 차량의 한계외부비용은 $[_____]이다.

02 사회적 통행비용은 [_____]와 [_____]의 합이다.

03 균형 통행량은 [_____]곡선과 [_____]곡선의 교차점에 의해 보여진다.

04 [_____]이/가 [_____]을/를 초과하기 때문에 균형 통행량은 효율적 통행량[_____](보다 작다, 보다 크다, 과 같다).

05 혼잡세는 [_____] 통행량에서 [_____](으)로 계산된다.

06 혼잡세 부과로부터 얻어지는 효율성 이득은 [_____]에서 [_____]까지 [_____]곡선과 [_____]곡선 사이의 면적에 의해 보여진다.

07 혼잡세의 부과 이후에도 계속해서 도로를 이용하는 사람은 만일 (i) [_____]에서의 감소가 상대적으로 크고 (ii) [_____]의 감소가 상대적으로 크면 후생이 증가할 것이다.

08 혼잡세로 인해 도로의 이용을 중단하는 사람은 만일 [_____]의 손실이 [_____]의 감소에 비해 작다면 후생이 증가할 것이다.

09 도로에 대해 가치 가격책정체제(value pricing)하에서, 도로차선은 [_____]과/와 같은 [_____]상품이고, 빠른 차선은 가장 높은 [_____]을/를 갖는 통행자들에게 할당된다.

10 가치 가격책정체제하의 급행차선을 이용하는 것은 만일 [_____]에서 통행자의 절약이 통행료를 능가한다면 합리적인 선택이 될 것이며, 이는 상대적으로 [_____]을/를 가진 통행자에 대한 경우일 것이다.

11 도로에 대한 통행비용이 감소한다고 가정하라. 이로 인한 통행자 수의 증가는 교통의 세계에서 [_____]의 실례이며 경제학에서 [_____]의 실례이다.

12 미국에서, 주행 마일당 환경비용은 대략 $[_____](0.001, 0.016, 0.600, 또는 0.900 중 선택)이다.

13 휘발유세의 대략 [_____](절반, 1/3, 1/4, 1/10 중 선택)이 [_____]의 형태로 [_____]에게 부담된다. 휘발유세의 나머지는 [_____]에 의해 부담된다.

14 교통사고 비용의 가장 큰 구성요소는 [_____]에 관련된 비용이다. 통계적 생명의 가치는 대략 $[_____]이다.

15 평균적으로, 운전의 한계외부사고비용은 주행 마일당 대략 $[_____]이다. 취중 운전자들에 대해, 한계외부비용은 대략 [_____]배 더 높다.

16 사고 외부효과로부터의 효율성 손실은 [_____]마일에서부터 [_____]마일까지에 대해 [_____]곡선과 [_____]곡선 사이의 면적에 의해 보여진다.

17 사고의 외부효과에 대한 하나의 접근은 차량주행거리(VMT)로도 알려진 [_____]당 세금에 해당한다.

18 안전벨트나 에어백과 같은 의무화된 안전장비는 [_____]의 한계비용을 [_____](증가, 감소, 불변)시키며, 균형 [_____]을/를 증가시킨다. 그 결과, 도로는 [_____]과/와 [_____]에게 보다 위험하다.

19 변수들의 개별 조합에 대해, 상호관계가 양(+)인지, 부(−)인지, 중립인지, 또는 애매한지를 나타내라.

모수	선택변수	관계
c: 통행시간의 기회비용	한계외부비용	[_____]
v: 통행량	통행의 한계외부비용	[_____]
휘발유세	휘발유 가격	[_____]
휘발유세	원유 가격	[_____]
의무화된 안전 장비	통행속도	[_____]
의무화된 안전 장비	보행자 사망	[_____]

개념들을 응용하는 연습문제

01 **쿵쿵 자료**

당신의 임무는 밴쿠버에서 포틀랜드까지 I-5를 따라 8마일 통행에 대한 첨두시간대 혼잡세를 계산하는 것이다. 균형 통행량 V = 1,100에서 이 통행은, V = 1,099에서의 29.98분과 비교되는, 30분이 걸린다. 통행의 기회비용은 분당 $0.30이다. 균형과 효율적 결과에 대해 설명하라. 초기 균형에서 한계외부비용은 $[_____]로, 이는 효율적 혼잡세[_____](보다 크다, 보다 작다, 와 같다).

02 **누구의 후생이 향상되는가?**

당신의 도시가 통행당 $3의 혼잡세를 부과하였고, 통행량은 120에서 80으로 감소하였으며 통행시간은 4분만큼 감소하였다. 이 도시는 세입-중립을 지키기 위해 인두세(head tax)를 낮출 것이다.

a. 만일 . . . 이라면, 혼잡세는 통행자의 후생을 향상시킬 것이다.

b. 만일 . . . 이라면, 혼잡세는 전환된 운전자(도로의 이용을 중단한 사람)의 후생을 향상시킬 것이다.

(계속 통행자의 후생증가는 인두세 감면 + 통행시간 비용 감소 - 혼잡세인데, 인두세 감면은 80명으로부터 세금을 거둬 120명에게 감면혜택을 준다는 것에 유의하라. 도로 이용을 중단한 사람의 후생증가 = 인두세 감면 - 소비자잉여의 손실. 역자 주)

03 **혼잡세와 상공회의소**

스날스빌의 시민들은 세입-중립의 혼잡세에 대해 투표를 할 것이다. 당신의 임무는 제안된 세금부과에 대한 상공회의소의 입장을, 즉 스날스빌의 시민들이 가표를 던져야 할지 또는 부표를 던져야 할지를 개발하는 것이다. 주요 문제는 이 세금이 이 도시에서의 기업경영에 도움이 될 것인가 아니면 해가 될 것인가이다.

a. 스날스빌 상공회의소의 입장(찬성에 투표할지 아니면 반대에 투표할지)을 간단히 설명하시오. 그 입장에 대한 경제적인 논리를 설명하시오.

b. 같은 지역 내 다른 도시인 스마일빌을 고려하라. 이 도시의 상공회의소는 스마일빌의 기업경영활동에 대해 관심을 갖고 있다. 스날스빌의 혼잡세에 대한 스마일빌 상공회의소의 입장(찬성에 투표할지 아니면 반대에 투표할지)을 간단히 설명하시오. 이 입장의 경제적인 논리를 설명하시오.

(그림 18-6을 참조하라. 도시의 기업경영은 인구가 성장하느냐 또는 감소하느냐에 달려 있음에 유의하라. 역자 주)

개념들을 응용하는 연습문제

04 환경 외부효과에 대한 가격책정

차량으로 통행된 마일당 애초의 한계비용이 $0.32이고, 전형적인 운전자에 대한 애초의 주행마일은 한 달에 1,000마일이라고 가정하라. 가격에 대한 주행마일의 탄력성이 −1.0이라고 가정하라. 정부는 차량통행과 관련된 (공기오염과 이산화탄소에 대한) 환경 외부효과를 내재화하기 위해 마일당 세금을 이용한다고 가정하라. 주행마일의 새로운 수치를 포함하여, 균형 주행마일에 대한 이 세금의 효과를 설명하라. (문제에 오류가 있음. 애초의 한계비용은 휘발유 갤론당 $0.32이고 갤론당 세금을 이용한다고 가정함. 세금 전 휘발유 값은 갤론당 $4이라고 가정하고 세금 $0.32의 절반인 $0.16만큼 시장 균형 갤론당 가격이 인상된다고 가정하라. 역자 주)

05 소도시에서의 휘발유세

갤론당 $0.32의 휘발유세의 효과를 고려하라. 그림 18-11은 전국적인 휘발유세의 효과를 보여준다. 하나의 큰 대도시지역에 속한 12개의 소도시들 가운데 하나에 의해 부과된 휘발유세에 대해, 세금의 소비자 부담비율은 . . . 때문에 절반에 비해 [_____](>, <, = 중에서 선택하라).

(소비자 부담비율에 대한 공식에서 분자는 공급탄력성이며, 큰 대도시지역에 속한 12개 소도시들 가운데 한 도시에서의 휘발유 값 인상에 대한 공급탄력성이 클 것인지 혹은 작을 것인지 판단하라. 역자 주)

06 과속 벌금

속도의 한계편익은 시속마일(mph)당 $3에서 일정하다. 속도의 한계비용은 mc(s) = 0.04 · s이며, 여기에서 s는 시간당 마일로 표시된 속도이다. 법정속도제한은 시간당 50마일이다. 과속에 대한 과태료는 f 곱하기 과속 마일(속도 − 50 mph)인데, 예컨대, 51 mph에 대해 과속과태료는 f이고 52 mph에 대해 2f이다. 과속시 적발되고 과태료가 부과될 확률은 0.01이다.

a. 균형속도의 수치들인 (f = $0에 대한) s*와 (f = $60에 대한) s**를 포함하여, f = $0일 때와 f = $60일 때의 균형속도에 대해 설명하라.

b. 도시의 목적은 균형속도를 법정속도제한(50 mph)으로 낮추는 것이라고 가정하라. 이 경우, f = [_____]이다. 이에 대한 이유를 설명하라.

(그림 18-13을 참조하라. 한계편익곡선은 $3에서 수평이다. 한계비용곡선은 f = 0일때 0.04·s의 우상향 직선이다. 균형 mph를 구하라. 다음으로 시속 50마일 초과분에 대하여 f = $60일 때 $60·(50 − s)·0.01만큼 좌상향으로 한계비용곡선이 이동한다. 역자 주)

07 모토사이클 운전자들의 안전벨트에 대한 반대

2004년 4월 15일자 The State Paper 신문(South Carolina의 콜럼비아 소재)의 한 논평에서, 논평가 존 몬크는 안전벨트를 매지 않은 자동차 운전자와 동승자에게 경찰이 $25의 과태료를 부과할 수 있도록 하는 법률제안을 패배시키려는 모토사이클 운전자들의 노력에 대해 설명하였다. 이 법률은 모토사이클에 적용되는 것이 아니지만, 모토사이클 운전자들은 10여 명의 그룹으로 나타나서, 일부는 완전한 모토사이클 운전자의 복장을 하고, 그 법률을 통과시키지 말도록 의회의원들에게 요구하였다. 모토사이클 운전자들이 이 법률제안을 반대하는 것은 … 때문에 합리적이다. 이를 설명하라.

08 마담, 차로부터 물러나세요.

뵈퍼빌(Vaporville)에서, 견인트럭이 간선도로 사고를 정리하는 데 30분이 걸리고, 간선도로 통행시간의 기회비용은 1분당 $0.20이다. 단순화하기 위해, 사고차량들이 치워질 때까지 사고는 단순히 통행을 중단시키는 것으로 가정하라. 헬리콥터가 사고에 포함된 차량들을 즉시 증발시킬 수 있는 레이저빔을 배달할 수 있다고 가정하라. 증발시키는 총을 쏘는 사람인 빌프레도 파레토(Vilfredo Pareto)는 이전에는 중고차 판매원이었으며 자동차 수리의 전문가이고, 견인-트럭 서비스와 동일한 가격에 사고차량을 증발시키는 서비스를 제공한다.

a. 1,200명이 사고에 의해 지연된다고 가정하라. 빌프레도의 효율성 규칙(rule)은 만일 . . . 한다면, 사고차량을 증발시키는 것이다.

b. 하루 중 어느 시간대에 빌프레도는 차량을 증발시킬 확률이 가장 높은가?

c. 운전자들로 하여금 자발적으로 효율적인 선택-견인-트럭 서비스 혹은 증발-을 하도록 하기 위해, 시정부는 $[_____]과 동일한 사고세(accident tax)를 부과할 수 있다.

(견인-트럭 이용 시 비용 = 견인-트럭 서비스 비용 + 1,200명의 통행지연 비용(= 1,200·0.30·$0.20). 차량들을 즉시 증발시킬 수 있는 레이저빔 사용 시 비용 = 차량들을 즉시 증발시킬 수 있는 레이저빔 서비스 비용 + 증발된 사고차량의 가치. 역자 주).

09 청소년은 운전을 하기 위해 지불한다

통상의 청소년 운전자(연령 < 25세)에 의한 차량통행에 대한 수요곡선은 $1.00의 수직축 절편과 일주일에 200마일의 수평축 절편을 갖는다. 초기에, 보험의 비용은 주당 고정된 금액이고 운전의 한계 사적 비용은 마일당 $0.20에서 일정하다. 보험회사가 청소년 운전자의 (가장 가까운 센트로 반올림된) 한계사고비용과 동일한 차

개념들을 응용하는 연습문제

량주행거리(VMT)로 전환한다고 가정하라. 가격책정에서의 이러한 전환의 효과를 설명하라. (i) 초기 가격과 새로운 가격에 대한 수치들과 (ii) 초기 주행거리와 새로운 주행거리에 대한 수치들을 그림에 포함하라.

(사적 비용은 $0.20로 수평이다. 초기의 균형은 수요곡선과 비용곡선의 교차점에서 구해진다. 청소년의 한계외부사고비용은 $0.11에 고정된 것으로 주어졌다. 역자 주).

참고문헌과 추가적인 읽을 거리

Chouinard, Hayley, and Jeffrey M. Perloff, "Incidence of Federal and State Gasoline Taxes." *Economics Letters* 83 (2004), pp. 55−60.

Crandall, Robert W., Howard K. Gruenspecht, Theodore E. Keeler, and Lester B. Lave, *Regulating the Automobile*. Washington DC: Brookings Institution, 1986.

de Palma, Andre, Robin Lindsey, and Nathalie Picard, "Urban Passenger Travel Demand," Chapter 16 in *A Companion to Urban Economics*, edited by Richard J. Arnott and Daniel P. McMillen. New York: Wiley−Blackwell, 2006.

Duranton, Gilles, and Turner, Matthew, "The Fundamental Law of Road Congestion." *American Economic Review* 101(6) (2011), pp. 2616−52.

Kahn, Matthew E., "Air Pollution in Cities," Chapter 29 in *A Companion to Urban Economics*, edited by Richard J. Arnott and Daniel P. McMillen. New York: Wiley−Blackwell, 2006.

Kanemoto, Yoshitsugu, "Urban Transport Economic Theory," Chapter 15 in *A Companion to Urban Economics*, edited by Richard J. Arnott and Daniel P. McMillen. New York: Wiley−Blackwell, 2006.

Parry, Ian W. H., "Comparing Alternative Policies to Reduce Traffic Accidents." *Journal of Urban Economics* 56 (2004), pp. 346−68.

Parry, Ian, and Antonio Bento, "Estimating the Welfare Effect of Congestion Taxes: The Critical Importance of Other Distortions within the Transport System." *Journal of Urban Economics* 51 (2002), pp. 339−65.

Parry, Ian, and Kenneth Small, "Should Urban Transit Subsidies Be Reduced?" *American Economic Review* 99 (2009), pp. 700−24.

Peltzman, Sam, *Regulation of Automobile Safety*. Washington DC: American Enterprise Institute, 1975.

Rietveld, Piet, "Urban Transport Policies: The Dutch Struggle with Market Failures and Policy Failures," Chapter 18 in *A Companion to Urban Economics*, edited by Richard J. Arnott and Daniel P. McMillen. New York: Wiley−Blackwell, 2006.

Small, Kenneth A., "Transportation: Urban Transportation Policy," Chapter 3 in *Making Cities Work: Prospects and Policies for Urban America*, edited by Robert P. Inman. Princeton, NJ: Princeton University Press, 2009.

Small, Kenneth, and Erik Verhoef, *The Economics of Urban Transportation*. New York: Routledge, 2007.

참고문헌과 추가적인 읽을 거리

Small, Kenneth, Clifford Winston, and Jua Yan, "Differentiated Road Pricing, Express Lanes, and Carpools: Exploiting Heterogeneous Preferences in Policy Design," Brookings—Wharton Papers on Urban Affairs, 2006, pp. 83–86.

19 도시 대중교통

"뉴욕, 필라델피아, 피츠버그, 그리고 보스턴 내 실제 운행되고 있는 전차는 단골손님과 정부의 지원이 부족하여 운영에 어려움을 겪고 있는 반면, 수백만 명의 사람들은 어디로도 가지 않는 모형 기차를 타기 위해 디즈니랜드로 무리를 지어 간다."
– 케니스 잭슨(Kenneth T. Jackson)

도시 교통에 대한 두 번째 장에 해당하는 본 장에서는, 도시 대중교통의 경제학에 대해 고찰한다. 미국에서 대중교통의 시장점유율은 5%보다 낮지만, 미국의 많은 도시들과 다른 많은 나라에서 시장점유율은 훨씬 더 높다. 다음 두 가지 관점에서 교통수단 선택을 탐구할 것이다. 첫째, 개인 통행자들은 승용차를 운전할지, 버스를 탈지 혹은 기차를 이용할 것인지에 대해 결정한다. 둘째, 지방정부는 도로와 대중교통시스템을 포함한 교통시스템을 설계한다. 지역교통 계획자들에게 있어 가장 중요한 질문은 자동차, 버스, 경전철, 그리고 중전철의 적절한 조합은 무엇인가이다. 또한 대중교통 시스템에 대한 많은 보조금의 경제적 합리성에 대해 탐구할 것이다.

01 수단선택: 개인 통행자

미국 전체적으로, 통근자의 4.7%가 대중교통을 이용한다. 대중교통 비중은 중심도시(central city) 거주자의 경우 11%로 교외(suburban) 거주자의 2%와 비교된다. 뉴욕 대도시지역에서는 약 4분의 1의 노동자가 대중교통을 이용한다. 3개 대도시지역(시카고, 필라델피아, 워싱턴 DC)의 대중교통 비중은 10%와 14% 사이에 해당한다. 여덟 개의 대도시지역들은 1조 마일 클럽(연간 대중교통 승객들의 마일리지가 적어도 1조 마일인 지역)에 속한다: 뉴욕(18.4조 마일), 시카고(7.3), 로스앤젤레스(2.8), 워싱턴 DC(2.2), 샌프란시스코(2.1), 보스턴(1.9), 필라델피아(1.5), 그리고 시애틀(1.0). 이러

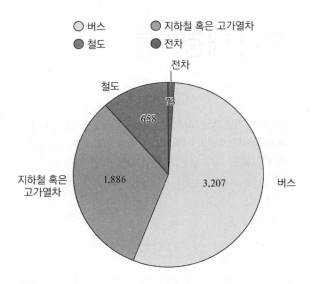

출처: US Census Bureau, "Numbers in 1,000 Commuters per Day," *Journey to Work*, 2004.

▲ 그림 19-1 대중교통 이용

한 여덟 개의 대도시지역들은 미국에서 가장 큰 38개의 대도시지역들의 대중교통 승객마일의 대략 4/5를 차지한다.

그림 19-1은 수단별 대중교통 승차의 분포를 보여준다. 수치는 1일 통근인원으로, 천 명 단위이다. 예를 들어, 1일 버스 승객은 3,207,000명이고, 전차 승객은 73,000명이다. 버스는 대중교통 통근통행의 1/2 이상을 담당하며, 중전철(지하철 또는 고가열차)과 통근철도가 뒤따른다. 전차(일명 경전철)는 통근통행의 비교적 적은 부분을 담당한다.

선택가능한 수단별 통행비용

통근자들에게 있어 세 가지 통행선택권: 자동차, 버스 또는 철도가 있는 도시를 고려하라. 철도 수단은 지하철 혹은 고가열차와 같은 중전철이나 전차와 같은 경전철이다. 통근자의 목적은, 금전비용과 시간비용을 포함하는, 통행비용을 최소화하는 통행수단을 선택하는 것이다.

통근통행의 비용을 세 구성요소: 금전비용, 도보시간과 대기시간의 기회비용, 그리고 차량 내에서 소요되는 시간의 기회비용으로 구분할 수 있다.

통행비용 = 금전비용 + 도보시간과 대기시간 비용 + 차량 내 소요시간 비용

버스 또는 철도의 경우 금전비용은 단순히 교통당국에 의해 부과되는 요금에 해당한다. 자동차로 통근하는 경우, 금전비용은 (i) 연료비, (ii) 유지관리비와 통근통행에 연동되는 감가상각비, 그리고 (iii) 주차비의 합이다.

도보 및 대기와 관련된 비용은 대중교통 통행에 적용된다. 승객은 (i) 거주지에서 정류장, (ii) 정류장에서 직장까지 도보를 위해 시간을 소비하게 된다. 추가적으로, 승객은 차량이 정류장에 도착하기를 기다리는 데 시간을 소비한다. 도보와 대기의 비용은 실제 소요시간 T_w에 도보시간과 대기시간의 한계비효용(marginal disutility) d_w를 곱한 것과 동일하다.

도보시간과 대기시간 비용 = $T_w \cdot d_w$

도보시간과 대기시간의 한계비효용은 통행자가 1시간의 접근시간을 절약하기 위해 지불할 용의가 있는 금액($)이다. 평균적으로, 도보시간과 대기시간의 한계비효용은 통근자 임금의 80%에서 100%에 해당한다.

차량 내 소요시간 비용은 자동차와 대중교통 통행 모두에 적용된다. 이는 자동차나 버스, 전차, 그리고 지하철과 같은 대중교통 차량 내에서 소요되는 시간의 기회비용이다. 차량 내 소요시간 비용은 실제 차량 내 시간 T_v에 차량 내 시간의 한계비효용 d_v를 곱한 것과 동일하다.

차량 내 소요시간 비용 = $T_v \cdot d_v$

차량 내 소요시간의 한계비효용은 통행자가 차량 안에서의 1시간을 회피하기 위해 지불할 용의가 있는 금액($)이다. 평균적으로, 차량 내 소요시간의 한계비효용은 통근자 임금의 50%에 해당한다. 차량 내 소요시간의 한계비효용이 도보시간과 대기시간의 한계비효용보다 훨씬 작다는 것을 주지하라.

수단선택의 수치적 예시

통근수단에 대한 근로자의 선택을 설명하기 위해 간단한 수치적 예를 이용할 것이다. 시간당 임금이 $24(분당 $0.40)인 근로자를 고려하라. 도보시간과 대기시간의 한계비효용은 임금과 동일하며 차량 내 소요시간의 한계비효용은 임금의 1/2이다. 표 19-1은 세 가지 수단의 1일 통근비용을 산정한다.

| 표 19-1 수단선택의 수치적 예시

	자동차	버스	철도
금전적 비용($)	6	3	3
도보시간과 대기시간(분)	0	20	45
도보시간과 대기시간 비용($)	0	8	18
차량 내 소요시간(분)	80	90	60
차량 내 소요 비용($)	16	18	12
총비용	22	29	33

1. 자동차

차량 내 소요시간이 80분(편도 40분)이며, 따라서 시간비용은 $16 = 80분 × 분당 $0.20이다. $6의 금전비용을 합하면, 총비용은 $22이다.

2. 버스

도보시간과 대기시간의 비용은 $8 = 20분 × 분당 $0.40이며 차량 내 시간의 비용은 $18 = 90분 × 분당 $0.20에 해당한다. 버스와 자동차는 동일한 도로를 이용하지만 버스는 승객을 태우기 위해 정차하기 때문에 차량 내 시간이 자동차보다 더 길다. $3의 금전비용을 시간비용에 더하면, 총비용은 $29이다.

3. 철도

도보시간과 대기시간의 비용은 $18 = 45분 × 분당 $0.40에 해당하며, 차량 내 소요시간의 비용은 $12 = 60분 × 분당 $0.20이다. 철도 교통은 도로혼잡이 발생하지 않으므로 차량 내 소요시간이 자동차에 비해 짧다. 철도역은 버스정류장보다 더 넓은 간격으로 놓여있어 도보시간과 대기시간이 버스 수단보다 더 길다. $3의 금전비용을 시간비용에 더하면, 총비용은 $33이다.

그림 19-2는 표 19-1에 보여진 수치적 예에 대한 그래프를 제시한다. 자동차는 도보시간과 대기시간에서 큰 비용 이점(절감)으로 인해 비용이 가장 적게 드는 수단이다. 자동차의 도보시간과 대기시간 비용은 영(0)이며, 이는 버스에 대한 $8, 철도통근에 대한 $18과 대조된다. 대기와 도보의 비효용이 상대적으로 높기 때문에, 차이가 상대적으로 크다. 지동차 통근에 비해, 철도 통근은 보다 적은 차량 내 소요시간 비용($12 대 $16)과 보다 적은 금전비용($3 대 $6)을 갖지만, 이러한 이점

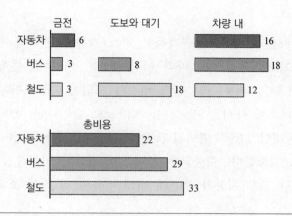

▲ 그림 19-2 통근 비용: 자동차 대 버스 대 철도

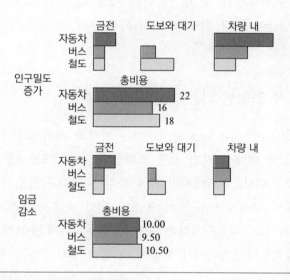

▲ 그림 19-3 대중교통 선호로의 균형 변경 효과

은 보다 높은 도보와 대기 비용을 상쇄할 만큼 크지는 않다. 버스의 경우, 자동차 대비 $3의 금전적 이점은 도보시간과 대기시간 비용에서의 $8의 불리함과 차량 내 소요시간 비용에서의 $2의 불리함에 의해 압도된다.

그림 19-3은 차량 통근에서 대중교통 이용으로 바꾸게 하기 위해 수치적 예에서 두 가지 변화의 효과를 보여준다.

1. 인구밀도 증가

고밀도 도시에서, 더 많은 통근자들이 버스 정류장 근처에 거주할 것이다. 이에 따라 버스 승차가 보다 높으며, 따라서 (i) 버스가 더 자주 운행할 수 있고(보다 낮은 도보시간과 대기시간 비용) (ii) 급행 버스의 도입이 가능하다(보다 낮은 차량 내 시간 비용). 만약 버스에 대한 시간비용을 절반으로 줄인다면, 총비용은 $22의 자동차 통근비용보다 아래인 $16로 떨어진다. 만약 철도의 시간비용을 절반으로 줄인다면, 총비용은 $18로 감소한다. 대중교통 서비스가 개선된 이러한 고밀도 도시의 경우, 두 대중교통 수단 모두 자동차 통근에 비해 비용이 더 적게 소요된다.

2. 소득 감소

임금의 감소는 도보시간 및 대기시간과 차량 내 시간 모두의 한계비효용을 감소시킨다. 만약 임금이 분당 $0.10로 삭감되면, 버스는 자동차 통근보다 비용이 덜 든다.

대중교통에 대한 수요의 탄력성

스몰과 버호프(Small and Verhoef, 2007)는 가격과 서비스의 변화에 대한 대중교통 이용자들의 반응에 대해 알려진 것을 요약한다. 도시 대중교통 수요의 전반적인 가격탄력성은 −0.40이다: 요금에서의 10% 증가는 대중교통 승차를 4%만큼 감소시킨다. 표 19−2에서 보여지듯이, 버스 통행에 대한 수요는 철도 통행에 대한 수요보다 가격−탄력적이고, 비첨두시간대 수요는 첨두시간대 수요보다 탄력적이다. 대중교통 수요가 가격−비탄력적이기 때문에, 요금에서의 증가는 총 요금수입을 증가시킬 것이다.

다음으로 대중교통 서비스의 변화에 대한 통행자들의 반응에 대해 논의해 보자.

▎표 19-2 대중교통 수요의 가격탄력성

하루 중 시간대	버스	철도
첨두 수요	−0.40	−0.24
비첨두	−0.80	−0.48
전체	−0.50	−0.30

출처: Parry, Ian, and Small, Kenneth, "Should Urban Transit Subsidies Be Reduced?" *American Economic Review* 99, 2009, 700-724.

대중교통 이용에 대한 실증연구로부터 두 가지 중요한 관찰이 존재한다.

1. 서비스 변화에 대한 상대적으로 민감한 반응

대중교통 승차는 가격 변화보다 서비스 품질 변화에 보다 더 민감하게 반응한다. 예를 들어, 보스턴 통근자들을 대상으로 한 연구는 대중교통의 가격탄력성은 −0.50인 반면 통행시간에 대한 승차 수요의 탄력성은 −0.80이라고 결론을 내렸다. 따라서, 만약 서비스에서의 10% 개선이 요금에서의 10% 인상과 결합되면, 승차는 증가할 것이다: 보다 높은 요금으로부터의 부정적인 효과는 보다 나은 서비스로부터의 긍정적인 효과에 의해 충분히 상쇄될 수 있을 것이다.

2. 도보시간과 대기시간의 변화에 대한 상대적으로 민감한 반응

대중교통 이용자들은 차량 내 소요시간 변화보다 도보시간과 대기시간의 변화에 더 민감하게 반응한다. 이는 도보시간과 대기시간의 한계비효용이 차량 내 시간의 한계비효용을 능가한다는 관측과 일치한다. 도보시간과 대기시간 변화에 대한 상대적으로 큰 반응하에서, 도보시간과 대기시간에서의 10% 감소가 차량 내 소요시간에서의 10% 감소보다 승차를 더 많이 증가시킬 것이다.

02 대중교통의 비용과 가격책정

다음으로 대중교통의 일반적인 비용구조와 가격책정에 대해 살펴보자. 대중교통의 공급은 규모의 경제하에 있어, 부(−)의 기울기를 갖는 평균비용곡선을 발생시킨다. 효율적 수준의 가격이 평균비용보다 낮으며, 따라서 효율성을 달성하기 위해서는 대중교통보조금이 필수적이다.

대중교통 시스템의 비용곡선

대중교통의 공급은 두 가지 유형의 규모의 경제(economies of scale)하에 있다. 첫째, 분리불가능한 투입요소(indivisible inputs)에 기인하는 생산에서의 전통적인 규모의 경제가 있다. 선로, 열차(중량 및 경량 철도 차량), 트롤리(trolley) 전력 시스템과 같은 일부 투입요소들은 효율적인 규모의 축소가 불가능하다. 예를 들어, 4분의 1

혹은 8분의 1폭의 철로를 건설하고 그 위에 폭이 좁게 만든 차량을 운행하는 것은 비현실적이다(미국의 경우 두 철로 간 표준 간격은 1.422미터이고 열차의 너비는 3.11미터이다. 이 철로 간 간격은 쌍두마차의 두 바퀴의 간격과 같다고 하는데 철로 간격을 줄이고 열차의 너비를 줄이면 비용이 줄 수도 있다고 함: 역자 주). 일단 이러한 분리불가능한 투입요소가 설치되면 승차자 수의 증가는 더 많은 승차자들에게 상당히 많은 고정비용을 분산시킴에 따라, 승차자 1인당 평균비용은 감소한다. 물론, 이러한 분리불가능한 투입요소의 크기와 이들에 대한 고정비용은 시스템마다 다르다(Small and Verhoef, 2007): 중전철의 경우 노선 마일당(route mile) 건설비용은 $202백만으로, 경전철에 대한 $6.3백만과 대조된다. 보통의 도로에서 운행되는 버스 시스템의 경우, 규모의 경제는 분리불가능한 투입요소인 버스의 크기에 의해 제한된다.

규모의 경제에 대한 두 번째 원천은 대중교통 서비스와 승객수 간 상호작용과 관련이 있다. 승객수의 증가는 대중교통 서비스를 개선시키고 승객들의 평균시간비용을 감소시킨다. 승객수에 대한 규모의 경제의 개념을 설명하기 위해, 적시(just-in-time) 서비스를 제공하는 버스 운영자가 있다고 가정하자. 운영자는 버스 대기 인원이 특정 목표량, 이를테면 24명의 승객에 도달하는 즉시 버스를 버스정류장으로 보낸다. 통근자가 정류장에 1분당 1명씩 나타난다면, 버스운행간격(bus headway, 버스와 다음 버스 도착 사이의 시간)은 24분이며, 평균 대기시간은 12분이 된다. 승차자의 정류장 도착률이 분당 3명으로 3배 높아지면 운행간격은 8분으로 감소하고, 평균 대기시간은 4분으로 감소한다. 일반적으로, 버스 승객수의 증가는 통근자들의 대기시간과 평균시간비용을 감소시킨다.

대중교통 시스템의 비용곡선은 대중교통 공급자의 금전비용과 승객의 시간비용을 포함한다. 공급자의 비용은 자본비용과 운영비용을 포함한다. 그림 19-4에서 보여진 바와 같이, 대중교통의 평균비용곡선은 부(-)의 기울기를 갖는다. 승차가 증가함에 따라 생산에서의 전통적인 규모의 경제로 인해 평균자본비용이 감소하고 승차의 경제로 인해 승객의 평균시간비용이 감소한다. 한계비용은 단순한 산술적(arithmetic) 결과로 평균비용보다 작다: 평균비용이 감소하고 있다면, 한계비용은 반드시 평균비용보다 낮아야 한다.

대중교통에 있어서의 승객수의 경제는 운전에 있어서의 혼잡의 외부효과와 흥미로운 대조를 제공한다. 추가적인 대중교통 이용자는 서비스의 빈도를 증가시켜 다른 승객들에게 외부편익을 발생시킨다. 결과적으로, 한계승객비용은 평균승객비용보다 작다. 이와 대조적으로, 추가적인 운전자는 통행을 지연시키고 다른 운전자들에게 외부비용을 부과한다. 그 결과, 한계운전자비용(사회적 통행비용)이 평균운전자비

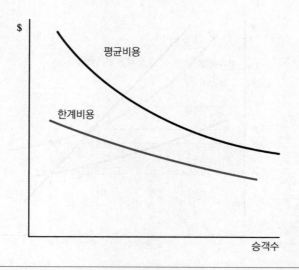

▲ 그림 19-4 대중교통에서의 규모의 경제: 분리불가능한 투입요소와 승객수의 경제

용(사적 통행비용)을 능가한다.

효율적인 승객수와 가격책정

사회적으로 효율적인 대중교통 승객수를 보이기 위해 그림 19-5를 이용할 수 있다. 시장수요곡선은 승차의 한계편익을 나타낸다. 이 그림에서 비용곡선은 대중교통의 생산비용을 포함하지만 통행자의 시간비용을 포함하지 않는다. 시간비용의 변화는 대중교통에 대한 시장수요곡선을 이동시킨다. 효율적인 결과는 점 a에 의해 보여지는데, 여기서 시장수요곡선(사회적 한계편익곡선)이 한계비용곡선과 교차한다. 대중교통 서비스의 효율적인 가격은 p^E이다. 이는 한계원칙의 또다른 예에 해당한다: 효율성을 위해, 한계비용이 한계편익과 일치하는 점에서 행위의 수준을 선택하라. R^E보다 적은 승객수에서 추가적인 승객의 한계편익은 한계비용을 능가하여, 승객을 추가하는 것은 효율성을 향상시킨다. R^E을 초과하는 승객수에서 출발하면 마지막 탑승자의 한계비용이 한계편익을 능가하여, 해당 승객을 탑승하지 못하게 하는 것은 효율성을 향상시킨다.

효율적인 결과와 연관된 정책적 과제는 대중교통당국이 적자를 경험하게 된다는 것이다. 승객수 R^E에서 평균비용은 ac^E이고 가격은 $p^E < ac^E$이며 음영으로 표시된 직사각형은 대중교통의 적자를 나타낸다. 효율을 추구함에 있어서, 승객들로부터의 총수입이 대중교통 서비스의 제공 비용에 못 미칠 것이다. 대중교통 적자는 가격을 p'로

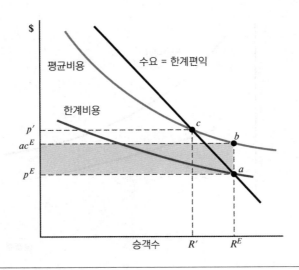

$ 평균비용

수요 = 한계편익

한계비용

p'
ac^E

c

b

p^E

a

승객수 R' R^E

▲ 그림 19-5 대중교통의 가격책정: 효율성 대 예산 균형

인상함으로써 제거할 수 있으나, 점 c에 의해 보여지는 바와 같이 승차인원을 R'로 감소시키고 평균비용은 p'로 증가시킨다. 이러한 예산–균형 승차(budget–balancing ridership)는 R'에서 R^E까지의 승차자에 대해 한계편익이 한계비용을 능가하기 때문에 비효율적이다.

대중교통 보조금

대중교통 보조금은 상당히 크며 대도시지역에 따라 다르다. 상위 20개 대도시지역의 경우, 평균 보조금은 철도 시스템 운영비용의 44%, 버스 시스템의 경우 69%, 전체 대중교통 시스템의 54%에 해당한다. 가장 낮은 보조금 비율은 뉴욕(MTA New York City와 Metro–North Commuter Railroad에 약 40%)과 샌프란시스코(BART에 42%)인 반면, 가장 높은 보조금 비율은 텍사스 도시들(휴스턴 82%, 댈러스 88%)이다.

이러한 큰 규모의 보조금은 효율성 측면에서 정당화될 수 있는가? 패리와 스몰(Parry and Small, 2009)은 로스앤젤레스, 워싱턴 DC, 그리고 런던에서의 효율적인 보조금을 추정한다. 로스앤젤레스 버스 서비스의 경우, 생산과 승차의 규모의 경제는 첨두시간 통행의 약 47%, 비첨두시간 통행의 81%의 운영 보조금을 정당화할 수 있을 만큼 충분히 크다. 워싱턴 DC, 철도 서비스의 경우, 효율적인 보조금은 첨두시간 통행의 48%, 비첨두시간 통행의 84%이다. 런던에서, 철도 서비스의 효율적인 보조금은 첨두시간 동안 28%, 비첨두시간 동안 60%이다.

대중교통 보조금이 효율성 측면에서 정당화되지만, 현재의 대중교통 보조금 시스템은 대중교통 독점 공급자들에게 비용 최소화에 대한 유인을 제공하지 못한다. 과도한 노동 보상, 노동의 부적합한 배정(고숙련 근로자들의 저숙련 업무 수행), 그리고 자본과 노동의 비효율적인 조합으로 인해 보조금이 운영비용을 증가시킨다는 증거가 있다. 패리와 스몰(Parry and Small, 2009)에서 설명된 바와 같이, 해결책은 운영자에 기초한 보조(operator−based subsidies)에서 대중교통이용자 측면의 보조(user−side subsidies)로 전환하는 것이다. 이용자−기반 계획 하에서 정부는 대중교통 운영자에게 승객−통행당 혹은 승객−마일당 고정된 보조금을 지급할 것이다. 예를 들어, 만일 지원금이 승객−마일당 $0.10이라면, 2억 승객−마일을 제공하는 대중교통 운영자는 $2천만의 지원금을 받을 것이다.

03 대중교통 시스템 선택

이 장의 이 부분에서 하나의 대중교통 시스템을 선정해야 하는 교통 설계자(transportation planner)의 관점을 취한다. 선택가능한 대안으로는 버스, 경전철(노면전차와 트롤리), 그리고 중전철(지하철과 고가철도)이 있다. 설계자들은 대중교통 시스템의 요금 또한 책정해야 한다. 뒤에서 살펴보겠지만, 시스템 선택의 핵심 요소는 인구밀도와 고용에 의해 주로 결정되는 교통에 대한 총수요이다.

대안별 교통 시스템의 장점을 평가하는 데 있어, 설계자는 통행자에 대한 서비스의 평균비용을 고려한다. 대중교통 시스템은 큰 규모의 경제하에 있음을 봤으며, 따라서 자본비용, 운행비용, 그리고 승객의 시간비용을 포함하는 대중교통 서비스의 평균비용은 승객수가 증가함에 따라 감소한다. 설계자의 핵심 과제는 얼마나 많은 승객들에게 대중교통 시스템이 서비스를 제공할 것인가이다.

1. 대규모 승객수

효율적인 선택은 상대적으로 자본비용은 높지만 운행비용과 시간비용이 비교적 낮은 중철도 시스템이다.

2. 소규모 승객수

효율적인 선택은 대중교통을 공급하는 대신 자가용 교통수단에 의존하는 것이다.

만일 저소득층의 이동성에 대한 공적인 염려가 존재한다면, 저밀도 환경에서 택시 서비스에 대한 지원은 보조금이 지원되는 버스 시스템보다 효율적이다.

3. 중규모 승객수

대부분의 미국 도시들은 효율적인 버스 시스템을 지원할 수 있을 만큼 충분히 큰 잠재적 승객 규모를 갖는 양 극단 사이에 놓여있다.

승객수와 평균비용

그림 19-6은 세 가지 대안적인 교통 시스템에 대한 평균비용곡선을 보여준다. 비용곡선은 운송비용에 대한 최신 연구를 업데이트한 스몰과 버호프(Small and Verhoef, 2007)에서 도출되었다. 비용곡선은 주택가에서 고밀도 고용지역까지 10마일 통행에 대한 비용에 해당한다. 이 곡선들은 자본비용, 운행비용, 그리고 통행자의 시간비용을 포함한다.

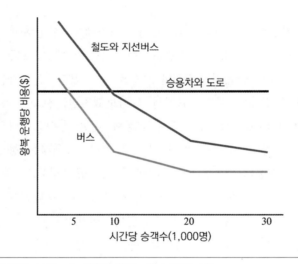

▲ 그림 19-6 대안적인 교통 시스템에 대한 장기 평균비용

1. 자동차와 도로 시스템

수평의 비용곡선은 (i) 차량의 구매와 운행, (ii) 통행시간, (iii) 도로의 건설과 유지보수, 그리고 (iv) 혼잡과 환경 외부효과에 대한 비용들을 포함한다. 저자들은 교통량이 증가함에 따라 통행시간을 일정하게 유지하기 위해 도로폭이 넓어진다고 가정하기 때문에 평균비용곡선은 수평이다.

2. 버스 시스템

음(−)의 기울기를 갖는 곡선은 (i) 버스의 구매와 운행, (ii) 통행시간, (iii) 버스 운행을 위한 도로의 건설과 유지, 그리고 (iv) 환경 외부효과에 대한 비용들을 포함한다. 생산과 승객수에 대한 규모의 경제로 인해 곡선은 음(−)의 기울기를 갖는다.

3. 중전철 시스템

중전철 시스템은, (i) 거주 주택에서 기차역까지 그리고 (ii) 기차역과 직장까지 승객을 운송하는 지선버스들(feeder buses)과 더불어, 철도망과 철도차량을 포함한다. 음(−)의 기울기를 갖는 곡선은 (i) 선로의 건설과 유지 및 배타적인 선행권 (right−of−way)의 유지, (ii) 철도차량과 지선버스의 구매와 운행, (iii) 통행시간, 그리고 (iv) 환경 외부효과에 대한 비용들을 포함한다. 생산과 승객수에 대한 규모의 경제로 인해 곡선은 음(−)의 기울기를 갖는다.

그림 19−6의 비용곡선은 전형적인 주거밀도를 가진 미국 도시들의 교통비용을 나타낸다. 상대적으로 낮은 교통량에 대해 자동차와 도로 시스템이 가장 효율적이다. 버스는 시간당 승객이 약 6,000명이 되면 자동차보다 경쟁력이 있게 된다. 보다 큰 교통량에 대해, 버스 시스템이 자동차와 중전철보다 더 효율적이다. 미국 내 전형적인 도시에서, 승객 규모가 중전철 시스템의 큰 자본비용을 정당화할 만큼 충분하지 않다.

상대적으로 높은 밀도의 도시에서 대중교통 승객 규모가 중전철 시스템을 정당화할 정도로 충분히 크다. 특히, 고밀도 도시에서 철도의 평균비용곡선은 승객이 30,000명이 되는 수준에서 버스의 비용곡선과 교차한다. 뉴욕과 시카고의 일부 통행로(corridor)에서 이러한 수준을 도달하며, 따라서 중전철이 효율적인 선택이다. 이와는 대조적으로, (워싱턴 DC, 애틀랜타, 마이애미, 그리고 볼티모어에서) 새로운 중전철 시스템은 중전철 시스템의 평균비용을 버스 시스템의 평균비용보다 낮게 만들 정도로 충분한 승객수를 확보하지 못했다.

경전철 대 버스

지난 수십 년 동안 많은 중간 규모 도시들은 경전철 시스템을 구축하였으며, 이러한 시스템은 1800년대 후반과 1900년대 초에 건설된 트롤리(trolley: 무궤도 전차)와 노면전차 시스템의 현대식 버전이다. 경전철의 비용은 버스 시스템의 비용과 어떻게 비교되는가?

1. 보다 높은 건설비용

경전철의 건설비는 1일 운행당 $35,000이다(Small and Verhoef, 2007). 대조적으로, 일반 도로를 이용하는 버스 시스템은 별도의 건설비가 없으며, 버스전용차로의 건설비는 1일 운행당 $3,000이다.

2. 보다 높은 운행비용

경전철의 운행비용은 버스의 운행비용을 능가한다. 로테르담(네덜란드)의 대중교통수단에 관한 연구는 경전철에 대한 차량 마일당 $3.12의 운행비용을 추정하였으며, 이는 버스에 대한 $1.39과 대조된다. 이집트 카이로의 대중교통에 관한 연구는 경전철에 대한 승객 마일당 $0.047의 운행비용을 추정하였으며, 이는 일반 버스에 대한 $0.0146 및 소형버스에 대한 $0.0142과 비교된다.

여기서의 교훈은 버스 시스템에 비해 경전철이 더 높은 자본비용과 운행비용을 갖는다는 것이다. 그림 19-6에서 경전철의 평균비용곡선은 버스의 평균비용곡선보다 상위에 위치할 것이다. 고비용으로 비용측면에서 바람직하지 않은 경전철 시스템의 도입에 대해 많은 도시에서 호소력을 가지는 것의 일부는 연방 보조금의 재정지원에 의해 야기된다.

그림 19-7은 네 개의 대도시지역의 인구밀도가 대중교통(경전철)이 존립하기 위해 요구되는 기준밀도(threshold density)와 어떻게 비교되는지를 보여준다. 각각의 인구조사표준지역(census track)은 경전철이 지속적으로 운영가능하기 위해 요구되는 밀도(헥타르당 37명 혹은 평방마일당 9,472명)로 표출되어(extruded), 높이가 37인 고원(plateau)으로 표시된다. 각각의 인구조사표준지역은 실제 인구밀도를 나타내기 위해 다시 표출된다. 만일 실제 밀도가 기준밀도보다 높다면, 이 인구조사표준지역은 대중교통의 운영 유지를 위해 요구되는 기준밀도를 나타내는 고원 위로 등고선이 그려진다. 보스턴과 시카고에서, 도시의 많은 부분에서 실제 인구밀도는 경전철의 운영 유지를 위해 요구되는 기준밀도보다 높다. 대조적으로, 애틀란타와 포틀랜드는 매우 낮은 인구밀도를 가져, 거주민들 중 작은 비율만이 대중교통 고원 위의 등고선으로 나타나는 인구조사표준지역들에 거주한다.

최근 몇 년 동안 버스 서비스의 혁신은 철도 대중교통의 장점들의 일부를 버스에서도 도입하기 위한 방향에 초점을 맞추고 있다(Small, 2009). 간선 급행버스 또는 버스급행 대중교통(BRT: Bus Rapid Transit)으로 알려진 혁신의 조합에는 승차장, 정

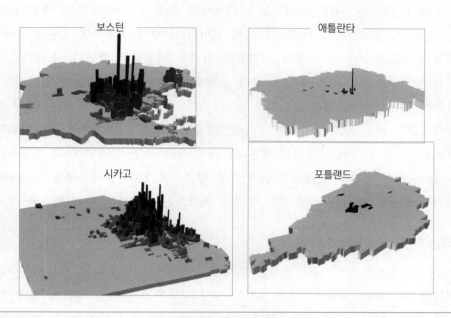

▲ 그림 19-7 인구밀도와 경전철의 지속적인 운영가능성

거장에서의 실시간 안내, 차외 요금납부, 그리고 엄격한 전용차로와 우선교통신호를 활용한 통행속도의 향상을 포함한다. 브라질 쿠리치바에서, 간선 급행버스(BRT) 시제품(prototype)이 하루 2백만 명에 가까운 승객을 태우고 있다. 북미에서 로스앤젤레스(LA)가 일반 버스 노선을 간선 급행버스(BRT)로 개량했을 때, 평균 이동속도가 시속 14마일로 25%나 향상되었다. 밴쿠버에서, 유사한 시설 개량의 결과 비슷한 이동속도의 증가를 가져왔다.

민영화

미국의 대부분 도시들은 대중교통 서비스에 대한 시장진입을 제한하며, 이는 대중교통 독점을 초래한다. 기업들은 지역 대중교통 운영자와 경쟁하는 서비스를 제공하는 것이 금지되어 있다. 예를 들어, 택시는 공동 운송수단으로 서비스를 제공하지 못하며, 이는 승객이 선택한 노선이나 운전자가 선택한 노선을 따라 추가 승객을 태울 수 없음을 의미한다.

민영화가 이루어지는 경우에 민간 기업은 일부 유형의 도시 교통 서비스를 제공하는 것이 허용된다. 일부 도시들은 대중교통 서비스 특성(예를 들어, 요금과 버스 정류장)을 명시하고, 해당 서비스를 제공할 수 있도록 민간 기업과 계약을 체결한다.

이러한 접근방식은 저밀도 지역을 서비스하기 위해 종종 사용되며, 예를 들어 호출 승차(dial-a-ride) 택시 서비스가 이에 해당한다. 보다 적극적인 접근은 공공부문이 특정 대중교통 시장을 퇴출하고 기업의 진입을 허용하는 것이다. 진입기업은 공공시설(전기 수도 또는 가스 공사)과 같이 규제되고, 다른 지역에서는 안전성에 대한 통상적인 규제를 받는 경우도 있다.

민영화는 미국 도시에서 선택 가능한 대중교통의 대안들의 조합을 다양화하는 데 활용될 수 있다. 전통적인 시스템은 두 가지 극단-1인 승차 택시와 대형 대중교통 차량-사이에 민간 기업들을 위한 여지를 남겨두고 있다. 준대중교통기관(paratransit)이라는 용어는 택시와 일반 버스 중간에 해당하는 매우 다양한 서비스를 기술한다.

1. 합승택시(shared-ride taxi)

2차 세계대전 동안, 합승택시는 워싱턴 DC에서 번성하였다. 택시운전자들은 목적지를 표시하고, 노선을 따라 동일한 방향으로 가고자 하는 승객이 있을 경우 택시를 불러 세우는 것을 허용하였다.

2. (6에서 15인승의) 지트니(jitneys: 요금이 저렴한 민간소형버스)

일반 버스와 비교해, 지트니 또는 소형버스는 낮은 자본비용과 운행비용을 가지며, 저밀도 지역 노선에 대해 보다 빈번한 서비스를 제공할 수 있다.

3. (10에서 60인승의) 통근자 밴과 버스의 예약이용(subscription)

승객들은 통근자버스 서비스에 대해 사전에 요금을 지불하게 된다. 공공버스와 달리 운행비용이 낮은데, 부분적으로 이는 민간 기업들이 보다 낮은 임금을 지불하기 때문이다.

대중교통 시스템과 토지이용 형태

도시교통 시스템이 토지이용 형태에 영향을 미친다는 것은 의심의 여지가 없다. 앞 장들에서 보았듯이, 20세기 초 대규모 단일도심도시는 (i) 통근자를 위한 전차, (ii) 제조업 생산요소와 생산물 운송을 위한 마차, 그리고 (iii) 도심 내 정보(사무)종사자들 간 대면시간(face time)을 위한 보도(sidewalks)의 결합에서 비롯되었다. 트럭과 주간(interstate) 고속도로 시스템의 발달은 제조업 고용의 교외화에 기여하였고, 정보기술의 발전은 정보 고용의 교외화에 기여하였다. 자동차의 발전은 노동자들로 하여금 보행과 전차에 의존할 필요가 없게 하여, 교외화에 기여하였다. 교통 기술의 이러한 근본적인 변화는 토지이용 형태를 변화시켰다.

　도시의 대중교통 체계가 토지이용 형태에 어떤 영향을 미치는가? 구체적으로, 철도교통 시스템을 건설하는 것은 환승역 주변의 인구밀도를 증가시켜 철도교통에 대한 수요를 증가시키는가? 애틀랜타에서의 경험은 대중교통의 공급이 대중교통 수요를 창출하지 않는다는 것을 시사한다. 마타(MARTA: Atlanta) 시스템은 74마일의 선로를 가진 중전철 시스템이다. 1990년과 1999년 사이 애틀랜타 인구는 70만 명만큼 증가했지만, 추가적인 거주자의 2%만이 MARTA(역 800m 이내)에 대한 이용이 가능한 거주지를 선택하였으며, 추가적인 일자리의 1%만이 MARTA를 이용하는 것이 가능한 거리에 소재하였다(Bertaud, 2003). 이는 적어도 애틀랜타에서 대중교통 설계와 도시 형태 사이의 연관성이 낮다는 것을 시사한다.

　샌프란시스코에서 바트(BART: San Francisco)의 경험 또한 대중교통 설계와 토지이용 형태 간 연관성이 약하다는 것을 시사한다. 이에 대한 연구에 따르면, 바트는 샌프란시스코 시내(downtown) 역 근처에서의 고용에는 비교적 크지 않은 양(+)의 영향을 미쳤지만, 다른 곳에서는 별로 영향을 미치지 않았음을 보여준다(Cervero and Landis, 1995). 이러한 사실은 다른 (지역의) 철도 시스템에 대한 연구와도 일치한다. 일반적 결론은 용도지역제나 재산세과세와 같은 토지이용 정책이 고밀도 지역을 발생시킨다면, 철도 대중교통은 다수의 근로자를 고밀도 고용지역으로 운송할 수 있는 효율적인 수단을 제공한다는 것이다.

개념에 대한 복습

01 미국 전체적으로 대략 [_____]명의 통근자들 가운데 1명은 대중교통을 이용하여, 대략 [_____]명의 중심 도시(central city) 통근자들 가운데 1명과 뉴욕 대도시지역 대략 [_____]명의 통근자들 가운데 1명과 대조된다.

02 통근통행의 비용은 [_____] + [_____] + [_____]과 같다.

03 평균적으로, 도보시간과 대기시간의 한계비효용은 임금의 [_____]%에 해당하여, 차량 내 소요시간에 대한 [_____]%와 대조된다.

04 보다 짧은 [_____]과/와 [_____]의 가능성으로 인해 버스 교통의 상대적 비용은 고밀도 환경에서 보다 낮다.

05 대중교통에 대한 수요의 전반적인 가격탄력성은 -[_____]이다. 첨두시간대 통행에 대한 수요는 비첨두시간대 통행에 대한 수요보다 [_____] 탄력적이다. 교통수단 요금에서의 증가는 총 요금수입을 [_____][↑, ↓, -]시킨다.

06 대중교통 승차는 [_____]에서의 변화보다 [_____]에서의 변화에 더 민감하게 반응하며, [_____] 시간에서의 변화보다 [_____] 시간에서의 변화에 더 민감하게 반응한다.

07 대중교통의 공급은 [_____]에서의 규모의 경제와 [_____]에서의 규모의 경제하에 있다.

08 대중교통 승차에서의 증가는, 승차에서의 증가가 [_____]시간으로 정의되는 버스 운행 간격을 [_____] 때문에 승객당 평균시간을 [_____].

09 승객수에서의 규모의 경제는 추가적인 승객이 다른 승객의 [_____]을/를 가져옴을 의미한다. 대조적으로, 교통혼잡은 추가된 운전자가 다른 운전자에게 [_____]을/를 부과함을 의미한다.

10 대중교통 보조금은 효율적인 대중교통 승객수에 있어 [_____] 〈 [_____]이기 때문에 효율성 측면에서 정당화된다.

11 대중교통 보조금이 대중교통 운영비용을 [_____][↑, ↓, -]을/를 가져오며, 이러한 문제에 대한 해결책은 [_____]에 대한 보조로부터 [_____]당 보조로 전환하는 것이다.

12 자동차-기반 시스템에 대한 장기 평균비용곡선은 [_____]이며, 이는 교통량이 증가함에 따라 도로폭은 [_____] 때문이다.

13 버스 시스템에 대한 장기 평균비용곡선은 [_____]의 기울기를 가지며, 이는 [_____]에서의 규모의 경제와 [_____]에서의 규모의 경제에 기인한다.

14 동등한 버스 노선과 비교해, 경전철 노선은 일반적으로 더 [_____](높은, 낮은 중 선택) 승객당 자본비용이 발생하고 더 [_____](높은, 낮은 중 선택) 승객당 운행비용이 발생한다.

15 애틀란타의 경험은 대중교통 [_____]이 대중교통 [_____]을/를 생성하지는 않음을 보여준다: 새로운 거주민과 신규 직장의 [_____] 비율만이 대중교통 네트워크 근처에 입지하였다.

16 개별 변수조합에 대해 상호관계가 정(+)인지, 부(-)인지, 중립인지, 또는 애매한지를 나타내라.

모수	선택변수	관계
도보와 대기의 비효용	자동차 비용 대비 버스 비용	[_____]
차량 내 시간의 비효용	자동차 비용 대비 철도 비용	[_____]
통행자의 소득	자동차 비용 대비 버스 비용	[_____]
버스 요금	버스 승객	[_____]
버스 요금	버스의 총 운임수입	[_____]

개념들을 응용하는 연습문제

01 **대중교통 서비스의 변화**

버스 승객의 도보시간을 20%만큼 감소시키고, 차량 내(line-haul) 시간을 10%만큼 증가시키며, 운영비를 5%만큼 증가시키는, 버스 정류장 사이의 운행거리 간격을 축소하는 도시를 고려하라. 일반적인 버스 노선의 경우, 초기 승객은 시간당 1,000명이다. 대중교통 승차의 다음에 대한 탄력성: (i) 차량 내(line-haul) 시간 = -0.40, (ii) 접근시간 = -0.70 (iii) 요금 = -0.40을 가정하라.

a. 요금이 고정이라고 가정하라. 승차에서의 변화를 예측하라.

b. 운송 사업자가 증가한 운영비를 인상된 요금 형태로 전가한다고 가정하라. 승차에서의 변화를 예측하라.

02 **버스 서비스에 대한 가격책정**

버스 서비스에 대한 수요곡선이 선형이며, $5.00의 수직축 절편을 갖는 것으로 가정하라. 도시의 목적이 버스 요금수입을 극대화하는 것이라면, 적절한 가격은 $[_____]이다. 왜냐하면 …

(한계수입이 영(0)일 때 버스 요금 총수입은 극대화될 것이다. 역자 주).

03 **자동차 가격책정과 대중교통 적자**

대중교통 시스템의 고정비용이 시간당 $140인 도시를 고려하라. 장기 한계비용은 승객당 $1로 일정하다. 수요곡선은 선형이며, $11의 수직축 절편과 승객당 $0.10의 기울기를 갖는다.

a. 가격, 승객수, 그리고 승객당 적자에 대한 수치들을 포함하여, 한계비용 가격책정 하에서의 균형을 설명하라.

(대중교통 시스템의 총비용 = 고정비용 + 가변비용이고 한계비용 가격하에서 가격 = 한계비용이다. 역자 주).

b. 도시가 자동차로 인한 외부효과를 내재화하고, 대중교통에 대한 지불용의가 각 승객수준에서 $4만큼 증가한다고 가정하라. 가격, 승객수, 그리고 승객당 적자에 대한 수치들을 포함하는 새로운 균형을 설명하라.

(대중교통에 대한 지불용의가 각 승객수준에서 $4만큼 증가함은 수직축 절편이 $15로 수요곡선이 상향 평행이동함을 의미한다. 역자 주).

04 **승객수의 경제**

당신은 지점 A에서 승차자를 태워 지점 B로 운송하는 시내버스를 배차한다. 이 버스의 탑승가능 인원은 60명이고, 당신의 목표는 각 버스를 모두 채우는 것이다. 승객들은 분당 r명의 비율로 지점 A에 도착한다. 버스 대기의 기회비용 t = 분당 $0.20이다. 신규 아파트단지가 승객수를 증가시키고 도착률을 r = 4에서 r = 5로 증가시킨다고 가정하라. 아파트단지에 의해 발생된 승객수의 경제는 버스통행의 평균비용을 $[_____]만큼 감소시키며, 이는 . . . 와 같이 계산된다.

(버스 승객의 평균 대기시간은 (60/4)/2 = 7.5분에서 (60/5)/2 = 6분으로 감소할 것임. 역자 주).

05 보도 드론(Sidewalk Drones)

버스 시스템을 갖춘 도시가 개별 시민들에게 개인 보도 드론을 제공한다고 가정하라. 보도 드론은 한 명의 통근자를 매달고 인도 상공 3m 고도에서 최대 1km의 거리를 수송한다. 드론은 큰 지갑이나 서류 가방에 넣고 다닐 수 있을 정도로 작고, 악천후에도 편안한 여행을 할 수 있는 원동장치(동력으로 시동을 거는 보조장치)가 장착되어 있다. 그림 19-5와 같은 그래프를 이용하여 (i) 효율적인 승객수, (ii) 효율적인 가격책정하에서의 승객당 적자, 그리고 (iii) 예산-균형 승객수에 대한 보도 드론의 영향을 설명하라. 비용곡선은 운송의 생산비용을 포함하지만 탑승자의 시간비용은 포함하지 않는다는 점을 상기하라.

(드론으로 인해 도보시간과 대기시간이 감소할 것이며 수요곡선이 상향 평행이동할 것임. 역자 주).

06 차량 내 시간의 비효용: 버스 대 자동차

그림 19-6의 비용곡선을 나타내는 데 있어 저자들은 버스를 타는 데 소요되는 시간의 비효용이 자동차 운전시간의 비효용과 동일하다고 가정하였다. 통행시간의 비효용에 영향을 미치는 다음의 두 가지 요인에 대해 고려하라: (i) (혼잡한 버스 내에서의) 겨드랑이(armpit) 요인과 (ii) 미디어-접근효과(책을 읽거나 소셜(사회관계망)미디어를 확인).

a. 이러한 두 가지 요인이 통행의 비효용에 어떤 영향을 미치는가?

b. 당신의 개인적인 선호와 운행 비효용에 부합하는 새로운 비용곡선들을 그려라. 당신의 비용곡선들의 위치를 그림 19-6의 곡선들과 비교하며 설명하라.

07 경전철의 평균비용

경전철 시스템의 장기 평균비용을 보여주기 위해 그림 19-6과 같은 그래프를 이용하라. 바트(BART)와 버스 시스템에 대한 곡선들과 함께 경전철 시스템 곡선을 그려라. 경전철 곡선의 위치를 자본비용과 운행비용으로 설명하라.

참고문헌과 추가적인 읽을 거리

American Public Transit Association, *Transit Fact Book 2010*. Washington, DC, 2010.

Bertaud, Alain. "Clearing the Air in Atlanta: Transit and Smart Growth or Conventional Economics?" *Journal of Urban Economics* 54 (2003), pp. 379–400.

de Palma, Andre, Robin Lindsey, and Nathalie Picard, "Urban Passenger Travel Demand," Chapter 16 in *A Companion to Urban Economics*, edited by Richard J. Arnott and Daniel P. McMillen. New York: Wiley–Blackwell, 2006.

Duranton, Gilles, and Matthew Turner, "Urban Growth and Transportation." *Review of Economic Studies* 79 (2012), pp. 1407–40.

Giuliano, Genevieve, "Transportation Policy: Public Transit, Settlement Patterns, and Equity in the U.S.," Chapter 25 in *The Oxford Handbook of Urban Economics and Planning,* edited by Nancy Brooks, Kieran Donaghy, and Gerrit–Jan Knaap. New York: Oxford University Press, 2011.

Gomez–Ibanez, Jose A. "A Dark Side to Light Rail?" *Journal of the American Planning Association* 51 (Summer 1985), pp. 337–51.

Kahn, Matthew. "Gentrification Trends in New Transit–Oriented Communities: Evidence from 14 Cities That Expanded and Build Rail Transit Systems." *Real Estate Economics* 35 (2007).

Nelwon, Peter, et al., "Transit in Washington, DC: Current Benefits and Optimal Level of Provision." *Journal of Urban Economics* 62 (2007), pp. 231–51.

Parry, Ian, and Kenneth Small, "Should Urban Transit Subsidies Be Reduced?" *American Economic Review* 99 (2009), pp. 700–24.

Reynolds–Feighan, Aisling, and Roger Vickerman, "Transportation Economics for Planners in the 21st Century," Chapter 24 in *The Oxford Handbook of Urban Economics and Planning,* edited by Nancy Brooks, Kieran Donaghy, and Gerrit–Jan Knaap. New York: Oxford University Press, 2011.

Rietveld, Piet, "Urban Transport Policies: The Dutch Struggle with Market Failures and Policy Failures," Chapter 18 in *A Companion to Urban Economics,* edited by Richard J. Arnott and Daniel P. McMillen. New York: Wiley–Blackwell, 2006.

Small, Kenneth A., "Transportation: Urban Transportation Policy," Chapter 3 in *Making Cities Work: Prospects and Policies for Urban America,* edited by Robert P. Inman. Princeton NJ: Princeton University Press, 2009.

Small, Kenneth, and Erik Verhoef, *The Economics of Urban Transportation.* New York: Routledge, 2007.

오설리반의 도시경제학
O'Sullivan's Urban Economics

이 책의 제5편에서는 연방정부제도하에서 지방정부의 다양한 역할에 대해 탐구한다. 제20장에서 지방정부의 역할에 대한 개관을 제공하며, 실제 투표를 통한 선거 및 이주를 통한 투표(vote with their feet)를 모두 포함하여, 의사결정의 여러 메커니즘에 대해 고찰한다. 다음에서 논의하겠지만, 다수결의 원칙은 일반적으로 효율적인 규칙이 아니다. 제21장은 지방정부의 가장 큰 두 가지 재원: 정부 간 교부금과 재산세에 대해 논의한다. 실제로 누가 재산세를 지불하는지, 그리고 주정부와 국가 정부로부터의 교부금(grants)에 대해 지방정부가 어떻게 반응하는지에 대한 이슈를 탐구한다. 제22장은 K-12 교육에 초점을 맞추고, 시험점수에 의해 단기적으로 측정되고 성인 소득에 의해 장기적으로 측정되는, 학업성취에 대한 다양한 투입요소(교사, 학부모, 동료)의 기여를 평가하기 위해 생산함수 접근법을 이용한다. 제23장은 인적 자본에 대한 투자를 포함하는 범죄에 대한 대응으로 개발된 다양한 정책들의 효과를 평가하기 위한 분석틀로서, 합리적인 범인(rational criminal)에 대한 모형을 이용한다.

20 > 지방정부의 역할

지방정부는 공교육, 공공 안전, 공원, 그리고 대중교통 시스템을 포함한 다양한 재화와 서비스를 제공한다. 이 장에서, 지방공공재에 대한 개관을 제시하고 연방정부 제도하에서의 지방정부의 역할에 대해 논의한다. 지방공공재의 수준을 선택하는 대안적 메커니즘에 대해 고찰하는데, 이는 다수결 원칙, 응익세(benefit taxation), 그리고 이주를 통한 투표(vote with their feet)로 지칭되는 지방공공재 수요에 따른 가구(household)의 분류(패지어 살기, sorting)를 포함한다. 앞으로 보게 되듯이, 다수결 원칙이 지방공공재의 효율적인 수준을 담보하지는 않는다.

2012년에 미국에서 38,000개 이상의 일반—기능 정부와 51,000개 이상의 특수—기능 정부를 포함하여 9만개 이상의 지방정부가 재화와 서비스를 제공하였다.

1. 일반기능 정부(general purpose government)는 재무행정, 경찰치안, 고속도로 관리, 병원, 공공 수력, 전기, 가스공사 등의 여러 기능을 수행한다. 이러한 정부는 카운티(counties: 3,031), 지방자치시(19,519), 그리고 군구(township: 16,360)로 집계된다.

2. 특수기능 정부(specific-purpose government)는 단일 기능 혹은 몇 가지 기능만을 담당한다. 이는 12,880개의 독립된 학군과 38,266개의 특별구역을 포함한다. 특별구역은 대규모 자치시에서 단일 기능을 수행하거나 농촌지역에서 지역 주체로서의 역할을 한다. 특구에는 모기퇴치지역, 전기·가스공사, 상하수도지구, 그리고 대중교통당국이 있다.

01 지방정부의 역할

표 20-1은 2012년에 지방정부에 의한 1인당 지출을 보여준다. 지방정부 지출의 대략 1/3이 교육에 사용되며, 그 외 큰 지출 프로그램들은 경찰, (이전 지출 및 주거보조를 포함하는) 공공보조, 고속도로, 대중교통, 그리고 소방을 포함한다.

▌표 20-1 지방정부의 1인당 지출, 2012

총합	교육	경찰	공공보조	고속도로	대중교통	소방	기타
4,919	1,711	300	262	190	171	134	2,151

출처: *2012 Census of Governments*, Washington, DC: US Census Bureau.

정부의 3대 역할

시장경제에서 지방정부의 역할은 무엇인가? 머스그레이브와 머스그레이브(Musgrave and Musgrave, 1980)는 정부에 대한 세 가지 역할을 구분한다:

1. 안정화(stabilization)

정부는 실업과 물가상승을 조절하기 위해 통화정책과 재정정책을 이용한다.

2. 소득재분배

정부는 소득과 부(wealth)의 분포를 조정하기 위해 세금과 이전지출(transfers)을 이용한다.

3. 자원배분

정부는 무엇을 그리고 어떻게 생산할 것인지를 결정한다. 실제 정부가 특정 재화 혹은 서비스를 생산할 때, 직접적으로 이러한 자원배분의 결정을 하게 된다. 정부가 민간 활동에 대해 보조금을 지급하거나 세금을 부과할 때, 정부는 민간부문의 자원배분 결정에 영향을 주게 된다.

　국가(중앙)정부는 다음 두 가지 이유에서 안정화 정책에 대한 책임을 갖는다. 첫째, 개별 지방정부가 자체적으로 화폐를 발행하고 통화정책을 시행할 수도 있지만, 체계는 혼란스러울 것이다. 대신에, 국가정부가 화폐를 발행하고 국가의 통화정책을 관리한다. 둘째, 지방소득의 대부분이 그 지역 외부에서 생산되는 재화에 소비되어, 지방의 통화정책과 재정정책의 효과는 상대적으로 약하고 비효과적일 수 있다. 국민소득의 상대적으로 작은 부분만이 수입재에 지출되기 때문에 국가수준에서의 재정정책이 보다 효율적이다.

　다음은 정부의 소득분배 역할에 대해 논의하자. 지방정부의 소득재분배에 대한 시도는 세금납부자들과 이전지출 수혜자들의 이주가능성 때문에 실패할 수 있다. 한 도시에서 부유한 시민에게 세금을 부과하고 빈곤한 사람들에게 이전지출(transfer payments)을 지급한다고 가정하자. 일부 부유한 가구들이 세금 회피를 위해 해당 도시로부터 이주해 나감에 따라, 총 조세수입은 감소하게 될 것이다. 동시에, 일부 빈곤한 가구들이 상대적으로 관대한 이 도시로 이주해 옴에 따라, 수혜자 1인당 이전지출은 감소하게 될 것이다. 이 두 가지를 종합하면, 부유한 사람들의 이탈과 빈곤한 사람들의 유입은 이 도시의 재분배 프로그램의 효과를 약화시킬 것이다. 도시 간 이동보다는 국가 간 이동성이 보다 작기 때문에, 국가 재분배 프로그램이 보다 효율적이다.

　정부의 세 번째 역할은 자원배분으로, 이는 한 경제의 자원들이 상이한 재화와 서비스에 어떻게 배분될 것인가에 대한 결정들을 포함한다. 표 20-1에서와 같이, 지방정부는 교육, 경찰서비스, 대중교통, 고속도로, 그리고 소방을 제공한다. "그 외" 재화와 서비스로는 공원과 상수도가 해당된다.

연방제도하에서 지방정부

　연방제 정부형태에서 공공재를 공급하는 책임은 연방정부, 주정부, 그리고 지방정부 간에 나누어진다. 국방이나 우주탐사와 같은 일부 재화는 국가수준에서 제공된다. 교육이나 치안과 같은 다른 재화들은 지방수준에서 제공된다. 오츠(Oates, 1972)는 지방에 의한 공공재 제공의 장점과 단점에 대해 논의한다.

1. 수요의 다양성

이 장의 뒤에서 볼 수 있는 바와 같이, 가구마다 지방공공재에 대한 수요가 다르고, 이러한 다양성은 지방공공재와 과세들의 상이한 조합을 제공하는 작은 지방자치시들과 학군들의 체제에 의해 충족된다.

2. 외부효과

일부 지역에서 제공되는 재화의 경우, 편익은 해당 지방자치시 혹은 학군 밖의 사람들에게 파급된다. 이 경우 지역 투표자들은 외부인들의 편익을 고려하지 않으며, 이는 비효율적인 선택을 발생시킬 것이다.

3. 규모의 경제

공공재의 제공에 있어 규모의 경제가 존재한다면, 작은 지방정부체계는 상대적으로 높은 생산비용을 갖는다.

공공재의 지방정부에 의한 제공은, 만일 장점이 단점보다 크다면, 효율적이다. 다시 말해, 만일 (1) 수요의 다양성이 상대적으로 크고, (2) 외부효과가 지리적 측면(파급범위)에서 상대적으로 작으며, (3) 규모의 경제가 상대적으로 작다면, 지방에 의한 제공은 효율적이다.

지방공공재의 제공에 있어 규모의 경제에 대한 사실들은 어떠한가? 생산비용과 관할구역 규모 간 관계에 대한 수많은 연구들이 존재한다. 상하수도서비스의 제공에 있어 완만한(moderate) 수준의 규모의 경제가 존재한다는 사실이 입증되었다. 이러한 서비스들은 자본집약적이기 때문에, 평균비용은 인구가 증가함에 따라 감소한다. 대조적으로, 다른 지방공공재(치안, 소방, 교육)에 대한 연구들은 규모의 경제가 상대적으로 작은 인구-약 100,000-의 수준에서 소모됨을 제시한다. 많은 작은 도시들은 공공서비스의 제공에 있어 힘을 합치고 규모의 경제를 활용하기 위해 정부간 계약(intergovernmental contracts)과 통합서비스계약을 이용한다.

지방에 의한 서비스제공과 연관된 가장 중요한 비교이익은 수요의 다양성과 외부효과 사이에 있다. 만일 수요에서의 다양성보다 관할구역 간 파급효과가 상대적으로 크다면, 대도시지역 정부(metropolitan government)가 지방자치시보다 더 효율적일 것이다. 이 경우, 작은 지방정부의 이점들(지방공공재에 대한 다양한 수요를 충족할 수 있는 능력)은 상대적으로 작고, 불리한 점들(지방자치시의 경계를 넘는 외부효과와 연관된 비효율성)은 상대적으로 크다. 따라서, 대도시지역 정부체계가 보다 효율적일 것이다.

파급효과 문제에 대한 하나의 해결책은 상위 정부로부터의 보조금 지원체계이다. 만일 지방자치시가 공공재의 외부효과의 한계편익과 동일한 지원금을 받는다면, 이의 지출에 대한 결정은 그 재화의 한계 사회적 편익에 기초한다. 다음 장에서, 지방지출에 대한 정부 간 교부금의 효과에 대해 논의한다.

파급효과에 대한 또 다른 대응은 지방자치시의 경계를 넘나드는 특정한 도시 문제들을 다루는 힘을 정부기관들에 부여하는 것이다. 많은 경제학자들과 지리학자들은 지방자치시 혹은 주가 아닌 대도시지역들이 오늘날의 경제에서 가장 중요한 공간적 단위라고 믿는다. 앤써니 다운스(Anthony Downs, 1998)의 주장에 의하면, 개별 대도시지역의 다양한 공간적 부분들은 일련의 밀접하게 연동하는 네트워크에서 서로 연결되어 있기 때문에 전체 대도시지역을 위해 정책을 입안하는 기구들을 설립하는 것이 이치에 맞을 것이다. 이러한 네트워크들은 대부분의 개별 지역공동체들의 경계를 넘어선다.

이와 같은 네트워크들에 거리와 간선도로, 수도체제, 쓰레기-폐기체제, 교육체제, 공기(오염) 흐름관리(airshed), 그리고 수역관리(watershed)가 해당한다. 지방자치시나 학군의 경계를 넘어서는 일부 문제들은 간선도로 혼잡, 공기 오염, 범죄, 그리고 낮은 교육성취도를 포함한다. 현재의 정치체제하에서, 이러한 문제들을 다룰 수 있는 권력이 많은 수의 작은 지방자치도시 또는 학군으로 분산되어, 이들의 대부분은 이러한 문제들로부터 영향을 받는 사람들의 작은 일부만을 주민으로 가지고 있다. 2개 대도시지역-오레곤주의 포트랜드와 미네소타주의 트윈시티스-은 지방자치시의 경계를 넘는 문제들을 다룰 수 있는 권한이 부여된 정부기관들을 가지고 있다.

02 지방공공재: 효율성과 메커니즘

지방공공재(local public good)는 세 가지 특성을 갖는데, 이 중 두 가지 특성은 일반적인 공공재의 특성과 동일하다. 공공재는, 비용지불 여부와 상관없이, 누구나 소비가능한 재화로 정의된다. 좀 더 엄밀히 말하자면, 순수 공공재(pure public goods)의 경우 다음 두 가지 특성을 갖는다.

1. 비경합성(nonrivalrous)

한 개인의 공공재로부터의 편익은 다른 사람의 해당 공공재로부터의 편익을 감소시키지 않는다. 예를 들어, 농부 A의 홍수조절댐으로부터의 편익은 농부 B의 해당 댐으로부터의 편익을 감소시키지 않는다.

2. 비배제성(nonexcludable)

재화에 대한 비용을 지불하지 않는 사람들을 배제하는 것이 현실적으로 어렵다. 만일 한 농부가 댐에 대해 지불하는 자발적인 협정에 참여하는 것을 거부한다고 하더라도, 이 농부는 홍수 예방으로부터 여전히 편익을 얻는다.

공공재의 예로는 국방, 우주 탐사, 지구 오존층 보호, 불꽃놀이 등이 있다. 지방정부에 의해 공급되는 많은 재화들은, 만일 충분히 많은 사람들에 의해 재화가 이용될 경우 한 사람의 재화소비는 다른 사람의 편익 감소를 유발한다는 의미에서, 비순수하거나 경합적(contestable)이다. 예를 들어, 만약 상당히 많은 사람들이 공원을 이용한다면, 그들은 원반(Frisbee)이 생일 케이크로 날아드는 것과 같이 서로에게 있어 방해가 될 것이다. 이 책의 앞부분에서 보았듯이, 시내도로와 고속도로에서도 첨두 운행시간대에는 혼잡이 발생할 수 있다.

지방공공재의 경우 세 번째 추가적인 특성이 있다. 지방공공재의 편익은 상대적으로 작은 지리적 지역－지방자치시 혹은 대도시지역－에 한정된다. 국가 전체적으로 편익을 발생시키는 국방과 달리, 지역 경찰서와 지역 소방서의 편익은 대부분 지역 내 시민들에게 발생한다. 유사하게, 지역 시민들이 지방도로와 간선도로의 대부분 편익을 얻는다. 관할구역에 대한 적정 규모는 공공재의 "지역성(localness)"－재화로부터 얻어지는 편익의 지리적 범위－에 의해 결정된다. 편익의 파급 범위가 넓게 퍼질수록, 수혜자 전체를 포함하기 위해 요구되는 관할구역의 범위 역시 넓어질 것이다.

지방공공재의 효율적 수준

공원을 조성하는 세 명으로 구성된 도시를 고려하라. 시민들은 공원부지에 대한 수요에서 상이하고, 몇 에이커(acre, 역자 주: 약 4,050평방미터에 해당하는 크기의 땅)를 공급할 것인가에 대해 집합적으로 결정할 것이다. 구체적으로, 공원 조성을 위한 에이커 규모는 다수결의 원칙에 따라 결정될 것이다.

그림 20-1은, 개별 시민에 대해 하나씩, 공원부지에 대한 세 개의 개별 수요곡선을 보여준다. 개별 수요곡선은 상품에 대한 소비자의 지불용의를 나타내며, 따라서 한계편익곡선(marginal-benefit curve)에 해당한다. 로이스(Lois)는 상대적으로 낮은 한계편익곡선 mb_1을 가지며, 공원 여섯 번째 에이커에 대해 $20(점 a)의 지불용의가 있다. 대조적으로, 매리안(Marian)은 중간 수준의 수요와 한계편익곡선 mb_2를 가지며, 여섯 번째 에이커에 대해 $28(점 b)을 지불할 용의가 있다. 히람(Hiram)은 높은 한계편익곡선 mb_3을 가지며 여섯 번째 에이커에 대해 $40(점 c)을 지불할 용의가 있다.

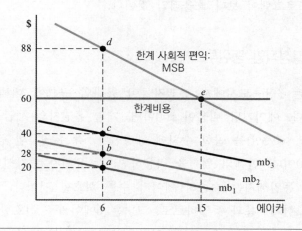

▲ 그림 20-1 공공재의 효율적 수준

공원부지의 사회적 편익(social benefit)은 무엇인가? 이용자가 과밀하지 않은 공원에서 부지는 비경합 재화(non-rival good)에 해당하여, 사회적 편익은 사적 편익(private benefit)의 합이다. 공공재에 대한 한계 사회적 편익을 계산하기 위해 개별 한계편익들을 합한다. 그림 20-1에서 여섯 번째 에이커의 한계 사회적 편익은, 로이스에 대한 $20의 한계 사적 편익, 매리안에 대한 $28, 그리고 히람에 대한 $40의 합과 동일한, $88(점 d)이다. 유사하게, 다른 공원규모에 대해 한계 사회적 편익을 얻기 위해 개별 한계편익들을 더한다. 예를 들어, 점 e에 의해 보여지듯이 15번째 에이커의 한계 사회적 편익은 $60이다. 한계 사회적 편익곡선은 개별 수요(한계편익)곡선들의 수직 합이다.

공립 공원의 효율적 규모는 어느 정도일까? 효율적인 수준에서, 공원부지의 한계

사회적 편익은 한계비용과 일치한다. 그림 20-1에서, 한계비용은 에이커당 $60이며, 따라서 효율적인 부지면적은 15에이커에 해당한다. 15에이커보다 작은 수량에 대해 이 도시의 시민들은 집합적으로(collectively) 추가적인 에이커에 $60 이상을 지불할 용의가 있을 것이며, 따라서 추가적인 에이커는 사회후생을 증가시킬 것이다. 예를 들어, 도시가 6에이커에서 시작한다고 가정하라. 한계 사회적 편익곡선상의 점 d에 의해 보여지듯이, 시민들은 추가적인 1에이커에 대해 총 $88을 지불할 용의가 있다. 만일 한계비용이 단지 $60이라면, 또 다른 에이커는 $28의 순이득을 이 도시의 시민들에게 발생시킬 것이다. 대조적으로, 15에이커를 초과하는 수량에 있어 마지막 에어커에 대한 총지불용의는 한계비용보다 작으며, 따라서 보다 적은 에이커를 갖는 프로그램이 보다 효율적일 것이다.

다수결 원칙과 결정적인 중위투표자

그림 20-2는 3명-도시에서 유권자들이 공원의 규모에 대해 의견이 일치하지 않음을 보여준다. 에이커당 비용이 $60이면, 개별 유권자의 세금 부담은 에이커 수에 $20(역자 주: $60/3인)을 곱한 수치에 해당한다. 각 유권자별 공원부지 1에이커의 한계비용은 $20이다. 한계의 원칙을 적용하면, 각 유권자는 자신의 한계편익이 $20의 한계비용과 동일해지는 수준의 에이커 수를 선호할 것이다. 로이스에게 한계편익은 점 a에서 한계비용과 동일하므로, 그녀는 6에이커를 선호한다. 마찬가지로 매리안은 12에이커(점 m)를 선호하고, 히람은 22에이커(점 h)를 선호한다. 공공재에

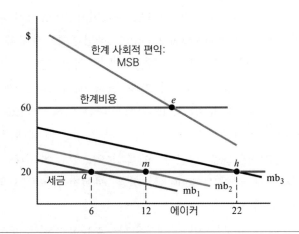

▲ 그림 20-2 유권자의 선호 불일치

대한 수요의 다양성은 시민들이 원하는 지방공공재의 공급규모에 있어 의견차이가 있음을 시사한다.

다수결 원칙하에서, 유권자들은 매리안이 선호하는 12에이커 조성안을 선택할 것이다. 시에서 시민이 선호하는 조성 규모 대안들 중 2개의 선택안에 대한 일련의 투표를 실시한다고 가정해 보자.

▌표 20-2 중위투표자의 결정권

선거	6에이커에 투표	12에이커에 투표	22에이커에 투표
6 vs. 12	로이스	매리안, 히람	–
12 vs. 22	–	매리안, 로이스	히람

표 20-2에서와 같이 6에이커(로이스 선호)와 12에이커(매리안 선호) 간의 선거에서 히람은 매리안의 선호안이 통과되도록 매리안의 선호안에 투표한다. 매리안의 선호(12에이커)와 히람의 선호(22에이커) 간 투표에서 로이스는 매리안의 선호안을 선택한다. 매리안은, 다른 유권자들을 동일하게 양분하는 유권자로 정의되는, 중위투표자(median voter)에 해당하기 때문에 매리안이 선호하는 규모안이 두 선거 모두에서 승리한다. 매리안은 매 선거마다 다른 규모안 대신 자신의 선호안에 대한 다른 투표자의 지지를 얻게되어, 선거에서 승리하게 된다. 이것은 중위-투표자 결과이다: 다수결 원칙의 결과는 중위투표자의 선호와 동일하다.

다수결 투표가 공공재의 효율적인 수준을 발생시키지 않을 수 있다. 상기 예에서 중간 투표자인 매리안은 효율적 규모(15에이커)보다 적은 규모(12에이커)를 선호하며, 따라서 시는 비효율적으로 작은 규모의 공원안을 선택한다. 만약 시가 효율적인 규모안(15에이커)과 중위투표자가 선호하는 규모안(12에이커)을 두고 직접선거를 시행하면, 중위 규모안이 선거에서 이길 것이다: 로이스는 효율적인 규모안을 배제하기 위해 매리안의 선택에 합류할 것이다. 중위투표자가 효율적인 규모안을 선호할 것이라고 기대할 이유가 없기 때문에 다수결 투표는 비효율적인 결과를 도출할 가능성이 높다.

중위투표자 결과의 강력함과 비효율성을 설명하기 위해 간단한 사고 실험을 고려해 보자. 수요가 높은 소비자의 한계 사적 편익이 상승한다고 가정해 보자. 그림 20-3은 다수결 원칙에 따라 선택된 공공재 수준과 효율적 수준에 대한 함의를 보여준다. 한계 사적 편익의 상승은 한계 사회적 편익곡선을 상향 이동시키고, 이에

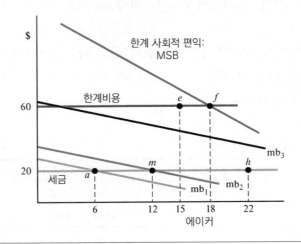

▲ 그림 20-3 다수결 원칙은 효율적인 원칙이 아니다

따라 효율적인 에이커 수는 15(점 e)에서 18(점 f)로 증가한다. 그러나 중위투표자의 선호가 변하지 않았기 때문에 선거결과는 변하지 않는다(점 m, 12에이커). 중위투표자는 결정적이며, 따라서 다른 투표자의 선호는 관련이 없다.

응익세(Benefit Taxation)

앞에서 보았듯이, 다수결의 원칙에 따른 균형은 효율적이지 않을 것이다. 다수결의 원칙하에서 효율적 선택을 증진하기 위한 방법은 개별 시민에 대한 과세를 상이하게 하는 것이다. 상대적으로 큰 편익을 갖는 시민은 상대적으로 높은 세금을 지불한다.

(경제학자인 Erik Lindahl의 이름에서 유래한) 린달 과세하에서, 시민의 세금부담은 지방공공재에 대한 해당 시민의 지불용의에 비례한다. 도시 공원 규모안에 대한 상기 사례에 대해 그림 20-4에서 계속 논의해 보자. 정부에 있어 첫 번째 단계는 공공재의 효율적 수준을 결정하는 것으로, 본 사례에서 15에이커(점 e)에 해당한다. 두 번째 단계는 시민들의 지불용의(한계편익)에 따라 공공재의 비용을 배분하는 것이다. 효율적 규모하에서 히람의 한계편익은 $30이므로, 이것이 그의 에이커당 세금 부담액이다. 마찬가지로 매리안은 에이커당 $18의 세금을 지불하고, 로이스는 에이커당 $12을 지불한다.

응익세 제도는 효율적인 공원 규모안의 조성비용 재원을 마련하며, 해당 조성계

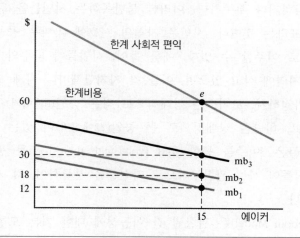

▲ 그림 20-4 응익세

획에 대한 만장일치의 지지를 이끌어낸다. 세 명의 시민이 낸 세금을 합산하면 에이커당 $60, 즉 에이커당 가격이 된다. 각 시민입장에서 15에이커 규모에서 한계비용(에이커당 세금)이 한계편익과 동일함에 따라, 개별 유권자는 15에이커 규모의 공원조성안을 선호한다. 응익세는 공공재에 대한 다양한 수요에 대응하도록 조세부담을 다양하게 설정하여 효율적인 결과를 도출하게 된다. 편익이 가장 큰 시민은 가장 높은 에이커당 세금을 부담한다. 상대적으로 편익이 낮은 시민은 비교적 낮은 세금을 부담하여, 상대적으로 큰 규모의 공원 조성안에 대해 찬성표를 던진다.

응익세는 실용적인가? 문제는 개별 시민의 한계편익곡선을 관찰할 수 없다는 점이며, 따라서 적정 세금을 정확하게 결정할 수 없다. 개별 시민은 그들의 지불용의를 과소하게 말하면 보다 낮은 세금을 지불하게 될 것을 의미하므로 그들은 지불용의를 과소하게 말할 유인을 갖기 때문에 단순히 시민들에게 그들의 지불용의를 밝힐 것을 요구할 수는 없다. 그러나 공원이나 공공 치안과 같은 일부 공공재의 경우, 지방공공재로부터 얻는 편익이 재산가치와 대략 비례하며, 따라서 재산세는 응익세로서 대략적으로 역할을 한다. 마찬가지로, 만일 지방공공재로부터 얻는 편익이 소득에 따라 증가한다면, 소득세가 어느 정도 응익세의 역할을 한다.

티부모형: 이주를 통한 투표

앞에서 살펴본 바와 같이, 다수결 원칙은 중위투표자가 선호하는 선택과 동일한 규모에서 균형을 가져온다. 이에 따라 다른 투표자들 입장에서는 이러한 균형의 규모는 너무 과다하거나 부족하다. 이러한 불만족하는 시민들을 위한 대안은 발(역자주: 이주)로 투표하는 것이다. 시민은 자신의 선호에 가까운 공공재 수준을 제공하는 관할구역으로 이주할 수 있다. 예를 들어, 시민들이 다수의 지방자치 단체들로 구성된 대도시지역에 살고 있으며, 이들 각 자치단체마다 자체 조성한 공원을 보유하고 있다고 가정하자. 로이스는 상대적으로 작은 공원(6에이커)이 있는 자치단체로 이동할 수 있고, 히람은 상대적으로 큰 공원(22에이커)이 있는 자치단체로 이동할 수 있다. 시민들은 "이주를 통한 투표"(vote with their feet)를 통해 유사한 생각을 갖고 있는 사람들이 사는 관할구역으로 자신들을 분류하여, 각 개인은 선호하는 공원규모를 얻는다.

티부모형(Tiebout Model)은 관할권 간 이동성에 대한 기본 모형이다. 단순한 버전의 티부모형은 다음 다섯 가지 가정에 근거한다:

1. 관할구역 선택

가구는 선호하는 수준의 지방공공재를 제공하는 지방자치시(또는 학군 혹은 기타 지방 관할구역)를 선택한다. 모든 가구가 완벽한 관할구역을 찾을 수 있을 만큼 충분한 지방자치시들이 존재한다.

2. 완벽한 정보와 이주

시민들은 선택가능한 지방자치시들에 대한 모든 정보에 접근 가능하며, 이사비용은 들지 않는다.

3. 관할구역 간 파급효과의 부재

지방공공재와 연관하여 파급효과(spillovers: 외부효과)는 존재하지 않는다. 지방공공재로부터의 모든 편익은 해당 지방자치시 내 시민들에게만 발생한다.

4. 규모 경제의 부재

평균생산비용은 생산물의 규모와 상관없이 일정하다.

5. 인두세(head tax)

지방자치시는 인두세로 공공재에 대한 비용을 충당한다. 만일 머리를 가지고 있다면, (모든 시민은) 인두세를 내야 한다.

티부과정하에서, 각 가구들은 공원에 대한 각자의 수요에 따라 지방자치시들로 패를 지을(sorting) 것이다. 수요가 상대적으로 작은 시민 세 명이 로이스빌이라는 지방자치시를 형성한다고 가정하자. 6에이커 규모의 공원의 한계 사회적 편익은 3에 $20을 곱한 수인 $60이며, 이는 공원의 에이커당 한계 사회적 비용과 일치한다. 개별 투표자가 에이커당 $20의 세금을 지불한다면, 그들 모두 6에이커의 공원을 선호할 것이며, 이에 따라 이들은 만장일치로 효율적 규모에 투표할 것이다. 유사하게, 만일 세 명의 매리안이 하나의 지방자치시를 형성한다면 그들은 중위수요자에 대한 효율적 규모인 12에이커를 선택할 것이다. 동질적인 지방자치시(homogeneous municipality)에서 모든 사람들이 지방공공재에 대해 동일한 수준을 선호하므로, 이러한 유형의 패지어 살기로 인해 다수결 원칙의 비효율성은 제거된다.

03 중위투표자 결과에 대한 보다 상세한 고찰

앞서 시민 3명의 직접선거(direct election)하에서의 중위투표자 결과를 설명하였다. 이 장의 이 부분에서는 중위투표자 결과의 일반적인 응용과 이의 한계를 보여주며, 투표에 대해 좀 더 상세하게 살펴본다. 대부분 중심의, 큰, 그리고 이질적인 시민들을 포함하는 많은 지방 관할구역들에서 지방공공재에 대한 결정은 이주를 통한 투표보다는 투표용지를 통한 투표에 의해 결정된다.

대표민주주의에서 중위투표자

대표민주주의(representative democracy)하에서, 선출된 관료들이 예산을 결정한다. 시민은 해당 시민의 선호 예산액과 가장 가까운 예산 책정안을 표명한 후보자에게 투표한다. 입법기관의 한 개 의석에 두 명의 후보자가 있으며, 핵심 정책입안 이슈는 공교육에 대한 지출이라고 가정해 보자. 유권자의 선호는 균등분포이고, $1부터 $11까지 매 $1 간격에 10명의 유권자들이 있다. 내쉬균형(Nash equilibrium)을 보이기 위해 그림 20−5를 이용할 수 있다.

• 패널 1: 소규모와 대규모 예산
페니는 초기에 $3의 예산을 제안하고 벅은 $9의 예산을 제안한다. 페니는 $5 이

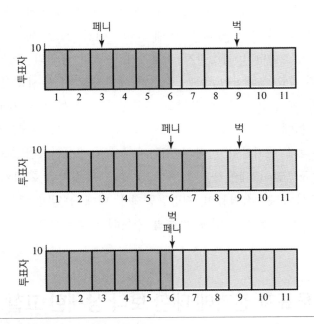

▲ 그림 20-5 대표민주주의에서의 중위투표자

하 예산을 선호하는 유권자들의 표를 확보하며, 벅은 $7 이상의 예산을 선호하는 유권자들의 표를 확보한다. 두 후보는 $6의 선호 예산을 갖는 유권자들의 표를 1/2씩 획득한다. 선거 결과는 55 대 55로 동수득표(tie vote)가 된다.

• 패널 2: 페니의 중위 예산($6)으로의 일방적 이탈(unilateral deviation)

페니가 제안 예산을 중위 예산으로 증가시킨다고 가정하자: 절반은 $6 미만의 예산을 선호하고 절반은 더 큰 예산을 선호한다. 페니의 일방적인 이탈로 인해 선거는 그녀에게 유리하게 기운다. 그녀는 선호 예산이 $1에서 $7인 유권자의 표를 획득하게 되며, 벅은 보다 높은 선호 예산을 갖는 유권자들의 표만 획득하게 된다. 페니가 70 대 40으로 선거에서 이긴다.

• 패널 3: 벅의 중위 예산으로의 일방적 이탈(unilateral deviation)

만약 벅이 중위 예산을 제안한다면, 그의 일방적 이탈은 15명의 유권자들의 투표를 그에게 유리한 쪽으로 변경하도록 유인한다. 페니는 $1 이상 $5 이하의 선호 예산을 가진 유권자들의 표를 획득하며, 벅은 $7 이상 $11 이하 선호되는 예산을 가진 유권자들을 얻는다. 후보들은 $6 선호 예산을 갖는 유권자들을 나눠, 55 대 55로 동수득표(tie vote)가 된다.

두 후보 모두 중위 예산에 도달하면 일방적 이탈(unilateral deviation)에 대한 유인이 존재하지 않는다. 중위로부터 조금이라도 멀어지면 해당 후보의 득표는 다수 유권자에서 벗어나 소수 유권자로 변경되어 해당 후보는 낙선하게 된다. 내쉬균형 하에서 두 후보 모두 중위투표자의 예산을 제안한다.

중위-투표자 결과의 핵심은 중도 유권자들에 대한 경쟁을 유발한다는 것이다. 페니가 벅보다 적은 예산을 제안하는 한, 상대적으로 적은 예산을 선호하는 시민들은 계속해서 그녀에게 투표할 것이다. 중위로 이동의 편익은 페니가 벅으로부터 중간의 일부 표를 가져간다는 것이다. 유사하게, 벅은 상대적으로 높은 예산을 선호하는 사람들을 걱정할 필요가 없지만 중간의 유권자들을 위한 싸움에 집중할 수 있다. 결과는 두 후보가 사실상 같은 입장, 즉 중위유권자의 입장을 채택하는 것이다. 이러한 중위투표자 결과는 선출직 공직자들의 선택이 중위투표자의 선호와 일치하게 될 것을 제시한다.

중위-투표자 결과의 함의

중위-투표자 결과는 선거결과를 예측하는 전략을 제공한다. 우선 중위투표자를 식별하고 나서 그가 선호하는 예산을 추정한다. 현실적으로 중위투표자를 식별하는 것은 어려울 것이다. 한 가지 접근법은 개인이 선호하는 공공재의 지출규모가 소득에 비례한다고 가정하는 것이며, 따라서 중위소득을 갖는 사람이 중위투표자이다. 물론, 만일 선호하는 지출규모가 다른 요인들(예를 들면, 가구의 규모, 연령, 혹은 정치철학)에 의존한다면, 중위소득 투표자의 선호에 기반한 예측은 근사치(rough)로 추정될 것이다.

또한 중위투표자 결과를 지방공공재에 대한 수요의 탄력성 추정에 이용할 수 있다. 소규모 경찰예산(1인당 $100)과 낮은 중위소득($1,000)을 갖는 한 도시와 대규모 경찰예산(1인당 $125)과 높은 중위소득($1,200)을 갖는 다른 도시를 고려하라. 경찰서비스의 "가격"(경찰서비스에 지출된 예산의 기회비용)은 두 도시에서 동일하다고 가정하자. 경찰서비스에 대한 수요의 소득탄력성은 소득의 백분율 변화로 나눈 경찰예산의 백분율 변화로 정의된다. 20%만큼 더 높은 소득을 갖는 도시 L은 25%만큼 더 큰 경찰예산을 가지며, 따라서 수요의 소득탄력성은 1.25(25%를 20%로 나눈 값)이다.

표 20-3은 중위-투표자 모형에 기초한 실증 연구들의 결과를 요약한다. 총지출에 있어, 추정된 소득탄력성은 0.34에서 0.89이다. 가장 큰 소득탄력성은 공원과 유원지에 대한 것이다.

▌표 20-3 지방공공재에 대한 수요의 소득탄력성과 가격탄력성

공공재 혹은 서비스	소득탄력성	가격탄력성
총지출	0.34에서 0.89까지	−0.23에서 −0.56까지
교육	0.24에서 0.85까지	−0.07에서 −0.51까지
공원과 유원지	0.99에서 1.32까지	−0.19에서 −0.92까지
공공안전(경찰과 소방)	0.52에서 0.71까지	−0.19에서 −1.0까지
공공사업	0.79	−0.92에서 −1.0까지

출처: Inman, Robert, "The Fiscal Performance of Local Governments." In *Current Issues in Urban Economics*, eds. Peter Mieszkowski and Mahlon Straszheim. Baltimore: Johns Hopkins University Press, 1979.

또한 지방공공재에 대한 수요의 가격탄력성을 추정하기 위해 중위−투표자 결과를 이용할 수 있다. 만일 지방자치시별로 지방공공재의 가격이 다르다면, 지방공공재에 대한 수요곡선을 도출하고 수요의 가격탄력성을 계산하기 위해 중위−투표자 모형을 이용할 수 있다. 지방지출에 대한 수요곡선을 그리기 위해, 가격(지방지출의 기회비용)과 수량(지방지출의 수준)에 대한 정보가 필요하다. 표 20−3에서와 같이, 지방공공재에 대한 수요는 가격−비탄력적이다. 가격탄력성들은 절대값으로 모두 1.0보다 작거나 1.0과 같다.

중위-투표자모형의 한계

중위−투표자모형은 여러 가지 비현실적인 가정들을 가지고 있다. 비록 이 모형이 선거 결과에 대한 사고에 있어 유용한 분석틀을 제공하지만, 세 가지 가정이 이러한 모형의 적용가능성을 제한한다.

1. 이념

모형은 정치인들이 오로지 선거에서 승리하는 것에만 관심이 있어, 투표자의 선호에 맹목적으로 집착한다고 가정한다. 대안적으로, 후보자는 본인의 입장을 기본 원칙과 정치이념에 근거하여 결정하고, 투표자들에게 자신의 입장이 가장 우수함을 설득하기 위해 선거운동을 이용한다. 다시 말해, 후보자는 추종자가 아닌 지도자의 역할을 할 수 있을 것이다.

2. 단일정책 쟁점(이슈)

만일 하나의 선거운동에서 여러 개의 이슈들(예를 들어, 경찰예산, 공원예산, 노숙자들에 대한 정책)이 있다면, 개별 후보자는 유권자에게 여러가지 정책 쟁점들을 조합한 공약 혹은 모든 선거쟁점을 포함하는 일괄 공약안(package deals)을 제시하게 될 것이고, 중위투표자는 식별이 어려워진다.

3. 모든 시민의 투표

실제 선거에서, 자격이 있는 유권자 중 일부만이 투표한다. 개별 투표자 입장에서 투표의 편익은, (i) 후보자들 간에 차별성이 없어 누가 당선되든 별다른 차이가 없을 경우(투표자 무차별: indifference), 혹은 (ii) 해당 시민의 입장에서 최선의 후보자의 입장이 지나치게 거리감이 있어, 그 시민이 선거과정으로부터 소외됨을 느끼는 경우(투표자 소외: alienation), 상대적으로 작을 것이다. 만일 시민 중 일부가 기권한다면, 후보자의 입장 변화는 투표 참여에 영향을 주기 때문에 중위투표자 결과가 반드시 발생하지는 않을 것이다.

01 순수 공공재는 소비에 있어 [_____]이며, [_____].

02 공공재에 대한 한계 사회적 편익곡선은 [_____]곡선들의 [_____] 합이다.

03 그림 20-1에서, 15에이커에서 mb_1 = \$12이고 mb_2 = \$18이라고 가정하라. 그러면 mb_3 = \$[_____]이다.

04 다수결의 원칙하에서 투표자들은 [_____]에 의해 선호되는 공공재 수준을 선택할 것이다.

05 그림 20-2에서, 매리안의 한계편익곡선이 히람의 곡선 위로 이동한다고 가정하라. 다수결의 원칙하에서, 균형은 [_____]에이커가 된다.

06 린달(응익)과세하에서 공공재에 대한 투표자의 과세부담은 공공재에 대한 [_____]에 비례한다.

07 개별 시민이 공공재의 [_____]수량의 [_____]와/과 동일한 세금을 지불하기 때문에 린달(응익)세는 공공재에 대한 효율적인 선택을 유도한다.

08 각각의 변수조합에 대해 상호관계가 정(+)인지, 부(−)인지, 중립인지, 또는 애매한지를 기입하시오. 지방정부 공공재에 대해서 G^*는 다수결의 원칙과 인두세하에서 균형점이고, G^E는 효율적 수준이다. 개별 시민의 한계 사적 편익은 mpb이다.

모수	선택변수	관계
시민의 수	G^E	[_____]
공공재의 한계비용	G^E	[_____]
mpb	G^E	[_____]
mpb: 중위투표자	G^*	[_____]
mpb: 비중위투표자	G^*	[_____]

01 홍수 방지

한 카운티의 홍수-방지 프로그램의 한계 사적 편익은 mb(G) = V/1,000 - G/2이며, 여기서 V는 부동산의 시장가치이고 G는 홍수-방지 댐의 높이에 해당한다. 예를 들어, $200,000의 시장가치 부동산을 보유한 시민의 한계 사적 편익은 mb(G)= 200 - G/2이다. V = $60,000, $80,000, 그리고 $160,000인 세 명의 시민이 있다. 홍수 방지의 한계비용은 $150이다. G^E와 G*에 대한 수치들을 포함하여, 효율적인 결과(G^E)와 다수결 원칙에 따른 결과(G*)를 설명하라.

(한계 사적 비용은 $50이다. 세 명의 시민 각각 선호하는 G = 20, 60, 그리고 220일 것임. 한계 사회적 비용은 $150임. 역자 주).

02 부(-)의 편익

그림 20-1에 보여진 예를 고려하라. 로이스가 도시를 떠나고, 공원의 초목에 대한 알레르기를 갖고 있는 스니지로 대체된다고 가정하자. 스니지의 공원부지에 대한 한계 사적 편익은 에이커당 -$8이다. A^E에 대한 값을 포함하여, 효율적인 결과를 설명하라.

03 효율적인 공원

공원면적(에이커)의 한계 사적 편익이 mb = 12 - A/10이라고 가정하며, 여기서 A는 면적의 에이커 수치를 나타낸다. 공원면적(에이커)당 한계비용은 $400이다. 100명의 시민이 있는 도시를 고려하라.

a. 효율적인 공원면적은 A^E = [_____]이다. 이를 설명하라.

b. 시에서 잠정적으로 A = 20을 결정한다고 가정하라. 개별 시민이 추가적인 공원면적(에이커)으로부터 동일한 편익을 얻는 파레토 개선(Pareto improvement)에 대해 기술하라.

(한계 사회적 비용이 $400임을 기억하고 한계 사회적 편익을 고려하라. A = 20일 때 한계 사적 편익은 얼마이며 한계 사적 비용은 얼마인지 계산하라. 역자 주).

04 효율적 불꽃놀이 대 균형 불꽃놀이

로켓빌(Rocketville)시는 소득이 $1에서 $9 사이에 해당하는 9명의 시민이 있으며, 소득에서 개별 정수값(integer value)을 갖는 시민 1명이 있다. 불꽃놀이 시연에 있어 로켓(rocket)의 한계 사적 편익은 mb(R) = w - R/9이며, 여기서 w는 소득을 나타내고 R은 로켓의 수이다. 로켓의 한계비용은 $18이며, 로켓의 재원은 인두세(시민 1인당 동일한 세금) 징수로 충당된다.

a. R^E에 대한 값을 포함하여, 효율적 결과(outcome)를 설명하라.

개념들을 응용하는 연습문제

b. R*에 대한 값을 포함하여, 다수결 원칙하에 따른 결과를 설명하라.

c. 가장 낮은 소득(w = $1)을 갖는 시민의 소득이 $4로 증가한다고 가정하라. R^E 와 R*에 대한 정성적 의미(qualitative implications)에 대해 고려하라. 그 값은 증가할 것인가, 감소할 것인가 혹은 변화가 없을 것인가?

(한계 사회적 편익은 한계 사적 편익의 수직적 합계이다. 효율적 R의 수준은 한계 사회적 편익이 한계 사회적 비용과 같아지는 수준이며 다수결에 의한 균형 수준의 R은 중위소득자의 한계 사적 편익과 인두세가 같아지는 수준일 것임. 역자 주).

05 화재방지에 대한 개선

도시의 화재-방지 시스템 개선을 위한 비용은 연간 $300이며, 이는 특정 가옥이 화재로 전소할 확률을 0.001(1,000가구 중 1가구)만큼 감소시킬 것이다. 분석의 편의상, 화재보험은 이용할 수 없고, 주택 화재는 주택의 시장가치를 영(0)으로 하락시킨다고 가정하라. 부동산 가치가 다른 3개의 주택이 있으며, 이 가운데 완다의 집은 $10만, 투팍의 집은 $20만, 트레이의 집은 $30만에 해당한다.

a. 시스템 개선은 효율적인가? 이에 대해 설명하라.

b. 효율적 수준의 시스템 개선을 위해 만장일치의 동의가 요구되는 조세 제도하에서, 조세부담은 완다에 대해 [_____], 투팍에 대해 [_____], 그리고 트레이에 대해 [_____]이다.

(한계 사회적 비용이 $300인 것을 기억하고 한계 사회적 편익과 비교하라. 만장일치의 동의를 위해 응익세를 적용하라. 역자 주).

06 린달세(Lindahl Tax)로부터의 잉여

그림 20-3에서 보여진 린달 응익세하에서 개별 시민은 효율적인 수준에서 해당 시민의 한계편익과 동일한 로켓당 세금($12, $18, $30)을 납부한다. 수직 절편이 $28인 한계편익곡선을 가지고 있는 로이스(Lois)가 경험하는 순편익 또는 잉여를 고려하라. 로이스(Lois)의 순편익 혹은 잉여는 $[_____]이다. 이에 대해 설명하라. (로이스(Lois)의 소비자잉여는 사적 편익곡선과 그녀의 응익세(한계 사적 비용) 사이의 삼각형이 될 것임. 역자 주)

07 응익세 수치들

공공재 G의 한계 사적 편익이 다음과 같은 4명의 시민 공동체를 고려하라:
$mpb_1 = 1/G$; $mpb_2 = 2/G$; $mpb_3 = 3/G$; $mpb_4 = 4/G$;
공공재의 한계비용은 $2이다.

a. 효율적 수준 G^E = [_____]이다. 이를 설명하라.

b. 4명의 시민들에 대해 G의 단위당 응익세 부담에 대해 계산하라. 이를 설명하라. (효율적 수준의 G는 한계 사적 편익의 수직적 합계가 한계비용과 같게 만드는 수준이다. 응익세 부담은 효율적 수준 G에서의 각 시민의 한계 사적 편익과 동일할 것이다. 역자 주)

08 선거결과 예측
도시의 시민들이 선호하는 1인당 공원예산은 다음과 같다: [$1, $1, $2, $3, $4, $8, $9].
a. 페니는 $2의 예산을 제안하고 벅은 $8의 예산을 제안한다고 가정하자. 선거결과를 예측하라: 누가 선거에서 이기고, 공원예산 규모는 어떻게 되겠는가? 설명하라.
b. 내쉬(Nash) 균형을 예상하라. 누가 선거에서 이기고, 공원예산 규모는 어떻게 되겠는가?
(일방적 이탈은 어떤 선거결과를 가져올지 고려하라. 역자 주)

09 무차별에 의해 분열될 것인가?
그림 20-5에 제시된 예를 고려하라. 메빌 주민들 중 일부는 두 후보 간의 차이가 상대적으로 작을 경우 투표를 기권한다. 구체적으로 두 후보 간 격차가 $2 미만이라면, 유권자의 절반이 기권한다. 격차가 적어도 $2이라면, 모든 사람들이 투표한다. 중위-투표자 결과는 내쉬(Nash) 균형인가? 벅이 $6에서 $8로 일방적인 이탈(unilateral deviation)을 하는 경우를 고려하여 설명하라.
(두 후보가 중위 예산안을 제안할 때 총 투표자의 수가 절반으로 감소하여 두 후보의 득표수는 절반으로 감소할 것이며 벅이 $6에서 $8로 일방적으로 이탈한 경우 모든 사람이 투표할 것임. 후자의 경우 페니와 벅의 득표수는 얼마인지 계산하라. 역자 주).

10 소외감?
그림 20-5에 제시된 예를 고려하라. 갭빌의 주민은 시민들이 선호하는 예산과 당선 유력 후보가 제시한 예산 간 격차가 $3 이상일 경우 투표를 기권한다. 중위-투표자 결과는 내쉬균형인가? 벅이 $6에서 $7로 일방적인 이탈(unilateral deviation)을 하는 경우를 고려하여 설명하라.
(두 후보가 중위 예산안을 제안할 때 $1과 $2의 예산안을 선호하는 투표자와 $10과 $11의 예산안을 선호하는 투표자는 기권할 것이다. 벅이 $6에서 $7로 일방적으로 이탈한 경우 페니는 5표를 더 득표할 것이며 벅은 5표를 잃을 것이나 $10을 선호하는 투표자가 기권을 하지 않게 되어 결국 5표를 더 득표하게 될 것임. 역자 주).

Ding, Weili, and Steven Lehrer, "Do Peers Affect Student Achievement in China's Secondary Schools?" *Review of Economics and Statistics* 89 (2007), pp. 300–12.

Hanushek, Eric, *The Economic Value of Higher Teacher Quality*. Washington, DC: The Urban Institute, 2010.

Krueger, Alan, "Experimental Estimates of Educational Production Functions." *Quarterly Journal of Economics* (1999), pp. 497–32.

Oates, Wallace E., *Fiscal Federalism*. New York: Harcourt Brace Jovanovich, 1972.

Sund, Krister, "Estimating Peer Effects in Swedish High School Using School, Teacher and Student Fixed Effects." *Economics of Education Review* 28 (2009), pp. 329–36.

Tiebout, C., "A Pure Theory of Local Expenditures." *Journal of Political Economy* 64 (1956), pp. 416–24.

U.S. Bureau of the Census. Census of Governments. 2012.

지방정부의 수입

손자(Sonja): 당신은 무엇을 제안하고 있습니까? 수동적인 저항?
보리스: 아니오, 능동적인 도피를 제안하고 있습니다.

　　　　　　　　　　　　　　　　　　　-영화 사랑과 죽음(1975)에서

이전 장에서 살펴본 바와 같이, 지방정부는 공교육, 치안, 공원, 그리고 대중교통을 포함하는 다양한 재화와 서비스를 제공한다. 이 장에서는 지방정부의 두 가지 가장 큰 재원인, 주택에 대한 재산세와 정부 간 교부금(intergovernmental grants)에 대해 논의하고자 한다: 다음 두 가지 핵심적인 질문들에 대해 다룬다.

1. 재산세는 실제로 누가 부담하는가? 법적 의미에서 재산세를 납부하는 사람은 세금을 내지 않기 위해 그들의 행태 변화를 가져올 수 있으며, 이러한 "능동적인 회피"는 세금을 다른 사람에게 전가하는 시장의 변화를 촉발하게 된다.
2. 정부 간 교부금의 어느 정도가 용도 지정된 지방공공재에 사용되는가? 지방정부는 정부 간 교부금에 대해 세금 인하로 대응하며, 따라서 보조금의 일부는 사적 재화에 사용된다.

그림 21-1은 다양한 재원으로부터 지방정부 수입의 분포를 보여준다. 수입의 약 3분의 1은 상위 정부(주정부와 연방정부)로부터 받는 교부금이다. 학군들은 정부 간 교부금에 상당히 의존적이다. 재산세는 지방세 수입의 27%를 발생시켜, 판매세로부터의 6%, 소득세로부터의 2%와 비교된다. 부과금과 공공요금으로부터의 수입은 지방정부 수입의 29%를 책임진다. 특구는 부과금 및 공공요금 수입에 크게 의존한다.

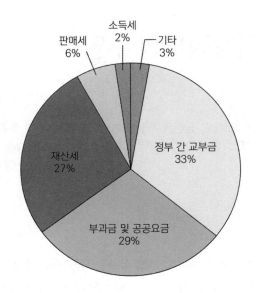

출처: *2012 Census of Governments*, Washington, DC: U.S. Census Bureau.

▲ 그림 21-1 지방정부의 수입 원천들

01 재산세

재산세는 주거용, 상업용, 그리고 공업용 부동산에 대한 연간 세금이다. 특정 부동산의 총 가치는 건축물의 가치에 토지의 가치를 더한 것이다. 예를 들어, 부동산이, 건축물에 대한 $240,000과 토지에 대한 $60,000을 갖는, $300,000의 시장가치를 갖는다고 가정하자. 1%의 재산세로, 연간 세부담은 건축물에 대한 $2,400에 토지에 대한 $600을 더한 것과 동일한 $3,000일 것이다.

재산세는 이집트, 바빌론, 페르시아, 그리고 중국의 고대 세계로 거슬러 올라가는 오랜 역사를 가지고 있다. 영맨(Youngman, 2016)에 의해 설명되듯이, 재산세는 유리한 두 가지 주요 속성을 가지고 있다.

1. 가시성(Visibility)

재산세는 상당히 복합적인 소득세와 매년 수천 건의 구매에 적용되는 판매세와는 달리 납세자들에게 있어 매우 가시적이다. 매년 재산세 고지서는 지방공공재 비용에 대한 명확한 신호를 제공한다. 납세자는 세금비용을 지방공공재(학교, 소방, 도서관, 그리고 도로)의 혜택과 비교한 후 이에 따라 투표하게 된다. 즉, 재산세의 가시성은 시민들이 정보에 입각하여 선거에서 투표할 수 있도록 해준다.

2. 자원 부동성(Resource Immobility)

재산세의 일부는 장기적으로도 완전히 이동이 불가능한 자원인 토지에 부과된다. 토지소유주는 세금에 대해 "능동적 도피"가 불가능하며 따라서 세금의 토지 부분은 행태를 왜곡하지 않으며, 비효율을 초래하지 않는다. 이와는 대조적으로, 지방판매세 또는 지방소득세는 소비자와 근로자로 하여금 세금이 적은 인근 관할구역으로 도피하도록 한다.

최근 보고서(링컨 토지정책연구소, 2016)는 미국 도시들 간 재산세 세율의 차이를 탐구한다. 표 21-1은 주택 부동산(자가 주택)에 대한 실효세율이 최대인 도시들과 최소인 도시들의 세율을 보여준다. 실효세율은 도시의 중위-가치 주택에 대해 시장가치에 대한 세금 부담액의 비율과 같다. 표는 실효세율이 상대적으로 높거나 상대적으로 낮은 이유를 보여준다. 이 세율은 (i) 다른 세금에 비해 주거용 재산세에 대한 높은 의존도, (ii) 상대적으로 낮은 주택가치, 그리고 (iii) 지방정부에 의한 높은 지출을 갖는 도시에서 상대적으로 높을 것이다.

▌표 21-1 최고 실효재산세율과 최저 실효재산세율, 2015년

도시	세율(%)	재산세 의존도	주택가치	지방지출
브릿지포트, CT	3.88	고		
디트로이트, MI	3.81		저	
오로라, IL	3.72	고		
뉴웍, NJ	3.05	고		
밀워키, WI	2.68	고	저	
보스턴, MA	0.67	저	고	
버밍햄, AL	0.66	저		
덴버, CO	0.66	저	고	
샤이엔, WY	0.65	저		
호놀룰루, HI	0.30	저	고	저

출처: Lincoln Institute, *50-State Property Tax Comparison Study. For Taxes Paid in 2015*, June 2016.

예를 들어, 디트로이트는 주택가치가 상대적으로 낮기 때문에 상대적으로 높은 실효세율을 갖는다. 밀워키의 높은 세율은 재산세에 대한 높은 의존도와 낮은 주택가치에 기인한다. 이와는 대조적으로, 보스턴과 덴버의 낮은 실효세율은 재산세에 대한 낮은 의존도와 높은 주택가치에 기인한다.

주거 부동산에 관한 단순 모형

주거 재산세의 세부담(incidence)을 설명하기 위해 단순 모형을 이용할 수 있다. 모든 토지가 이동주택(mobile home) 형태의 임대주택으로 활용되는 주거용 도시를 고려하자. 임대주택산업은 완전경쟁하에 있고, 균형에서 개별 기업은 영(0)의 경제적 이윤을 얻는다. 주택기업들(housing firms)은 두 가지 생산요소를 사용하여 임대주택을 생산한다:

1. 건축물(structures)

이동주택은 주택기업들이 다른 곳에 사는 자본소유주들로부터 임차하는 물리적 자본(physical capital)의 한 형태이다. 이동주택은 추가적인 비용 없이 한 도시에서 다른 도시로 이동될 수 있다.

2. 토지

주택기업들은 이동주택이 세워져 있는 토지를 타 지역에 거주하고 있는 지주(absentee landowners)로부터 임차한다. 부지의 크기는 고정되어 있다.

주택기업은 소비자들에게 주택(이동주택과 토지)을 임대한다. 초기(세전) 주택임대료는 연간 $5,000로, 이는 건축물임대료 $4,000과 토지임대료 $1,000로 구분된다.

재산세는 법적 의미에서 주택기업에 의해 지불된다고 가정한다. 문제를 단순화하기 위해, 재산세가 이동주택당 $800이고 표준 부지당 $200이라고 가정하자. 즉, 재산세는 가격을 기준으로 부과되는 세금이라기보다는 단위세(unit tax)에 해당한다. 주요 관심은 주택기업, 주택소비자, 토지소유주, 그리고 자본소유주에 대한 재산세의 영향이다.

재산세의 토지 부문

그림 21-2는 재산세의 토지 부분의 시장효과를 보여준다. 토지의 공급은, 600개

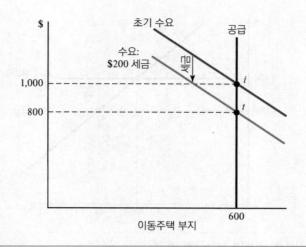

$

초기 수요

공급

수요:
$200 세금

세금

1,000 ---------------------- *i*

800 ---------------------- *t*

600

이동주택 부지

▲ 그림 21-2 재산세의 토지 부문

부지의 고정된 공급을 갖는, 완전 비탄력적이다. 토지에 대한 수요는 주택기업으로 부터 발생하며, 이들은 토지를 임대주택에 대한 생산요소로 사용한다. 수요곡선은 점 *i*에서 공급곡선과 교차하여, 부지당 $1,000의 초기 토지임대료를 발생시킨다.

수요곡선은 주택기업의 토지에 대한 지불용의를 나타낸다. 만일 주택기업이 부지 당 $200의 세금을 지불한다면, 이 기업은 토지소유주에게 $200만큼 적게 지불하고 자 할 것이다. 그림 21-1에서, $200의 토지세는 수요곡선을 $200만큼 하향 이동시 킨다. 점 *t*에 의해 보여지듯이, 새로운 균형임대료는 $800이다. 토지의 공급이 완전 비탄력적이기 때문에 세금은 토지소유주에게 지불되는 토지임대료를 세금의 총액만 큼 감소시킨다. $800 이상의 토지임대료에 대해 주택기업이 지불하게 될 토지의 순 가격(임대료에 세금을 합한 것)은 $1,000을 능가하고 이에 따라 토지의 수요량은 600 개 부지의 고정된 공급량보다 적을 것이다. 토지의 초과공급은 토지임대료가 $800 로 하락할 때까지 임대료 하락을 가져올 것이다.

건축물 부문: 부분균형

재산세의 건축물 부분에 대한 분석을 부분균형분석(partial-equilibrium analysis)으 로 시작한다. 과세 도시 내 단일 시장(건축물)에 대한 과세의 효과를 고찰한다. 이 러한 분석은 해당 세금의 다른 시장과 다른 도시에 대한 영향을 고려하지 않기 때 문에 부분적(partial)이다.

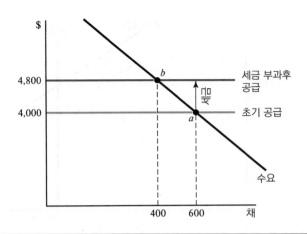

▲ 그림 21-3 건축물 과세의 부분균형 효과

그림 21-3에서 점 a는 건축물 시장에서의 초기 균형을 보여준다. 이동주택에 대한 초기 공급곡선은 건축물당 $4,000에서 수평이다. 주택기업이 자본소유주로부터 이동주택을 임차하고, 구조물에 대한 연간 지불액－자본에 대한 보수(return to capital)－이 기업의 유일한 생산비용이다. 일반적으로 공급곡선은 한계비용곡선이므로 건축물 공급곡선은 주택기업의 이동주택당 비용을 나타낸다. 단일 도시에게 자본(이동주택)의 공급은 완전 탄력적이므로 공급곡선은 수평이다. 초기 공급곡선은 수요곡선을, 600채의 건축물과 $4,000의 건축물 임대료를 갖는, 점 a에서 교차한다.

$800의 건축물에 대한 세금은 주택의 한계비용을 $4,800로 증가시킨다. 주택기업은 자본소유주에게 $4,000을 그리고 정부에게 $800을 지불하며, 따라서 공급곡선은 $4,800에서 수평이다. 새로운 균형은, $4,800의 가격(주택임대료)과 400채의 주택을 갖는, 점 b에 의해 보여진다. 즉, 건축물세는 전액 소비자들에게 전방으로 전가(pass forward)되어, 소비자들이 주택에 대해 $800을 추가로 지불한다.

주택산업이 완전 경쟁적이라고 가정하기 때문에 기업은 재산세 부과분에 대해 어떠한 비용도 부담하지 않는다. 주택기업들은 토지 부분을 후방(backward)으로 토지소유주에게 전가하고, 건축물 부분을 전방(forward)으로 소비자들에게 전가한다. 주택기업은 토지에 대해 $200만큼 더 적은 임대료를 지불하고 소비자들에게는 $800만큼 더 많은 임대료를 청구함으로써 납세액 $1,000을 마련한다. 이것은 주택시장에서만 발생하는 특수한 상황이 아니며, 경쟁적인 산업에 세금 부과 시 통상적으로 발생하는 결과이다. 세금이 생산요소 공급업자에게 후방으로 전가되고 소비자에게 전방으로 전가되어, 과세 후에도 생산자들의 경제적 이윤은 과세 이전과 동일하게 영(0)이 된다.

건축물 부문: 일반균형 접근법

일반균형 접근법은 한 도시에 재산세 부과가 다른 도시의 경제활동에 미치는 영향에 대해 고찰한다. 그림 21−4에서 2개 도시의 지역경제 내 주택시장에서의 균형은 점 a와 점 b에 의해 보여진다. 음(−)의 기울기를 갖는 곡선들은 두 도시에서 주택임대료(건축자본의 수익)를 나타낸다. 주택의 공급량이 증가할수록 주택임대료, 즉 건축자본 소유자의 수익률(rate of return)은 감소한다.

자본시장의 내쉬(Nash)균형을 이루기 위해, 두 도시가 동일한 수익률을 갖는다. 수익률이 다를 경우 자본공급자는 임대료(수익률)가 높은 도시로 이동주택을 이전할 것이다. 그림 21−4에서 초기 균형은 점 a와 점 b에 의해 보여진다: 건축자본에 대한 공통의 수익률은 $4,000이며, 자본의 고정 공급량(1,200개의 이동주택)은 두 도시에 균등하게 배분된다.

그림 21−5는 $800 과세의 건축자본에 대한 영향을 보여준다. 세금은 과세 도시에서 수익곡선(return curve)을 하향 이동시키며, 따라서 초기 수량(600채)에서 수익률은 $3,200(점 c)에 불과하다. 세금은 두 도시의 수익률 간 격차를 가져오며, 따라서 자본공급자들에게 그들의 자본을 과세 도시에서 다른 도시로 이전하도록 하는

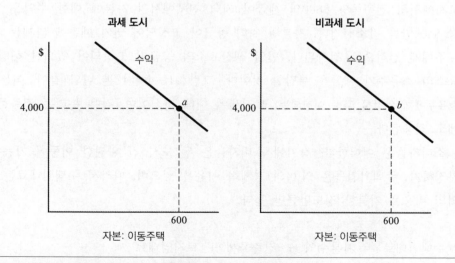

▲ 그림 21-4 두 도시 지역에서의 일반균형

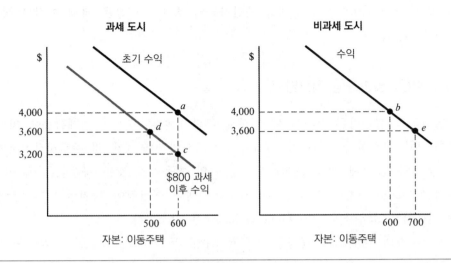

▲ 그림 21-5 건축물 과세의 일반균형 효과

유인을 제공한다. 자본이 과세 도시로부터 이탈함에 따라 시장은 수익곡선을 따라 보다 높은 수익률로 이동한다. 자본이 다른 도시(비과세 도시)로 유입됨에 따라, 시장은 수익곡선을 따라 보다 낮은 수익률로 하향 이동한다. 이러한 변화의 조합은 세금에 의해 발생된 자본에 대한 수익의 차이를 좁히고 궁극적으로 제거한다. 점 d와 점 e에 의해 보여지는 바와 같이 균형은 $3,600의 동일한 수익률과 과세 도시에서 다른 도시(비과세 도시)로의 100채의 건축물 자본의 이동을 통해 복원된다.

건축물 세금이 전 지역에 걸쳐 자본소유주들에 의해 지불되는 것을 보았다. 한 도시에서의 건축물당 $800의 세금이 지역 전체에서의 자본에 대한 수익을 건축물당 $400만큼 감소시킨다. 자본의 지역 공급이 고정되어 있기 때문에 과세는 자본소유주에게 전적으로 전가된다. 만일 생산요소의 공급이 고정되어 있으면 해당 생산요소의 소유주가 세금을 부담할 것이다. 그림 21-4에서 본 바와 같이, 이는 (토지소유주에게 완전히 후방 이전되는) 토지세에 대해 사실이며, 같은 논리는 건축물 과세에도 적용된다.

소비자들은 어떠한가? 장기에 소비자들은 두 도시 간 완전한 이동이 가능하다고 가정하자. 주택기업들은 영(0)의 경제적 이윤을 얻으며, 따라서 주택임대료는 이 기업의 비용을 지불할 정도만큼 높다:

주택임대료 = 자본수익 + 건축물세 + 토지임대료

만일 토지임대료가 $1,000에서 고정이라면, 주택임대료는 과세 도시에서 $5,400(= $3,600 + $800 + $1,000)로 다른 도시에서의 단지 $4,600(= $3,600 + $1,000)과 대조된다. 장기균형에 도달하기 위해, 토지의 가격은 주택임대료를 동일하게 만들도록 조정될 것이고 이는 소비자들을 두 도시 간 무차별하게 한다. 주택임대료에서의 격차를 메우기 위해, 토지임대료는 과세 도시에서 $600로 감소하고 다른 도시에서 $1,400로 증가한다. 결과적으로, 주택임대료는 개별 도시에서 $5,000이며, 따라서 소비자들은 두 도시 간 무차별할 것이다. 건축물세는 과세 도시에서 토지소유주들로 하여금 부지당 $400을 잃게 만드는 반면에 다른 도시의 토지소유주들은 부지당 $400의 이득을 얻는다.

재산세의 건축물 부문의 부담(incidence)에 대한 논의를 요약하면 다음과 같다. 이 지역에서 자본(건축물)의 공급은 고정되었다고 현재로써 가정하고 있음을 상기하라.

1. 자본소유주들이 과세에 대해 부담한다. 자본에 대한 수익은 두 도시에서 건축물당 $400만큼 하락한다.
2. 지역 전체적으로 토지소유주들은 임대료에서 영합(제로−섬; zero−sum, 역자 주: 게임이론 등에서 한쪽의 득점이 다른 쪽에는 같은 수의 실점이 되는 경우)의 변화를 경험하고, 비과세 도시의 토지소유주들은 과세 도시 토지소유주들의 희생으로 이득을 얻는다.
3. 소비자들은 주택에 대해 과세 이전과 동일한 가격($5,000)을 지불하며, 따라서 세금의 어느 부분도 부담하지 않는다.
4. 주택기업들은 영(0)의 경제적 이윤을 얻는다. 과세된 도시에서, 주택기업들이 자본소유주와 토지소유주에게 각각 $400씩 적게 지불함으로써 $800의 세금을 납부할 돈을 마련한다. 부세되지 않는 도시에서, 주택기업들은 자본소유주들에게 $400만큼 적게 지불하지만 토지소유주들에게 $400만큼 더 지불한다.

가정들의 변경

단순한 일반균형모형은 투명하고 명확한 결과들의 도출을 위해 몇 가지 가정들을 적용한다. 만일 이러한 가정들이 일부 수정된다면, 결과가 그리 깔끔하지 않을 것이다.

1. 자본(건축물) 공급의 변동성

만일 세금을 회피하려는 건축물 중 일부가 단순히 세금이 부과되지 않는 도시로 이전하지 않고 시장에서 철수한다면, 세금이 부과되지 않는 도시에서 건축물의 초기 초과공급은 그렇게 크지 않을 것이며, 따라서 자본에 대한 수익은 그렇게 크게 하락하지 않을 것이다. 균형 주택임대료는 $5,000을 초과할 것이며, 이는 건축물세의 일부가 소비자들에게 전가되어, 자본소유주들에게 보다 적은 부담을 남기게 됨을 의미한다.

2. 지역 내 2개보다 많은 도시들

만일 지역 내 도시가 10개라면, 건축물세의 효과는 다섯 배 많은 자본에 분산될 것이다. 결과적으로, 자본에 대한 수익의 감소는 1/5의 규모가 될 것이다. 자본에 대한 수익이 $400 대신에 $80만큼 하락할 것이다. 도시들 간 주택임대료가 동일해지도록, 토지의 가격이 세금이 부과되지 않는 도시에서 $80만큼 증가하고 세금이 부과된 도시에서는 $720만큼 감소할 것이다. 이 지역 전체적으로 토지임대료의 변화를 모두 합하면 영(0)이 됨을 주지하라: 9개 도시에서 토지가격이 $80 상승하는 반면 1개 도시는 $720 감소를 경험한다.

02 모형에서 현실로

재산세 부과의 다양한 경제주체들에 대한 영향을 설명하기 위해, 결과의 응용가능성을 제약할 것으로 보이는 여러 가지 인위적 요인들을 모형에 가미하였다. 하지만 사실 이러한 인위적 모형으로부터 도출된 교훈들을 현실 시장에 적용할 수 있다.

임대부동산소유주와 주택소유주

임대부동산소유주와 주택소유주는 어떠한가? 주택시장에 대한 모형은 4부문의 경제적 주체들, 즉 소비자, 주택기업의 소유주, 토지소유주, 그리고 자본소유주를 포함한다. 임대주택시장에서, 이러한 역할들은 두 가지로 통합된다: 주택기업들은 부동산(토지와 건축물)을 소유하고 소비자들은 이 기업으로부터 주택을 임차한다. 주택소유주시장에서, 이 역할들은 부동산소유주로서 소비자들을 포함하는 하나의 역할로 통합된다. 내부자(세금이 부과되는 도시 내 부동산소유주)와 외부자(세금이 부과되는 도시 외부의 부동산소유주)로 구분할 수 있다.

1. 내부자

세금이 부과되는 도시의 부동산소유주들은 토지의 소유주로서 그리고 자본의 소유주로서 손실을 보게 된다. 그들은 (1) 세금의 토지부분이 토지임대료를 감소시키고, (2) 건축물에 대한 과세의 일부가 토지로 전가되기 때문에 토지소유주로서 손실을 보게 된다. 더불어, 이 지역의 다른 자본소유주들처럼 자본에 대한 보수(return)가 감소하기 때문에 손실을 보게 된다. 일반적으로, 재산세는 부동산의 시장가치를 감소시킨다. 부동산이 이제는 세금채무를 수반하게 되어 부동산에 대한 잠재적 구매자들은 부동산에 대해 보다 적게 지불하려 하기 때문에 이는 논리적으로 타당하다.

2. 외부자

비록 다른 도시들의 부동산소유주들은 법적인 의미에서 명시적으로 세금을 지불하지 않지만, 재산세에 의해 영향을 받는다. 외부자들은 그들의 도시에서 토지임대료가 주택임대료와 같아지도록 상승하기 때문에 토지소유주로서 이득을 얻는다. 다른 자본소유주들과 마찬가지로, 그들은 자본에 대해 지역 전체적으로 보수가 감소함에 따라 손해를 입는다. 따라서 그들의 소득과 부동산의 시장가치에 대한 순효과는 불명확하다.

정책입안자들을 위한 실용적인 길잡이

다음으로 정책입안자들에 대한 교훈을 고려하라. 여러 모형들과 가정들을 가지고 주거용 부동산 세금의 효과를 고찰하였다. 한 명의 선출직 공무원이 누가 재산세를 실제로 납부하는지에 대해 궁금해 한다고 가정하자. 적절한 답변은 해당 공무원의 관점에 의존한다. 도시의 관점과 국가의 관점을 구분할 수 있다.

1. 시장(mayor)

지역경제 내 50개 도시 가운데 하나인, 어느 도시에서 건축물세의 도시 시민들에 대한 영향을 예측하고자 하는 시장을 고려하라. 도시의 숫자가 많기 때문에 자본에 대한 지역 전체적인 보수는 상대적으로 작은 양(세금의 1/50)만큼 감소하여, 세금의 많은 부분(세금의 49/50)이 세금을 부과한 도시의 토지에 의해 부담되도록 한다. 따라서 시장은 세금의 대부분이 이 도시의 토지소유주들에 의해 부담될 것으로 가정할 수 있다.

2. 대통령

다음으로 국가 내에서 도시들 간 균일한 재산세의 효과를 예측하고자 하는 대통령을 고려하라. 모든 도시에서 동일한 세율을 갖는다면, 건축물은 한 도시의 재산세를 회피하기 위해 갈 곳이 없다. 만일 자본의 국가 전체적인 공급이 고정되었다면, 세금의 전부가 자본소유주들에 의해 부담될 것이다. 이 경우, 자본소유주들은 세금 부과에 대해 어떠한 대응도 하지 않으므로 다른 경제주체에게 세금을 전가시킬 수 없다. 그들은 도시들 간 그들의 자본을 이동하지 않으며, 국가 내 자본의 총량을 감소시키지 않는다. 물론, 만일 자본의 공급이 고정된 것이 아니라 변동 가능하다면, 자본소유주들은 국가 전체에 걸쳐 보다 높은 주택임대료의 형태로 세금을 가구들에게 전가시킬 수 있다.

티부(Tiebout)모형과 재산세

이 장과 이전 장들에서 설명되었듯이, 지방공공재의 공급과 재원조달은 두 유형의 가구 패지어 살기(sorting)를 유발한다.

1. 지방공공재에 대한 수요의 다양성은 지방공공재에 대한 수요에 따른 패지어 살기를 야기한다.
2. 지방공공재 재원마련을 위해 세금이 부과된 재화에 대한 수요의 다양성은 과세되는 재화에 대한 수요에 따른 패지어 살기를 야기한다.

지방공공재가 주택에 대한 세금으로 재원이 조달될 때, 가구들은 주택가치를 기준으로 패지어 살 것이다. 이러한 티부 패지어 살기는 고가의 주택(그리고 높은 재산세 부과)을 소유한 가구로 하여금 상대적으로 저가 주택(낮은 재산세 부과)을 소유한 가구에게 "무임승차(free ride)"를 제공하는 것을 하지 못하도록 한다. 패지어 살기 과정은 재산세의 부담(incidence)에 있어 중요한 함의를 갖는다.

지방공공재에 대한 가구당 비용이 연 $3,000인 대도시지역을 고려하라. 두 유형의 가구들이 존재한다: 절반은 $100,000 상당의 주택을 보유하고 절반은 $200,000 상당의 주택을 보유한다. 지방공공재는 재산세에 의해 재원이 조달된다. 그림 21-6에서 주택가치는 수평축에 나타나고 세율은 수직축에 나타난다. 직사각형은 두 유형의 주택에 대한 세부담액을 보여준다: 연한 색은 $100,000 주택에 해당하고, 진한 색은 $200,000 주택에 해당한다. 좌측 한 쌍의 직사각형에 의해 보여지듯이 하나의 혼합된 지방자치시가 존재한다면 2%의 세율은, 연한 색으로부터 $2,000(= 0.02 × $100,000)과 진한 색으로부터 $4,000(= 0.02 × $200,000)을 갖는, 가구당 $3,000의 평균 세부담액을 발생시킨다. 이 경우, 진한 색에 해당하는 가구는 지방공공서비스에 대한 이의 몫보다 많이 지불한다.

보다 비싼 주택의 소유주들은 덜 비싼 주택의 소유주들을 배제할 유인을 갖는다. 진한 색의 소유주들이 $200,000의 최소 집값을 갖는 배타적 자치시를 설립한다고 가정하라. 그림 21-6의 최우측에서, 신규 자치시는 단지 1.5%의 세율을 가지며, 지방공공재를 공급하는 비용을 충당할 수 있을 정도이다($200,000 × 0.015 = $3,000). 이와는 대조적으로, 연한 색의 소유주들은 이제 지방공공재의 비용 전액을 부담해야 하므로, 세율은 지방공공재를 공급하는 비용을 충당하기 위해 3%로 증가한다($100,000 × 0.03 = $3,000). 일반적 교훈은 주택가치의 차이가 고가 주택(높은 과세)의 시민들이 저가 주택(낮은 과세)의 시민들을 배제하는 유인을 가져온다는 것이다. 두 자치시의 결과에서 개별 가구는 지방공공재의 비용에서 자신의 몫을 지불한다. 주택가치의 차이는 세율에서의 상쇄하는 차이를 통해 개별 가구가 재산세에서 동일한 금액을 지불하도록 한다.

가구들은 스스로 동질의 지역사회로 패를 짓기 때문에, 재산세는 전통적인 세금

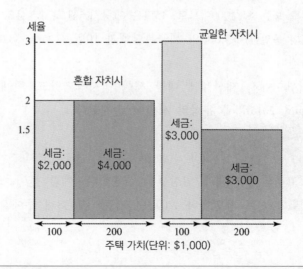

▲ 그림 21-6 재정적자와 잉여금

이라기보다는 사용자 요금(user fee)에 해당한다. 가구의 재산세부담액은, 재산의 가치가 아닌, 지방공공재의 소비에 의해 결정된다. 티부세계에서, 가구들은 그들이 지불한 것을 얻으며, 누가 재산세를 지불하는가의 문제는 간단하다. 소비자가 책을 구입하기 위해 $10을 지불하는 것과 마찬가지로, $3,000에 해당하는 지방공공재 소비를 위해 가구는 $3,000의 재산세를 지불한다. 세금이 사용자 요금이므로 세금전가는 존재하지 않는다.

티부모형과 재산세에 대한 사용자 요금의 관점이 얼마나 현실적인가? 전형적인 대도시지역 내 수많은 지방자치시가 존재하므로, 가치들은 다양한 이러한 지방자치시와 지방정부에서 선택할 수 있다. 하지만 지방공공재에 대한 수요와 재산가치에 따른 패지어 살기 과정은, 교외지역에서조차, 불완전하다. 하나의 지방자치시가 거대하고 다양한 인구에게 서비스를 제공하는 중심도시들(central cities)에 티부모형을 적용하는 것은 분명히 불가능하다. 거대한 중심도시들에서, 재산세는 사용자 요금이 아니라, 전통적인 세금이다

재산세에 대한 한도 설정

재산세의 현실 세상에서의 시행에 있어, 과세액은 시장가치보다는 감정가(assessed values)를 기준으로 한다. 세무당국은 과세 목적으로 재산의 가치(감정가)를 결정하기 위해 다양한 방법을 이용하며, 감정가는 일반적으로 시장가치보다 작다. 예를 들어, 만일 부동산이 $300,000의 시장가치와 $200,000의 감정가를 갖는다면, 15밀(역자 주: l mill이 1/10센트 또는 $1/1000이므로, 15밀은 $1당 1.5센트, 1.5%)의 세율은 ($200,000에 0.015를 곱한 것과 동일한) $3,000의 세금부담액과 10밀(1.0% = $3,000/$300,000)의 실효세율을 발생시킨다.

1852년 델라웨어에서 재산세에 대한 제한이 시작되었고, 현재 46개 주에서 시행되고 있다(Paquin, 2015). 세 유형의 제한이 존재한다.

1. 세율 한도

재산세율은 고정되거나 최대 인상률을 설정한다. 예를 들어, 조지아는 학군에 대한 세율을 20밀(2.0%)로 제한한다. 2013년 기준, 총 38개 주에서 세율 한도를 규정하고 있다.

2. 감정 한도

감정가의 연간 증가 비율은 지수 또는 산식(formula)으로 고정되거나 제한된다. 예를 들어, 캘리포니아에서 감정가의 연간 최대 증가율은 2%이다. 2013년 기준 총 11개 주에서 폭넓은 평가 한도를 시행하였다. 다른 8개 주에서는 선택된 지방정부나 지리적 지역에 적용되는 좁게 정의된 한도를 시행하거나 다른 방법으로 한도를 설정하였다.

3. 세부담 한도

총 재산세수입의 증가율이 제한된다. 예를 들어 인디애나는 학교 외 지방 재산세 수입에 대한 연간 증가율을 6% 또는 비농업 개인 소득의 주(state) 전체 평균 연간 증가율 가운데 낮은 수치로 제한한다. 2013년 기준 총 36개 주에서 세부담 한도를 시행하였다.

재산세에 대한 최초의 저항은, 재산세 세부담액과 지방공공서비스에 대한 시민들의 지불용의 간 불일치의 결과로, 대공황시기에 발생하였다. 1929년과 1933년 사이, 재산세로 납부된 소득의 비율이 두 배가 되어 1932년에 11.3%에 도달하였다. 동 기간 동안 개인소득은 절반으로 감소하였는데, 재산세 수입은 단지 9% 감소하였다. 시민들의 재산세 지불능력의 감소는 연체율을 거의 세 배로 증가시켰다. 지방자치시 채권의 대량 채무불이행에 대한 공포로 인해, 상업 공동체는 배지(label button), 대량 우편발송, 그리고 퍼레이드에 대한 경비를 지불함으로써 세금을 찬성하는 캠페인을 실시하였다. 퍼레이드에는 전쟁영웅 군견의 후손들에게 크게 짖어대며 세금납부를 재촉하는 표지판을 목에 걸고 행진하게 하였다. 1933년에, 3,000개 이상의 지방조세단체들이 조세개혁을 선동하였다. 이들의 주장은 대공황시기의 낮은 소득을 반영하기 위해 지방정부가 운영규모를 축소해야 한다는 것이었다. 한 선동자의 말에 의하면, "나는 보다 적은 음식, 보다 적은 담배, 보다 적은 여가활동을 구매하고 있고, 보다 적은 정부를 구매하고 싶다"(Beito, 1989, 18쪽). 조세단체들에 의해 조직된 대규모 집회들에서, 시민들은 대마초 검사관들과 카운티(county)의 간호사들을 포함하여 지방서비스들의 폐지를 요구하였다.

1930년대의 조세개혁은 세금부담을 줄이는 조세제한법안들의 통과를 가져왔다. 1929년과 1939년 사이에, 총 11개의 주에서 조세제한법안들을 통과시켰는데, 9개 주에서 세율한도를 통과시켰고 2개 주에서 세부담 한도 설정을 통과시켰다. 1932년과 1940년 사이, 재산세로 납부된 소득의 비율은 11.3%에서 5.8%로 감소하였다. 세부담 비율의 감소는 소득의 성장과 더불어 조세제한법안 시행 효과가 복합적으로 작용하였다. 1940년까지, 개인소득은 1930년에 관측되었던 수준에 거의 도달하였는데, 재산세로 납부된 소득의 비율이 5.8%로 이는 1930년의 6.3%와 대조된다.

근대의 조세개혁은 캘리포니아에서 제안 13호(Proposition 13)의 통과에 의해 1978년에 시작되었다. 1960년에서 1975년까지의 기간에 재산세로 흡수된 국가전체 소득의 비율은 대략 4.2%로 최근의 역사적 기준에 비춰볼 때 높았으며 1940년대 말과 1950년대 기간의 3.4%와 대조된다. 1995년까지 수십 개의 주에서 새로운 조세제한법안들을 제정하였고, 재산세에 의해 흡수된 소득의 비율은 3.3%로 하락하였다. 이전의 조세개혁과는 대조적으로, 근대의 조세제한에 대한 지지자들은 지방정부들이 보다 적은 예산으로 동일한 수준의 서비스를 제공할 것으로 기대하였다. 캘리포니아에서, 38%의 시민들은 주정부와 지방정부가 서비스를 줄이지 않고도 세입에서의 40% 감소가 가능할 것이라 믿었다. 메사추세츠에서, 제안 2 1/2호 지지자들의 82%는 이 제안이 지방공공서비스의 질은 그대로 유지하면서도 세금은 축소할 수 있을 것이라고 믿었다. 미시간에서, 헤들리 개정안(Headlee Amendment)에 대한 지지자들의 3/4은 정부가 효율성을 높임으로써 세입 감소가 가능할 수 있을 것으로 기대하였다.

감정가 한도는 주택소유주들 사이에 수평적 불평등을 야기할 수 있다. 한도 설정은 일반적으로 감정가의 증가 속도를 제한하지만 부동산이 매도될 때 감정가를 재설정한다. 일부 주에서는 감정가가 현재 시장가격으로 재설정된다. 그 결과, 장기 보유자들은 신규 소유자들보다 낮은 재산세를 지불한다. 장기 보유자와 신규 소유자 사이의 세금 격차는 (i) 감정가의 최대 증가율, (ii) 시장가치의 증가율, 그리고 (iii) 보유기간에 의존한다. 로스앤젤레스에서, 평균격차는 대략 35%로, 신규 주택소유자의 재산세는 (i) 도시 내 평균 연수(number of years) 동안 주택을 보유하고 있고 (ii) 시장가치가 동일한 주택에 거주하는 기존 주택소유자의 재산세보다 약 35% 높다. 세금격차는 뉴욕시에서 약 37%, 샌프란시스코에서 30%, 마이애미에서 29%, 디트로이트에서 18%, 오레곤 포틀랜드에서 16%, 시카고에서 5%, 오클라호마시티에서 2%, 그리고 오스틴에서 1%에 해당한다. 세금격차는 시장가치의 증가율이 감정가의 허용 증가율과 비슷하거나 다소 작은 도시에서 상대적으로 낮다.

1992년에, 미국 대법원은 연방 헌법상의 이유로 캘리포니아의 제안 13호(Proposition 13)를 뒤집는 것을 거부했다. 이에 반대 의견으로 존 폴 스티븐스 대법관은 1970년대 캘리포니아 부동산에 투자한 사람들에 대해 그가 이름을 붙여준 "변동 없는 사람들(the Squares)"의 특혜에 주목했다(Youngman, 2016).

변동 없는 사람들의 이와 같은 횡재의 직접적인 결과로, 이후 매수자들은 재산세의 공정한 부담액보다 훨씬 더 많이 지불해야 한다. 청원자가 발의안 제13호의 합헌성에 이의를 제기하게 된 구체적인 차이는 그녀의 연간 재산세 고지서가 유사한 주택을 소유한 이웃보다 거의 5배나 높다는 사실이다. . . . 실제로, 일부 주택소유자들은 유사한 재산을 가진 이웃보다 17배나 많은 세금을 낸다. 나대지의 경우 500대 1로 격차가 클 수 있다. . . . 이러한 격차는 제안 13의 제2절에 의해 악화된다. 이 조항은 부동산 소유자의 주택과 최대 $100만까지의 기타 부동산에 대해 그 부동산이 소유자의 자녀에게 이전될 때 재감정을 면제한다. 이러한 면제는 반복적으로 무한정으로 발효될 수 있어 발의안 제13호는 횡재를 대대로 전가할 수 있게 한다. . . . . 그러한 법은 중세적 성격의 특권을 확립한다. 동등한 필요와 동등한 자원을 가진 두 가구는 단지 그들의 다른 세습 때문에 다르게 대우받는다.

출처: Nordlinger v. Hahn,, 505 U.S. 1, 29-30, 112 U.S. 2326, 2341-2342, 120 L. Ed. 2d 1, 24-25(1992)(Stevens, J. 반대)

03 정부 간 교부금

이 절에서는 정부 간 교부금(intergovernmental grants)의 경제학을 탐구하여, 지방정부들이 상위의 정부들로부터 받는 자금이전에 어떻게 반응하는가에 대해 고찰한다. 정부 간 교부금은 지방정부 수입의 약 2/5와 지방자치시 수입의 약 1/4을 제공한다. 이러한 교부금의 대략 절반은 교육에 지출되고, 나머지는 공공복지, 주택과 지역공동체 개발, 간선도로, 보건 프로그램, 그리고 병원과 같은 여타의 지방 프로그램들을 지원한다. 지방자치시 수준에서, 대략 1/5의 교부금은 지방정부의 일반적 운영을 지원하고 또 다른 1/5은 교육을 지원한다. 두 재분배 프로그램들—공공복지와 주택 프로그램들—은 지방자치시들에 의해 수취되는 교부금의 약 1/4을 지원받는다.

왜 지방정부들은 빚을 지는가, 즉 지방세로 그들의 지출 프로그램들을 지원하지 않는가? 첫째, 정부 간 교부금은 자치구역 간 파급효과의 내재화를 위해 이용될 수 있다. 둘째, 만일 지방공공재에 대해 요구되는 지출이 지방과세대상보다 빠르게 상승한다면, 요구되는 예산과 지방정부 수입 간 불일치가 발생할 것이다. 국가수준에서 조세수입은 소득과 함께 보다 급속하게 증가하여, 잉여자금을 지방정부들에게 이전하는 기회를 제공한다. 물론, 이러한 불일치 문제에 보다 직접적인 대응은 지방세율을 인상하는 것일 것이다.

두 가지 유형의 교부금에 대한 지방정부의 반응을 고찰할 것이다. 정액교부금 (lump-sum grant)은 고정된 교부금으로, 지방공공재에 대한 지방정부의 지출과 독립적이다. 대조적으로, 대응교부금(matching grant)하에서, 상급 정부는 지방정부의 지출에 대응하게 된다. 예를 들어 지방정부의 $1 지출에 대해 $1의 교부금을 제공한다.

정액의 용도지정교부금

대부분의 정액 정부 간 교부금은 제약이 수반된다. 조건부 혹은 사용 범주가 한정된 교부금으로 지원된 자금은 특정 프로그램에 지출되어야 한다. 조건부교부금 (conditional grants)은 교육, 공공복지, 보건과 병원, 간선도로, 주택, 그리고 지역공동체 개발을 위해 제공된다. 개별 지출집단 내에서 특정 프로그램이 지정된 교부금들이 존재한다. 예를 들어, 지방정부에 제공되는 교육교부금은 읽기 교정, 학교 도서관, 특수교육, 그리고 여타의 프로그램들을 포함한다. 사례로서 특수교육에 대한 교부금을 이용할 것이다.

교부금의 효과를 논의하기 위해 중위투표자를 고려한 소비자선택모형을 이용할 수 있다. 그림 21-7에서 중위투표자인 매리안(Marian)은 초기에 무차별곡선이 예산선과 접하는, 즉 한계대체율이 가격비율과 같은, 점 i에서 효용을 극대화한다. 최상

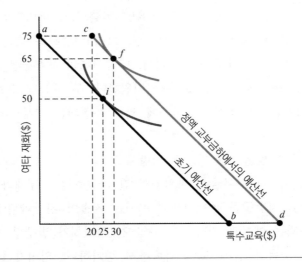

▲ 그림 21-7 정액의 용도지정교부금에 대한 반응

의 선택가능한 조합은 특수교육에 대한 $25과, 다른 공공재와 민간재를 포함하는, 여타 재화에 대한 $50을 갖는다. 다수결 원칙하에서, 이 도시는 중위투표자에 의해 선호되는 예산을 선택할 것이다. 이 경우, 이 도시는 특수교육에 가구당 $25을 지출하여, 매리안에게 여타의 재화를 위해 $50를 남겨둔다.

특수교육프로그램을 위해 1인당 $20의 정액교부금을 도시에 지급하는 주(state)를 가정하라. 이 교부금은 예산선을 ab에서 acd로 이동시킨다. 매리안은 그녀 자신의 예산 전체($75)를 여타 재화에 지출하고 $20의 교부금을 특수교육을 지원하는 데 사용할 수 있기 때문에 점 c가 새로운 예산집합에 포함된다. 특수교육에 대한 $20 이상의 지출에 대해, 특수교육과 여타의 재화 간 $1에 대해 $1의 교환조건이 존재한다. 새로운 효용극대화 지점은 점 f로, 이는 교부금이 특수교육에 대한 매리안의 희망하는 지출을 ($5만큼 상승한) $30로 그리고 여타 재화에 대한 그녀의 희망하는 지출을 ($15만큼 상승한) $65로 증가시킴을 의미한다. 다시 말해, 교부금의 1/4이 특수교육에 지출되고 나머지는 여타 재화에 지출된다.

왜 $20의 용도지정교부금이 교부금목표 프로그램에 대한 지출을 $20보다 적게 증가시키는가? 이 도시는 특수교육에 대해 자체 수입을 이용한 기여를 줄이기 때문에 교부금의 일부를 여타 재화에 지출할 수 있다. 교부금이 지원되기 이전에, $25의 지방세 수입이 특수교육에 지출되었다. 교부금 지원 이후에, 특수교육에 대한 총 지출은 $30이고 이 도시는 교부금 $20에 지방세 수입의 단지 $10를 추가하여 지출하면 된다. 결국 교부금 지원으로 지방세 수입 중 $15의 여유가 생겨, 다른 지방공공재와 민간재에 지출할 수 있게 된다.

대응교부금

대응교부금하에서, 보다 상위의 정부는 특정 지방공공재에 대한 지방지출의 매 달러에 대해 일정 금액을 기여한다. 일대일 대응교부금하에서, 보다 상위의 정부는 지방정부에 의해 지출된 매 달러에 대해 교부금으로 1달러를 준다. 대응교부금은 지방공공재의 기회비용을 감소시킨다. 일대일 대응에서, 지방 시민들은 $1 가치의 지방공공재를 얻기 위해 민간재에서 단지 $0.50을 희생한다($0.50의 지방지출 더하기 $0.50의 교부금).

그림 21-8은 특수교육에 대한 일대일 대응교부금의 효과를 보여준다. 이 교부금은, 특수교육에 대한 1달러당 여타 재화 $1의 포기에서 $0.50의 포기로, 예산선의 기울기를 감소시킨다. 매리안의 효용극대화 지점은 점 i에서 점 g로 이동하고, 특수

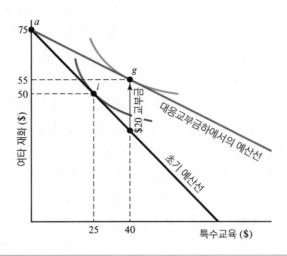

여타 재화 ($) *(y-axis)*
특수교육 ($) *(x-axis)*

75 — *a*
55 — *g*
50 — *i*
25   40

금파격 $20
대응교부금하에서의 예산선
초기 예산선

▲ 그림 21-8 대응교부금에 대한 반응

교육에 대한 지출은 $25에서 $40로 증가한다. 일대일 교부금하에서, 이 도시의 $40 특수교육 예산 가운데 $20은 주정부로부터 온다.

대응교부금은 동등한 정액교부금에 비해 특수교육 지출에 보다 큰 자극을 제공한다. 비록 주정부는 개별 유형의 교부금에 동일한 금액($20)을 이전지출하지만, 정액교부금은 특수교육에 대한 지출을 단지 $30로 증가시키는 반면에 대응교부금은 특수교육에 대한 지출을 $40로 증가시킨다. 두 교부금은 매리안의 실질소득을 $20만큼 증가시켜, 특수교육과 여타 재화에 대한 그녀의 수요를 증가시킨다(소득효과). 대응교부금은 또한 특수교육의 기회비용(가격)을 절반으로 줄이기 때문에 대체효과를 갖는다. 특수교육의 상대가격에서의 감소는 여타 재화에 대한 특수교육의 소비자대체(consumer substitution)를 야기한다.

여타 재화에 대한 지출은 어떠한가? 일대일 대응교부금하에서, $40 특수교육 예산에 대한 지방의 기여는 $20이다. 이는, 교부금 이전의 $50에서 증가한, $55을 다른 공공재와 민간재를 포함하는 여타 재화에 대한 지출에 남겨둔다. 다시 말해, 이 도시는 $20 대응교부금의 1/4을 여타 재화에 지출한다. 정액교부금처럼, 대응교부금은 지방정부가 교부금에 의해 지원되는 프로그램에 대한 자체 기여를 줄임에 따라 여타 재화에 대한 지출을 증가시킨다.

지금까지 대응교부금에 있어 상한이 존재하지 않는다고 가정하였다. 많은 경우에, 정부는 최대의 교부금 금액을 정하는데, 이러한 유형의 교부금은 유한대응교부금(closed-ended matching grant)이라고 불린다. 만일 교부금 수령 후 희망하는 지출액이 상한보다 작다면, 이 상한은 무관하며 유한교부금은 무한교부금과 동일하다. 만일 희망하는 지출액이 상한을 능가한다면, 이 제약은 구속력을 가지고 있고 유한교부금은 무한교부금보다 낮은 수준의 지출을 발생시킨다.

파리잡이종이효과(flypaper effect)

정부 간 교부금이 지방공공재와 민간 재화에 대한 지출을 증가시킬 것이라는 것을 보여주기 위해 소비자선택에 대한 모형을 중위투표자에 적용하였다. 교부금에 대한 지역의 대응에 관한 실증연구들은 정액교부금으로부터의 매 달러가 지방정부 지출을 약 $0.25에서 $0.50만큼 증가시킨다고 결론짓는다(Oates, 1999; Ryu, 2017). 대조적으로, 가구소득의 추가적인 달러는 지방 지출을 약 $0.05에서 $0.10만큼 증가시킨다. 다시 말해, 정액교부금은 소득에서의 동일한 증가보다 큰 진작효과(stimulative effect)를 갖는다. 정부 간 교부금의 상대적으로 큰 진작효과는 파리잡이종이효과로 알려져 있다. 교부금은 세금 감소를 통해 가구들에게 이전되기보다는 이 교부금이 처음에 지급된 곳(지방정부)에 들러붙는다(stick).

무엇이 파리잡이종이효과를 설명하는가? 경제학자들은 이 문제에 대한 고심 끝에 몇 가지 가능한 설명을 개발했다(Inman, 2008).

1. 재정 착시(fiscal illusion)

유권자들은 정액교부금을 마치 대응교부금처럼 취급한다는 점에서 재정 착시현상에 시달린다. 앞서 살펴본 바와 같이, 대응교부금은 소득효과와 대체효과를 가지며, 따라서 지방정부 지출에서 보다 큰 증가를 발생시킨다.

2. 정신적 계정습관(mental accounting)

인지상의 노력을 최소화하기 위해, 인간은 상이한 유형들의 지출을 위한 "저장공간(bins)" – 개인 지출을 위한 하나의 유형과 공공 지출을 위한 또 다른 유형 – 을 갖는다. 정액교부금은 공공 계정에 기입되며, 따라서 공공 지출은 상대적으로 큰 금액으로 증가한다.

3. 예산을 극대화하는 관료들

정부 간 교부금은 과도한 정부지출의 편향을 가진, 본질적으로 비효율적인 예산편성 과정에 자금의 투입을 제공한다. 만일 공무원(관료)의 목적이 정부예산의 최대화라면, 그들은 예산을 효율적 수준 이상으로 증가시키고, 지방공공재로부터의 잉여(surplus)를 없애기 바로 전에 예산 증가를 멈출 것이다. 정액교부금은 지방공공재로부터의 잠재적 잉여를 증가시키고, 관료들은 예산을 상대적으로 큰 금액만큼 부풀린다.

4. 은폐

공무원들은 유권자들로부터 정액교부금에 대한 정보를 숨기며, 그 결과로 유권자들은 정액교부금이 세금 감면에 사용 가능하다는 것을 인식하지 못한다.

복지개혁: 대응교부금에서 정액교부금으로

1996년에 채택된 복지개혁계획의 핵심 요소는 연방정부 대응교부금을 (블록교부금(block grant)으로도 알려진) 정액교부금으로 대체하는 것이다. 기존 체계하에서, 개별 주정부는 복지지출수준을 설정하였고, 연방정부는 지방의 노력을 지원하기 위해 대응교부금을 시행하였다. 저소득의 주들에 대해, 복지에 지출된 1달러당 연방정부의 환불(rebate)은 $0.78이었으며, 따라서 주정부의 입장에서, 복지에 지출된 개별 달러는 주정부에게 단지 $0.22의 비용이 들게 하였다. 이러한 환불은 높은-소득의 주들에 대해 보다 낮았으며, 가장 높은 소득의 주들에 대해 일대일 대응을 갖는다. 새로운 교부금체계하에서, 연방교부금은 더 이상 이 주정부가 얼마나 많이 복지에

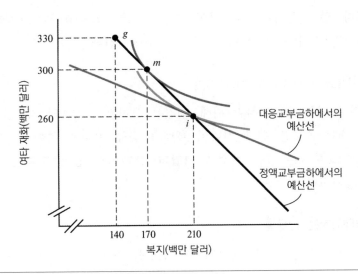

▲ 그림 21-9 정액교부금으로의 전환은 복지 지출을 감소시킨다

지출하는가에 의존하지 않는다. 대응자금이 존재하지 않으며, 따라서 복지에 지출된 1달러에 대한 이 주의 가격(비용)은 $1.00이다.

그림 21-9는 낮은-소득 주의 예산선택에 대한 복지개혁의 효과를 보여주기 위해 소비자선택모형을 이용한다. 대응교부금하에서 중위투표자에 대한 예산선은 상대적으로 평편하여, 복지지출의 낮은 지방의 가격을 반영한다. 투표자의 초기 선호(그리고 주의 초기 선택)는 복지에 대한 $2.1억과 여타 재화들에 대한 $2.6억을 지출하는 점 i에 의해 보여진다. 새로운 정액교부금은 $1.4억이며, 따라서 새로운 예산선은 점 g, m, 그리고 i를 연결하는 선에 의해 보여진다. 정액교부금은 중위투표자가 초기의 대응교부금인 점 i를 선택하는 대안을 가질 정도로 충분히 크다.

비록 초기의 예산배분이 실현가능하나, 이는 합리적인 선택에 해당하지 않는다. 정액교부금하에서, 이 주는 실제로 복지프로그램에 보다 적게 지출할 것이다. 중위투표자의 효용을 극대화하기 위해, 이 주는 무차별곡선의 기울기(한계대체율)가 예산선의 기울기(가격비율)와 동일한 지점을 선택한다:

효용극대화 법칙: 한계대체율 = 가격비율

초기의 선택(점 i)에 있어, 한계대체율은 $0.22인 가격비율과 동일하다. 정액교부금으로의 전환은 복지지출의 가격을 $1로 증가시키며, 따라서 중위투표자는 효용을 극대화하기 위해 한계대체율이 1.0인, 점 m으로 이동한다. 다시 말해, 중위투표자는 복지프로그램에 대해 보다 적게 그리고 여타의 재화들에 대해 보다 많이 지출하는 것을 선택한다. 점 m을 점 i와 비교하면, 이 주는 복지프로그램에 $4천만만큼 덜 지출하고 여타 재화들(다른 공공재와 민간재)에 $4천만만큼 더 지출할 것이다. 정액교부금으로의 전환은 복지지출의 가격을 증가시켜, 복지지출을 감소시키는 대체효과를 야기한다.

복지지출에서의 예측되는 변화는 크다. 낮은-소득의 주에 대해, $0.22에서 $1.00로 가격의 상승은 복지지출을 40%에서 66%만큼 감소시킬 것으로 예상된다(Inman and Rubinfeld, 1997). 높은-소득의 주에 대해, 가격상승은 보다 작으며($0.50에서 $1.00로), 따라서 정액교부금으로의 전환은 복지지출을 1%에서 18%만큼 감소시킬 것으로 예상된다. 미국의회는 복지개혁이 주들로 하여금 그들의 복지지출을 줄이도록 할 것이라는 것을 분명히 인지하였다. 이 법률은 주들로 하여금 기존 대응교부금정책하에서 지출된 금액의 적어도 80%를 계속해서 지출할 것을 요구한다.

개념에 대한 복습

01 토지공급이 [_____]이기 때문에, 주택기업들은 재산세의 토지 부분을 [_____]에 게 전가한다.

02 부분균형분석(partial-equilibrium analysis)에서, 자본공급이 [_____](으)로 가정 되기 때문에 재산세의 건축물 부분은 [_____]에게 전가된다.

03 두-도시 지역에 대한 일반균형(general-equilibrium)모형에서, 지역 전역에 걸쳐 자본의 공급이 [_____](으)로 가정하기 때문에 주택기업들은 재산세의 건축물 부 분을 [_____]에게 전가시킨다.

04 일반균형분석에서, 재산세의 건축물 부분은 도시 간 [_____]에서 영합(zero-sum) 을 발생시킨다. 이러한 변화는 [_____]에 대한 입지적 무차별을 가져온다.

05 작은 도시의 시장은 지방 재산세의 대부분이 [_____]에 의해 부담된다고 가정할 수 있다.

06 일반적으로, 세금은 [_____]와/과 [_____]에 의해 부담되기 때문에 주택소비자 들은 재산세의 부담을 지지 않을 것이다.

07 정부 간 교부금에 대한 지방정부의 대응을 예측하기 위해, [_____]투표자의 합리 적 선택을 검토한다.

08 용도지정교부금은 해당 교부금[_____][보다 크거나, 보다 작거나, 과 동일한] 금 액에 의해 목표 공공재에 대한 지출을 [_____][↑ , ↓ , -]하게 하고, 다른 재화에 대한 지출을 [_____][↑ , ↓ , -]하게 한다.

09 정액교부금은 중위투표자의 예산선을 [_____], 반면 대응교부금은 중위투표자의 예산선을 [_____].

10 정액교부금과 비교해, 대응교부금은 지방공공재의 [_____]을/를 감소시키고 [_____]효과를 갖기 때문에 [_____] 진작 효과를 갖는다.

11 각각의 변수조합에 대해 상호관계가 정(+)인지, 부(−)인지, 중립인지, 또는 애매한지를 기입하시오.

모수	선택변수	관계
토지세	주택의 가격	[_____]
토지세	토지의 가격	[_____]
건축세: 일반균형	주택의 가격	[_____]
건축세: 일반균형	과세 도시 내 토지의 가격	[_____]
건축세: 일반균형	비과세 도시 내 토지의 가격	[_____]

개념들을 응용하는 연습문제

01 이동주택 패드(pad)에 대한 과세

이동주택단지의 거주자는 주택을 소유하고 토지소유주로부터 패드(이동주택 아래의 토지)를 임대한다. 패드빌에서 모든 토지는 초기에 이동주택에 의해 점유되고, 개별 거주자는 하나의 패드에이커(padacre, 표준 패드)를 임대한다. 개별 토지소유주는 하나의 패드에이커를 소유한다. 초기에 100명의 주민이 살고 있으며, 토지의 가격은 패드에이커당 \$200이다. 토지가 어떻게 이용되든, 이 도시는 패드에이커당 \$40의 세금을 부과한다고 가정하라. 세금은 법적으로 토지이용자(주민)에 의해 납부된다. 패드의 균형가격(거주자에 의해 토지소유주에게 지불되는 가격)에 대한 토지세의 효과를 설명하라.

(패드의 공급량이 고정되어 있음을 기억하라. 역자 주)

02 조세수입 대 총 세부담액

그림 21-2의 토지세와 그림 21-3의 건축물세의 부분균형분석을 고려하라.

a. 토지세의 경우, (초과부담으로도 알려진) 자중손실(deadweight loss)은 \$[_____]이다.

b. 건축물세의 경우, (초과부담으로도 알려진) 자중손실은 \$[_____]이다.

(자중손실은 소비자잉여의 감소 중에서 조세수입으로 상쇄되지 않는 부분임. 역자 주)

03 재산세 효과

재산세의 건축물 부분에 대한 일반균형 관점을 고려하라. 이 장의 예(자본의 고정된 공급과 완전 이동가능한 소비자들)에 기초하여 다음 각 개인의 금전적 효과를 식별하라. 달러 값들은 양수, 음수 또는 영(0)에 해당한다.

a. 과세 도시 내 임대인인 르네의 경우, 금전적 효과는 [_____]이다.

b. 과세 도시 내 세 필지를 보유한 랜드리의 경우, 금전적 효과는 [_____]이다.

c. 비과세 도시 내 두 필지를 보유한 로렌의 경우, 금전적 효과는 [_____]이다.

d. 과세 도시 내 5개의 건축물을 보유한 캡의 경우, 금전적인 효과는 [_____]이다.

e. 비과세 도시 내 4개의 건축물을 보유한 탈룰라의 경우, 금전적 효과는 [_____]이다.

(\$800의 건축물에 대한 세금이 부과되었을 때 건축물이 이동할 수 있으므로 건축물의 임대료는 두 도시 간 동일해지는 반면에 토지의 공급은 두 도시 각각에서 고정되어 있음을 기억할 것. 역자 주)

04 교육복권

초기에, $1억의 예산 중 $20백만을 공립학교들에 지출하며, 이와 같은 선택은 중위 투표자의 선호와 일치하는 도시를 고려하라. 공립학교들에 대한 수요의 소득탄력성은 1.5이다. 이 도시가 새로운 주정부(state) 복권으로부터 $10백만을 벌었고 법에 따라 $10백만 모두를 공립학교에 지출해야 한다고 가정하라. 공립학교(S**) 및 여타 재화(A**)에 대한 지출을 나타내는 새로운 수치들을 포함하여, 이 도시의 지출선택에 대한 복권의 영향을 설명하라.

(교육복권 수입은 용도지정 정액교부금과 동일함. 시의 소득이 10% 증가했으므로 공립학교에 대한 지출은 소득의 15%, 즉 $3백만만큼 증가함을 기억할 것. 역자 주)

05 도서관 보조금

도시 사서 고용에 대해 고려해 보자. 도서관 사서의 일당은 $100이며, 초기에 시는 L* = 10명의 사서를 고용한다. 주정부(state)에서 사서에 대한 25% 대응교부금을 지원한다고 가정하자: m = 0.25. 도시의 사서 수요에 대한 임금탄력성은 −0.50이다.

a. 그림 21-8과 같은 그래프를 이용하여 사서 및 여타 재화에 대한 대응교부금의 효과를 설명하라. 신규 사서 수 L**를 포함하라.

b. 사서에 대한 도시의 자체 지출은 $1,000에서 $[_____]로 변경된다. 교부금은 [_____]이며, 여타 재화에 대한 지출은 $[_____]만큼 변경된다.

(11명의 사서를 고용하면 $1,100의 25%인 $275을 대응교부금으로 지원받는다. 사서 수요의 임금탄력성이 −0.50이므로 임금이 25% 감소할 때 사서 수요는 12.5% 증가할 것이다. 따라서 11명을 초과하여 고용하지 않을 것임. 역자 주)

참고문헌과 추가적인 읽을 거리

Beito, David T., *Taxpayers in Revolt*. Chapel Hill, NC: University of North Carolina Press, 1989.

Courant, Paul, Edward Gramlich, and Daniel Rubinfeld, "The Stimulative Effects of Intergovernmental Grants: Or Why Money Sticks Where It Hits," in Peter Mieszkowski and William Oakland (eds.), Fiscal Federalism and Grants－in－ Aid, Washington, D.C.: Urban Institute Press, 5-21.

Filimon, Radu, Thomas Romer, and Howard Rosenthal, "Asymmetric Information and Agenda Control." *Journal of Public Economics* 17 (1982, February), pp. 51-70.

Hines, James, and Richard Thaler, "Anomalies: The Flypaper Effect." *Journal of Economic Perspectives* 9 (1995, Fall), pp. 217-26.

Inman, Robert P., "The Flypaper Effect," NBER Working Paper, 2008.

Inman, Robert P., "Finances: Financing City Services." Chapter 11 in *Making Cities Work: Prospects and Policies for Urban America,* edited by Robert P. Inman. New York: Princeton University Press, 2009.

Lincoln Institute of Land Policy, 50 State Property Tax Comparison Study for Taxes Paid in 2015 (June 2016).

Lincoln Institute of Land Policy, Significant Features of the Property Tax, http://datatoolkits.lincolninst.edu/subcenters/significant－features－property－tax /Report_Tax_Limits.aspx.

Oates, Wallace E., *Fiscal Federalism*. New York: Harcourt Brace Jovanovich, 1972.

Oates, Wallace, "Lump－sum Intergovernmental Grants Have Price Effects," in Peter Mieszkowski and William Oakland (eds.), *Fiscal Federalism and Grants－in－ Aid,* Washington, D.C.: Urban Institute Press, 1979, pp. 23-30.

Paquin, Bethany P., "Chronicle of the 161－Year History of State－Imposed Property Tax Limitations," Working Paper WP15BP1 Lincoln Institute of Land Policy (2015).

Tiebout, C., "A Pure Theory of Local Expenditures." *Journal of Political Economy* 64 (1956), pp. 416-24.

Ryu, Jay E., "Measuring the Flypaper Effect: The Interaction Between Lump－ Sum Aid and the Substitution Effect of Matching Aid," *Public Finance and Management* 17 (2017), pp. 48-70.

U.S. Bureau of the Census. Census of Governments, 2012.

Youngman, Joan, *A Good Tax: Legal and Policy Issues for the Property Tax in the United States.* Lincoln Institute of Land Policy, Cambridge, MA, 2016.

Zodrow, George R. "The Property Tax as a Capital Tax: A Room with Three Views." *National Tax Journal* 54 (2001), pp. 139–56.

CHAPTER

22 교육

> 인류 역사는 점점 더 교육과 재앙 사이의 경쟁이 되고 있다.
>
> – 웰스(H.G. Wells)

이 장은 교육의 경제학에 대해 탐구한다. 미국 내 지방정부 지출의 대략 절반이 지역 학교의 예산으로 배정되며, (유치원에서 고등학교까지를 포함하는) K-12 교육에 대한 지출은 두 번째로 큰 지출 범주인 치안에 대한 지출의 약 7배에 해당한다. 이전 장들에서 본 바와 같이, 교육성취는 대도시지역 내뿐만 아니라 대도시지역들 간 상당한 격차가 존재한다. 결과적으로, 지역 학교들의 질은 가구와 기업의 입지결정에 있어 중요한 결정요인에 해당한다. 또한 교육이 잘된 근로자일수록 생산성이 높고 혁신적이기 때문에, 지역 교육은 도시의 경제성장에 영향을 미친다.

교육에 대한 경제적 분석은 교육생산함수에 기초하며, 이는 교육과정의 투입요소와 산출물 간의 관계를 나타낸다. 이러한 투입요소들은 학교에 의해 통제되는 변수들(교사, 학급규모, 교과과정)과 더불어 가정환경을 포함하여 학교의 통제를 벗어나는 변수들을 포함한다. 최근까지, 교육 산출물은 인지 검사(cognitive tests)의 점수로 정의되어 왔다. 경제적 이론과 실증분석 기법에서의 최근의 진보는 교육에 의한 평생소득(lifetime earnings)의 변화로 산출물을 측정하는 장기적인 관점을 취할 수 있도록 한다. 이러한 접근법은 교육 투입요소 변화에 대한 비용-편익의 분석을 위한 틀을 제공한다. 예를 들면, 학급규모의 감소(학생 1인당 교사의 투입시간 증가)는 학생의 평생소득을 통한 성취를 증가시키지만, 추가적인 편익이 추가적인 비용을 능가하는가?

01 지출과 성취

2014년 미국에서, K-12 학생 1인당 평균지출은 $11,009이었다. 표 22-1은 학생 1인당 지출이 가장 높은 5개 주와 가장 낮은 5개 주에서 학생 1인당 지출을 보여준

▌표 22-1 선별된 주들(state)에서의 학생 1인당 지출, 2014

주(state)	학생 1인당 지출($)
뉴욕	20,600
컬럼비아 특구(Washington, DC)	18,500
알래스카	18,400
뉴저지	17,900
커넷티컷	17,800
미시시피	8,300
오클라호마	7,800
애리조나	7,500
아이다호	6,600
유타	6,500

출처: 미국 인구조사국, 학교 시스템 재정에 대한 연간 조사, 2014

다. 학생 1인당 평균지출은 유타에서 $6,500의 낮은 수준부터 뉴욕에서 $20,600의 높은 수준까지 전국적으로 유의하게 상이하다. 1960년과 2014년 사이, 학생 1인당 실질 지출은 4배 이상 증가하였다.

표 22-2는 교육성취에 대한 국가별 비교 결과를 보여준다. 이 표는 국제학업성취도평가(PISA: Programme for International Student Assessment)의 수학 영역에 대한 평균시험성적을 보여준다. 미국은 34개 OECD 회원국 중 27위에 해당한다. 미국 학생과 중국－상하이 학생 간 학업성취 차이는 2년의 학력과 일치한다. 비록 미국이 대부분의 국가들보다 학생 1인당 보다 많이 지출함에도 불구하고, 추가적인 지출이 보다 높은 성과로 나타나지 않는다. 슬로바키아 공화국은 미국 대비 대략 절반을 지출하지만 시험점수는 유사하다. 국제학업성취도평가(PISA)의 읽기와 과학 영역에서 미국 학생들의 점수는 OECD 회원국의 평균에 가까웠다.

표 22-3은 미국 전체, 대도시 전체, 그리고 선택된 도시들에 대한 학업성취 자료를 보여준다. 전국교육성취도평가(NAEP: National Assessment of Educational Progress)는 읽기와 수학에 대한 학업성취수준을 측정한다. 이 표는 전국교육성취도평가 수학시험에서 기준 이하의 점수를 기록한 8학년 학생들의 비중을 보여준다. 전국적으로 29%의 학생들이 기준 이하의 점수를 받았으며, 이는 대도시 전체에 대한 40%와 대조된다. 표에 나타난 대도시들 가운데 학업성취는 샌디에고, 보스턴, 그리고 뉴욕시에서 평균 이상이었으며 디트로이트, 클리블랜드, 그리고 볼티모어에서 평균 이하였다.

▌표 22-2 국가별 학생 시험 점수 비교

국가명	수학 PISA 점수
OECD 회원국 평균	494
상하이-중국	613
싱가포르	573
한국	554
일본	536
스위스	531
네덜란드	523
핀란드	519
캐나다	518
아일랜드	501
러시아 연방	482
슬로바키아 공화국	482
미국	481
그리스	485
카자흐스탄	432
멕시코	413

출처: OECD, 국제 학업성취도 평가(PISA), 2012

▌표 22-3 선택된 도시들에서의 학업성취, 2009

관할지역	기준 이하의 비중
미국 전체	29
대도시	40
샌디에고	32
보스턴	33
뉴욕시	40
시카고	49
애틀란타	54
로스앤젤레스	54
볼티모어	57
클리블랜드	58
디트로이드	77

출처: Digest of Education Statistics 2010. Washington, DC: National Center for Education Statistics, Table 145.

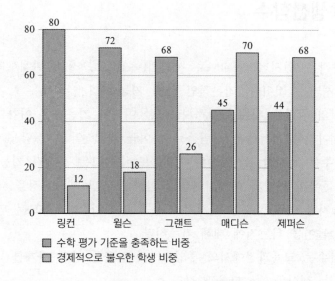

출처: Oregon Department of Education. *Report Cards, 2009-2010.*

▲ 그림 22-1 수학성적과 경제적으로 불우한 학생들

  그림 22-1은 대도시지역 내 학업성취에서의 차이를 설명한다. 이 그림은 포틀랜드, 오레곤 학군에 위치한 여러 고등학교에 대한 학업성취와 사회경제적 특성에 대한 자료를 제공한다. 고등학교 간 학업성취에 있어 상당한 차이가 존재한다: 수학의 경우 주(state)의 평가 기준을 충족하는 학생의 비중은 44%에서 80%까지 다양하다. 경제적으로 불우한 학생의 비중은 12%에서 70%까지 분포한다.

  도비와 프라이어(Dobbie and Fryer, 2009)에 따르면, 미국은 지속적이고 광범위한 인종 간 학업성취 격차를 가지며, 이는 4학년 대상 전국교육성취도평가 시험에서 학생들의 성취에 의해 증명된 사실이다. 읽기에서 백인 학생의 43%가 능숙하며, 이는 흑인 학생의 12%와 대조된다. 수학에서 백인 학생의 51%가 능숙하며, 이는 흑인 학생의 14%와 대조된다. 모든 학년의 모든 과목에서 백인 학생과 흑인 학생 간 큰 학업성취 격차가 존재하고, 학생들이 상급 학교로 진학함에 따라 이러한 격차는 커진다. 물론 학업성취 격차의 일부는 (부모의 소득과 학력수준을 포함하여) 사회경제적 배경에서의 차이에 의해 설명될 수 있으나, 이러한 사회경제적 배경 차이를 통제하고 난 후에도 전체 격차의 2/3가 여전히 존재한다.

02 교육생산함수

교육의 목적은 인지적(cognitive), 사회적(social), 그리고 신체상의 기능(physical skill)을 발전시키는 것이다. 기본적인 인지 기능들(읽기, 쓰기, 수학, 논리)은 고용과 민주주의에서의 참여를 위해 필요하다. 또한 이러한 기능들은 여가활동의 즐거움을 증가시킨다: 이러한 기능들은 사람들로 하여금 책을 읽고, 농담을 이해하며, 볼링(bowling) 점수를 계산할 수 있도록 한다. 또한 학교는 사회적 기능을 발전시킨다: 학교는 학생들에게 어떻게 아이디어를 교환하고 집단 의사결정을 내리는지에 대해 가르친다. 마지막으로, 학교는 신체적 기능을 발전시킨다. 학교는 학생들에게 어떻게 운동하고 놀이를 하는지에 대해 가르친다.

교육생산함수는 교육과정에서의 투입요소와 산출물 간의 관계를 나타낸다. 1년의 학업기간 동안, 생산함수는 다음과 같다.

학업성취도 $= f(H, \ P, \ T, \ Z)$

여기서 학업성취도는 학교 수업에 따른 (인지적, 사회적, 신체적) 능력에서의 변화에 해당한다. 학업성취도는 해당 학생의 가정환경(H), 학급 내 또래집단(P), 교원의 투입요소(T), 그리고 그 외 교과과정 및 학습장비(교과서, 컴퓨터, 그리고 실습장비)와 같은 기타 투입요소들(Z)에 의해 결정된다. 교원 변수는 교사의 질(학생의 능력 향상 측면에서의 생산성)뿐만 아니라 학급규모에 의해 결정되는 학생 1명당 교사 투입의 양을 포함한다.

생산함수에서 첫 번째 투입요소는 가정환경(H)에 해당된다. 부모는 자녀의 학업성취에 있어 다음 세 가지 측면에서 역할을 하게 된다. 첫째, 부모는 각 가정의 규칙들을 정하게 되는데, 교육에 호의적이거나 혹은 호의적이지 않은 가정환경을 설정하게 된다. 예를 들면, 교육에 호의적이지 않은 환경으로는 아이들이 책을 읽거나 숙제를 하지 않고 대신에 텔레비전을 시청하도록 허용하는 것이다. 둘째, 부모는 자녀들이 독서와 공부를 하도록 하고, 숙제를 도와주며, 그리고 성취에 대한 보상을 통해 동기부여를 할 수 있다. 셋째, 부모는 책이나 가정용 컴퓨터와 같은 교육용 자료를 제공하여 자녀들의 독립적인 학습을 장려할 수 있다. 여러 실증연구들에 의하면, 가정환경이 학업성취에 큰 영향을 가지며 성취는 일반적으로 소득 및 부모의 학력수준과 함께 증가하는 것이 분명하다.

또래집단효과(peer effects)

생산함수에서 두 번째 투입요소는 해당 학생의 학급 또래집단(P)이다. 만일 어느 학생의 주위에 영리하고 의욕적인 학생들이 존재한다면 이 학생은 보다 많이 배우게 된다. 영리한 또래집단은 협력(아이들은 서로 간에 학습한다)과 경쟁(아이들은 서로 간에 경쟁한다)을 통해 성취를 촉진하게 된다. 학습의욕이 높은 동급생들이 많을수록 교사들은 학생들을 훈계하고 의욕을 북돋는 데 시간을 할애하기보다는 가르치는 데 더 많은 시간을 투입할 수 있게 되므로 학업성취의 향상을 가져오게 된다. 더불어, 의욕이 없는 학생은 다른 학생들에게 바람직하지 않은 역할모델(role model)을 제공하게 된다.

최근 연구들은 중등학교(고등학교)에서의 또래집단효과의 크기를 추정하였다. 중국의 학생들은 두 번의 입학시험, 고등학교 진학을 위한 시험과 대학입학을 위한 시험을 본다. 학생의 또래집단의 질을 측정하기 위해, 해당 학생의 급우들에 대한 고등학교 입학시험에서의 평균성적을 이용할 수 있다. 고등학교 과정에서의 성취를 측정하기 위해, 해당 학생의 대학입학시험에서의 성적을 이용할 수 있다. 딩과 러러(Ding and Lehrer, 2007)는 또래집단 질의 1% 증가는 학업성취를 0.088%만큼 증가시키는 것으로 추정한다. 선드(Sund, 2009)는 스웨덴 고등학교에서의 또래집단효과를 측정한다: 만일 학생 급우의 질이 중위수준(50번째 백분위수)에서 84번째 백분위수의 수준으로 상승하면, 이 학생의 학업성취는 중위(median, 50번째 백분위수)의 성취수준에서 54번째 백분위수로 상승한다.

또래집단효과와 관련하여 중요한 비교이익(trade-offs)이 존재한다. 주요 정책 현안으로 한 학급에 학습능력의 격차가 있는 학생들을 혼합하여 배치하는 안을 고려할 수 있다. 대안으로는 학습능력 등급별로 학급을 구분하여 학생들을 배정(능력별반편성)하는 것이다. 우등생 위주의 학급에서 혼합반 학급으로 전환되는 우등생은 보다 낮은 학업성취 측면에서 비용을 부담(희생)하지만, 그의 동급생들에게는 보다 높은 학업성취의 편익(혜택)을 가져올 것이다. 우등생의 손실이 열등생의 혜택보다 더 큰지 혹은 더 작은지에 대해서는 입증된 바가 없다. 다시 말해, 우열반 구분 대신 혼합 반편성으로의 전환이 전체 학업성취를 증가시키는지에 대해서는 알 수 없다. 입증되지 않은 또 다른 물음은 우등생의 존재로 인해 열등생 혹은 중위수준 학생 중 누가 더 학업성취의 혜택을 얻을 것인가이다.

학교 투입요소: 교사의 기여

단기적으로 인지력 시험점수에 의해 측정되고 장기적으로 성인 소득에 의해 측정되는 학생의 성취에서 학교 간 실질적인 차이가 존재한다. 이러한 성취의 차이를 가져오는 가장 중요한 요인은 교사의 생산성이다. 다시 말해, 생산성이 가장 높은 학교는 가장 유능한 교사를 가지고 있는 학교이다.

교사들 간의 생산성 차이를 측정하기 위해, 평균 이상의 교사와 평균수준의 교사를 비교할 수 있다. 학급 학생의 평균시험성적이 백분위 중 약 84번째에 해당하는 경우를 "우등(superior)" 교사라고 정의하자: 이러한 우등 교사가 담당하고 있는 학급 학생들의 시험성적은 나머지 약 84%에 해당하는 교사들의 학급성적보다 높다. 체티(Chetty, 2014)에 의해 개발되고 하누쉑(Hanushek, 2010)에 의해 실행된 다음의 사고 실험(thought experiment)을 고려하라. (백분위에서 50번째에 해당하는) 평균수준의 교사를 (84번째에 해당하는) 우등 교사로 대체하고, 이에 따른 학생들의 시험성적의 변화를 측정한다고 가정하라. 보통의 일반 학생의 시험성적은 향상될 것이고, 이에 따라 해당 학생을 백분위 기준 50번째에서 58번째로 이동시킬 것이다.

학생 시험성적에서의 변화를 평생소득에서의 변화로 환산할 수 있다. 상위 58등 학생의 평생소득은 50등에 위치한 학생의 평생소득보다 대략 $21,311만큼 더 높다. 20명 학급의 전형적인 학생에 대해 이러한 교사대체의 편익은 $21,311이며, 이에 따라 학생수가 20명인 학급에 있어 평균수준의 교사 대비 우등 교사의 경제적 가치는 $426,220이다. 이는 우등 교사의 연간 가치(annual value)임을 주지하는 것은 중요하다: 우등 교사는 매년 미래소득 이득(역자 주: 학생의 평생소득에서의 변화)을 발생시킨다.

동일한 논리가 다른 종류의 교사 대체에도 적용될 수 있다. 이를 테면, (백분위에서 50번째에 해당하는) 평균적인 교사를 69번째에 해당하는 교사로 대체한다고 가정하자. 이 경우, 전형적인 학생은 50번째에서 54번째로 이동할 것이다. 학업성취에서의 이러한 변화는 학생 1명당 평생소득을 $10,607만큼 증가시킬 것이며, 이는 학생 수가 20명인 학급의 평생소득이 $212,140만큼 증가하게 됨을 의미한다. 교사의 생산성에 대한 분포의 반대 측면을 고려하기 위해, 평균적인 교사를 평균 이하의 교사, 예를 들면 백분위에서 31번째 교사로 대체한다고 가정하자. 전형적인 학생은 50번째에서 46번째로 하락할 것이며, 학생 수가 20명인 학급에서 학생들의 평생소득은 $200,000 이상 감소할 것이다.

평생소득에 대한 교사 질의 효과에 관한 증거는 교사 인사결정에 있어 중요한 함의를 갖는다. 교사를 "해임하는(deselecting)" 과정으로 알려진, 생산성이 낮은 교사를 해당 학급에서 배제시킬 경우 높은 보수(payoff)가 발생할 것이다. 하누쉑 (Hanushek, 2010)은 만일 미국이 하위 8%의 교사들을 평균수준의 교사들로 대체한다면 학생 시험성적이 약 45% 상승할 것으로 추정한다. 이러한 학업성취 이득은 미국 내 학생들과 다른 외국 학생들과의 학력 격차를 해소할 수 있을 정도로 충분히 크다.

교사들 간에 생산성 측면에서 차이가 있는 것은 명확하지만, 생산적인 교사를 식별하는 특성들을 찾기는 어려운 것으로 밝혀졌다. 학생들을 가르치는 것은 쉽게 측정될 수 없는 미묘한 기술들(subtle skills)을 요구하며, 따라서 어떤 교사들이 가장 생산적일 것인가를 미리 예측하는 것은 어렵다. 생산성의 차이를 설명하는 교사특성을 찾을 때, 연구자들은 교육수준(대학원 수업년수), 경력(교직년수), 그리고 의사소통기술(구술능력)에 초점을 맞춘다.

1. 교육수준

교육에 대한 대학원 과정들을 이수한 교사들이 학사학위만 가지고 있는 교사들에 비해 생산적이라는 증거는 존재하지 않는다. 다시 말해, 교육에 대한 대학원 과목 이수가 교사의 생산성을 증가시키지 않는다.

2. 경력

연구자들 간 공통된 견해는 교직경력이 교직의 처음 서너 해(대략 3년)에 생산성을 증가시킨다는 것이다.

3. 구술능력(verbal skills)

가장 효과적인 교사들은 우수한 의사소통기술을 가지고 있다. 학생들은 구술능력에 대한 표준시험에서 높은 점수를 얻은 교사들로부터 보다 많이 배운다.

학교 투입요소: 교사와 학급규모

학급규모가 학생의 성취에 영향을 미친다는 증거가 존재한다. 학급규모의 감소는 학생 1명당 교사의 시간을 증가시키기 때문에 이는 논리적으로 타당하다. 소규모 학급으로부터의 성취 이득이 낮은-소득과 낮은-성취 학생들에게 있어 상대적으로 크다는 증거가 존재한다. 학생들이 보다 작은 규모의 학급에서 보다 많이 배운다는 사실이 반드시 소규모 학급이 더 효율적임을 의미하지는 않는다. 학급규모의 축소는 교사수의 증가를 요구하며, 결국 효율성에 대한 물음은 편익이 비용을 능가하는가이다.

최근 한 연구는 스웨덴에서 학급규모의 단기와 장기 성과에 대한 영향을 추정한다 (Fredricksson, Okeert, and Ossterbeek, 2013). 4~6학년(10~13세)의 학급규모에 대한 자료를 이용하여 저자들은 학급규모를 한 명 줄이는 것의 효과를 측정한다. 단기에서, 표준화된 시험에 대한 학생의 성적이 증가한다. 장기에서, 4~6학년을 (평균보다 한 명 적은) 소규모 학급에서 보낸 평균적인 성인(27~42세)은 다음의 효과를 경험한다.

1. 대학학위를 취득할 확률은 0.80%p 높다.
2. 소득(수입)은, 보다 높은 임금과 보다 많은 근로시간의 결과로, 1.2% 높다.

학급규모 감소의 장기적인 효과는 비용−편익분석을 통과할 정도로 충분히 크다: 편익(소득 증가)이 비용(추가 교사 비용)을 한계적으로 크게 능가한다.

그림 22−2는 스웨덴 연구의 함의를 보여준다. 수평축은 (1) 100명 학급의 교사수(왼쪽에서 오른쪽으로 이동)와 (2) 학급규모(교사 1명당 학생수, 오른쪽에서 왼쪽으로 이동)를 측정한다. 25명(교사 4명)의 학급규모에서 출발하면, 교사의 한계편익(점 a)이 한계비용(점 b)을 능가하며 따라서 학급규모를 20명으로 줄이기 위해 다섯 번째 교사를 채용하는 것은 효율적이다. 점 e에 의해 보여지듯이 효율적인 교사수는 T*

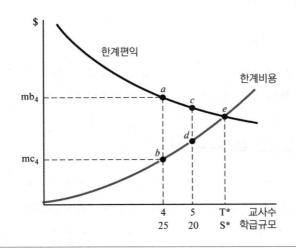

▲ 그림 22-2 효율적인 학급규모

이고 효율적인 학급규모는 S*이다.

교사에 대한 보상과 생산성

앞에서 설명한 바와 같이, 교사는 교육생산과정에서 핵심 투입요소에 해당하고 교사들은 그들의 생산성에서 상이하다. 교사 임금에서의 차이가 생산성에서의 차이와 일치하여, 우수한 교사가 그렇지 못한 교사보다 높은 임금을 받을 것을 기대하는 것은 합리적일 것이다. 그러나 교사에 대한 시장은 그렇게 작동하지 않는다. 대신에, 교사의 임금은 주로 두 가지 요인: 교직경력(교직년수)과 교사의 학력에 의해 결정된다.

1. 경험

2008년에 20년 경력의 교사는 3년 경력 교사 임금의 1.44배를 벌었다. 이는 교사의 생산성이 처음 서너 해에 한해 증가함을 실증연구가 제시하기 때문에 선뜻 이해되기 어려운 측면(puzzling)이 있다.

2. 대학원 교육

미국에서, 교육학 석사학위에 대한 임금할증료(wage premium)는 대략 26%에 해당한다: 평균적으로, 석사학위가 있는 교사는 학위가 없는 교사보다 대략 26% 이상 번다. 실증연구는 대학원 교육이 교사의 생산성을 높이지 않음을 제시하기 때문에 이는 선뜻 이해되기 어려운 측면(puzzling)이 있다.

교사 보상에 관한 수수께끼(puzzling)는, 학생들의 학업성취를 증가시키지 않는, 두 가지 특성—교사 경력 3년 이후의 경험과 대학원 학위과정 이수—에 대해 학교가 비용을 지불한다는 것이다.

그림 22-3은 대학원 교육 이수에 대한 이러한 수수께끼에 대해 보여준다. 수평축은 교사의 두 가지 유형의 방과 후 활동: 대학원 수강 혹은 방과 후 수업에 소요한 시간을 나타낸다. 방과 후 수업은 한 명의 학생 혹은 소수의 학생과의 수업시간으로 정의된다.

1. 대학원 교육의 한계편익(mb)은 거의 영(0)에 가까우며 두 한계편익곡선 중 보다 낮은 것에 의해 나타내어진다.

2. 방과 후 수업이 학생들의 학업성취도를 높이는 데 효과적이라는 증거가 있다 (Dobbie and Fryer, 2013). 따라서, 방과 후 수업의 한계편익곡선은 대학원 교육 이수의 한계편익곡선 위에 놓여 있다.

양의 기울기를 갖는 곡선은 두 가지 활동에 소요되는 시간의 한계비용으로, 방과 후 시간에 대한 교사의 기회비용과 일치한다. 점 t와 g는 교사의 방과 후 시간의 효율적 배분에 해당하며, 방과 후 수업에 할당된 T^*시간과 대학원 교육에 할당된 $G^*(<T^*)$시간을 갖는다. 방과 후 수업에 대한 보상이 시간당 w_T이고 대학원 교육에 대한 보상이 시간당 w_G로서 $w_G < w_T$이면, 교사는 방과 후 수업과 대학원 수업의 효율적 조합을 선택할 것이다.

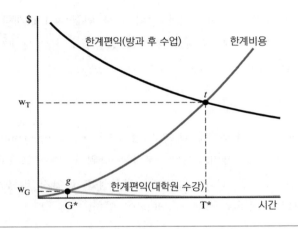

▲ 그림 22-3 대학원 수강 대 방과 후 수업시간

그림 22-3의 효율적인 결과와 미국 학교의 실제 결과를 비교할 수 있다. 일반 적인 보상 체계에서, $w_T = 0$이고 w_G는 영(0)에 가깝기보다는 상대적으로 크다. 그 결과 교사들은 방과 후 시간을 효율적으로 배분하지 않고, 방과 후 수업보다 대학 원 과정 수강에 방과 후 시간을 지나치게 많이 쓴다. 교육청 입장에서, 교사의 대 학원 이수에 대한 보상을 방과 후 수업에 대한 보상으로 예산을 재배정하는 것이 예산비용에서의 증가 없이 학업성취를 증가시킬 수 있을 것이다.

차터스쿨(Charter Schools)의 혁신

K-12 교육에서 일부 최근의 혁신들은 교육생산과정에 대한 중요한 통찰을 제공한다. 차터스쿨은 전통적인 학교보다는 교과과정과 운영에 있어 보다 유연하다. 일부 도시들에서 "엄격한(no-excuse)" 규율의 차터스쿨을 시범적으로 시행하였는데, 이들은 수업일수(school day)를 늘리고 학생들의 품행을 강조하며 학생의 성취에 대한 높은 기대치를 설정하고 주기적인 시험을 통해 학생의 학습능력의 향상 여부를 모니터링하였다. 최근 연구들은 이러한 엄격한(no-excuse) 학교들이 학생들에 대한 유의한 학업성취 효과를 생산하였음을 제시한다.

엄격한 차터스쿨 시스템에 대한 좋은 예시는 뉴욕시 할렘(Harlem)가에 소재한 프로미스 아카데미이다. 이 학교들은 수업일수와 학년(school year)을 늘렸고, 또한 읽기와 수학에서 보충학습이 필요한 학생들에 대해 방과 후 교육을 제공한다. 이 아카데미의 학생들은 일반 학교의 학생들보다 평균적으로 약 2배의 시간을 학교공부에 할애하고 있다. 이 학교들은 성취문화(culture of achievement)와 학업에 매진하는 것(hard work)을 중시한다. 프로미스 아카데미의 가장 중요한 목표는 생산성이 높은 교사들을 채용하여 지속적으로 근속할 수 있는 여건을 조성하는 데 있으며, 교사의 성과를 측정하고 우수한 교사들을 포상하기 위해 표준화된 시험에서의 학생점수를 이용한다. 프로미스 아카데미 운영 초기에는 가장 효과적인 교사들만을 추구함에 따라 교사들의 이직률이 상대적으로 높았다(첫 해에 거의 50%).

최근 연구는 프로미스 아카데미 학교들이 큰 학업성취 성과를 낳았음을 보여준다(Dobbie and Fryer, 2009).

1. 아카데미 학교에 6학년으로 입학한 전형적인 학생이 입학 당시 수학과 읽기에서 뉴욕 학생들 가운데 백분위로 39번째의 성적을 기록하였다. 이후 8학년이 되어, 이 전형적인 아카데미 학생의 백분위 순위는 수학에서 74번째 그리고 읽기에서 53번째로 향상되었다.

2. 중학교 학생들의 경우를 살펴보면, 전형적인 흑인학생은 수학에서 백인학생 성적분포의 백분위 20번째로 차터스쿨에 입학하였다(백인학생들의 80%가 더 높은 점수를 받았다). 3년 후에, 이 전형적인 흑인 아카데미 학생은 백분위로 55번째에 도달하였다(백인학생들의 45%는 보다 높은 점수를 가지고 있었다).

보고된 학업성취 성과는 현저하게 크며, 저자들은 이러한 성과의 정도를 확인하고 원인들을 결정하기 위해 추가적인 연구가 필요하다고 제안한다. 저자들은 다음 두 가지 잠정적인 결론을 제시하였다. 첫째, 이러한 학업성취 성과의 주요 요인은 생산성이 낮은 교사들을 배제(deselecting)하고 우수한 교사들을 채용한 결과인 높은 교사생산성일 개연성이 있다. 둘째, 이러한 큰 학업성취 성과는, 보다 높은 교사생산성과 집중된 학습환경을 포함하여, 학교들의 여러 특성들의 복합적인 효과에 기인할 가능성이 있다.

기숙학교(boarding schools)의 학생들에 관한 최근의 연구는 가정환경의 학업성취에 대한 영향에 관해 몇 가지 시사점을 제공한다(Curto and Fryer, 2011). 기숙학교의 기본 취지는 부적절한 가정환경으로부터 학생을 격리하는 데 있다. 엄격한(no-excuse) 차터스쿨과 마찬가지로, 컬럼비아 특별구(Washington, DC)와 볼티모어에 위치한 SEED 학교들은 수업일수를 늘렸고, 방과 후 교육을 제공하고, 빈번한 시험을 통해 학습진도를 모니터링하며, 학업성취에 있어 높은 기대치를 갖는다.

SEED학교들의 보고된 학업성취 성과는 크다. SEED기숙학교의 효과를 측정하기 위해, 전통적인 공립학교에 다니고 가정에서 생활하는 학생을 SEED기숙학교로 전학시킨다고 가정하자. 저자들은 새로운 기숙학교에서의 1년의 생활이 수학에서 백분위 기준 9점(percentile points)과 읽기에서 백분위 기준 8점의 학업성취 효과를 발생시키는 것으로 보고한다. 예를 들면, 수학에서 백분위의 20번째로 입학한 학생은 최초 1년 후에 백분위의 29번째로, 두 번째 해 이후에 백분위의 37번째로, 그리고 마찬가지로 계속하여 네 번째 해 이후에 백분위의 56번째로 이동할 것이다. 이러한 학업성취 성과는 일반적인 엄격한 차터스쿨에서 발생하는 성과보다 약간 크며, 이는 기숙학교와 관련된 편익이 존재함을 나타낸다. 기숙의 모든 비용에 대한 주의 깊은 계산은 학업성취 성과가 일주일에 5일을 기숙사에서 생활하는 데 드는 큰 비용을 상쇄할 정도로 충분히 크지 않음을 제시한다.

교육예산지출의 전반적인 효과

교육생산함수에 대한 최근의 실증연구는 교육예산지출의 성인소득과 같은 장기적인 성과에 대한 효과를 추정하기 위해 시험점수를 넘어 고찰한다. 잭슨, 존슨, 그리고 페르시코(Jackson, Johnson, and Persico, 2016)는 교육비 지출과 성인소득(40~50세) 사이의 연관성에 대해 탐구한다. 특정 학생이 공립학교에 다니는 12년 동안 시행된 1인당 지출이 10% 증가했을 때의 효과를 고려하라. 지출의 증가는 (i) 교육이수에서 0.31년 증가 (0.31년의 추가 교육), (ii) 성인임금에서 7% 증가, 그리고 (iii)

성인빈곤발생률에서 3.2%p 감소를 초래한다.

증가된 지출의 긍정적 효과는 낮은-소득 가정의 아이들에 대해 보다 강력하다. 지출에서의 10% 증가에 있어, 그 효과는 여러 측면에서 보다 강력하다.

1. 고등학교 졸업 확률에서의 보다 큰 증가: 빈곤하지 않은 학생들에 대한 2.4%p와 대조되는, 낮은-소득 학생들에 대한 9.8%p 증가
2. 성인임금에서의 보다 큰 증가: 빈곤하지 않은 학생들에 대한 5.5%와 대조되는, 낮은-소득 학생들에 대한 9.6%
3. 빈곤율에서의 보다 큰 감소: 빈곤하지 않은 학생들에 대해 효과가 없는 것과 대조되는, 낮은-소득 학생들에 대한 6.1%p 감소

소득에 대한 추정된 효과들은 교육지출이 비용-편익분석을 통과함을 제시한다: 비용-편익 비율은 대략 3.0에 해당한다.

저자들은 학생들이 성인이 된 이후의 성과에 대한 교육지출의 긍정적 효과를 뒷받침하는 메커니즘을 탐구한다. 학생 1인당 지출에서의 10% 증가는 (i) 학생-교사 비율을 5.7%만큼 감소시키고(대략 1명에 해당하는 학급규모에서의 변화), (ii) 수업일수를 1.36일만큼 증가시키며, (iii) 교사 급여를 4%만큼 증가시킨다. 보다 높은 교사 급여는 높은 생산성의 교사들을 유치하고 유지하는 데 도움이 된다. 요약하면, 교육지출에서의 증가는 보다 긴 수업일수에 걸쳐 개별 학생과 매일 보다 많은 시간을 보내는 보다 나은 교사들을 고용한다.

03 지출 불평등과 공공정책

K-12 교육을 위한 전통적인 기금의 원천은 지방재산세이다. 1970년대부터, 여러 주(state)의 시민들은 학생 1명당 지출과 학업성취에 있어 학군 간 실질적인 불평등을 언급하며, 재산세에 의한 기금조달의 합헌성에 이의를 제기하였다. 대부분의 주 헌법에서 교육은 모든 시민들의 근본적인 권리로 확인된다. 반면에, 미국 헌법상에는 교육에 대한 법조항이 없으며, 따라서 재정지출 측면에서의 불평등이 미국 헌법을 위배한 사항이라고 보기는 어렵다.

교육재정의 합헌성에 이의를 제기하는 법정소송사건들의 결과로, 주들은 K-12

교육에서 평등에 대한 몇 가지 대안적인 개념들을 개발하였다(Yinger, 2004).

1. 적합성(adequacy)

개별 지역 학군은 주전역에 걸쳐 지켜지고 있는 일부 최소한의 표준(standard)을 충족하거나 능가하는 교육을 제공한다.

2. 접근 평등성(access equality)

개별 학군의 유권자들은 동일한 실질과세표준(effective tax base)에 접근할 수 있다. 이는 주어진 재산세율이 모든 학군에서 학생 1명당 동일한 수입(revenue)을 발생시킴을 의미한다.

3. 교육 평등성(educational equality)

개별 학군은 동일한 수준의 교육을 제공한다. 몇몇 법정소송사건들에서 교육 평등의 기준(standard)을 채택하였음에도 불구하고, 어느 법정도 어떻게 주(state)가 평등성을 측정해야 하는지에 대해 명시하지는 않았다.

평등에 대한 이러한 대안적인 개념들이 주어진 상황에서, 교육재정의 체계에서 주들 간 상당한 차이가 존재한다. 평등에 대한 이슈에 직면하는 대부분의 주들은 지출 불평등을 줄이는 데 초점을 맞춘다.

정부 간 교부금: 기금계획(Foundation Plans)

주들(states)은 학군 간 지출 불평등 문제를 해소하기 위해 몇 가지 유형의 정부 간 교부금(intergovernmental grants)을 사용한다. 기금교부금(foundation grant)체계하에서, 주는 상대적으로 낮은 재산세 과세표준(property tax base)을 갖는 학군에 보다 큰 교부금을 제공한다. 학생 1명당 기금교부금은 다음과 같다

교부금 = 기금수준 − 기금세율 · L

여기서 L은 학생 1명당 지방재산가치(학생 1명당 재산세 과세표준)를 의미한다. 기금교부금은 기금수준과, 이 학군에 기금세율을 부과할 경우 징수가능한, 지방세입 간 차이와 일치한다. 설명을 위해, $5,000의 기금수준과 2%(0.02)의 기금세율을 갖는 주(state)를 고려하라. 학생 1명당 $200,000의 재산가치를 지닌 학군의 경우, 기

금교부금은 $1,000에 해당한다:

$$기금교부금 = \$5,000 - 0.02 \cdot \$200,000 = \$1,000$$

기금교부금은 실제 지방세율로부터 독립적임을 주지하라. 앞에서의 예제를 지속하면, 표 22-4는 상이한 지방세율하에서의 지출선택들을 보여준다. 학생 1명당 $200,000의 지방과세표준이 주어지면, 이 과세의 매 백분율 증가에 대해 지방세입과 지출은 $2,000만큼 증가한다. 만일 이 학군이 1.7%의 세율을 책정하면, 이는 학생 1명당 $3,400의 지방세입을 발생시킨다. 이 지방세입을 $1,000의 기금교부금에 더하면, 이 학군은 학생 1명당 $4,400를 지출할 수 있다. 1.8%의 보다 높은 세율은 지방재산세에서 $3,600을 발생시키지만, 교부금을 변화시키지 않으며, 따라서 교육지출이 $200만큼 증가한다. 반대로 지방세율에서 1.5%로의 감소는 지방의 기여를 $400만큼 감소시켜 교육지출을 동일한 금액만큼 감소시킨다.

▎표 22-4 기금교부금 관련 세금과 지출선택

지방세율	지방세입	기금교부금	교육지출
1.7%	$3,400	$1,000	$4,400
1.8%	$3,600	$1,000	$4,600
1.5%	$3,000	$1,000	$4,000

주: 원서에서 1.8%의 세율 시 교육지출은 $6,000이나 $4,600로 수정(역자 주)

기금교부금 배정 원칙은 보다 낮은 과세표준을 갖는 학군에게 보다 많은 예산을 제공하는 것이다. 기금세율은 교부금이 지방재산과세표준에 따라 달라지는 비율을 결정한다. 예를 들어, 0.02의 기금세율은 매 추가적인 달러의 재산가치가 교부금을 $0.02만큼 감소시킴을 의미한다. 학생 1인당 단지 $220,000의 재산가치가 있는 학군에 대해, 기금교부금은 $1,000 대신에 $600이 된다:

$$기금교부금 = \$5,000 - 0.02 \cdot \$220,000 = \$600$$

이 학군은 과세표준이 $20,000 더 높기 때문에 추가적으로 학생 1인당 교부금을 $400 적게 배정받게 된다($400 = 0.02 \times \$20,000$).

기금교부금에 대한 반응

이전의 장에서 보았듯이, 정부 간 교부금에 대한 지방정부의 반응을 예측하기 위해 소비자선택모형을 중위-투표자결과와 결합할 수 있다. 그림 22-4에서, 점 a는 $3,400과 일치하는 학생 1명당 교육지출을 갖는 중위-투표자의 초기(교부금 이전) 효용-극대화 선택을 보여준다. 중위 재산가치는 $200,000로, 교육에 대한 $3,400을 발생시키기 위해 지방세율은 1.7%에 해당한다. $1,000의 기금교부금은 예산선을 $1,000만큼 오른쪽으로 이동시키고, 점 b는 한계대체율이 가격비율과 동일한 교육과 여타 재화의 새로운 효용-극대화 묶음을 보여준다. $1,000의 교부금은 교육에 대한 지출을 $600만큼 증가시키고 다른 재화에 대한 지출을 $400만큼 증가시킨다.

중위-투표자의 합리적인 반응은 교부금의 일부를 다른 지방공공재와 사적 재화를 포함하는 여타 재화에 지출하는 것이다. 시민들로 하여금 교부금의 일부를 사적 재화에 지출할 수 있도록 하기 위해 이 학군은 재산세율을 인하한다. $4,000의 교육지출과 $1,000의 기금교부금하에서, 지방의 기여는 단지 $3,000이다. 따라서, 이 학군은 세율을 1.7%에서 1.5%로 낮춘다:

$3,000 = 0.015 · $200,000

1.7%에서 1.5%로의 세금감면은 $400을 다른 재화에 지출할 수 있게 한다. 요약하면, 기금교부금은 교육지출을 늘리는 동시에 다른 재화에 대한 지출을 증가시키

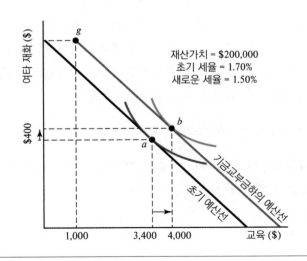

▲ 그림 22-4 기금교부금에 대한 반응

는 세금경감을 제공한다.

그림 22-4의 수치적 예는 기금교부금에 대한 반응에 관한 실증연구와 일치한다 (Evans, Murray, and Schwab, 2001; Card and Payne, 2002). 낮은-지출 학군에서 평균 적으로 기금교부금의 60%가 교육에 할당되고 나머지 40%는 다른 재화에 할당된다. 이는 파리잡이종이효과(flypaper effect)의 또 다른 예이다: 교부금 금액의 상대적으 로 큰 부분이 이것이 처음으로 부딪치는 곳(학군)에 달라붙는다.

기금교부금 제도의 목적은 학군 간 교육지출에서의 불평등을 줄이는 것이다. 가장 큰 교부금이 가장 낮은 재산가치를 갖는 학군에 배정되고, 이에 따라 교육에 대한 가 장 큰 자극(stimulus)이 낮은-부(wealth)의 학군에서 발생한다. 뒤에서 살펴보겠지만, 실증연구들은 기금교부금들이 실제로 교육지출 격차를 줄이는 것으로 제시한다.

대응교부금: 보증된 과세표준

이제 교육지출에 대한 대응교부금(matching grant) 제도에 대해서 살펴보자. 대응 교부금하에서 지방세로부터 발생된 모든 달러는 주(state)로부터 m달러의 추가 수입 에 의해 대응 교부된다. 예를 들어, 만일 m = $0.25이라면 지방세 수입의 개별 달 러는 주(state) 교부금을 $0.25만큼 증가시키며, 이에 따라 학군은 $1의 지방비용만 으로 $1.25의 교육지출이 가능하다. 일반적으로, 교육지출 1달러당 지방비용은 다음 과 같다.

1달러당 지방비용 = $1/(1+m)$

여기서 m은 대응비율이다. 상기 예에서, 교육 1달러당 지방비용은 다음과 같다.

1달러당 지방비용 = $1/1.25$ = $0.80

기금교부금과 비교해서, 대응교부금은 소득효과와 대체효과를 가지므로 보다 큰 자극효과를 갖는다. 기금교부금과 같이, 대응교부금은 중위투표자의 실질 소득을 증 가시켜 교육을 포함하는 모든 "정상" 재화에 대한 요구되는 지출을 증가시킨다(소득 효과). 대응교부금은 또한 교육지출의 기회비용을 감소시켜, 중위투표자가 다른 재 화 소비 대신 교육으로 대체함에 따라 교육지출을 증가시키는 대체효과를 유발하게 된다. 이 예에서, 0.25의 대응비율은 교육지출의 기회비용(지방비용)을 $1.00에서 $0.80로 감소시킨다.

교육에 대한 전통적인 대응교부금 프로그램은, 학군재력균등화(district power equalizing)

로도 알려진, 보증된 과세표준계획(GTB: guaranteed tax base plan)이다. 주(state)는 학생 1명당 보증된 과세표준을 규정하며, 이는 개별 학군이 동일한 실질과세표준에 접근할 수 있음을 의미한다. 학생 1명당 교부금은 다음과 같다.

보증된 과세표준계획 교부금 = 지방세율 · (B − L)

여기서 B는 학생 1명당 보증된 과세표준이며, L은 학생 1명당 지방과세표준에 해당한다. 각 학군에서는 세율을 선정하며, 세율에서의 증가는 지방세입을 증가시키고 보증된 과세표준계획 교부금 역시 증가시킨다.

표 22−5는 학생 1명당 지방과세표준인 L이 $200,000인 학군의 보증된 과세표준 계획(GTB)을 제시한다. 보증된 과세표준 B가 $250,000이고 이에 따라 두 과세표준 간 격차는 $50,000이다. 2%의 세율에서, 이 학군은 $5,000의 총 교육지출에 대해 $4,000을 지방에서 받고 $1,000의 교부금을 받는다. 세율에서 3%로의 증가는 $2,500의 총 증가에 대해 지방세입을 ($6,000로) $2,000만큼 증가시키고 교부금을 $500만큼 증가시킨다. 교육의 1달러당 지방비용은 $0.80에 해당한다:

1달러당 지방비용 = △지방세입/△교육지출 = 2,000/2,500 = $0.80

일반적으로, 보증된 과세표준계획 교부금하에서 교육의 1달러당 지방비용은 보증된 과세표준 대비 지방과세표준의 비율과 일치한다. 상기 예에서, 1달러당 지방비용은 다음과 같다.

1달러당 지방비용 = L/B = $200,0000/$250,000 = $0.80

▎표 22-5 보증된 과세표준계획 하에서의 과세와 지출 조합

지방세율	지방세입	교부금	교육지출
2%	$4,000	$1,000	$5,000
3%	$6,000	$1,500	$7,500

균등화계획의 지출불균등과 학업성취불균등에 대한 효과

1970년대와 1980년대에, 일련의 주법원 판례들은 교육재정시스템의 개혁을 명령하였다. 이로 인한 교육재정개혁의 물결은 일반적으로 학군 간 학생 1명당 동일한 지출로 정의되는 교육지출에서의 형평성 개념에 기초하였다. 에반스, 머레이, 그리고 슈와브(Evans, Murray, and Schwab, 2001)는 이 개혁의 물결에 대한 연구들을 요약한다. 주들(states)은 "상향 조정하거나"(낮은-지출 학군에서 지출을 증가시키거나) 혹은 "하향 조정하는"(높은-지출 학군에서 지출을 감소시키는) 선택권을 가지고 있었다. 대부분의 주에서 지출을 "상향 조정하기 위한" 기금계획을 선택하였으나 일부 예외는 있었다. 평균적으로, 균등화 프로그램들은 주 내 학군들 간 지출 격차를 38%로 16%만큼 감소시켰다. 전반적으로, 낮은-지출의 학군은 추가 교부금의 대략 40%를 지방세를 줄이는 데 사용했으며, 학생 1명당 지출을 늘리기 위해 60%를 사용하였다.

교육재정개혁의 다음 물결은 1990년대에 시작되었다. 이 개혁의 물결은 형평성과 적정성(adequacy)의 개념에 기초하며, 적정성은 학생 1명당 지출수준으로 정의된다. 재정체계에 대한 기준으로서 적정성의 포함은 하향-조정이 더 이상 주정부들에게 있어 실용적인 선택가능 대안이 아님을 의미한다.

가장 최근의 개혁 물결에 대한 연구에서, 실증분석은 낮은-소득 학군 대 높은-소득 학군 간 비교에 초점을 맞춘다(LaFortune, Rothstein, and Schanzenbach, 2015). 핵심적인 물음은 균등화 프로그램들이 다양한 평균가구소득을 가진 학군들 간 지출 격차에 어떻게 영향을 미치는가이다. 세 가지 주요한 결과들이 존재한다.

1. 낮은-소득 학군들에 대한 보다 큰 교부금

1991년 오하이오 주(개혁 이전)에서, 전형적인 낮은-소득 학군(하위 20%)은 높은-소득 학군(상위 20%)보다 학생 1명당 $1,102을 더 받았다. 2011년에, 낮은-소득 학군에 대한 교부금과 높은-소득 학군에 대한 교부금 간 차이는 학생 1명당 $3,387이었다.

2. 낮은-소득 학군에서 학생 1명당 지출에서의 보다 큰 증가

주들 간 평균적으로, 개혁의 시행은 낮은-소득 학군에서의 학생 1명당 지출을 $1,023만큼 증가시켰으며, 이는 높은-소득 학군에서의 $510과 대조된다. 지출에서 $1,023 증가는 낮은-소득 학군에서의 지출의 대략 10%에 해당한다.

3. 학업성취 격차의 감소

상대적 지출의 변화는 교육성취 격차를 감소시켰다: 낮은-소득 학군의 시험성적이 높은-소득 학군의 시험성적에 비해 증가하였다.

1994년도에 미시건주(state of Michigan)는 주의 학교재정시스템에 대한 포괄적인 개편인 제안서 A를 채택하였다. 주정부는 교육기금의 원천인 지방재산세를 폐지하는 대신 손실된 재원을 보전하기 위해 주 판매세(state sales tax)를 증가하였다. 제안서 A는 대체로 학교 지출에 대한 지역의 재량권을 없애고 K-12 지출에 대한 주의 비중을 증가시켰다. 학교 지출에 대한 주정부의 비중은 1994년 32%에서 1995년 79%로 증가하였다. 주정부는 낮은-지출 학군에 더 많은 보조금을 배부하여 낮은-지출 학군들이 다른 지역보다 더 빠르게 지출을 증가시킬 수 있도록 한다. 재정시스템은, 특수 교육, "위험에 처한" 학생(역자 주: 학문적으로 성공하기 위해 일시적 또는 지속적인 개입이 필요한 학생)과 기타 프로그램을 위한 개별 보조금을 통해 추가적인 기금을 갖는, 기금교부금체계에 대체로 의존한다.

미시건주의 개혁은 학군 간 지출 격차를 감소시켰다. 1991년에, 95번째 백분위수의 학생 1명당 지출은 $8,620로, 5번째 백분위수에서의 $4,680과 대조된다. 2000년에, 수치들은 95번째 백분위수에 대해 $9,285이었고 5번째 백분위수에 대해 $6,385이었다. 다시 말해, 95/5 비율이 1.84에서 1.46으로 감소하였다. 1991년과 2000년 사이 학생 1명당 평균 지출은 주 전체적으로 26%만큼 증가하여, 상위 지출 10분위 학군들에 대한 3.1%와 최하위 10분위 학군들에 대한 42.8%에 비교된다. 전반적으로, 도시지역 학군은 다른 학군에 비해 작은 지출이득을 경험하였다(20% 대 27%). 가장 작은 이득을 경험한 학군들의 대부분은 디트로이트 지역에 해당하지만, 대부분의 대도시권 내 도심(inner-city) 학군에서 큰 지출증가를 경험하였다(디트로이트, 32%; 플린트, 38%; 랜싱, 32%).

미시건 개혁안이 학생들의 교육성취를 증가시켰다는 일부 증거가 존재한다. 로이(Roy, 2011)는 보다 낮은 학년에서 학생 1명당 $1,000 증가가 읽기에서 0.20에서 0.40까지의 표준편차만큼 그리고 수학에서 0.40에서 0.55까지의 표준편차만큼 시험성적(통과율)을 증가시키는 것으로 추정한다. 패프케(Papke, 2005)는 학생 1명당 지출에서의 10% 증가가 시험성적(통과율)을 약 2.2%p만큼 증가시키는 것으로 추정한다.

이 장의 앞부분에서 본 바와 같이, 잭슨, 존슨, 그리고, 페르시코(Jackson, Johnson, and Persico, 2016)의 연구는 교육지출에서의 증가가 성년 이후 수입을 증가시킨다는 것을 보여준다. 이 연구를 위한 자료는 미시건주의 제안서 A에서 도출되었다. 이 연구는 증가된 지출의 긍정적인 효과는 낮은-소득층 학생들에 대해 보다 크다는 것을 보여준다: 낮은-소득층 학생들에 대해 교육비 1달러당 보다 큰 효과가 존재한다. 미시건주 개혁프로그램은 낮은-소득 학군에서의 지출을 상대적으로 큰 금액만큼 증가시켰으며, 따라서 이 프로그램은 1달러당 효과가 보다 큰 학군들에 보다 많은 예산을 배정하였다.

　중심도시 학교들은 균등화 프로그램하에서 어떻게 하고 있는가? 중심도시 학교들은 학생들의 상당 부분이 낮은-소득 가구출신이기 때문에 상대적으로 높은 비용을 갖는다. 중심도시 학교들은 안전조치, 가정과 건강의 위기에 대한 대응, 그리고 취약한 교육적 준비와 영어실력을 갖는 아이들을 가르치는 데 보다 많은 시간과 자원을 할애한다. 중심도시 학교들은 상대적으로 높은 비용을 가지며 개혁이 실행되기 이전에 이미 평균-이상의 지출수준을 가지고 있었다. 결과적으로, 그들은 종종 균등화 프로그램으로부터 상대적으로 작은 혜택을 받고 일부 경우에 있어 실제로 보다 적은 돈을 받는다(Courant and Loeb, 1997; Duncombe and Yinger, 1997). 만일 기금 공식이 비용에서의 차이를 감안하도록 수정된다면, 일부 중심도시 학군들은 균등화 프로그램의 일부로서 실질적으로 보다 큰 정부 간 교부금을 받을 것이다.

개념에 대한 복습

01 평균적인 교사(백분위 기준 50번째)의 백분위 기준 84번째 교사에 의한 대체는 일반 학생의 시험점수를 [_____][↑, ↓, −], 이는 해당 학생을 백분위 기준 50번째에서 [_____](45번째, 58번째, 99번째)로 이동시킬 것이다.

02 20명의 학생으로 구성된 학급에 있어, 평균적인 교사에 비해 우수한 교사(백분위 기준 84번째)의 경제적 가치는 [_____]($10,000, $50,000, $426,000) 이상이다.

03 전형적인 교사의 임금은 주로 [_____]와/과 [_____]에 의해 결정된다.

04 대학원 교육의 증가는 교사의 생산성을 [_____][↑, ↓, −].

05 교직경력은 초기 [_____](1, 3, 9, 20)년에 한해 교사의 생산성을 증가시킨다.

06 교사의 시간 배분의 효율성을 향상시키려면, 1시간의 대학원 학업에 대한 금전적 보상보다 1시간의 방과 후 수업에 대한 금전적 보상을 [_____](<, =, >).

07 학교지출의 장기적인 효과에 대한 연구는 지출의 10% 증가가 [_____]와/과 [_____]을/를 증가시키고 [_____]을/를 감소시킴을 제시한다.

08 지방세율에서의 증가는 기금교부금을 [_____][↑, ↓, −], 대응교부금을 [_____] [↑, ↓, −].

09 $6,000의 기금수준과 3%의 기금세율을 갖는 주(state)를 고려하라. $180,000의 학생 1명당 재산가치를 갖는 학군에 대해, 기금교부금은 $[_____]이다.

10 균등화 프로그램에 있어, 대략 [_____](1, 10, 60, 90)%의 교부금이 교육에 지출된다.

11 보증된 과세표준계획 교부금에 대한 대응비율이 1/3이라고 가정하라. 교육의 1달러당 지방비용은 $[_____]에 해당한다.

12 교부금의 자극효과는 [_____](기금, 보증된 과세표준계획) 교부금에 있어 보다 크며, 이는 [_____]효과를 갖기 때문이다.

13 증가된 교육지출의 정(+)의 효과는 높은-소득 가구 학생들보다 낮은-소득 가구 학생들에 있어서 [_____].

14 각각의 변수조합에 대해 상호관계가 정(+)인지, 부(−)인지, 중립인지, 또는 애매한지를 나타내라.

모수	선택변수	관계
학생 1명당 지방세 과세표준	기금교부금	[_____]
지방세율	기금교부금	[_____]
보증된 과세표준계획 대응비율	교육의 1달러당 지방비용	[_____]
지방세율	보증된 과세표준계획 교부금	[_____]

개념들을 응용하는 연습문제

01 구술능력 대 경력

교사의 생산성에 대한 두 가지 투입요소인 (SAT점수로 측정된) 구술능력과 (년 단위의) 교사경력을 고려하라.

a. 이 장에 제시된 교사의 생산성에 관한 실증결과들에 기초하여, 수평축에 경력(0에서 20년)과 수직축은 구술능력(200에서 800점)을 갖는, 교육에 대한 등량선을 그려라.

b. 경력의 비용은 연간 $1,000이고 구술능력의 비용은 SAT시험에서의 1점당 $10이라고 가정하라. 비용-최소화 투입요소 혼합(mix)을 도출하기 위해 투입요소선택모형을 이용하라.

02 효율적인 교사수

720명의 학생을 갖는 학교를 고려하라. 학급규모는 채용된 교사의 수(t)에 의해 결정된다. 총 성취도는 $A = 360 \cdot \ln(t)$로 계산되며, 여기서 ln은 자연로그이다. 미분법을 이용하면, 교사의 한계편익은 $mb(A) = 360/t$이다. 성취의 금전적 가치는 1단위당 $1이며, 교사의 한계비용은 $w = \$10$이다. 효율적인 교사수($t^E$)와 효율적인 학급규모($S^E$)를 포함하여, 효율적인 결과를 설명하라.

03 방과 후 수업시간

방과 후 수업시간(h)의 한계편익이 $mb(h) = 200/h$이고 한계비용이 $mc(h) = 2 \cdot h$라고 가정하라. 효율적인 시간(h)과 방과 후 수업시간의 시간당 임금을 포함하여, 효율적인 결과를 설명하라.

04 기금교부금

$L = \$200,000$의 학군을 고려하라. 초기 교육지출은 $E^* = \$3,000$이다. 기금수준은 $6,000이고 기금세율은 2%이다. 교부금의 60%가 교육에 지출된다고 가정하라.

a. 교부금의 가치(G), 새로운 교육지출(E^{**}), 그리고 다른 재화에 대한 지출의 변화($\triangle A$)를 포함하여, 기금교부금의 교육지출에 대한 효과를 설명하라.

b. 초기(교부금 이전) 지방세율은 $t^* = [\underline{\hspace{3em}}]$이고, 새로운 세율은 $t^{**} = [\underline{\hspace{3em}}]$이다.

05 보증된 과세표준계획 교부금에 대한 반응
초기(교부금 이전) 교육지출 E* = $6,000인 학군을 고려하라. 보증된 과세표준계획 교부금에 대한 대응비율 m = 0.25이다. 교육지출에 대한 수요의 가격탄력성은 −1.50이다. 교육의 새로운 가격(p** = 1달러당 지방비용)과 교육에 대한 새로운 지출(E**)을 포함하여, 보증된 과세표준계획 프로그램의 교육지출에 대한 효과를 설명하라.

참고문헌과 추가적인 읽을 거리

Card, David, and Abigail Payne, "School Finance Reform, the Distribution of Test School Spending, and the Distribution of Student Test Scores." *Journal of Public Economics* 83 (2002), pp. 49–82.

Chaudhary, Latika, "Education Inputs, Student Performance, and School Finance Reform in Michigan." *Economics of Education Review* 28 (2009), pp. 90–98.

Chetty, Raj, John Friedmand, Nathaniel Hilger, Emmanueal Saez, Diane Witmore Schanzenbach, and Danny Yagan, "How Does Your Kindergarten Classroom Affect Your Earnings? Evidence from Project STAR," NBER Working Paper (2010).

Chetty, Raj, John Friedman, and Jonah Rockoff, "Measuring the Impacts of Teachers II: Teacher Value–Added and Student Outcomes in Adulthood." *American Economic Review* 104 (2014), pp. 2633–79.

Courant, Paul N., and Susanna Loeb, "Centralization of School Finance in Michigan." *Journal of Policy Analysis and Management* 16. 1 (1997), pp. 114–36.

Cullen, J.B., and S. Loeb, "K-12 education in Michigan." In C. Ballard, P. N. Courant, D. C. Drake, R. Fischer, and E. R. Gerber (Eds.), *Michigan at the Millennium: A Benchmark and Analysis of its Fiscal and Economic Structure.* Ann Arbor, Michigan: Center for Local, State, and Urban Policy, 2003.

Ding, Weili, and Steven Lehrer, "Do Peers Affect Student Achievement in China's Secondary Schools?" *Review of Economics and Statistics* 89 (2007), pp. 300–312.

Dobbie, Will, and Roland Fryer, "Are High–Quality Schools Enough to Close the Achievement Gap? Evidence from a Bold Social Experiment in Harlem," Working Paper, Harvard University 2009.

Dobbie, Will, and Roland Fryer, "Getting beneath the Veil of Effective Schools: Evidence from New York City," *American Economic Journal: Applied Economics* 5 (2013): 28–60.

Duncombe, William, and John Yinger, "Why Is It So Hard to Help Central– City Schools?" *Journal of Policy Analysis and Management* 16. 1 (1997), pp. 85–113.

Evans, William N., Sheila E. Murray, and Robert M. Schwab, "Schoolhouses, Courthouses, and Statehouses after Serrano." *Journal of Policy Analysis and Management* 16. 1 (1997), pp. 10–31.

Evans, William N., Sheila E. Murray, and Robert M. Schwab. "The Property Tax and Education Finance, Uneasy Compromises." In *Property Taxation and Local Government Finance,* edited by Wallace E. Oates. Cambridge, Mass.: Lincoln Institute of Land Policy, 2001.

Fredriksson, Peter, Bjorn Ockert, and Hessel Oosterbeek, "Long−Term Effects of Class Size." *Quarterly Journal of Economics*, 128 (2013), pp. 249−285.

Hanushek, Eric, *The Economic Value of Higher Teacher Quality*. Washington, DC: The Urban Institute, 2010.

Hanushek, Eric A., and Steven G. Rivkin. "Generalizations about Using Value Added Measures of Teacher Quality." *American Economic Review: Papers and Proceedings* 100 (2010), pp. 267−71.

Jackson, C. Kirabo, Rucher C. Johnson, and Claudia Persico, "The Effects of School Spending on Educational and Economic Outcomes: Evidence from School Finance Reforms." *Quarterly Journal of Economics* (2016), pp. 157−218.

Kreuger, Alan, "Experimental Estimates of Education Production Functions," *Quarterly Journal of Economics* (1999), pp. 497−532.

LaFortune, Julien, Jesse Rothstein, and Diane Whitmore Schanzenbach, "School Finance Reform and the Distribution of Student Achievement," *National Bureau of Economic Research,* November 2015.

Papke, Leslie, "The Effects of Changes in Michigan's School Finance System." *Public Finance Review* 36. 4 (2008), pp. 456−74.

Sund, Krister, "Estimating peer effects in Swedish High School Using School, Teacher and Student Fixed Effects." *Economics of Education Review* 28 (2009), pp. 329−36.

Roy, Joydeep, "Impact of School Finance Reform on Resource Equalization and Academic Performance: Evidence from Michigan," *Education Finance and Policy*, 6. 2 (Spring 2011), pp. 137−67.

Tiebout, C, "A Pure Theory of Local Expenditures." *Journal of Political Economy* 64 (1956), pp. 416−24.

Yinger, John (ed.), *Helping Children Left Behind: State Aid and the Pursuit of Educational Equity*. Cambridge: MIT Press, 2004.

U.S. Bureau of the Census. Census of Governments, 2012.

범죄와 공공정책

탐정소설 작가인 얼 가드너(Erle Gardner)는 소설에 사용된 단어 숫자에 따라 원고료가 지불되었으며, 그의 소설 속 악당들은 항상 총의 마지막 탄알에 의해 사살되었다. 왜 그의 소설 속 주인공들은 처음 다섯 발의 총격 발사에서는 그렇게 부주의한지에 대해 물었을 때, 그는 "매번 내가 소설에서 빵하고 쏠 때마다, 나는 3센트를 번다. 만일 내 소설 주인공이 그의 총에 15센트 가치의 발사용 탄알을 소지하고 있음에도 당신은 내가 그 총격전을 먼저 끝낼 것이라고 생각한다면, 당신은 얼간이이다"라고 답했다.

―바틀(Bartlett)이 저술한 일화집(2000)

이 장에서는 재산의 이전(transfer)과 관련된 범죄의 경제학에 대해 고찰한다. 합리적이고, 효용―극대화를 하는 범죄자의 모형을 개발하며, 범죄자는 기대편익이 기대비용을 능가한다면 대물범죄(property crime)를 저지른다. 범죄를 통제하는 전통적인 접근방식은 범죄에 대한 처벌의 확실성과 단호함을 높이기 위해 경찰, 형사법원, 그리고 교도소에 자원을 할당하는 것이다. 다음에서 살펴보겠지만, 견고한 이론과 실증적 기반에 기초하는 또 다른 접근이 존재하며, 이는 중퇴율을 낮추고 합법적인 고용에 대한 수익을 높이기 위해 교육에 투자하는 것이다.

01 범죄에 대한 사실들

재산의 취득을 목적으로 동기가 부여되는 범죄는 합리적 선택에 대한 전통적 모형으로 설명이 가능하지만, 폭력범죄의 동기는 훨씬 더 복잡하다. 그럼에도 불구하고 폭력범죄는 입지 선정과 주택 및 토지에 대한 시장들에 영향을 미치기 때문에 도시경제학과 관련이 있다. 2010년에 폭력범죄(폭력, 강도, 강간/성폭행, 그리고 살인)의 피해율이 1,000명당 19.3명이었다. 대략 절반의 폭력범죄는 상해를 야기하지 않는 폭력이다. 살인율은 100,000명당 6명이었다.

표 23-1 대물범죄에 대한 피해율

	1,000명 또는 가구당 비율
강도	2.2
가정 빈집털이	26.3
자동차 절도	6.6
절도: $250 미만	94.8
절도: $250 이상	27.0

출처: U.S. Bureau of Justice, *Criminal Victimization in the United States*, 2011.

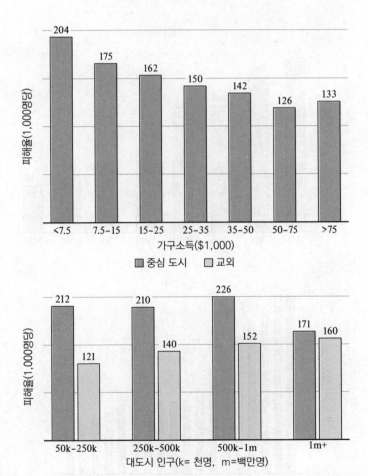

출처: U.S. Bureau of Justice, *Criminal Victimization in the United States*, 2011

▲ 그림 23-1 범죄 피해율: 소득과 지리적 입지

표 23-1은 1,000명 또는 가구당 희생자의 수로 보고된 대물범죄의 피해비율을 보여준다. 강도는 범죄자와 피해자 사이의 직접적인 상호작용을 포함하는 재산 이전으로 정의되는 무력 범죄이다. 이와는 대조적으로, 다른 대물범죄(빈집털이, 자동차 절도, 일반 절도)는 스텔스(stealth: 레이더에 의한 탐지를 어렵게 하는 기술) 범죄로서 범죄자와 피해자 사이의 접촉을 포함하지 않는다.

그림 23-1은 소득과 지리적 입지에 따른 범죄 피해율을 보여준다. 상단을 보면, 범죄 피해율은 일반적으로 소득이 증가함에 따라 감소한다. 최저 소득층의 가구는 중간 및 고소득층의 가구들보다 범죄 피해율이 40~50% 높다. 하단을 보면 중심

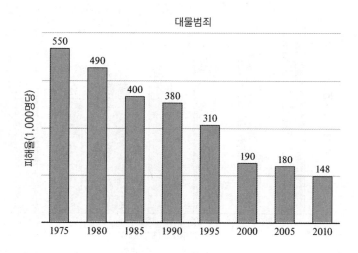

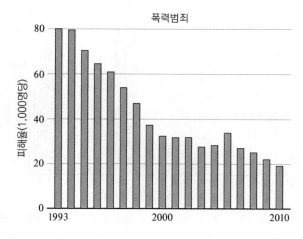

출처: U.S. Bureau of Justice, NCVS Victimization Analysis Tool, 2017.

▲ 그림 23-2 범죄 피해율의 시간적 추세

도시의 피해율이 교외 지역의 피해율을 초과하지만, 대도시지역에서는 상대적으로 차이가 작다. 중심 도시의 경우, 가장 큰 대도시지역들이 가장 낮은 피해율을 갖는다. 이것은, 가장 큰 대도시지역들의 중심도시들이 가장 높은 피해율을 가졌던, 10~15년 전과 비교했을 때 극적인 반전이다.

그림 23-2는 대물범죄와 강력범죄의 피해율에서 시간 추세를 보여준다. 상단 그림에서 보여지는 바와 같이 2010년 대물범죄의 피해율은 1975년 경험한 피해율의 약 4분의 1을 겨우 상회하였다. 폭력범죄에 있어 1973년에서 1993년 사이 피해율은 비교적 안정적이었다. 하단의 그림에서 보여지듯이, 2010년 폭력범죄에 대한 피해율은 1993년에 경험한 최고 비율의 대략 1/4이었다.

02 합리적인 범죄자의 모형

이 장의 본 절에서는 대물범죄를 저지를지 여부의 결정에 대해 고찰한다. 기대편익이 기대비용을 능가하는 경우에 범죄를 저지르는 합리적인 범죄자에 대한 모형을 개발한다. 범죄의 편익과 비용, 그리고 이에 따른 범죄율에 대한 공공정책의 영향을 보여주기 위해 이 모형을 이용한다. 정책 대응들은 범죄에 대한 처벌의 확실성(certainty)과 가혹성(severity)에서의 변화를 포함한다. 이 모형은 범죄행위의 발생률이 왜 고교중퇴자들과 여타 낮은-소득 개인들에서 상대적으로 높은가를 설명한다.

범죄로부터의 기대효용

절도를 계획하고 실행하기 위해 하루를 보내는 것을 생각하고 있는 효용-극대화 경제주체, 노타바르톨로(줄여서 바트)를 고려하라. 바트가 범죄를 저지르는 데 있어서 체포되어 처벌을 받을 가능성이 있으므로 이에 대해 불확실성이 존재한다. 제24장(미시경제학 모형)에서 설명되듯이, 위험한 환경의 특성을 나타내기 위해 복권을 이용할 수 있다. 복권은 가능한 결과 R_1과 R_2, 그리고 이와 관련된 확률 r_1과 r_2에 대한 하나의 목록이다.

$$L = \{R_1, R_2; r_1, r_2\}$$

잠재적 도둑 바트의 경우 복권은 다음과 같다

L = {$120, −$25; 3/5, 2/5}

R_1 = $120은 범죄로부터의 부정이득(loot)이고, R_2 = −$25은 범죄를 저지르다 붙잡혔을 때의 처벌(penalty)을 나타낸다. 성공확률은 r_1 = 3/5이고 실패(붙잡히고 처벌을 받는 것)확률은 r_2 = 2/5이다.

범죄복권은 양(+)의 보수와 음(−)의 보수를 가지며, 금전적 이득과 손실에 대해 정의된 효용함수를 이용할 수 있다. 이득과 손실로부터의 효용에서의 변화는

이득: $\triangle u$ = $g \cdot R$, R > 0의 경우
손실: $\triangle u$ = $l \cdot R$, R < 0의 경우

여기서 R은 양수(이득, R_1 > 0) 또는 음수(손실, R_2 < 0)이다. 대부분의 사람들은 손실회피를 나타낸다: 부(wealth)에서의 손실은 부에서의 동등한 이득보다 효용에 보다 큰 영향을 미친다. 다시 말해, 손실에 수반되는 고통은 동일한 규모의 이득과 연관된 즐거움을 능가하며, 따라서 l > g. 일반적인 수치적 가정은 $1 손실의 고통이 $1 이득의 즐거움의 2배에 해당한다: l = $2 \cdot g$.

대부분의 사람들과 마찬가지로 바트의 선호가 손실회피를 나타내는 것으로 가정한다. g = 얻은 달러당 3유틸(utils)과 l = 잃은 달러당 6유틸을 가정하라. 이 경우, 손실은 이득의 즐거움에 비해 두 배나 고통스럽다. 그림 23−3에서 수평축은 이득(우측)과 손실(좌측)을 보여주고, 수직축은 유틸로 표시된 효용의 변화를 보여준다. 이득에 있어, 효용곡선의 기울기는 g = 달러당 3유틸이다. 손실에 있어, 효용곡선의 기울기는 l = 달러당 6유틸이다.

그림 23−3은 범죄복권의 기대효용을 어떻게 계산하는지를 보여준다. 점 s는 성공적인 절도의 결과(부의 변화 = $120과 효용의 변화 = 360유틸)를 보여주고, 점 f는 실패한 범죄의 결과(부의 변화 = −$25과 효용의 변화 = −150유틸)를 보여준다. 범죄로부터의 기대효용(eu)은 두 결과의 가중 평균이며, 가중치는 성공과 실패에 대한 각각의 확률과 같다.

eu = 3/5 · 360유틸 − 2/5 · 150유틸 = 156유틸

그림 23−3에서, 확률 조절기(slider)는 실패한 결과의 효용에서 성공적인 결과의 효용까지 거리의 3/5이며, 따라서 범죄복권의 기대효용은 eu = 156유틸이다.

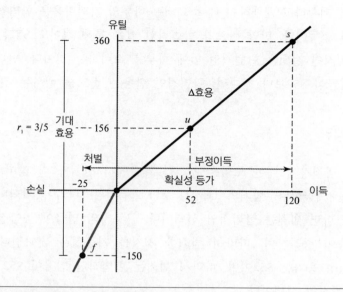

▲ 그림 23-3 범죄로부터의 기대효용

확실성 등가(Certainty Equivalent)와 범죄에 대한 결정

제24장(미시경제학 모형)에서 설명되듯이, 복권의 확실성 등가는 기대효용을 확실한 달러 금액으로 환산한다. 확실성 등가에 대한 표시로 CE를 이용하면,

u(CE) = eu(복권)

즉, 확실성 등가의 효용은 복권의 기대효용과 같다. 양(+)의 기대효용을 갖는 이득−손실 복권의 경우, 확실성 등가는 g에 의해 나눠진 기대효용으로, 얻은 달러당 효용에서의 변화이다.

CE = eu/g

상기 예에서, g = 3이고 기대효용은 156유틸이므로 확실성 등가는 $52이다.

CE = eu/g = 156/3 = $52

만약 1달러가 3유틸의 가치가 있다면 1유틸은 1/3달러의 가치가 있고 156유틸은 $52의 가치가 있기 때문에 합리적이다. 바트는 범죄복권과 $52의 확실한 지불 간 무차별하다.

이제 바트가 도둑질을 할 것인지 여부를 결정하기 위해 확실성 등가를 이용할 수 있다. 범죄를 계획하고 실행하는 데 소요되는 하루의 기회비용은 합법적인 직업으로부터의 포기된 소득이다. 만약 바트가 합법적인 일을 통해 적어도 $52을 확실히 벌 수 있다면, 합리적인 선택은 합법적인 일에 하루를 소비하는 것이다. 반대로, 만약 그의 합법적인 임금이 $52보다 적다면, 합리적인 반응은 절도를 행하는 것이다.

소득과 범죄행위

합리적인 범죄자에 대한 모형은 저소득 계층에서 범죄가 더 많이 발생하는 것에 대한 통찰을 제공한다. 범죄의 (확실성 등가로 측정된) 편익이 기회비용(합법적인 임금)을 초과한다면 범죄는 합리적인 선택이다. 근로자의 임금이 높아질수록 범죄행위의 기회비용이 증가하며, 따라서 범죄를 저지를 가능성은 낮아진다. 상기 예에서 범죄의 확실성 등가는 $52이며, 따라서 범죄는 합법적인 임금이 $52 미만인 근로자에 대해 합리적인 선택이다.

그림 23-4는 합법적인 임금과 범죄 발생율 간의 관계를 보여준다. 근로자들은 $1에서 $100 사이의 임금을 받는다고 가정하라. 개별 정수(integer) 임금에 대해 2명의 근로자가 있으며, 따라서 총 200명의 근로자가 존재한다. 우상향 기울기를 갖는 곡선은 개별 임금에 대해 해당 임금 이하를 받는 근로자의 수를 보여준다.

점 a는 $16 이하의 임금을 갖는 32명의 근로자가 있음을 보여주는 반면, 점 b는 $52 이하의 임금을 갖는 104명의 근로자가 존재함을 보여준다. 수평선은 범죄의 확실성 등가를 보여준다. CE = $52에 대해, 합법적인 임금이 $52 이하인 104명의

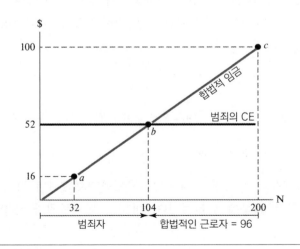

▲ 그림 23-4 균형 범죄자의 수 결정

근로자에게 있어 범죄는 합리적 선택이다. 이는 범죄의 확실성 등가보다 높은 임금을 받는 96명의 근로자를 남기며, 따라서 96명의 합법적인 근로자가 존재한다.

고뇌비용(anguish costs)과 내적인 처벌(internal penalty)

이제까지, 합리적인 범죄자의 모형은 쉽게 측정할 수 있는 비용과 편익을 고려하였다. 이러한 분석의 함의는 편익(부정이득), 비용(처벌), 그리고 범죄에 대해 처벌받을 확률이 동일한 두 사람은 동일한 선택을 할 것이라는 점이다. 범죄의 확실성 등가가 합법적인 임금을 능가한다면 두 근로자는 범죄를 저지를 것이다. 이는 현실과 일치하지 않는다: 사람들은 범죄로부터 동일한 편익과 비용을 직면하더라도 상이한 선택을 한다. 대부분의 사람들은 반사회적인 행위를 하는 것을 기피하며, 보수가 매우 높더라도 범죄를 저지르지 않을 것이다. 다시 말해, 대부분의 사람들은 범죄의 도덕적 결과를 그들의 결정에 반영하고, 이는 범죄행위를 예방하기에 충분하다.

범죄로부터의 내적인 처벌을 추가함으로써 도덕성과 범죄에 대한 기피를 반영할 수 있다. 내적인 처벌은 범죄를 저지를 때 사람이 느끼는 고뇌를 계량화한다. 내적인 처벌은 자기 자신에 의해 부과되고 확실하다. 그림 모형에서, 고뇌비용을 나타내는 내적인 처벌은 효용축을 따라 기대효용 지점을 하향 이동시킨다. 예를 들어, 바트의 내적인 처벌이 36유틸이라고 가정하라. 그림 23-3에 제시된 상황에서 범죄로 인한 기대효용은 156유틸에서 120유틸로 감소한다.

eu = 3/5 · 360유틸 − 2/5 · 150유틸 − 36유틸 = 120유틸

범죄의 확실성 등가는 $52에서 (120/3과 동일한) $40로 감소한다. 결과적으로, 범죄는 $40까지의 합법적인 임금에 대해 합리적이며, 이는 내적인 처벌이 없는 경우의 $52과 대조된다.

사람들은 범죄를 저지르는 것에 대한 고뇌비용과 내적인 처벌에 있어 상이하다. 대부분의 사람들에 있어 범죄를 저지르는 것으로부터의 내적인 처벌은 범죄의 확실성 등가를 합법적인 임금 이하로 떨어뜨릴 만큼 충분히 크다. 상대적으로 큰 내적인 처벌을 갖는 사람들에게 있어, 범죄는 합리적인 선택이 아니다.

신경과학으로부터의 통찰

최근 신경과학에서의 발전은 범죄자 선택 이면의 의사결정과정에 대한 통찰을 제

공한다. 지난 수십 년 동안 신경과학자들은 의사결정과 관련된 뇌의 활동을 탐구해 왔고, 이제 모든 종류의 선택과 관련된 신경활동의 지도를 그리고 측정할 수 있게 되었다. 특히 신경과학자는 특정 행동의 편익과 비용 모두를 나타내는 신경활동을 관측한다. 범죄의 실행과 같은 행동을 취할 것인지를 결정하기 위해, 사람은 그 행동의 예상되는 편익과 예상되는 비용을 비교한다. 뇌에서 주요 의사결정과 관련된 영역은 전두엽 피질(prefrontal cortex)이다. 전두엽 피질은 뇌의 다양한 영역에서 편익과 가치판단행동을 관찰하고, 의사결정과정에 대한 투입물로서 이러한 행동수준들을 이용한다. 편익과 비용의 평가는 행동의 지각된 이익이나 비용에 대한 즉각적인 평가라는 점에서 기본적으로 직관적인 감정이다. 다시 말해, 전두엽 피질은 의사결정과정에 대한 투입물로서 직관을 이용한다.

전두엽 피질은 직관적인 편익과 비용을 계산하는 단순한 계산기가 아니라 의사결정과정에 다른 요인들을 고려한다. 전두엽 피질은 행동의 가능한 광범위한 결과들을 고려하기 위해 인지(의식적 사고)를 이용한다. 배외측 전두엽 피질(dorsal-lateral portion of prefrontal cortex)은 의사결정과정에 다른 요인을 도입하는 역할을 한다. 특히 배외측 전두엽 피질은 행동의 가능한 미래 결과를 고려하여 충동적인 선택보다는 사려 깊은 선택을 하게 한다. 범죄자 행동분석에 대한 두 가지 함의가 존재한다.

1. 현재에 대한 편향성(present bias)

인간은 현재에 대한 편향성이 강하다: 현재 결과를 의사결정에 정확하게 고려하지만 미래의 결과를 무시하거나 과소평가한다. 이러한 현재에 대한 편향은 잘못된 결정을 초래할 수 있지만, 편향성은 배외측 전두엽 피질을 활용하는 인지적 처리절차에 의해 제거될 수 있다.

2. 현재에 대한 편향성을 극복할 수 있는 능력의 차이

사람마다 배외측 전두엽 피질로부터의 활동의 강도에 있어 차이가 있다. 배외측 전두엽 피질이 상대적으로 덜 활발한 사람은 충동적인 선택을 할 가능성이 더 높다. 다시 말해, 사람들은 현재에 대한 편향성을 극복하는 능력에 차이가 있다.

현재에 대한 편향성의 개념은 동일한 범죄 기회에 직면한 두 사람이 왜 다른 선택을 하는지에 대한 하나의 가능한 설명을 제공한다: 충동적인 사람은 범죄를 저지르는 반면, 보다 사려 깊은 사람은 범죄를 저지르지 않는다.

03 공공정책과 범죄

지금까지 범죄 여부를 결정하기 위해 기대효용의 논리를 효율적으로 사용하는 개인의 선택에 대해 고찰하였다. 주요 통찰은 범죄에 대한 확실성 등가가 합법적인 임금을 능가한다면 범죄는 합리적인 선택이라는 것이다. 이 장의 이 부분에서 공공정책이 (i) 범죄의 확실성 등가를 변화시키고 (ii) 합법적인 임금을 변화시킴에 따라 범죄율에 어떠한 영향을 주는지에 대해 고찰하기 위해 관점을 넓힌다.

인적자본(human capital)에 대한 투자

인적자본 투자의 효과를 고려해 보자. 교육이나 직업훈련에 대한 공공투자가 인적자본과 근로자 생산성을 증가시킨다고 가정하라. 예를 들어, 지방정부는 더 많은 교사를 고용하거나 생산성이 높은 교사를 고용하기 위해 학교에 보조금을 제공할 수 있을 것이다. 이에 따른 인적자본의 증가는 근로자의 생산성을 증가시켜, 일부 근로자의 합법적 임금을 증가시킨다.

그림 23-5는 근로자들 간 임금분포 변화의 효과를 보여준다. 개별 근로자에 대해, 합법적인 임금이 $20만큼 상승하여 최저 임금은 $1에서 $21로, 최대 임금은 $100에서 $120로 변경되었다. 합법적-임금곡선은 위로 $20만큼, 왼쪽으로 40명의

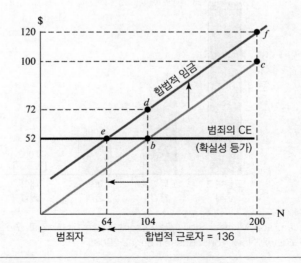

▲ 그림 23-5 인적자본 증가에 따른 범죄 감소

근로자만큼 이동한다: 104번째 근로자의 경우 합법적인 임금은 $52에서 $72로 변경되며, 64번째 근로자의 경우 합법적인 임금은 $32에서 $52로 변경된다. 새로운 균형은 점 e에 의해 보여진다: 만일 범죄의 확실성 등가가 $52이라면 범죄자의 수는 104명이 아닌 64명이 된다. 이 경우 40명의 근로자는 범죄에서 합법적인 근로로 전환하게 된다. 교훈은 범죄를 줄이는 하나의 방법이 인적자본과 합법적인 임금을 증가시키기 위해 교육에 투자하는 것이라는 점이다.

실증연구들은 저숙련 노동자들의 임금 변화에 대한 범죄의 민감성을 측정하였다. 그로저(Grogger, 1991, 2000)는 저숙련 임금과 범죄율이 반대 방향으로 움직임을 보여준다. 임금에 관한 범죄의 추정된 탄력성은 −1.0과 −2.0 사이에 해당한다 (Gould, Weinberg, and Mustard, 2002). 저숙련 노동자 임금의 10% 증가는 범죄를 10~20%만큼 감소시킨다.

다음으로 고등학교 졸업률을 증가시키는 정책의 효과를 고려해 보자. 그림 23−6은 백인 남성의 교육 수준과 감옥, 교도소 또는 형사 사법 제도와 관련된 여타 기관에 있을 가능성 사이의 관계를 보여준다. 이 수치들은 고등학교 중퇴자가 대졸자에 비해 보호시설에 갈 가능성이 13배나 높다는 것을 보여준다. 양극단 사이에, 교육과 보호시설 수감율 간 부(−)의 관계가 존재한다.

고등학교 교육에 대한 투자가 범죄를 줄이는 효율적인 방법이라는 증거가 있다 (Lochner and Moretti, 2004). 고등학교의 한 학년 증가는 범죄참여율을 감소시키고

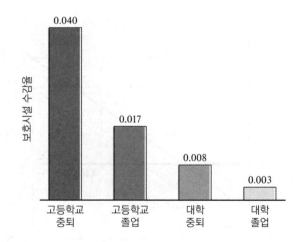

출처: Rafael, Steven, and Michael Stoll, *Do Prisons Make Us Safer? The Benefits and Costs of the Prison Boom*, New York: Russell Sage, 2008.

▲ 그림 23-6 미국 백인 남성의 보호시설 수감율과 교육

범죄에서 큰 감소를 발생시킨다. 예를 들어, 고등학교 졸업률에 대한 체포율의 추정된 탄력성은 강력 범죄에 대해 −2.0이고 자동차 절도 범죄에 대해 −1.3에 해당한다. 졸업 장려의 편익과 비용을 계산할 수 있다.

1. 비용

학생 1인당 연간 비용은 $6,000이며, 따라서 학생을 중퇴에서 졸업상태로 바꾸는 것이 추가적인 1년의 재학을 요구한다면 비용은 $6,000이다.

2. 편익

고교 졸업에 대한 임금 할증(premium)은 약 50%이므로, 고교 졸업자는 그 혹은 그녀의 근로 인생에서 매년 $8,400의 추가 소득을 얻는다. 그로 인한 범죄의 감소는 이 사람의 범죄자로서 이력의 남은 기간 동안 매년 약 $1,600의 편익을 사회에 발생시킨다.

요약하자면, $6,000의 일회성 투자는 30년 또는 40년 동안 연간 $1,600의 수익을 낳는다.

처벌의 확실성

2004년, 형사 사법 제도에 대한 국가 전체 지출은 1인당 $640이었다. 경찰과 법원에 대한 지출의 증가는 순찰, 검문, 그리고 기소를 위한 더 많은 자원을 제공한다. 만일 지출 증가로 인해 범죄자가 체포되고 처벌받을 확률이 높아지면, 범죄의 확실성 등가가 감소하여 범죄가 합리적인 선택이 되는 근로자의 수를 감소시킨다.

그림 23−7은 체포되고 처벌받을 확률에서의 증가가 범죄의 확실성 등가를 감소시킴을 보여준다. 그림 23−3에서 보여진 상황에서 출발하며, 범죄성공 확률이 3/5에서 1/2로 낮아져 처벌을 받을 확률은 2/5에서 1/2로 증가한다고 가정하라. 성공(360유틸)과 실패(−150유틸)에 연관된 효용은 바뀌지 않지만, 이제 성공 가능성은 단지 50대 50이다. 그 결과 범죄로부터의 기대효용은 156유틸에서 105유틸로 감소한다.

eu = 1/2 · 360유틸 − 1/2 · 150유틸 = 105유틸

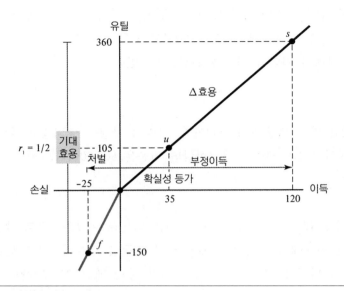

▲ 그림 23-7 성공확률과 확실성 등가

범죄의 확실성 등가는 $52에서 $35로 감소한다. 만일 바트의 합법적인 임금이, 체포되고 처벌받을 확률에서의 증가 이전 $52의 한계(threshold) 임금과 대조되는, $35보다 적다면 범죄는 이제 합리적 선택이다.

그림 23-8은 범죄에 대해 처벌받을 확률에서의 증가가 범죄자의 수를 감소시킴을 보여준다. 확률의 증가는 범죄의 확실성 등가를 감소시키며, 따라서 보다 적은 근로자들이 확실성 등가보다 낮은 임금을 갖는다. 이 경우 확실성 등가가 $52에서 $35로 감소하여 범죄자의 수는 104명(점 a)에서 70명(점 b)으로 감소한다. 합법적인 근로자의 수는 96명에서 130명으로 증가한다.

실증연구들은 범죄에 대해 처벌받을 확률에서의 증가가 범죄율을 감소시킨다는 증거를 제공한다. 다시 말해, 처벌의 확실성을 증가시키는 것은 범죄를 억제시킨다.

1. 교도소 수감 확률에 대한 범죄의 추정된 탄력성은 -0.3이며, 이는 수감 가능성에서의 10% 증가는 범죄율을 3%만큼 감소시킴을 의미한다.

2. 체포율(유죄로 판결된 범죄 건수에 의해 나눠진 체포 건수)은 경찰의 효율성에 대한 하나의 척도이다. 체포율에 대한 범죄의 탄력성 또한 -0.30에 해당한다.

3. 더 넓은 범위에서, 경찰관의 수의 증가는 체포와 유죄판결의 확률을 증가시킴으로써 범죄를 감소시킨다. 경찰관 수에 대한 범죄의 추정된 탄력성은 -0.40과 -0.50 사이에 해당한다.

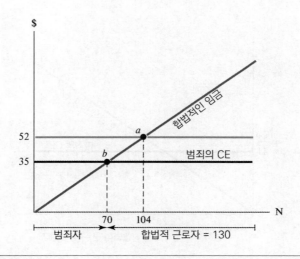

▲ 그림 23-8 성공확률과 범죄

처벌의 가혹성(severity)

공공정책의 또 다른 대안은 처벌의 가혹성을 증가시키는 것이다. 교도소에 대한 지출의 증가는 징역형의 기간을 증가시킨다고 가정하라. 범죄에 대한 처벌의 일부는 교도소에서 보내는 시간의 기회비용이므로, 보다 긴 징역형은 범죄에 대한 보다 큰 처벌을 의미한다. 처벌의 강화는 범죄의 확실성 등가를 감소시키므로, 보다 적은 근로자들이 확실성 등가 아래의 임금을 받는다. 그 결과, 범죄자의 수가 감소한다.

그림 23-9는 범죄에 대한 처벌의 강화가 범죄자의 수를 감소시킴을 보여준다. 그림 23-3에서 보여진 상황에서 출발하여, 범죄에 대한 처벌이 $25에서 $35로 증가한다고 가정하라. 이 경우, 범죄-실패의 결과는 $35의 손실과 ($35에 l = 달러당 6유틸을 곱한 것과 동일한) 210유틸의 효용손실이다. 범죄로부터의 기대효용은 156유틸에서 132유틸로 감소한다.

$$\text{eu} = 3/5 \cdot 360\text{유틸} - 2/5 \cdot 210\text{유틸} = 132\text{유틸}$$

범죄의 확실성 등가는 $52에서 $44(=132/3)로 감소한다. 확실성 등가의 감소는 범죄가 보다 적은 근로자들에 대해 합리적 선택임을 의미한다. 이 경우, 범죄자의 수는 104명(점 a)에서 88명(점 b)으로 감소한다.

범죄에 대한 처벌의 강화가 범죄에 대해 상대적으로 작은 효과를 갖는다는 일반적인 합의가 존재한다. 예를 들어, 특정 범죄에 대한 투옥기간을 2년에서 3년으로

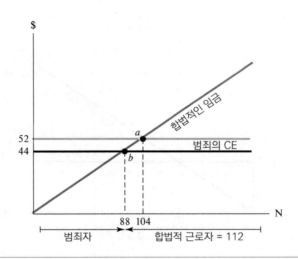

▲ 그림 23-9 범죄에 대한 처벌과 범죄

증가시키는 것은 범죄에서 상대적으로 작은 감소를 야기한다. 투옥기간에 대한 체감하는 보수(diminishing returns)가 존재한다: 두 번째 해는 첫 해보다 작은 억제효과를 가지며, 세 번째 해는 두 번째 해보다 작은 억제효과를 갖는다.

비록 교도소 투옥기간에 대한 체감하는 보수의 원인이 완전히 이해되지는 않았으나, 다음 몇 가지 요인이 작용하는 것으로 나타난다.

1. 현재에 대한 편향

미래의 비용을 과소평가하는 범죄자에게 있어, 감옥에서의 나중 추가적인 1년은 현재의 결정에 있어 상대적으로 작은 비중을 차지할 것이다.

2. 노령범죄자

교도소에 수감되어 있는 범죄자는 길거리에서 범죄를 저지를 수 없고 감옥에서의 추가적인 1년은 일부 범죄를 예방한다. 그러나 범죄자가 나이가 듦에 따라 범죄활동의 빈도가 감소한다. 따라서 비교적 오랜 기간 수감된 자의 형량에 1년을 추가하는 것은 상대적으로 작은 수의 범죄를 예방한다.

3. 범죄자를 더욱 비정하게 만듦(hardening the criminal)

교도소는 불쾌한 장소이며, 투옥기간이 길어질수록 반사회적 행위를 하는 것에 대한 거부감을 약화시킬 수 있다. 다시 말해, 투옥기간은 죄수에게 있어 범죄를 저지르는 것으로부터의 내적 처벌을 약화시킬 수 있다. 결과적으로, 범죄의 확실성 등가가 증가하여, 보다 긴 투옥기간으로부터 확실성 등가에서의 감소를 적어도 부분적으로 상쇄한다.

4. 교도소 내 학습(prison schooling)

만약 교도소 수감자들끼리 범죄에 대한 성공과 실패에 관한 대화를 통해 서로 배우게 된다면, 보다 긴 투옥기간은 보다 많은 학습과 보다 숙련된 범죄자를 의미한다. 이것은 처벌받을 확률을 감소시켜 범죄의 확실성 등가를 증가시킨다. 교육효과는 보다 긴 투옥기간으로부터 확실성 등가에서의 감소를 적어도 부분적으로 상쇄한다.

감옥의 역할

지난 수십 년 동안 미국 감옥과 교도소에서 수감된 사람들의 수는 2008년 230만 명으로 7배 증가하였다(Cook and Ludwig, 2010). 그림 23–10은 OECD 국가들의 수감율(역자 주: 인구 1십만 명당 수감자 수)을 보여준다. 가장 높은 막대는 미국(760)에 해당되며, 다음으로 높은 막대는 러시아(624), 남아프리카(329), 그리고 이스라엘

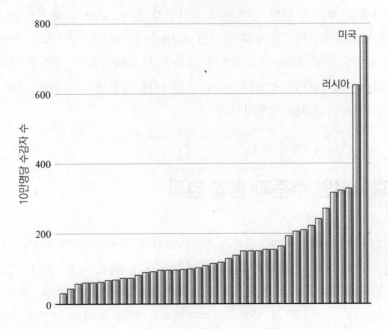

출처: OECD. *Factbook 2010. Economic, Environmental and Social Statistics*, 2010.

▲ 그림 23-10 OECD 국가들의 수감율

(325)에 해당된다. 미국의 수감율은 OECD 국가들의 중위값의 7배에 해당한다. 수감율은 캐나다 116명, 아일랜드 85명, 그리고 핀란드 67명이다. 2008년 미국에서는 1인당 수감과 감독하의 석방(supervised release) 비용이 $700억, 혹은 1인당 약 $230이었다.

수감 인원에 대한 범죄의 추정된 탄력성은 대물범죄의 경우 −0.25이고 강력 범죄의 경우 −0.40이다. 감옥 시스템은 3가지 측면에서 범죄율을 감소시킨다. 이미 감옥의 범죄저지(deterrence)효과를 논의한 바 있다: 투옥기간의 위협은 범죄의 확실성 등가를 감소시켜 범죄자의 수를 감소시킨다. 감옥의 두 번째 기능은 무력화(incapacitation), 즉 범죄자들을 잠재적인 피해자들로부터 격리시키는 것이다. 연간 무력화의 편익은 가해자가 교도소 밖에서 저질렀을 범죄의 수(예방된 범죄의 수)에 범죄당 피해자 비용을 곱한 수치와 같다. 질문은 무력화 편익이 과연 범인을 감옥에 수감하는 데 소요되는 비용을 능가하는가이다. 예를 들어, 텍사스 교도소 시스템에 대한 연구는 $36,000의 연간 비용과 $15,000의 연간 무력화 편익을 산출하였다(Spelman, 2005).

감옥의 세 번째 기능은 재활(rehabilitation)이다. 석방 후 합법적인 세계에서 성공하기 위해 필요한 기술과 태도를 범죄자들에게 제공하자는 것이 기본 취지이다. 재활 프로그램의 효과에 대한 증거는 고무적이지 않다. 수감자 중 약 3분의 2가 석방된 후 3년 이내에 다시 체포되며, 3년 이내에 약 1/2이 감옥으로 돌아온다. 수십 개의 연구들이 성인 재활 프로그램의 효과를 추정하였으며, 공통된 결론은 프로그램이 효과적이지 않다는 것이다. 이와 달리 비행 청소년들을 위한 재활 프로그램은 범죄에서 보통의 감소를 발생시킨다.

04 효율적인 수준과 혼합 범죄

범죄 감소를 위해 고안된 정책은 다른 재화와 서비스를 생산하는 데 사용 가능한 자원─노동, 자본, 토지, 그리고 자재─을 사용한다. 예를 들어, 경찰관이나 교도관은 교사나 목수일 수 있고, 교도소에서 사용되는 콘크리트는 공장이나 아파트 건물에 사용될 수 있다. 이 장의 이 부분에서는 범죄 통제의 편익과 비용에 대해서 탐구한다. 나중에 보듯이, 사회적으로 효율적인 범죄 수준은 영(0)이 아니며 이는 특정 범죄는 겪는 것보다 예방하는 데 보다 많은 비용이 들기 때문이다. 또한 형벌은 범죄에 적합해야 한다는 격언 이면의 경제적 논리에 대해 살펴볼 것이다.

범죄의 효율적 양

범죄통제에 대한 효율적인 수준을 결정하기 위해 한계의 원리를 이용할 수 있다. 범죄통제의 편익은 피해자 비용에서의 감소이다. 밀러, 코헨, 그리고 위어스마 (Miller, Cohen, and Wiersema, 1996)는 범죄 1건당 피해자 비용이 절도(larceny)에 대해 $370, 밤도둑(burglary)에 대해 $1,500, 자동차 절도에 대해 $4,000, 무장강도에 대해 $13,000로 추정한다. 그림 23-11에서 범죄예방의 한계편익은 예방된 범죄 1건당 $1,500로 일정하다. 범죄통제의 한계비용곡선은 양(+)의 기울기를 갖는다: 첫 번째 범죄는 두 번째 범죄보다 예방하기 쉽고, 두 번째 범죄는 세 번째 범죄보다 예방하기 쉽다. 이는 일부 범죄가 순찰이나 경계와 같은 저비용의 조치로 예방 가능 하지만, 상당히 능숙하고 단호한 범죄자들의 범죄를 예방하기 위해서는 큰 비용이 수반되기 때문에 합리적이다.

범죄통제의 효율적 수준에 있어, 한계편익(보다 낮은 피해자 비용)이 한계예방비용과 동일하다. 그림 23-11에서 효율적인 선택은 점 c로 나타나며, 60건의 범죄가 예방되고 40건의 범죄가 발생하게 된다. 최초 예방된 60건 범죄의 경우 $1,500의 편익이 한계비용을 초과하지만, 그 범위를 넘어서면 범죄를 예방하는 것보다 범죄를 감당하는 비용이 더 작다.

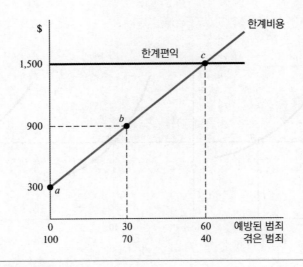

▲ 그림 23-11 범죄의 효율적 수준

직업선택과 한계저지

대물범죄를 저지르는 사람은 합법적인 일보다 범죄를 선택하는 일종의 직업선택을 한 것이다. 더불어, 범죄자는 어떤 종류의 범죄를 저지를지, 예를 들어 강도 대신에 절도를 저지를지에 대해 선택한다. 공공정책은 상이한 범죄들에 대한 처벌을 결정하는데, 이는 범죄자들에게 범죄 유형별 기대보수(확실성 등가) 메뉴(menu)를 제공한다. 합리적인 범죄자는 합법적인 일과 다양한 유형의 범죄에 있어 어떻게 시간을 배분할 것인지를 결정하기 위해 범죄 메뉴를 이용할 수 있다. 나중에 보듯이, 특정 유형의 범죄에 대한 보수에 영향을 미치는 공공정책의 변화는 범죄의 사회적 비용에 영향을 주게 되고 이에 따라 범죄의 혼합에 변화를 가져온다.

그림 23-12는 선택 대안으로 범죄를 포함하는 직업선택을 보여준다. 30명의 노동자, 두 유형의 대물범죄(절도와 강도), 그리고 합법적인 일(목수)을 갖는 도시를 고려하라. 개별 직업에 대해, 보수곡선은 음(-)의 기울기를 가지며, 이는 한계생산성 체감을 반영한다. 목수보수곡선은 노동수요곡선으로 목수 인원 증가가 시장-청산 목수 임금을 감소시키기 때문에 음(-)의 기울기를 갖는다. 범죄보수곡선의 경우, 수익이 가장 좋은 대상을 우선적으로 범행 목표로 하기 때문에 범죄자 수가 많을수록 한계 대상의 부정이득이 감소하여, 범죄자 수에서의 증가는 보수를 감소시킨다. 앞장에서 이용한 용어로, 범죄로부터 얻는 보수는 범죄의 확실성 등가에 해당한다.

직업선택에 대한 분석에서, 장기적인 관점을 취하며, 노동자들은 세 직업에 있어 완전하게 전업이 가능하다. 직업에 대한 균형을 위해서는 다음 두 가지 조건이 필요하다.

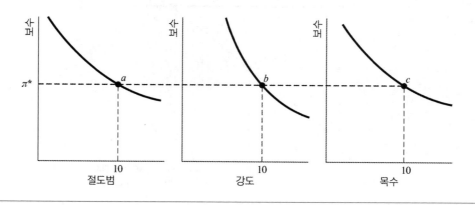

▲ 그림 23-12 균형 직업선택

1. 내쉬균형

일방적인 이탈에 대한 유인이 존재하지 않는다. 세 가지 직종은 보수가 동일하여 단 한 명의 근로자도 직업을 바꿀 동기가 없다.

2. 총합의 제약(adding up constraint)

30명의 노동자들은 일부 직업에 모두 고용된다.

초기 균형은 점 a, b, 그리고 c에 의해 보여진다. 세 가지 직업은 π^*의 보수를 가지며 개별 직업의 노동자 수는 10명이다.

그림 23-13은 절도범에 대한 처벌 강화의 직업적 함의를 보여준다. 점 a, b, c 로 나타낸 초기 균형에서, 노동력은 세 직업 사이에 균등하게 분배된다. 처벌의 강화는 절도범의 보수곡선을 하향 이동시킨다. 초기 절도범의 수(10명)에서 절도범의 보수는 π^*에서 π'으로 감소한다. 이제 절도범의 보수는 강도나 목공에 대한 보수보다 낮으며, 따라서 노동시장은 더 이상 균형상태가 아니다.

절도범에 대한 보다 낮은 보수는 일부 절도범들로 하여금 강도범으로 전직하고, 일부는 목수로 전직하게 한다. 강도범의 증가는 강도의 보수를 감소시키고, 목수의 증가는 목공의 보수를 감소시킨다. 반대로 절도범의 감소는 절도의 보수를 π' 이상으로 증가시킨다. 절도범으로부터의 이탈은 세 가지 직업에서 동일한 보수를 갖는 직업적 균형이 점 e, f, 그리고 g에서 회복될 때까지 계속될 것이다. 새로운 균형 보수는 $\pi^{**}(< \pi^*)$이다: 정책에 의한 절도범의 보수 감소는 다른 직업으로 확산된다.

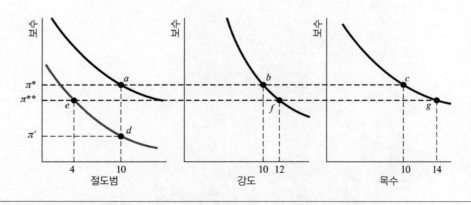

▲ 그림 23-13 절도범에 대한 처벌과 직업 혼합

새로운 균형에서, 총 6명의 범죄자들이 직업을 바꾸는데, 2명은 강도범으로 4명은 목수로 전직한다. 즉 절도범에서 전직한 사람 중 3분의 1이 다른 범죄로 전환한다.

절도죄의 처벌 증가가 범죄의 총비용에 시사하는 바는 무엇인가? 본 예에서는, 절도범이 6명 감소함에 따라 피해자 비용은 (6 곱하기 $1,500과 동일한) $9,000의 절감 효과가 발생하며, 강도범이 2명 증가함에 따라 피해자 비용에 해당하는 (2 곱하기 $13,000과 동일한) $26,000가 추가된다. 이 경우, 정책에서의 변화는 범죄 피해자 비용을 $17,000만큼 증가시킨다. 일반적으로 강도사건의 피해자 비용이 절도사건의 피해자 비용의 약 9배에 해당되기 때문에, 매 추가적인 강도에 대해 9건보다 적은 절도가 예방된다면 총 피해자 비용은 증가할 것이다.

한계저지(marginal deterrence)의 원칙은 보다 높은 피해자 비용을 갖는 범죄에 대해 범죄를 저지르는 것에 대한 기대처벌이 보다 커야 한다는 것이다. 예를 들어, 절도는 상대적으로 작은 피해자 비용을 발생시키며 따라서 상대적으로 작은 기대처벌을 가져야 한다. 비록 절도에서의 "어려움"이 절도 범죄의 수를 감소시키지만, 다른 범죄로 범죄대체(crime substitution)를 야기하는데, 이 중 일부는 보다 높은 피해자 비용을 갖는다. 정책입안자들의 과제는 범죄자들에게 효율적인 범죄조합을 선택할 수 있도록 하는 동기부여를 위해 기대처벌 메뉴를 개발하는 것이다.

01 중심도시에서 범죄 피해율은 교외 지역의 범죄 피해율보다 [_____](〈, 〉, =), 하지만 그 차이는 [_____] 대도시지역에서 상대적으로 작다. 중심도시들 중에서, 가장 낮은 범죄 피해율은 [_____] 대도시지역에서 발생한다.

02 범죄를 저지르는 것으로부터의 기대효용은 [_____]과/와 [_____](으)로부터의 효용의 가중평균이며, 가중치는 [_____] 그리고 [_____]과/와 같다.

03 효용함수는 $u(w) = w^{1/2}$이고 범죄로부터의 효용은 7유틸이라고 가정하라. 범죄의 확실성 등가는 \$[_____]이다.

04 범죄의 확실성 등가는 범죄에 대한 처벌에서의 [_____][↑, ↓, -] 혹은 성공적인 범죄의 확률에서의 [_____][↑, ↓, -]로 인해 감소한다.

05 만약 범죄의 [_____]이/가 [_____]을/를 능가한다면, 범죄는 합리적인 선택이다.

06 대학 졸업자에 비해, 고등학교 졸업자는 수감될 가능성이 대략 [_____](2, 5, 6, 13 가운데 선택하라)배 높다.

07 신경과학에서 최근의 진보는 인간이 [_____]에 대한 편향성의 정도가 다르며, 이러한 편향성은 범죄행위를 [_____][↑, ↓, -]시키는 경향이 있음을 제시한다.

08 인적자본에 대한 투자는 [_____]를/을 증가시킴으로써 범죄율을 [_____][↑, ↓, -].

09 교도소 수감확률에 대한 범죄의 탄력성은 -[_____](0.05, 0.10, 0.3 또는 3.0에서 선택하라)이다.

10 미국의 수감율은 OECD 국가들의 중위(median) 수감율의 대략 [_____](0.50, 2, 3, 7에서 선택하라)배이다.

11 수감제도는 (i) [_____], (ii) [_____], 그리고 (iii) [_____]를/을 통해 범죄율을 감소시킨다.

12 범죄에 대한 투옥기간을 늘리는 것은 범죄에 대한 상대적으로 [_____] 효과를 가지며, 이러한 억제효과는 [_____]에 따른다.

13 투옥기간에 대한 체감하는 보수(diminishing returns)에 있어 여러 요인들이 작용한다: (i) [_____], (ii) [_____], (iii) [_____], 그리고 (iv) [_____].

14 임금에 대한 범죄의 탄력성은 -[_____]과/와 -[_____] 사이에 해당한다.

개념에 대한 복습

15 자동차 절도의 경우, 고등학교 졸업률에 대한 체포율의 탄력성은 −[_____](0, 0.10, 1.3, 3.0 중에서 선택하라)이다.

16 한 학생을 중퇴 상태에서 졸업 상태로 변경하는 것은 대략 $[_____]의 일회성 비용과 보다 낮은 범죄비용에서 연간 대략 $[_____]의 사회적 편익을 갖는다.

17 범죄통제의 효율적 수준은 [_____]이/가 [_____]과/와 동일한 수준에서 결정된다.

18 직업선택모형에서 내쉬균형에서는 대체 가능 직업의 보수가 [_____]이다.

19 절도 처벌의 강화는 빈집털이범 수의 [_____][↑, ↓, −], 강도 수의 [_____] [↑, ↓, −], 합법적으로 고용된 근로자 수의 [_____][↑, ↓, −]를/을 가져온다.

20 절도 처벌의 강화는 [_____]의 사회적 비용이 [_____]의 사회적 비용보다 크기 때문에 범죄의 사회적 비용을 증가시킬 개연성이 있다.

21 개별 변수조합에 대해 상호관계가 정(+)인지, 부(−)인지, 중립인지, 또는 명확하지 않은지를 기입하라.

모수	선택변수	관계
범죄성공 확률	범죄의 확실성 등가	[_____]
범죄에 대한 처벌	범죄의 확실성 등가	[_____]
범죄의 확실성 등가	범죄자 수	[_____]
합법적인 소득	범죄를 저지를 가능성	[_____]
범죄당 피해자 비용	효율적 범죄 수준	[_____]
경찰 임금	효율적 범죄 수준	[_____]

개념들을 응용하는 연습문제

01 범죄복권과 범죄자

그림 23-3에서와 같이, g = 3과 l = 6임을 가정하라. 범죄복권 L = {\$60, -\$20; 1/2, 1/2}을 고려하라. 합법적인 임금은, 개별 정수(integer) 임금에 두 명의 근로자를 갖는, \$1에서 \$50까지 해당한다. 범죄자와 합법적 근로 간 동일한 보수(payoff)인 경우, 이 근로자는 범죄를 선택한다.

a. 기대효용과 확실성 등가에 대한 수치들을 포함하여, 이 범죄복권을 설명하라.

b. 균형에서 범죄자의 수는 [_____]이다.

02 손실회피와 복권확률

손실을 회피하는 근로자가 있으며, l = 2 · g임을 고려하라. 다시 말해, \$1 손실의 고통이 \$1 이득의 즐거움의 2배에 해당한다. 범죄복권은 L = {\$30, -\$30; r_1, r_2}이다. 만약 r_1 = [_____]과/와 r_2 = [_____]이라면, 이 복권의 기대효용은 영(0)이 될 것이다. 설명하라.

03 그림 23-3에서 보여진 예를 출발점으로 하되, 잠재적 피해자들이 자신의 재산을 보호하기 위한 조치를 취하고 부정이득은 \$120에서 \$50로 감소한다고 가정하라. 확실성 등가의 새로운 수치를 포함하여, 새로운 복권과 관련된 수치들을 설명하라.

04 여성과 범죄

1970년대에, 여성에 대한 범죄율이 남성에 대한 범죄율보다 5배 더 빠르게 증가하였다. 베티(Betty)에 대해 g = 3과 l = 6임을 가정하라. 1970년에, 베티의 범죄복권은 L={\$120, -\$15; 1/3, 2/3}이다.

a. 1970년에, 베티의 합법적 임금이 \$[_____]보다 적다면 그녀의 합리적 선택은 범죄를 저지르는 것이다. 설명하라.

b. 1970년과 1980년 사이 여성의 신체건강 상태가 좋아진다고 가정하라. r_1에 대한 개연성 있는 새로운 수치는 [_____](1/4 혹은 1/2 중에 선택하라)이다. 만약 베티의 합법적 임금이 \$[_____]보다 적다면, 그녀의 합리적 선택은 범죄를 저지르는 것이다. 설명하라.

c. 여성의 출산율은 1970년과 1980년 사이에 감소하였다(보다 적은 자녀). (b)의 r_1에 대한 수치를 이용하라. R_2에 대한 개연성 있는 새로운 수치는 [_____](-\$10 혹은 -\$30 중에 선택하라)이다. 만약 베티의 합법적 임금이 \$[_____]보다 적다면, 그녀의 합리적 선택은 범죄를 저지르는 것이다. 설명하라.

개념들을 응용하는 연습문제

05 예산-균형 감옥 변화

고정된 감옥 수용능력을 갖는 주(state)를 고려하라. 이 주는 (i) 평균 형기를 5년에서 6년으로 증가시키고, (ii) 범죄에 대해 처벌받을 확률을 1/5에서 1/6로 감소시켰다. 범죄의 균형 수준에 대한 정책 변화의 정성적 효과를 예측하고, 자신의 예측에 대한 경제적 논리로 설명하라.

06 낮은-소득 이웃(neighborhood)에서의 범죄

낮은-소득 이웃에서의 절도 발생율이, 높은-소득 이웃에서의 20과 대조되는, 60인 도시를 고려하라. 두 이웃은 절도 1건당 동일한 피해자 비용($1,500)을 갖는다. 낮은-소득 이웃에서의 보다 높은 범죄율은 만일 …라면 효율적이다. 설명하라.

07 교육과 범죄

20명의 근로자와 두 직업: 강도와 전기공(electrician)을 갖는 도시를 고려하라. 개별 직업에 대해, 보수(payoff)곡선(근로자 수의 함수로서의 보수)은 근로자 1인당 -2유틸의 기울기를 갖는다. 초기 균형에서, 10명의 강도와 10명의 전기공, 그리고 20유틸의 보수가 존재한다. 정부가 지역 전문대학(community-college) 프로그램에 보조금을 지원함에 따라 전기공의 생산성을 증가시켜, 보수곡선을 12유틸만큼 상향 이동시킨다고 가정하라. 전기공의 수, 강도의 수, 그리고 균형 보수에 대한 수치들을 포함하여, 새로운 균형을 설명하라.

08 한계저지와 범죄비용

36명의 노동자와 세 가지 직업: 절도(b), 강도(r), 그리고 배관공(p)을 갖는 도시를 고려하라. 개별 직업에 대해, 보수곡선은 음(-)의 기울기를 가지며, 세 곡선의 기울기는 동일하다. 초기 균형에서, b = r = p이다. 이 도시가 절도에 대한 처벌을 강화한다고 가정하라. 절도범 수의 새로운 균형은 8이다.

a. 강도범 수와 배관공 수에 대한 수치들을 포함하여 이 균형을 설명하라.

b. 범죄의 사회적 비용에 대한 절도 처벌 강화의 효과를 예측하고, 자신의 예측을 경제적 논리로 설명하라.

참고문헌과 추가적인 읽을 거리

Bartel, Ann P., "Women and Crime: An Economic Analysis." *Economic Inquiry* 42 (1979), pp. 29–51.

Cohen, M., R. Rust, S. Steen, and S. Tidd, "Willingness–to–Pay for Crime Control Programs." *Criminology* 42 (2004), pp. 89–109.

Cook, Philip J., "Crime: Crime in the City," Chapter 10 in *Making Cities Work: Prospects and Policies for Urban America,* edited by Robert P. Inman. Princeton, NJ: Princeton University Press, 2009.

Cullen, J. B., and S. D. Levitt, "Crime, Urban Flight, and the Consequences for Cities." *Review of Economics and Statistics* 81 (1999), pp. 159–69.

Goldsmith, William W., "The Drug War and Inner–City Neighborhoods," Chapter 11 in *The Oxford Handbook of Urban Economics and Planning,* edited by Nancy Brooks, Kieran Donaghy, and Gerrit–Jan Knaap. New York: Oxford University Press, 2011.

Gould, Eric D., Bruce A. Weinberg, and David B. Mustard, "Crime Rates and Local Labor Market Opportunities in the United States: 1979–1997." *Review of Economics and Statistics* 84 (2002), pp. 45–61.

Grogger, Jeffrey. "An Economic Model of Recent Trends in Violence." Chapter 8 in *The Crime Drop in America,* edited by Alfred Blumstein and Joel Wallman. New York: Cambridge University Press, 2000.

Levitt, Steven D. "Understanding Why Crime Fell in the 1990s: Four Factors That Explain the Decline, and Six That Do Not." *Journal of Economic Perspectives* 18 (2004), pp. 163–90.

Lochner, Lance, and Enrico Moretti, "The Effect of Education on Crime: Evidence from Prison Inmates, Arrests, and Self Reports." *American Economic Review* 94 (2004), pp. 155–89.

Miller, T., M. A. Cohen, and B. Wiersema, *Victim Costs and Consequence: A New Look.* Washington, DC: National Institute of Justice, 1996.

O'Flaherty, Brendan, and Rajiv Sethi, "Urban Crime," Chapter 23 in *Handbook of Urban and Regional Economics Volume 5,* edited by Gilles Duranton, J. Vernon Henderson, and William C. Strange. Amsterdam: Elsevier, 2015.

Raphael, Stephen, and Melissa Sills, "Urban Crime, Race, and the Criminal Justice System in the United States," Chapter 30 in *A Companion to Urban Economics,* edited by Richard J. Arnott and Daniel P. McMillen. New York: Wiley Blackwell, 2006.

Raphael, Steven, and Michael Stoll. "The Effects of Prison Releases on Regional Crime Rate." *Brookings–Wharton Papers on Urban Affairs* (2004), pp. 207–43.

Sen, Anindya, "Does Abortion Lead to Lower Crime? Evaluating the Relationship between Crime, Abortion, and Fertility." *The B.E. Journal of Economic Analysis and Policy* 7.1, Article 48 (2007).

Spellman, William, "Jobs or Jails? The Crime Drop in Texas." *Journal of Policy Analysis and Management* 24 (2005), pp. 133–65.

미시경제학 모형

모든 이론의 궁극적 목표는 하나의 경험 자료에 대한 적절한 표현을 포기해야 함이 없이 줄일 수 없는 기본적 요소들은 가능한 단순하고 적게 만드는 것이라는 점은 부인될 수 없다.
— 알버트 아인슈타인, "On the Method of Theoretical Physics"에서,
1933년 6월 10일

알버트 아인슈타인은, 사실, 모든 것이 보다 단순화될 수 없을 만큼 단순해야 한다고 말했다.
— 로저 세션스, "How a 'Difficult' Composer Gets That Way",
1950년 1월 8일

도시경제학은 응용미시경제학이고, 이 책은 도시경제 현상들을 탐구하기 위해 다양한 미시경제학 개념들을 적용한다. 이 장은 중급미시경제학의 전형적인 과정에서 개발된 네 개의 핵심적인 모형들을 살펴본다.

1. 생산자선택에 관한 모형: 비용최소화, 생산요소선택, 그리고 생산요소대체.
2. 소비자선택에 관한 모형: 효용극대화, 재화선택, 그리고 시장수요.
3. 완전경쟁에 관한 모형: 장기공급과 시장균형.
4. 기대효용에 관한 모형: 기대금전가치, 기대효용, 그리고 확실성 등가.

01 생산요소선택: 비용최소화

이 장의 이 부분은 생산자선택에 관한 모형을 살펴본다. 생산자는 생산물의 목표 수량을 생산하는 비용을 최소화하는 생산요소 묶음을 선택한다. 일상적인 용어로, 이 생산자는 생산요소들의 가장 저렴한 만족스런 묶음을 선택하며, 여기서 "만족스런"은 이 생산요소들이 목표 생산물 수량을 생산함을 나타내고 "가장 저렴한"은 선택된 생산요소 묶음이 가능한 가장 낮은 비용에서 생산물의 목표 수량을 생산함을

나타낸다.

생산함수와 등량곡선

생산함수는 생산요소들과 생산물 간 관계를 나타낸다. 두 생산요소를 사용하는 기업에 있어, 생산함수는 $q = f(Z_1, Z_2)$이며, 여기서 q는 생산요소 수량, Z_1과 Z_2를 가지고 생산된 생산물의 수량이다. 그림 24-1의 상부 그림에서, 상자의 (왼쪽에서

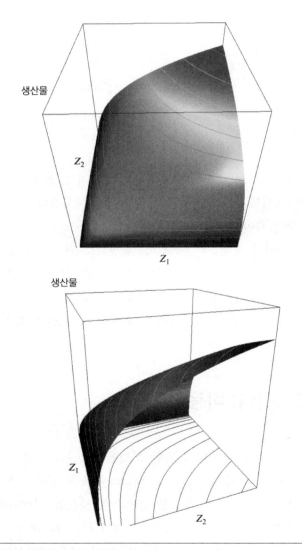

▲ 그림 24-1 생산곡면과 등량곡선

오른쪽으로 이동하는) 위도는 Z_1의 수량을 보여주고, (아래에서 위로 이동하는) 경도는 Z_2의 수량을 보여준다. 원점(각각에 대한 영(0)의 값들)은 상자의 남서쪽 모서리에 있다. 곡면의 높이는 생산된 수량을 보여준다. 북쪽과 동쪽으로의 이동과 함께 생산요소 수량이 증가함에 따라, 생산된 수량은 증가한다.

곡면에서 옅은 음영의 곡선들은, 생산물의 동일한 양을 발생시키는 생산요소 묶음들(Z_1, Z_2) 조합을 보여주는, 등고선에 해당한다. 이 등고선들은 지형도 위의 (동일한 높이의) 등치선들(isolines), 해양도 위의 (동일한 깊이의) 등심선들(isobaths), 그리고 (동일한 효용수준의) 무차별곡선들과 유사하다. 그림 24-1의 하부 그림에서, 등고선들의 투영(projections)을 상자의 바닥에 보여주기 위해 그래프를 회전한다. 개별 투영은, 생산물의 특정 양을 만들어 내는 생산요소 묶음들의 조합을 보여주는, 등량선("동일한"을 나타내는 "등")이다.

그림 24-2는 두 차원에서의 등량선들을 보여준다. 개별 등량선은 생산물의 주어진 양을 생산하기 위한 방안들(recipes)의 조합을 제공한다. 예를 들어, q = 400을 생산하는 하나의 방법은 묶음 z'(15개의 Z_1과 60개의 Z_2)이고, 또 다른 선택은 묶음 z'' (40개의 Z_1과 25개의 Z_2)이다. 어느 하나의 생산요소 수량에서의 증가는 생산물 수량을 증가시킨다. 예를 들어, 묶음 z'''는 묶음 z''보다 많은 생산물을 생산한다. 북동쪽으로 이동함에 따라, 보다 많은 두 생산요소들과 이로 인해 보다 많은 생산물을 갖는 등량선으로 이동한다.

등량곡선의 기울기는 두 생산요소들 간 생산교환조건인, 두 생산요소들 간 한계

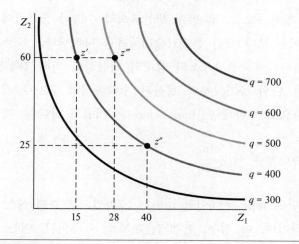

▲ 그림 24-2 등량곡선지도

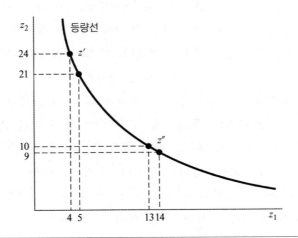

▲ 그림 24-3 볼록한 등량선

기술대체율(MRTS)을 보여준다. 그림 24-3에서, 묶음 z'에서 출발해 등량선을 따른 아래쪽으로의 이동은 생산된 수량을 변화시키지 않고, 생산자는 한 단위의 z_1을 3단위의 z_2와 대체할 수 있다:

$$한계기술대체율 \; = \; -\frac{\triangle z_2}{\triangle z_1} \; = \; -\frac{21-24}{5-4} \; = \; \frac{3}{1}$$

생산기술의 볼록성(convexity)은 보다 많은 z_1과 보다 적은 z_2를 갖는 묶음들로 등량선을 따라 아래쪽으로 이동함에 따라 한계기술대체율이 감소함을 의미한다. 묶음 z'에서 출발하면 한계기술대체율 = 3이지만, 묶음 z''에서는 한계기술대체율 = 1로 보다 낮다. 일반적으로, 첫 번째 생산요소의 수량이 증가함에 따라, 등량선은 보다 평평하며, 이는 보다 작은 한계기술대체율을 나타낸다.

한계기술대체율은 두 생산요소의 상대적 생산성에 의해 결정된다. z_1의 한계생산은 z_1에서의 한 단위 증가로부터 생산된 수량에서의 증가로 정의된다. 한계기술대체율은 두 생산요소의 한계생산(mp_1과 mp_2)의 비율과 같다:

$$한계기술대체율 \; = \; \frac{mp_1}{mp_2}$$

예를 들어, 만일 mp_1 = 6이고 mp_2 = 2라면, 첫 번째 생산요소는, 한계적으로, 3배만큼 생산적이다. 이 경우, 한계기술대체율 = 3이고, 이는 이 기업이 한 단위의 z_1을 3단위의 z_2로 대체할 수 있음을 의미한다:

$$한계기술대체율 = \frac{mp_1}{mp_2} = \frac{6}{2} = 3$$

생산비용과 비용최소화

그림 24-4는 생산요소선택의 비용측면을 소개한다. 등비용선은 소비자예산선의 생산 버전이고, 주어진 총비용("iso"는 동일함을 나타냄)에서 구입될 수 있는 생산요소 묶음들의 집합을 보여준다. 두 생산요소를 사용하는 기업에 대해, 비용방정식은:

$$c = w_1z_1 + w_2z_2$$

등비용선의 기울기는 두 생산요소 간 시장교환조건으로 총비용을 주어진 수준에서 유지하기 위해 요구되는 z_1에서의 단위 변화당 z_2에서의 변화량이다. 비용방정식을 기울기-절편의 형태로 재정리할 수 있다:

$$z_2 = \frac{c}{w_2} - \frac{w_1}{w_2}z_1$$

등비용선의 수직축 절편은 (c/w_2)이고 기울기는 생산요소 가격비율(w_1/w_2)이다. 예를 들어, 만일 $w_1 = 8$이고 $w_2 = 4$라면, 생산요소 가격비율은 2이다. 하나의 등비용선에서 보다 높은 등비용선으로 이동함에 따라, 총비용은 c'에서 c''으로 다시 c'''으로 증가한다.

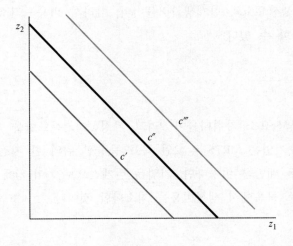

▲ 그림 24-4 생산 등비용선

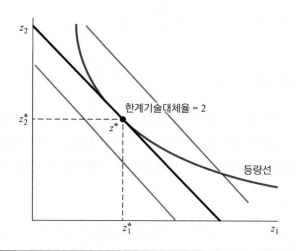

▲ 그림 24-5 비용최소화

비용-최소화 기업의 목적은 생산물의 목표하는 양을 생산하는 비용을 최소화하는 것이다. 그림 24-5에서 총비용은, 가장 낮은(가장 남서쪽의) 등비용선에 있는 목표하는 등량선 위의 묶음인, z^*에서 최소화된다. 목표하는 수량을 생산하는 비용은 등량선이 등비용선에 접하는 생산요소 묶음에서 최소화된다. 다시 말해, 두 곡선은 동일한 기울기를 갖고, 비용-최소화 준칙은:

$$\text{MRTS} = \frac{w_1}{w_2}$$

MRTS는 두 생산요소의 한계생산비율이며, 따라서 비용-최소화 조건을 또한 다음과 같이 기술할 수 있다:

$$\frac{mp_1}{mp_2} = \frac{w_1}{w_2}$$

예를 들어, 생산요소 가격비율이 2라고 가정하라. 목표량을 생산하는 비용을 최소화하기 위해, 기업은 MRTS = 2인 목표 등량선 위의 한 지점을 찾는다. 만일 z_1이 z_2에 비해 두 배만큼 비싸다면, 기업은 한계적으로 z_1이 z_2에 비해 두 배만큼 생산적인 생산요소 묶음에서 생산비용을 최소화할 것이다.

요소대체

비용－최소화 기업은 한계기술대체율이 생산요소 가격비율과 일치하는 생산요소 묶음을 선택하는 것을 보았다. 생산요소 가격에서의 변화는 기업으로 하여금 상이한 생산요소 묶음을 선택하도록 할 것이며, 이는 요소대체로 알려진 과정이다.

그림 24－6은 한 생산요소 가격에서의 상승에 대한 요소대체를 보여준다. 초기 비용－최소화 생산요소 묶음 z^*는 비용 c^*에서 생산된다. w_1에서의 상승은 등비용선의 기울기를 증가시키고(c'으로 표시된 점선) 초기 생산요소 묶음의 비용을 증가시킨다: $c' > c^*$. 초기 생산요소 묶음에서 MRTS < 생산요소 가격비율이 성립하며, 따라서 목표하는 생산물 수량을 생산하는 장기비용은 더 이상 z^*에서 최소화되지 않는다. 보다 높은 w_1에서, 기업은 보다 적은 첫 번째 생산요소($z_1^{**} < z_1^*$)와 보다 많은 두 번째 생산요소($z_2^{**} > z_2^*$)를 갖는 목표하는 생산물 수량을 생산하는, 묶음 z^{**}에서 MRTS = 생산요소 가격비율이 성립한다. 요소대체는 생산물의 목표량을 생산하는 비용을 감소시킨다: $c^{**} < c'$.

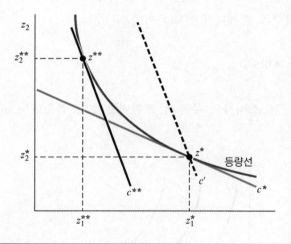

▲ 그림 24-6 요소대체

02 소비자선택

이 장의 이 부분은 소비자선택에 관한 모형을 살펴보고, 개별수요곡선과 시장수요 곡선 이면의 논리를 설명하기 위해 이 모형을 이용한다. 소비자는, 효용의 극대화를 목적으로, 소비재 간 고정된 수입을 할당한다. 일반적인 용어로, 소비자는 최상의 구매가능한 소비재 묶음을 선택하며, 여기서 "최상의"는 효용극대화를 나타내고 "구매 가능한"은 소비자가 재화에 지출하는 고정된 수입을 가지고 있음을 나타낸다.

효용극대화

그림 24-7에서 소비자선호는, 생산 등량곡선의 소비자 버전인, 무차별곡선들에 의해 나타내진다. 무차별곡선은 주어진 수준의 효용을 발생시키는 재화 x_1과 x_2의 묶음들을 보여준다. 예를 들어, 무차별곡선 u'에 의해 보여지는 모든 묶음들은 동일한 수준의 효용을 발생시킨다. 무차별곡선의 기울기는, 수평축 재화(x_1)의 한 단위 증가를 상쇄하기 위해 요구되는 수직축 재화(x_2)의 수량에서의 변화로 정의되는, 두 재화 간 소비자의 한계대체율(MRS)이다.

$$\frac{\triangle x_2}{\triangle x_1} = \text{MRS}$$

이는 두 재화 간 소비자의 주관적 교환비율이다. 불충만(non-satiation, 보다 많을

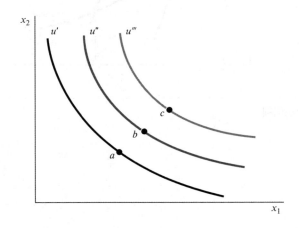

▲ 그림 24-7 무차별곡선 지도

수록 보다 좋은)의 가정하에서, 효용은 소비자가 보다 높은(보다 북동쪽으로) 무차별곡선으로 이동함에 따라 u'에서 u''로 다시 u'''로 증가한다.

소비자선택모형에서, 소비자는 두 재화에 지출하는 고정된 소득 혹은 예산을 갖는다. 소비자 예산제약은:

$$w = p_1 x_1 + p_2 x_2$$

여기서 w는 고정된 소득이고 p_1과 p_2는 두 재화의 가격이다. 그림 24-8에서, 예산집합(음영으로 표시된 면적)은 모든 구매가능한 묶음들을 보여주고 예산선(예산집합의 경계)은 예산을 소진시키는 묶음들의 집합을 보여준다. 예산선의 기울기는 두 재화의 가격비율이다:

$$\frac{\triangle x_2}{\triangle x_1} = -\frac{p_1}{p_2}$$

이 기울기는 재화들 간 시장교환비율, 즉, x_2에 의한 x_1의 기회비용이다. 예를 들어, 만일 $p_1 = 6$이고 $p_2 = 2$라면, 소비자는 개별 한 단위의 x_1에 대해 3단위의 x_2를 희생한다.

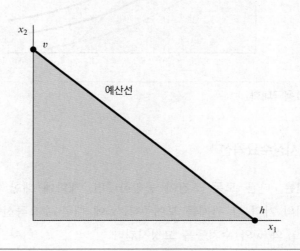

▲ 그림 24-8 예산선과 예산집합

그림 24-9는 효용극대화의 결과를 보여준다. 소비자의 목적은 가장 높은 구매가능한 무차별곡선에 도달하는 것으로, x_1*단위의 재화 1과 x_2*단위의 재화 2를 갖는,

x*의 결과를 가져온다. 효용극대화 묶음에서 무차별곡선은 예산선에 접하며, 이는 한계대체율이 가격비율과 일치함을 의미한다:

$$MRS = \frac{p_1}{p_2}$$

다시 말해, 두 재화 간 소비자의 주관적 교환비율은 시장교환비율(x_2에 의한 x_1의 기회비용)과 일치한다. 다른 구매가능한 묶음(예산선에서 다른 지점)에서, 한계대체율은 가격비율과 일치하지 않을 것이고 소비자는 소비재 묶음을 변경함으로써 보다 높은 효용수준에 도달(보다 높은 무차별곡선에 도달)할 수 있을 것이다.

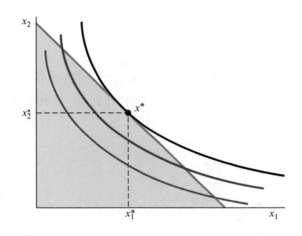

▲ 그림 24-9 효용극대화

개별수요곡선과 시장수요곡선

개별수요곡선은, 다른 모든 조건이 동일하다면, 재화에 대한 소비자의 효용-극대화 수량과 이의 가격 간 관계를 보여준다. x_1에 대한 수요곡선을 그리기 위해, p_1을 변화시키고 p_2와 w의 수치들을 고정시킨다.

그림 24-10은, p_2와 w에 대한 고정된 수치들이 주어졌을 때, p_1에서의 상승에 대한 소비자의 반응을 보여준다.

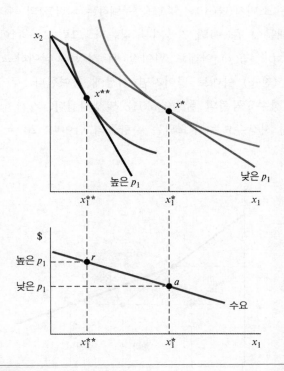

▲ 그림 24-10 개별수요곡선

1. 상부 그림: 소비자선택모형

낮은 가격(낮은 p_1)에서, 효용이 $x_1{}^*$단위의 x_1을 갖는 묶음 x^*에서 극대화된다. 높은 p_1로 가격의 상승은 예산선을 안쪽으로 기울여, 이의 기울기를 증가시킨다. 이러한 보다 높은 가격에서, 효용은 $x_1{}^{**}(< x_1{}^*)$를 갖는 묶음 x^{**}에서 극대화된다.

2. 하부 그림: 수요곡선

수요곡선상의 점 a는 낮은−가격 묶음 x^* 및 수량 $x_1{}^*$와 연관된다. 수요곡선상의 점 r은 높은−가격 묶음 x^{**} 및 수량 $x_1{}^{**}$와 연관된다.

가격에서의 상승은 효용극대화 수량을 감소시켜, 소비자로 하여금 수요곡선을 따라 위쪽으로 이동하게 한다.

재화에 대한 시장수요는 개별수요들의 합이다. 시장수요곡선은 개별수요곡선들의 수평적 합이다. 그림 24−11은 두 소비자, 주안과 튤라에 의한 사례에서의 시장수요곡선을 보여준다. 이는 (i) 각각의 개별수요곡선이 음(−)의 기울기를 가지며 (ii)

시장에 참여하는 소비자(양(+)의 수량을 구매하는 사람들)의 수가 가격이 하락함에
따라 증가하기 때문에 음(−)의 기울기를 갖는다. 그림 24−11에서, 첫 번째 소비자
(주안)는 가격이 p‴(점 c) 아래로 떨어질 때 시장에 참여하고 두 번째 소비자(튤
라)는 가격이 p″(점 d) 아래로 떨어지면 시장에 참여한다. 두 번째 소비자의 추가
는 점 b에서 시장수요곡선의 굴절(kink)을 발생시킨다. 가격 p′에서, 두 소비자는
시장에 참여하고, 시장수요는 수요되는 수량들의 합이다: 20 = 6 + 14.

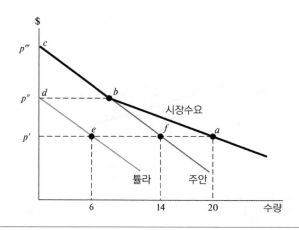

▲ 그림 24-11 개별수요에서 시장수요로

　동일한 논리가 다수의 소비자들을 갖는 시장에 적용된다. 주어진 가격에서, 수요
되는 시장 수량은 해당 가격에서 수요되는 개별 수량들의 합이다. 예를 들어, 만일
동일한 수요곡선을 갖는 n명의 소비자들이 있다면, 어떠한 가격에서 수요되는 시장
수량은 n에 해당 가격에서 수요되는 개별 수량을 곱한 것과 일치한다.

03 완전경쟁: 공급과 수요

　이 장의 이 부분에서, 완전경쟁시장에서의 장기균형을 탐구한다. 수요와 공급에
관한 모형으로도 알려진, 완전경쟁모형은 완전한 경쟁의 가정에 기초한다. 개별 기
업은 생산하는 재화의 시장가격을 통제할 수 없다는 것을 인지하나, 대신에 시장가
격을 주어진 것으로 간주한다. 비록 완전히 경쟁적인 시장들은 거의 드물지만, 완

전경쟁의 개념은 많은 시장들에서 유용한 근사치에 해당하고 대안적인 시장구조들을 비교함에 있어 기준을 제공한다. 장기에서, 기업들은 생산요소들을 선택함에 있어 완전히 유연하고 시장에 진입하거나 시장으로부터 퇴출할 수 있다.

비용-불변 산업에 대한 장기공급곡선

장기공급곡선은 가격에서의 변화에 대한 기업들의 진입과 퇴출을 고려한다. 완전경쟁에 관한 모형은 세 개의 가정들을 이용한다.

1. 생산에 있어 규모에 대한 보수불변

장기에서, 기업들은 생산요소의 선택에서 완전히 유연하고, 그들의 생산활동의 규모를 증가시키거나 감소시킴에 따라, 생산요소 수량은 비례적으로 변한다. 예를 들면, 생산된 양을 두 배로 하기 위해, 기업은 모든 생산요소들을 두 배로 해야 한다.

2. 불변의 생산요소가격

노동, 자본, 그리고 원재료와 같은 생산요소의 가격은 시장에서 생산된 생산물의 총 수량에 따라 변화하지 않는다.

3. 동등한 접근과 동일한 기업들

기업들은 생산공정에서 생산기술과 생산요소에 대한 동일한 접근을 갖는다. 모든 기업들은 똑같으며, 따라서 대표적인 기업에 초점을 맞춘다.

처음 두 가정은 기업의 총-비용곡선이 선형임을 의미한다:

$$C(q) = cq$$

한계비용은 일정하고 평균비용과 같다:

$$mc(q) = ac(q) = c$$

동일한 기업들에 대한 가정은 시장수량 $Q(p)$이 기업당 수량 $q(p)$에 기업의 수 n을 곱한 것과 같음을 의미한다:

$$Q(p) = q(p)n$$

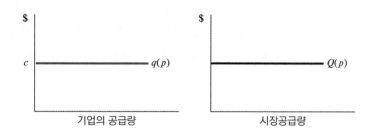

▲ 그림 24-12 개별 공급과 시장공급: 비용-불변 산업

그림 24-12는 대표적인 기업과 시장에 대한 장기공급곡선들을 보여준다.

1. 기업

장기공급곡선 q(p)는 장기한계비용 c에서 수평이다. 장기한계비용보다 낮은 가격에 대해 공급량은 영(0)이다. 가격 = 한계비용일 때, 수량은 명확하지 않다: 한계비용과 일치하는 가격에서, 생산물의 어떤 수량이든 이윤극대화와 일치한다.

2. 시장

시장공급량은 이 기업의 공급량에 기업의 수를 곱한 것과 일치한다. 시장공급곡선은 생산의 장기한계비용에서 수평이다.

이는 비용-불변 산업의 사례이다. 생산요소 가격들은 생산된 시장수량에 따라 변화하지 않으며, 따라서 장기한계비용은 불변이고 장기공급곡선은 수평이다. 장기한계비용보다 낮은 가격에 대해, 공급량은 영(0)이다.

비용-불변 산업에 대한 장기균형

만일 네 개의 조건들이 충족한다면, 시장은 가격 p*에서 장기균형에 도달한다.

1. 이윤극대화

시장공급곡선은 이윤극대화를 반영하며, 따라서 만일 시장이 이 공급곡선상에 있다면, 기업들은 이윤을 극대화하고 있다.

2. 효용극대화

시장수요곡선은 효용극대화를 반영하며, 따라서 만일 시장이 이 수요곡선상에 있다면, 소비자들은 효용을 극대화하고 있다.

3. 시장청산

p^*에서, 공급량은 수요량과 일치한다.

4. 영(0)의 경제적 이윤

추가적인 기업들이 시장에 진입할 유인이 존재하지 않으며, 시장에 참여하고 있는 기업들이 시장에서 퇴출할 유인이 존재하지 않는다.

그림 24-13은 장기시장균형을 보여준다. 수평의 시장공급곡선은 균형가격 p^*와 균형거래량 Q^*에서 수요곡선과 교차한다. 비용-불변 산업에 있어 장기균형가격은, 장기평균비용과 일치하는, 생산의 불변 장기한계비용과 일치한다. 여타의 가격은 네 번째 균형조건을 위반할 것이다.

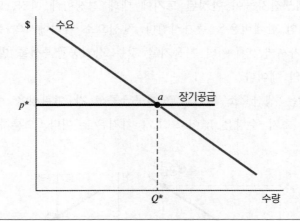

▲ 그림 24-13 장기균형: 비용-불변 산업

1. 가격 〉장기평균비용

보다 높은 가격에서, 경제적 이윤은 양(+)이고, 추가적인 기업들이 시장에 진입할 것이다.

2. 가격 < 장기평균비용

보다 낮은 가격에서, 경제적 이윤은 음(−)이고, 일부 기업들이 시장에서 퇴출할 것이다.

비용−증가 산업에 대한 장기균형

이제까지, 생산에 사용된 생산요소들의 가격은 생산된 총량에서의 변화에 영향을 받지 않는 것으로 가정하였다. 규모에 대한 보수불변의 가정과 연계할 때, 이는 장기한계비용곡선이 수평임을 의미한다: 한계비용은 생산된 총량에서의 변화에 의해 영향을 받지 않는다. 다시 말해, 불변 생산요소 가격에 대한 가정은 수평의 장기시장곡선을 발생시킨다.

대안적인 시나리오는 주요한 생산요소의 가격이 생산된 총량에 따라 변화한다는 것이다. 예를 들어, 대도시지역에서 신규주택에 대한 시장을 고려하라. 토지의 공급은 고정되었다: 윌 로저스(Will Rogers)의 말에 의하면, "토지에 있어 문제는 그들이 더 이상 이를 만들고 있지 않다는 것이다". 생산된 신규주택의 수량에서의 증가는, 토지를 포함하여, 생산과정에 사용되는 모든 생산요소들에 대한 수요를 증가시킨다. 보다 많은 주택생산자들이 한정된 토지에 대해 경쟁함에 따라, 토지의 가격이 증가하여, 주택생산의 한계비용을 증가시킨다. 생산요소 가격에서의 증가는 생산의 장기한계비용을 증가시켜, 양(+)의 기울기를 갖는 장기공급곡선을 발생시킨다. 이는 비용−증가 산업의 예이다.

그림 24−14는 생산요소 가격과 장기공급곡선 간 연관성을 보여준다. 왼쪽에서, 공급된 주택의 초기 수량은 h′이고 초기 가격은 p′이다. 오른쪽에서, 토지에 대한

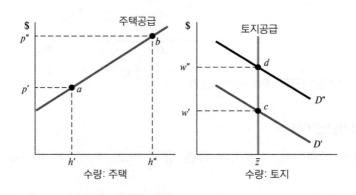

▲ 그림 24−14 장기공급곡선: 비용−증가 산업

공급곡선은 고정된 수량 $\bar{z}$에서 수직이고, 주택 수량 h'와 관련된 수요곡선은 D'이다. 토지수요곡선은 토지공급곡선을 점 c에서 교차하여, 초기 토지가격 w'를 발생시킨다.

주택생산 증가의 토지시장에 대한 효과를 고려하라. 생산된 주택의 수량이 h'에서 h''으로 증가한다고 가정하라. 주택생산에서의 증가는 토지에 대한 수요를 증가시켜, 토지수요곡선을 D'에서 D''으로 이동시킨다. 수요에서의 증가는 토지의 균형 가격을(점 c에서 점 d로) w'에서 w''으로 증가시킨다.

토지가격에서의 상승은 주택생산의 한계비용을 증가시키며, 따라서 주택의 가격은 영(0)의 경제적 이윤을 보장하기 위해 보다 높아야 한다. 그림 24-14의 왼쪽에서, 이는 주택공급곡선을 따라 점 a에서 점 b로의 이동에 의해 보여진다. 요약하면, h'에서 h''으로 주택 수량에서의 증가는 토지의 가격을 증가시키고 이로 인해 주택의 영(0)의 이윤(을 달성하는) 가격을 p'에서 p''으로 증가시킨다. 따라서, 주택에 대한 장기공급곡선은 양(+)의 기울기를 갖는다.

그림 24-15는 완전경쟁시장에서 장기균형을 보여준다. 이전에 봐왔듯이, 만약 (i) 기업들이 이윤을 극대화하고 있고(시장이 공급곡선상에 있다), (ii) 소비자들이 효용을 극대화하고 있으며(시장이 수요곡선상에 있다), (iii) 시장이 청산되고(시장이 수요곡선과 공급곡선의 교차점에 있다), 그리고 (iv) 개별 기업이 영(0)의 경제적 이윤을 얻는다면, 시장은 가격 p^*에서 장기균형에 도달한다. 균형가격 p^* 이외의 가격에서, 수요되는 수량은 공급되는 수량과 다를 것이다. 이 경우, 가격을 변화시키는 압력이 존재할 것이다.

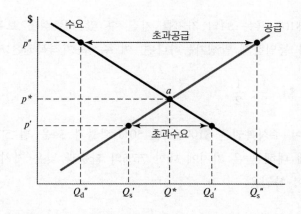

▲ 그림 24-15 장기균형: 비용-증가 산업

1. 초과수요

p′(<p*)에서, 수요되는 수량은 공급되는 수량을 능가하며($Q_d' > Q_s'$), 따라서 가격을 상승시키는 압력이 존재할 것이다. 배제된 소비자는 다른 소비자의 희생으로 재화를 얻기 위해 가격을 보다 높게 부르고자 하는 유인을 갖는다.

2. 초과공급

p″(>p*)에서, 공급되는 수량은 수요되는 수량을 능가하며($Q_s'' > Q_d''$), 따라서 가격을 하락시키는 압력이 존재할 것이다. 남는 생산물을 갖는 기업은 더 팔기 위해 가격을 낮출 유인을 갖는다.

04 불확실성

이 장의 이 부분은, 한 행위의 편익 혹은 비용이 확실하지 않은, 불확실한 환경에서의 의사결정을 탐구한다. 기대효용에 관한 모형은, 기대금전가치, 기대효용, 그리고 확실성 등가를 포함하여, 일부 유용한 개념들을 발생시킨다. 이 장에서의 개념들을 집적의 경제에 관한 장과 범죄와 공공정책에 관한 장에서 적용한다.

위험한 환경의 특성을 나타내기 위해 복권의 개념을 이용할 수 있다. 복권은 가능한 결과들인 R_1과 R_2 및 이와 연관된 확률들(r_1과 r_2)의 목록이다:

$$L = \{R_1, R_2; r_1, r_2\}$$

예를 들어, $100 혹은 $4의 가치를 가질 수 있는 주식을 보유한다고 가정하라. 만일 두 가치가 동일하게 발생가능하다면, 이 주식−가격복권은:

$$L = \{\$100, \$4; \frac{1}{2}, \frac{1}{2}\}$$

다시 말해, 이 주식복권은 $100을 벌 50% 확률과 $4을 벌 50% 확률이다. 만일 또 다른 주식에 대해 높은 가치에 대한 75%의 확률과 낮은 가치에 대한 25%의 확률이 있다면, 이 복권은:

$$L = \{\$100, \$4; \frac{3}{4}, \frac{1}{4}\}$$

복권분석틀은 위험한 환경을 나타내는 편리하고 유연한 방법을 제공한다.

기대금전가치와 기대효용

주식 매각과 같은 사건의 기대금전가치를 계산하기 위해 복권정보를 이용할 수 있다. 복권의 기대금전가치(EV)는, 가치들의 확률과 동일한 가중치들을 갖는, 복권 가치들의 가중평균과 동일하다. 두 개의 가능한 가치들의 경우,

$$L = \{R_1, R_2; r_1, r_2\} = r_1R_1 + r_2R_2$$

주식복권의 경우,

$$L = \{\$100, \$4; \frac{1}{2}, \frac{1}{2}\} = \frac{1}{2} \cdot \$100 + \frac{1}{2} \cdot \$4 = \$52$$

다시 말해, \$100 혹은 \$4의 동일한 가능성에 대한 기대금전가치는 \$52이다.

금전가치를 만족 혹은 효용의 수준으로 바꾸기 위해 효용함수를 이용할 수 있다. 그림 24-16은, 부(wealth) w(달러)의 함수로 정의되는 효용(유틸)을 갖는, 통상적인 효용곡선을 보여준다. 이 효용곡선은 오목하며, 이는 부가 증가함에 따라 효용이 증가하나 감소하는 비율로 증가함을 나타낸다. 다시 말해, 경제주체는 부의 감소하는 한계효용을 경험한다. 부가 증가함에 따라, 부의 개별 추가적인 달러는 점차 보다 작은 양만큼 효용을 증가시킨다.

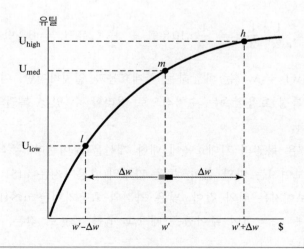

▲ 그림 24-16 체감하는 한계효용

체감하는 한계효용에 대한 하나의 함의는 부(wealth)의 손실이 부의 이득에 비해 효용에 보다 큰 영향을 갖는다는 것이다. 그림 24-16에서, 부 w'와 중간 효용 U_{med}를 갖는 점 m에서 출발한다고 가정하라. $w' + \triangle w$로 부의 증가는 효용을 U_{high}로 증가시키는 반면, $w' - \triangle w$로 부의 감소는 효용을 U_{low}로 감소시킨다. 비록 부에서의 변화가 두 경우(증가 혹은 감소)에서 $\triangle w$이지만, 효용손실은 효용이득을 능가한다. 부가 감소함에 따라, 잃은 1달러당 효용손실은 증가하며, 따라서 부의 손실은 효용에 상대적으로 큰 부정적 영향을 갖는다. 반대의 방향에서, 부가 증가함에 따라, 달러당 효용이득은 감소하며, 따라서 부의 이득은 효용에 상대적으로 작은 긍정적 영향을 갖는다. 일반적으로, 체감하는 한계효용은 부를 잃는 것과 연관된 불만족이 부를 얻는 것의 만족을 능가함을 의미한다.

효용으로 복권에 대한 결과들을 측정하기 위해 효용함수를 이용할 수 있다. 복권의 기대효용은, 두 결과의 확률과 동일한 가중치를 갖는, 상이한 결과들에 의해 발생된 효용들의 가중평균이다.

$$EU\{R_1, R_2; r_1, r_2\} = r_1 \cdot u(R_1) + r_2 \cdot u(R_2)$$

주식복권에 있어, 이 복권의 기대효용은

$$EU\{\$100, \$4; \frac{1}{2}, \frac{1}{2}\} = \frac{1}{2}u(\$100) + \frac{1}{2}u(\$4)$$

복권의 예에서, 종종 효용함수 $u(w) = w^{1/2}$를 이용한다. 이 효용함수에 있어, 효용은 부의 제곱근에 해당한다. 이 효용함수를 이용하면, 주식복권의 기대효용은

$$EU\{\$100, \$4; \frac{1}{2}, \frac{1}{2}\} = \frac{1}{2} \cdot 10유틸 + \frac{1}{2} \cdot 2유틸 = 6유틸$$

효용함수 $u(w) = w^{1/2}$는 체감하는 한계효용과 일치하지만, 이는 단지 하나의 예이다. 이러한 특정 효용함수는 수치적으로 처리할 수 있는 복권의 예들을 구성하는 것을 쉽게 한다.

그림 24-17은 복권의 기대효용에 대한 계산을 보여준다. 주식의 예를 계속하면, 점 h에 의해 보여지는 바와 같이, 높은 가격의 효용가치는 $u(\$100) = 10$유틸이다. 점 l에 의해 보여지는 바와 같이, 낮은 가격의 효용가치는 $u(\$4) = 2$유틸이다. 기대효용은, $r_1 + r_2 = 1$이 주어졌을 때 r_1과 r_2를 확률로 갖는, 이 두 효용 수치들의 가중평균이다.

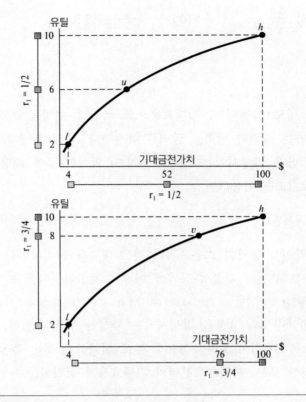

▲ 그림 24-17 기대효용

1. 상부 그림: $r_1 = 0.50$

수직축의 확률 조절기(slider)는, 6유틸과 동일한, 높은 효용(10유틸)과 낮은 효용(2유틸)의 중간 지점에 있다. 수평축에서, 복권의 기대금전가치는 $52이다.

2. 하부 그림: $r_1 = 0.75$

확률 조절기는 낮은 효용과 높은 효용 간 거리의 3/4에 있고, 따라서 기대효용은 8유틸이다:

$$EU\{\$100, \$4; \frac{3}{4}, \frac{1}{4}\} = \frac{3}{4} \cdot 10유틸 + \frac{1}{4} \cdot 2유틸 = 8유틸$$

예상되었듯이, 호의적인 결과(높은 효용)에 대한 확률의 증가는 기대효용을 호의적인 결과의 효용에 보다 가깝게 이동시킨다. 수평축에서, 복권의 기대금전가치는 $76이다:

$$EV\{\$100, \$4; \; \frac{3}{4}, \; \frac{1}{4}\} \; = \; \frac{3}{4}\$100 \; + \; \frac{1}{4}\$4 \; = \; \$76$$

확실성 등가

이제까지, 유틸로 측정되는, 기대효용으로 복권의 편익을 계산하였다. 대조적으로, 확실성 등가는 복권의 편익을 달러로 측정한다. 특히, 복권의 확실성 등가는 복권과 동일한 효용을 발생시키는 (달러로 표시된) 확실한 부에 해당한다. 확실성 등가에 대한 표시로 CE를 이용하면,

u(CE) = EU(복권)

다시 말해, 확실성 등가의 효용은 복권의 기대효용과 일치한다.

그림 24-18은 복권의 확실성 등가를 어떻게 계산하는지를 보여준다. 주식복권의 기대효용은 6유틸(호의적인 결과에서의 10유틸과 호의적이지 않은 결과에서의 2유틸의 평균)이다. 동일한 6유틸의 효용을 발생시키는 확실한 부를 결정하기 위해 효용곡선을 이용한다. 점 u는 6유틸의 효용을 $36의 부로 전환하기 위해 중심축(pivot)을 제공한다. $36의 확실한 부는, 복권으로부터의 기대효용과 동일한, 6유틸을 발생시킨다.

u($36) = 6유틸

$36의 확실성 등가는 경제주체로 하여금 $36의 확실한 지급과, $100 혹은 $4을

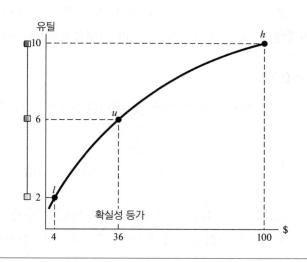

▲ 그림 24-18 확실성 등가

얻는 데 있어 동일한 확률을 갖는, 복권에 의한 확률을 택하는 것 간에 무차별하게 한다.

이 책에서, 수리적 예에서 특정 효용함수 $u(w) = w^{1/2}$를 종종 이용한다. 확실성 등가 $w(u)$에 대한 표현을 얻기 위해 이 효용함수의 역함수를 구할 수 있다. 효용에 관해 w를 풀면, 확실성 등가는:

$$CE = w(u) = u^2$$

주식-가격복권에서, 이 복권의 기대효용은 6유틸이다:

$$CE = w(6유틸) = 6^2 = \$36$$

확실성 등가는 복권에 대한 경제주체의 지불용의에 해당한다. 주식복권에서, 이 주식의 내일 가격이 $100 혹은 $4일 수 있다는 것을 안다면 경제주체는 오늘 이 주식을 사기 위해 $36까지 지불하고자 할 것이다. 오늘 $36의 확실한 지불(오늘 희생된 6유틸)은, 이 주식이 내일 $100 혹은 $4에 팔릴 수 있을 때, 내일 6유틸의 기대효용보수에 의해 정확하게 상쇄된다. 이 주식에 확실성 등가 $36을 지불하는 경제주체는 이 주식복권을 하는 것에 대해 무차별할 것이다. 자연히, 경제주체는 이 주식에 대해 보다 작은 금액의 지불을 선호할 것이다. $36의 확실성 등가보다 작은 가격에 대해, 경제주체는 후생이 증가할 것이다. 예를 들어, 만일 경제주체가 오늘 단지 $25의 가격을 지불했다면, 오늘 희생된 효용(5유틸)은 내일 6유틸의 기대효용보수에 의해 상쇄되는 것보다 많을 것이다.

복권의 위험 프리미엄은 확실성 등가와 복권의 기대금전가치 간 차이로 정의된다.

위험 프리미엄 = 기대금전가치 - 확실성 등가

주식복권의 예에서, 위험 프리미엄은 $16이다:

위험 프리미엄 = $52 - $36 = $16

프리미엄이라는 용어는 경제주체가 위험한 행위를 취하기 위해 프리미엄-추가적인 금액의 돈-을 요구함을 나타낸다. 이 경우, 경제주체는 $52의 기대금전가치를 갖는 자산에 대해 단지 $36을 지불할 용의가 있다. 지불용의와 기대금전가치 간 $16의 격차는 경제주체가 위험을 무릅쓰기 위해 요구하는 프리미엄이다.

그림 24-19는 주식-가격복권의 모든 네 개의 측정치를 보여준다. 기대효용은 6유틸(수직축 조절기의 중간점)이고, 확실성 등가는 $36(점 u 아래)이다. 기대금전

가치는 $52(수평축 조절기의 중간점)이고, 위험 프리미엄은 확실성 등가와 기대금전가치 간 격차인 $16이다.

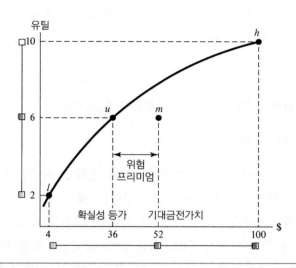

▲ 그림 24-19 확실성 등가와 위험 프리미엄

손실회피와 확실성 등가

이제까지 음($-$)이 아닌 금전적 결과들을 갖는 복권들을 고려하였다. 대안은 잠재적 이득 $R_1 > 0$과 잠재적 손실 $R_2 < 0$을 갖는 복권이다. 이득$-$손실 복권의 경우, 금전적 이득과 손실로 정의된 효용함수를 이용할 수 있다. 이득과 손실에 대한 효용에서의 변화들은 다음과 같이 계산된다

$\triangle u = g \cdot R$ 여기서 $R > 0$

$\triangle u = l \cdot R$ 여기서 $R < 0$

여기서 R은 양수($R_1 > 0$을 갖는 이득) 혹은 음수($R_2 < 0$을 갖는 손실)이다. 대부분의 사람들은 손실회피를 나타낸다: 부(wealth)에서의 손실은 부에서의 동일한 이득에 비해 효용에 보다 큰 영향을 갖는다. 다시 말해, 손실과 연관된 고통은 동일한 정도의 이득과 연관된 기쁨을 능가하며, 따라서 $l > g$. 공통의 가정은 $1 손실의 고통은 $1 이득의 기쁨의 두 배에 해당한다는 것이다: $l = 2 \cdot g$.

그림 24$-$20은 이득$-$손실 복권의 가치를 어떻게 계산하는지에 대해 보여준다. $30을 얻거나 $7을 잃을 동일한 가능성이 존재함을 가정하라. 이 복권은:

$$L = \{\$30, -\$7; \frac{1}{2}, \frac{1}{2}\}$$

$g = 3$과 $l = 6$을 가정하라: \$1 손실은 \$1 이득이 즐거운 정도의 2배만큼 고통스럽다. 수평축은 이득(오른쪽)과 손실(왼쪽)을 보여주고, 수직축은 유틸을 통한 효용에서의 변화를 보여준다. 이득에 대해, 효용곡선의 기울기는 달러당 $g = 3$유틸이다. 손실에 대해, 효용곡선의 기울기는 달러당 $l = 6$유틸이다. 복권의 기대효용은:

$$eu = \frac{1}{2} \cdot 90유틸 - \frac{1}{2} \cdot 42유틸 = 24유틸$$

앞에서 보았듯이, 확실성 등가는 복권의 기대효용을 달러가치로 전환한다. 양의 기대효용을 갖는 이득-손실 복권의 경우, 기대효용을 얻어진 달러당 효용에서의 변화인 g로 나눔으로써 확실성 등가를 계산한다.

$$CE = \frac{eu}{g}$$

예에서, $g = 3$이고 기대효용은 24유틸이며, 따라서 확실성 등가는 \$8이다:

$$CE = \frac{eu}{g} = \frac{24}{3} = \$8$$

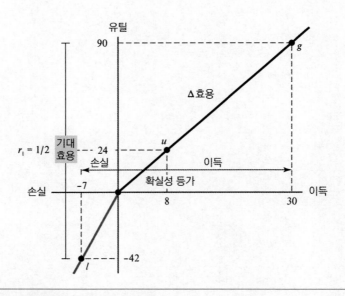

▲ 그림 24-20 손실회피와 이득-손실 복권

이는 만일 1달러가 3유틸의 가치가 있다면 1유틸은 1/3달러의 가치가 있고 24유틸은 $8의 가치가 있기 때문에 합리적이다. 이 예에서, 경제주체는 (i) 24유틸의 기대효용을 갖는 복권과 (ii) $8의 확실성 등가 간 무차별할 것이다.

색인